Horst Völz

Information I

Informatik • Kybernetik • Rechentechnik

Herausgegeben von der Akademie der Wissenschaften der DDR
Zentralinstitut für Kybernetik und Informationsprozesse

Band 3

Information I

von Horst Völz

Information I

Studie zur Vielfalt und Einheit der Information

Theorie und Anwendung vor allem in der Technik

von Horst Völz

Mit 179 Abbildungen und 83 Tabellen

Akademie-Verlag · Berlin · 1982

Verfasser: Prof. Dr. Horst Völz
Zentralinstitut für Kybernetik und Informationsprozesse der Akademie der Wissenschaften der DDR, Berlin

Erschienen im Akademie-Verlag, DDR-1086 Berlin, Leipziger Str. 3—4
Lektor: Dipl.-Phys. Gisela Lagowitz

Lizenznummer: 202 · 100/407/82
Einband u. Schutzumschlag: Dietmar Kunz
Gesamtherstellung: VEB Druckerei „Thomas Müntzer“, 5820 Bad Langensalza
Bestellnummer: 7620602 (6244/I) LSV 1075
Printed in GDR

DDR 78,— M

ISSN 0232-1351

Vorwort

Mit SHANNONS Arbeit „The mathematical theory of communication" aus dem Jahre 1948/9 wird die Information zum wissenschaftlichen Begriff [S17]. Dies ist insofern etwas seltsam, da SHANNON dort den Begriff Kommunikation und nicht jenen der Information benutzt. Der Begriff Information geht in diesem Zusammenhang nach allgemeiner Auffassung auf WIENER zurück. In seiner die Kybernetik begründenden Arbeit [W15] sagt er: „Information is information not matter or energy". Meines Erachtens sollte dieses Zitat dem Anliegen WIENERS gemäß so übersetzt werden: „Information stellt Information dar und ist nicht Stoff oder Energie". Dann ist dieser Ausspruch ohne Probleme auch für diese Studie und deren Konsequenzen aufrecht zu erhalten. Er wird aber meist übersetzt: „Information ist Information, weder Materie noch Energie". Damit wird ein Wort verwendet, das mehrfach belegt ist. Materie im physikalischen Sinn ist Stoff, im philosophischen Sinn ist sie aber dem Bewußtsein entgegengesetzt. Auf diese Weise wird die offensichtlich anders gemeinte Aussage von WIENER von gewissen Philosophen dazu benutzt, mittels der Information einen Widerspruch zur materialistischen Weltanschauung zu konstruieren. Es wird einfach die Grundfrage der Philosophie nach dem Primat von Materie oder Bewußtsein dadurch wegdiskutiert, daß behauptet wird: Die neuen wissenschaftlichen Erkenntnisse zeigen ja, es gibt neben Materie und Bewußtsein etwas ebenso wichtiges Drittes, die Information. Das dem nicht so ist, zeigte bereits KLAUS u. a. [K18] bis [K20]. Hier soll dies spezieller geschehen. Dabei ist aber zu beachten, daß diese Dreiheit inzwischen bei einigen Philosophen bis zu einer ans Mystische grenzenden Konsequenz ausgebaut wurde. Das Musterbeispiel liefert der zuweilen verdienstvolle BENSE mit seiner Arbeit: „Semiotische Prozesse und Systeme" [B6]. Es wird darin u. a. eine dreifache Hierarchie mit jeweils dreigeteilten semiotischen Begriffe perfektioniert vorgeführt. Ausgangspunkt sind die Arbeiten von PEIRCE [P4], und kein nur denkbarer Grund wird ausgelassen, der irgendwie eine Begründung für eine Dreiteilung hergibt. Fast bösartig ließe sich jedoch hinzufügen: Aller guten Dinge sind drei. Eine wesentliche Arbeit fehlt dennoch und zwar die von GÜNTHER [G14]. Der Grund ist unschwer zu erraten und führt ins Zentrum der uns interessierenden Fragen: GÜNTHER versucht die Problematik der Entscheidbarkeit bezüglich des ausgeschlossenen Dritten auf ungewöhnlicher, aber doch wohl ernst zu nehmender Basis anzugehen. Ohne sich auf die fundamentalen Ergebnisse von GÖDEL [G7] aus dem Jahre 1932 zu beziehen, bemüht er sich um neue Ansätze, die nach seiner Meinung die Kybernetik erzwingt. Der Inhalt seines Problems liegt, so scheint mir, darin, daß er gewisse Analogien zwischen Menschen und Lebewesen einerseits und den kybernetischen Maschinen andererseits eben nicht nur als Analogien ansieht, sondern sie auch inhaltlich gleichzusetzen versucht. Diese Gedankengänge stammen aber weder von WIENER noch von SHANNON. Sie wurden schon vor GÜNTHER entwickelt und werden auch immer wieder verwendet. Anderseits sind heute viele Naturwissenschaftler, aber auch Wissenschaftler anderer Gebiete ehrlich davon überzeugt, daß es nur eine Frage der Zeit und der Technikentwicklung ist, bis der Rechenautomat oder der Roboter mindestens alles das kann, was der Mensch kann und dazu noch viel besser! Wenn schon so einige Wissenschaftler denken und reden, was nimmt es dann Wunder, daß derartige Gedankengänge in Presse und Literatur erscheinen und eventuell verhängnisvollen Einfluß ausüben. Dabei hat doch schon GÖDEL gezeigt, daß es bereits in der „Wissenschaft aller Wissenschaften", nämlich in der Mathematik, Aussagen gibt, die weder als falsch noch als richtig beweisbar sind und daß es deren bereits in der einfachen Arithmetik natürlicher Zahlen unendlich viele gibt! Andererseits werden aber gerade solche Probleme von Menschen gelöst und entschieden. Rechenautomaten und damit auch der Roboter hängen nämlich im Gegensatz zum Menschen von einem Algorithmus ab, bei dem an jeder Stelle eindeutig mit ja oder nein feststehen muß, wie es weiter geht. Hieran ändert sich prinzipiell auch nichts, wenn zuweilen der Zufall (eigentlich Pseudozufall) zur Entscheidung eingefügt wird. Vielleicht haben auch die 1937 von TURING erbrachten Ergebnisse [T13], die auch durch weitere Autoren auf anderen Wegen erhalten wurden, uns diesen Unterschied irgendwie vergessen gemacht. Zeigten sie doch, daß jede berechenbare Funktion mit einem genau definierbaren Algorithmus zu erzeugen ist. Berechenbarkeit baut also letztlich auf Ja-Nein-Entscheidungen auf, und nach GÖDEL gibt es eben selbst in der Mathematik noch vieles andere mehr. Aber glauben wir heute nicht allzuoft, daß alles berechenbar sei? Berechenbar hat weiter große Verwandtschaft mit meßbar, und was können wir heute nicht alles messen. Selbst das beste Gemälde läßt sich punktweise in numerische Zahlenwerte bezüglich drei Grundfarbenanteilen und einem Helligkeitswert vollständig exakt zerlegen und reproduzieren. Dieser „Zahlenfriedhof" ist aber wohl nicht mehr das Kunstwerk? Aber selbst in diesem Sinne ist noch nicht alles meßbar. Die prinzipielle Meßbarkeit hört spätestens bei der Heisenbergschen Unschärferelation auf. Aber schon weit zuvor gibt es vielfältige Grenzen, unter anderem auch jene mit eben genau diesem Ja-Nein-Problem. Dennoch konstruieren und bauen wir erfolgreich unsere Technik über Messen und Berechnen. Dies steht außer Zweifel. Aber die Entscheidungen darüber, was gebaut wird, beziehungsweise was getan wird oder gar wie der Frieden am besten erhalten werden kann, sind nicht von dieser Art. Auch gilt dies nicht für jene Fragen, was der Mensch ist und wie er sich ethisch verhalten soll. Hierbei stehen menschliche Werte im Vordergrund, und gerade die sind nicht meßbar, schon gar nicht in Zahlenwerten. Sie sind daher auch nicht algorithmisierbar oder gar berechenbar. Hier gilt wohl viel mehr das Kriterium der Praxis und vielleicht hat TAUBE [T1] recht, wenn er im ähnlichen Zusammenhang sagt: „Im Grunde ist die Erfahrung in erster Linie dem ästhetischen Bereich zugeordnet; sie ist eine Angelegenheit der Empfindungen und nicht der Logik". Hier ist vor allem die formale Logik gemeint. Wie oft antwortet in diesem Sinne ein Konstrukteur, wenn er danach gefragt wird, warum er gerade diese und nicht eine andere, ebenso mögliche Lösung wählt: „Sie ist die schönste!" Das ist keine Ausrede und das schließt auch nicht aus, daß uns bei all diesen Problemen und Entscheidungen der Rechner helfen soll und kann. Nein, er muß es sogar und wird es in der Zukunft auch immer mehr tun. Die

letzten Entscheidungen aber, die dann keine „logischen“ Entscheidungen mehr sind, wird immer der Mensch fällen müssen, und er wird sie so auch immer besser, d. h. nicht logischer, sondern vernunftsgemäßer zu fällen haben. Vom Rechner wird dabei nur der formale, d. h. echt berechenbare Teil bis zu seinen möglichen Konsequenzen vorgeklärt. Das ist bestimmt nicht wenig. Dennoch, der Rest, und auch der wird entsprechend den wachsenden Konsequenzen der Technik nicht kleiner, steht dem Einzelnen oder besser den Menschen zur Entscheidung zu. Damit ist nicht der Irrationalität Tür und Tor geöffnet, sondern nur eine besondere Konsequenz aus den Gödelschen Ergebnissen gezogen. Es ist eben nicht jede Frage logisch mit Ja oder Nein zu beantworten, wohl aber rational, d. h. der menschlichen Vernunft gemäß, und zwar in der Hinsicht, was für den Menschen oder für die Menschheit wertvoller ist. Ein Musterbeispiel dieses ethischen Anliegens gibt WEIZENBAUM in seinem Buch [W7]. Letztlich bewegt ihn das allgemeine Verhältnis: Computer und Mensch. Er gibt viele grundlegende und ausgewogene Einschätzungen darüber ab, was ein Computer heute und künftig kann. Doch sein Anliegen ist jenes, wozu er verwendet werden sollte. Auch steht für ihn außer Zweifel, daß der Computer und der Mensch informationsverarbeitende Systeme sind. Der Mensch ist aber, und dies weist er vielfältig aus, eben erheblich mehr. Dieses Mehr wird aber allzuleicht von Technikern, doch nicht nur von ihnen, vergessen. Die wenigen folgenden Zitate können und sollen nicht dies wertvolle Buch rezensieren. Sie sollen vielmehr eine Richtung des Anliegens dieser Studie unterstützen. Gemäß S. 278 läßt WEIZENBAUM zu:
„einen solchen (hochentwickelten H. V.) Roboter als „Organismus“ zu bezeichnen, so erkläre ich mich damit bereit, ihn als eine Art Tier anzusehen“.

Er fährt wenig später fort:
„Bereits die biologischen Eigenschaften, die eine Spezies von der anderen unterscheiden, legen auch fest, daß jede Art sich anderen Problemen gegenübersieht“.

In bezug auf die Folgen der „instrumentellen Vernunft“, z.B. im Vietnamkrieg und beim Watergate-Skandal, schreibt er akzentuiert (S. 334): „Ich fordere die Einführung eines ethischen Denkens in der naturwissenschaftlichen Planung. Ich bekämpfe den Imperialismus der instrumentellen Vernunft, nicht die Vernunft an sich.“ Schließlich schreibt er auf Seite 273 bezüglich der Meßbarkeit: „Ich hatte einmal gehofft, es sei möglich zu beweisen, daß es eine Obergrenze bezüglich der Intelligenz gibt, die von Maschinen erreicht werden kann ... Inzwischen ist mir klar, daß wir von Intelligenz nur in Bezug auf bestimmte Bereiche des Denkens und Handelns sprechen können und diese Bereiche selbst nicht meßbar sind, daß es kein Shannonsches Maß für Intelligenz und damit auch nicht das von mir erhoffte Theorem geben wird.“

Aus dem Zusammenhang ist bei WEIZENBAUM erkennbar, daß dies nicht im Sinne eines Nihilismus oder gar der Nichterkennbarkeit der Welt aufzufassen ist. Es geht ihm vielmehr darum, die Nichtberechtigung dessen zu betonen, daß die menschlichen Fähigkeiten mit denen von Maschinen zu vergleichen sind, oder gar den Menschen wie eine Maschine aufzufassen und ihn nach Intelligenzquotienten zu messen. Der Mensch ist eben weitaus mehr. Er ist eine ganzheitliche Persönlichkeit.

Sowohl der Begriff Information als auch die Anwendung der im wesentlichen von SHANNON 1948 begründeten Information sind heute so vielfältig und vielgestaltig bis widersprüchlich, daß eigentlich kein einheitliches Konzept mehr existiert. Im gewissen Sinne kann sogar ab Mitte der sechziger Jahre von einer Krise der Informationstheorie gesprochen werden. Denn bei verschiedenen Anwendungen, z.B. im Gebiet der Biologie und Kunst, treten deutliche Widersprüche zur Realität auf. Im Sinne von KUHN [K41] wurde mit SHANNON 1948 ein neues Paradigma (als Dogma gültiges, lehrbuchartig festgehaltenes Fachgebietswissen) geschaffen, das sich bis etwa Mitte der Sechziger hervorragend bewährte.

Infolge der aufgetretenen Krise ist jetzt ein neues Paradigma erforderlich, und es dürfte auch in den nächsten Jahren entstehen. Hier greift diese Studie ein. Mit ihr werden die meisten relevanten Gebiete analysiert und daraus die Konsequenzen gezogen, und schließlich wird ein möglicher Vorschlag unterbreitet, der eventuell die Krise überwinden helfen könnte.

Entsprechend den Untersuchungen von KUHN muß dieser Ansatz sowohl Anerkennung als auch Ablehnung finden. Erst im Verlaufe einer kritischen Diskussion kann sich zeigen, was von dem neuen Ansatz Bestand hat und was verworfen werden muß. Aus diesem Grunde wurde der Untertitel Studie gewählt.

An der Studie habe ich etwa zehn Jahre gearbeitet. Es gab hierzu vielfältige Vorstudien, und viele Gebiete mußten von mir z. T. autodidaktisch erarbeitet werden. Nach vielen Vorstudien lag schließlich 1978 ein druckreifes Manuskript für ca. 1000 Druckseiten vor. Nach einer erneuten Beratung mit den Lektoren des Akademie-Verlages wurde beschlossen, zu zwei relativ selbständigen Bänden überzugehen. Die Kapitel zur Biologie, Kommunikation und Semiotik werden als zweiter Band später erscheinen. Im vorliegenden Band erhält der Leser einen geschlossenen, auf das letzte Kapitel ausgerichteten Überblick. Es bleibt dabei gewiß zuweilen unbefriedigend, daß die biologische Hintergrundinformation, die speziell hierfür zusammengetragen worden ist, fehlt. Noch unglücklicher ist, daß Kommunikation und Semiotik fehlen, denn gerade die semiotische Einteilung in Syntax, Semantik und Pragmatik wird nicht übernommen. Und dies, obwohl noch fast immer die m. E. falsche Ansicht besteht, daß eine semiotische Informationstheorie die Krise überwinden wird. Die notwendigen Gegenargumente sind nur aus der vollständigen Kenntnis dieses jetzt fehlenden Kapitels zu gewinnen. Es muß deshalb der Leser bezüglich dieser Problematik bis zum Erscheinen des zweiten Bandes vertröstet werden.

Das Thema dieser Studie einschließlich des künftigen Ergänzungsbandes ist Information, und Information scheint heute einigen manchmal alles zu sein. Aber selbst der Mensch besitzt im eingangs genannten Sinne nicht nur einen informationellen Aspekt, sondern er ist viel mehr. Aber auch wenn der Mensch und das Leben herausgenommen würden, so ist keineswegs die gesamte Technik Information, obwohl hier die Information irgendwie fast überall ins Spiel kommt. Dies zu begründen bedarf weniger Argumente. Vielleicht genügt sogar eine Aufzählung. Primär nicht Information betreffen z.B. folgende Gebiete: Energie, Ernährung, Ressourcen, Werkstoffe, Transport, Städtebau, Bevölkerungspolitik und Weltanschauung. Diese Aufzählung wird indirekt noch deutlicher im ersten Kapitel dieser Studie werden.

Im zweiten Kapitel wird versucht, die wesentlichen Grundlagen der von SHANNON begründeten Informationstheorie darzustellen, in deren Zentrum natürlich die Entropieformel steht. Obwohl dabei vieles der mathematischen Begründung bedarf, habe ich mich hier, wie auch in den anderen Kapiteln bemüht, die Probleme und Ergebnisse möglichst allgemein verständlich darzustellen. Dabei ergeben sich natürlich Probleme der mathematischen und theoretischen Exaktheit. Hier muß ich meine Fachkollegen um Nachsicht bitten.

Mit der Möglichkeit von Ja-Nein-Fragen beginnt das dritte Kapitel mit seinen etwas seltsam anmutenden Namen: Fragen — berechenbare Funktionen — formale Sprachen. Es hätte vielleicht auch einfacher Algorithmentheorie heißen können, denn es betrifft in erster Linie Grundlagen der Mathematik, welche für die Rechentechnik bedeutsam sind. Besondere Bedeutung haben hierbei die schon oben genannten Ergebnisse von GÖDEL, TURING usw., also die Probleme im Zusammenhang mit Entscheidbarkeit und Berechenbarkeit.

Der Sprung zum vierten Kapitel, dem des Messens und der Meßbarkeit, folgt zwar nicht zwangsläufig aus dem Text, wohl aber bereits aus den weiter oben gemachten Bemerkungen. Er wird jedoch noch deutlicher, wenn akzeptiert wird, daß die Ergebnisse der Informationstheorie vor allem auch deshalb soviel Bedeutung erlangten, weil mit ihnen zum ersten Male etwas meßbar wurde, was zuvor als nicht meßbar galt. Nun ist aber bekannt, daß die Information heute viel weiter gefaßt ist als zu der Zeit, da SHANNONS Arbeit erschien. Sie ist auch heute viel weiter gefaßt als die Übertragung von Information. Dennoch wurde zumindest die Entropieformel für immer weitere Gebiete angewendet. Dabei entstanden nach vielen Erfolgen spätestens um 1960 herum vielfältige Widersprüche. Seit dieser Zeit wird immer wieder versucht, die Theorie zu verallgemeinern. Schließlich ist das ja auch der Zweck dieser Studie. Hierbei muß m. E. zumindest die Meßbarkeit einbezogen werden, und nicht von ungefähr wurde weiter oben das Zitat von WEIZENBAUM bezüglich der Meßbarkeit wiedergegeben. Ich strebe aber nicht an, die Intelligenz zu messen. Ich möchte „nur" die Maßtheorie der Information erweitern. Hierzu ist es m. E. notwendig, sich gründlich mit dem auseinanderzusetzen, was Messen ist und wie es erfolgt.

Wie schon mitgeteilt, gab es für diese Studie mehrere Vorstudien und Konzeptionen. Bei allen sollte nach dem 4. Kapitel ein relativ umfangreiches Material über die Anwendungen des Informationsbegriffes in Natur, Technik und Gesellschaft folgen. Die Gebiete Natur und Gesellschaft sind jetzt dem Ergänzungsband übertragen, und hier erscheint daher als 5. Kapitel lediglich ein Auszug aus dem Gebiet Technik. Die Abschnitte Fernsprechtechnik, Speichertechnik, Rechentechnik und Stelltechnik sind zwar noch speziell auf die anderen Kapitel, insbesondere die Biologie, bezogen, sie dienen aber zugleich dem Übergang zum nächsten Kapitel. Sie erfüllen in der stark gekürzten Form aber leider nicht mehr jenen Zweck, der in den meisten Diskussionen von Fachexperten mir fremder Gebiete gefordert wurde: Für sie die Technik ebenso verständlich darzustellen, wie ich es mir bei den Gebieten Natur und Gesellschaft für die Techniker angelegen sein ließ. Es tut mir leid, daß ich hier ihre Erwartungen enttäuschen muß. Aber ich hätte sonst erneut den notwendigen Umfang überschritten. Ein kleiner, wenn auch nicht besonders guter Trost mag für sie der Hinweis auf mein leider ebenfalls umfangreiches, aber weitaus besser lesbares Elektronikbuch [V42] sein. So zeigt dann dieses 5. Kapitel nur stark verknappt, an ausgewählten Beispielen, was in der Technik Information ist und wie sie in ihr wirkt.

Das 6. Kapitel stellt so etwas wie eine Ergebnissammlung der außernachrichtentechnischen, quantitativen Anwendungen der Informationstheorie dar. Es kann als Nachschlagewerk über dabei gewonnene Ergebnisse, insbesondere Zahlenwerte in bit, dienen. Es soll aber auch jenen Abstand deutlich machen, der noch zwischen mathematisch formulierbaren Problemen der Informationstheorie und biologischen bzw. gesellschaftlichen Prozessen liegt.

Das letzte 7. Kapitel versucht schließlich, die Konsequenzen aus allem Vorgestellten und, was erst später zu erkennen sein wird, auch aus denen des Ergänzungsbandes zu ziehen. Hierbei verwende ich natürlich besonders gerne die eigenen Arbeiten zur Qualität und Quantität der Information. Es gibt also vor allem meine Auffassung darüber wieder, was Information ist und welche Möglichkeiten meiner Meinung bestehen, hier zu allgemeinen inhaltlichen Vorstellungen und schließlich gar zu einem komplexen Maßsystem zu kommen. Einiges von dem dort Geäußerten, glaube ich, steht relativ unverrückbar fest, anderes ist fast nur hypothesenhaft. Ich betrachte die Aussagen insgesamt als einen ersten unvollständigen und unvollendeten Versuch zu einer allgemeinen Theorie der Information.

Es sind vor allem vier Ziele, die ich mit meiner Studie verfolge:

- Ich möchte den Begriff und Inhalt von Information präzisieren, und zwar möglichst allgemeingültig für alle Gebiete, in denen dieser Begriff heute mehr oder weniger berechtigt angewendet wird.
- Ich möchte mithelfen, daß sich eine Theorie der Information über das jetzige Gebiet der Übertragung hinaus auf die Speicherung und Verarbeitung von Information ausbreitet.
- Ich möchte Ansätze geben, die Information nach qualitativen und quantitativen Aspekten zu unterscheiden gestatten und die vor allem auch verschiedene Informationsqualitäten möglichst präzise definieren.
- Ich möchte zeigen, daß es möglich sein könnte, über verschiedene Informationsqualitäten zu mehreren quantitativen Werten innerhalb dieser Qualitäten zu kommen und daß so ein allgemeines Maß für Information entsteht.

Ich weiß, daß diese Ansprüche gewiß sehr hoch sind, und ich weiß auch nur gut, daß all dies Neue sich erst im Feuer der Kritik zu bewähren hat, und ich erhoffe mir deshalb auch viel und vor allem konstruktive Kritik. Sie wird dann vieles modifizieren, einiges präzisieren und anderes verwerfen lassen. Diese Studie bedarf meines Erachtens insgesamt und in vieler Hinsicht einfach der Verbesserung.

Hinzufügen möchte ich schließlich nur noch, daß ich ein ganzes Gebiet fast völlig aus den Betrachtungen herauslassen mußte. Ich vermute, daß auch die Information etwas geschichtlich Gewordenes ist. Ich mache hiervon sogar im Kapitel 7 explizit Gebrauch. Dennoch fehlt ein Kapitel Evolution völlig. Es hätte viele zusätzliche Aspekte gegeben. Vielleicht kann es einmal anderweitig nachgeholt werden.

Wie aus dem Zuvorgesagten hervorgeht, ist die Studie zwar vom Inhalt her — nämlich das, was die Information betrifft — einheitlich, aber zuweilen ist sie sehr inhomogen. Sie umfaßt einmal ein Riesenspektrum. Es reicht von Grundlagen der reinen Mathematik über Theorie und Praxis der Technik — vor allem im Ergänzungsband Gebiete der Molekularbiologie — über eine große Breite der Neurowissenschaften bis zu mehreren gesellschaftlichen Bereichen. Diese höchst interdisziplinäre Problematik war für einen Autor vielleicht wirklich zu viel. Was wußte ich zu Beginn, und was darf ich bei den Lesern voraussetzen? Ich befürchte, daß ich zuweilen zu weit in eine populärwissenschaftliche Darstellung abgeglitten bin oder gar belehrend wirke und an anderen Stellen einfach zu hohe Ansprüche stelle. An welcher Stelle dies der

Fall ist, wird meist vom jeweiligen Leser abhängen. Hierbei sei besonders an den Ergänzungsband gedacht. Ich hoffe nur, daß mir auf keinem Gebiet zu große Sachfehler unterlaufen sind. Für Hinweise bin ich natürlich sehr dankbar, denn langfristig dürfte mit der Studie die Arbeit zum Gebiet der Information auch für mich nicht abgeschlossen sein. Dem Leser wäre infolge der Breite des Stoffes vielleicht zu empfehlen, die Studie nicht zusammenhängend durchzulesen, obwohl mir eigentlich alle Argumente für die Gesamtheit der Information wichtig erscheinen. Insbesondere durch die Trennung in zwei nahezu unabhängige Bände gehen jetzt viele ursprünglich geplante Bezüge bzw. Analogien zwischen Natur, Technik und Gesellschaft verloren. Zwei Beispiele mögen dies belegen. Vielfach werden Analogien, oder gar mehr, zwischen Telefonzentrale und Gehirn gesehen. Der Vergleich beider Gebiete zeigt zwar gewisse Analogien, aber wohl mehr die Absurdität solcher Bezüge. Das Gegenteil liegt vor, wenn die biologische Kette: Reizaufnahme, -verarbeitung und Reaktion mit der Kette: Meßwandler, Meßwertübertragung, -verarbeitung und Stelltechnik verglichen wird. Hier sind gewisse Bezüge wohl sogar mehr als ein formal analoger Vergleich. Überhaupt scheint es mir in diesem Zusammenhang bedeutsam, daß viele Darstellungen und Vorstellungen der Reizphysiologie, aber auch in der recht alten Neuroanatomie (bereits vor 1900), recht gut den Betrachtungen entsprechen, die heute als Information bezeichnet werden. Selbst die alten Bilder sind heute noch voll verständlich, und dabei kannte doch damals niemand den Begriff Information. Es muß aber wohl der entsprechende Inhalt intuitiv richtig verstanden worden sein.

In der Studie erfolgte eine gezielte Auswahl der Abbildungen, und zwar im Sinne des chinesischen Sprichwortes, daß oft ein Bild mehr aussagt als tausend Worte. Die Abbildungen sollten aber vor allem den Inhalt besser verdeutlichen und auch über ihre Anschaulichkeit wirken. In ähnlichem Sinne habe ich auch die Tabellen ausgewählt und zusammengestellt. Ein Techniker will immer Quantitatives wissen. Deshalb wurde vieles, was nur irgendwie möglich war, zu Tabellenwerten verdichtet. Bei den vielen Tabellen und Abbildungen war es natürlich schwer, die Herkunft anzugeben, besonders dann, wenn ich sie aus sehr vielen Quellen zusammengetragen habe. Ich habe mich hier sehr bemüht, den Quellen gerecht zu werden. Infolge der z. T. mehrfachen Überarbeitungen können aber Unklarheiten entstanden sein. In jedem Falle sollen die angegebenen Quellen auch zur Weitervertiefung dienen. Sie dienen also mehrfachen Zwecken, von denen der Quellennachweis eben nur einer ist.

Das Literaturverzeichnis hatte auch bereits den etwa dreifachen Umfang. Dies zwang zu Auslassungen nicht so wesentlicher Werke. Wobei das wesentlich immer eine subjektive Einschätzung in zweifacher Hinsicht ist, nämlich einmal bezüglich des vertieften Weiterstudiums, zum zweiten bezüglich der dort enthaltenen Bezüge zur Information. Nicht immer wurde die neueste Auflage zitiert. Oft schien es von historischem Interesse wichtiger, die erste oder eine bestimmte zu zitieren. Aus historischen und verschiedenen anderen Gründen wurde bei vielen übersetzten Büchern auch die Originalfassung in Klammern benannt. Im allgemeinen war ich bemüht, vor allem deutschsprachige Literatur zu nennen. Ich glaube, daß es in der vollen Breite recht schwer ist, die Hauptsprachen Russisch und Englisch zu lesen.

Für dieses Buch und alle Fehler zeichne ich verantwortlich. Dies ist hier mehr als die gleichlautende z. T. übliche Floskel. Denn die Studie ist im nachhinein betrachtet ein eigentlich unmögliches Unterfangen, das ich mir auferlegt habe. Es sind auch durch mich viele Kollegen in das Vorhaben einbezogen worden, die einfach nicht die Endfassung, sondern nur Vorstudien oder Teile kannten, die mir aber so viel Hilfe und Unterstützung gewährten oder auch Mut machten, daß ich ihnen viel Dank schulde. Sie können keine Schuld an den Fehlern tragen, die meine Fehler sind. Leider bin ich mir nicht einmal sicher, und das ist meine weitere Sorge, daß ich niemand beim Dank vergesse. Er möge mir dann bitte verzeihen. Schließlich zog sich die Arbeit an diesem Vorhaben doch immerhin über viele Jahre hin. Aber neben vielen inhaltlichen Problemen gab es hierfür auch objektive Gründe. Die Leitung eines recht großen und komplexen Instituts forderte ihre Tribute. Auch gab es neben den vielen, die mich bei der Arbeit förderten und ermutigten, einige wenige, die sich bemühten, mein Vorhaben zu hemmen. Sie hatten z. T. gewiß gut gemeinte Gründe. Sie meinten, das Vorhaben sei nicht seriös und schade daher mehr dem von mir geleiteten Institut als mir selbst. Eine Folge war u. a., daß zuerst mein Elektronikbuch erschien. Heute meine ich, daß dieser größere Zeitverzug in vielen Punkten auch der Studie zugute kam, wenngleich ich sie — wie schon erwähnt — immer noch nicht für vollendet halte. Doch nun möchte ich meinen Dank aussprechen: Zunächst all jenen Kollegen, die mir häufig mit Rat auf unterschiedlichste Weise Hilfe gaben: Das sind die Professoren Hörz, Berlin; Jordan, Dresden; Kirsche, Berlin; Klix, Berlin; Frau Lindigkeit, Berlin; Müller, Karl-Marx-Stadt; Müntz, Gatersleben; Rüdiger, Berlin; Tembrock, Berlin; Thiele, Berlin; Vojta, Dresden und Winkelmann, Leipzig; sowie Herr Dr. Pötschke, Berlin. Mein Dank gilt danz besonders meiner ehemaligen und jetzt schon über 70jährigen Sekretärin Erna Krause. Sie schrieb — besonders bei meiner schlechten Handschrift — das nicht einfache Manuskript mit der immer von ihr gewohnten Zuverlässigkeit und Korrektheit. Mein Dank gilt weiter meinem ehemaligen Mitarbeiter Herrn Laux. Er gestaltete eine Vielzahl von Zeichnungen. Dank muß ich auch den Kolleginnen aus unserer Bibliothek und Vervielfältigung sagen. Sie hatten große Mühe, die Literatur zu beschaffen und mir Kopien der verschiedensten Art anzufertigen. Der entsprechende Aufwand war gewiß sehr groß, und es kam mehr als einmal vor, daß die Staatsbibliothek zunächst mitteilte: das Buch wird nicht ausgeliehen. Es gehört nicht zum Aufgabenbereich des Instituts. Zu danken habe ich auch dem Akademie-Verlag. Nicht nur für die bereits erwähnte Geduld in den mehrfach verschobenen Terminen, nein, vielmehr noch für das mehr oder weniger geduldige und bereitwillige Eingehen auf die verschiedenen Vorstellungen in der Konzeption. Insbesondere verwendete Frau Lagowitz große Mühe für die Herausgabe dieses Buches und gab dabei viele konstruktive Hinweise. Schließlich seien auch meine Frau und die Töchter, aber auch meine Freunde und Bekannten genannt. Sie kannten mich während dieser langen Zeit fast nur am Schreibtisch lesend und schreibend sitzend. Die Berge der unter den Schränken liegenden Sonderdrucke, Kopien und Bücher wollten einfach nicht abnehmen. Alles in allem ein gewiß nicht erfreulicher Anblick. Mir bleibt nur die Hoffnung, daß dieser insgesamt gewiß sehr hohe Aufwand sich irgendwie für die Gesellschaft gelohnt hat. Hoffentlich bin ich nicht der einzige, der damit seinen Wissensdurst befriedigt hat.

November 1980 H. Völz

Inhalt

1. System und Information

Der Begriff Information *stammt aus dem Lateinischen* informatio (Substantiv) bzw. informare (Verb). Eine längere Untersuchung gibt SEIFERT [S12]. Hier seien die wichtigsten Fakten wiedergegeben. In beiden Worten sind als Stammteile „in" und „forma" enthalten. Daher bedeuten sie etwa: einformen, etwas eine Gestalt, eine Form geben. Im klassischen Latein hat informare daher folgende Bedeutungen: formen, bilden, gestalten, ein Bild entwerfen, darstellen, schildern, durch Unterweisung bilden, unterrichten, befähigen. Dabei ist sowohl eine wörtliche als auch übertragene Anwendung möglich. So entsteht die *folgende Einteilung*:

1. In wörtlicher Bedeutung heißt „informatio" das Verstehen von etwas mit einer Form, Gestaltgebung.
2. Im übertragenen Sinn entspricht „informatio" dem deutschen Wort „Bildung", was ja auch übertragen gebraucht wird (Form-, Gestaltgebung). Es lassen sich vom übertragenen Gebrauch widerum zwei Gruppen unterscheiden.

2.1. „Bildung" durch Unterrichtung, Unterweisung und Belehrung, wobei sowohl der Vorgang (z.B. Ausbildung) als auch das Ergebnis (z.B. Allgemeinbildung) gemeint sein können.

2.2. „Bildung" durch Darlegung, Erläuterung und Erklärung (jemandem etwas erklären).

Nach WASSERZIEHER [W5] gelangte das Wort Information im 15. bis 16. Jahrhundert in die Deutsche Sprache. Nach SEIFERT [S12] hatte es *im Mittelalter noch* etwa den *ursprünglichen Inhalt*. Als philosophischer Fachbegriff bedeutete es etwa: Versehen der Materie mit einer Form. In der *Zeit des Humanismus* und der Renaissance trat dann die Bedeutung der Bildung durch Unterweisung in den Vordergrund. Informatio war die *Unterweisung durch Unterricht*, und noch weit bis ins vorige Jahrhundert war Informator in der Bedeutung als Hauslehrer geläufig. Dann ging dieser Sinn mehr und mehr verloren, und die pädagogischen Lexika des 19. Jahrhunderts kennen dieses Wort nicht mehr. So blieb nur die Bedeutung im Sinne von Darlegung, Mitteilung und Nachricht bis in den heutigen Alltag geläufig. Eine neue Bedeutung gewann das Wort Information durch die *wissenschaftliche Anwendung* von SHANNON 1948. Unmittelbar hierauf erfolgte eine sehr breite und schnelle Anwendung dieser Grundlagen auf fast allen Gebieten der Wissenschaft. So steht heute Information sowohl als Objekt als auch als Begriffsinhalt in vielfältigen Zusammenhängen zu anderen Objekten und Begriffen. In den letzten Jahrzehnten haben sich dabei die Relationen zum Teil erheblich verschoben. Heute dürfte der Zeitpunkt erreicht sein, wo *System und Information* als sich dialektisch und dämit gegenseitig bedingende *Grundkategorien der Kybernetik* angesehen werden müssen. Der Systembegriff ist dabei aber weiter als nur für die Kybernetik gefaßt. Ja zuweilen wird schon die Kybernetik als eine Disziplin der *allgemeinen Systemtheorie* angesehen. Ohne weiter auf Details der Kybernetik und der allgemeinen Systemtheorie einzugehen, soll im folgenden versucht werden, eine gewisse Abgrenzung von Information gegenüber anderen Objekten und Begriffen zu geben. Erst danach und z. T. dabei kann schrittweise eine Definition von Information erfolgen.

1.1. Allgemeine Grundlagen des Systems

Der Begriff *System* stammt von dem *griechischen* Wort systeme ab, was soviel wie Zusammengestelltes heißt. Laut etymologischem Wörterbuch [W5] drang dieser Begriff im 18. Jahrhundert in die deutsche Sprache ein. Weiter detaillierte Ausführungen sind u. a. in [K21] enthalten. Als erster sprach wohl Küpfmüller von einer Systemtheorie, und zwar im Zusammenhang mit *nachrichtentechnischen Vorlesungen*, die er 1937 bis 1943 an der Technischen Hochschule Berlin hielt [K45]. Mit der Bildung und Entwicklung der Kybernetik erlangte dann der Begriff *System* eine immer breitere Anwendung, und heute kann von einer sehr allgemeinen und universellen Systemtheorie gesprochen werden. Sie hat in fast alle Wissens- und Wissenschaftsgebiete Einzug gehalten. Der Systembegriff und die Systemtheorie haben dabei eine solche Breite erlangt, daß die Gefahr besteht, daß die Inhalte der zu dieser Theorie gehörenden Begriffe sich immer mehr entleeren. Dem wurde vor allem durch Mathematisierung entgegengewirkt.

Der soeben verwendete und auch im weiteren zu berücksichtigende *Systembegriff* kann sehr vereinfacht als eine *Zusammenfassung von Elementen*, zwischen denen Relationen bestehen, betrachtet werden. *Daneben* existiert noch ein *zweiter*, der etwa mit *sinnvolle Ordnung* übersetzt werden kann [C8]. Er kommt u. a. beim Linnéschen System der Biologie, beim System der chemischen Elemente und beim System der Wissenschaften oder Künste zur Anwendung. Schließlich ist in der Musik noch der Begriff Tonsystem gebräuchlich. Es stellt die Ordnung ausgewählter Töne für einen Musikstil dar, z.B. pythagoräisches Tonsystem.

Die allgemeinste und daher philosophische Einführung des Systembegriffes stammt wohl von Franz [F27]. Er verwendet dabei eine *Hierarchie von Kategorienquartetten* (s. a. [V21]). Als grundlegende Kategorien werden verwendet

U Unterschied
I Identität
R Eigenschaft oder Relation
D Ding.

Von diesen vier Kategorien können entsprechend den Pfeilen in Abb. 1.1 jeweils zwei wechselseitig ineinander entarten. Demgemäß ist auch nur ihre *Definition* möglich. Dies sei an den folgenden, ausgewählten Beispielen gezeigt:

- Ein Unterschied ist die Nichtübereinstimmung, Nicht-Identität zwischen Dingen und Erscheinungen der objektiven Realität.
- Eine Eigenschaft kann als eine bestimmte Klasse von Unterschieden und

- eine Relation als eine bestimmte Klasse von Identitäten aufgefaßt werden.
- Ein Ding wird durch seine (innere) Identitäts-Relation und durch seine (äußere) Unterschieds-Relation bestimmt.

Auf der Basis des eingeführten grundlegenden Kategorienquartetts läßt sich dann ein weiteres Kategorienquartett definieren, in dem das *System* vorkommt:

S System,
St Struktur,
E Element,
F Funktion.

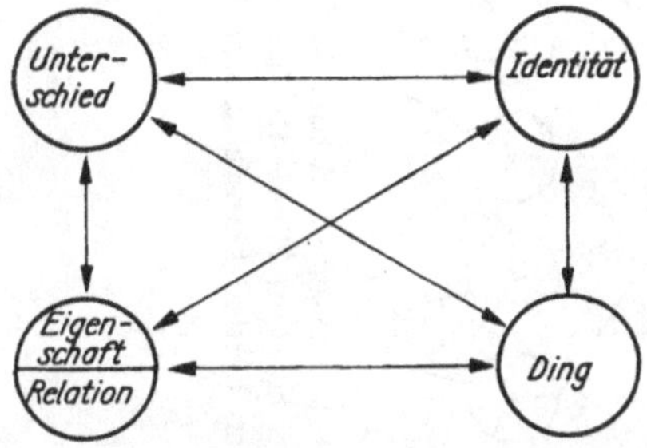

Abb. 1.1 Die vier grundlegenden Kategorien der Philosophie. Sie führen über einen hierarchischen Aufbau zum System (nach P. Franz [F27; V21].

Auch hierfür gilt wieder die gegenseitige Entartung. Wiederum seien einige Definitionen gegeben:

- Ein Ding wird als System vollständig erfaßt, wenn es gelingt, seine wesentlichen inneren und äußeren Relationen in Abhängigkeit vom Stufencharakter (Hierarchie) darzustellen.
- Die Struktur ist durch die Gesamtheit der Elemente eines Systems und die zwischen ihnen existierenden Unterschiedsrelationen gegeben.
- Ein Element ist ein Ding, das nur durch seine äußeren Relationen bestimmt ist und durch diese mit den anderen Elementen zum System vereinigt wird.
- Für das spezifische Verhalten jedes Elementes ist seine äußere Unterschiedsrelation verantwortlich. Sie kennzeichnet letztlich die Funktion des Elementes gegenüber der Ganzheit des Systems.

Aus diesen Definitionen wird der *hierarchische Aufbau* durch die beiden Kategorienquartette deutlich. Dies kann gemäß Abb. 1.2 dargestellt werden. Daraus wird auch ersichtlich, daß ein und dasselbe Ding sowohl Element als auch System sein kann. Die Entscheidung zwischen beiden hängt davon ab, von welcher Hierarchiestufe aus die Betrachtung erfolgt. Deshalb sind verschiedene *Laufparameter* notwendig, die an den Symbolen hinten, unten angefügt werden:

n Hierarchiestufe,
k Anzahl der Elemente in der n-ten Hierarchiestufe,
l Anzahl der Elemente in der (n-1)-ten Hierarchiestufe beim k-ten Element.

Die vorderen, tiefen Indizes berücksichtigen dagegen, ob es sich um innere oder äußere Eigenschaften bzw. Relationen von Systemen und Elementen handelt:

i inneres,
a äußeres.

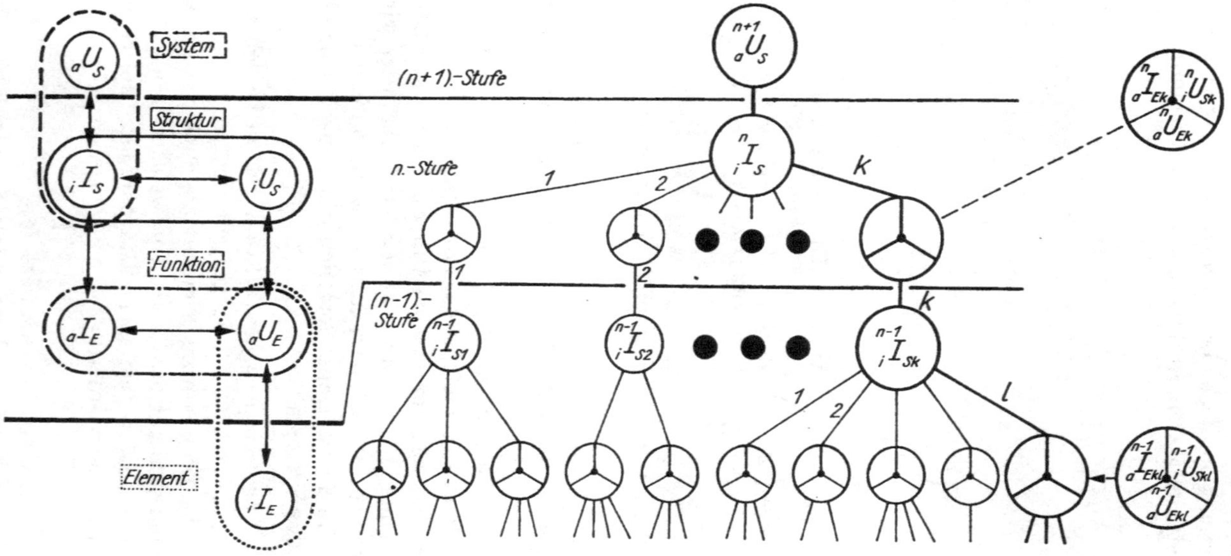

Abb. 1.2 Aus den Grundkategorien von Abb. 1.1 abgeleitete Systemstruktur. Auf der linken Seite sind die Kategorienzusammenhänge betont und rechts die System-Elementrelationen. Die beiden dreifach geteilten Kreise ganz rechts vermitteln zwischen den beiden Darstellungen [V21].

Mit diesem Schema ist im Prinzip also auch der *Unendlichkeit der Welt* Rechnung getragen. Auch sind die Ansätze so gestaltet, daß sich nach diesem Prinzip relativ leicht eine Formalisierung realisieren läßt.

1.2. Beeinflußte und wechselwirkende Systeme

Die allgemeinen Begründungen des vorigen Abschnitts gelten zunächst nur für statische Systeme. Weitaus wichtiger und allgemeiner sind jedoch *dynamische*, d. h. sich in der Zeit ändernde *Systeme*. Sie werden dazu meist irgendwie von außen beeinflußt und erleiden dabei Veränderungen in den Relationen oder der Struktur, wobei auch teilweise Konsequenzen für ihre Funktion auftreten. Die Wirkung des äußeren Einflusses auf das System führt also zu einem *Verhalten des Systems*. Dieses ist auch teilweise außerhalb des Systems feststellbar. Zur Vereinfachung wird unter solchen Gesichtspunkten ein dynamisches System als *Blackbox* (schwarzer, d. h. undurchsichtiger Kasten) betrachtet (Abb. 1.3). Die äußeren Einflüsse werden dann als Input

Abb. 1.3 Das Blackbox-Modell mit den Input- und Outputgrößen.

und die nach außen merklich werdenden Auswirkungen als Output bezeichnet. Vielfach erfolgen dabei auch im Inneren des Systems Veränderungen. Dann ist es berechtigt, von verschiedenen *inneren Zuständen* des Systems zu reden. Hierauf soll hier noch nicht eingegangen werden. Es sei dazu lediglich auf die digitalen Modelle der Automatentheorie verwiesen. Hier seien vielmehr die unterschiedlichen *Qualitäten der Input- und Outputgrößen* untersucht. Allgemein werden heute hierfür drei Kategorien benutzt:

Stoff,
Energie,
Information.

In der letzten Zeit sind für sie viele Gemeinsamkeiten für Prozesse an und mit Systemen gefunden worden. Ja selbst viele formale Beziehungen sind für alle drei gleichermaßen gültig. Hierauf dürfte als erster wohl KORTUM in drei Arbeiten hingewiesen haben, [K29] bis [K31]. Weitergehende Konsequenzen faßten FRANZ und VÖLZ mit dem Begriff *Konnektion* zusammen [V30]:

In dem Schema der Blackbox sind zwei unterschiedliche Bildsymbole zu erkennen, nämlich die Linien mit den Richtungspfeilen und der rechteckige Kasten, die Blackbox an sich. Mit diesen beiden Grundsymbolen lassen sich, ohne zunächst auf ihren Inhalt einzugehen, mehrere Strukturvarianten konstruieren. Wichtige und besonders einfache Strukturen faßt Abb. 1.4 zusammen. Dort wurden auch die entsprechenden Begriffe hinzugefügt, die stofflichen, energetischen bzw. informationellen Prozessen dieser Struktur entsprechen. Dem System als Kasten in diesen Bildern stehen die drei hier formal gleichwertigen Kategorien Stoff, Energie und Information gegenüber. Zur

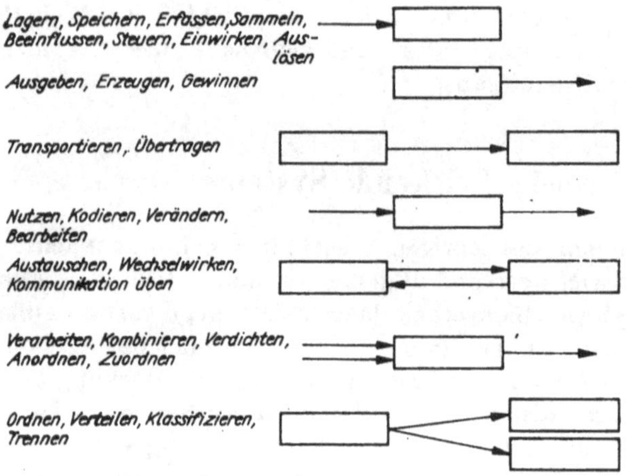

Abb. 1.4 Zusammenstellung von wichtigen, einfachen Strukturen aus System (Kästchen) und sie betreffenden Input- bzw. Outputrelationen. Diese Relationen können dabei sowohl stoffliche als auch energetische bzw. informationelle Prozesse betreffen. Dementsprechend sind die den Modellen zugeordneten Begriffe aufzufassen [V38].

allgemeinen Beschreibung müßte es für sie in diesem Zusammenhang also einen umfassenden Begriff geben. Da er fehlt, sei im weiteren zunächst die Umschreibung: Objekte, die vom System ausgehen oder zu Systemen gelangen, verwendet. Damit sind Stoffe, Energien und Informationen Objekte in Prozessen bezüglich Systemen. Sie entsprechen genau den Pfeilen in den Abb. 1.3 und 1.4. Auf dieser Basis lassen sich auch schon erste Unterschiede zwischen den drei *Objektklassen Stoff, Energie* und *Information* herausarbeiten. Sie sind in Tab. 1.1 zusammengestellt. Unter anderem geht daraus hervor,

- Stoffe werden unmittelbar zwischen Systemen wirksam,
- Energien benötigen dagegen einen stofflichen Träger. Energie und Stoff sind dabei sehr direkt miteinander gekoppelt,
- Informationen benötigen stets stoffliche oder energetische Träger. Sie können leicht den Träger wechseln, jedoch nicht ohne ihn existieren.

Diese so dreistufige, hierarchische „Aufstockung" von Stoff, Energie und Information bezüglich des (noch undefinierten) Trägers hat offensichtlich ihre Ursache in der Hierarchie des Systemaufbaus.
Auch dies wird noch weiter zu präzisieren sein.

1.3. Kybernetik als Bezug

Im Laufe ihrer kurzen *Geschichte* hat sich die *Kybernetik* einen relativ festen Bestand von Begriffen und Methoden geschaffen, beziehungsweise hat diese aus anderen Fachgebieten übernommen und für ihren Gebrauch umgewandelt und angepaßt. Hier können nur jene *wichtigsten Begriffe und Methoden* erfaßt werden, die im Zu-

Tabelle 1.1 Ausgewählte Eigenschaften der drei Objektklassen. (Eine abweichende Einteilung ist u. a. in [O9] gegeben)

Objektklasse mit Beispiel	Austausch erfolgt	Beispiele der Speicherung	Erhaltungssätze	Maß-einheiten	Entropie
Stoffe z. B. ● Metaboliten bei der biologischen Zelle ● Gütertransport ● Materialfluß in einer Fabrik	● unmittelbar ● evtl. verpackt z. B. in Containern ● oft auf speziellen Wegen, z. B. Wasserleitung	Lagerhaltung Getreidespeicher Fettzelle Wasserturm	Massenerhaltung	kg, m^3, Stück	Strukturentropie Gittersymmetrie usw.
Energie z. B. Gas Benzin Elektrizität	● über stoffliche Energieträger, die beim Gebrauch der Energieerzeugung ihren Wert verlieren ● Energieerzeugung setzt dementsprechend dem Energieträger gut angepaßte Apperaturen voraus	Feder Stausee Benzintank Kondensator Akkumulator	Energieerhaltung und -wandlung	J (cal, kWh, erg, mkp)	2. Hauptsatz der Wärmelehre
Information z. B. technische genetische neuronale gesellschaftliche	● über Informationsträger (stofflich bzw. energetisch) ● Information kann leicht Informationsträger wechseln, ohne daß sie sich selbst ändert	Buch Schallplatte DNS (Doppelhelix) Gehirn kollektives Wissen u. Erfahrung	● kein universeller Erhaltungssatz ● Fortpflanzung des Lebens ● Informationsträgerwechsel	bit	über Wahrscheinlichkeitsfeld und Alphabet definiert; (gilt für Quelle)

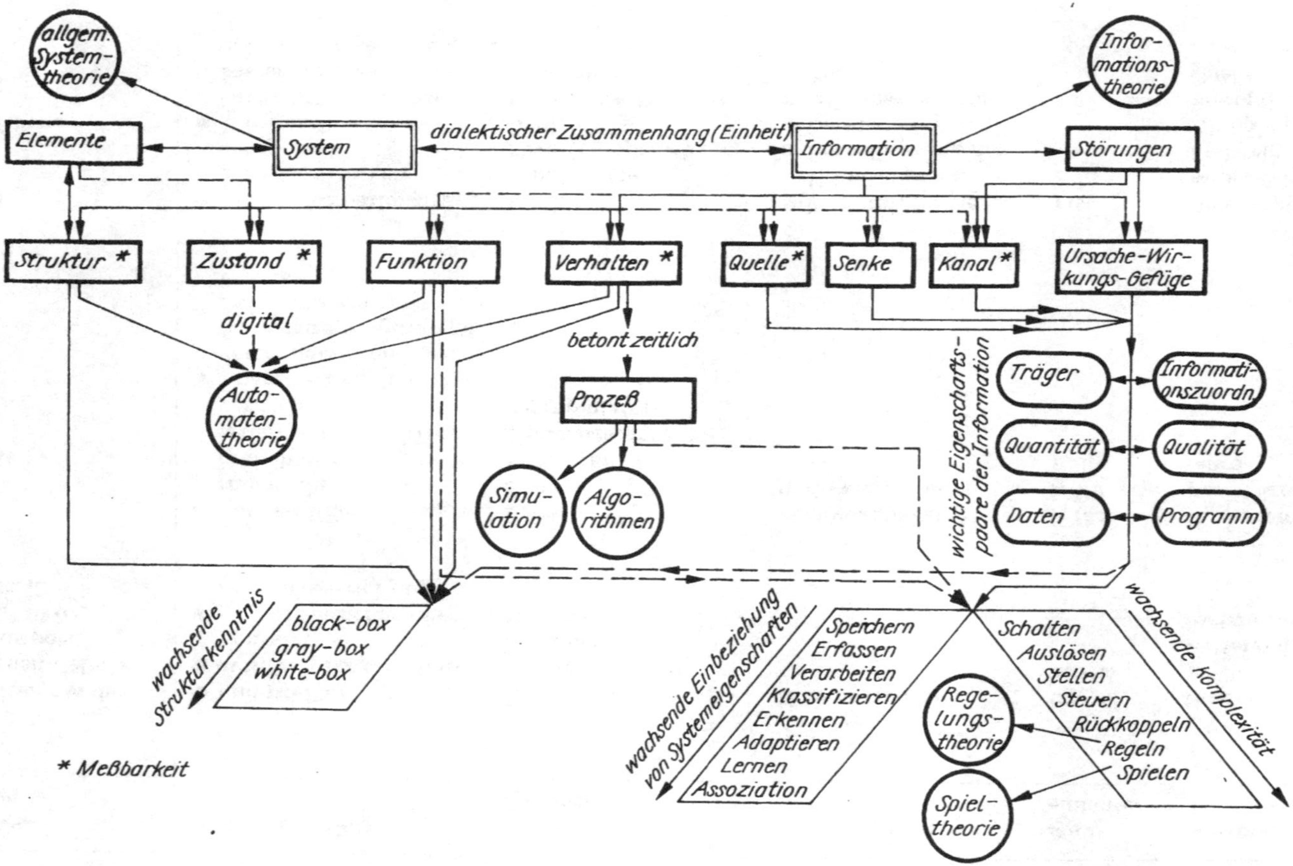

Abb. 1.5 Versuch einer Darstellung des strukturellen Zusammenhangs zwischen kybernetischen Begriffen, wobei so universelle Begriffe wie Modellierung, Heuristik usw. nicht erscheinen, da sie im Bild überall wirksam werden müßten. Dort, wo Meßbarkeit eine gewisse Bedeutung besitzt, ist dies durch einen Stern angedeutet.

sammenhang mit System und Information stehen. Dabei entfällt natürlich eine Einteilung der Kybernetik in Teilgebiete, wie etwa technische Kybernetik, Biokybernetik, Künstliche Intelligenz usw. oder unter anderen Kriterien, wie Modellieren, Problemlösen, Zeichenerkennung usw. Ferner werden dadurch so wichtige Methoden wie z.B. Heuristik, Trial and Error, Graphentheorie, Venn-Diagramm usw. nicht erfaßt, denn sie haben in der Kybernetik praktisch universellen Charakter.

Unter Beachtung dieser Gesichtspunkte zeigt Abb. 1.5 den Zusammenhang entsprechend dem hier angestrebten Ziel ausgewählter Begriffe und Methoden, also betont aus der Sicht von System und Information. Die Darstellung ist dabei so gewählt, daß möglichst weit links jene Begriffe stehen, die besonders typisch für System und möglichst weit rechts jene, die besonders typisch für Information sind. Folglich stehen etwa in der Mitte Begriffe, die gleichermaßen zu System und Information gehören. Ganz bewußt wurde hierbei der Aspekt der Information etwas überbetont. In diesem Sinne wurde hier auch der noch genauer zu definierende Begriff *Ursache-Wirkungs-Gefüge* eingeführt. Die weiteren spezifischen Begriffe zur Information befinden sich in ovalen Feldern, da sie nicht allgemein gebräuchlich sind. Besondere Theorien sind durch kreisförmige Felder herausgehoben. In den drei Rhomben sind Begriffe aufgeführt, die sich unter speziellen Gesichtspunkten geordnet zusammenfassen lassen. Der Übergang von Blackbox zu Whitebox erfolgt z.B. dadurch, daß immer mehr Strukturkenntnisse bekannt sind und in die Betrachtung einbezogen werden. Bei der Blackbox sind keine bekannt.

Gegen Ende des 19. Jahrhunderts herrschte in der *Physik* noch weitgehend das *deterministische Denken*. Eine Ursache – eine Wirkung, oder jede Wirkung hat ihre Ursache, war die übliche Gedankenkette. Insbesondere die *Quantenphysik* hat hier Konsequenzen aufgedeckt, die lange philosophisch negativ wirkten, bis schließlich erkannt wurde, daß gesetzmäßige Abläufe nicht nur determinierte sind. Eine weitere Entwicklung brachte hier die *Kybernetik*. Sie zeigte deutlich, daß eine Wirkung viele Ursachen haben und eine Ursache viele Wirkungen bringen kann. Ein möglicher Begriff hierfür ist das Ursache-Wirkungsgefüge. Es ist als Beispiel in Abb. 1.6 dargestellt.

Vielfach, vor allem aber Mitte der sechziger Jahre, wurde und wird angenommen, daß die *Kybernetik vier zentrale Kategorien*: System-, Informations-, Regelungs- und Spieltheorie, besitzt. Es konnte bereits damals an einer Matrix der vier Grundbegriffe und vier Theorien gezeigt werden (Abb. 1.7), daß sie weitgehend ineinander über-

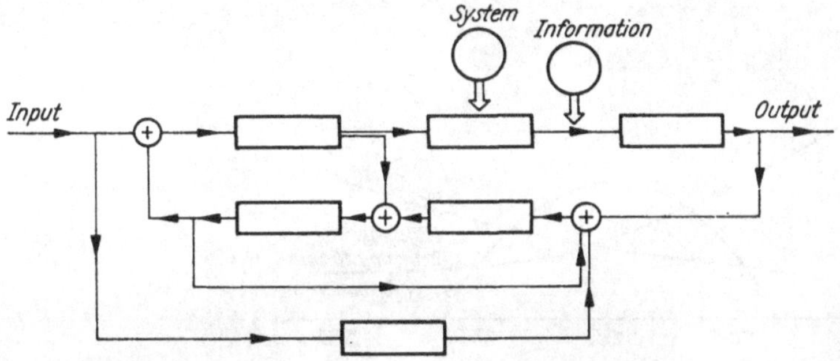

Abb. 1.6 Darstellung eines typischen Ursache-Wirkungsgefüges mit Systemen als Blackbox und Verbindungswegen zwischen ihnen, auf denen Information fließt [V38].

Beschreibung von / durch	Informationstheorie	Systemtheorie	Regelungstechnik	Spieltheorie
Information		In- und Output des Systems	Das was im Regelkreis umläuft	Das was zwischen den Gegnern ausgetauscht wird
System	System ist Quelle und Senke der Information		Hat das System regeltechnische Eigenschaften?	Ausnutzung der Systemeigenschaften zu meinem Vorteil
Regelung	Rückkopplung (Kreislauf) der Information	System mit Rückkopplung		Alle störenden Impulse werden zum Gegner zusammengefaßt
Spielen	Wechselseitiger Fluß zwischen den Systemen	Wechselseitige Beeinflussung von Systemen	Gegenspieler stellt Störung dar, der entgegenzuwirken ist	

Abb. 1.7 Kybernetische Matrix [V16].

führbar und damit äquivalent sind [V16]. Zur Bewertung der verschiedenen kybernetischen Grundbegriffe gibt es aber auch andere Auffassungen. Wird eine nur ungefähre Bewertung ausgewählter kybernetischer Aspekte im Laufe der Zeit versucht, so drängt sich Abb. 1.8 auf [V38]. Die Regelung und Steuerung ist ja im Prinzip wesentlich älter als die Kybernetik. Auch WIENER gründete seine Arbeit, mit der er die Kybernetik einführte, im wesentlichen nur auf dieses Gebiet. Auch verschiedene Aussagen von KLAUS, z.B. [K18], heben die Regelung entsprechend hervor. Auch die Systemtheorie ist schon älter. Die Informationstheorie wurde eigentlich erst mit der fundamentalen Arbeit von SHANNON begonnen. Die von SHANNON entwickelte Entropieformel zeigte sich dann äußerst breit anwendbar und führte so zum steilen Anstieg bis etwa 1960. Das relative – nicht absolute – Absinken geht z. T. auf Widersprüche zurück, die sich bei unbegründeter Anwendung der Formel ergaben. In der ganzen Zeit zeigt dagegen der Systemaspekt ein stetiges Anwachsen, so daß er heute erhebliches Übergewicht hat und eigentlich dem dialektischen Paar Information – System zu widersprechen scheint.

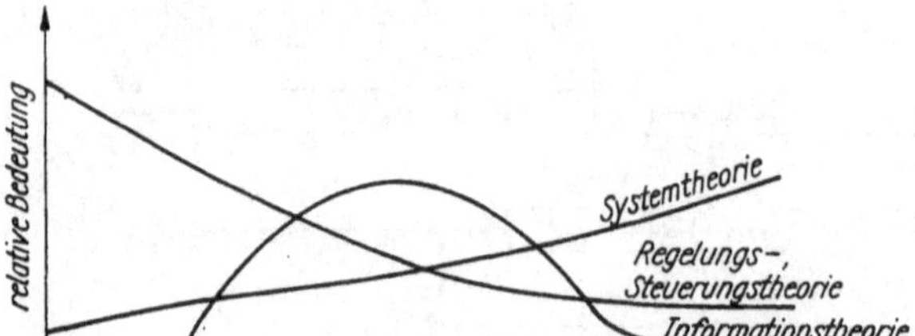

Abb. 1.8 Versuch einer Darstellung bezüglich der relativen Bewertung von Informations-, System-, Regelungs- und Steuerungstheorie [V38].

1.4. Kommunikation und Konnektion

Von *Kommunikation* wird allgemein dann gesprochen, wenn verschiedene Systeme Information austauschen. Gemäß Abschnitt 1.2. ist damit Kommunikation nicht für die Wechselwirkung von Systemen bezüglich Stoffen, Energien gültig, obwohl hierbei vielfältige Analogien bestehen, die sehr oft auch zu den gleichen formalen Beschreibungen führen. Hierauf wiesen u. a. KORTUM [K29] bis [K31] und RICHTER [R6] hin. Es lag daher nahe, für alle Systemwechselwirkungen einen einheitlichen Sprachgebrauch zu versuchen. Geeignet scheint dafür der Begriff Konnektion zu sein. Hierauf läßt sich dann ein ganzer Begriffsapparat aufbauen. Er wurde in [V30] etwas überzogen, indem konsequent neue Begriffe als Ableitung von Konnektion eingeführt wurden, u. a. Konnektand, Konnektionsfunktion, -mittel, -netz, -objekt, -prozeß, -störung, -sruktur, -weg, -ziel. Da der Begriff System sich inzwischen generell durchgesetzt hat, dürfte es richtig sein, ihn an Stelle von Konnektand allgemein weiter zu verwenden. Ebenso sind seine Spezifizierungen Quelle und Senke, also Sender und Empfänger, in der Informationstechnik besser geeignet. Der Begriff Konnektionsweg ist dagegen oft günstig. Ihm entspricht bei Kommunikation der Kanal, bei Transportprozessen der Weg und bei Energie etwa die Leitung. Gleiches gilt für das Konnektionsobjekt. Ihm entsprechen Stoff, Güter und Personen beim Transport, aber auch Energie und Informationen. Gerade durch diese Betrachtungen wird das Objekt Information gegenüber dem Wort sowie dem Begriff Information deutlich herausgehoben. Deshalb sei hier kurz versucht, einige Aussagen und *Definitionen der Konnektion* wiederzugeben:
Konnektion ist der Prozeß des Austauschens von Konnektionsobjekten, wie Informationen, Personen, Stoffen, Energien. In Anlehnung an das Shannonsche Kanalmodell gilt für sie als Grundmodell Abb. 1.9. Für den Austausch können die Objekte

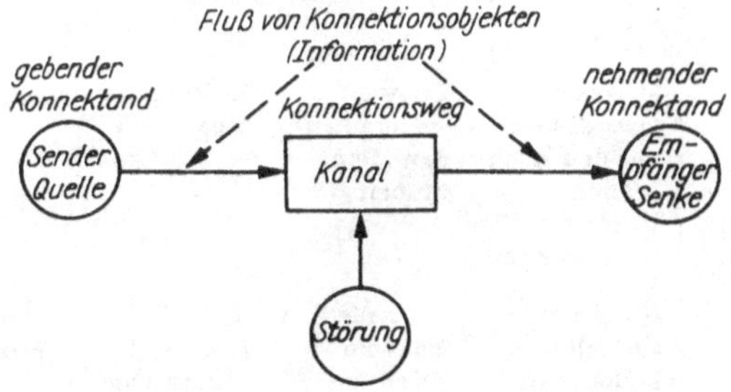

Abb. 1.9 Vereinfachtes Modell der Konnektion im Vergleich zum Nachrichtenkanal. Bei der Konnektion treten als Objekte für den Austausch (Transport, Übertragung) Menschen, Stoffe, Güter, Energien und/oder Informationen auf.

besonders angepaßt werden, z.B. Informationen kodiert und Stoffe speziell verpackt werden. Der Austausch der Objekte erfolgt in der Regel auf speziellen Wegen (Konnektionswegen), z.B. Straßen, Schienen, Kabel, Leitungen oder drahtlos auf Kanälen (Frequenzen). Die Konnektion findet zwischen entsprechenden Systemen statt. Es sind Systeme zu unterscheiden, die Konnektionsobjekte erzeugen, z.B. Quellen, Sender, Fabriken, Kraftwerke usw., die Objekte aufnehmen und lagern (speichern), z.B. Warenlager, Energiespeicher, Informationsspeicher usw., und die Objekte aufnehmen, verändern und dann weitergeben. Die Veränderung kann dabei sehr vielfältig sein. Sie reicht von einfachen Anpassungen für den Konnektionsweg (Verpak-

Tabelle 1.2 Versuch einer ersten Zusammenstellung von Aussagen unter dem gemein-
Sie entsprechen der Kürze wegen nicht immer dem gleichen Abstraktionsniveau und sind

Konnektion	physikalisch-chemische Prozesse		Lebensprozesse			
	passiver Transport	passiver Energieausgleich	aktiver Transport	energetische Prozesse	genetische Prozesse	informationelle Prozesse im Lebewesen
beispielhafte Spezifizierungen	Druckausgleich Diffusion Osmose Ionentransport Elektronenbewegung Tunneleffekt	Wärmeleitung potentielle-kinetische Energie Aktio-Reaktio Chemische Reaktion	Aufnahme von Nahrung und Abgabe der verbrauchten Stoffe Transportprozesse an Zellmembranen Kreislauf Wassertransport in Pflanzen Bewegung der Organismen selbst	Photosynthese ATP als Energieträger Muskel	DNS-Replikation RNS-Transkription Proteinsynthese Mitose Meiose	Mechanismen in Neuronen und Gehirnen Wirkung von Hormonen
Konnektionsobjekt	Stoffe Substanzen	Energie	Stoffe Substanzen	Energieträger	Makromoleküle	Erregungen Transmittersubstanzen Elektrizität Hormone
Systeme	meist abgeschlossenes System	meist abgeschlossenes System	Membranen Organellen Zellen Lebewesen	Chlorophyll Mitochondrien Enzymsysteme Muskel	Chromosomen Doppelhelix Zellkern Zellplasma	Neuronen Ganglien Kerne im Gehirn Gehirn Muskeln Drüsen
Konnektionsweg	Diffusionsweg leitende Verbindung	leitende Verbindung	ausgezeichnete Stellen auf den Membranen Darm Gefäßsystem	Enzymsysteme auf den Membranen	Zellflüssigkeit	Nervenfasern
Konnektionsanpassung		Katalysatoren	Na-Ka-Pumpe spezielle Zellen und Zellorganellen	Fettzelle Enzyme Vitamine	m-RNS t-RNS genetischer Kode	parallele Prozesse
Konnektionsstörungen	Hindernisse Entfernung	Aktivierungsenergie	Hindernisse störende Substanzen	Stoffwechselgifte	Strahlung Mutation Inhibition Histone	Nervengifte
Speicherung von Konnektionsobjekten			spezielle Zellen und Zellorganellen	Mitochondrien Fettzelle	Doppelhelix Chromosomen Samen	individuelles und Artgedächtnis

samen Aspekt der Konnektion. Alle eingetragenen Begriffe sind nur beispielhaft zu werten, daher z. T. auch mehrdeutig

	Prozesse der Technik und in der Gesellschaft				
informationelle Prozesse zur Umwelt	Gütertransport	Personentransport	Energiewesen	Nachrichtenwesen	menschliche Kommunikation
Wahrnehmen Verhalten	Eisenbahn Lastwagen Schiff Flugzeug Pipelines Wasserleitung	Eisenbahn Auto Flugzeug Schiff	Stadtgas Tankstellennetz Elektrisches Netz	Presse Rundfunk Fernsehen Telefon Briefpost Fernschreibtechnik	Unterhaltung Konferenzen und Tagungen Theater und Konzert Bibliotheken und Ausstellungen Bildungswesen gesellschaftliche und politische Massenorganisationen
Erregungsmuster im Gehirn	Stoffe Materialien Güter	Personen	Energieträger	Information	Information
Sinneszellen Gehirn Muskeln	Bahnhöfe Häfen Fabriken Schiffe	Bahnhöfe Häfen Wohnungen Hotels Flugzeuge	Kraftwerke Umspannwerke Gaswerke Tankstellen	Rundfunk- und Fernsehsender Rundfunk- und Fernsehempfänger Nachrichtenagenturen Verlage Druckereien Postämter	einzelne Menschen Menschengruppen Räume in Gebäuden
Luft Wasser Lichtausbreitung	Straßen Schienen Flüsse Luftlinien Wasserleitung Pipelines	Straßen Wege Schienen Flüsse Kanäle	Gasleitung Freileitung Kabel	Leitungen Kabel elektromagnetische Wellen über Gütertransport	Versammlungsorte über Nachrichtenwesen
Selektivität und Spezifik der Sinnesorgane	Kontainer	Reisekomfort Schlaf- und Speisewagen	genormte Spannungen Benzinkanister Gasflaschen	unterschiedliche und vielfältige Kodierungen	Ausstattungen der Räume Mikrophontechnik Beleuchtungstechnik
Täuschungen	technische Mängel fehlende Reserven	technische Mängel	technische Mängel fehlende Reserven	technische Mängel technische Störungen Rauschen jeglicher Art, fehlende Kenntnis des Kodes	Mißverständnisse unterschiedliche Sprachen bewußte Fehlinformation
Gedächtnis	Behälter Lagerräume und -hallen Kühlhallen		Staubecken Gasometer Behälter Batterien Akkumulatoren	Bücher Magnetbänder Schallplatten	über Nachrichtenwesen, im Gedächtnis des Menschen, als Fertigkeiten, know how, wiss. Schulen usw.

kung, Kodierung) bis zur vollständigen Umformung, wenn z.B. aus Erz Metall erzeugt wird, aus Wärme elektrische Energie oder aus elektrischer Energie Information. Weiter läßt sich zeigen, daß Konnektion nie Selbstzweck ist, sondern stets gewisse Bedürfnisse zu befriedigen hat. Die entsprechende Zielstellung und Zwecksetzung folgt aber nie aus dem Konnektionssystem selbst, sondern aus einem hierarchisch übergeordneten.

Im gewissen Sinne mag die Einführung des Oberbegriffs Konnektion formal oder gar überflüssig erscheinen. Sie bringt jedoch verschiedenen Nutzen. So sind u. a. die Gebiete des Transports, Energiewesens und der Nachrichtentechnik in der Theorie und den Anwendungen unterschiedlich weit erschlossen. Die Überprüfung dieses Fakts zeigte und noch mehr läßt sie erwarten, daß sich so allein durch formalen Vergleich unmittelbar Ergebnisse übernehmen lassen und deutlich die Unterschiede und damit Spezifika herausgearbeitet werden können. Eine allgemeine Theorie läßt dann weiter eine bessere didaktische Behandlung der Gebiete zu. Im Zusammenhang mit der Information zeigt sich hier z. B. deutlich, daß als allgemein didaktisches Paar nur System und Konnektionsobjekt gelten können, während für die Information der entsprechende Partner etwa kybernetisches System sein muß. Eine weitere Konsequenz der Konnektion besteht darin, daß mit ihrer Hilfe besonders günstig die Austauschbarkeit der Konnektionsobjekte für gewisse Zwecke untersucht werden kann. Wieweit lassen sich z. B. Reisen zu Konferenzen durch Konferenzen mit modernen elektronischen Medien, also durch Einsatz von Audio- und Videotechnik, ersetzen? Eine andere Problematik betrifft vor allem philosophische Fragen, z. B. ob Information eine allgemeine Eigenschaft der Materie ist oder nicht. Hierauf ist später noch einmal einzugehen.

Mit Tab. 1.2 ist der Versuch unternommen, beispielhaft einige Aussagen zur Weite des Konnektionsbegriffes und seiner Spezifierungen zusammenzufassen. Dabei wird der Begriff der Information — wenn zunächst auch nur intuitiv — weiter eingegrenzt. An einigen Stellen, wo noch andere Begriffe stehen, z. B. Makromolekül, Erregungsmuster, Hormone usw., könnte er durchaus noch auftauchen. Dies zeigt aber nur, daß der Begriff Konnektionsobjekt in mehrfach hierarchischer Hinsicht spezifierbar ist.

2. Grundaussagen zur Informationstheorie

Im Zeitraum um 1949 gab es drei für die Informationstechnik wichtige Ereignisse:

- die Entdeckung des *Transistoreffekts* durch J. BARDEEN, W. BRITTAIN und W. SCHOCKLEY,
- die Begründung der *Kybernetik* durch das Erscheinen des entsprechenden Buchs von N. WIENER,
- die Begründung der *Informationstheorie* durch die Arbeit [S17] von C. SHANNON.

Rückblickend entsteht der Eindruck, daß durch die beiden ersten Ergebnisse die Leistungen von SHANNON in der Öffentlichkeit vergleichsweise nicht gebührend gewürdigt wurden und werden. Hat doch diese Arbeit bewirkt, daß heute die Information in fast keinem Gebiet der Wissenschaft mehr wegzudenken ist. Gewiß gab es auch vor der Arbeit von SHANNON wichtige Ergebnisse zur Informationstheorie — u. a. von GABOR, KOTELNIKOW, HARTLEY und KÜPFMÜLLER —, aber keine hatte den entscheidenden Gedanken der Entropie erreicht, und keine konnte eine auch nur annähernd so vollständige und geschlossene Theorie formulieren.

Um die Bedeutung von SHANNON (geb. 1916) zu würdigen, müssen schließlich auch noch seine ebenfalls weitgehend vergessenen Arbeiten zu Relaisschaltungen von 1938 genannt werden. Mit ihnen wurden wohl erstmals wesentliche Fragen zur Booleschen Algebra und zur Automatentheorie aufgegriffen.

Die Shannonschen Betrachtungen setzen eine *allgemeine Übertragungskette* gemäß Abb. 2.1 oben voraus. Von einem *Sender* (Quelle) gehen elektrische Signale aus; mittels der *Kodierung* werden sie dem vorhandenen Übertragungskanal angepaßt. Auf ihn werden in der Regel alle *Störungen* der Übertragung reduziert. Nach dem Kanal erfolgt die *Dekodierung* so, daß der *Empfänger* wieder möglichst genau das ursprüngliche Sendersignal erhält. Für dieses Kanalschema ist bedeutsam, daß prinzipiell jede Schnittstelle als Quelle aufgefaßt werden kann. Ähnlich, wenn auch nicht so allgemein, ist jedes Kästchen mit In- und Output als *Kanal* behandelbar. Damit wird wieder die Beziehung zum allgemeinen Schema von Abb. 1.10 hergestellt. Aus dieser Sicht beschäftigt sich die Informationstheorie mit drei Bezugspunkten, der *Quelle*, dem *Kanal* und der *Anpassung* zwischen Quelle und Kanal. Sie sind in dem unteren Teil von Abb. 2.1 aufgeführt; dabei werden der Ausschnitt aus der Übertragungskette, wichtige Begriffe und Maßgrößen angegeben. Zwischen den drei Fällen gibt es Übergänge. In der obersten Reihe wird eine Quelle allein betrachtet. Sie existiert u. a. dann, wenn eine Übertragungskette nur bezüglich des Informationsflusses betrachtet wird. Sie wird durch eine bestimmte endliche Anzahl *unterscheidbarer Zustände* (z.B. diskrete Pegel) charakterisiert. Sie können als Alphabet bezeichnet werden. Für die weitere Quellenbetrachtung ist es notwendig, die *Wahrscheinlichkeiten* für die einzelnen Pegel, Buchstaben usw. zu kennen. Sie sind besonders zuver-

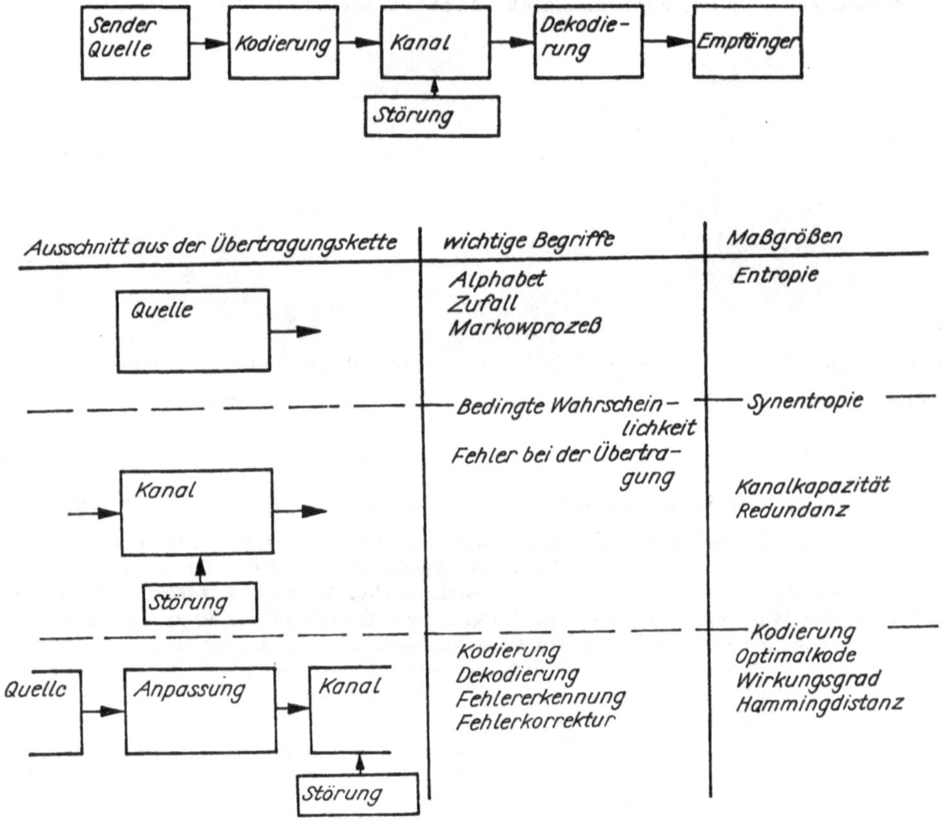

Abb. 2.1 Das allgemeine Kanalschema von SHANNON (oben) und die drei wesentlichen Bezugspunkte der Aussagen der Informationstheorie.

lässig zu gewinnen, wenn auf physikalische Ursachen für das Entstehen der jeweiligen Verteilung geschlossen werden kann. Anderenfalls sind Schätzungen notwendig. Sie lassen sich z.B. bei einem hinreichend langem Versuch (Gesetz der großen Zahl) aus den *Häufigkeiten* der Pegel usw. gewinnen. Das Maß für eine Quelle, welche Signale usw. mit bestimmten Wahrscheinlichkeiten erzeugt, ist die *Entropie*.

Sollen nun Signale, die aus Folgen solcher Pegel usw. bestehen, über einen (eventuell gestörten) Kanal übertragen werden, so gibt es Grenzwerte des maximalen Übertragungsflusses. Es ist eine wesentliche Aussage der Informationstheorie, daß immer eine theoretisch völlig fehlerfreie Übertragung möglich ist. Der zugehörige maximale *Informationsfluß* ist die *Kanalkapazität*. In der Praxis wird dieser Wert bestenfalls als Grenzwert erreicht. Der quantitative Abstand vom Grenzwert wird *Redundanz* bezeichnet.

In vielen Fällen hat die Quelle derartige Eigenschaften, daß nur eine sehr schlechte Ausnutzung des gegebenen Kanals eintreten würde. Dann ist es nützlich, eine *Anpassung* zwischen Quelle und Kanal vorzunehmen. Dies erfolgt durch *Kodierung*. Dabei sei hier dieser Begriff zunächst sehr weit gefaßt. In den meisten Fällen wird hinter dem Kanal wieder das Originalsignal benötigt. Daher muß dann die Kodierung zurückgenommen werden (Dekodierung).

In vielen Anwendungen werden nicht digitale bzw. diskrete, sondern kontinuierliche (stetige, analoge) Signale verwendet. Hierauf wird in Abschn. 2.4. eingegangen.

2.1. Entropie

Der Begriff *Entropie* wurde zuerst von CLAUSIUS 1865 als thermodynamische Zustandsgröße eingeführt. BOLTZMANN fand 1877 den Zusammenhang mit der Wahrscheinlichkeit von thermodynamischen Zuständen. Auf Vorschlag von WIENER wurde er dann 1949 von SHANNON im Zusammenhang mit der Information verwendet. Seit mehreren Jahren ist jetzt erwiesen — nachdem es zuvor hierzu viele Meinungsverschiedenheiten gab —, daß die *thermodynamische* und *informationstheoretische Entropie* ineinander überführbar sind. Sie haben also einen nahezu gleichen inhaltlichen Ursprung. Er hängt mit Ordnungszuständen, Vorhersagbarkeit und Wahrscheinlichkeit zusammen. Darauf wird später eingegangen. An dieser Stelle sei nur die informationstheoretische Entropie behandelt. Sie kann zumindest auf drei Wegen eingeführt werden, wobei es natürlich auch noch Kombinationen gibt:

- indem die Formel einfach hingeschrieben und mit ihr gearbeitet wird,
- indem die Eigenschaften eines Maßes der Information begründet werden und daraus die Formel als (einzige) Möglichkeit gewonnen wird,
- indem entsprechend einer optimalen Fragestrategie oder eines minimalen Entscheidungsgehaltes die Unsicherheit des Ausganges von Experimenten mit Wahrscheinlichkeitscharakter bestimmt wird.

Da der letzte Weg im Übergang zum Kapitel 3 behandelt wird und der erste trivial ist, soll hier der zweite benutzt werden. Die Grundsituation kann durch eine Vielzahl von anschaulichen Modellen beschrieben werden.

Es sei ein System gegeben, das genau n *unterscheidbare Zustände* A_i, $i = 1, \ldots, n$, annehmen kann. Die *Wahrscheinlichkeit* für das Auftreten des Zustandes A_i sei $p(A_i)$, wobei die Normierung

$$\sum_{i=1}^{n} p(A_i) = 1 \tag{1}$$

erfüllt sein muß. Beim System kann es dann noch einschränkende Bedingungen dadurch geben, daß die Zustände A_i und der zeitliche Folgezustand A_j nicht unabhängig voneinander sind. Der Übergang vom Zustand A_i zum Zustand A_j erfolgt ebenfalls mit einer bestimmten Wahrscheinlichkeit $p(A_i; A_j)$. Die informationstheoretische Frage lautet hier etwa: Wie groß ist die Unsicherheit, daß der Zustand A_i zu einer bestimmten Zeit auftritt?

Ein äquivalentes System stellt eine Urne dar, in der N Kugeln liegen, wobei es sich um n unterscheidbare Klassen mit $n < N$ handelt. Hier ist die Wahrscheinlichkeit, daß eine Kugel der Klasse A_i aus n bei einem Versuch gezogen wird, direkt berechenbar. Bei durchgeführten Versuchen tritt eine bestimmte *Häufigkeit* dafür auf. Sie nähert sich entsprechend dem Gesetz der großen Zahl der theoretischen Wahrscheinlichkeit. Die *Information* entspricht hier etwa der *Vorhersagbarkeit* von einem Ereignis (Herausnahme einer bestimmten Kugel) bzw. von Ereignisfolgen. Insofern kann Information als *beseitigte Unsicherheit* bezeichnet werden.

Allgemein seien die unterscheidbaren Zustände des Systems bzw. die Klassen von Kugeln usw. als unterscheidbare Symbole A_i benannt. Ihre Menge bildet das Alphabet. Ein Alphabet besteht dann aus n Symbolen (Buchstaben), die mit bestimmten Wahrscheinlichkeiten auftreten. Über dem Alphabet existiert also ein Wahrscheinlichkeitsfeld. Dies ist die allgemein formulierte Voraussetzung der Informationstheorie. (Die bedingten Wahrscheinlichkeiten werden im Abschn. 2.2. behandelt.)

2.1.1. Ableitung der Entropieformel

Es kommt nun darauf an, ein Informationsmaß zu finden, das in einsichtiger Weise den Zusammenhang zwischen der *intuitiven Informationsmenge* für eine Vorhersage und den gegebenen *Wahrscheinlichkeiten* herstellt. Die Informationsmenge I wird also eine Funktion H sein, z. B.:

$$I = H[p(A_i)] . \tag{2}$$

Dabei stellt H die nun abzuleitende Entropiefunktion, kurz Entropie, dar. FEINSTEIN hat gezeigt, daß sie sich aus den folgenden *vier minimalen Forderungen* zwangsläufig ergibt:

1. $H(p, 1-p)$ ist eine stetige Funktion von p für $0 \leqq p \leqq 1$.
2. $H(p_1, \ldots, p_n)$ ist symmetrisch in allen Variablen.
3. Für $p_n = q_1 + q_2$ mit $q_1, q_2 \geqq 0$ gilt das Verfeinerungstheorem

$$H(p_1, \cdots, p_{n-1}, q_1, q_2) = H(p_1, \ldots, p_n) + p_n H\left(\frac{q_1}{p_n}, \frac{q_2}{p_n}\right). \tag{3}$$

4. Es gilt die Normierung

$$H(\tfrac{1}{2}, \tfrac{1}{2}) = 1 . \tag{4}$$

Statt der zugehörigen komplizierten Ableitung sei hier mehr eine einfache, dafür aber anschaulichere, versucht. Es sei dazu zunächst angenommen: Die einzelnen Symbole A_i seien gleichwahrscheinlich und treten unabhängig voneinander auf. Dann gilt für jedes einzelne A_i

$$p(A_i) = \frac{1}{n} . \tag{5}$$

Die *Entropie* wird in diesem Fall monoton mit der *Anzahl der Symbole* wachsen. Also für zwei Alphabete mit den Anzahlen n_1 und n_2 gilt:

$$H(n_1) > H(n_2) \quad \text{bei} \quad n_1 > n_2 . \tag{6}$$

Da bei nur einem Symbol ($n = 1$) keine Unsicherheit bezüglich des Ausgangs von Versuchen besteht, gilt insbesondere

$$H(1) = 0 . \tag{7}$$

Für zwei unabhängige Versuche (System bzw. Urnen) gilt für die Wahrscheinlichkeiten das Multiplikationsgesetz

$$p(A_i; B_i) = p(A_i) \cdot p(B_i) . \tag{8}$$

Die *Unsicherheit* für die Vorhersage, also die Entropie, muß aber durch die Summe bestimmt sein:

$$H(A_i; B_i) = H(A_i) + H(B_i) . \tag{9}$$

Unter Beachtung von Gl. (5) bis (9) kommt für die Funktion H in Gl. (2) nur noch der Logarithmus in Betracht. Damit gilt also

$$H_i = c\,{}^x\!\log \frac{1}{p(A_i)} . \tag{10}$$

Hierin ist c ein Faktor und x die Basis des Logarithmus. Beide sind noch unbestimmt. Für den gleichwahrscheinlichen Fall gilt

$$H_i = c\,{}^x\!\log n . \tag{11}$$

Dies gilt für einen einzelnen Versuch. Er tritt mit der Wahrscheinlichkeit $1/n$ auf. Folglich muß die Wahrscheinlichkeit auch im Faktor c enthalten sein. Dadurch gilt für die Unbestimmtheit des Versuchsausgangs eines Ergebnisses allgemein

$$H_i = p(A_i)\,{}^x\!\log \frac{1}{p(A_i)} . \tag{12}$$

Zur Bestimmung der Basis des Logarithmus wird wiederum ein einfacher Spezialfall herangezogen: Es sei $n = 2$, und beide Symbole treten gleichwahrscheinlich auf. Hierbei soll definitionsgemäß $H = 1$ werden. Das erfüllt die Basis 2. Damit ist die *Maßeinheit* der *Information* zu 1 Bit vollständig festgelegt. Folglich gilt für die Unbestimmtheit eines einzelnen Versuchs nach Gl. (12)

$$H_i = -\, p(A_i) \operatorname{ld} p(A_i) . \tag{13}$$

Für das System insgesamt gilt dementsprechend

$$H = -\sum_{i=1}^{n} p(A_i) \operatorname{ld} p(A_i) . \tag{14}$$

Dieses ist die Entropie der Quelle, d. h. des Systems, der Urne usw.

2.1.2. Drei Spezialfälle

Vier Beziehungen der hier gebrachten Ableitung haben als eigenständige Größen Bedeutung. Sie sind in Tab. 2.1 zusammengestellt. Die Funktion der Einzelentropie besitzt bei $p = 1/e \approx 0{,}3679$ ein Maximum von 0,5307 und wird für $p = 0$ und $p = 1$

Tabelle 2.1. Formeln und Bezeichnungen von Informationsgrößen

Formel	Bezeichnung	Bemerkungen
$H_0 = \mathrm{ld}\, n$	Entscheidungsgehalt	Anzahl der minimal notwendigen Entscheidungsschritte zur Bestimmung eines Symbols aus n gleichwahrscheinlichen. Die Formel wird zuweilen auch bei nichtgleichwahrscheinlichem Auftreten verwendet.
$I_i = -\mathrm{ld}\, p(A_i)$	Informationsgehalt	Verallgemeinerung des Entscheidungsgehaltes für nichtgleichwahrscheinliche Ereignisse.
$H_i = -p(A_i)\, \mathrm{ld}\, p(A_i)$	Einzelentropie	Informationsgehalt eines Ereignisses unter Berücksichtigung seiner Wahrscheinlichkeit des Auftretens
$H = -\sum_{i=1}^{n} p(A_i)\, \mathrm{ld}\, p(A_i)$	mittlerer Informationsgehalt oder Entropie	Ist nur auf ein System (Quelle) als Gesamtheit bezogen gültig, wobei gelten muß $\sum_{i=1}^{n} p(A_i) = 1$

selbst zu Null. Ihren Verlauf zeigt Abb. 2.2a. Der *Maximumwert* wird häufig auch als *Überraschungswert* bezeichnet. Ein Ereignis, das mit seiner Wahrscheinlichkeit auftritt, hebt sich besonders deutlich gegenüber anderen hervor.

Besitzt ein System zwei mögliche Zustände, so gilt

$$p_2 = 1 - p_1 . \tag{15}$$

Es ist daher vollständig durch Angabe einer Wahrscheinlichkeit bestimmt. Seine Entropie lautet dann

$$H = -p\, \mathrm{ld}\, p - (1 - p)\, \mathrm{ld}\, (1 - p) . \tag{16}$$

Dieser Verlauf ist symmetrisch und in Abb. 2.2b dargestellt. Die größte Information vom Wert 1 wird erreicht, wenn Gleichverteilung vorliegt.

Für *drei mögliche Zustände* ist eine allgemeine Darstellung des Informationsverlaufes nur noch als Höhenlinie gemäß Abb. 2.2 möglich. Für $p_1 = p_2 = p_3 = 1/3$ wird hier das Maximum mit $H = 1,585$ angenommen.

2.1.3. Ergänzungen

Es sei erwähnt, daß Gl. (14) auch relativ anschaulich interpretiert werden kann. Ihre Summenglieder bestehen aus dem Produkt der beiden Teile: $p(A_i)$ und $-\mathrm{ld}\, p(A_i)$. Das zweite Glied kann bei Gleichverteilung in Anlehnung an Gl. (11) als binärer Logarithmus

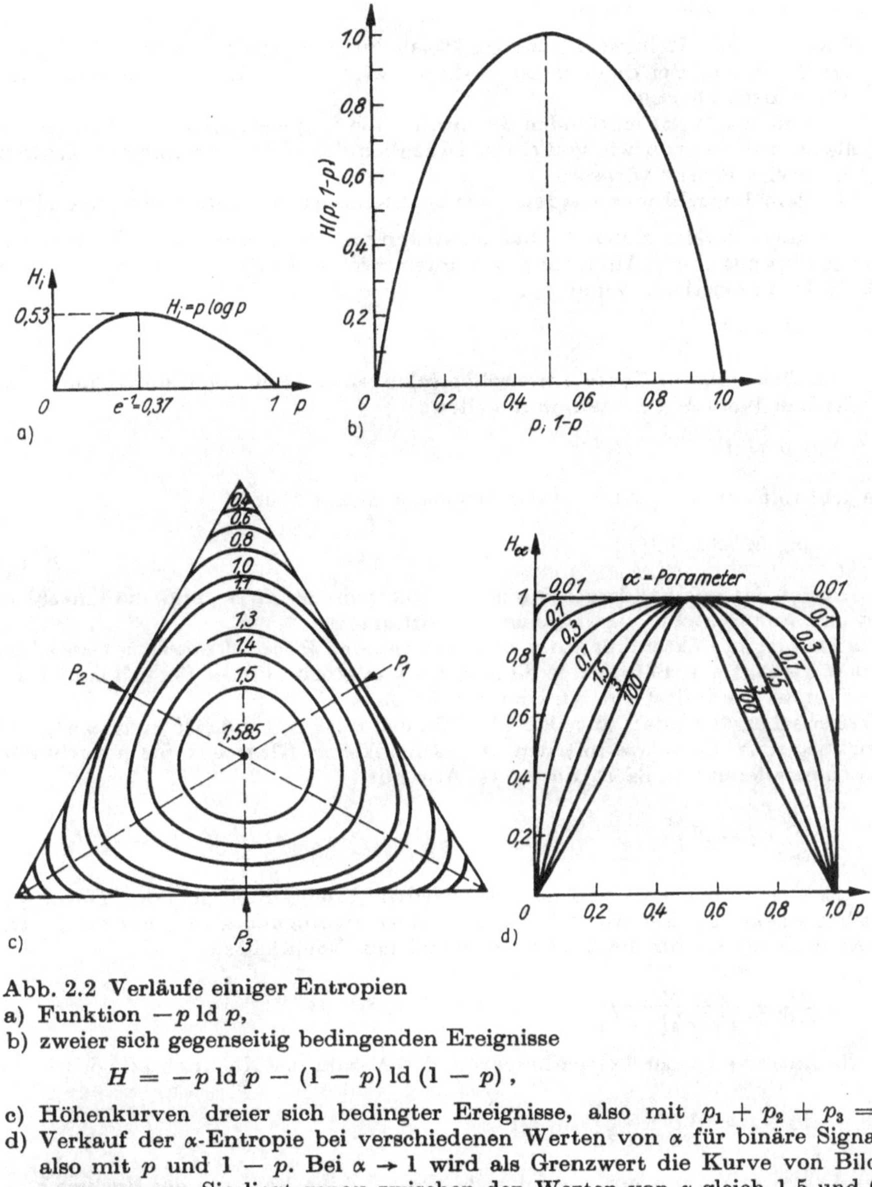

Abb. 2.2 Verläufe einiger Entropien
a) Funktion $-p \operatorname{ld} p$,
b) zweier sich gegenseitig bedingenden Ereignisse

$$H = -p \operatorname{ld} p - (1 - p) \operatorname{ld} (1 - p)\,,$$

c) Höhenkurven dreier sich bedingter Ereignisse, also mit $p_1 + p_2 + p_3 = 1$,
d) Verkauf der α-Entropie bei verschiedenen Werten von α für binäre Signale, also mit p und $1 - p$. Bei $\alpha \to 1$ wird als Grenzwert die Kurve von Bild b angenommen. Sie liegt genau zwischen den Werten von α gleich 1,5 und 0,7 in diesem Bild.

der *Stufenzahl* (später notwendige *Entscheidungsschrittzahl, Fragenzahl* n_F) betrachtet werden. Das erste Glied ist der *Erwartungswert* für das jeweilige Symbol, also $E(A_i)$. Folglich könnte vereinfacht geschrieben werden:

$$H_i = E(A_i) \operatorname{ld} n_{F_i}\,. \tag{17}$$

Der Logarithmus in den Formeln wird oft als ziemlich unvermittelt empfunden. Selbst Shannon [S17, S. 42] nennt zu seiner Begründung drei Fakten, die kurz gefaßt wie folgt wiedergegeben werden können:

- Wird bei einer Relaisschaltung ein Relais hinzugefügt, so verdoppelt sich die Anzahl der Zustände. Bei dualem Logarithmus wird aber nur dem Informationswert eine Eins hinzuaddiert.
- In ähnlicher Weise empfinden wir intuitiv die Speicherkapazität von zwei Lochkarten als doppelt so groß wie von einer. Bezüglich der damit gewinnbaren Texte wird aber die zweite Potenz wirksam.
- Mit dem Logarithmus werden viele mathematische Operationen besonders einfach.

Intuitiv hatte bereits HARTLEY das logarithmische Maß begründet. Er ging davon aus, daß ein Text aus einem Alphabet mit n unterscheidbaren Symbolen und der Symbolzahl k besteht. Dann existieren genau

$$M = n^k \tag{18}$$

mögliche *Texte*. Damit Texte aus zwei verschiedenen Alphabeten mit n_1 und n_2 Symbolen den gleichen Wert M besitzen, muß gelten:

$$n_1^{k_1} = n_2^{k_2}\,. \tag{19}$$

Dies geht mit dem Logarithmus der möglichen Texte über in

$$\log M = k_1 \log n_1 = k_2 \log n_2\,. \tag{20}$$

Die Anzahl der aneinandergereihten Symbole geht so *direkt* und die Anzahl der dabei verwendbaren Symbole *nur mit* dem Logarithmus ein.

Zu den obigen Fakten könnte u. a. auch noch das *Weber-Fechnersche Gesetz* hinzugefügt werden. Es sagt aus, daß unsere Sinnesorgane in einem weiten Bereich subjektiv nur den Logarithmus der Reizstärke wirksam werden lassen.

Weiter sei ergänzt, daß zuweilen Gl. (14) auch mittels der *Kombinatorik* abgeleitet wird. Dazu mögen N Elemente mit den unterscheidbaren Klassen 1 bis n vorliegen. In den Klassen existieren jeweils P_i Elemente. Also gilt

$$\sum_{i=1}^{n} P_i = N\,.$$

Aus diesen Elementen werden nun verschiedene Nachrichten gebildet. Dabei soll nur die jeweilige Anzahl der Elemente unter der obigen Bedingung aber nicht deren Reihenfolge eingehen. Dann gilt für die Anzahl der möglichen Nachrichten

$$N_n = \frac{N!}{P_1!\,P_2!\,\ldots\,P_n!}\,.$$

Für die Entropie ist der Logarithmus aus der Anzahl der Nachrichten wichtig

$$\mathrm{ld}\,N_n = \mathrm{ld}\,N! - \sum_{i=1}^{n} \mathrm{ld}\,P_i!$$

Für sehr große N kann nun die folgende Formel (eine Variante der Stirling-Formel) verwendet werden:

$$\mathrm{ld}\,N! = N \cdot \mathrm{ld}\,N - N\,.$$

Folglich gilt

$$\mathrm{ld}\,N_n = N\,\mathrm{ld}\,N - N - \left(\sum_{i=1}^{\infty} P_i\,\mathrm{ld}\,P_i - P_i\right)$$

$$= N\,\mathrm{ld}\,N - \sum_{i=1}^{\infty} P_i\,\mathrm{ld}\,P_i\,.$$

Werden die relativen Anzahlen

$$p_i = \frac{P_i}{N}$$

eingeführt, so folgt

$$\text{ld } N_n = N\left(-\sum_{i=1}^{\infty} p_i \text{ ld } p_i\right).$$

Es sei noch angemerkt, daß der Ursprung der offensichtlich fundamentalen Gleichung der Form

$$-\sum_k p_k \text{ ld } p_k$$

für die Entropie nur schwer zu ergründen ist. SHANNON bezieht sich auf WIENER, und WIENER seinerseits [W14, S. 105] auf J. v. NEUMANN, verweist aber später [S111] wieder auf SHANNON.

Anschließend sei erwähnt, daß in der Mathematik auch noch ähnliche Entropiemaße entwickelt wurden. Ein Beispiel ist die *α-Entropie*, welche Gl. (14) als Grenzfall für $\alpha = 1$ enthält [R5]:

$$H_\alpha = \frac{1}{1-\alpha} \text{ ld } \sum_k p_k^\alpha .$$

Für binäre (zweiwertige) Signale folgt hieraus der Spezialfall

$$H_\alpha = \frac{1}{1-\alpha} \text{ ld } [p^\alpha + (1-p)^\alpha] .$$

Den Zusammenhang $H(p, \alpha)$ zeigt Abb. 2.2d. Er ermöglicht so einen Vergleich zur Shannon-Entropie gemäß Abb. 2.2b. Der Grenzfall $\alpha \to 1$ wird so besonders offensichtlich. Es muß betont werden, daß bereits die einfache Additionsregel für die α-Entropie nicht gültig ist.

2.2. Bedingte Entropie

Es seien jetzt zwei Ereignisse betrachtet. Sie können vollständig, teilweise oder nicht voneinander abhängen. Die vollständige oder nicht vorhandene Abhängigkeit sind zwei unterschiedliche Grenzfälle, des allgemeinen, teilweise abhängigen. Die beiden Ereignisse können auf zweierlei Art entstehen:

- Es liegen zwei Quellen vor, die gleichzeitig, d. h. parallel, die Ereignisse hervorrufen. Spezialfälle hiervon ergeben sich, wenn bei einer Übertragungskette zwei verschiedene Schnittstellen jeweils als Quellen betrachtet werden.
- Bei einer zeitlichen Signalfolge können die nacheinander ausgesandten Symbole voneinander abhängig sein.

Für die weiteren Betrachtungen sind zwei Wahrscheinlichkeiten von Bedeutung:

Die *Verbundwahrscheinlichkeit* liegt vor, wenn verlangt wird, daß bei zwei Quellen mit den Symbolen A_i bzw. B_i gleichzeitig zwei Symbole, z.B. A_n und B_m, auftreten. Sie wird als $p(A_n; B_m)$ geschrieben. Bei Unabhängigkeit der Quellen gilt:

$$p(A_n; B_m) = p(A_n)\, p(B_m) . \tag{21}$$

Bei Abhängigkeit der beiden Quellen ist die *bedingte Wahrscheinlichkeit* wichtig. Sie gibt die Wahrscheinlichkeit dafür an, daß A_n auftritt, wenn in der anderen Quelle B_m erscheint, also das Auftreten von A_n unter der Bedingung des Auftretens von B_m. Sie wird als $p(A_n \mid B_m)$ geschrieben. Zwei Sonderfälle der bedingten Wahrscheinlichkeit lauten

$$p(A_n \mid B_m) = p(A_n) \quad \text{bei Unabhängigkeit,}$$

$$p(A_n \mid B_m) = p(B_m \mid A_n) = 0, \quad \text{wenn beide Ereignisse sich ausschließen.}$$

Der Zusammenhang zwischen Verbundwahrscheinlichkeit und bedingter Wahrscheinlichkeit ergibt sich zu

$$p(A_n; B_m) = p(A_n \mid B_m)\, p(B_m) = p(B_m \mid A_n)\, p(A_n)\,. \tag{22}$$

In Analogie zu der Verbund- bzw. bedingten Wahrscheinlichkeit können auch die entsprechenden Entropien gebildet werden. Dazu werden diese Wahrscheinlichkeiten statt der einfachen Wahrscheinlichkeit in die Gl. (14) eingesetzt. Für die *Verbundentropie* gilt dann die Relation:

$$H(A_n) \leqq H(A_n; B_m) \leqq H(A_n) + H(B_m)\,. \tag{23}$$

Der linke Grenzwert liegt bei vollständiger Abhängigkeit der Quellen vor, der rechte bei Unabhängigkeit. Unter Verwendung von Gl. (22) läßt sich auch der Zusammenhang zwischen Verbund- und bedingter Entropie gewinnen. Es gilt

$$\begin{aligned} H(A_n; B_m) &= H(A_n) + H(B_m/A_n) \\ &= H(B_m) + H(A_n/B_m)\,. \end{aligned} \tag{24}$$

Anschaulicher läßt sich dies im Venn-Diagramm gemäß Abb. 2.3 darstellen. Als bisher noch nicht definierte Entropie tritt dabei die schraffierte Fläche auf. Sie wird als *Transinformation* oder besser als *Synentropie* bezeichnet.

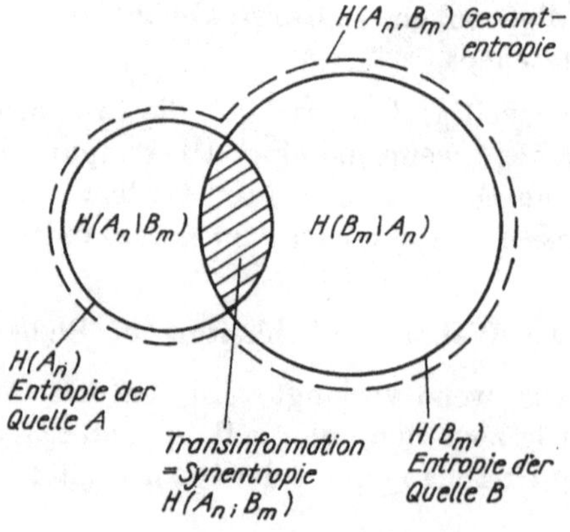

Abb. 2.3 Venn-Diagramm für den Zusammenhang verschiedener Entropien.

Tabelle 2.2 Zusammenstellung der Bezeichnungen und Formeln verschiedener Entropien

Begriff	Bezeichnung	Formel	Zusammenhang mit anderen
Entropie	$H(A_n)$	$= -\sum_n p(A_n) \operatorname{ld} p(A_n)$	
bedingte Entropie	$H(A_n \mid B_m)$	$= -\sum_m p(B_m) \sum_n p(A_n \mid B_m) \operatorname{ld} p(A_n \mid B_m)$	$\neq H(B_m \mid A_n)$ $= H(A_n, B_m) - H(B_m)$ $= H(A_n) - H(A_n; B_m)$
Verbundentropie bzw. Gesamtentropie	$H(A_n, B_m)$	$= -\sum_n \sum_m p(A_n, B_m) \operatorname{ld} p(A_n, B_m)$	$= H(B_m, A_n)$ $= H(A_n) + H(B_m \mid A_n)$ $= H(B_m) + H(A_n \mid B_m)$ $= H(A_n \mid B_m) + H(B_m \mid A_n)$, $+ H(A_n; B_m)$ $= H(A_n) + H(B_m) - H(A_n; B_m)$
Transinformation bzw. Synentropie	$H(A_n; B_m)$	$= \sum_n p(A_n) \operatorname{ld} p(A_n) \cdot \sum_n \sum_n p(A_n, B_m) \operatorname{ld} p(A_n \mid B_m)$ $= -\sum_n \sum_m p(A_n, B_m) \operatorname{ld} \frac{p(A_n)}{p(A_n \mid B_m)}$ $= -\sum_n \sum_m p(A_n, B_m) \operatorname{ld} \frac{p(B_m)}{p(B_m \mid A_n)}$ $= -\sum_n \sum_m p(A_n, B_m) \operatorname{ld} \frac{p(A_n) \cdot p(B_m)}{p(A_n, B_m)}$	$= H(B_m; A_n)$ $= H(A_n) - H(A_n \mid B_m)$ $= H(B_m) - H(B_m \mid A_n)$ $= H(A_n) + H(B_m) - H(A_n, B_m)$

Eine Zusammenfassung aller wichtigen Formeln enthält Tab. 2.2; spezielle Anwendung auf einen *gestörten Kanal* erfaßt Abb. 2.4. Durch die Störung sind die Eingangssignale am Ausgang nicht mehr eindeutig wiederzuerkennen. Dies wirkt sich so aus, daß ein Teil der Eingangsinformation (Entropie) nicht am Kanalausgang ankommt und statt dessen durch einen irrelevanten (zufälligen) Anteil ersetzt wird. Wirklich nutzbar ist aber nur jener Teil, der für Ein- und Ausgang gemeinsam ist. Dies ist die Synentropie oder Transinformation. Sie ist in Abb. 2.3 schraffiert gekennzeichnet. Entsprechend der speziellen Situation für den gestörten Kanal haben die einzelnen Entropien auch besondere Namen erhalten.

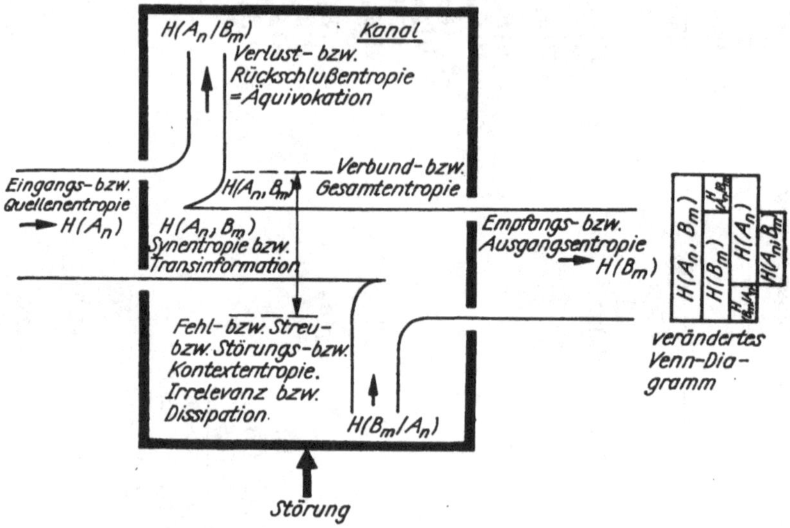

Abb. 2.4 Anwendung der verschiedenen Entropien auf den Ein- und Ausgang eines gestörten Kanals. Der in den Kanal hineingezeichnete Teil wird auch als Bergersches Diagramm bezeichnet. Rechts davon befindet sich ein stark abgewandeltes Venn-Diagramm, das den Bezug zu Abb. 2.3 herstellen soll.

2.3. Markow-Ketten

Der Begriff Markow-Kette ist in der Technik gegenüber dem ursprünglich von Markow geprägten Zusammenhang verallgemeinert worden. Bei der Originalarbeit von Markow werden nur die Zustände der Gegenwart berücksichtigt. In der *Technik* wird dagegen ein *Gedächtnis* bezüglich unterschiedlich weit zurückliegender Zustände zusätzlich einbezogen.

Bei den bisher betrachteten bedingten Wahrscheinlichkeiten und Entropien wurden zwei Quellen angenommen, die zu gleichem Zeitpunkt Symbole aussenden, die *mehr* oder weniger voneinander abhängig sind. Nun kann aber auch der Fall auftreten, daß die von einer Quelle *nacheinander ausgesandten Symbole* eine *gewisse Abhängigkeit* voneinander besitzen. Dies kann auch so beschrieben werden: Die Quelle besitzt ein *Gedächtnis* dafür, welche Symbole sie zuletzt ausgesendet hat, und wählt dementsprechend mit einer gewissen Wahrscheinlichkeit hiernach das neu auszusendende Symbol aus. Das Gedächtnis kann sich dabei nur auf das zuletzt ausgesendete Symbol oder aber auch auf die letzten m-Symbole beziehen. Je nach der Zahl m wird von der

Kettenlänge m bzw. der *Ordnung m der Markow-Kette* gesprochen. Das Gedächtnis der Länge m kann auch durch entsprechende innere Zustände beschrieben werden. Bei n verschiedenen Symbolen werden für die Länge m genau n^m verschiedene Zustände benötigt. (Vgl. hierzu als Beispiel Abb. 2.5.) Jeder einmal so angenommene Zustand berücksichtigt dann genau die letzten m Symbole

$$Z_s = Z(A_1, A_2, \dots, A_m) \tag{25}$$

Zwischen diesen *Zuständen Z_s* existieren maximal insgesamt n^{m+1} *Übergänge*, denen bestimmte Wahrscheinlichkeiten zugeordnet sind. Während dieser Übergänge von z.B. Z_k nach Z_l wird jeweils ein bestimmtes Symbol A_i ausgesandt. Für seine Wahrscheinlichkeit wird deshalb das Symbol $p^i_{k|l}$ benutzt. Da bestimmte Teilsummen von Wahrscheinlichkeiten den Wert 1 besitzen müssen, sind nur $(n - 1)\, n^m$ Wahrscheinlichkeiten frei wählbar. Außerdem können für diese Beschreibung noch n^m Start-

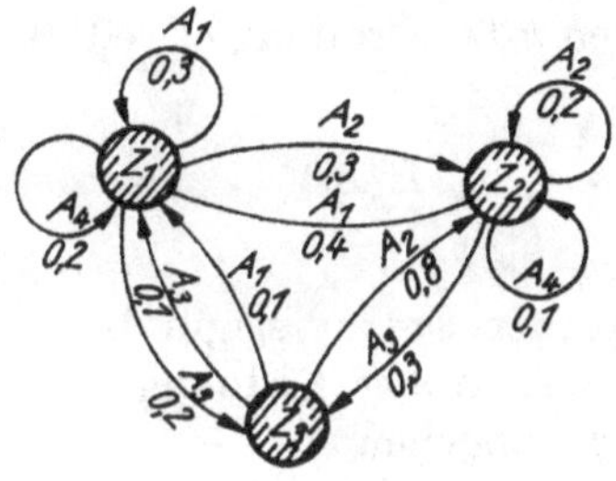

Abb. 2.5 Graph als Beispiel zur Darstellung von Markow-Prozessen. Es existieren hier die drei Zustände Z_1, Z_2, Z_3 mit 11 Übergängen, deren Übergangswahrscheinlichkeiten ungleich Null sind (Zahlenwerte als Beispiel angeschrieben). Bei jedem Übergang wird eines der Symbole A_1 bis A_4 ausgesandt [K17].

wahrscheinlichkeiten p_{s0} zu den einzelnen Zuständen benutzt werden. Weiter existieren die ergodischen (stationären) Wahrscheinlichkeiten p_s. Sie geben an, mit welcher Wahrscheinlichkeit die einzelnen Zustände im Mittel über eine lange Zeit angenommen werden. Die Markow-Ketten entsprechen somit dem *stochastischen Automaten mit Gedächtnis.*

Die Entropie der Markow-Ketten bedarf einer besonderen Betrachtung. Es lassen sich zwei Entropien unterscheiden. Wird die Entropie auf einen Zustand bezogen, so existiert die *Zustandsentropie*

$$H_{Z_l} = -\sum_{k=1}^{m} \sum_{i=1}^{n} p^i_{k|l} \operatorname{ld} p^i_{k|l}\,. \tag{26}$$

Wird die Entropie auf ein Symbol bezogen, so müssen alle Zustände berücksichtigt werden. Die entsprechende Größe heißt *Entropiebelag*

$$H_b = -\sum_{l=1}^{m} \sum_{k=1}^{m} \sum_{i=1}^{n} p_l p^i_{k|l} \operatorname{ld} p^i_{k|l}\,. \tag{27}$$

Beim Beispiel von Abb. 2.5 berechnen sich die ergodischen Wahrscheinlichkeiten zu $p_1 = p_2 = 0{,}4$ und $p_3 = 0{,}1$. Folglich beträgt der Entropiebelag 1,917 bit/Symbol.

Ähnlich wie für die bedingte Entropie sind auch für den Entropiebelag Abschätzungen möglich. Für eine Kette der Ordnung m und ein erstes Kettensymbol A_i gilt

$$\frac{1}{m} H(A_i) \leqq H_b \leqq H(A_i) . \tag{28}$$

Das linke Gleichheitszeichen gilt, wenn durch das erste Symbol alle weiteren determiniert, also vollständig von ihm abhängig sind; das rechte Gleichheitszeichen bei vollständiger Unabhängigkeit der Symbole.

Bei Markow-Ketten 1. Ordnung wird jeweils das Folgesymbol nur vom vorangegangenen beeinflußt. Deshalb sind hier die Ergebnisse der bedingten Entropie anwendbar. Dort bezogen sie sich auf zwei Quellen. Dies bedeutet, daß bei Markow-Ketten nur die Hälfte des Entropiewertes anzusetzen ist (vgl. Tab. 2.2).

$$H_{b2} = \tfrac{1}{2} H(A_1; A_2) = \tfrac{1}{2} [H(A_1) + H(A_1 \mid A_2)] . \tag{29}$$

Dieses Ergebnis läßt sich recht einfach auf Ketten n-ter Ordnung erweitern:

$$H_{bn} = \frac{1}{n+1} H(A_1; A_2; \dots ; A_{n+1}) \leqq \frac{1}{n+1} \sum_{i=1}^{n+1} H(A_i) . \tag{30}$$

Das rechte Gleichheitszeichen, die obere Grenze der Entropie, gilt bei der Unabhängigkeit der Symbole. Für Markow-Ketten sehr großer Ordnung (z.B. für die Sprache) läßt sich ein *Grenzwert des Entropiebelages* angeben:

$$H_{b\infty} = \lim_{n \to \infty} \frac{1}{n} H(A_1; A_2; \dots ; A_n). \tag{31}$$

Beispiele hierzu enthält Abschn. 7.2.

2.4. Kontinuierliche Signale

Aus übergeordneter Sicht ist es möglich, kontinuierliche und diskrete Größen (hier Signale) einheitlich zu behandeln. Dann stellt sich die Entropie als der Zusammenhang von Symbolen (endlich oder abzählbar unendlich vielen) mit den zugehörigen Wahrscheinlichkeiten dar. In der Technik ist es aber üblich, diskrete (meist digitale) und kontinuierliche (stetige, analoge) deutlich zu unterscheiden. Diese Konsequenz erzwingt hier, so wie es auch schon bei SHANNON geschah, die kontinuierlichen Signale getrennt zu behandeln. Das Alphabet, die Zustände usw. liegen dann beliebig dicht in einem gegebenen Intervall. Diesen beliebig dicht liegenden Werten wird dabei statt der Wahrscheinlichkeit eine *Wahrscheinlichkeitsdichte* zugeordnet. Dieser Übergang sei am Beispiel von Abb. 2.6 betrachtet. Die Wahrscheinlichkeit im Punkt x_0 mit der Meßbreite Δx ergibt sich aus der relativen Zeitsumme, während derer das Signal $f(t)$ diesen Bereich durchläuft, und zwar bezogen auf die Gesamtdauer des Signals. Sie beträgt $p(x_0) \cdot \Delta x$. Es ist zu beachten, daß die x-Werte nicht mit Maßeinheiten behaftet sein dürfen. Handelt es sich bei den Betrachtungen also z.B. um Spannungen X oder

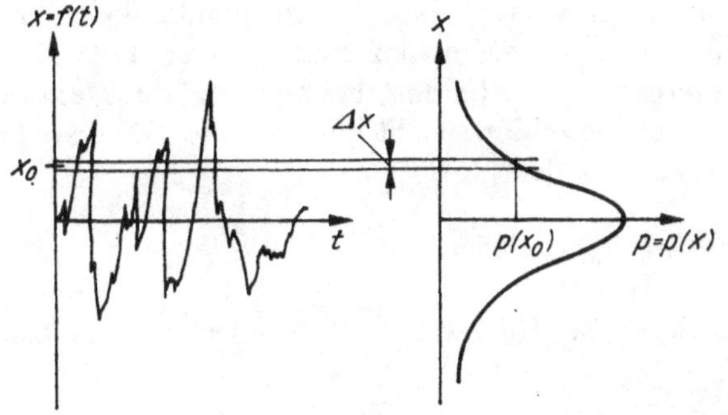

Abb. 2.6 Zeitlicher Verlauf eines ausgewählten, kontinuierlichen Signals (a) und die damit zusammenhängende Wahrscheinlichkeitsdichte (b). Die Wahrscheinlichkeitsdichte ist hier zur besseren Übersicht bezüglich der Konstruktion um 90° verdreht. Die abhängige Größe $p(x)$ zeigt sonst nach oben.

andere physikalische Größen, so muß eine Bezugsgröße X_0 eingeführt werden, und es gilt

$$x = \frac{X}{X_0} \,. \tag{32}$$

Der Wert $p(x_0) \cdot \Delta x$ kann unmittelbar in die Entropiegleichung (14) eingesetzt werden. Dabei werde angenommen, daß $2n + 1$ Intervalle der Breite Δx für den Wertebereich der Funktion genügen. Dann folgt

$$H(x) = -\lim_{\substack{\Delta x \to 0 \\ n \to \infty}} \sum_{i=-n}^{n} p(x_i)\, \Delta x \,\mathrm{ld}\, [p(x_i)\, \Delta x] \,. \tag{33}$$

Beim Grenzübergang entstehen zwei Glieder

$$H(x) = -\int_{-\infty}^{+\infty} p(x)\,\mathrm{ld}\, p(x)\, dx - \lim_{\Delta x \to 0} \sum\, [p(x)\,\mathrm{ld}\,\Delta x]\, \Delta x \,. \tag{34}$$

Dabei wächst das zweite Glied beim Grenzübergang über alle Maße. Dies hat zur Folge, daß es *bei kontinuierlichen Signalen* im Gegensatz zu diskreten *keine absolute Entropie* gibt. Sobald aber zwei Entropien aufeinander bezogen werden, kürzt sich das zweite Glied heraus. Deshalb stellt das erste Glied eine relative Entropie dar, die am besten mit einem kleinen $h(x)$ bezeichnet wird.

$$h(x) = -\int_{-\infty}^{+\infty} p(x)\,\mathrm{ld}\, p(x)\, \mathrm{d}x \,. \tag{35a}$$

Hierzu gehört natürlich die Nebenbedingung

$$\int_{-\infty}^{+\infty} p(x)\, \mathrm{d}x = 1 \,. \tag{35b}$$

Die relative Entropie $h(x)$ nimmt für verschiedene Wahrscheinlichkeitsverteilungen unterschiedliche Werte an. Je nach vorgegebenen Bedingungen läßt sich mittels *Variationsrechnung* ein bestimmtes $p(x)$ bestimmen, bei dem $h(x)$ ein Maximum wird. Zwei Bedingungen werden meist als besonders wichtig behandelt. Die erste liegt dann vor, wenn der *Wertevorrat eingeschränkt* ist:

$$x_1 \leqq x \leqq x_2 , \tag{36}$$

also bei *amplitudenbegrenzten Signalen*. Im zweiten Fall existiert eine *Leistungsbegrenzung*, also

$$\bar{x}^2 = \int_{-\infty}^{+\infty} x^2 \, p(x) \, dx . \tag{37a}$$

Dies entspricht

$$\bar{x}^2 = \lim_{T \to \infty} \frac{1}{2T} \int_{-T}^{+T} x^2(t) \, dt . \tag{37b}$$

Das amplitudenbegrenzte Signal verlangt für die maximale relative Entropie die Wahrscheinlichkeitsdichte

$$p(x) = \frac{1}{x_2 - x_1} , \tag{38}$$

während zum leistungsbegrenzten Signal die *Gauß-Verteilung*, also

$$p(x) = \frac{1}{\sqrt{2\pi}\,\bar{x}} \, e^{-1/2(x/\bar{x})^2} \tag{39}$$

gehört. Die entsprechenden Entropien betragen dann:

$$h(x) = \text{ld}\,(x_2 - x_1) \tag{40}$$

bzw.

$$h(x) = \text{ld}\,\sqrt{2\pi e}\,\bar{x} \approx \text{ld}\,4{,}133\,\bar{x} . \tag{41}$$

Für weitere Wahrscheinlichkeitsdichten, die nur teilweise einem Optimierungskriterium genügen, zeigen Abb. 2.7 und Tab. 2.3 die entsprechenden Zusammenhänge. In der Tabelle wurde dabei zur Verallgemeinerung z.B. der Erwartungswert x_1 (4 bis 6) bzw. die Intervallänge x_0 (1 bis 3) eingeführt. Die Werte sind in den Bildern der Tabelle erklärt.

Bei einem Kanal gemäß Abb. 2.4 sei nun angenommen, daß die Quelle ein Signal mit Gauß-Verteilung mit dem quadratischen Mittelwert $\bar{x}_Q^2$ sende. Die *Rauschquelle* besitze ebenfalls eine Gauß-Verteilung, jedoch mit dem Mittelwert $\bar{x}_R^2$. Zum Empfänger

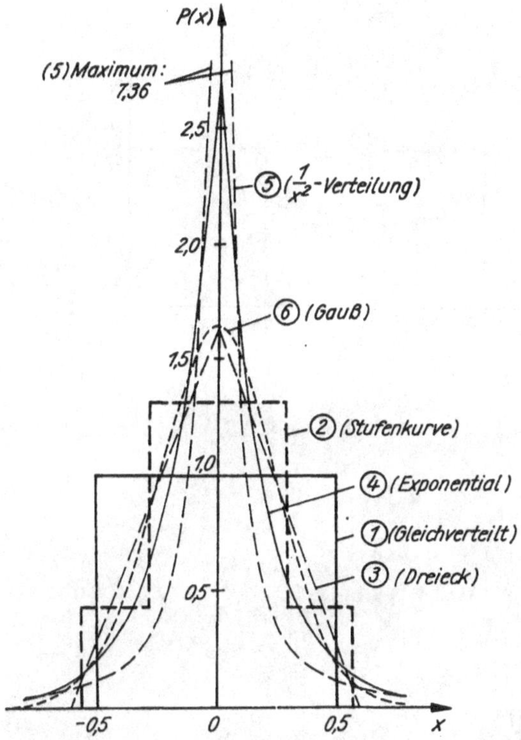

Abb. 2.7 Darstellung der Wahrscheinlichkeitsverteilungen von Tab. 2.3, wobei der Maßstab so gewählt wurde, daß alle die gleiche Entropie besitzen [P5].

gelangt dann ebenfalls eine Gauß-Verteilung, deren Mittelwert gleich der Summe der quadratischen Mittelwerte ist

$$\overline{x_E^2} = \overline{x_Q^2} + \overline{x_R^2} \,. \tag{42}$$

Damit kann die *Synentropie* vom Eingang des Kanals zum Ausgang bestimmt werden. Sie hat als Differenz einen absoluten Betrag:

$$H_{E,A} = h(x_E) - h(x_R)$$

$$= \frac{1}{2} \operatorname{ld} \frac{\overline{x_Q^2} + \overline{x_R^2}}{\overline{x_R^2}} \,,$$

$$H_{E,A} = \operatorname{ld} \sqrt{1 + \frac{P_Q}{P_R}} \,. \tag{43}$$

Sie hängt also nur vom Verhältnis der Quellen- zur Rausch-Störleistung ab. Nach diesem Prinzip lassen sich alle Vergleiche zwischen zwei relativen Entropien zu absoluten Entropien überführen. Insbesondere erhalten so alle Übertragungen der Sonderentropien gemäß Tab. 2.2 und Abb. 2.4 ihre entsprechenden Werte.

Tabelle 2.3 Beispiele von Wahrscheinlichkeitsdichten und den zugehörigen Entropien (vgl. auch Abb. 2.7). (Die Ordinaten der drei unteren Bilder sind auf das 4-fache vergrößert [F14]. Im Text wurde zur Vereinfachung bei der Gauß-Verteilung der Erwartungswert $x_1 = 0$ gesetzt)

Wahrscheinlichkeitsdichte	relative Entropie	ergibt Maximum der Entropie bei	Bild der Verteilung
1 konstant im Bereich $x_1 \leqq x \leqq x_1 + x_0$ mit $p(x) = \frac{1}{x_0}$	$h = \operatorname{ld} x_0$	amplitudenbegrenztem Signal	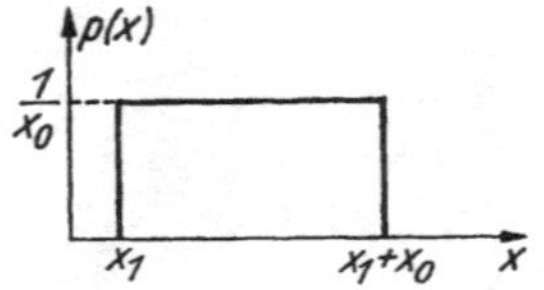
2 Stufenkurve $x_1 \leqq x \leqq x_1 + \frac{x_0}{2}$ mit $p(x) = \frac{1}{2x_0}$ und $x_1 + \frac{x_0}{2} < x \leqq x_1 + x_0$ mit $p(x) = \frac{3}{2x_0}$	$h = \operatorname{ld} 2 \cdot 3^{-3/4} x_0$ $\approx \operatorname{ld} 0{,}8774 x_0$	—	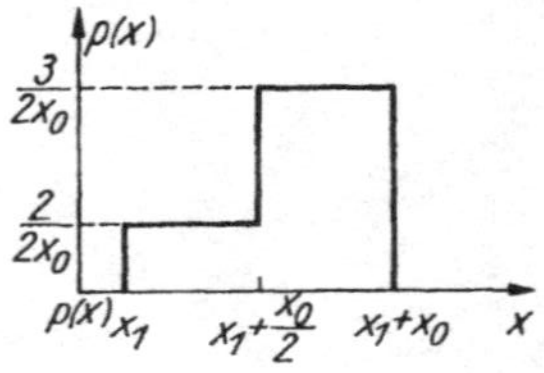
3 Sägezahn- oder Dreieckkurve $x_1 \leqq x \leqq x_1 + x_0$ einfache oder mehrfache lineare Änderung zwischen $p(x) = 0$ und $p(x) = \frac{2}{x_0}$	$h = \operatorname{ld} \frac{\sqrt{e}}{2} x_0$ $\approx \operatorname{ld} 0{,}8244 x_0$	—	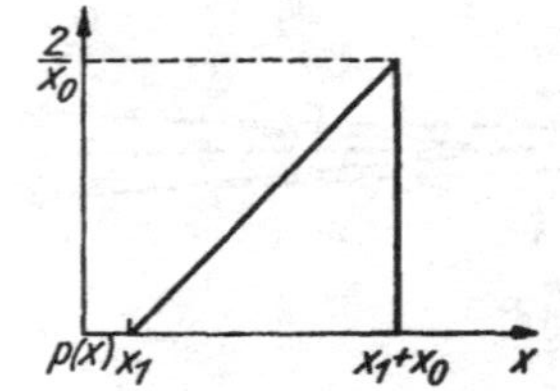 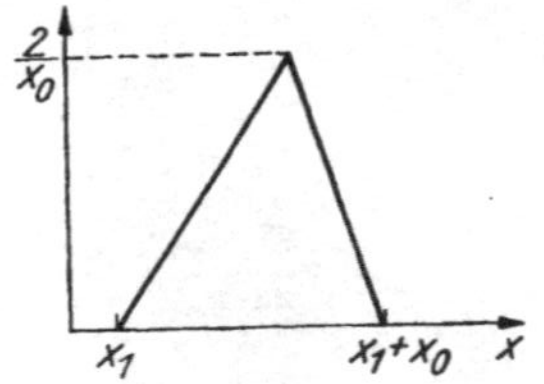

4 Exponentialkurve

$p(x) = \frac{1}{2x_0} e^{-\frac{|x-x_1|}{x_0}}$

$h = \text{ld}\, 2\text{e}\, x_0$
$\approx \text{ld}\, 5.4366 x_0$

Telegraphensignal (nur positives Signal, x_0 Erwartungswert)

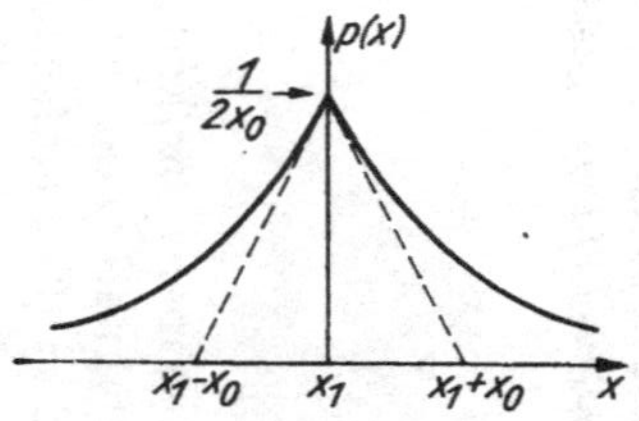

5 $\frac{1}{x^2}$-Verteilung

$p(x) = \frac{x_0}{2} \cdot \frac{1}{(x_0 + |x - x_1|)^2}$

$h = \text{ld}\, 2\text{e}^2\, x_0$
$\approx \text{ld}\, 14{,}7781 x_0$

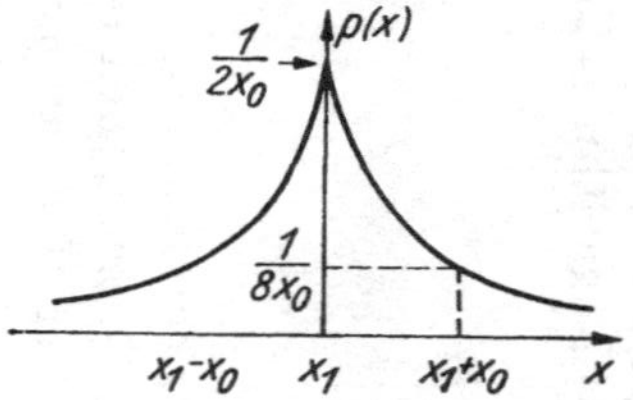

6 Gauß-Verteilung

$p(x) = \frac{1}{\sqrt{2\pi}\,\bar{x}} e^{-\frac{(x-x_1)^2}{2\bar{x}^2}}$

$h = \text{ld}\, \sqrt{2\pi}\, \text{e}\, \bar{x}$
$\approx \text{ld}\, 4.1327 \bar{x}$

leistungsbegrenztem Signal

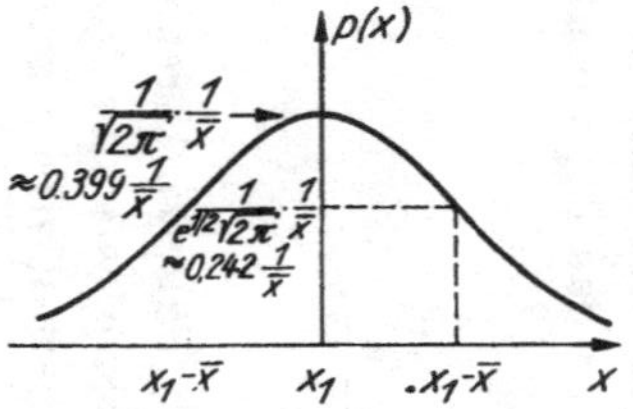

Gl. (43) kann nun mit dem *Entscheidungsgehalt* gemäß Tab. 2.1 und Gl. (10) verglichen werden. Dann ist das Argument des Logarithmus als *unterscheidbare Stufenzahl* interpretierbar.

$$n_{AS} = \frac{\sqrt{\bar{x}_Q^2 + \bar{x}_R^2}}{\bar{x}_R} . \tag{44}$$

Hiermit gelingt es auch, Fälle zu berechnen, bei denen die *Störung* nicht nur additiv, sondern *auch multiplikativ* wie das Modulationsrauschen des Magnetbandes ist. Es muß dazu zusätzlich ein statistisch gemittelter Modulationsgrad m (Zur einfacheren Schreibweise wird hier und im folgenden die Überstreichung als besonderes Kennzeichen der Mittelung fortgelassen.) eingeführt werden. Bei einem Nutzsignal x_Q entsteht so ein *Rauschsignal*

$$u_R = 2mu_Q + u_s . \tag{45}$$

Dieser Wert ist in der Amplitudenskale dem Signalwert u_Q jeweils rechts und links anzufügen. Damit sich dabei der n-te und $(n + 1)$-te Wert gerade berühren, gilt

$$u_n(1 + 2m) + u_s = u_{n+1}(1 - 2m) - u_s . \tag{46}$$

Mit der Substitution

$$u_n^+ = u_n + \frac{u_s}{2m} \tag{47}$$

folgt daraus

$$\frac{u_{n+1}^+}{u_n^+} = \frac{1 + 2m}{1 - 2m} \tag{48}$$

und durch Rekursion

$$\frac{u_{n+1}^+}{u_1^+} = \left(\frac{1 + 2m}{1 - 2m}\right)^n . \tag{49}$$

Jetzt wird die Substitution zurückgenommen und zugleich statt u_{n+1} der größte Wert u_g eingesetzt

$$\frac{u_g + \frac{u_s}{2m}}{u_s\left(1 + \frac{1}{2m}\right)} = \left(\frac{1 + 2m}{1 - 2m}\right)^{k-1} . \tag{50}$$

Aus u_g kann nun die Stufenzahl k bestimmt werden. Dabei ist zu beachten, daß der Bereich von positiven bis zu negativen Werten reicht und eine Amplitudenstufe immer vorhanden ist. Deshalb gilt

$$n_{\mathrm{AS}} = 2k - 1 = \frac{2 \lg \dfrac{2m \dfrac{u_g}{u_s} + 1}{2m + 1}}{\lg \dfrac{1 + 2m}{1 - 2m}} + 1 \,. \tag{51}$$

Die graphische Auswertung dieser Funktion zeigt Abb. 2.8. Die störende Amplitudenmodulation macht sich also vor allem bei großen Störabständen nachteilig bemerkbar.

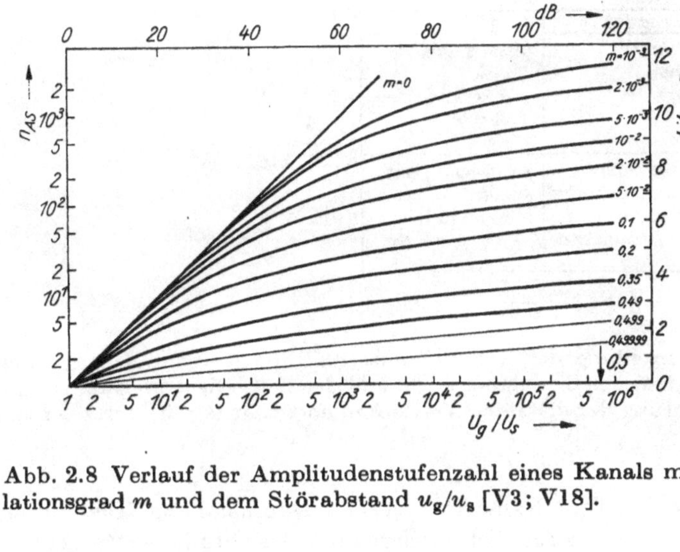

Abb. 2.8 Verlauf der Amplitudenstufenzahl eines Kanals mit störendem Modulationsgrad m und dem Störabstand u_g/u_s [V3; V18].

2.5. Abtasttheorem

Mit den letzten Betrachtungen wurde gezeigt, wie in der Amplitude kontinuierliche Signale statt der diskreten zu betrachten sind. Dabei entstand der Begriff der Amplitudenstufen. Definierte Amplitudenstufen werden in der Praxis bei quantisierten Signalen verwendet. Doch nicht nur die *Amplitudenquantelung* besitzt in der Technik ihre Bedeutung, sondern auch die *Zeitquantelung*. In den bisherigen Betrachtungen trat die Zeit überhaupt erst indirekt bei den Markow-Ketten auf. Sie ist aber generell für die Nachrichtentechnik und damit für die Informationstheorie von großer Bedeutung. Auch sie kann kontinuierlich oder diskret behandelt werden. So ergeben sich die vier Gebiete von Abb. 2.9. Es gibt dabei Signale, die nur entweder in der Zeit oder Amplitude diskret sind. Sie stellen etwas kompliziert zu Definierendes dar. So verfügen z.B. Geräte der asynchronen diskreten Technik nur über genau definierte Amplitudenwerte. Der Sprung von einem zum anderen diskreten Signalwert erfolgt bei ihnen, obwohl zumindest theoretisch voll abrupt, jedoch prinzipiell zu jeder beliebigen Zeit. Ähnliches gilt für periodische Abtastsignale. Sie werden zu genau definierten Zeiten und nur zu diesen gewonnen. Ihr Amplitudenwert ist aber zumindest theoretisch beliebig fein abstufbar. Auf Probleme, die sich bei diesen beiden gemischten Signalen infolge von Meßgenauigkeit und Störungen ergeben, soll hier nicht eingegangen werden. Mit diesem Bild sollte vielmehr aufgezeigt werden, was der *Inhalt des Abtasttheorems* betrifft. Es sagt aus, *wieviel Abtastwerte*, in welchem zeitlichen Abstand, bei einem analogen Signal notwendig sind, um es später *wieder fehlerfrei rekonstruieren* zu können. Dieses Problem ist wohl zuerst von Kotelnikow (1933) behandelt worden und wird daher auch oft mit seinem Namen belegt. Weitere Bezeichnungen sind Probensatz, Samplingtheorem. Da der Formelapparat, den Shannon beim Beweis verwendete, auf ein Interpolationstheorem von Whittaker zurückgeht,

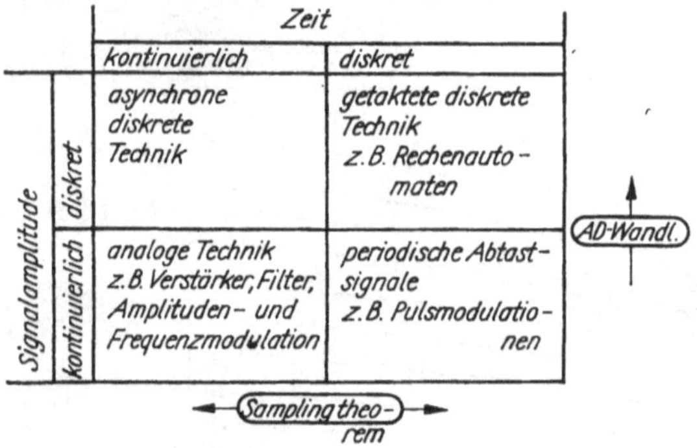

Abb. 2.9 Einteilung der Nachrichtentechnik in diskret und kontinuierlich, und zwar bezüglich der Signalamplitude und der Zeit. Die Übergänge erfolgen exakt nur in Richtung der diskreten Verfahren, und zwar jeweils durch Abtastsysteme.

erscheint auch zuweilen sein Name in diesem Zusammenhang. Das Besondere am Abtastheorem im Vergleich zum Diskretisieren der Amplitudenwerte liegt darin, daß es die Umwandlung in beiden Richtungen zuläßt. Es setzt dabei einen in der Bandbreite auf $\pm f_g$ begrenzten Signalverlauf $u(t)$ voraus. Er kann in Form eines Fourier-Integrals dargestellt werden:

$$u(t) = \int_{-f_g}^{+f_g} S(f)\, e^{-i2\pi ft}\, df\,. \tag{52}$$

Infolge der *Begrenzung der Bandbreite* kann gedanklich die Funktion $u(t)$ auch periodisch mit $2\,f_g$ widerholt werden. Dann ist sie als Fourier-Reihe entwickelbar

$$S(f) = \sum_{n=-\infty}^{+\infty} a_n\, e^{-in\pi f/f_g}\,. \tag{53}$$

Für die Fourier-Koeffizienten a_n gilt dabei

$$a_n = \frac{1}{2f_g} \int_{-f_g}^{+f_g} S(f)\, e^{in\pi f/f_g}\, df\,. \tag{54}$$

Jetzt können die negativen Fourier-Koeffizienten in (54) mit entsprechenden Werten in (52) verglichen werden. Daraus ergibt sich für die Zeitpunkte

$$t = \frac{n}{2f_g}, \; n = 0, \pm 1, \pm 2, \ldots, \tag{55}$$

folgender Zusammenhang

$$a_{-n} = \frac{1}{2f_g} u\left(\frac{n}{2f_g}\right) = \frac{1}{2f_g} u_{Tn}. \tag{56}$$

Es genügen zur Bestimmung der Fourier-Koeffizienten *also Abtastwerte* u_{Tn} im Abstand von (55). Durch sie ist die Funktion $u(t)$ vollständig bestimmt. Dieses Ergebnis war im Prinzip in der Nachrichtentechnik intuitiv lange bekannt. Das Problem war jedoch die Umkehrung, nämlich wie aus diesen Abtastwerten wieder genau die Funktion $u(t)$ herzustellen ist. Werden die Abtastwerte nur als Impulse wieder übertragen, so bedarf es einer zusätzlichen Glättung zwischen ihnen. Sie führt zu Fehlern. Dies läßt sich, wie SHANNON zeigte, mittels Whittaker-Funktionen der Form

$$w(t) = \frac{\sin 2\pi f_g t}{2\pi f_g t} \tag{57}$$

vermeiden. Diese Funktion hat, wie Abb. 2.10 zeigt, als Fourier-Transformierte ein rechteckig begrenztes Spektrum. Umgekehrt tritt sie als Spektralfunktion bei einem

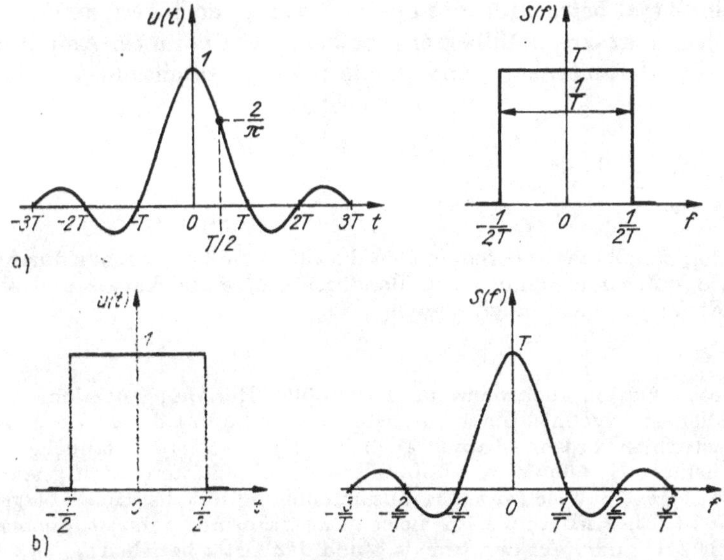

Abb. 2.10 Verlauf der Whittaker-Funktion $\frac{\sin x}{x}$; im Zeitbereich (a) besitzt sie als Fourier-Transformierte ein rechteckförmig begrenztes Spektrum, und unten (b) entsteht sie im Spektralbereich als Fourier-Transformierte eines einzelnen Rechteckimpulses. Bedeutsam sind der Wert 1 im Maximum und die periodisch wiederkehrenden Nullstellen [L18].

Rechteckimpuls auf. Mit ihrer Hilfe stellt sich die Signalfunktion dann wie folgt dar:

$$u(t) = \sum_{n=-\infty}^{+\infty} u_{Tn} \frac{\sin(2\pi f_g t - n\pi)}{2\pi f t_g - n\pi}. \tag{58}$$

Die u_{Tn} bestimmen wieder exakt die Amplitude, da alle anderen Whittaker-Funktionen infolge ihrer Verschiebung $n\pi$ gerade dort eine Nullstelle besitzen. Dies zeigt anschaulich Abb. 2.11. Dabei wurde zur Vereinfachung $(\sin x)/x = \mathrm{si}\, x$ und $2f_g = T$ gesetzt.

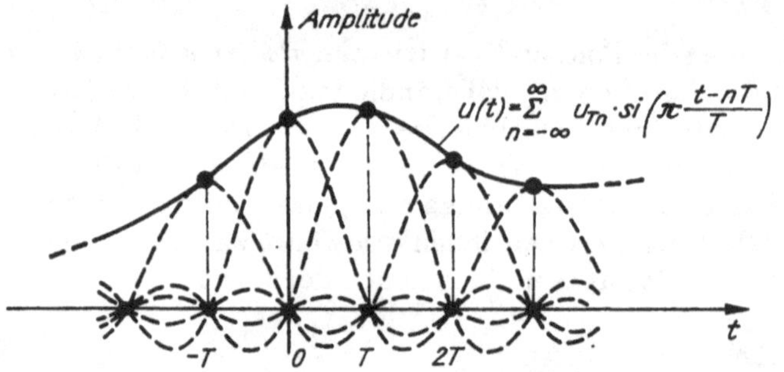

Abb. 2.11 Vereinfachte Darstellung, wie aus den einzelnen Whittaker-Funktionen wieder der Signalverlauf entsteht.

Es sei jetzt ein Signal betrachtet, das oberhalb von f_g noch geringe Energieanteile E_ε besitzt. Durch eine exakte Bandbegrenzung bei f_g tritt dann ein Amplitudenfehler A_ε auf. Sind E_0 die Gesamtenergie und A_0 die richtige Amplitude, so gilt in erster Näherung:

$$\frac{E_\varepsilon}{E_0} = 2\left(\frac{A_\varepsilon}{A_0}\right)^2 \ln\frac{A_0}{A_\varepsilon}. \tag{59}$$

In enger Beziehung zum Abtasttheorem stehen die 1924 von Küpfmüller durchgeführten Untersuchungen des Zusammenhangs von Bandbreite Δf eines Kanals und seiner Einschwingzeit Δt. Er fand damals experimentell

$$\Delta t \cdot \Delta f \geq \tfrac{1}{2}. \tag{I}$$

Deshalb wird diese Relation auch meist als Küpfmüller-Beziehung bezeichnet. Untersuchungen mit ähnlichem Ergebnis führte zur selben Zeit Nyquist durch. Deshalb wird bezüglich der Abtastung in diesem Abstand auch von Nyquist-Rate gesprochen. Zuweilen wird bei der Beziehung (I) auch von Küpfmüllerscher Unschärferelation gesprochen. Es läßt sich nämlich zeigen, daß sie im engen Zusammenhang mit der Heisenbergschen Unschärferelation steht. Sie wiederum wird meist in zwei Formen benutzt, die sich auf die Energie E und die Zeit t oder auf den Impuls p und den Ort x beziehen:

$$\Delta t \cdot \Delta E \geq h/2 \tag{II}$$

bzw.

$$\Delta p \cdot \Delta x \geq h/2, \tag{III}$$

wobei h die Plancksche Konstante mit

$$h = 6{,}624 \cdot 10^{-34}\ \mathrm{Js}$$

ist. Für die gegenseitige Umformung genügen die Größen: Ort x, Masse m, Lichtgeschwindigkeit c und Frequenz f (die sonst im atomaren Bereich mit ν bezeichnet wird). Es gelten die Relationen

$$x = ct \quad \text{bzw.} \quad \Delta x = c\,\Delta t\,, \tag{a}$$

$$p = mc\,, \tag{b}$$

$$E = mc^2\,, \tag{c}$$

$$E = hf \quad \text{bzw.} \quad \Delta E = h\,\Delta f\,. \tag{d}$$

Gl. (d) vermittelt dabei zwischen (I) und (II). Wird aus (b), (c) und (d) die Formel

$$p = \frac{h}{c} f \quad \text{bzw.} \quad \Delta p = \frac{h}{c} \Delta f \tag{e}$$

gebildet, so vermitteln (a) und (e) zwischen (I) und (III) (vgl. hierzu auch PETERS [P5, S. 22ff u. 37ff]).

2.6. Kanalkapazität

Im Abschnitt 2.2. wurde die Synentropie für diskrete und im Abschnitt 2.5 für kontinuierliche Signale betrachtet. Sie ist eine Eigenschaft der Quelle und des Kanals, d. h. seiner Störungen. Als *Kanalkapazität* wird das *Maximum* (Grenzwert) *der Synentropie* betrachtet, wobei beliebige Quellen bei gegebener Störung in Betracht gezogen werden. Dies entspricht wiederum einer Variationsaufgabe. Dabei ergibt sich eine bestimmte Wahrscheinlichkeitsverteilung für die optimale Quelle. Entsprechend dieser Betrachtung lassen sich vier Einteilungen der Informationstheorie gemäß Tab. 2.4 gewinnen.

Tabelle 2.4 Mögliche Einteilung von Aufgaben der Informationstheorie

gegeben		gesucht
reale Quelle	Störung	Synentropie
Störung	maximale Syntentropie	optimale Quelle
optimale Quelle	Störung	Kanalweite (bit-Zeichen)
reale Quelle	optimale Quelle	Kodierung

In der Literatur existiert in diesem Zusammenhang der Begriff Kanalkapazität zuweilen zweifach. Einmal als Maximum der Synentropie und zum anderen bezüglich der Zeit. Damit liegen auch zwei Einheiten, nämlich bit/Zeichen und bit/s hierfür vor. Hier sei für den ersten Fall (Spalte 3 in Tab. 2.4) der Begriff *Kanalweite* mit dem Kurzzeichen C_z benutzt. Für die dann noch verbleibende eindeutige *Kanalkapazität* C in bit/s ist es notwendig, die Übertragungsrate des Kanals zu kennen. Ist seine Bandbreite $\Delta f = B$ bekannt, so gilt mit der Küpfmüller-Beziehung (I) bzw. dem Samplingtheorem

$$C = 2BH_{\max}(x_E; x_A)\,. \tag{60}$$

Dabei beziehen sich die Signale x_E bzw. x_A auf den Ein- bzw. Ausgang des Kanals. Die *Kanalkapazität* in der obigen Gleichung stellt für die Praxis einen *zweifachen Grenzwert* dar, einmal *bezüglich* der *Synentropie* und zum anderen bezüglich der *Abtastrate* $1/2B$. Deshalb ist von der Kanalkapazität deutlich der real über einen Kanal *transportierte Informationsfluß* I zu unterscheiden. Mit dem zeitlichen Abstand T_r zwischen zwei Daten und der Synentropie $H(x_E; x_A)$ gilt (vgl. Tab. 2.2):

$$I = \frac{1}{T_r} H(x_E; x_A) . \tag{61}$$

Es sei erwähnt, daß die Kanalkapazität auch über die Anzahl der *maximal unterscheidbaren Signale* M bestimmbar ist. Sie entsprechen dem Entscheidungsgehalt in Tab. 2.1 bzw. den unterscheidbaren Amplitudenstufen n bzw. n_{AS}, und es gilt

$$C = 2B \operatorname{ld} M = \frac{1}{T} \operatorname{ld} M . \tag{62}$$

Der Hauptsatz der Shannonschen Theorie sagt dann, daß

$$C = I + \varepsilon \tag{63}$$

gilt. Durch optimale Gestaltung (Kodierung) läßt sich der Informationsfluß bis auf eine kleine Größe ε der Kanalkapazität annähern. Mit entsprechend hohem technischem Aufwand läßt sich ε beliebig verkleinern, bleibt aber stets größer als Null. Methoden hierfür werden im Abschnitt 2.7. behandelt. Dieser Hauptsatz der Informationstheorie gibt also für einen jeden konkreten Informationsfluß in bezug auf einen Kanal so etwas wie einen Wirkungsgrad

$$\eta = \frac{I}{C} \tag{64}$$

an. Er entspricht also im gewissen Sinne den Betrachtungen in der Thermodynamik im Zusammenhang mit dem Carnotschen Kreisprozeß. Ähnlich wie dort besitzt die Informationstheorie zunächst auch keinen konstruktiven (im Sinne von Anleitung zum Handeln, Bessermachen) Aspekt. Er tritt erst in der Kodierungstheorie auf. Dennoch läßt sich bereits mit der Kanalkapazität eine Menge interessanter Aussagen gewinnen. Sie seien hier an einigen Beispielen für den analogen Kanal durchgeführt.

Es liege ein Signal der Zeitdauer T und mit der Bandbreite B vor. Gemäß dem Samplingtheorem ist die Beschreibung mit $2TB$ Proben möglich. Sie werden jetzt als Koordinaten eines $2\,TB$-*dimensionalen Hyperraumes* aufgefaßt. Jedes mögliche Signal entspricht dabei einem Punkt in diesem Raum. Dann wird die Amplitude der Abtastwerte als Entfernung vom Ursprung betrachtet. Hat das *Signal* eine bestimmte Leistung P_Q, so liegen alle möglichen dazugehörigen Werte auf einer *Hyperkugel mit* einem *Radius*

$$r_Q = a \sqrt{P_Q} , \tag{65}$$

wobei a ein frei zu wählender Maßstabsfaktor ist. Vorübergehend werde jetzt ein bestimmter Punkt A (also ein bestimmtes Signal) herausgewählt und festgehalten. Nun kommt im Kanal *Rauschen* additiv hinzu. Es besitze dieselbe Bandbreite, aber die Leistung P_R. Ihm *allein* müßte eine *Hyperkugel mit* dem *Radius*

$$r_R = a\sqrt{P_R} \tag{66}$$

zugeordnet werden. Infolge der Addition zum Quellensignal ist ihr Ursprung aber der Punkt A, oder allgemein für alle Signale die Oberfläche der Signalhyperkugel mit dem Radius r_Q (Abb. 2.12). Über das Volumen von Hyperkugeln können nun die *maximal unterscheidbaren* (übertragbaren) *Signale M* bestimmt werden. Signal und Störung zusammen bilden eine Hyperkugel mit dem Radius $r_Q + r_R$. Es ist lediglich auszu-

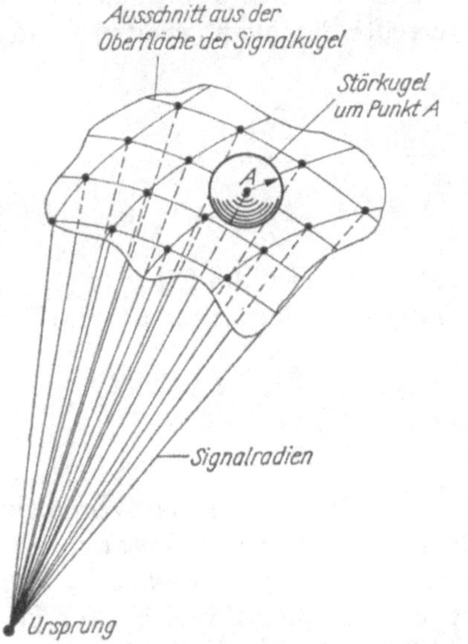

Abb. 2.12 Veranschaulichung der Lage der Hyperkugeln, Signal- und Störradien im dreidimensionalen Fall.

rechnen, wieviele Rauschhyperkugeln mit dem Radius r_R in ihr maximal Platz haben. Für das Volumen einer Hyperkugel der Dimension n mit dem Radius r gilt

$$V = \frac{\pi^{n/2}}{\Gamma\left(\frac{n}{2}+1\right)} r^n, \tag{67}$$

worin im Nenner die Gammafunktion steht. Damit gilt für das Signal und Rauschen

$$V_\Gamma = \frac{\pi^{BT}}{\Gamma(BT+1)} [a(P_Q + P_R)]^{BT} \tag{68}$$

und entsprechend für die Störung allein

$$V_R = \frac{\pi^{BT}}{\Gamma(BT+1)} (aP_R)^{BT}. \tag{69}$$

Für die Anzahl unterscheidbarer Signale gilt also

$$M \leqq \frac{V_\Gamma}{V_R} = \left(1 + \frac{P_Q}{P_R}\right)^{BT}. \tag{70}$$

Hieraus folgt gemäß Gl. (61)

$$C = \frac{1}{T} \operatorname{ld} \left(1 + \frac{P_Q}{P_R}\right)^{BT},$$

$$C = B \operatorname{ld} \left(1 + \frac{P_Q}{P_R}\right). \tag{71}$$

Die zentrale Formel steht in Übereinstimmung mit dem Probensatz und Gl. (43), welche für Gaußsches Rauschen und gaußverteilte Signale abgeleitet wurde.

2.7. Einige Folgerungen

2.7.1. Vergleich von Modulationen

Mit Gl. (71) für die Kanalkapazität kann unter anderem die Effektivität von Modulationsarten untersucht werden. Dazu wird die Kanalkapazität auf die Signalbandbreite B_{NF} bezogen:

$$\frac{C}{B_{NF}} = \operatorname{ld} \left(1 + \frac{P_Q}{P_R}\right). \tag{72}$$

Wird nun der Störabstand P_Q/P_R verändert, so ändert sich das Verhältnis Kanalkapazität: Bandbreite theoretisch nach dem oben gegebenen Zusammenhang. Eine ideale Modulation müßte also gestatten, gemäß Gl. (72) *Störabstand und Bandbreite bei fester Kanalkapazität auszutauschen.* Mit den Indizes NF und HF für Bandbreiten und Störabstände im HF- bzw. NF-Band muß also im Idealfall gelten

$$\left(\frac{P_Q}{P_R}\right)_{NF} = \left[1 + \left(\frac{P_Q}{P_R}\right)_{HF}\right]^{B_{HF}/B_{NF}} - 1 \approx \left(\frac{P_Q}{P_R}\right)_{HF}^{B_{HF}/B_{NF}}. \tag{73}$$

Praktisch werden jedoch meist weniger gute Werte erreicht. Hierzu führten schon Shannon und Piloty unabhängig erste Untersuchungen durch. Abb. 2.13 gibt einen gewissen Überblick. Heute liegen dazu vielfältige und detailliertere Ergebnisse vor.

2.7.2. Konstante Rauschleistungsdichte

Für eine andere Untersuchung werde angenommen, daß Rauschen über eine praktisch unendliche Bandbreite mit einer konstanten Rauschdichte r existiert. Bei einer Bandbreite B gilt dann für die Rauschleistung

$$P_R = rB. \tag{74}$$

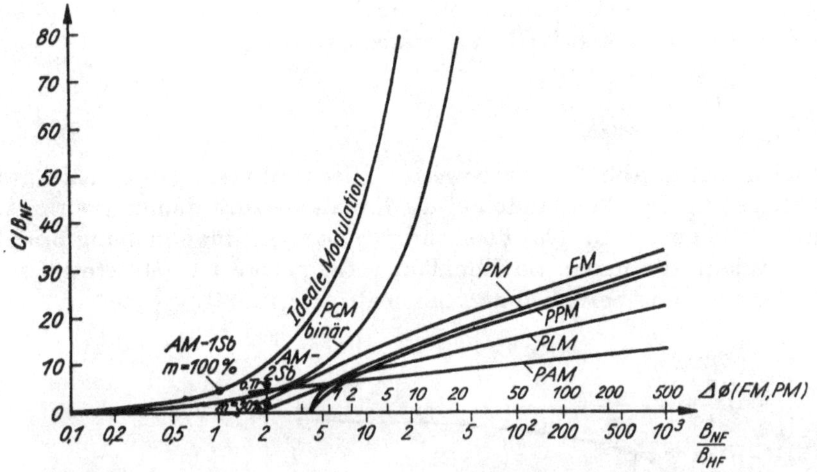

Abb. 2.13 Wirksamkeit von verschiedenen Modulationsverfahren im Vergleich zur theoretischen Kurve von Gl. (72), gerechnet für einen Störabstand $P_Q : P_R = 14{,}5$ dB [S15]. Die Abszisse ist durch das Bandbreitenverhältnis B_{NF}/B_{HF} gekennzeichnet. Für Frequenz- und Phasenmodulation wird stattdessen der Phasenschub $\Delta\varnothing$ verwendet.

Für das Verhältnis mit der Signalleistung läßt sich eine Bezugsbandbreite B_0 einführen

$$B_0 = \frac{P_F}{r} \,. \tag{75}$$

Das ist jene Bandbreite, bei der die Rauschleistung gleich der Signalleistung wird. Mit den beiden letzten Gleichungen geht Gl. (71) über in

$$C = B \operatorname{ld}\left(1 + \frac{B_0}{B}\right) \tag{76}$$

oder

$$C = B_0 \operatorname{ld}\left(1 + \frac{1}{B/B_0}\right)^{B/B_0} . \tag{77}$$

Hieraus läßt sich also bestimmen, wie *bei konstanter Rauschleistungsdichte* sich die Bandbreite auf die Kanalkapazität auswirkt. Es gibt einen Grenzwert. Er wird deutlich erkennbar in der einfacheren Schreibweise von Gl. (77) gemäß

$$y = \ln\left(1 + \frac{1}{x}\right)^x \tag{78}$$

mit

$$\lim_{x \to \infty} y(x) = 1 \,. \tag{79}$$

Die *maximale Kapazität* beträgt folglich

$$C_\infty = B_0 \operatorname{ld} e \approx 1{,}443 \, \frac{P_Q}{r} \,. \tag{80}$$

Der Grenzübergang $x \to \infty$ kann sowohl durch $B \to \infty$ als auch $P_Q \to 0$ eintreten. Mit diesem Grenzwert läßt sich Gl. (77) schreiben:

$$\frac{C}{C_\infty} = \mathrm{ld}\left(1 + \frac{1}{B/B_0}\right)^{B/B_0}. \tag{81}$$

Diese Beziehung ist in Abb. 2.14 ausgewertet. Hier wird besonders deutlich, wie wenig sich eine Steigerung der Bandbreite auf die Kanalkapazität dann auswirkt, wenn die Bezugsbandbreite gemäß Gl. (75) überschritten ist. Leistungserhöhung bringt relativ gesehen, weil dann die maximale Kanalkapazität gemäß Gl. (80) steigt, sogar eine schlechtere Ausnutzung bezüglich der maximalen Kapazität.

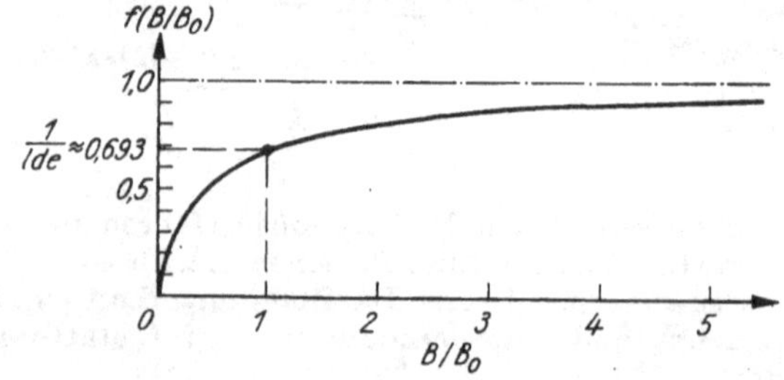

Abb. 2.14 Einfluß der Bandbreite bzw. der Signalleistung auf die Kanalkapazität gemäß Gl. (81).

2.7.3. Energie je Bit

Bedeutsam ist es zu wissen, wieviel Energie für die Entropieeinheit, also für 1 Bit, minimal aufzuwenden ist. Es sei dazu vorausgesetzt, daß *nur thermodynamisch bedingtes Rauschen* gemäß

$$P_R = kBT_{th} \tag{82}$$

vorliegt. Darin ist

$$k = 1{,}381 \cdot 10^{-23}\ \mathrm{JK^{-1}}$$

die Boltzmann-Konstante und T_{th} die absolute Temperatur. Die *Signalleistung sei z-mal so groß*:

$$P_Q = zP_R\,. \tag{83}$$

Dann geht Gl. (71) über in

$$C = B\,\mathrm{ld}\,(1 + z)\,. \tag{84}$$

Wird die Signalleistung durch die Kapazität dividiert, so folgt für die Energie E_Q der Quelle und die Entropie H die Relation

$$\frac{P_Q}{C} = \frac{E_Q}{H}. \tag{85}$$

Zu ihr gehört die Einheitenbeziehung

$$\frac{W}{\text{bit/s}} = \frac{Ws}{\text{bit}},$$

und aus den Gln. (82) und (84) folgt

$$\frac{E_Q}{H} = kT_{\text{th}} \frac{z}{\text{ld}\,(1+z)} . \tag{86}$$

Dabei ist zu beachten, daß der rechte Bruch beim Übergang zum natürlichen Logarithmus wie folgt in eine Reihe entwickelt werden kann

$$\frac{z}{\ln(1+z)} = \frac{1}{1 - \frac{z}{2} + \frac{z^2}{3} - \frac{z^3}{4} \pm \ldots} . \tag{87}$$

Folglich gilt für ihn

$$1 < \frac{z}{\ln(1+z)} \xrightarrow[\text{für } z \to 0]{} 1 . \tag{88}$$

So wie gemäß Abb. 2.14 beim schlechtesten Störabstand die Kanalausnutzung am größten ist, so wird hier dabei die *kleinste Energie je Bit*, die Grenzenergie E_{gr}, benötigt. Sie beträgt folglich

$$\frac{E_Q}{H} \geqq kT_{\text{th}} \ln 2 = \frac{E_{\text{gr}}}{H} . \tag{89}$$

Damit kann Gl. (86) in die normierte Form

$$\frac{E_Q}{E_{\text{gr}}} = \frac{z}{\ln(1+z)} \tag{90}$$

überführt werden. Ihr Verlauf ist in Abb. 2.15 dargestellt. Die Grenzenergie beträgt bei 1 K

$$k \ln 2 \approx 10^{-23}\,\text{JK}^{-1}\ (\approx 2 \cdot 10^{-24}\,\text{cal K}^{-1})$$

$$\approx 7{,}5\ k\text{J mol}^{-1}\,\text{K}^{-1}\ (\approx 1{,}8 \cdot 10^{-3}\,\text{kcal mol}^{-1}\,\text{K}^{-1})$$

$$\approx 7 \cdot 10^{-5}\,e_0\text{VK}^{-1} .$$

Bei der letzten Zeile geht die Elektronenladung $e_0 = 1{,}602 \cdot 10^{-19}$ C ein.

Es ist bedeutsam, daß genau das gleiche Ergebnis auch aus der *thermodynamischen Entropie* gewonnen werden kann. Für sie gilt nach BOLTZMANN die Beziehung

$$S = k \ln p$$

(Bei BOLTZMANN wird die Wahrscheinlichkeit p mit W bezeichnet.) Es liege jetzt ein zweifach entartetes System gemäß Abb. 2.16 vor. Das Teilchen kann prinzipiell in der linken oder rechten Energiemulde liegen. Vor einer Messung beträgt deshalb die Entropie des Systems mit Meßapparatur

$$S_1 = k \ln 0{,}5 = -k \ln 2 \, .$$

Nach der Messung ist die Lage des Teilchens eindeutig bestimmt, folglich gilt

$$S_2 = k \ln 1 = 0 \, .$$

Die dabei verbrauchte Energiemenge berechnet sich zu

$$\Delta Q = \Delta E = \Delta S T_{\mathrm{th}} = kT \ln 2 \, .$$

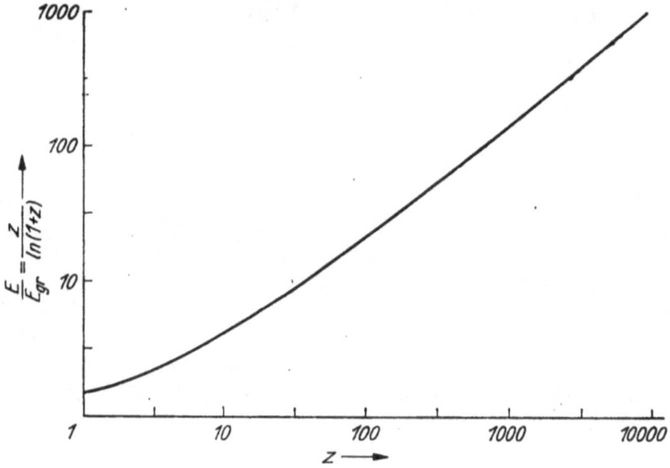

Abb. 2.15 Abhängigkeit der Energie je bit vom Störabstand z. Für $z \to 0$ erreicht die Kurve den Wert 1.

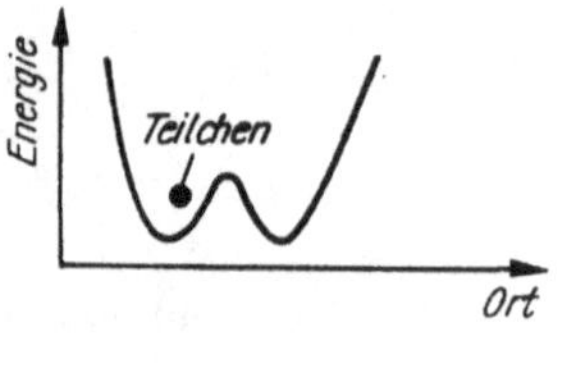

Abb. 2.16 Zweifach entartetes physikalisches System. Das Teilchen kann in der linken bzw. rechten Energiemulde liegen.

Die abgeleitete Beziehung ist zwar *formal nicht ganz in Ordnung*. Die Boltzmann-Beziehung gilt nämlich streng genommen für ein Vielteilchensystem. Auch die zum Schluß wieder hinzugenommene Temperatur existiert nur makroskopisch. Dennoch ist die Übereinstimmung von Shannon-Entropie und thermodynamischer Entropie doch wohl nicht zufällig. Sie gehen im *Prinzip* auf den *gleichen Ursprung* zurück. Dies wird auch durch Entwicklungen in der modernen statistischen Mechanik bestätigt. Hier gibt es eine große Anzahl von Werken, welche von der Shannon-Entropie ausgehen, z.B. [B1; H16; K9].

Es sei noch ergänzt, daß die obige Formel wohl erstmalig von SZILLARD 1929 [S 36] abgeleitet wurde und dazu noch im ähnlichen Zusammenhang.

2.7.4. Analoge und digitale Meßtechnik

Schließlich erfolge mittels der Kanalkapazität noch ein Vergleich von analoger und digitaler Meßtechnik. In der analogen Meßtechnik bestimmen die *unterscheidbaren Amplitudenstufen* die relativen *Meßfehler*.

$$F = \frac{1}{2\,(n-1)}\,. \tag{91}$$

Der Faktor 2 im Nenner entsteht, weil die Fehler $\pm$ gezählt werden, die -1, weil eine Stufe gar keine Messung zuläßt. Als obere Frequenz für die Messung sei $f_{\text{Meß}}$ angesetzt.

Für die digitale Messung werde ein Impulszählverfahren zum Vergleich herangezogen. Es besitze die Impulsfolgefrequenz f_{Imp}. Bei einer Meßfrequenz $f_{\text{Meß}}$ und dem absoluten Fehler $\pm$ 1 Impuls beträgt der relative Fehler

$$F = \frac{f_{\text{Meß}}}{f_{\text{Imp}}}\,. \tag{92}$$

Für die *Kanalkapazitäten* gemäß Gl. (61) folgt somit

$$C_{\text{analog}} = 2f_{\text{Meß}}\,\mathrm{ld}\left(1 + \frac{1}{2F}\right) \tag{93a}$$

bzw.

$$C_{\text{digital}} = 2f_{\text{Meß}}\,\mathrm{ld}\left(1 + \frac{f_{\text{Imp}}}{2f_{\text{Meß}}}\right). \tag{93b}$$

Die entsprechenden Zusammenhänge zeigt Abb. 2.17a. *Bei tiefen Frequenzen* sind die *digitalen, bei hohen* Frequenzen die *analogen Verfahren günstiger*. Der Schnittpunkt

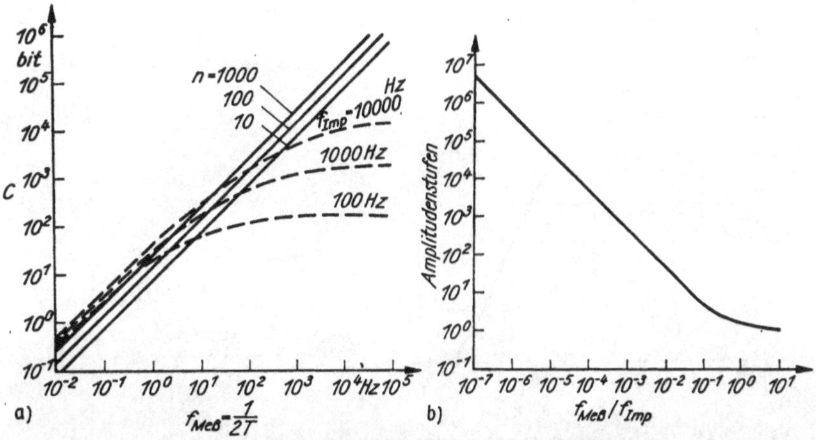

Abb. 2.17 Vergleich von analoger und digitaler Meßtechnik [W21]
a) bezüglich der Kanalkapazität,
b) bezüglich der Gleichwertigkeit der Verfahren.

berechnet sich zu

$$n = \frac{f_{\mathrm{IMP}}}{f_{\mathrm{Meß}}} + 1\,. \tag{94}$$

Der Zusammenhang ist in Abb. 2.17b aufgetragen.

2.7.5. Störungen im Binärkanal

Die bisherigen Betrachtungen bezogen sich auf einen kontinuierlichen Kanal, der in der Bandbreite begrenzt war. Gemäß Abb. 2.9 gibt es jedoch auch andere Kanäle, die entweder in der Amplitude oder in der Zeit diskretisiert sind. Ist beides diskretisiert, entsteht der *digitale Kanal* (oder Binärkanal). Er sei zuerst betrachtet. Bei ihm werden *die beiden möglichen Signale* 0 bzw. L in getakteten Zeiten mit dem Abstand T_0 abgegeben. Ist p die Wahrscheinlichkeit von z.B. 0, dann ist $1 - p$ die für L. Die Entropie der entsprechenden Quelle zeigt Abb. 2.2b. Sie ist also am größten bei Gleichverteilung von 0 und L mit $p = 0.5$. Infolge von *Störungen im Kanal* treten nun Veränderungen auf. Sie bewirken, daß es eine bestimmte Wahrscheinlichkeit dafür gibt, daß 0 als L und L als 0 am Kanalausgang erscheint und damit eine fehlerhafte Übertragung vorliegt. Es sei angenommen, daß die Störungen auf beide Eingangssignale gleichwahrscheinlich verfälschend wirkt. Der Kanal ist also symmetrisch gestört und die Wahrscheinlichkeit für einen Fehler sei q. Die entsprechenden Übergänge zeigt Abb. 2.18b. Die Wahrscheinlichkeit für eine richtige Übertragung lautet also 0,5 $(1 - q)$ und für eine falsche 0,5 q. Entsprechend der Formel der *Transinformation* und des Signalabstandes berechnet sich die Kanalkapazität hierfür zu

$$C = \frac{1}{T_0}\left[1 - q \operatorname{ld}\frac{1}{q} - (1 - q) \operatorname{ld}\frac{1}{1 - q}\right]. \tag{95}$$

Ihren Verlauf zeigt Abb. 2.18a.

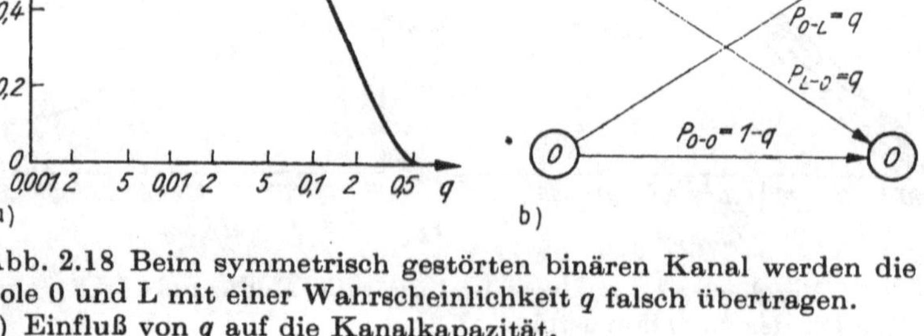

Abb. 2.18 Beim symmetrisch gestörten binären Kanal werden die beiden Symbole 0 und L mit einer Wahrscheinlichkeit q falsch übertragen.
a) Einfluß von q auf die Kanalkapazität,
b) Übergangsdiagramm

2.7.6. Telegrafenkanal

Eine Zwischenstellung zwischen dem binären und analogen Kanal nimmt der Telegrafiekanal ein. Er wurde erstmalig von MARKO behandelt. Er verfügt nur über eine positive bzw. eine negative Spannung. Seine *Amplitude* besitzt also wie der binäre Kanal *nur zwei Werte.* Er ist ebenfalls in der *Bandbreite begrenzt,* so daß der *kürzeste Impuls* wieder T_0 lang ist. Es können bei ihm aber *beliebig längere Impulse zur Übertragung* verwendet werden. Die Information (kontinuierlich) liegt also in den Zeitpunkten der Nullstellen. Dies bedeutet, daß die Signallänge T_m die Information trägt. Infolge von Störungen sind nun aber gerade die Nullstellen fehlerbehaftet. Der entsprechende Wert betrage ΔT. Dann ist es sinnvoll, das Signal x hierauf zu beziehen:

$$T_m(x) = T_0 + x\Delta T\,. \tag{96}$$

Weiter sei vorausgesetzt, daß die x-Werte um einen Mittelwert x_m schwanken. Dieser Kanal ist nun so zu gestalten, daß eine *maximale* Synentropie bzw. *Kanalkapazität* auftritt. Dies erfolgt durch Variationsrechnung und führt zu der *Verteilung*

$$p(x) = \frac{1}{x_m} \cdot e^{-x/x_m}\,. \tag{97}$$

Anschaulich zeigt diesen Verlauf Tab. 2.3, Spalte 4. Aus diesem Verlauf folgt der Zusammenhang mit ΔT und T_0 zu

$$\frac{T_0}{\Delta T} = x_m \ln x_m. \tag{98}$$

Diese Gleichung ist in Abb. 2.19a ausgewertet. Je größer der relative Zeitfehler $\Delta T/T_0$ ist, desto kleiner muß der Mittelwert x_m sein, um den sich das analoge Signal aufbaut. Die Kanalkapazität berechnet sich dabei zu

$$C = \frac{1}{T_0} \operatorname{ld} x_m\,. \tag{99}$$

Die mittlere Übertragungszeit eines Signals wird dabei wegen Gl. (96)

$$T_m = T_0\left(1 + x_m \frac{\Delta T}{T_0}\right)$$

oder mit Gl. (98)

$$T_m = T_0\left(1 + \frac{1}{\ln x_m}\right). \tag{100}$$

Den Zusammenhang von Gl. (99) und (100) zeigt Abb. 2.19b. Schließlich sei noch darauf hingewiesen, daß der maximale Zeitfehler ΔT auch durch einen statistischen ohne Änderung der Ergebnisse ersetzt werden kann. Bei Gaußscher Verteilung des Zeitfehlers mit dem wahrscheinlichsten Werte ΔT_{eff} gilt

$$\Delta T = \sqrt{2\pi e}\,\Delta T_{\text{eff}} \approx 4{,}133\,\Delta T_{\text{eff}}\,. \tag{101}$$

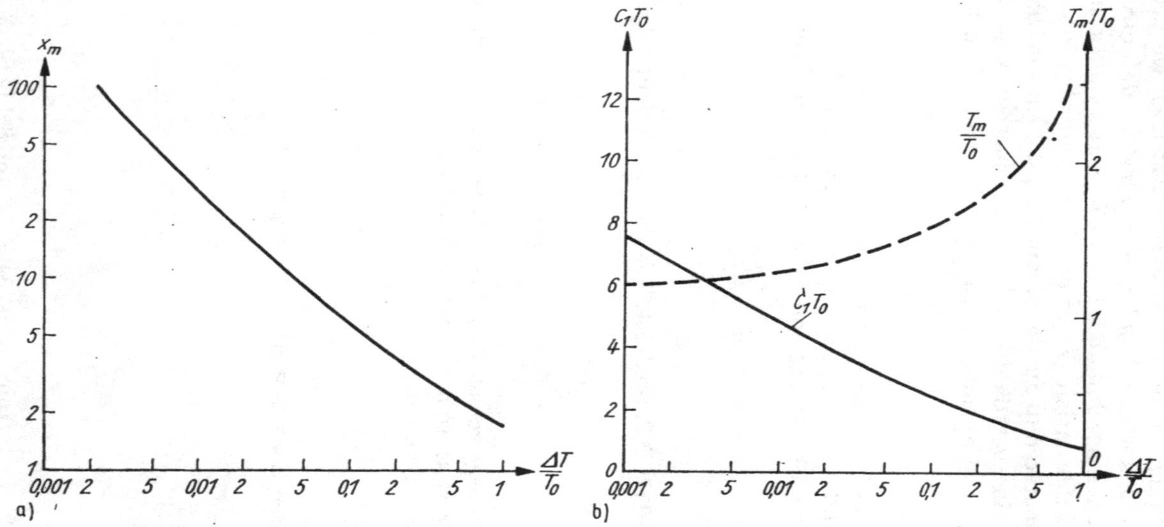

Abb. 2.19 Kenngrößen des Telegrafenkanals
a) Zusammenhang zwischen Signalmittelwert x_m und auf die Bandbreite des Kanals bezogenem Zeitfehler $\Delta T/T_0$,
b) Kanalkapazität und mittlere Signaldauer in Abhängigkeit vom Zeitfehler.

2.8. Kodierungen

Aus den vorangegangenen Betrachtungen geht hervor, daß bei einem gegebenen Kanal nur eine passende Verteilung der Wahrscheinlichkeit der Eingangssignale $p(x_E)$ gestattet, ihn optimal auszunutzen. Das Problem der Kodierung besteht nun darin, die Wahrscheinlichkeitsverteilung $p(x_Q)$ einer Quelle so umzuwandeln, daß der Übergang

$$p(x_Q) \to p(x_E) \tag{102}$$

in beiden Richtungen eindeutig möglich ist. Die erste Anpassung vor dem Kanal dient eben der optimalen Kanalausnutzung, die zweite Anpassung (Dekodierung) von $p(x_E) \to p(x_Q)$ dient dazu, hinter dem Kanal wieder eindeutig und möglichst fehlerfrei das Quellensignal zu erhalten. Bei jeder Kodierung muß also sogleich die Dekodierung mitbeachtet werden. Als Sonderfall der *Kodierung* können dabei die *verschiedenen Modulationen* aufgefaßt werden. Noch einfacher wäre bei kontinuierlichen Signalen die Anwendung nichtlinearer Kennlinien, wie sie z.B. bei verschiedenen Prinzipien der Dynamikregelungen zur Anwendung kommt. Auf beide und ähnliche Prinzipien soll hier nicht mehr weiter als bereits im vorigen Abschnitt eingegangen werden. Es soll im folgenden vielmehr nur noch der amplituden- und zeitdiskrete Fall behandelt werden. Dann können die Quellen- und Eingangssignale durch jeweils zwei Größen beschrieben werden. Dies sind einmal der Symbolvorrat, also die Anzahl der unterscheidbaren Symbole n_Q und n_E. Zum anderen werden *aus* diesen *Symbolen Worte zusammengesetzt*. Ihre Längen seien m_Q und m_E. Es gilt also:

- Signal(Wort) = m Symbole als Folge,
- Symbolvorrat (Alphabet) = n unterscheidbare Symbole.

Es wird sich zeigen, daß es nicht immer günstig ist, die Anzahl der somit möglichen Signale

$$N = n^m \tag{103}$$

für die Quelle und den Eingang des Kanals gleich zu halten.

2.8.1. Darstellung und Einteilung digitaler Kodes

Die Darstellung eines Kodes erfolgt (Abb. 2.20) in der Regel durch zwei Prinzipien, nämlich

- **Kodetabelle**, bei der einfach allen möglichen Quellensignalen die Eingangssignale zugeordnet werden;
- **Kodebaum** als Graph, der anzeigt, in welcher Art mehrere Entscheidungen (meist als sequentielle Folge der Symbolauswahl) getroffen werden müssen, damit aus dem Quellensignal als Grundlage für die Entscheidung das Eingangssignal entsteht.

Eine dritte Methode, die allerdings weniger in Gebrauch ist, leitet sich aus den beiden relativ leicht ab. Bei ihr wird lediglich der *Algorithmus* für die Kodierung aufgeschrieben.

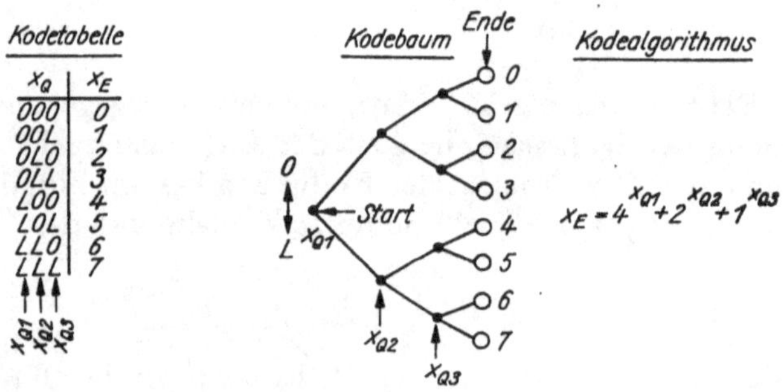

Abb. 2.20 Vergleich von Kodetabelle, -baum und -algorithmus für den einfachen Fall der binären Kodierung der Zahlen 0; 1 bis 7

Es gibt *heute* eine so *große Vielfalt von* nützlichen *Kodes*, daß sowohl die Einteilung als auch die vollständige Behandlung Schwierigkeiten bereitet. Zusätzlich zu den soeben gegebenen allgemeinen Prinzipien sei aber schon jetzt eine besondere Gruppe, nämlich die der fehlererkennenden und fehlerkorrigierenden Kodes erwähnt. Bei ihnen werden Möglichkeiten vorgesehen, die es gestatten, bei der Dekodierung zu entscheiden, ob im Kanal ein Fehler erfolgte und wie er eventuell zu korrigieren ist. Aus der Sicht von Gl. (102) oder bezüglich der Anpassung der Quelle an den Kanal, d. h. aus der Sicht der Kodierung allein, sind sie redundant. Mit ihnen wird also der Kanal bewußt nicht optimal ausgenutzt. Während eine exakte Realisierung von Gl. (102) einem optimalen Kode entspricht, wird bei ihnen zum Zwecke einer hohen Übertragungssicherheit bewußt suboptimal kodiert.

Werden mehrere Signale gesendet, so entsteht insgesamt eine Signalfolge, die länger ist als die m Symbole eines Signals. Bei der Dekodierung besteht dann ein Problem darin, den *Anfang und* das *Ende eines* jeden *Signals* zu finden. Zu diesem Zweck werden vor allem *drei Prinzipien* benutzt:

- Die *Signale* (Wörter) eines Kodes sind *alle gleich lang* (vgl. Abb. 2.20).
- Es wird ein *Trennzeichen* zwischen die unterschiedlich langen Signale (Wörter) gesetzt. Dies ist beim Morsealphabet der Fall.
- Kein Signal (Wort) (von unterschiedlicher Länge) ist der Anfang eines anderen. Solche Kodes heißen *irreduzibel.* Sie sind besonders gut im Kodebaum darstellbar. Alle mit Signalen (Wörtern) belegten Knoten sind nur Endknoten. Ein Beispiel zeigt Abb. 2.21.

Es gibt aber auch noch Kode, die anders aussehen und trotzdem dekodierbar sind. Ein Beispiel ist

$$\mathrm{L} \to 0 \quad \text{und} \quad 0 \to 0\mathrm{L}\,.$$

Jede 0 als Eingangssymbol bedeutet also den Anfang eines neuen Signals (Wortes). Ob es Ende ist, läßt sich erst beim nächsten Symbol entscheiden. Ist es eine 0, so beginnt ein neues Wort; ist es aber ein L, so gehört sie noch zur vorangegangenen 0. Es ist ersichtlich, daß durch Anfügen weiterer L auch mehr als zwei Quellsignale kodiert werden können.

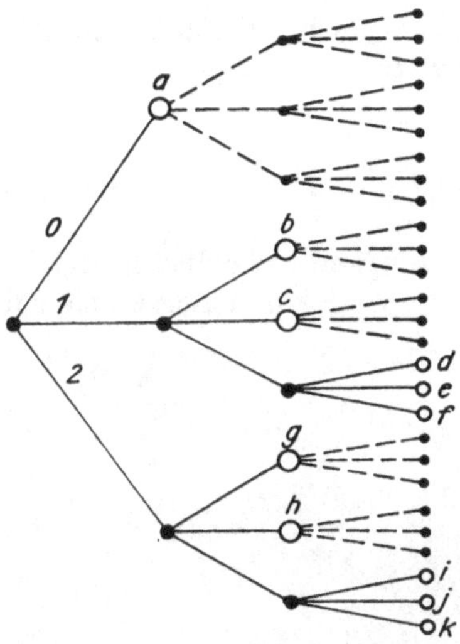

Abb. 2.21 Beispiel eines irreduziblen Kodes. Die offenen Kreise bedeuten die 11 möglichen Eingangssymbole. Sie werden durch drei Quellensymbole 0, 1, 2 als Signale (Worte) bis zur Länge 3 kodiert. Bei Signalen mit nur der Länge 3 wären 27 Eingangssymbole kodierbar. Dies ist durch Strichelung angedeutet. Damit der irreduzible Kode dekodierbar bleibt, darf jeder Weg von der Wurzel des Baumes (rechts) zum Ursprung nur jeweils höchstens einen Knoten ausnutzen.

2.8.2. Dekodierbarkeit irreduzibler Kodes

Im Kodebaum entspricht die Symbolzahl n der Aufspaltungszahl von einem Knoten aus. Die *Länge eines Signals* (Wortes) m entspricht der *Anzahl der Knotenebenen* (Entscheidungsebenen). Hieraus wird noch einmal die maximale Signal-(Wort)-Anzahl eines Kodes gemäß Gl. (103) anschaulich. Bei einem irreduziblen Kode existieren immer weniger Worte. Es mögen i sein, und ihre Längen betragen s_1, s_2 bis s_i. Von einem Wortknoten, der dem Wort s_k entspricht, führen noch nicht belegbare Fortsetzungen bis in die m-te Ebene des Kodebaumes. Es sind ersichtlich genau n^{m-s_k}. Sie können für alle i *Endknoten* aufsummiert werden. Ihre Anzahl *muß kleiner* gleich der Gesamtzahl aller *möglichen Knoten* der n-ten Ebene sein. Folglich gilt

$$\sum_{k=1}^{i} n^{m-s_k} \leqq n^m . \tag{104}$$

Wird diese Gleichung durch n^m dividiert, so entsteht die von KRAFT (1949) abgeleitete *Ungleichung* für i irreduzible Kodewörter der Längen s_1, s_2 bis s_i:

$$1 \geqq \sum_{k=1}^{i} n^{-s_k} . \tag{105}$$

KRAFT gab auch damals bereits den Hinweis, wie für einen solchen Kode der Kodebaum zu konstruieren ist und damit die Dekodierbarkeit gesichert ist. Die Worte werden dazu nach ihren Längen geordnet. Es wird ein Kodebaum gemäß der maximalen Wortlänge gezeichnet und schrittweise so belegt, daß die Bedingung erfüllt wird, daß von jedem rechtsstehenden Knoten auf dem Weg zum Ursprung hin höchstens ein belegter Knoten angetroffen wird.

Die i Kodewörter der Quelle mögen mit den Wahrscheinlichkeiten $p_1, p_2, \dots p_i$ auftreten. Dann ergibt sich die *gemittelte Wortlänge* zu

$$\bar{s} = \sum_{k=1}^{i} p_k s_k \,. \tag{106}$$

Wird diese mit dem binären Logarithmus der n unterscheidbaren Symbole multipliziert, so entsteht eine Informationsmenge. Sie wird von der Entropie subtrahiert:

$$H - \bar{s} \operatorname{ld} n = -\sum_{k=1}^{i} p_k \operatorname{ld} p_k - \operatorname{ld} n \sum_{k=1}^{i} p_k s_k = \sum_{k=1}^{i} p_k \operatorname{ld} \frac{n^{-s_k}}{p_k} \,. \tag{107}$$

Allgemein gilt nun für alle positiven x (vgl. Abb. 2.22)

$$x \ln x \geqq x - 1 \,. \tag{108}$$

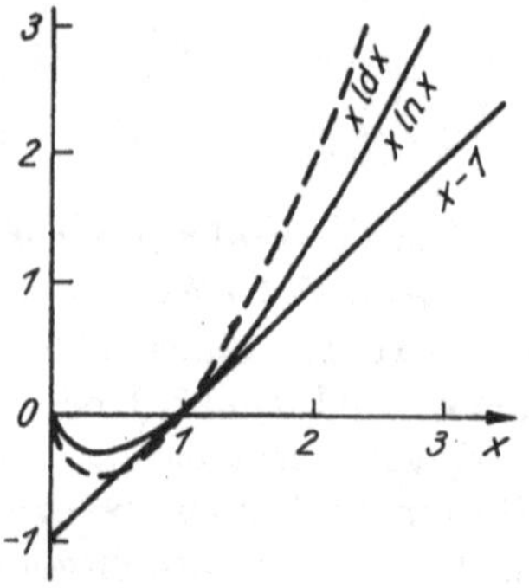

Abb. 2.22 Verlauf von $x \ln x$; $x \operatorname{ld} x$ und $x - 1$.

Wird dies auf n^{-s_k}/p_k angewendet, so folgt unter Beachtung des negativen Wertes des Logarithmus für $0 < x < 1$ und des Überganges zum natürlichen Logarithmus

$$\frac{H - \bar{s} \operatorname{ld} n}{\ln 2} \leqq \sum_{k=1}^{i} n^{-s_k} - 1 \tag{109}$$

oder infolge der Dekodierbarkeitsbedingung von Gl. (105) wird die rechte Seite Null, und es gilt:

$$\frac{H}{\operatorname{ld} n} \leqq \bar{s} \,. \tag{110}$$

Die mittlere Wortlänge muß also mindestens so groß sein wie die Entropie, dividiert durch den binären Logarithmus der Symbolzahl. Dieser wichtige Zusammenhang wird im Unterabschnitt 2.8.5. noch einmal unter dem Gesichtspnkt einer optimalen Fragestrategie aufgegriffen.

2.8.3. Konstruktion von Kodes

Auf der Basis von Gl. (110) sind der Reihe nach von SHANNON, FANO und HUFFMAN Algorithmen zur Herstellung einer bestmöglichen Kodierung entwickelt worden. Sie seien im folgenden vor allem am Beispiel der Tab. 2.5 demonstriert. Etwas vereinfacht gab **Shannon** den folgenden Algorithmus an:

Tabelle 2.5 Beispielwerte für Betrachtungen zur Kodierung mit $n = 7$

Symbol	Wahrschein-lichkeit p_i	$-p_i \,\mathrm{ld}\, p_i$
1	0,3	0,521
2	0,2	0,464
3	0,2	0,464
4	0,12	0,367
5	0,1	0,332
6	0,05	0,216
7	0,03	0,152
	$\Sigma = 1$	$\Sigma = 2{,}517$

1. Es sei H die Entropie der Quelle, so werde der nächstgrößte ganzzahlige Wert N gemäß
$$H \leqq N < H + 1 \tag{111}$$
gewählt.
2. Hiernach wird ein vollständiger Kodebaum mit 2^N Knoten aufgebaut.
3. Die Knoten werden zum Ursprung hin so zusammengefaßt, daß gerade soviel Endknoten übrig bleiben, wie es Symbole gibt.
4. Den am nächsten zum Ursprung gelegenen Knoten werden die Symbole mit den größten Wahrscheinlichkeiten zugeteilt.

So entsteht Abb. 2.23a. Hierbei werden real gemäß Gl. (106) 2,7 statt 2,52 bit benötigt.

Beim **Fano- bzw. Shannon-Fano-Algorithmus** wird folgendermaßen verfahren:

1. Die Symbole werden geordnet nach ihrer Wahrscheinlichkeit aufgetragen.
2. Es wird die Liste so geteilt, daß zwei Gruppen entstehen, die möglichst gut die gleiche Wahrscheinlichkeit besitzen. Ihnen werden die Kodesymbole 0 bzw. L zugeordnet.
3. In den Teilgruppen wird der Schritt 2 wiederholt und jeweils 0 bzw. L angehängt.
4. Dies wird solange wiederholt, bis jedes Symbol seine 0L-Folge zugeordnet hat.

Abb. 2.23b zeigt den Ablauf am Beispiel und dem zugehörigen Kodebaum. Jetzt werden nur noch 2,58 bit benötigt.

Der **Huffman-Algorithmus** geht genau umgekehrt vor. Er beginnt bei den kleinsten Wahrscheinlichkeiten:

1. Die Symbole werden geordnet nach ihrer Wahrscheinlichkeit aufgetragen.
2. Die beiden Symbole mit der niedrigsten Wahrscheinlichkeit werden durch 0 bzw. L kodiert.

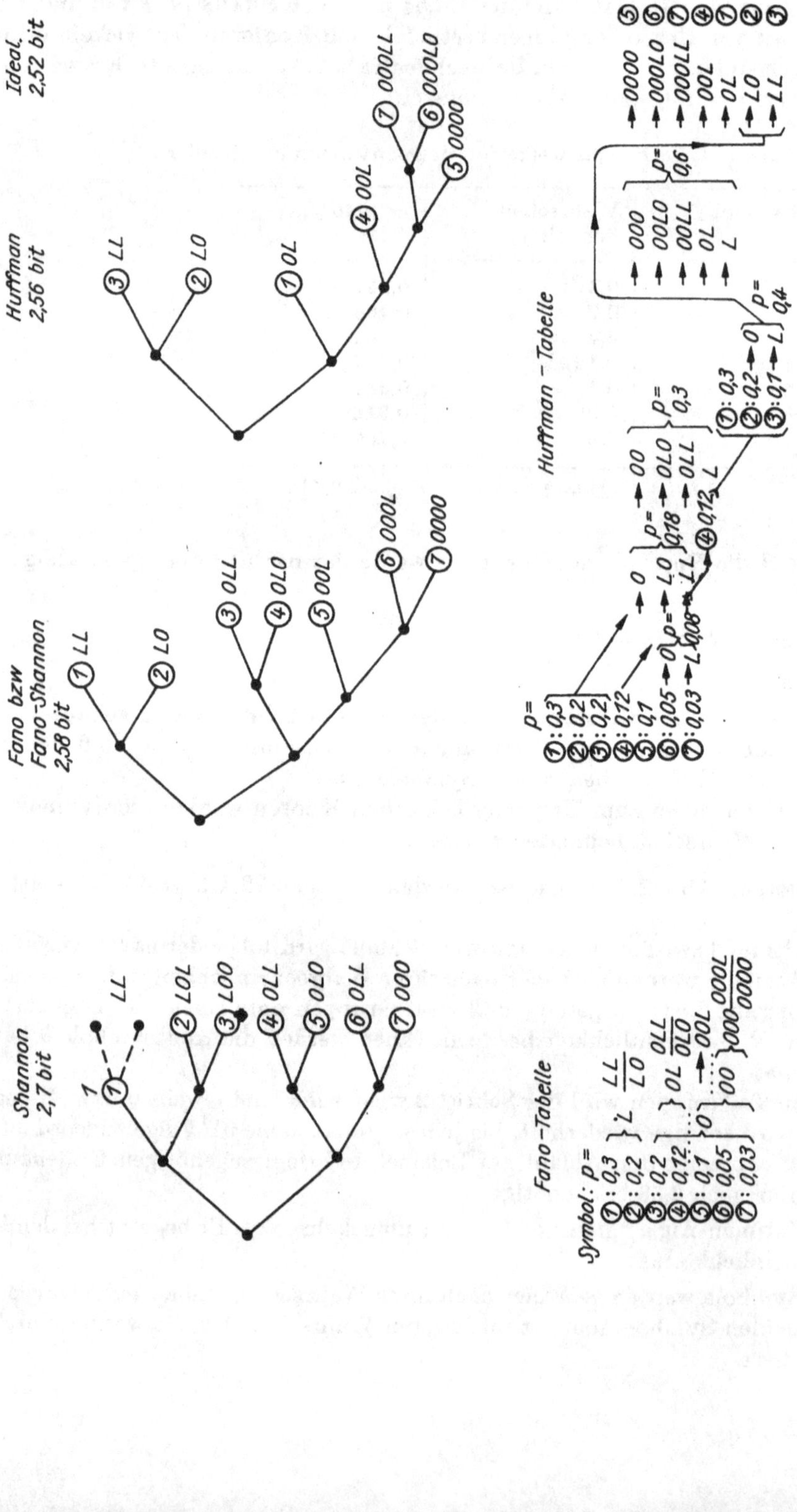

Abb. 2.23 Zum Vergleich der konstruktiven Kodierungsverfahren nach SHANNON, FANO und HUFFMAN. Als Bezug gelten die Werte von Tab. 2.5.

3. Die Wahrscheinlichkeiten der beiden behandelten Werte werden addiert und statt der beiden Symbole als ein neues in die Liste an der richtigen Stelle eingetragen.
4. Das Verfahren wird nach Schritt 2 und 3 (Voransetzung von neuen 0 und L) solange fortgesetzt, bis nur noch die Summenwahrscheinlichkeit dasteht.

Abb. 2.23c zeigt, wie nach diesem Prinzip schrittweise der Kodebaum und die Tabellen entstehen bzw. sich ändern. Insgesamt wird so ein Wert von nur 2,56 bit benötigt. Die Wirksamkeit des Huffman-Algorithmus ist hier also noch recht gering. Sie wird aber um so besser, je mehr Symbole auftreten und je weniger der Shannon-Fano-Kode den idealen Werten nahe kommt. Ein weiteres Beispiel ist im Abschnitt 10.2. z.B. Abb. 10.22 behandelt.

2.8.4. Kode mit Gedächtnis

Ein entscheidender *Schritt zur weiteren Verbesserung* wurde schon von FANO angegeben. Es werden dazu alle möglichen *Kombinationen von* zwei *Symbolen als neue Symbole* aufgefaßt. Dann entsteht eine neue Wahrscheinlichkeitstabelle. Sie würde im bisherigen Falle 49 Doppelsymbole enthalten und wäre damit etwas schwer handhabbar und ziemlich unübersichtlich. Deshalb sei dieses Verfahren für zwei Symbole A und B mittels Tab. 2.6 demonstriert. Je längere Symbolgruppen zur Kodierung herangezogen werden, desto näher ist so dem idealen Werte der Entropie zu kommen. Technisch bedeutet dies aber, daß sowohl der *Kodierer als auch* der *Dekodierer* einen entsprechenden *Speicher benötigen,* um die Symbolgruppen bilden zu können. Gleichzeitig tritt dadurch auch eine *zeitliche Verzögerung* bei der Kodierung und Dekodierung auf. Unter Beachtung von Gl. (110) und (111) gilt mit einer r-fachen Gruppierung der Symbole, daß

$$\frac{H}{\operatorname{ld} n} \leqq \frac{\bar{s}^{(r)}}{r} < \frac{H}{\operatorname{ld} n} + \frac{1}{r} \,. \tag{112}$$

Tabelle 2.6 Zur Demonstration der Wirksamkeit des Kodierens von Mehrfachsymbolen. Die Entropie der Quelle beträgt 0,881. Dieser Wert kann nach dem Prinzip der Mehrfachsymbole immer besser angenähert werden

Symbol	Wahrscheinlichkeit	Kode	Informationswert
A	0,7	L	} 1,000
B	0,3	0	
Doppelsymbole			
AA	0,49	L	
AB	0,21	0L	$\frac{1{,}810}{2} = 0{,}905$
BA	0,21	00L	
BB	0,09	000	
Dreifachsymbole			
AAA	0,343	LL	
AAB	0,147	L0	
ABA	0,147	0LL	
BAA	0,147	0L0	$\frac{2{,}686}{3} = 0{,}895$
ABB	0,063	00L0	
BAB	0,063	00LL	
BBA	0,063	000L	
BBB	0,027	0000	

Für $r \to \infty$ wird also die Entropie als Grenzwert erreicht. Sie ist also für unendlich lange Symbolgruppen realisierbar. Dann werden aber auch unendliche Speicher und eine unendliche Dekodierzeit benötigt. Das $1/r$ in der obigen Gleichung entspricht ungefähr dem ε in Gl. (63).

Die bisherigen Betrachtungen gelten für störungsfreie Kodierung bzw. Dekodierung. Zwischen beiden liegt aber der Kanal mit seinen Störungen. Sie bewirken mit einer gewissen Wahrscheinlichkeit trotz guter Anpassung Fehler. Um sie zu verringern, sind störgeschützte Kode notwendig. Dabei werden die EC- (Errorcorrecting = fehlerkorrigierende) und die ED- (Errordetecting = fehlererkennende) Kodes unterschieden. Auf ihre Behandlung muß hier verzichtet werden.

2.9. Bidirektionale Information

Alle bisherigen Betrachtungen der Informationstheorie verfolgen den Signalfluß nur in einer Richtung: vom Sender zum Empfänger. Bei einer Kommunikation besteht aber ein *Informationsfluß in beiden Richtungen,* denn jedes System ist zugleich Sender und Empfänger. Die Grundgedanken konnte erstmalig MARKO 1965 [M7] in eine mathematische Form bringen. Er wurde dann gemeinsam mit NEUBERGER [M5; M6; N16] recht weit entwickelt, so daß heute die Grundlagen für eine Kommunikation zwischen Gruppen mit mehreren Teilnehmern prinzipiell erfaßbar sind [N15]. Ergänzend sei hierzu noch die interessante Anwendung dieser Theorie auf das Gruppenverhalten von Affen [M12] genannt.

Abb. 2.24 Vereinfachte Darstellung der bidirektionalen Kommunikation.

Hier können nur die Grundgedanken dieser Theorie dargestellt werden. Dazu sei von Abb. 2.24 ausgegangen, und es wird auf Tab. 2.2 Bezug genommen. Es ist dann ersichtlich, daß ohne Betrachtung von Markow-Ketten (Abschnitt 2.3.) die beiden Synentropien $H(x;\,y)$ und $H(y;\,x)$ gleich groß sind. Deshalb muß die *Vergangenheit berücksichtigt* werden, und es können die bedingten Wahrscheinlichkeiten von Tab. 2.7 eingeführt werden. Es ist auffällig, daß also ein *synchron getakteter Betrieb beider Sender* angenommen wird. Dies ist deshalb notwendig, weil intern in den Sende-Empfängern die Vergangenheit der vorangegangenen Symbolketten x_n und y_n gespeichert sein muß. In der Tab. 2.7 sind auch die auf ein Symbol bezogenen, sich daraus ergebenden Entropien eingetragen. Es gelten offensichtlich sofort die Beziehungen $H_{\mathrm{I}} \leqq H_{\mathrm{T}};\ H_{\mathrm{II}} \leqq H_{\mathrm{T}}$,

$$H_{\mathrm{FI}} + H_{\mathrm{FII}} = H_{\mathrm{T}}\,, \tag{113}$$

$$0 \leqq H_{\mathrm{FI}} \leqq H_{\mathrm{I}}; \quad 0 \leqq H_{\mathrm{FII}} \leqq H_{\mathrm{II}}\,.$$

Nun kann in Analogie zu Abb. 2.4 der *Einfluß von Störungen* als Fehl- und Verlust-Entropien berücksichtigt werden. In Folge der Verkopplung der Systeme ergibt sich

Tabelle 2.7 Bedingte Wahrscheinlichkeiten für die bidirektionale Information und zugehörige, in Analogie zu Gl. (2.1) gebildete Grenzentropien gemäß $H = \lim_{n \to \infty} p \operatorname{ld} p$

Symbol	Erklärung	Grenz-entropie	Erklärung
$p(x \mid x_n)$	Wahrscheinlichkeit des Symbols x unter Berücksichtigung der vorangegangenen n-gliedrigen Symbolkette x_n	H_{I}	für die Folgen des Senders I
$p(y \mid y_n)$	entsprechend	H_{II}	für die Folgen des Senders II
$p(x \mid x_n y_n)$	Wahrscheinlichkeit des Symbols x, wenn zuvor vom Sender I die Symbolkette x_n und gleichzeitig vom Sender II die Symbolkette y_n aufgetreten ist	H_{FI}	Freie Entropie der Folge vom Sender I
$p(y \mid x_n y_n)$	entsprechend	H_{FII}	Freie Entropie der Folge vom Sender II
$p(xy \mid x_n y_n)$	Wahrscheinlichkeit dafür, daß gleichzeitig von Sender I ein x und vom Sender II ein y gesendet wird und zuvor die Symbolketten x_n und y_n auftraten	H_{T}	Gesamtentropie

dann eine Darstellung, wie sie Abb. 2.25a zeigt. Für die Synentropien (Transinformationen) gilt damit

$$H_{\text{I;II}} = H_{\text{I}} - H_{\text{FI}} \tag{114a}$$

bzw.

$$H_{\text{II;I}} = H_{\text{II}} - H_{\text{FII}}\,. \tag{114b}$$

Die Summe dieser beiden Synentropien wird *Koinzidenz* genannt:

$$K = H_{\text{I;II}} + H_{\text{II;I}}\,. \tag{115}$$

Weiter seien noch die *Diskrepanzen*

$$H_{\text{DI,II}} = H_{\text{II}} - H_{\text{I;II}} \tag{116a}$$

und

$$H_{\text{DII,I}} = H_{\text{I}} - H_{\text{II;I}} \tag{116b}$$

genannt.

Abb. 2.25b faßt diese Begriffe noch in einem Venn-Diagramm zusammen. Dabei gilt offensichtlich:

$$H_{\text{T}} = H_{\text{DI,II}} + H_{\text{DII,I}}\,. \tag{117}$$

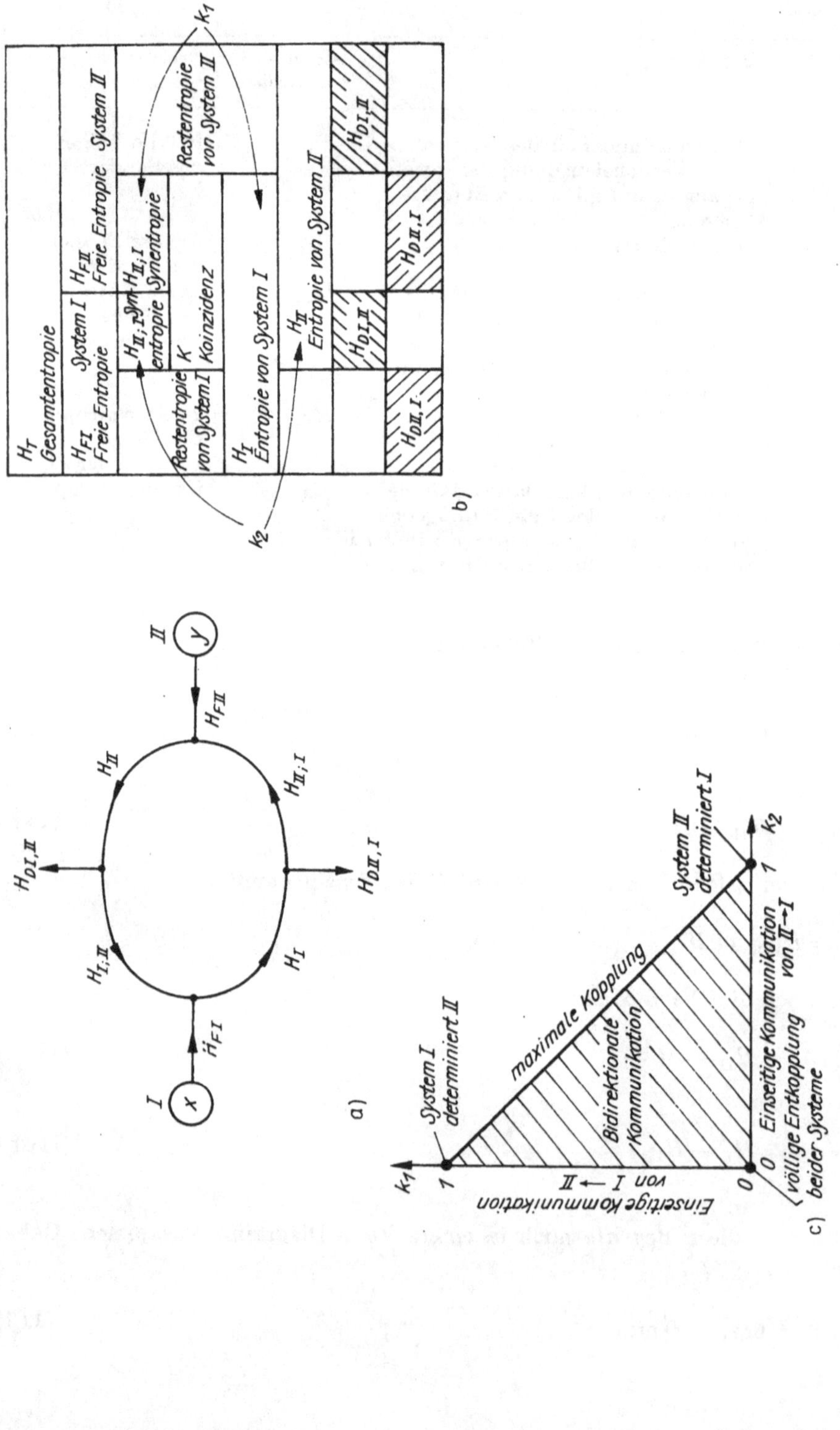

Abb. 2.25 Entropiezusammenhänge bei bidirektionaler Kommunikation
a) Graph der Entropieflüsse,
b) Venn-Diagramm zu a),
c) Durch die Kopplungskoeffizienten definierte Fläche (gestrichelt).

Es sei bemerkt, daß alle Größen auch über entsprechend definierte bedingte Wahrscheinlichkeiten ausdrückbar sind. Hierfür sei auf die Originalarbeiten verwiesen [M5; M6; N15; N16].

Die beiden Systeme können nun unterschiedlich fest gekoppelt sein. Dies kann durch die Kopplungskoeffizienten

$$k_1 = \frac{H_{\mathrm{I;II}}}{H_{\mathrm{I}}} \quad \text{und} \quad k_2 = \frac{H_{\mathrm{II;I}}}{H_{\mathrm{II}}} \tag{118}$$

ausgedrückt werden. Sie können einzeln und in Summe stets nur kleiner als Eins sein, also:

$$0 \leqq k_1 \leqq 1\,,$$
$$0 \leqq k_2 \leqq 1\,,$$
$$0 \leqq k_1 + k_2 \leqq 1\,.$$

Hiermit ergibt sich eine Begrenzung der bidirektionalen Information gemäß Abb. 2.25c. Die klassische einseitige Kommunikation wird also je nach Richtung durch die Punkte auf der Ordinate bzw. Abszisse hier als Sonderfall besonders deutlich.

Um nicht noch einmal auf die bidirektionale Information eingehen zu müssen, seien hier ausgewählte Beispiele der Arbeit von MAYER [M12] ergänzend angefügt. Er untersuchte das *Verhalten von zwei Totenkopfaffen* und betrachtete dabei das *Zeichenrepertoire.* (Vgl. Abschn. 6.4.1.):

Nebeneinandersitzen; Weggehen; Imponieren,
Bedrängen und Sonstiges

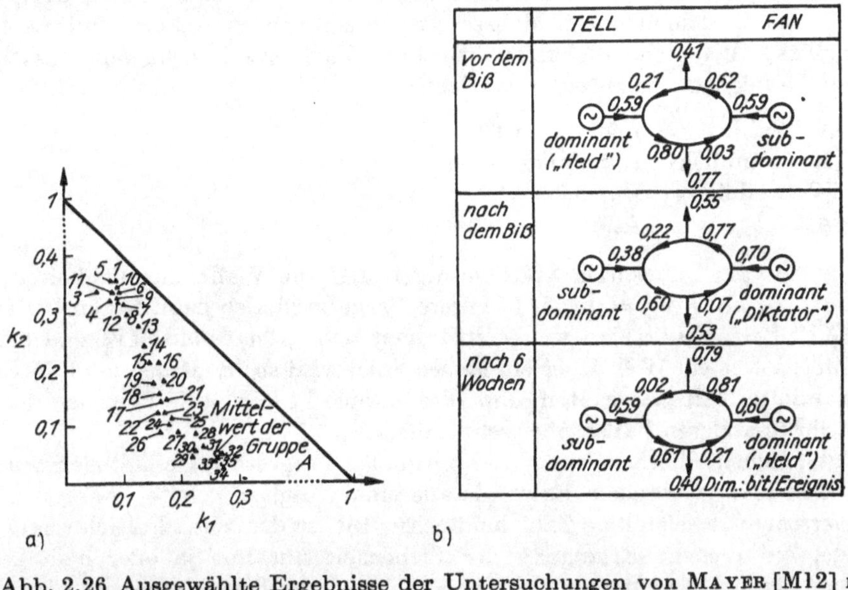

a) b)

Abb. 2.26 Ausgewählte Ergebnisse der Untersuchungen von MAYER [M12] nach einem durch Biß ausgelösten Dominanzwechsel von zwei Totenkopfaffen
a) Darstellung in der Folge 1 bis 35 (7 Wochen) mittels der Kopplungskoeffizienten,
b) Darstellung im Entropiediagramm in drei ausgewählten Phasen.

Dabei ergab sich aus 217 Beobachtungen von jeweils 15 Minuten Dauer entsprechend den Häufigkeiten eine mittlere Gesamtentropie von etwa 1,1 bit/Zeichen. Besonders interessant ist das Ergebnis des Dominanzwechsels zwischen den beiden Affen Tell und Fan durch einen Biß. Dies ist in Abb. 2.26a durch die Folge 1 bis 35 im Kopplungsdiagramm und in Abb. b für drei ausgewählte Situationen dargestellt. Das *dominante Tier verfügt* also stets *über die größere Gesamtentropie* und nimmt wesentlich mehr Transinformation vom subdominanten Tier auf. Im Mittel gilt etwa:

$$H_{\mathrm{I}}/H_{\mathrm{II}} = 1{,}3; \qquad H_{\mathrm{I;II}}/H_{\mathrm{II;I}} = 7 .$$

Die beiden freien Entropien sind etwa gleich. Beim Dominanzwechsel erfolgt eine beträchtliche Abweichung von diesen Mittelwerten. Das neue dominante Tier wird, wie die Mitte von Bild 2.26b zeigt, zeitweilig zum „Diktator“.

2.10. Optimale Fragestrategie

Abschließend sei noch einmal die Entropie einer Quelle aus der Sicht der Kodierung behandelt. Ins Anschauliche übertragen führt das zur optimalen Fragestrategie. Nämlich *wieviel Fragen* benötige ich im Mittel bei einer Quelle mit i Symbolen und der Wahrscheinlichkeit p_k, um ein Symbol zu bestimmen. Das Ergebnis ist *genau die mittlere Wortlänge* entsprechend den vorangegangenen Fragen. Die *Strategie, wie zu fragen* ist, ergibt sich aus dem *Kodebaum*. Es müssen nämlich immer im Sinne von Fano-Shannon oder Huffman aus den gegebenen Möglichkeiten solche Fragen gestellt werden, die aus der *Vorkenntnis* der Wahrscheinlichkeit zur Hälfte mit ja bzw. nein zu beantworten sind. Dies sei im folgenden an einem einfachen *Beispiel* mit den 32 *Skatkarten* demonstriert. Mehrere von ihnen werden — um definierte und unterschiedliche Wahrscheinlichkeiten zu erhalten — zusammengefaßt. Dabei werden ihnen die folgenden *Symbole zugeordnet*:

Z (Zahl)	7, 8, 9 und 10,
M (männlich)	Bube und König,
W (weiblich)	Dame,
A	As.

Bei einem gut gemischten Spiel betragen also die Wahrscheinlichkeiten $p_{\mathrm{Z}} = 0{,}5$; $p_{\mathrm{M}} = 0{,}25$; $p_{\mathrm{W}} = p_{\mathrm{A}} = 0{,}125$. Die erste Frage wird also beim Raten lauten: „Ist es ein A?“ Bei „Nein“ wird weiter zu fragen sein: „Ist es ein M?“ und bei ebenfalls „Nein“: Ist es ein W?“ Über ein langes Spiel wird so *im Mittel* mit 1,75 *Fragen* jede ausgewählte Karte zu erraten sein. Dies entspricht hier auffällig genau der Entropie, wird ihr in anderen Fällen aber sehr nahe sein.

Entsprechend diesem Prinzip der optimalen Fragestrategie läßt sich besonders gut das *Wort „bit“* verstehen. Es wurde aus binary digit abgeleitet, was etwa soviel wie Zweierschritt, zweistellige Zahl heißt. Ein Bit ist demgemäß gleichwertig mit einer Frage, auf die zur Erlangung der Sicherheit nur mit ja oder nein geantwortet werden kann. Hier entsteht also das Problem jener Fragen, die nur mit ja oder nein beantwortbar sind. Es soll in sehr allgemeiner Form im nächsten Kapitel behandelt werden. Es steht somit indirekt unter dem Motto: Welche Probleme ergeben sich aus der Interpretation der Informationstheorie bezüglich der optimalen Fragestrategie?

3. Fragen – berechenbare Funktionen – formale Sprachen

3.1. Probleme der Fragenbeantwortung

Der digitale Kodebaum hängt unmittelbar mit dem Problem der Entscheidbarkeit zusammen. An jeden Knoten dürfen nur Fragen gestellt werden, die eindeutig mit ja oder nein bzw. falsch oder richtig beantwortet werden können. Derartige Fragen heißen *Entscheidungsfragen.* Allgemein existieren drei unterschiedliche Frageklassen. Sie sind im folgenden mit einigen Beispielen aufgeführt:

Begründungsfragen
(warum, weshalb, wieso)
a) Warum ist der Schnee weiß?
b) Warum ist die Welt dreidimensional?
c) Warum lebt der Mensch?

Ergänzungsfragen
(wer, was, welches, wo, wann, wie, wieviel)
d) Welche Farbe hat der Schnee?
e) Wo liegt Dresden?
f) Was ist Leben?

Entscheidungsfragen
g) Ist $2 \times 2 = 4$ richtig?
h) Ist der Schnee weiß?
i) Sind Viren Lebewesen?

Die Fragen unterscheiden sich also in der Art der erwarteten Antwort. Bei *Entscheidungsfragen* wird *nur ja oder nein* erwartet. Dies scheint im Prinzip sehr einfach. Aber bereits die Frage h) wird schwierig zu beantworten, wenn es sich um schmutzigen Schnee handelt. Die Frage i) war sogar längere Zeit ein nicht einfaches wissenschaftliches Problem. Auf solche Probleme allgemeiner Art wird noch im folgenden einzugehen sein.

Verwandt mit den Entscheidungsfragen sind die *Alternativfragen.* Sie sind nicht mit ja oder nein zu beantworten, sondern zählen mehrere Möglichkeiten auf, zwischen denen zu entscheiden ist, z.B: Ist der Gegenstand rot, grün oder blau? Sie bilden den Übergang zu den *Ergänzungsfragen.* Bei ihnen ist es oft möglich, sie in Entscheidungsfragen zu überführen. Dazu ist dann z.B. eine *Liste* der möglichen oder erwarteten *Antworten* aufzustellen. Das Hauptproblem ist die *Vollständigkeit* der Liste. Dies zeigt sich z.B. bei Fragebogen durch die Spalte „Sonstiges". Auch bei diesen Fragen bestehen unterschiedliche Schwierigkeiten in der Beantwortung.

Die *Begründungsfragen* sollen eine Ergänzung auf Grund des beim Fragenden vorhandenen Wissens liefern. Sie führen damit oft zu einer logischen Ableitung aus dessen Vorwissen. Da die Logik zweiwertig ist, folgt so ein Übergang zu den Entscheidungsfragen.

Mit dem Vorangegangenen wurde erläutert, daß viele Fragen durch „Präzisierung" auf die Entscheidungsfragen zurückführbar sind. Dies berechtigt zumindest im gewissen Umfang ihre zentrale Stellung. Zu ihrer weiteren Betrachtung sei zunächst eine alte Anekdote zitiert:

‚In einer Gerichtsverhandlung beantwortete der Angeklagte die Fragen des Richters so weitschweifig und umständlich, daß sie eigentlich keine Aussage mehr enthielten. Darauf sagte der Richter: „Herr Angeklagter, beantworten Sie bitte meine Fragen kurz und knapp.‘ Schließlich läßt sich eine Frage meist einfach mit ja oder nein beantworten." Darauf der Angeklagte: „Herr Richter, darf ich eine Frage an Sie stellen?" „Ja bitte" war die selbstbewußte Antwort. „Herr Richter, haben Sie damit aufgehört, Ihre Frau zu schlagen?" Diese Entscheidungsfrage ist deshalb nicht mit ja oder nein zu beantworten, weil in jedem Fall dadurch die bösartige Unterstellung „Der Richter schlägt seine Frau" bestätigt wird. Doch noch kritischer sind die bekannten *Antinomien*, z.B.:

Ein Kretaer sagt: „Ich lüge!"

Es sei *angenommen*, der Satz entspreche der *Wahrheit*. Dann ist jede Aussage dieses Kretaer gelogen. Also auch der Satz „Ich lüge". Folglich müßte er die Wahrheit sagen. Dies widerspricht aber gerade der eben getroffenen Annahme. Folglich sei *angenommen*, die *Aussage sei unwahr*. Dann müßte gelten, daß der Kretaer die Wahrheit sagt. Auch dies widerspricht der Annahme. Folglich ist nicht zu entscheiden, ob diese Aussage wahr oder falsch ist. Beide Annahmen führen *zum Widerspruch*. Es gibt also Fragen, die nicht einfach mit ja oder nein zu beantworten sind. Dies bedeutet, daß die zum Kodebaum führende Fragestrategie zumindest sehr gründlich zu überdenken ist. Hier wird in der Folge noch eine zentrale Kritik an den Entscheidungsbäumen einsetzen. Es sei darauf hingewiesen, daß auf die Antimonien genauer im Ergänzungsband eingegangen wird.

3.2. Berechenbare Funktionen

3.2.1. Zahlen und deren Mengen

(Dieser Abschnitt ist trotz seiner Elementarität eingefügt, weil auf ihm die späteren Betrachtungen aufbauen und weil hier schon einige entscheidende Grundlagen elementar vorbereitet werden können.)

Die *Zahlen* werden immer *aus einem Alphabet aufgebaut*. Im binären System sind es die beiden Symbole 0 und L, im Dezimalsystem die Ziffern 0; 1; 2; usw. bis 9. Aus den Ziffern z entsteht eine Zahl durch Aneinanderfügen, z.B.: 1278. Es gibt eine sehr große Anzahl solcher Zahlen. Im Zusammenhang mit dieser Anzahl sind mengentheoretische Betrachtungen notwendig. Dabei sind drei Begriffe zu unterscheiden:

- Benennung des Zahlenbereiches,
- Länge der Ziffernfolge (Wortlänge),
- Menge der im Zahlenbereich vorhandenen Zahlen (Wortmenge).

Da in ähnlicher Weise wie die Zahlen auch *Worte* in verschiedenen (natürlichen und formalen) *Sprachen* aufgebaut werden, lassen sich auch die allgemeineren in Klammern gesetzten Begriffe verwenden. Den Zusammenhang zwischen den wesentlichen Begriffen, die zur obigen Aufzählung gehören, zeigt Abb. 3.1. Bezüglich der Mengen und Wortlängen seien einige Ergänzungen gegeben.

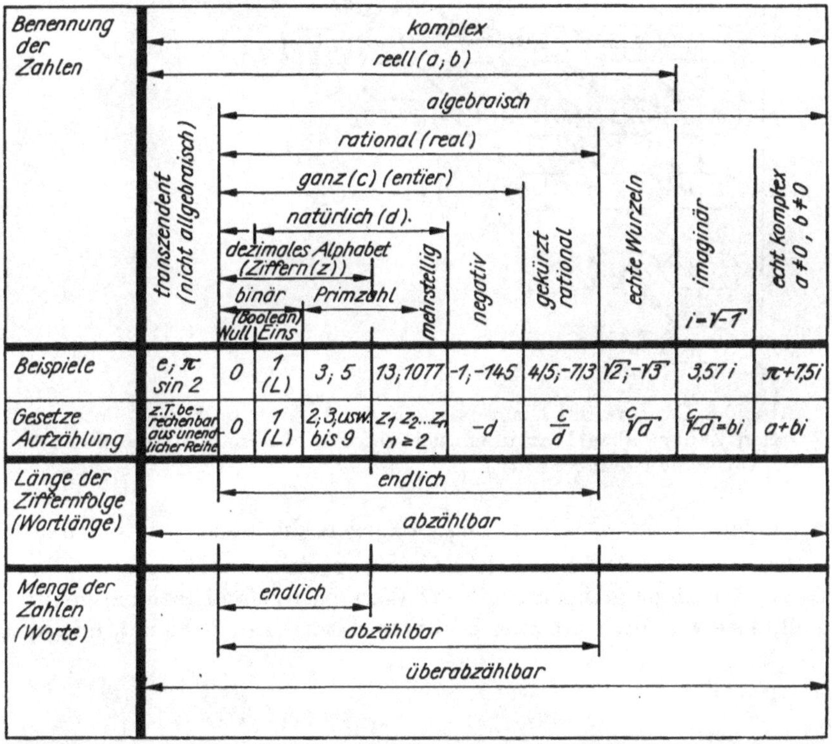

Abb. 3.1 Zusammenhänge zwischen den Bezeichnungen von Zahlen, ihren Definitionen, ihren Ziffernlängen und der Menge aller Zahlen.

Die *Menge der* in dem jeweiligen System *erzeugbaren Zahlen* bzw. die Wortlänge einer Zahl ist *endlich*, *wenn* es eine natürliche Zahl $d_{\max}$ gibt, die als *obere Schranke* beweisbar ist. Für die in Abb. 3.1 entsprechend angegebenen Zahlenmengen ist dies trivial. Für die Ziffernlänge erfolgt der Beweis durch Induktion.

Mit den natürlichen Zahlen läßt sich eine Folge aufbauen, die beliebig große Zahlen annimmt. Zu jeder noch so großen Zahl d gibt es stets eine noch größere Zahl, nämlich $d + 1$. Die Menge der natürlichen Zahlen ist damit *abzählbar unendlich*. Alle Zahlenmengen (und auch andere Mengen), die sich eineindeutig (umkehrbar eindeutig) auf die Menge der natürlichen Zahlen abbilden lassen, sind daher ebenfalls abzählbar unendlich. Es ist zunächst erstaunlich, daß dies auch für die Menge der *rationalen Zahlen* gilt. Dies läßt sich mit dem Cantorschen Diagonalverfahren 1. Art gemäß Abb. 3.2 beweisen. Es ist hierbei von untergeordneter Bedeutung, daß auch ungekürzte Brüche, wie z.B. 2/2 oder 2/6, auftreten. Genauso bedeutungslos ist es, daß gewisse Zahlen, z.B. 1/1, 2/2, 3/3 usw., mehrfach vorkommen. Sind nämlich alle rationalen Zahlen abzählbar, so ist es erst recht die Teilmenge der gekürzten, d. h. der

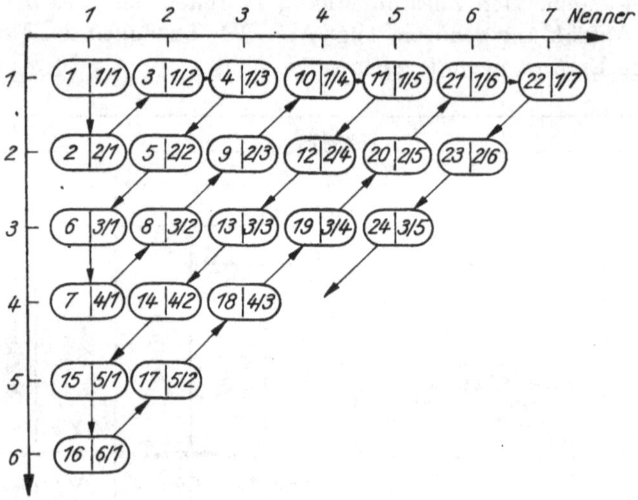

Abb. 3.2 Cantorsches Diagonalverfahren 1. Art zum Beweis dafür, daß die rationalen Zahlen abzählbar unendlich sind. Links im Feld die natürlichen, rechts die rationalen Zahlen.

echt rationalen. Nicht abzählbar sind dagegen die nicht rationalen (*irrationalen*) *Zahlen*. Dies sei der Einfachheit halber für die spezielle Zahl $\sqrt{2}$ gezeigt. Es werde dazu die (falsche) Annahme gemacht, daß ihr Wert positiv und rational gekürzt vorliege. Dann müßte sie wie folgt mit zwei positiven natürlichen Zahlen d_1 und d_2 darstellbar sein:

$$\sqrt{2} = \frac{d_1}{d_2} .$$

Gemäß der Definition der Quadratwurzel muß auch gelten

$$2 = \frac{d_1^2}{d_2^2} .$$

Multiplikation mit der ebenfalls natürlichen Zahl d_2^2 ergibt

$$2d_2^2 = d_1^2 = \text{natürliche Zahl.}$$

Es muß also d_1^2 durch 2 und wegen der Ganzzahligkeit von d_1 auch d_1 selbst durch 2 teilbar sein. Deshalb gilt auch

$$\frac{d_2^2}{2} = \frac{d_1^2}{4} = \text{ganze Zahl.}$$

Folglich müßte auch d_2 durch 2 teilbar sein. Entgegen der Annahme sind also d_1 und d_2 nicht teilerfremd. Werden genauer die Voraussetzungen und Rechnungen geprüft, so bleibt nur noch der Schluß, die Annahme

$$\sqrt{2} = \frac{d_1}{d_2}$$

ist falsch. $\sqrt{2}$ ist also nicht rational. Nach ähnlichen Beweisen lassen sich die anderen Zahlenklassen ebenfalls beweisen. Aus diesen Betrachtungen folgt dann weiter, daß *alle irrationalen Zahlen eine abzählbar unendliche Ziffernfolge* besitzen. Da sie nicht rational sind, kommt in ihrer Dezimalschreibweise auch keine Periodizität vor. Sie würde nämlich die Ziffernfolge wieder endlich gestalten lassen. In der Tat zeigen dies alle bisherigen Näherungsrechnungen mit allerdings endlicher Ziffernfolge. Dabei ist aber zu bemerken, daß π bereits auf 100000 Stellen berechnet wurde. Weiter ist zu bemerken, daß *jeder endliche Automat in endlicher Zeit auch nur eine endliche Ziffernfolge berechnen* kann. Im Prinzip können diese Folgen jedoch extrem lang gestaltet werden. Bei einem mittleren Rechner mit einem Arbeitsspeicher von ca. 50 kByte ($4 \cdot 10^5$ bit) ergeben sich nämlich

$$2^{4 \cdot 10^5} \approx 10^{120412}$$

unterscheidbare innere Zustände. Damit wäre eine Stellenzahl von 10^{100000} durchaus erreichbar. In der Regel werden jedoch alle Zahlen in Rechnern mit weniger als 100 Stellen gerechnet. Dadurch werden selbst viele rationale Zahlen nur genähert. Für die weiteren theoretischen Betrachtungen sei jedoch für die *irrationalen Zahlen* die notwendige, abzählbar unendliche Ziffernfolge vorausgesetzt. Es soll damit bewiesen werden, daß die Menge dieser Zahlen *überabzählbar* ist. Dies erfolgt mit dem Cantorschen *Diagonalverfahren 2. Art.* Sein Prinzip zeigt Tab. 3.1. Darin sind nur die reellen Zahlen des Intervalls von 0 bis 1 ausgewählt. Sie sind nämlich als unendlich lange Dezimalzahlen der Form

$$b_n = 0,\, z_{n1} z_{n2} z_{n3} \cdots z_{nm} \cdots$$

Tabelle 3.1 Cantorsches Diagonalverfahren 2. Art. Mit ihm wird gezeigt, daß es überabzählbar viele reelle Zahlen im Bereich 0 bis 1 gibt

natürliche Zahl für die Anordnung	reelle Zahlen
1	$0,\, z_{11}\, z_{12}\, z_{13} \,\ldots\, z_{1n} \,\ldots$
2	$0,\, z_{21}\, z_{22}\, z_{23} \,\ldots\, z_{2n} \,\ldots$
3	$0,\, z_{31}\, z_{32}\, z_{33} \,\ldots\, z_{3n} \,\ldots$
.	.
.	.
.	.
m	$0,\, z_{m1}\, z_{m2}\, z_{m3} \,\ldots\, z_{mn} \,\ldots$
.	.
.	.
.	.

darstellbar. Es wird nun angenommen, daß die Darstellung von Tabelle 3.1 alle reellen *Zahlen des Bereiches 0 bis 1* enthält. Es wird jetzt eine Zahl konstruiert, die darin nicht enthalten ist. Damit ist dann bewiesen, daß die reellen Zahlen überabzählbar sind. Die Konstruktion der Zahl geschieht wie folgt: Es werden die „Diagonalziffern" z_{mn} ausgewählt. Sie werden wie folgt verändert

$$z_m = 1 \quad \text{falls } z_{mm} \neq 1 \,,$$

$$z_m = 2 \quad \text{falls } z_{mm} = 1 \,.$$

Die neue Zahl lautet dann

$$b = 0, z_1 z_2 z_3 \dots z_n \dots .$$

Sie weicht offensichtlich von jeder Zahl des Schemas in Tab. 3.1 ab.

3.2.2. Algorithmen

Bereits zu Anfang wurde darauf hingewiesen, daß es möglich ist, Fragen so zu verändern, daß Entscheidungsfragen entstehen. Bei einer sehr großen Anzahl von Aufgaben und Problemen besteht die Möglichkeit, sie soweit zu zergliedern, daß ein genauer Plan entsteht, in welcher Reihenfolge welche Schritte vorzunehmen sind und wann zwischendurch nach welchen Fakten Entscheidungen zu treffen sind. So ein Weg liegt, ins Alltägliche übertragen, vor, wenn wir z.B. in einer Großstadt von einem Punkt zu einem anderen wollen. An den Straßenverzweigungen und -kreuzungen treffen wir Entscheidungen. In der Mathematik heißt eine solche Vorschrift, die genau bis ins kleinste Detail vorgibt, was zu tun ist, ein Algorithmus.

Ein Algorithmus ist also ein endliches Schema mit Vorschriften zum Vorgehen und Regeln zum Entscheiden.

Endlich ist deshalb wichtig, weil er irgendwo gespeichert werden muß und weil er ja auch in endlicher Zeit abgearbeitet werden muß. Seine Anwendung muß also in endlicher Zeit zum Ergebnis führen, (Ein solcher Algorithmus wird auch zuweilen abbrechender Algorithmus genannt. Ihm steht dann ein nicht abbrechender gegenüber, der aber meist Prozedur genannt wird und zu keinem Ergebnis führt.)

Der Name Algorithmus geht auf den Usbekischen Gelehrten Ben Musa Al-Chwarizini zurück. Er stellte bereits im 9. Jahrhundert solche Regeln zum Rechnen auf. Durch Verschmelzung seines Namens mit dem griechischen Wort arithmos (Zahl) ist wahrscheinlich der Name Algorithmus entstanden. Generell muß heute bei der Lösung von *Aufgaben* zwischen *verschiedenen Niveaus von Algorithmen* unterschieden werden. Es ist zunächst ein Unterschied, ob eine konkrete Aufgabe, z.B. $3 + 4$, zu lösen ist oder generell die Addition von zwei Zahlen erfolgen soll. Einen noch allgemeineren Algorithmus verlangen die vier Grund-Rechnungsarten zusammen. Die *Geschichte* der Mathematik *zeigt, daß immer noch allgemeinere Algorithmen gefunden werden* konnten. So entstand der Gedanke, daß es vielleicht möglich sei, für jeden beliebigen Aufgabenkreis ein ganz allgemeines Lösungsverfahren zu finden. Eine erste „Idee" hierzu geht wohl auf den Spanier Raymundus Lullus (um 1300) zurück. Wie verworren noch seine Gedankengänge waren, geht aus einer Einschätzung von M. CANTOR hervor: „... ein Gemenge von Logik, kaballistischer und eigener Tollheit, unter welches, man weiß nicht wie, einige Körner gesunden Menschenverstandes geraten sind." Dennoch hat sich LEIBNIZ, durch diese Gedanken angeregt, um allgemeine Verfahren sehr bemüht. Er erkannte, daß zumindest zwei Verfahren bedeutsam sind, eine ars inveniendi und eine ars iudicandi. Sie könnten heute vielleicht als Erzeugungs- und Entscheidungsverfahren betrachtet werden. LEIBNIZ erkannte auch, daß, wenn solche voll algorithmischen Verfahren vorliegen, sie auf eine Maschine übertragen werden könnten. Damit dürften auch seine Projekte zum Bau von Rechenmaschinen zusammenhängen. Die Zeit war damals jedoch nicht reif, solche Gedanken zu Ende zu führen.

Von der Sicht der Mathematik her ist es bedeutsam, daß die *Entwicklung eines Algorithmus* meist schwierige und komplizierte Überlegungen erfordert. Sie verlangt zunächst eine *tiefgehende Problemanalyse,* dann eine *beträchtliche Erfindungsgabe* für den prinzipellen Aufbau und schließlich Energie und exakte Überlegungen für die Niederschrift. Liegt dann aber ein Algorithmus vor, so kann er von jedem, ja selbst von Maschinen erfolgreich angewendet werden. Mit der Schaffung eines Algorithmus macht der Mathematiker das betreffende Gebiet daher für die Mathematik uninteressant.

In den dreißiger Jahren unseres Jahrhunderts lagen schließlich so viele allgemeine Grundlagen vor, daß der bis dahin nur intuitiv faßbare Begriff des Algorithmus exakt faßbar wurde. Einer von mehreren sehr unterschiedlichen Zugängen, die sich später alle als gleichwertig herausstellten, ist der Turing-Automat.

3.2.3. Turing-Automaten

Ein allgemeines Denkschema für Berechnungen schuf A. M. TURING 1937. Es hat den großen Vorteil, daß es praktisch eine technikgemäße Form besitzt. Deshalb wird meist auch von dem Turing-Automaten bzw. der Turing-Maschine gesprochen. Es sei bemerkt, daß es eigentlich gar nicht einen einzigen Turing-Automaten gibt, sondern eine Vielzahl unterschiedlich gestalteter, aber im Prinzip gleichwertiger. Weiter ist zu ergänzen, daß eine solche Maschine wohl *nie gebaut* wurde und auch nicht gebaut werden wird, es sei denn zu Demonstrationszwecken. Die *Bedeutung* des Turing-Automaten liegt *auf theoretischem Gebiet.* Schließlich sei noch hinzugefügt, daß ein anderes, aber gleichwertiges Prinzip zur selben Zeit gleiche von E. L. POST entwickelt wurde. Es gewann aber nicht die gleiche Bedeutung.

Ein Turing-Automat *besteht* prinzipiell *aus drei Teilen* (s. Abb. 3.3)

- beidseitig unendlich langes Speicherband
- Speicher mit endlich vielen Zuständen
- logische Verarbeitungseinheit.

Generell arbeitet der Turing-Automat in definierten Zeittakten. Dadurch werden das richtige Zusammenwirken der drei Teile und ein definierter Ablauf garantiert.

Das *Speicherband* könnte man sich heute leicht als unendlich langes Magnetband vorstellen. Dies wurde aber erst 1940 und dann nur zur Schallaufzeichnung erfunden. Anschaulicher ist es ohnehin, es sich als *Papierschlange* vorzustellen, die rechts und links nach Bedarf beliebig durch Ankleben neuer Streifen *verlängert werden kann.* Das

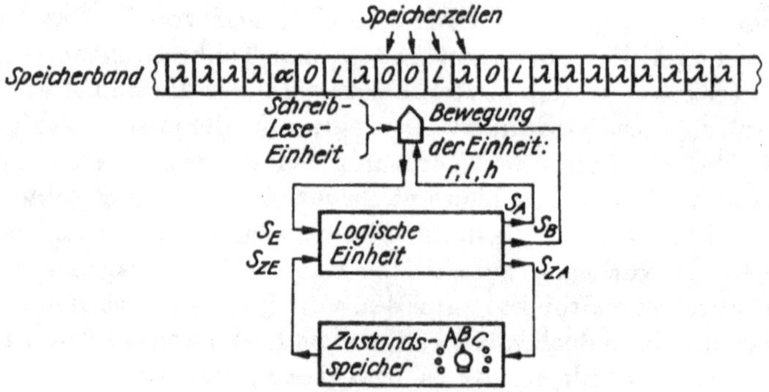

Abb. 3.3 Prinzipieller Aufbau eines Turing-Automaten. Die Bandsymbole und Zustandsstellungen sind dem im Text behandelten einfachen Beispiel angepaßt.

Papierband ist der Länge nach in *kleine Zellen aufgeteilt.* In sie können bestimmte Symbole eingeschrieben werden. Sie können hiervon auch gelesen werden. Die Zellen können auch leer sein. Das Schreiben bzw. Lesen ist jeweils nur bei einer Zelle möglich. Von der jeweilig gelesenen bzw. zu beschreibenden Zelle kann in jedem Feld nur nach rechts oder links jeweils eine Zelle weitergerückt werden. Es kann aber auch bei der Zelle weiter verweilt (Halt) werden. Dies wird durch die Befehle

r; l; h

ausgedrückt.

Der *Zustandsspeicher* läßt sich am einfachsten als ein Schalter (rastender Drehschalter) vorstellen, der über die entsprechende Anzahl von Einstellungen verfügt. Er dient sozusagen als Hilfsspeicher, um sich zu merken, was gerade getan wurde und was zu tun ist. Er ist also etwa eine Merktafel für zu treffende Entscheidungen.

Die *Logische Einheit* dient der eigentlichen Rechnung. Sie verfügt jedoch nur über ganz elementare Fähigkeiten. Sie besitzt *zwei Ein-* und *drei Augänge.* Aus dem vom Band gelesenen Eingangssymbol S_E und der Stellung des Zustandsspeichers S_{ZE} bildet sie drei Größen: den Schreibbefehl für die jeweilige Zelle des Bandes S_A (vom Ausgangssignal), den Befehl für die neue Einstellung des Zustandsspeichers S_Z und den Befehl für die Bewegung des Bandes S_B. Damit die logische Einheit arbeiten kann, muß der *Takt* in drei Teiltakte zerlegt werden. Im ersten Teiltakt werden die beiden Signale zugeführt. Im zweiten Teiltakt werden aus ihnen die drei Befehle berechnet. Im dritten Teiltakt werden sie ausgeführt. Damit gelten für die Logische Einheit die drei Funktionen

$$S_A = f_1 (S_E; S_{ZE}),$$

$$S_{ZA} = f_2 (S_E; S_{ZE}),$$

$$S_B = f_3 (S_E; S_{ZE}).$$

Diese drei Funktionen lassen sich am besten in einer *Automatentafel* zusammenstellen. Sie besitzt die prinzipielle Form von Tab. 2. Mit einer solchen Tafel ist der Algorithmus für die Arbeit der Turing-Maschine eindeutig festgelegt. Dies sei im folgenden an einem einfachen Beispiel dargelegt.

Tabelle 3.2 Prinzipielle Gestalt einer Automatentafel für einen Turing-Automaten

	Zustände S_{ZE}
Eingangssignale S_E	In jedem Feld dieser Matrix stehen die drei Ausgangsgrößen S_A S_B S_{ZA}

3.2.4. Beispiel: Addition von Binärzahlen

Begonnen sei die Betrachtung der Addition mit dem ganz einfachen Fall der Addition von zwei einstelligen Binärzahlen. Werden die beiden Werte mit 0 und L bezeichnet, so gilt die Additionstafel Tab. 3.3. Sie ist jetzt von dem Turing-Automaten in Teilschritten zu realisieren. Zu Beginn soll dabei auf dem Band die Aufgabe stehen, also z.B. entsprechend Zeile 3 in der ersten Zelle L, in der zweiten Zelle 0. Dann soll der Automat irgendwie zu arbeiten beginnen, und am Ende soll das Ergebnis auf dem Band stehen, also in diesem Fall 0 und L in zwei Zellen. Der Automat muß aber so

Tabelle 3.3 Additionstafel für zwei einstellige Binärzahlen

Zeile	1. Zahl	2. Zahl	Ergebnis *ü*	*s*
1	0	0	0	0
2	0	L	0	L
3	L	0	0	L
4	L	L	L	0

gestaltet sein, daß er alle Aufgaben der Klasse – in diesem einfachen Fall nur vier mögliche – je nach dem auf dem Band stehenden Wert richtig löst. Es ist sofort einzusehen, daß er dann ein *Startsymbol* α und ein *Stopsymbol* Ω benötigt. Damit sind nun für diese Aufgabe alle *Symbole* bestimmt. Es gilt *für das Band*:

$$S_E: \alpha;\ \lambda;\ 0;\ L,$$

$$S_A: \alpha;\ \lambda;\ 0;\ L;\ \nu.$$

Darin bedeuten λ leere Zelle und ν den Befehl nicht verändern (schreiben), also das dort stehende Symbol ist zu belassen. Beide Symbolalphabete unterscheiden sich also bis auf den Nichtschreibebefehl ν nicht.

Die *Bewegungsbefehle* lauten

$$S_R: r; l; h.$$

Bei den Zuständen der *Logischen Einheit* müssen *Eingangs- und Ausgangszustände* unterschieden werden. Sie haben den jeweils gleichen Vorrat, unterscheiden sich aber bezüglich des Taktes. S_{ZE} gilt vom dritten Teiltakt des vorangegangenen Taktes bis zum ersten Teiltakt des ablaufenden Taktes, S_{ZA} vom dritten Teiltakt des ablaufenden Taktes bis zum ersten Teiltakt des folgenden Taktes. Für das *einfache Beispiel* benötigen wir *mindestens zwei Zustände*

$$S_Z: A; B, \tag{1}$$

wobei A der initiale (Anfangs-) und B der abschließende (Stop-) Zustand ist. Zu Beginn sei auf das Band die jeweilige Aufgabe geschrieben. Für den Fall 3 der Additionstafel Tab. 3.3 steht also auf ihm

$$\ldots \lambda\lambda \alpha \text{ L } 0 \lambda\lambda \ldots . \tag{2}$$

In den anderen Fällen stehen statt L und 0 die anderen Kombinationen. Für den Start befindet sich die Schreibleseeinheit auf α und die logische Einheit im Zustand A.

Um die Aufgabe zu lösen, muß nun noch der Algorithmus, d. h. die *Automatentafel*, für den weiteren Ablauf gesucht werden. Hierfür bestehen beträchtliche Freiheiten und damit Möglichkeiten. Es gibt eben viele Lösungen. In der Regel wird eine möglichst optimale gesucht. Das *Optimum* kann sich auf die *Anzahl der zu durchlaufenden Schritte*, also Zeitdauer für die Lösung und/oder auf die *Anzahl der notwendigen Zustände* (Speicheraufwand) beziehen. Sowohl für das Finden eines Algorithmus als auch für die Optimierung sind zumindest bei komplizierten Problemen viele Erfahrungen und Ideen notwendig. Aber selbst hier ist es nicht trivial, eine besonders günstige Lösung zu finden. Deshalb soll einfach ein brauchbares Ergebnis hingeschrieben werden (s. Abb. 3.4a). In diesem Fall genügen sogar die minimalen zwei Zustände völlig. Der Ablauf des *Algorithmus* (er sei I genannt) ist in Abb. 3.4 in *drei Darstellungen* gegeben. Zum Vergleich sind dazu die 8 Matrixelemente (sie entsprechen den Knoten in einem *Graph*) der *Automatentafel* durchnumeriert. Ihre Zuordnung ergibt sich aus dem Vergleich von Teilbild a und c. Teilbild c zeigt dabei die möglichen Übergänge zwischen den Knoten. Lediglich nach den Knoten 1 und 4 erfolgen also Entscheidungen, sonst ist der Ablauf determiniert. Dies ist als *Ablaufschema* (Programmablaufplan (PAP)) in Teilbild d noch deutlicher zu erkennen. Die zugehörigen Stellungen der Schreibleseeinheit gehen aus Teilbild b hervor. Mit diesen Bildern dürfte es relativ leicht sein, den gesamten Ablauf zu verfolgen. Am Ende steht die Schreibleseeinheit wieder am Ausgangspunkt, und in den beiden anderen Zellen stehen jetzt die Summe *s* und der Übertrag *ü*.

Als *weitere Verallgemeinerung* sollen nun *zwei n-stellige Binärzahlen addiert* werden. Sie lauten

$$z_{11}z_{21}z_{31} \ldots z_{n1},$$

$$z_{12}z_{22}z_{34} \ldots z_{n2}.$$

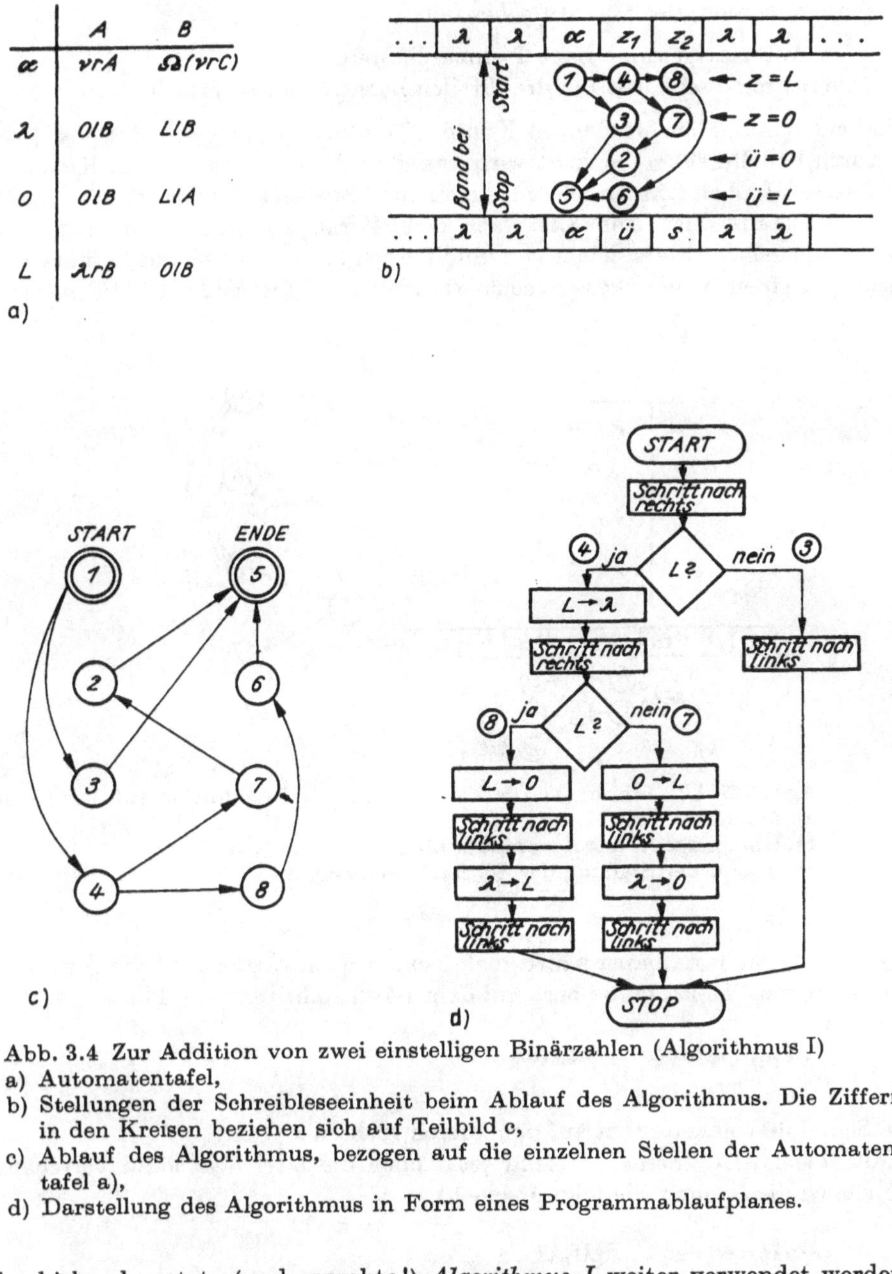

Abb. 3.4 Zur Addition von zwei einstelligen Binärzahlen (Algorithmus I)
a) Automatentafel,
b) Stellungen der Schreibleseeinheit beim Ablauf des Algorithmus. Die Ziffern in den Kreisen beziehen sich auf Teilbild c,
c) Ablauf des Algorithmus, bezogen auf die einzelnen Stellen der Automatentafel a),
d) Darstellung des Algorithmus in Form eines Programmablaufplanes.

Damit der bisher benutzte (und erprobte!) *Algorithmus I* weiter verwendet werden kann, werden sie wie folgt auf das Band geschrieben

$$\dots\lambda\lambda\underset{\uparrow}{\alpha} z_{11}z_{12}\alpha z_{21}z_{22}\alpha z_{31}z_{32}\alpha \dots \alpha z_{n1}z_{n2}\lambda\lambda \dots . \quad (3)$$

Der Algorithmus I funtioniert also sofort, wenn er auf die einzelnen α angesetzt wird. Er bildet aber noch nicht alle Teilsummen automatisch. Dazu muß ein *Algorithmus II* geschaffen werden, der *zwei Aufgaben* hat:

- den Automaten von **5** nach **1** umzuschalten,
- die Schreibleseeinheit um drei Stellen nach rechts zu verschieben.

Die beiden Aufgaben werden im Knoten **5** dadurch eingeleitet, daß der Haltebefehl Ω durch den Befehl *v*rC ersetzt wird (steht in Abb. 3.4a bereits in Klammern). Die weiteren Aufgaben können alle mit dem neuen Zustand C realisiert werden. Die zugehörigen Details zeigt Abb. 3.5. Nach dem Vorangegangenen dürfte auch hier der Ablauf mittels der Bilder leicht verständlich sein. Der Algorithmus II führt also immer wieder zu einem neuen weiter rechts stehenden α. *Am Ende der beiden Binärziffern*

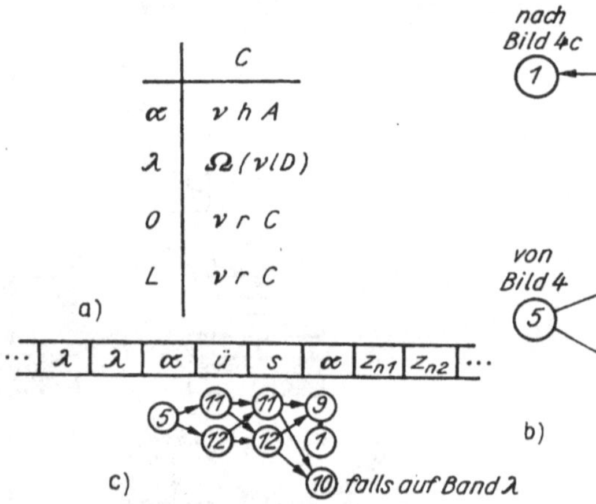

Abb. 3.5 Algorithmus II zur Verbindung von Teiladdition auf dem Band
a) Automatentafel,
b) Übergänge in der Automatentafel,
c) Ablauf der Stellung der Schreibleseeinheit.

(vgl. Gl. (3)) steht nun aber kein α mehr, sondern ein λ. Hier geht der Automat gemäß Knoten in den *Stopzustand* über. Auf dem Band steht jetzt die Folge

$$\ldots \lambda\lambda\alpha \ddot{u}_1 s_1 \alpha \ddot{u}_2 s_2 \alpha \ldots \alpha \ddot{u}_n s_n \underset{\uparrow}{\lambda}\lambda \ldots . \tag{4}$$

Die Schreibleseeinheit steht auf dem ersten rechten λ.

Mit einem *Algorithmus III* sind jetzt noch die *Überträge* so zu verrechnen, daß schließlich die Summe wie folgt erscheint

$$\lambda\underset{\uparrow}{\lambda}\alpha\lambda z_1\alpha\lambda z_2\alpha\lambda z_3\alpha \ldots \alpha\lambda z_n\lambda\lambda \ldots \tag{5}$$

und die Schreibleseeinheit wieder links beim ersten α steht. Der Algorithmus beginnt mit dem Zustand C von Knoten **10** aus (bereits in Abb. 3.5a in Klammern eingesetzt) und besitzt das Aussehen von Abb. 3.6. Es werden vier Zustände D bis G benötigt. Damit ist dieser Algorithmus zugleich der bisher komplizierteste. Dies weist auch die Abbildung aus. Es sind *drei Phasen* zu erkennen

- *Beginn* von **10** nach **15** bzw. **16**,
- *Durchlauf* über **13**, wenn kein Übertrag vorliegt, und **25** bei einem Übertrag zur weiter links stehenden Teilsumme.
- Abschluß entsprechend der gestrichelten Linie in Abb. 3.6b.

	D	E	F	G
α	νlD	—	—	νlG
λ	Ω	αlD	λlE	Ω^+(LlF)
0	νlE	λlD	λlG	LlE
L	νlF	λlG	—	OlF

a)

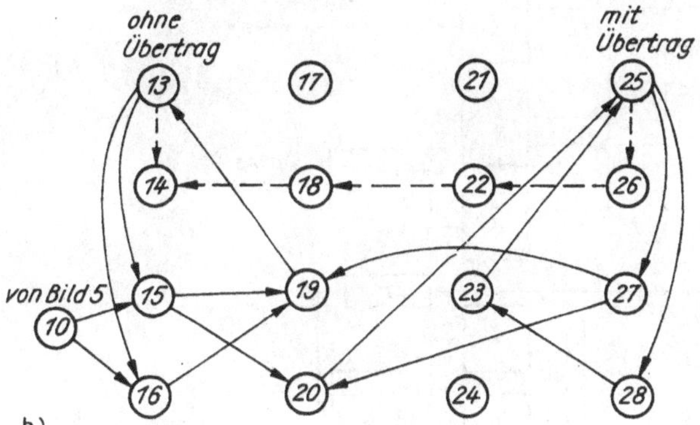

b)

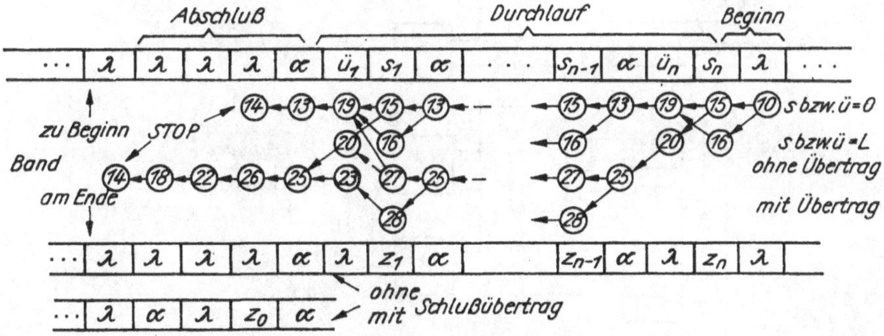

c)

Abb. 3.6 Algorithmus III zur Verarbeitung der Teilüberträge, die beim Ablauf von Algorithmus I und II auf dem Band entstehen
a) Automatentafel,
b) Übergänge der Automatentafel,
c) Stellungsfolge der Schreibleseeinheit.

Diese Phasen sind noch einmal deutlicher in Teilbild c hervorgehoben. Der Beginn ist dabei so einfach, daß keine weitere Erklärung notwendig sein dürfte. Beim Durchlauf sind die beiden schon oben erwähnten Teilzyklen über **13** bzw. **25** zu unterscheiden. Ferner ist es wichtig, daß keine Übergänge zu **24** bzw. von **16** nach **20** existieren. Dies liegt daran, daß in der Additionstafel Tab. 3.3 bei der Summe $s = \mathrm{L}$ nur der Übertrag $ü = 0$ vorkommt. Entscheidungen erfolgen daher insgesamt nur nach den Knoten **13**, **15**, **25** und **27**. Das erste λ links wird je nachdem, ob mit oder ohne Übertrag, im Knoten **25** oder **13** erreicht. Von **13** geht es unmittelbar zum Stop **14** über. Bei **25** ist entsprechend dem Übertrag die Zahl um eine Stelle nach links zu verlängern. Dies geschieht über die Zustände **26**, **22**, **18** und **14** und führt zu dem untersten Bandteil in Bild 6c.

In der gleichen Weise kann nun auf die Leerstellen λ des Bandes *eine neue zu addierende Binärzahl* eingeschrieben werden. Dann ist die Schreibleseeinheit nur um einen Schritt nach rechts zu rücken und die logische Einheit in den Zustand A zu bringen. Das wäre ein sehr einfacher *Algorithmus IV*. Danach liefe die neue Addition in schon

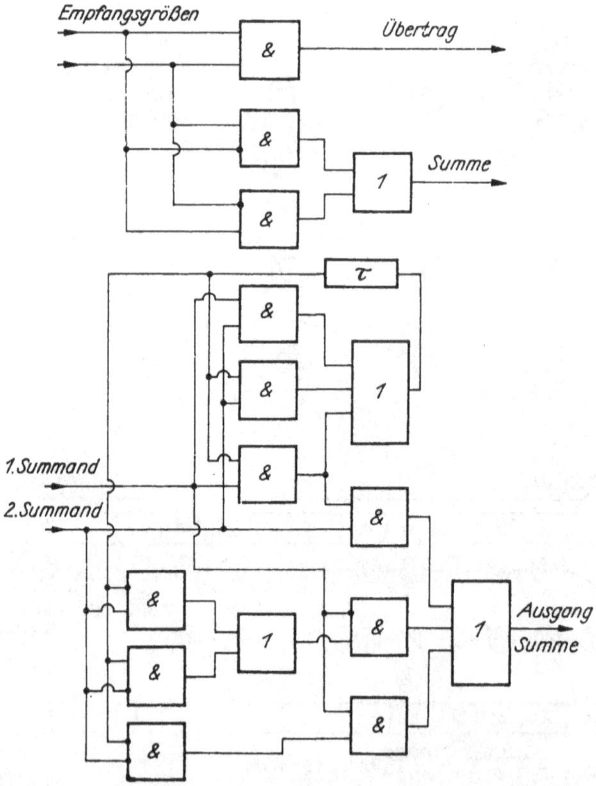

a)

b)

Abb. 3.7 Spezialisierte Hardwarestrukturen zur Addition

a) Halbadder, er leistet in einem Schritt das, wozu die Turing-Maschine mit dem Algorithmus I von Abb. 3.4 entweder 2 oder 4 Schritte benötigt. Er vermag aber nur einzig und allein dieses.

b) Volladder. Er ist hier bewußt etwas anders aufgebaut als sonst üblich. Dadurch wurde die Analogie zu den Algorithmen I bis III erhöht. Er leistet in $(n + 1)$ Schritten das, wozu die Turing-Maschine ca. $10n$ Schritte benötigt.

beschriebener Weise mit den Algorithmen I, II und III ab. Durch einen weiteren Algorithmus wäre dann auch einfach eine Multiplikation als wiederholte Addition auszuführen. Es ist also ersichtlich, mit der Turing-Maschine lassen sich so durch Hinzunahme neuer Zustände und Verwendung der schon vorhandenen und erprobten Algorithmen immer kompliziertere *Gesamtalgorithmen* aufbauen. Hierin liegt der Grund, daß eine Turing-Maschine universal verwendbar ist. Sie existiert als recht einfache *Hardware*, aber ihre Universalität kommt von der *Programmierung der Algorithmen*, d. h. der *Software*. Es sei deshalb mit Abb. 3.7 der Turing-Maschine mit den 3 Teilalgorithmen die entsprechend *spezialisierte Hardware*, der Halb- und Volladder, *gegenübergestellt*. Der Halbadder leistet etwa dasselbe wie Algorithmus I, der Volladder entspricht den 3 Algorithmen. Natürlich gibt es dazu noch Unterschiede. Bei der Turing-Maschine existieren alle Werte gespeichert, bei den Addern ist dies zusätzlich notwendig. Der Turing-Automat arbeitet alles sequentiell ab, der Halbadder alles parallel. Beim Volladder sind aber auch schon $(n + 1)$ Schritte notwendig. Für eine auf n-stellige Binärzahlen vollkommen parallele Verarbeitung ist ein wesentlich größerer Bauelementeaufwand notwendig. Er steigt etwa mit n^2.

3.2.5. Funktionen und Berechenbarkeit

Für *Abbildungen* und Funktionen werden zwei Mengen unterschieden. Die Ausgangsmenge enthält die Argumente x und heißt daher auch Argumentmenge oder *Definitionsbereich*. Die *Art der Zuordnung* dieser Elemente in die Sekundärmenge, d. h. in den Bild- oder *Wertebereich*, kann mehrdeutig, eindeutig in einer Richtung oder umkehrbar eindeutig (eineindeutig) sein. Vor allem bei der *eindeutigen Abbildung* wird von einer *Funktion* gesprochen. Die x-Werte der Funktion weisen dann auf die y-Werte des Wertebereiches. Sowohl die x als auch y können aus je einem bestimmten Zahlenbereich (z.B. ganzzahlig) stammen. Beide Mengen brauchen keineswegs gleich zu sein, obwohl dies vielfach so gewählt wird. Je nach dem Definitionsbereich werden hauptsächlich die vier Gruppen der Tab. 3.4 unterschieden. Neben dieser Einteilung gibt es weitere unter anderen Gesichtspunkten. So existiert eine Einteilung, die von den verwendeten Rechenoperationen abhängt. Kommen nur endlich viele Additionen, Subtraktionen, Multiplikationen und Divisionen vor, so handelt es sich um eine *rationale Funktion*. Bei ihnen verlassen die Werte für rationale Argumente ebenfalls nicht den Bereich der rationalen Zahlen. Es können für sie ganze rationale Funktionen der Form

$$y = a_n x^n + a_{n-1} x^{n-1} + \dots a_1 x + a_0$$

Tabelle 3.4 Ausgewählte Funktionen mit ihrem Definitionsbereich

Funktion (F)	Definitionsbereich
Boolesche F.	binäre Zahlen 0, L
zahlentheoretische F. = arithmetische F.	natürliche Zahlen
reelle F.	reelle Zahlen
komplexe F.	komplexe Zahlen

und gebrochen rationale

$$y = \frac{a_n x^n + \dots + a_1 x + a_0}{b_m x^m + \dots + b_1 x + b_0}$$

unterschieden werden.

Ihnen werden meist die *nichtrationalen* (irrationalen) *Funktionen* gegenübergestellt. Beispiele für sie sind u. a.

$$\sqrt{x};\ \sqrt[m]{x};\ e^x;\ a^x;\ \lg x,\ \sin x,\ \arccos x\,.$$

Hier verlassen die Werte auch bei rationalen Argumenten den rationalen Bereich.

Je nach der Anzahl n der Variablen als Argumente werden n-stellige *Funktionen* unterschieden. $y = \ln x$ ist also eine 1-stellige Funktion, $y = x_1 + x_2$ eine 2-stellige usw. Zuweilen wird auch formal von 0-stelligen Funktionen gesprochen. Dies sind dann Konstanten.

Im weiteren sollen nun die *arithmetischen Funktionen* betrachtet werden. Hierdurch wird eine besondere Einfachheit erreicht. Dabei sollen vor allem mengentheoretische Aussagen gemacht werden. Entsprechend Abb. 3.1 ist für sie die Länge der Ziffernfolge endlich, und die Menge der Zahlen ist abzählbar unendlich. Im Prinzip sind damit alle Aussagen auf die rationalen Zahlen übertragbar. Das Cantorsche Diagonalverfahren 1. Art (Abb. 3.2) könnte u. a. dafür die Grundlage liefern. Wird dann die Endlichkeit realer Automaten beachtet (vgl. Abschnitt 3.2.1. und 3.3.4.), so tragen derartige Aussagen bereits einen sehr allgemeinen Charakter. Durch Beziehungen zu den erst im Abschnitt 3.3. behandelten formalen Sprachen wird der Allgemeinheitsgrad noch weiter erhöht.

Bei den arithmetischen Funktionen sind insgesamt vier Unterklassen definiert, die heute als die berechenbaren Funktionen angesehen werden. Die Relationen zwischen ihren Mengen zeigt Abb. 3.8. Hierbei besitzt die Berechenbarkeit des Funktionswertes aus dem Argument große Bedeutung.

Trivialerweise sind die Addition und Multiplikation für natürliche Zahlen berechenbar und führen auch nicht aus diesem Zahlenbereich heraus. Auch die Subtraktion ist durchführbar, sofern beim Ergebnis nur der Betrag, also $|x - y|$, verwendet wird. Ähnlich kann bei der Division verfahren werden. Es wird eben nur der ganzzahlige

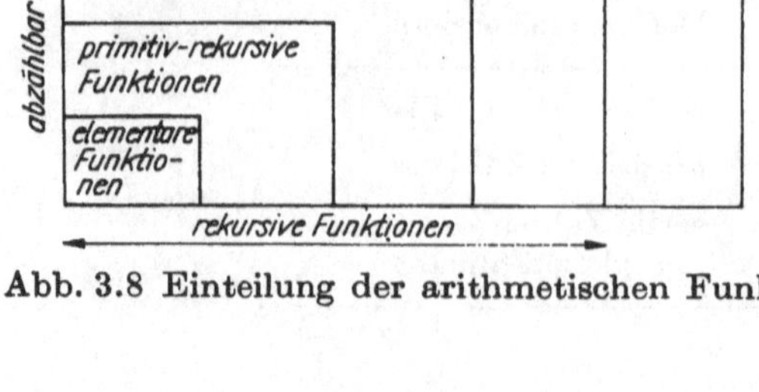

Abb. 3.8 Einteilung der arithmetischen Funktionen.

Anteil entire (x/y) weiter verwendet. Auf diese Weise bilden die vier Grundrechnungsarten im Bereich der natürlichen Zahlen die *elementaren Funktionen.* Damit gehören natürlich auch sofort mehrfache Verknüpfungen der *vier Grundrechnungsarten* zu den elementaren Funktionen, und es ergibt sich die Frage, ob *weitere arithmetische Funktionen* überhaupt existieren. Dies wird meist wie folgt nachgewiesen:
Die *Multiplikation* ist die iterative Addition

$$n \cdot x = \underbrace{x + x + \dots + x}_{n\text{-mal}} .$$

Die *Potenzbildung* ist die iterative Multiplikation

$$x^n = \underbrace{x \cdot x \dots x}_{n\text{-mal}} .$$

Analog kann auch eine *iterative Potenz* gebildet werden

$$\left.\begin{matrix} & & x \\ & \cdot^{\cdot^{\cdot}} & \\ & x & \\ x & & \end{matrix}\right\} n\text{-mal} .$$

Sie ist keine elementare Funktion mehr und wächst zugleich schneller als jede elementare Funktion. Entsprechend dem hier gegebenen Prinzip läßt sich die Klasse der *primitiv rekursiven Funktionen* definieren. Dies sei zunächst am Beispiel einer einstelligen Funktion durchgeführt. Dazu wird eine elementare Funktion $f(c)$ ausgewählt. Für die zu definierende Funktion existiere mit einer festen natürlichen Zahl a der Anfangswert

$$g(0) = a .$$

Weiter sei der Wert für das Argument n gegeben, dann existiert für das Argument $(n + 1)$ die folgende *Rekursionsregel*

$$g(n + 1) = f(g(n)) .$$

Ein Beispiel hierfür ist die *Fakultät* mit

$$g(0) = 1 \quad \text{und} \quad g(n + 1) = g(n) \cdot (n + 1) .$$

Ferner ließe sich eine wesentlich schneller wachsende Funktion gemäß

$$g(0) = g(1) = g(2) = 2 ,$$

$$g(n + 1) = g(n)^{n+1} \quad \text{für } n > 2$$

einführen. Sie liefert den Wert von

$$(((2^3)^4)\dots)^n .$$

Allgemein werden *für n-stellige Funktionen 3 unterschiedliche ursprüngliche Funktionen* eingeführt:

die Nachfolgefunktion $N(x) = x + 1$,
die Identitätsfunktion $I_n^i(x_1, x_2, \dots x_n) = x_i$,
die konstante Funktion $C_n^i(x_1, x_2 \dots x_n) = c$.

Primitiv rekursive Funktionen sind dann entweder diese 3 Funktionen, oder sie entstehen aus ihnen durch *mehrfache Anwendung* der folgenden beiden Regeln (einzeln oder kombiniert):

Substitutionsregel:

$$g(x_1, \dots, x_n) = f[g_1(x_1, \dots, x_n) \dots g_k(x_1, \dots, x_n)] .$$

Rekursionsregel:

$$g(0, x_2, \dots, x_k) = k(x_2, \dots, x_k)$$

$$g(n + 1, x_2, \dots, x_k) = f[g(n, x_2, \dots, x_k), n, x_2, \dots, x_k)] .$$

Das Attribut primitiv stammt daher, daß die beiden möglichen Einsetzunsregeln sehr einfach sind. Dennoch lassen sich nach diesem Prinzip alle „üblichen" Funktionen definieren.

Noch 1926 stellte Hilbert die Frage, *ob jede berechenbare Funktion auch primitiv rekursiv* ist. Bereits zwei Jahre später konnte von Ackermann ein Gegenbeweis erbracht werden. Er fußte darauf, daß wiederum eine Funktion angegeben wird, die schneller als jede primitiv rekursive Funktion wächst. 1957 gelang es Peter, alle einstelligen primitiv rekursiven Funktionen in einer eineindeutigen Folge anzuordnen, also gemäß

$$g_0(x), g_1(x) \dots g_n(x), \dots .$$

Dann läßt sich eine Funktion

$$k(n, x) \equiv g_n(x)$$

definieren. Sie ist offensichtlich berechenbar, denn für jedes Argument n ist nur die Funktion $g_n(x)$ aufzusuchen, und dann sind die Argumente x einzusetzen. Nun wird die Nachfolgefunktion $k(x, x) + 1$ benutzt, also eine Regel die innerhalb der primitiv rekursiven Funktionen zulässig ist. Wenn diese Funktion auch primitiv rekursiv ist, muß es eine natürliche Zahl m geben, so daß gilt

$$k(x, x) + 1 \equiv g_m(x) .$$

Diese Gleichung muß für alle x, also auch für $x = m$, gelten. Daher folgt der Widerspruch

$$k(m, m) + 1 = k(m, m) .$$

Es gibt also *berechenbare Funktionen, die nicht primitiv rekursiv sind.* Daher wurde nach Rekursionsverfahren gesucht, die allgemeiner sind. Die Lösung wurde gefunden, in-

dem kein konkretes Schema, sondern nur unbestimmte Operationen (Hinweise für Algorithmen) gegeben wurden:
1. Einsetzen von Zahlen für Veränderliche,
2. Ersetzen eines auf der linken Seite der Gleichung vorkommenden Teils durch die rechte Seite einer anderen Gleichung.

Genauer sind diese Aussagen als *μ-Rekursivität* definiert. (Für Interessenten muß auf die Fachliteratur, z.B. TRACHTENBROT, verwiesen werden.)

Bei den primitiv rekursiven Funktionen wird der Funktionswert mit Hilfe vorangehender Funktionswerte berechnet. Dabei ist vorher bekannt, wie oft die Einsetzungsregeln anzuwenden sind. Bei den *allgemein rekursiven Funktionen* wird dagegen nur verlangt, daß es so ein endliches Gleichungssystem gibt, daß sich für jedes festgewählte Argument — n-tupel $x_{10}, x_{20}, \dots, x_{n0}$ — eine und nur eine Zahl y_0 finden läßt, gemäß

$$y_0 = f(x_{10}, x_{20}, \dots, x_{n0}) \,.$$

Vereinfacht wird hierbei so vorgegangen, daß die Rekursion so oft wiederholt wird, bis ein bestimmtes Abbruchkriterium erreicht ist (ALGOL: while A do B, d. h., solange A gilt, wende B an). Dieses Prinzip entspricht dem μ-Operator und *muß nicht abbrechen* (μ-Rekursivität). Läßt man nun weiter für einige ausgewählte n-Tupel $x_1, x_2, \dots, x_n$ auch noch offen, daß überhaupt ein Wert y auftritt, so liegen die bei dieser Definition ebenfalls sinnvollen *partiell-rekursiven Funktionen* vor.
In dieser Weise gilt nun die *Churchsche These*:

Jede berechenbare Funktion ist rekursiv.

Diese *These läßt sich* deshalb *nicht beweisen,* weil hier der intuitive Begriff „berechenbar“ mit dem genau definierten „rekursiv“ verbunden ist. Diese These wird heute, von wenigen Ausnahmen abgesehen, *anerkannt.* Die Berechenbarkeit ist dann durch die Rekursivität erklärt.

Es läßt sich zeigen, daß die Menge der *rekursiven Funktionen abzählbar* unendlich ist. Mit dem Cantorschen Diagonalverfahren 2. Art läßt sich zeigen, daß sie *nicht alle arithmetischen Funktionen* enthält. Hierzu werden die Werte aller berechenbaren Funktionen (Tab. 3.5) aufgelistet. Mit dieser Tabelle wird nun eine Funktion konstruiert,

Tabelle 3.5 Anwendung des Cantorschen Diagonalverfahrens 2. Art zum Beweis, daß es überabzählbar viele arithmetische Funktionen gibt

Number	Argumente			
	0	1	2 ...	n ...
0	$f_0(0)$	$f_0(1)$	$f_0(2)$	$f_0(n)$ ...
1	$f_1(0)$	$f_1(1)$	$f_1(2)$ ...	$f_1(n)$ ...
2	$f_2(0)$	$f_2(1)$	$f_2(2)$ ...	$f_2(n)$ ...
.			.	
.			.	
.			.	
m	$f_m(0)$	$f_m(1)$	$f_m(2)$ ...	$f_m(n)$ ...
.			.	
.			.	
.			.	

die arithmetisch ist, jedoch nicht in der Tabelle existiert. Sie lautet:

$$g(m) = f_m(m) + 1\,.$$

Sie weicht von jeder angeschriebenen Funktion zumindest im Diagonalglied ab. Damit ist bewiesen, daß es *überabzählbar viele arithmetische Funktionen* gibt.

Im Laufe der letzten Jahrzehnte gelang es auf verschiedene Weise, die Berechenbarkeit und damit auch den Begriff *Algorithmus* zu präzisieren. Die heute vorliegenden *Formalisierungen* werden als *gleichwertig* angesehen. Dies sind vor allem die *rekursiven Funktionen*, die schon behandelte *Turing-Maschine*, der *Markowsche Normalalgorithmus*, der *λ-* und *λ-K-Kalkül* von CHURCH, die *μ-Rekursivität* von KLEENE, die *Minimallogik* von FITCH, der *kanonische Kalkül* von POST, die *kombinatorische Definierbarkeit* bei CURRY und die KALUZNIN-*Graphen-Schemata.*

3.2.6. Aufzählbarkeit und Entscheidbarkeit

Bei den bisherigen Betrachtungen (s. insbesondere Abb. 3.1) wurden nur *drei Mengenrelationen* unterschieden, nämlich *endlich, abzählbar* und *überabzählbar*. Die Untersuchungen zur *Berechenbarkeit* haben zu einer *weiteren Unterteilung* der abzählbaren Mengen geführt. Ihre Relationen sind in Abb. 3.9 dargestellt und sollen noch kurz behandelt werden. Da bereits die Begriffe überabzählbar, abzählbar, endlich und leer (Nullmenge) im Abschnitt 3.1. und der Begriff berechenbar im vorigen Abschnitt erklärt wurden, verbleiben nur die Begriffe *aufzählbar* und *entscheidbar*.

Eine Menge von Zahlen y gilt als *aufzählbar* genau dann, wenn eine berechenbare zahlentheoretische Funktion $f(x)$ existiert, deren Werte alle y erfassen. Es muß also die Folge

$$f(0);\, f(1);\, f(2)\, \ldots$$

alle y aufzählen. Dabei hat die Reihenfolge der y keine Bedeutung. Es sind auch Wiederholungen zulässig. Da die berechenbaren Funktionen alle rekursive Funktionen sind, wird auch der Begriff *rekursiv aufzählbar* verwendet. Das Attribut berechenbar gilt also für arithmetische Funktionen, und die Attribute aufzählbar bzw. rekursiv

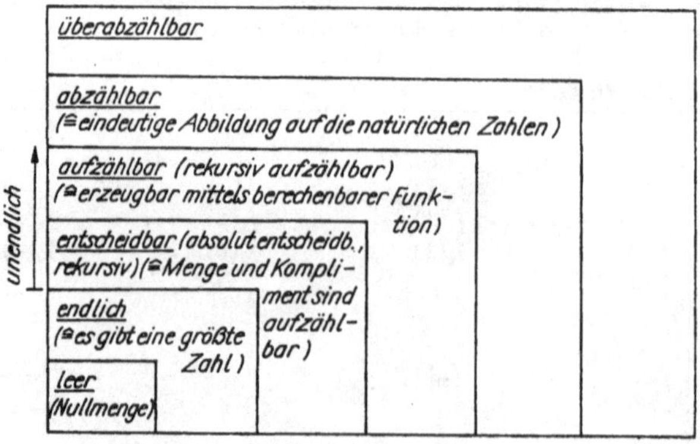

Abb. 3.9 Hierarchie wichtiger Mengen.

aufzählbar gelten für Mengen von Zahlen (Werten), die mit berechenbaren Funktionen zu erhalten sind.

Der Begriff *abzählbar* ist umfangreicher als aufzählbar. Für ihn ist nur notwendig, daß eine eineindeutige Zuordnung zwischen den Elementen der Menge und den natürlichen Zahlen besteht. Diese Zuordnung erfordert nicht eine berechenbare Funktion.

Der Begriff *entscheidbar* gilt als Relation zwischen zwei Mengen M_1 und M. Dabei ist M_1 Teilmenge von M ($M_1 \subset M$). Die Menge M_1 heißt dann entscheidbar (relativ zu M), wenn es eine berechenbare Funktion gibt, mittels der für jede Zahl x (Wort, Element) aus $M (x \in M)$ entscheidbar ist, ob es zur Menge M_1 gehört oder nicht. Dies bedeutet, daß der zur berechenbaren Funktion gehörige *Algorithmus nach endlicher Zeit abbricht*. Daraus folgt widerum, daß sowohl die Menge M_1 als auch die Komplimentmenge $\overline{M}_1$ aufzählbar sind. Damit ist zugleich die Entscheidbarkeit ein engerer Begriff als die Aufzählbarkeit.

Die Entscheidbarkeit läßt sich auch über eine berechenbare Funktion ausdrücken. Sie wird *charakteristische Funktion* f_M genannt. Sie besitzt nur zwei Werte 0 und 1. Ist $x \in M_1$, so nimmt sie den Wert 1 an; ist dagegen $x \notin M_1$, so nimmt sie den Wert 0 an. Die charakteristische Funktion muß also für alle $x \in M$ einen der Werte 0 oder 1 in endlicher Zeit annehmen. Sie darf also nicht partiell rekursiv sein.

Von absolut entscheidbar wird dann gesprochen, wenn die Menge M alle Zahlen (Worte) enthält, die mit den gegebenen Ziffern (Alphabet) erzeugbar sind.

3.2.7. Universelle Turing-Maschine

Die Turing-Maschine ist gemäß Abb. 3.3 aufgebaut. Von außen gesehen kann ihr Funktionsablauf gemäß Abb. 3.10 beschrieben werden. Mit Hilfe von Vorschriften und Entscheidungsregeln, die sich aus der Automatentafel ergeben, werden aus Anfangsdaten Ergebnisse gewonnen. *Jede spezielle* Turing-Maschine ist durch die für sie typische *Automatentafel*, d. h. den dazugehörenden *Algorithmus*, gegeben. Es ist eine interessante Frage, ob es eine *universelle* Turing-Maschine gibt, die alle speziellen erfaßt. Diese Frage ist mit ja entschieden. Besonders simpel läßt sich das wie folgt begründen. Es sei ein Mensch angenommen, der die Anfangsdaten auf dem Band und die Automatentafel kennt. Der Mensch kann dann mittels der ersten Bandinschrift und dem Anfangszustand aus der Automatentafel die Vorschriften für den nächten Schritt ersehen. Daraufführt er ihn aus, kommt zu einer Bandinschrift und einem Automatenzustand. Für beide findet er in der Automatentafel die Vorschriften für den nächsten Schritt. So arbeitet er immer weiter und gelangt gegebenenfalls zum Ende.

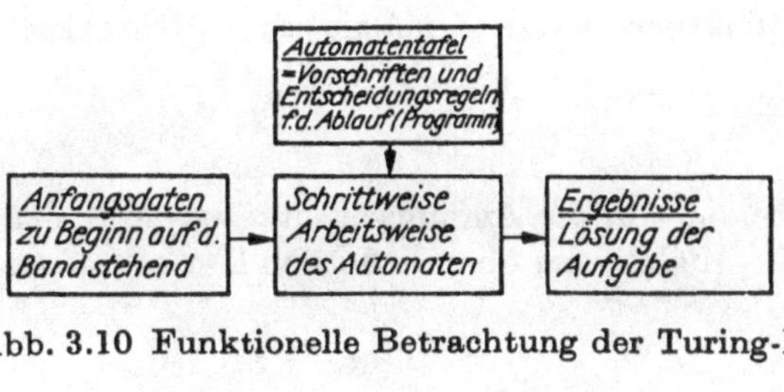

Abb. 3.10 Funktionelle Betrachtung der Turing-Maschine.

Mit der Beschreibung des vorigen Abschnitts simuliert der angenommene Mensch die spezielle Turing-Maschine. Die Beschreibung ist so universell, daß sie für jede spezielle Turing-Maschine gilt. Andererseits kann die Beschreibung des vorigen Abschnitts auch als Algorithmus aufgefaßt werden. Er ist hinreichend detailliert und effektiv. Deshalb kann nach ihm eine Turing-Maschine „gebaut" werden. Sie stellt die universelle Turing-Maschine dar, die imstande ist, alle speziellen Turing-Maschinen zu simulieren. Vereinfacht entspricht sie einem üblichen Rechenautomaten, der deshalb universell ist, weil er in seinem Speicher beliebige spezielle Daten *und* Programme enthalten kann.

3.2.8. Halteproblem

Bezüglich der universellen Turing-Maschine sei noch auf einige Probleme hingewiesen. Sie muß für ein spezielles endliches Alphabet (z. B. Ziffern) entworfen sein. Die speziellen, durch sie zu simulierenden Turing-Maschinen können aber auf ein anderes Alphabet (z. B. Buchstaben) eingerichtet sein. Dann muß eine entsprechende Kodierung gefunden werden, die den Übergang zwischen beiden Maschinen vermittelt. Ferner müssen auf dem Band der universellen Turing-Maschine sowohl die Anfangsdaten als auch die Automatentafel stehen. Sie müssen zweckmäßig voneinander getrennt und gegen einen dritten Abschnitt für die Simulationsrechnung getrennt werden. Die Automatentafel ist zweidimensional. Sie muß auf dem eindimensionalen Band zweckmäßig angeordnet werden. Dies alles sind jedoch vor allem technische, wenn auch z. T. recht schwierige, jedoch keine prinzipiellen Probleme. Prinzipiell ist dagegen das Halteproblem von Turing-Maschinen:
Ist es entscheidbar, ob eine *beliebige* Turing-*Maschine*, angesetzt auf *beliebige Anfangsdaten*, in *endlicher Zeit zum Halten kommt* oder nicht anhält?

Es kann gezeigt werden, daß dieses Problem *nicht entscheidbar* ist. Da ein derartiger Beweis grundlegende Bedeutung hat, sei er im folgenden relativ allgemeingültig geführt. Dabei seien die Anfangsdaten (Zahlen bzw. allgemeine Zeichenketten, Worte) mit kleinen Buchstaben, also a, b, c usw. bezeichnet. Sie setzen sich wiederum aus Buchstaben (Ziffern) zusammen, die mit griechischen Buchstaben α, β, γ, ... gekennzeichnet sind. Die Algorithmen (Automatentafeln, Programme) erhalten dagegen große Buchstaben, also A, B, C usw. Symbolisch läßt sich dann die Anwendung eines Algorithmus A auf die Anfangsdaten a als $A(a)$ schreiben. Es können dabei *zwei grundsätzlich verschiedene Situationen* auftreten:

- Der *Algorithmus* A, angewendet auf die Anfangsdaten a, *bricht nach* einer *endlichen Schrittzahl* ab und *erbringt* das *Ergebnis* e. Anders ausgedrückt, die Turing-Maschine A mit den Anfangsdaten auf dem Band kommt nach endlich vielen Schritten zum Halt, und das berechnete Ergebnis ist e. Symbolisch läßt sich hierfür schreiben

$$A(a) = e\,.$$

- Der *Algorithmus* A, angewendet auf die Anfangsdaten a, *stoppt* (hält) *nicht* nach endlich vielen Schritten. In Analogie zu oben ließe sich hier schreiben

$$A(a) = \overline{h}\,.$$

Jetzt existiert für alle diese Probleme die universelle Turing-Maschine. Für sie sei *angenommen, daß es einen Haltealgorithmus A_h gibt.* Er soll immer nach endlich vielen Schritten entscheiden, ob ein beliebiges Problem $A(a)$ stoppt oder nicht stoppt. Für ein beliebiges Programm $A(a)$, kurz A, seien jetzt *drei Fälle* unterscheidbar:

1. Wird dieses Programm auf sich selbst angewendet, also $A(A)$, und hält es dabei an, so werde nur das Ergebnis e betrachtet. Wenn sein letzter Buchstabe (Ziffer) α ist, so gelte die Aussage:

$$A_h(A) = \text{JA}\,.$$

2. Das auf sich selbst angewendete Programm $A(A)$ stoppt und liefert ein Ergebnis, das nicht auf α endet, dann gelte:

$$A_h(A) = \text{NEIN}\,.$$

3. Das auf sich selbst angewendete Programm $A(A)$ stoppt nicht. So gelte ebenfalls:

$$A_a(A) = \text{NEIN}\,.$$

Mit dem Halteprogramm werden also *Programme analysierbar.* Folglich kann das *Halteprogramm auch auf sich selbst angewendet* werden. Da es auf ein beliebiges Programm angewendet stets anhält, gilt das auch bei einer Selbstanwendung. Je nachdem, ob dabei der letzte Buchstabe α ist oder nicht, gilt entweder:

$$A_h(A_h) = \text{JA} \quad \text{oder} \quad A_h(A_h) = \text{NEIN}\,.$$

Jetzt werde ein *neuer Haltealgorithmus* B_h konstruiert. Er unterscheidet sich gegenüber A_h nur dadurch, daß der letzte Buchstabe seines Ergebnisses genau dann α ist, wenn A_h nicht α besitzt und umgekehrt. Er hält also auch auf jedes Programm angewendet an, und es gilt

$$B_h(A) = \text{NEIN}, \quad \text{wenn} \quad A_h(A) = \text{JA}\,,$$

bzw.

$$B_h(A) = \text{JA}, \quad \text{wenn} \quad A_h(A) = \text{NEIN}.$$

Das Programm A_h kann nun auch auf B_h angewendet werden, und es entsteht die Frage nach dem Ergebnis

$$A_h(B_h) = ?\,.$$

Prinzipiell sind nur die beiden Fälle JA bzw. NEIN möglich. Sie sollen nacheinander untersucht werden:

1. Hypothese:

$$A_h(B_h) = \text{JA}\,.$$

Nach dem obigen Fall 1 bedeutet dies, daß B_h auf sich selbst angewendet stoppt und und zum Schluß bei seinem Ergebnis ein α hat. Deshalb müßte gelten:

$$B_h(B_h) = \text{JA}\,.$$

Dies steht aber im Widerspruch zur gewählten Konstruktion von B_h. Er sollte gerade dann auf NEIN stoppen, wenn A_h auf JA stoppt.

2. Hypothese:

$$A_h(B_h) = \text{NEIN} .$$

Hierfür können die obigen Fälle 2 und 3 auftreten. Fall 3 scheidet sofort aus, da A_h für jeden Algorithmus stoppen soll. Fall 2 würde bei Selbstanwendung von B_h ergeben, daß er nicht auf α stoppt, und das steht wiederum im Widerspruch zur Konstruktion von B_h aus A_h.

Insgesamt ist die *Selbstanwendung* von Algorithmen und das *Halteproblem* von beliebigen Algorithmen auf beliebige Worte damit *nicht entscheidbar.*

3.2.9. Weitere Entscheidungsprobleme

Das gerade zuvor behandelte Halteproblem ist nur eines der typischen Probleme, die nicht entscheidbar sind. Der erste Beweis dieser Art geht auf K. GÖDEL zurück. Bevor diese Problematik etwas weiter gefaßt betrachtet wird, seien noch einige Hinweise gegeben.

Die nicht entscheidbaren Probleme gehen immer darauf zurück, daß die betrachtete Aufgabenklasse zu allgemein und zu weit ist. Ein dem entsprechender Algorithmus kann dann zu keinen eindeutigen Aussagen führen. Dies bedeutet, daß bereits gewisse Rechenprozesse in der Mathematik nicht bis ins letzte automatisiert werden können. Noch mehr gilt das natürlich für die Erkenntnisprozesse in der Mathematik. Dies bedeutet aber nicht die Notwendigkeit von Agnostizismus, denn durch Einengung des Problemkreises verschwinden die Probleme immer irgendwann, meist sogar relativ schnell, d. h. bei kleinsten Änderungen des Problems. Andererseits ist bereits heute die Anwendungsbreite von Algorithmen, wie die Praxis zeigt, sehr weit gediehen. Die zumindest für den Außenstehenden überrraschendsten Ergebnisse erbringt hier wohl immer wieder die Künstliche Intelligenz. Weiter zeigt sich, daß die Algorithmen auch immer mehr auf *nichtnumerische Prozesse* erfolgreich angewendet werden. Dem Prozeß der Algorithmesierung sind praktisch also noch keine absehbaren Grenzen gesetzt. Hinzu kommt, daß der Mensch auch jene Prozesse erfolgreich lösen kann, für die keine Algorithmen vorliegen. Fast jeder Erkenntnisprozeß verläuft sogar in dieser Weise.

Wie schon im Abschnitt 3.1. bei den Fragen behandelt, so können *drei* verschiedene *Typen von Entscheidbarkeitsfragen* auftreten:

- **trivial endliche**

  Sie lassen sich bereits ohne Rechenvorgänge, z. B. durch Aufstellen und Nachlesen, in einer endlichen Liste bewältigen,

- **nicht triviale, aber entscheidbare**

  Hierzu sind meist Algorithmen und damit Rechentechnik notwendig. Ein Beispiel ist die Frage, ob irgendein x eine Primzahl ist oder nicht ? Hierzu muß entschieden werden, ob eine der Zahlen aus der Folge

  $$2; 3; 4; \ldots ; x^{-2}$$

die Zahl teilt. Ist dies der Fall, so ist x keine Primzahl. Gemäß Abschnitt 3.7. lautet also die Frage, ist die Menge der Primzahlen bezüglich der Menge der natürlichen Zahlen (ohne die 1) entscheidbar? Sie kann sichtlich mit ja beantwortet werden,

- **nicht entscheidbare**

Für sie gibt es keinen Algorithmus. Das zuvor behandelte Halteproblem gehört zu dieser Frage.

Eine *wichtige Methode der Mathematik* besteht darin, für ein abgegrenztes Gebiet aus *Axiomen* durch formal-logische Schlußfolgerungen *alle Aussagen* (Sätze) abzuleiten. Die Axiome müssen dazu vollständig und widerspruchsfrei sein. Die Geometrie war die erste mathematische Disziplin, für die dieses Vorgehen vollständig gelang. Heute sind mathematische Theorien axiomatisiert. Bei ihnen läßt sich die *Vollständigkeit und Widerspruchsfreiheit* exakt beweisen. Hierzu gehören neben der euklidischen Geometrie u. a. die elementaren Theorien des Körpers der reellen Zahlen und die der Abelschen Gruppen. 1932 konnte aber K. GÖDEL zeigen, daß die *elementare Zahlentheorie* (Arithmetik) *nicht vollständig axiomatisierbar* ist. In ihr ist nicht gleichzeitig die Widerspruchsfreiheit und Vollständigkeit beweisbar. Heute wissen wir, daß dies für jedes hinreichend reichhaltige logische System gilt. Dies hinreichend reichhaltige ist im wesentlichen dann erfüllt, wenn alle rekursiv aufzählbaren Mengen darstellbar sind. In der Mathematik sind *nicht entscheidbar* (exakt axiomierbar) neben der Zahlentheorie u. a. die *Theorie der Gruppen*, die *elementare Theorie der Körper*. Bei einigen Theorien steht die Entscheidbarkeit noch aus. Erst 1970 konnte bewiesen werden, daß das 10. HILBERT*sche Problem* nicht entscheidbar ist. Es bezieht sich auf diophantische Gleichungen, also Gleichungen der Form:

$$\sum_{n=1}^{m} a_{nk}x^k + a_{nk-1}x^{k-1} + a_{n1}x + a_{n0} = 0\,,$$

wobei die a_{nk} ganzzahlig sind. Die Frage lautet, ob es für alle derartigen Funktionen einen Algorithmus gibt, der entscheidet, ob sie ganzzahlige Lösungen besitzen. Dies ist nicht der Fall. Für eingeschränkte diophantische Gleichungen, z.B. mit einer einzigen Unbekannten, also $m = 1$, ist ein solcher Algorithmus dagegen schon längst bekannt.

Schließlich seien noch einige interessante *unentscheidbare Probleme* für die *Turing-Maschine* genannt.

Existieren zwei Algorithmen A und B, so ist es nicht entscheidbar, ob sie die gleiche Funktion berechnen oder nicht.
Es gibt keinen Algorithmus, der einen gegebenen Algorithmus verkürzt. Damit ist auch nicht entscheidbar, ob bereits ein minimaler Algorithmus vorliegt.
Es ist nicht entscheidbar, ob ein bestimmter Teil des Algorithmus (z.B. ein Zustand) überhaupt benötigt wird.

Hieraus wird u. a. auch deutlich, wie groß der Unterschied zwischen den endlichen Automaten und der Turing-Maschine ist. Beim endlichen Automaten sind derartige Probleme einfach zu entscheiden.

3.3. Formale Sprachen

Ausgangspunkt aller künstlichen Sprachen sind die *natürlichen Sprachen*. Ihre wissenschaftliche Ergründung obliegt der Sprachwissenschaft (Lingustik). Allein ihre Einteilung (vgl. Tabelle 3.6) weist auf einen mehrstufigen hierarchischen Aufbau mit vielfältiger gegenseitiger Beeinflussung hin. Die Fülle der Details kann hier nicht einmal angedeutet werden. Es soll vielmehr von dem sehr stark vereinfachten Schema ausgegangen werden, das uns insbesondere beim *Erlernen von Fremdsprachen* entgegentritt. Es sind zwei Gruppen zu erlernen, nämlich der *Wortschatz* (die Vokabeln) und die *Grammatik*, d. h., wie man aus den bekannten Worten richtige Sätze bildet. Simplifiziert ergibt sich daraus eine funktionelle Struktur gemäß Abb. 3.11. Die Ähnlichkeit mit 3.10 ist dabei z. T. auch inhaltlich bedingt und nicht nur formal. Grammatik und Automat stehen in ziemlich enger Wechselbeziehung. Die natürliche Sprache paßt bereits gemäß Tabelle 3.6 nur recht ungenau in dieses Modell hinein. Deshalb werden bei den folgenden Betrachtungen für sie auch immer Sonderfälle auftreten.

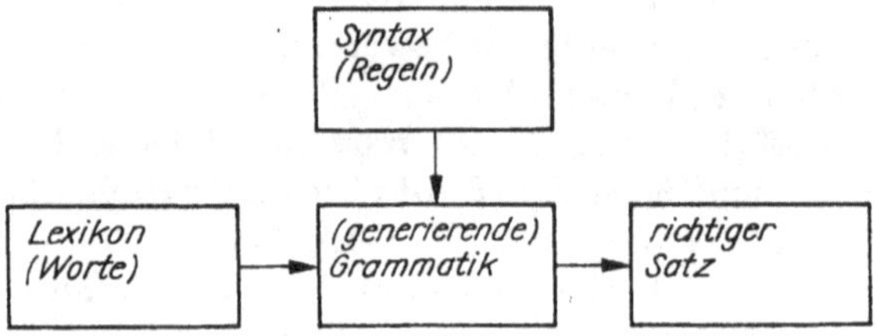

Abb. 3.11. Funktionelles Zusammenwirken von Lexikon und Syntax bei der Erzeugung richtiger Sätze.

Für die formalen Sprachen, die hier vor allem interessieren, gilt dagegen das Modell praktisch exakt. Insgesamt ist es sinnvoll, *drei Arten von Sprachen* zu unterscheiden. Ihre wichtigsten Begriffe bezüglich der Generierung (Erzeugung) sind in Tab. 3.7 zusammengefaßt. Die *formalen Sprachen* bilden dabei einerseits ein stark vereinfachtes Modell der *natürlichen Sprachen* und stellen andererseits gewisse Grundlagen der *Programmiersprachen* dar. Außerdem haben die formalen Sprachen große Bedeutung im Zusammenhang mit den Automaten und der Automatentheorie. Im Laufe der Untersuchungen gewannen *vier Gruppen von formalen Sprachen* besondere Bedeutung. Dabei zeigt sich, daß *ihnen* auch genau *vier spezifische Automatentypen entsprechen.* Ferner wird sich zeigen, daß formale Sprachen unmittelbar mit den *berechenbaren Funktionen* zusammenhängen. Der Unterschied, daß statt natürlicher Zahlen Buchstaben verwendet werden, ist relativ gering hierbei. Deshalb stehen die formalen Sprachen im Vordergrund der folgenden Betrachtungen.

3.3.1. Halbgruppe und Semi-Thue-System

Es sei eine Menge A (*Alphabet*), bestehend *aus n Elementen* $a_1, a_2, \dots, a_n \in A$. Diese Elemente können also z.B. die Ziffern 0, 1, 2, ... 9 oder die Buschstaben $a, b, c, \dots, z$ sein. Zwischen den Elementen existiere eine *zweistellige Verknüpfung*. Bei den natür-

Tabelle 3.6 Sehr grobe Einteilung der Sprachwissenschaft und ihrer Objekte. Die in Klammern gesetzten Begriffe geben Hinweise auf ähnliche Begriffe, die sich in erster Linie auf die Schriftform der Sprache bzw. wissenschaftlich schwer faßbare, dafür aber intuitiv klare Begriffe beziehen

Teilgebiet	Grundeinheiten des Gebietes	Bemerkungen
Phonetik + Phonologie	Phonem	kleinste bedeutungs*differenzierende* Einheit (z. B. **H**and, **R**and, **B**and)
	(Buchstabe (Laut) bis Silbe)	(Buchstaben ergeben Alphabet) (Anzahl der Buchstaben und Laute ist nicht immer gleich, z. B.: deutsch sch ≙ ʃ engl. j ≙ dʒ)
Grammatik a) Morphologie	Morphen bis Wort (Morphen ≙ Silbe)	kleinste bedeutungs*tragende* Einheit z. B.: Hund, -ung, ver-. (Silben und Morphen unterscheiden sich z. T., z. B.: heu-ti-gen bzw. heut-ig-en)
b) Syntax	Wort bis Satz	betr. inneren Aufbau von Sätzen sowie Arten und Regeln der Verknüpfung in den Sätzen. Z. T. auch Orthographie
Lexikologie (Semantik ≈ Bedeutung und Etymologie ≈ Herkunft der Worte)	Wort bis Wortverbindungen (Redewendungen, Idiome)	erforscht den Wortschatz der Sprache
Stilistik	Satz bis zusammenhängender Text	vorwiegend ganzheitliche, ästhetische Betrachtung der Sprache, bezogen auf Anwendungsgebiete bzw. Genres

Tabelle 3.7 Die drei wichtigsten generativen Spracharten

Bezeichnung der Sprache	Grundmenge	Erzeugt werden
Natürliche Sprachen	Wörter gemäß Lexikon	Sätze aus Wörtern
Formale Sprachen	Zeichen aus Alphabet	Wörter aus Zeichen
Programmiersprachen	zugelassene Grundsymbole	Programme aus den Grundsymbolen

lichen Zahlen könnte dies entweder die Multiplikation oder die Addition (aber nicht beides) sein. Bei den Buchstaben wird Verknüpfung durch einfaches Aneinanderfügen *zu einem Wort*, also z.B. acfgko, vorgenommen. Die Verknüpfung *sei* weiter *assoziativ*, also gelte:

$$(ab)c = a(bc) .$$

Aus dem Alphabet A kann mit der Verknüpfung eine große Vielfalt von Worten erzeugt werden. (Für *Worte* werden im folgenden die kleinen Buchstaben u bis z verwendet.) Insbesondere lassen sich verschiedene *Potenzmengen* A^m bilden. Dabei enthält jedes Wort aus A^1 nur ein Element, also z. B. a oder d. Jedes Wort aus A^2 besteht aus zwei Elementen, also etwa ac, gh, fz usw., und A^m besteht aus Worten der Länge m. Für derartige Worte x gilt also $l(x) = m$. Es läßt sich zeigen, daß die Vereinigung aller Potenzmengen n

$$E^* = A^1 \cup A^2 \cup A^4 \cup \ldots$$

eine gegenüber der Verknüpfung abgeschlossene Menge bildet. Sie heißt die durch das Alphabet A erzeugte freie Halbgruppe, oft kurz *Halbgruppe* genannt. Das *Alphabet ist* eine *Erzeugende* der Halbgruppe. Eine Halbgruppe wird also durch ihre Menge H und die zugehörige Verknüpfung definiert. Die Verknüpfung darf zu keinem Wort führen, das nicht in der Menge enthalten ist.

Eine gewisse Sonderrolle besitzt in einer Halbgruppe das 0- (oder 1-)*Element*. Beide sind meist nicht in der Halbgruppe vorhanden. Bei der Multiplikation ist das 1- (bei der Addition das 0-)Element relevant. Wenn es existiert, so gibt es zu jedem Element a genau ein inverses a^{-1}.

Bei formalen Sprachen müssen *Regeln zum Verändern von Zeichenketten* existieren. Eine erste Grundlage hierzu gab der Norwegische Mathematiker A. THUE bereits 1914. Er wählte eine endliche Anzahl geordneter Wortpaare, die als Ersetzungsregeln aufzufassen sind. Da für die folgenden Betrachtungen nur eine Richtung der Ersetzung in Betracht kommt, entsteht ein *Semi-Thue-System*. Zu der Halbgruppe kommen dann noch die Regeln der Form

$$R\colon u_i \rightarrow v_i$$

hinzu. Dies bedeutet, daß in einem Wort das Teilwort (es kann auch das ganze sein) u_i durch das Teilwort v_i ersetzt wird. Auf diese Weise kann ein Wort x in ein Wort y überführt werden:

$$x \Rightarrow y .$$

Wenn z. B. $x = au_i c$, folgt $y = av_i c$. Diese Regeln dürfen auch mehrfach nacheinander angewendet werden. Wenn dann aus einem Wort x ein Wort z entsteht, ist x in z *überführbar*

$$x \overset{*}{\Rightarrow} z\,.$$

Dies sei an einem *Beispiel erklärt.* Es existieren das Alphabet:

$$A = \{a, b, c, d, e\}$$

und das Regelsystem:

(1) $ab \to ad$,
(2) $dc \to ee$,
(3) $e \to b$,
(4) $ad \to ae$,
(5) $eb \to b$,
(6) $abc \to e$.

Dann entsteht ein *endlicher Graph* mit den Worten, die in Abb. 3.12 gezeigt sind. Das Wort b ist ein *Endwort.* Es gibt keine Regeln zu seiner Veränderung. Die drei Worte *abc, adc* und *aec* sind dadurch ausgezeichnet, daß von ihnen aus zu allen möglichen Worten gelangbar ist. Es gilt zwar

$$abc \overset{*}{\Rightarrow} ad\,,$$

aber nicht die Umkehrung. Ferner existieren u. a. zu *abb* mehrere Wege. Hier ist das Regelsystem nicht eindeutig.

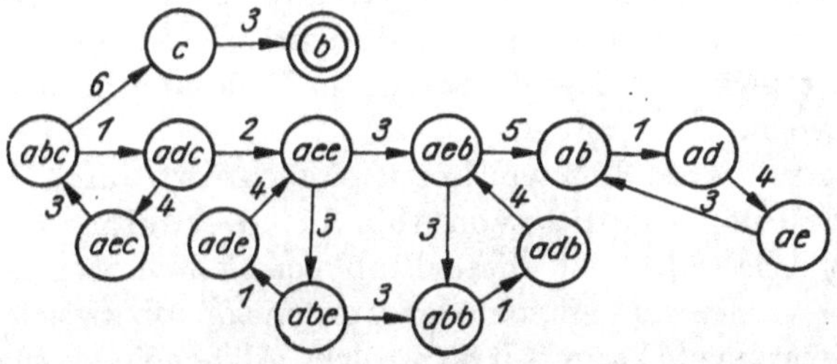

Abb. 3.12 Beispielgraph für ein sehr einfaches Semi-Thue-System.

Dieses Beispiel zeigt, daß bei generativen Sprachen eine gewisse Ähnlichkeit mit Algorithmen vorliegt. Genau genommen liegt der Hauptunterschied darin, daß ein Regelsystem nur ein ungeordneter Komplex ist. Von wenigen Ausnahmen abgesehen, steht nicht fest, in welcher Reihenfolge die Regeln anzuwenden sind. Dadurch entstehen zusätzliche Mehrdeutigkeiten.

Zum Abschluß dieses Abschnittes sei noch die *reguläre Menge* eingeführt. Sie wird rekursiv definiert.

- Eine reguläre Menge liegt vor, wenn sie nur ein (oder auch kein) Element enthält.
- Die Vereinigung und Verknüpfung von regulären Mengen gibt wiederum eine reguläre Menge, also z. B. $a \cup b$ bzw. ab sind regulär, wenn a und b regulär sind.
- Die Iteration (Sternoperation, Potenz) führt nicht aus der regulären Menge heraus. Wenn also a regulär ist, sind es auch $a, aa, aaa, \ldots$ bzw. allgemein a^n mit n aus dem Bereich der natürlichen Zahlen.
- Mengen, die mit endlich vielen Schritten der vorangegangenen Regeln entstehen, sind regulär.

3.3.2. Definition und wichtige Problemstellungen

Zu jeder *formalen Sprache* gehört ein *Alphabet A*. Es erzeugt mit der gegebenen *Verknüpfung* (Aneinanderreihung der Buchstaben) die Menge der *Worte der Halbgruppe E**. Das dann noch notwendige Regelsystem schränkt die Menge auf die Worte der Sprache L ein. Je nach dem Regelsystem kann eine Vielzahl unterschiedlicher Wortmengen, d. h. Sprachen, erzeugt werden. Auch hier zeichnet sich die Analogie zu den unterschiedlichen berechenbaren Funktionen (vgl. z. B. Abb. 3.8) ab. In diesem Sinne kann die *Generierung* einer Sprache gemäß Abb. 3.13 oben betrachtet werden. Hier liegt also offensichtlich ein *autonomer Automat* vor, der keine Eingangssignale benötigt. Deshalb heißen derartige Grammatiken auch generativ. Dieser Fall wird noch ausführlicher behandelt werden.

Eine Umkehrung der soeben behandelten Situation liegt vor, wenn dem Automaten (der Grammatik) verschiedene Worte angeboten werden und er entscheiden soll, ob sie zu der Sprache der Grammatik gehören oder nicht. Wird nur gefordert, daß in endlich vielen Schritten ein Ja vorliegt und sonst nichts, d. h., der Automat braucht bei nein nicht zu stoppen, so wird von *Akzeptierung* des Wortes gesprochen. Muß dagegen auch nein in endlich vielen Schritten erreicht sein, liegt das Problem der *Identifizierung* vor. Oft werden nun generierende und identifizierende Grammatiken unterschieden. Da aber meist dieselben Regeln für beide Fälle anwendbar sind, ist der Unterschied nicht wesentlich.

Bereits im Zusammenhang mit Abb. 3.12 wurde aus einem Wort durch die Regeln ein anderes erzeugt. Diesen Fall zeigt die Mitte von Abb. 3.13. Der autonome Automat hat hier also einen Eingang erhalten. Auch diese Problematik läßt sich umkehren, indem zwei Worte angeboten werden und entschieden werden soll, ob zwischen beiden eine Ableitung existiert. Dies ist das bekannte *Wortproblem.* Allgemein ist es unlösbar. Es entspricht dem allgemeinen Stopproblem des Turing-Automaten.

Schließlich sei noch eine fünfte Problemstellung angeführt. Einer Hilfseinrichtung werden Alphabet, Worte und eventuell Teilregeln angeboten. Es soll entschieden werden, *ob eine* Grammatik existiert, und wenn die Frage mit ja beantwortet wird, soll sie möglichst konstruiert werden. Hierbei wird dann von algebraischer Charakterisierung der Sprache, der Menge bzw. der Worte gesprochen.

Damit existieren *vier Verfahren*, mit denen eine *formale Sprache* festgelegt werden kann:

- Aufzählung der Worte, nur bei endlichen Sprachen möglich,
- Generierung von Worten der Sprache, also Angabe der Regeln,

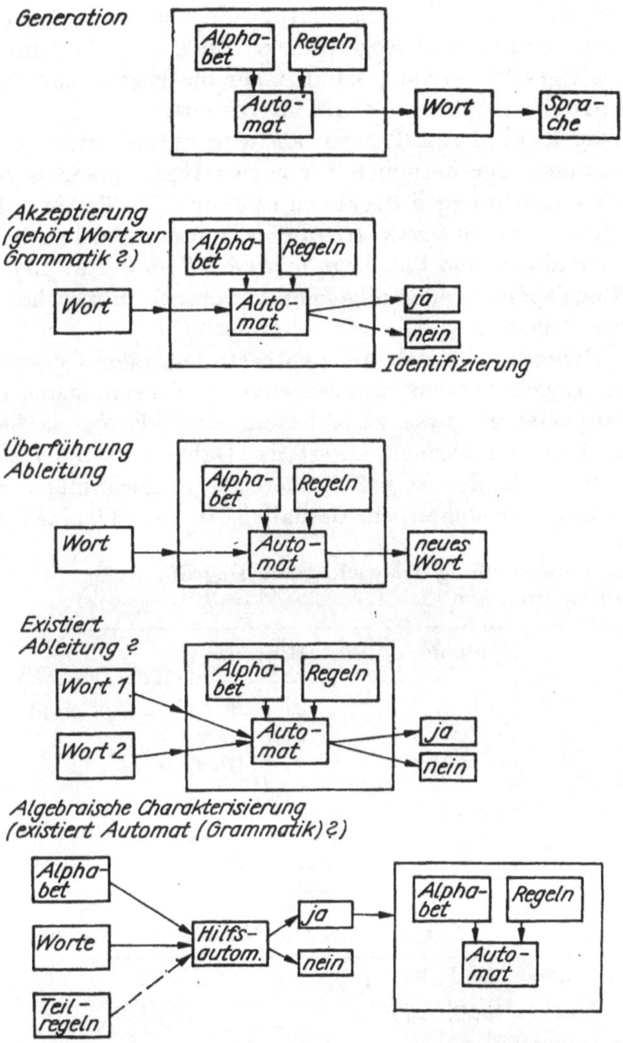

Abb. 3.13 Hauptanwendungsfälle im Zusammenhang mit formalen Sprachen. Der Automat bzw. das ganze große Kästchen wird oft als Grammatik bezeichnet. Die vollständigen Regeln bilden die Syntax. Die Gesamtmenge aller innerhalb einer Grammatik zulässigen Worte bildet die zugehörige Sprache.

- Erkennung von Worten, also Regeln, zur Akzeptierung bzw. Identifizierung,
- Angabe von Konstruktionsvorschriften für die Grammatik.

3.3.3. Generativ erzeugte Sprachen

Die *generativ erzeugten Sprachen* entsprechen in etwa einem Semi-Thue-System. Sie sind im Laufe der Entwicklung mit sehr verschiedenen Namen dadurch belegt worden, daß die Problematik unter verschiedenen Gesichtspunkten betrachtet wurde. Wenn von z. T. vorhandenen Unterschieden abgesehen wird, sind die generativen Sprachen etwa gleichwertig: Satzgliederungs-, Phrasenstruktur-, Formations-, Konstituenten-, IC-, Transformations-, Erzeugungs- und Regelsprache. Statt Sprache kann auch der Begriff Grammatik überall gesetzt werden, sofern mehr die Regeln zur Bildung der Worte und nicht die Menge der möglichen Worte interessiert.

Je nach der Art der Regeln werden z. T. mehr als zehn unterschiedliche Sprachen eingeführt. Selbst N. Chomski, der bezüglich der generativen Sprachen große Verdienste hat, änderte seine Bezeichnungen. Heute ist es üblich, die Typen 0, 1, 2 und 3 zu unterscheiden. Sie bilden eine *eindeutige Hierarchie* und entsprechen bestimmten Automatenstrukturen. Der allgemeine Fall liegt mit dem *Typ* 0 vor. Bei ihm wird auch von allgemeiner Regelsprache oder allgemeiner Sprache gesprochen. Zu ihm gehören die allgemeinsten Regeln.

Generell wird eine *Regelsprache* von zwei Mengen bestimmt: dem Gesamtalphabet A und den Regeln R. Die Regeln werden zuweilen auch als Ersetzungsregeln, Regelsystem, Produktionsregeln oder in etwas verändertem Sinn als *Syntax* bezeichnet. Das Gesamtalphabet wird noch mehrfach unterteilt. Dabei entsteht ein Symbolvorrat, wie ihn Tab. 3.8 zeigt. Leider ist z. Z. weder die Bezeichnung der Mengen noch die Verwendung der Symbole einheitlich. Deshalb ist in Tab. 3.9 eine Zusammen-

Tabelle 3.8 Zusammenstellung der wichtigsten Begriffe von generativen Grammatiken

Begriffe	Symbole	Hinweise
Gesamtalphabet	A	$A = B \cup H;\ B \cap H = \emptyset$
Basiszeichen	B	$B = \{a, b, \ldots, k\}$
Hilfszeichen	H	$H = \{p, q, \ldots, t\}$
Startsymbol	s	$s \in H$
Worte	$u, v, \ldots, z$	$u, v, \ldots, z \in A$
Regeln	R	z. B. $u \to v$
Sprache	L	$L \subseteq B^*$

Tabelle 3.9 Benennung und Bezeichnung von Mengen bzw. Zeichen

Gesamtalphabet: $A = (E, \Gamma, V, -)$

Basiszeichen: $B = \{a, b, \ldots, k\}$

Terminals, Grundvokabular

$V_T = \{a, b, c, \ldots\}$, $\Sigma, \Sigma = .\{a, b, c \ldots\}$, V

Hilfszeichen: $H = \{p, q, r, s, t\}$

Nonterminals, Hilfsvokabular, metalinguistische Variablen, grammatikalische Symbole

$V_N = \{A, B, C, \ldots\}$, Φ, $V - \Sigma = \{\alpha, \beta, \gamma, \ldots\}$

Startsymbol: $s(S, S, \sigma, I)$

Worte: $u, v., \ldots, z$

Ketten, Reihen, Ausdrücke

$\alpha, \beta, \gamma, \ldots$; $u, v, \ldots, z$; $-$; $A, B, C \ldots$

Regeln: R z. B. $u \to v$

Ersetzungsregeln, Regelsystem, Produktionsregeln, Syntax

P z. B.: $\varphi \to \psi$; R z. B.: $u \to v$; P z. B.: $a \to \alpha$; S z. B.: $C \to W$

stellung nach vier Quellen gegeben. Entsprechend den in Tab. 3.8 gegebenen Symbolen wird eine *generative Grammatik G* durch ein Quadrupel bestimmt

$$G = (B, H, R, s) .$$

B^* sei die Menge aller in einer Halbgruppe von B mit den Erzeugenden $a, b, \dots, k$ gewonnenen Wörter. (Handelt es sich um Wörter, die der natürlichen Sprache ähnlich sind, dann müssen auch die Buchstaben $l, m, \dots, z$ einbezogen werden. Dabei ist es dann sinnvoll, die Hilfszeichen und Worte anders, z. B. als $\bar{p}, \bar{q}, \dots, \bar{t}$ und $\bar{u}, \bar{v}, \dots, \bar{z}$ zu kennzeichnen. Für den Übergang zur Arithmetik besteht B z. B. aus 0, 1, 2, ... 9, $+, -, \times, \div$). Infolge der Regeln R wird die Menge B^* auf die Menge der zulässigen Wörter eingeengt. Sie machen genau die Sprache L aus, die mit der Grammatik erzeugt wird. Sofern für die Regeln *keine Einschränkung* vorliegt, existiert die Sprache vom *Typ* 0. Zum *Typ* 1 gelangt man, wenn verlangt wird, daß *keine der Regeln verkürzend* wirkt. Dies bedeutet, daß für jede Regel

$$u \to v \quad \text{gilt} \quad l(u) \leqq l(v) .$$

Deshalb wird in diesem Fall von *nicht verkürzender* bzw. *beschränkter Grammatik* gesprochen. Ihr Äquivalent ist die *umgebungsabhängige* Grammatik. Sie wird auch *kontextsensitiv* genannt. Für sie haben die Regeln die Form

$$y_1\, p\, y_2 \to y_1\, x\, y_2 \quad \text{mit} \quad x, y_1, y_2 \in A^* .$$

Das Zeichen p ist also nur in das Wort x überführbar, wenn p zwischen den Worten (Zeichen) y_1 und y_2 steht. Von *umgebungsbedingter* Grammatik wird gesprochen, wenn im Gesamtalphabet *auch das leere Zeichen* existiert. Dieser Fall läßt sich aber auf den der umgebungsabhängigen Grammatik zurückführen.

Zur Sprache vom *Typ* 2 existieren wiederum mehrere Varianten. Da ist zunächst die *umgebungsunabhängige Grammatik*. Sie wird auch *kontextfreie* oder *CF-Grammatik* genannt. Für sie lauten die Regeln

$$p \to x .$$

Auch hier lassen sich äquivalente Grammatiken mit oder ohne das leere Zeichen finden. Ähnlich, wenn auch anders definiert, sind die reduzierte und die normale Grammatik.

Zur Sprache vom *Typ 3* gehört die *einseitig lineare Grammatik*. Bei ihr gibt es zwei Spezialfälle: die *rechtslineare*, bei der die Regeln die Form

$$p \to xq \quad \text{mit} \quad x \in B^*$$

besitzen, und die *linkslineare* mit der Form

$$p \to qx .$$

Ferner sind dabei noch *abschließende Regeln* der Form

$$p \to x$$

zugelassen. Sprachen vom Typ 3 werden auch *reguläre Sprachen* genannt. Das ergibt sich dadurch, daß ihre Worte eine reguläre Menge bilden. Weiter existiert der Begriff *A-(Automaten-)Grammatik.* Es sei schließlich noch darauf hingewiesen, daß außerdem noch zuweilen lineare Grammatiken (enthalten die rechts- und linkslinearen sowie die abschließenden Regeln), metalineare Grammatiken (sind noch allgemeiner) und geordnete Grammatiken vorkommen. (Die p, q usw. sind geordnet in $p_1, p_2, \ldots, p_n$, und rechts steht immer der höhere Index.) Hier sollen weiterhin jedoch nur die *Typen 0, 1, 2 und 3* betrachtet werden. Für ihre Mengen gilt

$$L_0 \supset L_1 \supset L_2 \supset L_3 .$$

Dies bedeutet auch, daß zu jeder weiter links stehenden Klasse Worte existieren, die rechts noch nicht vorkommen können. Insbesondere besitzt der Typ 3 endliche oder periodische Worte, also z. B. der Form

$$d\,d\,c\,d\,c\,d\,c\,d \ldots .$$

Er verfügt aber nicht über ein Wort der Form

$$a^n b^n$$

mit n natürlich. Dies gehört bereits zum Typ 2. Er enthält aber nicht mehr das Wort

$$a^n b^n a^n$$

mit n natürlich. Dies gehört bereits zum *Typ 1.* Dieser Sprachtyp ist zugleich *entscheidbar,* während *Typ 0 rekursiv aufzählbar* ist. Es gibt eine ganze Menge von Eigenschaften, die durch diese Typeinteilung bedingt sind. Abb. 3.14 und Tab. 3.10 fassen einige der Fakten zusammen. Auf alle entsprechenden Beweise muß hier verzichtet werden.

Tabelle 3.10 Übersicht zur Entscheidbarkeit einiger Probleme bei Sprachen verschiedenen Typs.
Es bedeuten: U = unentscheidbar, E = entscheidbar, T = trivial

Problemstellung	Sprach-Typ 0	1	2	3
Ist $L(G)$ leer? endlich? unendlich?	U	U	E	E
Ist $L(G) = B^*$?	U	U	U	E
Sind $L(G_1)$ und $L(G_2)$ äquivalent?	U	U	U	E
Gilt $L(G_1) \subseteq L(G_2)$?	U	U	U	E
Ist $L(G)$ eine reguläre Menge?	U	U	U	T
Ist das Kompliment von $L(G)$ vom gleichen Typ?	U	?	U	T
Ist $L(G)$ eindeutig?	U	U	U	E

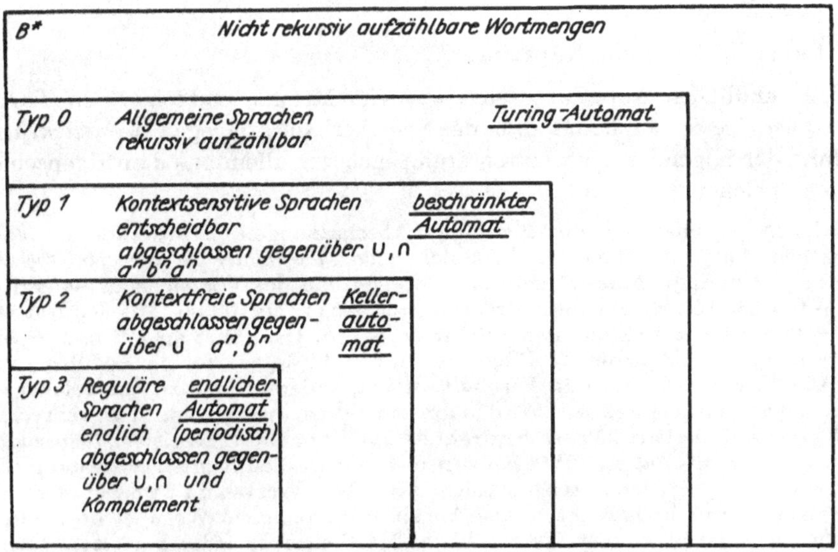

Abb. 3.14 Zur Hierarchie der vier Sprachtypen (vgl. auch Abb. 3.8).

3.3.4. Zugehörige Automaten

Bisher wurde nur der allgemeine Turing-Automat betrachtet. Es läßt sich zeigen, daß der Turing-*Automat alle Sprachen vom Typ 0* erzeugt bzw. akzeptiert. Für die anderen Sprachen sind aber einfachere Automaten zulässig. Sie sollen im folgenden kurz beschrieben werden. Die entsprechende Zuordnung zu den Sprachen ist bereits in Abb. 3.14 vorgenommen.

Der Übergang zu den Automaten wird besonders übersichtlich, wenn als Zwischenstufe die *Programmiersprachen* für Rechner herangezogen werden. Eine Programmiersprache *besteht aus drei Teilen*

- einer formalen Sprache (meist Typ 1),
- Menge der richtigen Programme,
- Bedeutungszuordnung für richtige Programme.

Auf den letzten Teil wird in Abschnitt 6.2. eingegangen. Eine Programmiersprache enthält drei *Alphabete*

- Programmalphabet
- Eingabealphabet
- Resultatalphabet.

Die *formale Sprache* betrifft die Worte des *Programmalphabets* und formuliert Regeln, wie der Rechner von Werten des *Eingabealphabets* zum *Ausgabealphabet* gelangt. Dies sind im Prinzip die berechenbaren Funktionen. Analog dazu besitzt der Automat

- Eingabezeichen $e_i \in E$,
- Innere Zustände $s_i \in S$,
- Ausgabezeichen $z_i \in Z$.

Hinzu kommt vielleicht noch ein

- externer Speicher mit Kapazität C.

Für einen endlichen Automaten sind alle vier Mengen endlich. Beim Turing-*Automaten ist die Speicherkapazität*, d. h. das Speicherband, dagegen *unendlich*. Die Unterscheidung der folgenden Automaten ergibt sich vor allem aus den Eigenschaften des externen Speichers.

Aus diesem Grunde seien zunächst einige Abschätzungen zur Zustandszahl realer Rechner gegeben. Am einfachsten ist ein üblicher *Taschenrechner* für die *vier Operationen* $+$, $-$, $\times$, $\div$. Er verfügt in der Regel über 8 Stellen und das Vorzeichen. Das ergibt je Zahl $4 \times 8 + 1 = 33$ bit. Er hat meist drei Register, also rund 100 bit. Mit den fest verdrahteten vier Funktionen dürften etwa 130 bit vorliegen. Das führt zu $2^{130} \approx 10^{39}$ *Zuständen*. Entsprechend den möglichen 15 Eingaben: 0, 1, ... 9, $+$, $-$, $\times$, $\div$, $=$ führen von jedem Knoten im Graph (Zustand) *15 Verbindungen* zu anderen Knoten. Ein solcher Graph ist bereits nicht mehr vorstellbar. Wird dann ein Spitzenmodell von Taschenrechner, z. B. HP 67 (programmierbar, 250 festverdrahtete Funktionen, 31 Register), angesetzt, so werden ca. 5000 bit, also etwa 10^{1500} Knoten mit je etwa 250 Kanten notwendig. Bei einem *mittleren Rechner* mit einem Arbeitsspeicher von 16 k-Worten zu 24 bit ergeben sich sogar 10^{130000} Knoten mit je 60 Kanten. Die Anzahl der möglichen Wege ist noch um ein Vielfaches größer. Bei all diesen Werten bleibt letztlich aber jeder konkrete Rechner doch endlich.

Die Grundstrukturen der nun zu besprechenden Automaten zeigt Abb. 3.15. Im Vergleich zu Abb. 3.3 sind hier die logische Einheit und der Zustandspeicher zusammengefaßt und nur durch die internen Zustände gekennzeichnet.

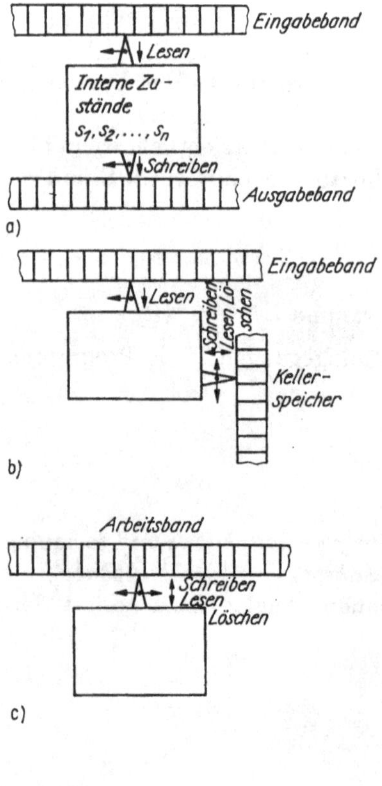

Abb. 3.15 Grundstrukturen für die vier wichtigen Automattypen
a) endlicher Automat mit Ein- und Ausgabeband,
b) Automat mit Kellerspeicher,
c) je nachdem, ob das Arbeitsband endlich oder unendlich lang ist, liegt der beschränkte Automat oder Turing-Automat vor.

Der *endliche Automat* (Abb. 3.15a) wird vielfach auch *ohne Ausgabeband* betrachtet. Dies ist z. B. sinnvoll, wenn er nur bezüglich der *Akzeptierung* von Worten (Sprachen) arbeiten soll. Dann existiert ein *initialer Zustand*, und über die Eingabe des Wortes durchläuft er eine Folge von inneren Zuständen. Davon ist einer (eventuell mehrere) ausgezeichnet. Erreicht man diesen Zustand durch ein Wort, dann ist es akzeptiert. In allen anderen Fällen genügt es, wenn Eingabe- und/oder Ausgabeband sich höchstens in einer Richtung bewegen lassen. Ein solcher endlicher Automat akzeptiert bzw. erzeugt eine reguläre *Sprache vom Typ 3*. Infolge seiner endlichen Anzahl von Zuständen (n) und des fehlenden äußeren Speichers gelangt er spätestens nach einer Wortlänge von 2^n wieder zu einem Zustand, den er schon einmal vorher erreicht hatte, und wird von da an zyklisch. Die längste echte Wortlänge eines endlichen Automaten beträgt also 2^n.

Der *Kellerautomat* ist in der dargestellten Form ebenfalls nur für die Akzeptierung ausgelegt. Der Kellerspeicher dient zum Aufbewahren von Zwischenwerten. Er arbeitet nach folgendem *Prinzip*:

- Rückt der Kopf um eine Stelle nach oben, so wird dort ein neues Zeichen eingeschrieben, während alle anderen Zeichen unterhalb des Kopfes unverändert bleiben. Oberhalb des Kopfes ist der Speicher leer.
- In Ruhestellung liest der Kopf das ihm gegenüberstehende Wort.
- Rückt der Kopf um eine Stelle tiefer, so löscht er zunächst das vorher unter seinem Kopf vorhandene Zeichen.
- Zu Anfang und zu Ende der Arbeit eines Kellerspeichers befindet sich der Kopf auf der untersten Speicherstelle.

Es ist sofort einsichtig, daß ein Kellerautomat Ausdrücke der Form $a^n b^n$ verarbeiten kann. Bei a^n rückt er im Kellerspeicher bis zum Platz n aufwärts. Sobald b beginnt, geht er abwärts und löscht immer ein b. Wenn er unten ankommt, existiert gerade $a^n b^n$. Nach diesem Prinzip kann er auch zur Mitte symmetrische Worte akzeptieren, also z. B.

$$\ldots fedcbabcdef \ldots .$$

Auch solche Worte sind beim endlichen Speicher nicht akzeptierbar. Es läßt sich zeigen, daß sich ein Kellerautomat mit n Zuständen und einem Kelleralphabet aus m Zeichen durch einen äquivalenten Kellerautomaten mit einem Zustand und $(mn^2 + 1)$ Kellerzeichen ersetzen läßt. Von einem Kellerautomaten können *nicht Worte der Form*

$$a^n b^n a^n$$

akzeptiert werden. Wenn er nämlich b^n abgearbeitet hat, ist der Kellerspeicher leer, und er hat die Länge n „vergessen". Für derartige Worte muß ein Speicher zugelassen werden, dessen Speicher nicht so enge Bedingungen enthält. Das Band muß nach beiden Seiten beweglich sein, und der Automat muß hierauf lesen, schreiben und löschen können. Dann kann aber Eingabe- und Ausgabeband zusammenfallen. So entsteht formal wieder der *Turing-Automat*. Er entspricht aber der *Sprache* vom *Typ 0*. Bei der *Sprache* vom *Typ 1 genügt es, wenn* ein derartiges *Band endlich ist*. Dies ist dann der *beschränkte Automat*.

Schon beim endlichen Automaten können deterministische und *nichtdeterministische Automaten* unterschieden werden. Beim deterministischen Automaten ergibt sich aus dem Eingangssymbol und seinem Zustand eindeutig: neuer Zustand, Ausgabewert und Bewegung des Eingabebandes. Beim nichtdeterministischen Automaten waltet hier der Zufall, beim Sonderfall des *stochastischen Automaten* die Wahrscheinlichkeit. Es läßt sich nun zeigen, daß es zu jedem nichtdeterministischen endlichen Automaten einen äquivalenten deterministischen gibt. Dieselbe Aussage gilt auch für den beschränkten Automaten (erst 1973 bewiesen) und die Turing-Maschine. Beim Kellerautomaten ist der nichtdeterministische Fall umfassender.

4. Einige Grundlagen des Messens und der Maße

Ein großer Fortschritt, den die Informationstheorie brachte, lag darin, daß sie eine neue Maßeinheit, nämlich die des Bit, bereitstellte, mit welcher es möglich wurde, Informationen mit nur dieser einen Größe zu messen. Weiter war vorteilhaft, daß sich dieses eine Maß als sehr universell herausstellte. Inzwischen gibt es, wie im Kapitel 1 und 3 gezeigt, hierbei zuweilen verschiedene Probleme. Sie äußern sich darin, daß seit etwa 1965 die Informationstheorie — was vor allem ihre Anwendungen außerhalb der Nachrichtentechnik betrifft — in eine gewisse Krise getreten ist. Vereinfacht gesprochen, bedarf sie einer Erweiterung oder Verallgemeinerung. Hierbei darf aber der Vorteil der Meßbarkeit auf keinen Fall verloren gehen. Dies ist der Grund, weshalb in diesem Abschnitt einige Grundlagen des Messens und der Maße besprochen werden sollen. Dabei ist es u. a. günstig, auf neuere Ergebnisse der Sozialwissenschaften, insbesondere der Psychologie, zurückzugreifen. Besonders dürfte dem Buch von Orth [O4] eine größere Bedeutung zukommen. Weiter soll die Geschichte des Messens kurz gestreift werden, weil sie im gewissen Sinne eventuell ein Modellfall dafür sein könnte, wie langsam und kompliziert einige Fortschritte zu erreichen sind. Als Beispiel, auf das später eine Arbeitshypothese aufgebaut werden soll, muß dem neuen, jetzt gesetzlich gültigen System International, kurz SI, besondere Beachtung geschenkt werden. Schließlich werden zum Abschluß gleich einige Anwendungen der Informationstheorie in der Meßtechnik behandelt, und das, obwohl sonst den Anwendungen der Informationstheorie erst das Kapitel 6 gewidmet ist. Damit steht dieses Kapitel in doppelter Beziehung zur Informationstheorie, nämlich einmal, indem Grundlagen für die Informationstheorie im Sinne von Maßen für die Information bereitgestellt werden, und dann, indem ausgewählte Anwendungen der Informationstheorie in der Meßtechnik mitgeteilt werden.

4.1. Probleme der Meßbarkeit

Wie in Kapitel 1 erläutert wurde, sind in unserer *Umwelt Objekte* unterscheidbar. Unmittelbar sind sie *zählbar*, aber *nicht meßbar*. Das Abzählen ist damit elementarer als das Messen. Dies hat eine gewisse Bedeutung im Zusammenhang mit digitalen Meßverfahren, die ja letztlich auf einem Zählen beruhen. Hier muß es also, wenn es wirklich um mehr als eine Anzahl geht, noch zusätzliche Prinzipien geben, die zwischen dem *Messen und Zählen* vermitteln. Dies ist auch der Grund, daß rein technisch gesehen ein Zähler primär keine Meßapparatur darstellt, sondern nur ein Teil dessen. Ein Digitalvoltmeter enthält z. B. einen Zähler. Zur Messung werden aber andere Schaltungen in ihm benutzt.

Meßbar sind also nicht Objekte direkt, sondern nur deren *Eigenschaften*, wie z. B. warm — kalt; groß — klein; hell — dunkel usw. Bezüglich verschiedener Eigenschaften besteht offensichtlich eine gewisse *Rangordnung der Meßbarkeit*. Sie sei ohne weitere Begründung durch die Eigenschaften: Länge, Helligkeit, Farbe, Intelligenz, menschliche Güte belegt. Während Länge fast trivial als meßbar angesehen werden muß, ließe sich darüber diskutieren, ob menschliche Güte überhaupt jemals meßbar ist. Generell besitzen aber alle Eigenschaften Ausprägungsgrade. Sie können für die Temperatur z. B. durch die Rangfolge: eisig, frostig, kalt, kühl, lau, warm, heiß belegt werden. Soll eine Eigenschaft im allgemeinsten Sinne meßbar sein, so muß sie zumindest über zwei Ausprägungsgrade verfügen. Ein derartiges Beispiel ist die Eigenschaft Geschlecht (männlich oder weiblich). In diesem Sinne steht dann eine Messung in relativ enger Beziehung zur *Klassifizierung*. Ein Messen im eigentlichen Sinne entsteht erst dann, wenn diesen Ausprägungsgraden in eineindeutiger Weise Zahlenwerte im Sinne von *Skalen* zugeordnet werden. Dies erfolgt z. B. in besonders einfacher Weise bei den *Zensuren in der Schule* oder bereits etwas komplizierter bei der *Härteskala* von MOHS für Materialien. Bei diesen einfachen Skalen ist aber zwischen mehreren Ausprägungsgraden und den ihnen zugeordneten Zahlen noch keine Operation zulässig, z. B. die Addition von Längen, die das Hintereinanderfügen von Gegenständen mit dem Ausprägungsgrad der Länge entspricht. Bereits an diesen Beispielen wird deutlich, daß zum Messen eine experimentelle und eine theoretische Seite gehören. Die theoretische Seite ist dabei ein *Skalentyp* mit bestimmten *mathematischen Eigenschaften*. Bei der experimentellen Seite muß überprüft werden, wie weit die Ausprägungen der Objekteigenschaften dem gewählten Skalentyp mit seinen mathematischen Relationen entsprechen. Die wichtigsten Skalentypen mit ihren Eigenschaften, den zulässigen Transformationen und was dabei invariant bleibt, sowie Beispiele sind in Tab. 4.1 zusammengestellt. Die einzelnen Skalen sind dabei so angeordnet, daß die jeweils weiter rechts stehenden ein Spezialfall der links stehenden sind. Eine Ausnahme bilden nur die Intervall- und Log-Intervallskale, die beide von gleicher Allgemeinheit sind.

Auf Grund der vorangegangenen Betrachtungen dürfte klar sein, daß nicht nach der Meßbarkeit einer Eigenschaft schlechthin gefragt werden kann, sondern nur bezüglich eines bestimmten *Skalentyps*. Schulzensuren gehören eben zur Ordinalskala. Hier kann nicht gesagt werden, ein Schüler ist doppelt so gut wie ein anderer. Es bleibt eben nur die Rangordnung des Besseren und Schlechteren bestehen. Aber selbst hier tritt schon das experimentelle Problem der exakten Skalierung auf. Hierzu werden im allgemeinen spezielle Algorithmen geschaffen oder intuitiv angewendet. Generelle Aussagen haben bei jedem Skalentyp wiederum dann spezielle Bedeutung, wenn z. B. Mittelwerte zur Verringerung des Meßfehlers verwendet werden sollen. Für jeden Skalentyp existieren spezifische Verfahren. Ganz allgemein ist z. B. das Entropiemaß anwendbar. Ausprägungen können unterschieden werden, die unmittelbar oder mittelbar über andere gemessen werden können; weiter lassen sich eindimensionale und komplexe Ausprägungen unterscheiden.

4.2. Naturwissenschaft und Technik

Die bisherigen Betrachtungen zur Meßbarkeit gelten ganz allgemein für alle möglichen Gebiete. In der Physik, den Naturwissenschaften und der Technik ist heute bereits ein sehr weit entwickelter Stand der Meßtechnik vorhanden. Dabei kann *geschichtlich* generell ein *schrittweiser Übergang zu den allgemeinen Skalentypen* (weiter rechts in

Tabelle 4.1 Die wichtigsten Skalentypen mit ihren zulässigen Transformationen, deren Invarianzen sowie Beispielen und statistischen Verfahren [H1; O4]

Skalentyp	Nominalskala	Ordinalskala	Intervallskala	Log-Intervallskala	Verhältnisskala	absolute Skala
zulässige Transformation	jede eineindeutige Funktion	jede monoton steigende (isotone) Funktion	jede positiv lineare (affine) Funktion: $g = af + b$ (a, b reell; $a > 0$)	jede Potenz-Funktion: $g = af^b$ (a, b reell; $a, b > 0$)	jede Ähnlichkeits-Funktion $g = af$ (a reell, $a > 0$)	jede Identitäts-Funktion: $g = f$
invariant bleiben bei zulässigen Transformationen	Eindeutigkeit der Meßwerte	Rangordnung der Meßwerte	Verhältnisse der Intervalle zwischen Meßwerten	Verhältnisse der Intervalle zwischen den Logarithmen von Meßwerten	Verhältnisse von Meßwerten	Meßwerte
Beispiele	Numerierung von Fußballspielern, Kontonummern, Matrikelnummern	Mohssche Härteskala, Richtersche Erdbebenskala, Schulzensuren	Temperatur (Celsius, Fahrenheit, Reaumur)	Dichte, Impuls, Reiz, Dämpfung dB, Np	Länge, Masse, Zeit, Winkel, elektrischer Widerstand, Volumen, Temperatur (Kelvin), Preise	Häufigkeit Wahrscheinlichkeit
Mittelwerte	Modus	Median	arithmetischer Mittelwert		geometrischer Mittelwert harmonischer Mittelwert	
Variabilitätsmaße	Entropie	Centile	Standardabweichung Varianz Fehlerrechnung		Variationskoeffizient	
Korrelationsmaße	Kontingenz-Koeffizient C, tetrachorischer Koeffizient, Phi-Koeffizient, Transinformation H_T	Rangkorrelationskoeffizienten: Spearmans Rho, Kendall's Tau, Konkordanzkoeffizient W	Produkt-Moment Korrelationskoeffizient r, Korrelationsverhältnis, Regressionskoeffizient			
Signifikanztests	λ^2-Test Cochran's Q-Test McNemar-Test	Vorzeichen-Test, Wilcoxon-Test, Mann-Whitney-U-Test, Kolmogorow-Smirnow-Test, Rangvarianzanalysen	t-Test F-Test			

Tab. 4.1) beobachtet werden. Als Beispiel sei die Farbmessung erwähnt. Ursprünglich existierten nur Farbwerte, die mit verbalen Namen belegt waren. Es wurde dann immer wieder und immer besser versucht, sie in Farbkreisen bzw. Farbdreiecken anzuordnen. Heute ist es möglich, eine jede Farbe mit den zwei Größen x und y im Farbdreieck und der Sättigung anzugeben. Hiervon macht das Farbfernsehen konkreten Gebrauch. Aus den Qualitäten der Farben sind also eindeutig definierte Zahlenwerte entstanden. Die *Meßtechnik* zergliedert so die *Qualitäten* in *Zahlenwerte*, was zuweilen von künstlerischer Sicht fälschlicherweise als Zerstörung der Qualitäten angesehen wird. Es muß aber betont werden, daß es heute nicht als gesichert betrachtet werden kann, daß prinzipiell alle Qualitäten soweit „zergliedert" oder rein numerisch behandelt werden können. Hierauf wird noch detaillierter in anderen Teilen dieses Buches einzugehen sein. Es ist selbst nicht einmal sicher, ob es in allen Fällen, d. h. bei allen Eigenschaften, möglich sein wird, schrittweise zu den allgemeinen Skalentypen vorzudringen. Es gibt eventuell *Ausprägungsgrade*, denen andere innere Eigenschaften anhaften. Dies muß heute zumindest bei Qualitäten der Ästhetik und Ethik erwogen werden. Für sie dürfte es aber immer möglich sein, mittels Ordinal- oder Nominalskale zu messen.

In Naturwissenschaft und Technik werden die meßbaren, d. h. genauer die *quantifizierbaren Ausprägungsgrade* der Eigenschaften als *Größen* bezeichnet. Besondere Bedeutung haben die physikalischen Größen. Sie werden besonders im Abschnitt 4.5. und 4.6. behandelt. Sie genügen im wesentlichen der Verhältnisskala. Auf innere Zusammenhänge mit den Gesetzen der Physik wird noch im Ergänzungsband bei der Semiotik der Physik eingegangen.

Die *Messung einer Größe* kann in vielen Fällen nicht direkt erfolgen. Sie muß oft erst über viele Zwischenschritte, unter anderen über Umrechnungen aus einer oder mehreren Messungen, gewonnen werden. Deshalb werden direkt und indirekt meßbare Größen unterschieden. Für diese Messungen werden in der Naturwissenschaft mehr oder weniger komplizierte Meßgeräte bzw. Meßanordnungen benutzt. Die Technik der Meßgeräte besitzt eine lange Geschichte. So kommt es, daß nur einigen Geräten spezifische Namen (wie Waage oder Uhr) eigen sind, während die Mehrzahl nach der zu messenden Größe bezeichnet sind. Welche Bedeutung den Meßgeräten zukommt, zeigen alte Meßgeräte mit ihrem reichen Schmuck und dem hohen ästhetischen Wert. Dabei muß aber beachtet werden, daß bis vor etwa fünfzig Jahren auch nur derartig beschaffene Geräte in Museen und Sammlungen aufgenommen wurden.

Bei einer *technischen Messung* werden meist *drei Meßmethoden* unterschieden:

- *Ausschlagmethode*: hierbei wird die zu messende Größe in eine Länge (z. B. Weg auf einer Skala) umgewandelt.
- *Differenzmethode*: hierbei wird mit einer bereits bekannten Größe die zu messende verglichen und nur die Differenz meist nach der Ausschlagmethode gemessen.
- *Kompensationsmethode*: hierbei wird die Wirkung der zu messenden Größe aufgehoben.

Natürlich gibt es zwischen diesen Methoden Übergänge und auch Kombinationen von ihnen. Es seien hier nur die Brückenschaltungen der Elektrotechnik und die Nachführmethoden genannt. In jedem Fall kann aber wohl *technisches Messen* als Vergleichen oder *Überführen in eine geeichte Längenskala* betrachtet werden. Welche große Bedeutung der Länge bei allen Messungen zukommt, zeigen viele Beispiele.

Selbst Induktivitäten und Kapazitäten wurden früher einmal in Zentimeter (cm) gemessen. Mit der Einführung der *Digitaltechnik* ist dies anders geworden. Mit ihr ist es eben möglich, die *Zahlenwerte als Ergebnis* der Messung *direkt anzuzeigen*. Dafür ist bei digitalen Meßgeräten aber auch der Meßvorgang und noch mehr die Verarbeitung der unmittelbar bei der Messung gewonnenen Größe für den Anwender des Gerätes z. T. völlig undurchsichtig geworden.

Da im Zusammenhang mit dem Messen bereits zu Anfang das Zählen genannt wurde, ist hier nur noch ein ebenfalls zum Messen verwandtes Prinzip, nämlich das *Prüfen*, zu nennen. Es ist mit dem Messen insofern verwandt, als bei ihm oft Meßgeräte verwendet werden und dementsprechend auch Meßwerte erhalten werden. Nicht selten genügt beim Prüfen aber auch die Aussage, ob die geprüfte Anlage bzw. das technische Objekt funktionsfähig innerhalb gegebener Toleranzen ist oder nicht.

4.3. Kurzer geschichtlicher Abriß

Einen groben Überblick über die Geschichte des Messens, wie sie speziell hier interessiert, geben Abb. 4.1 und Tab. 4.2. Am ältesten dürfte die Messung der Zeit sein. Hier setzten schon sehr früh Tag und Nacht sowie Sommer und Winter Maßstäbe. Sehr früh wurde aber auch erkannt, daß die *Schattenlänge* des Menschen ein Maß für Tages-

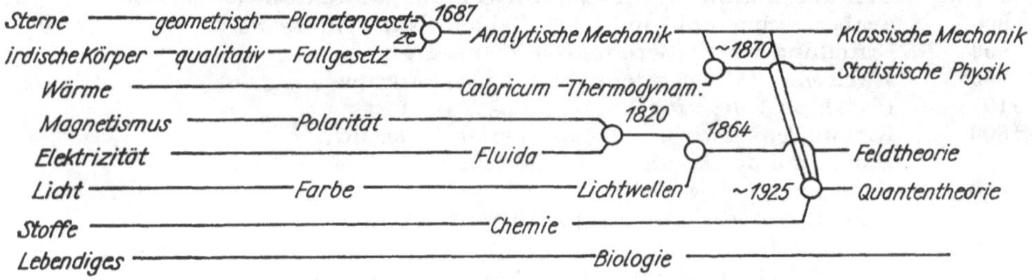

Abb. 4.1 Stark vereinfachter Abriß der Geschichte der physikalischen Gebiete und ihrer Zusammenhänge nach Hund [H23].

zeit sein kann. In einem dreitausend Jahre alten ägyptischen Papyrus steht z. B.: „Wenn dein Schatten 16 Fuß mißt, Berenike, erwartet Amasis dich im Olivenhain ...". Obwohl für die Zeitrechnung bald bessere Verfahren gefunden wurden, blieb bei der Längenmessung doch fast bis heute der *Mensch mit seinem Fuß und seiner Elle* das Maß aller Dinge. Infolge der unterschiedlichen Größen von Menschen gab es dabei natürlich vielfältige Längen von Elle und Fuß. Der erste entscheidende Schritt wurde hier wohl gegen Ende des 18. Jahrhunderts mit der *Meterkonvention* getan. Heute ist die Länge schließlich auf die Lichtgeschwindigkeit und auf die Wellenlänge des Elektronen-Überganges beim Kryptonatom 86 zwischen $2p_{10}$ und $5d_5$, also auf atomarer Basis, festgelegt. Gerade aus diesem Grunde wurde auch in der letzten Zeit die Lichtgeschwindigkeit immer wieder genauer bestimmt. Den zeitlichen Ablauf dazu zeigt Tab. 4.3. Der Fehler beträgt jetzt ca. $3 \cdot 10^{-9}$. Frequenzen können dagegen heute schon wesentlich genauer, nämlich auf etwa 10^{-13} gemessen werden. Die relativen

Tabelle 4.2 Zusammenstellung ausgewählter Daten der Geschichte des Messens [B10; L2; M19; O1; P1]

vor unserer Zeitrechnung	
um 10000	Schattennadel bekannt
um 5000	Zahlensystem bei den Ägyptern
um 3700	König Sargon von Babylon besitzt Kalender für kommende Mondverfinsterungen
vor 3000	Fuß und Elle als Längeneinheit gebräuchlich
um 3000	Sonnenuhr in China, Indien und Ägypten
	Balkenwaage in Ägypten
	Ägypter besitzen Kalender von 12 Monaten zu 30 Tagen und 5 Ergänzungstage
um 1500	Entstehung der indischen Zahlen
um 1320	tragbare Sonnenuhren in Gezer (Israel)
um 1200	Winkelmaß in Ägypten bekannt
um 1000	in China 1 Fuß = 100 Hirsekörner
631	öffentliche Wasseruhren in Assyrien
um 500	Klafter und Fuß in Mesopotamien
433	Meton rechnet nach Sonnenjahr und Mondumlauf
293	erste Sonnenuhr aus Griechenland in Rom
228	Bestimmung des Erdumfanges durch Eratostenes über Winkelmaße
171	Hypsikles führt in Griechenland Kreisteilung mit 360° ein
46	Kalenderreform durch Julius Cäsar
unsere Zeitrechnung	
525	Dionysius Exiguus schlägt Zeitrechnung ab Christi Geburt vor
um 800	Araber rechnen mit indischen Zahlen (Null und Stellenwert)
um 900	Erfindung von Räderuhren in Mitteleuropa
um 960	arabisches Zahlensystem kommt nach Europa
1101	Heinrich I. legt für England das Yard fest
um 1500	Kleinuhrenherstellung beginnt, erste Federuhr, Einteilung der Minute in 60 Sekunden
1550	Erfindung der Sanduhr
1582	Kalenderreform durch Papst Gregor XIII.
um 1600	erste Pendeluhr
1675	Olaf Römer bestimmt die Lichtgeschwindigkeit
1710	Erfindung der Graham-Hemmung für Räderuhren
1790	Talleyrand schlägt franz. Nationalversammlung metrisches System mit 1/40 Millionstel des Erdumfanges vor (wird 1791 gesetzlich)
1800	allein im Großherzogtum Baden existieren 112 verschiedene Ellen, 163 Getreidemaße, 80 Pfundgewichte
1800	Meter gesetzliche Einheit in Frankreich
um 1830	Maße für Elektrizität und Magnetismus werden gefunden
um 1836	Gauss und Weber entwickeln das cgs-System, es wird 1881 in der Wissenschaft verbindlich
1855	Begründung der Booleschen Algebra
1859	erste elektrische Uhr (Paris)
1875	Abschluß der Internationalen Meterkonvention
1910	Lehrbuch von Mie mit 4 Basiseinheiten erscheint
1920	Drehspulmeßgerät
1922	erste Arbeit von Wallot zu den Einheiten
1931	Normblatt DIN 1313 zu den Einheiten erscheint
1933/34	erste Quarzuhr von Scheibe und Adelsberger in Berlin
1948	erste Moleküluhr von Cleeton und Williams
1951	Arbeit von Fleischmann bezüglich ganzzahliger Exponenten erscheint
1954	10. Generalkonferenz beschließt praktisches physikalisch-technisches Einheitensystem

Tabelle 4.2 (Fortsetzung)

	1957	von 140 Ländern der Erde messen nur 103 nach dem Dezimalsystem
	1960	Bezeichnung SI festgelegt
ab	1960	vielfältige Anwendung von elektronischen Zählern
ab	1970	vielfältige Anwendung von Analog-Digitalumsetzern
	1980	SI im RGW verbindlich

Tabelle 4.3 Werte der Lichtgeschwindigkeit zu verschiedenen Zeiten. Daß manche Meßergebnisse den späteren genauen Wert nicht innerhalb der Fehlergrenzen enthalten, weist auf damals noch nicht erkannte systematische Fehler hin [B16]

Name	Jahr	Geschwindigkeit in 10^6 m/s	Fehlergrenzen in m/s
Römer	1676	214	
Fizeau	1848	315	
Foucault	1850	298	$\pm 5 \cdot 10^5$
Michelson	1879	299,91	$\pm 5 \cdot 10^4$
Michelson	1927	299,796	$\pm 4 \cdot 10^3$
Essen	1950	299,792	$\pm 1 \cdot 10^3$
Bergstrand	1951	299,7931	± 200
Froome	1958	299,7925	± 100
Simkin	1967	299,79255	± 100
Bay	1972	299,79246	$\pm$ 20
Evenson	1972	299,792457	$\pm$ 1

Fehler von Basiseinheiten betragen heute etwa:

$4 \cdot 10^{-9}$ für das Meter
$8 \cdot 10^{-9}$ für das Kilogramm
$1{,}5 \cdot 10^{-13}$ für die Sekunde
$3 \cdot 10^{-6}$ für das Ampere.

Bei allen Größen kann etwa ein Ablauf bezüglich ihrer Meßbarkeit festgestellt werden. Zunächst erfolgt eine mehr qualitative Einteilung der Eigenschaften, dann wird schrittweise zu den immer allgemeineren Skalen übergegangen. In den meisten Fällen nehmen die *Sinnesorgane* des Menschen für die unmittelbare Feststellung der Werte *zunächst* noch eine *entscheidende Stellung* ein. Es ist daher verständlich, daß ihre Leistungen zunächst auch die Grenzen der Meßbarkeit bestimmen. Welche Skale jeweils erreicht wird, hängt wesentlich vom *Erkenntnisstand* über das Gebiet ab. *Sobald* die *Intervallskale* erreicht wird, tritt auch das *Problem der Meßgenauigkeit* in den Vordergrund. Dabei nimmt der technische Geräteaufwand ständig und beträchtlich zu. Diese Entwicklung ist nicht beliebig weit fortzusetzen. Zunächst hängt sie vor allem vom jeweiligen Stand der Gerätetechnik und den ökonomischen Grenzen ab, irgendwann wird aber auf jedem Gebiet die *prinzipielle Grenze* erreicht. Diese Zusammenhänge zeigt vereinfacht Abb. 4.2.

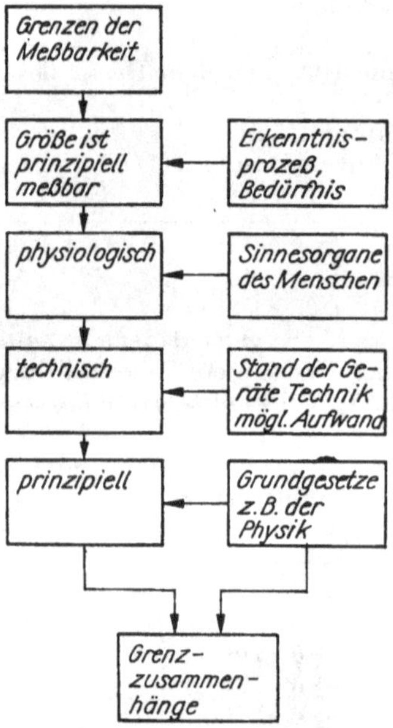

Abb. 4.2 Grenzen der Meßbarkeit, ihre Entwicklung im Zusammenhang mit der Gerätetechnik und der Übergang zu den physikalischen Grenzen [V23; V33].

Zusammenfassend sind also ganz grob *Etappen bezüglich der Meßbarkeit* von Größen erkennbar:

- Es wird klar, daß die Größe prinzipiell meßbar ist.
- Die Leistungen unserer Sinnesorgane bestimmen erste Grenzen.
- Der Stand der Gerätetechnik und der zulässige Aufwand setzen Grenzen.
- Die prinzipielle Grenze wird annähernd erreicht.

Die letzte Stufe soll im folgenden Abschnitt behandelt werden.

4.4. Zu prinzipiellen Meßgrenzen

Als Beispiel für die prinzipiellen Grenzen der Meßbarkeit sei besonders die Energie hervorgehoben. Dies hat vor allem den Grund, weil damit zugleich unmittelbare Querbeziehungen zum Kapitel 2., vor allem was den Zusammenhang Information und Energie betrifft, genutzt und zugleich vertieft werden können. Den Zusammenhang der folgenden Betrachtungen zeigt Abb. 4.3. Es stellt sozusagen eine Untersetzung der drei unteren Kästchen von Abb. 4.2 für den Fall der Energie dar.

Wie bereits einleitend in diesem Kapitel mitgeteilt, ist es für die Messung notwendig, daß die zu messende Größe (Eigenschaft) zumindest *zwei Ausprägungen* besitzt. Die Zahl zwei ist hier besonders bedeutsam, da sie den unmittelbaren *Anschluß zum Zweierschritt* des Bit darstellt. In diesem Sinne dürften die Unterschiedsstufen in der oberen Mitte von Abb. 4.3 sofort verständlich sein und zugleich als Amplitudenstufen der Informationstheorie interpretierbar werden. Die Teilchenenergie für ein Elektron beträgt z. B.

$$E = e_0 V , \tag{1}$$

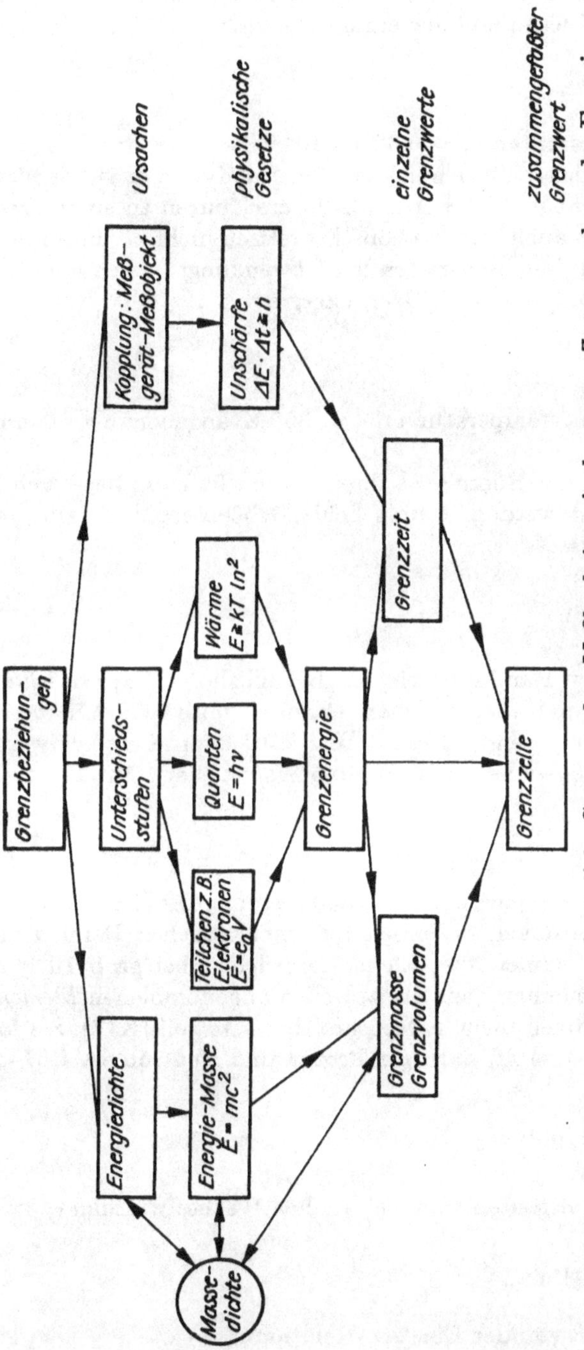

Abb. 4.3 Zusammenhänge bezüglich Grenzen der Meßbarkeit mit betontem Zusammenhang der Energie [V23; V33].

wobei $e_0 = 1{,}60219 \cdot 10^{-19}$ A/s die Elementarladung und V die vom Elektron durchlaufene Spannung ist. Die Lichtquantenenergie ist gemäß

$$E = h\nu \tag{2}$$

aus der Planckschen Konstanten $h = 6{,}6256 \cdot 10^{-34}$ As² und der Frequenz ν des Lichtes berechenbar. Die dritte Beziehung zur Thermodynamik ist bereits im Abschnitt 2.7.3. als Gl. (2.89) abgeleitet worden. Alle drei führen zu einer *Grenzenergie*, die sowohl meßtechnisch als auch informationstheoretisch nicht zu unterschreiten ist. Der Einfachheit halber und dem überwiegenden Anwendungsbereich der Meßtechnik sei weiterhin nur die thermodynamische Grenzenergie

$$E \geqq kT \ln 2 \tag{3}$$

verfolgt. Es sei dabei Zimmertemperatur mit ca. 300 K angenommen, dann beträgt $E_{gr} \approx 3 \cdot 10^{-21}$ Ws.

Ein anderer Grenzaspekt der Energie ist ihre Dichte. Sie kann bezüglich Masse m oder Volumen V betrachtet werden. Damit beide Größen nicht parallel behandelt werden müssen, ist die *Massedichte*

$$\varrho = \frac{m}{V} \tag{4}$$

in Abb. 4.3 sozusagen an den Rand geschrieben. Bezüglich der *Energiedichte* w sollen die praktisch-technischen und theoretischen Grenzen unterschieden werden. Die praktisch-technischen Grenzen zeigt Abb. 4.4. In [V10] konnte gezeigt werden, daß die *Grenze der klassischen Physik* bei etwa $w = 0{,}5$ Ws/cm³ liegt. Mit der o. g. Grenzenergie folgt gemäß

$$V_{gr} = E_{gr}/w \tag{5}$$

ein *Grenzvolumen* von etwa 10^{-20} cm³, also grob 1000 Atome. Dies ist z. B. auch gerade die minimale Anzahl von Atomen, die einen ferromagnetischen Bereich aufbauen. Es sei erwähnt, daß das Volumen von Elementarteilchen bei grob 10^{-35} m³ liegt. Dies steht in engem Zusammenhang mit der zuweilen angenommenen *Elementarlänge* um 10^{-15} m, die dann prinzipiell nicht unterschreitbar sein soll [K17]. Sie folgt u. a. einmal aus der Nukleonenmasse M, z. B. für Proton und Neutron ca. $1{,}67 \cdot 10^{-27}$ kg zu

$$l_{min} = \frac{h}{Mc} \approx 1{,}32 \cdot 10^{-15} \text{ m} \tag{6}$$

oder aus der universellen Konstanten γ der schwachen Wechselwirkung ($\gamma \approx 10^{-3} M^2$)

$$l_{min} = \frac{hc}{\sqrt{\gamma}} \approx 4 \cdot 10^{-14} \text{ m}\,. \tag{7}$$

Bei den Umrechnungen muß von der Einstein-Relation

$$E = mc^2 \tag{8}$$

Gebrauch gemacht werden.

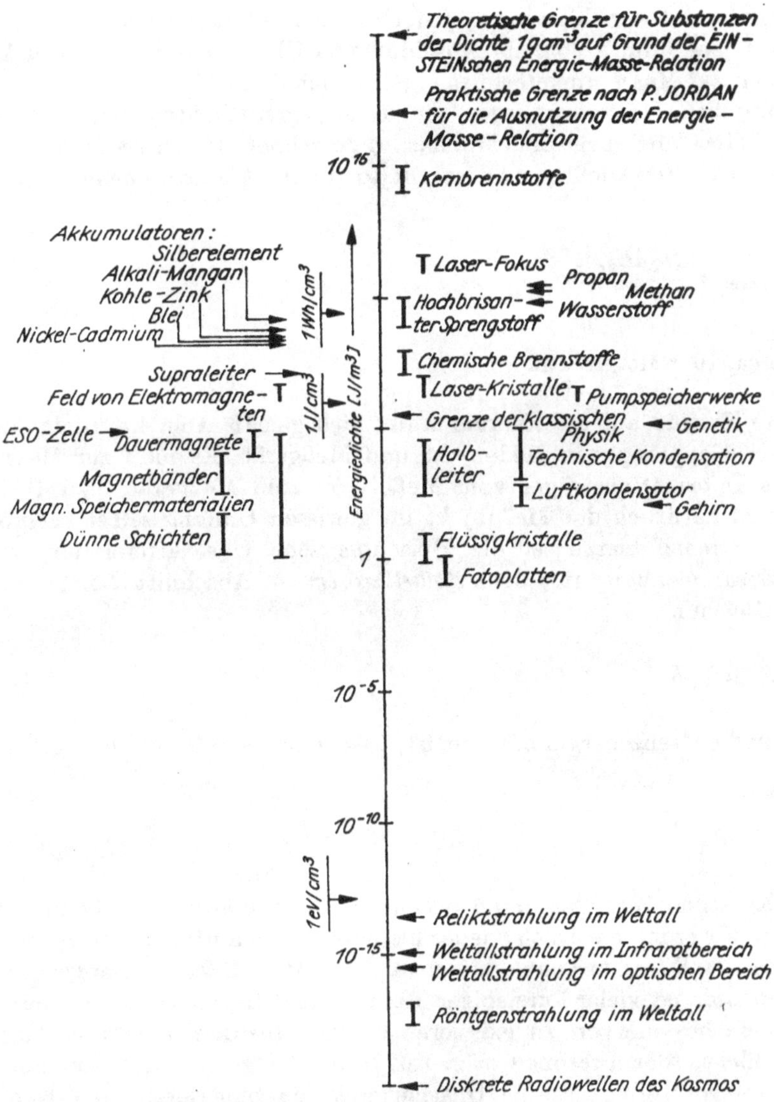

Abb. 4.4 Leiter der Energiedichte nach FEITSCHER [F6] (geändert).

Für das Gravitationsfeld mit der Gravitationskonstanten $G \approx 6{,}67 \cdot 10^{-11}\ \mathrm{N\,m^2\,kg^{-2}}$ folgt allerdings

$$l_{\min} = \sqrt{\frac{hG}{c^3}} \approx 4 \cdot 10^{-35}\ \mathrm{m}\,, \tag{9}$$

eine wesentlich kürzere Länge. Dies steht in Übereinstimmung damit, daß es in der letzten Zeit gelungen ist, beim Neutron und Proton Feinheiten zu analysieren, die unterhalb von 10^{-15} m liegen (s. auch [K17]).

Für die weiteren Betrachtungen sei jedoch wieder auf die thermodynamischen Grenzen, also auf jene unmittelbar im Anschluß von Gl. (5) genannten, zurückgegriffen. Von Volumen auf Masse umgerechnet ergeben sich dann 10^{-20} g.

Bei chemischen Prozessen liegen die Energiegrenzdichten bei $w_{\text{chem}} \approx 10^5$ bis 10^6 Ws/cm³. Hier wird meist mit Molmassen gerechnet. Dabei ist die Loschmidtsche Zahl $N_\text{L} \approx 6{,}02 \cdot 10^{23}$ wichtig, und es gilt so für die kleinste chemisch feststellbare Molmasse

$$M_{\text{chem}} = \frac{N_\text{L} \varrho E_{\text{gr}}}{w_{\text{chem}}} \,. \tag{10}$$

Dies ergibt ca. 10^{-3} Molgramm.

Der dritte Einfluß auf die Energie ergibt sich gemäß Abb. 4.3 infolge der immer notwendigen Kopplung von Meßobjekt und Meßgerät. Es muß zur Messung eben Energie als Informationsträger vom Meßobjekt zum Meßgerät überführt werden. Dadurch wird natürlich das Meßobjekt im gewissen Umfang selbst beeinflußt. Die theoretische Grenze hierzu ist die Heisenbergsche Unschärferelation. Sie wurde schon im Zusammenhang mit dem *Abtasttheorem* im Abschnitt 2.5. behandelt und führte zur Gleichung

$$\Delta E \, \Delta t \geqq h \,. \tag{11}$$

Da nun aber die Grenzenergie bekannt ist, folgt auch eine *Grenzzeit*

$$t_{\text{gr}} \geqq \frac{h}{E_{\text{gr}}} \,. \tag{12}$$

Für den klassischen Wert $E_{\text{gr}} = 0{,}5$ Ws/cm³ ergibt sich etwa 10^{-13} Sekunden. In der Quantenphysik werden natürlich wieder kleinere Werte auftreten. Zuweilen wird hier das *Chronon als Elementarquant* mit etwa $2 \cdot 2 \cdot 10^{-24}$ Sekunden angenommen. Die mittlere Lebensdauer vieler kurzlebiger Mesonen und Baryonen scheint nur als ganzzahliges Vielfaches hiervon zu existieren. Wird außerdem die Masse der größten Elementarteilchen der Protonen $m \approx 1{,}673 \cdot 10^{-24}$ g gemäß $E = mc^2$ umgerechnet und in die obige Heisenbergsche Unschärferelation eingesetzt, so folgen $4{,}407 \times 10^{-24}$ Sekunden, also wiederum das Doppelte der obigen Elementarzeit [S10]. An dieser Stelle sollte aber auch auf die verschiedenen *Wechselwirkungen* hingewiesen werden. Sie bestimmen nämlich unter anderem die Möglichkeiten, in das Gefüge der Natur einzudringen. Solche Beispiele sind die Sommerfeldsche Feinstrukturkonstante $\alpha \approx 1/137$ als Strahlungsanteil eines Atoms, das Verhältnis von 1/1836 von Elektronen- zu Protonenmasse also, und schließlich das Verhältnis von Gravitation zu elektrischer Kraft mit etwa $8 \cdot 10^{-37}$ [H23].

Nun ist es möglich, *aus diesen Größen den Grenzunterschied* oder besser die *Grenzzelle* anzugeben. Dazu seien aber noch einmal die Voraussetzungen zusammengefaßt:

- klassische Physik mit Energiedichte $w \approx 0{,}5$ Ws/cm³.
- Zimmertemperatur der thermodynamischen Störungen mit ca. 300 K.

Dann gilt

minimal meßbare Energie	$3 \cdot 10^{-21}$ Ws,
minimal meßbares Volumen	10^{-20} cm³,
minimal meßbare Masse	10^{-20} g,
minimale Zeitdauer der Messung	10^{-13} s.

Diese Werte sind natürlich nicht unabhängig voneinander wählbar. Dies zeigt allein schon die Unschärferelation gemäß Gl. (11). Deshalb ist es günstig, zusätzlich die Grenzzelle

$$U_{gr} = Vtw \geqq h \tag{13}$$

zu definieren. *Ins Meßtechnische übertragen,* sagt sie aus:

> Damit überhaupt ein Unterschied (1 bit) ermittelt werden kann, muß die Energiedichte w im Volumen V für die Zeit t so existieren, daß ihr Produkt größer als die Plancksche Konstante ist. Zusätzlich ist dabei die freie Austauschbarkeit der drei Werte V, t und w so eingeschränkt, daß keiner unter die obigen Werte gelangen kann.

Schließlich sei noch bemerkt, daß diese Betrachtungen, genau genommen, nur für den Meßprozeß selbst gelten. Im Abschnitt 2.8. wurde ja gezeigt, daß für das Erreichen des Grenzwertes der Entropie (also der Grenzenergie) eine unendlich lange Dekodierzeit zu fordern ist. Welche Werte in realen Zeiten bezüglich der Grenzenergie erreichbar sind, geht aus Abb. 2.15 hervor.

4.5. Entwicklung der Maßsysteme

Wie die vorangegangenen Abschnitte zeigten, ist es in der Naturwissenschaft und Technik üblich, eine *gemessene Größe G* mit zwei Aussagen, nämlich dem *Zahlenwert Z* und der *Einheit* E, anzugeben. Bei einer Länge von 100 m ist also $Z = 100$ und E wird zu m angegeben. Folglich gilt die rein formale Gleichung:

$$G = Z \cdot \mathrm{E}\,. \tag{14}$$

Eine *Größe* kann nun in *verschiedenen Maßeinheiten* gemessen werden; so gilt z. B.

$$100\ \mathrm{m} = 0{,}1\ \mathrm{km} = 0{,}054\ \mathrm{sm} = 3973\ \mathrm{inch} = 238\ \mathrm{foot}\,.$$

Dabei handelt es sich immer um ein und dieselbe Größe. Sehr bald wurde aber auch immer deutlicher, daß nur eine bestimmte Anzahl von *Grund-* oder *Basiseinheiten* notwendig ist. Mittels der Gesetze der Physik entstehen daraus dann die *abgeleiteten Einheiten.* Existieren z. B. Maße für die Zeit t und die Länge l, so benötigt man entsprechend der Gleichung

$$v = \frac{l}{t} \tag{15}$$

für die Geschwindigkeit v keine besondere Maßeinheit, sondern es genügen m/s oder km/h. Aber dennoch ist auch heute noch in der Seefahrt zuweilen das Sondermaß Knoten im Gebrauch:

$$1 \text{ kn} = 1 \text{ sm/h} = 1{,}852 \text{ km/h} = 0{,}5144 \text{ m/s}.$$

Wird dieses Prinzip der verschiedenen Maßeinheiten auf alle Größen der Physik angewendet, so entstehen verschiedene *Maß- oder Einheitensysteme* mit unterschiedlichen Basiseinheiten. Ihre *geschichtliche Entwicklung* ist für das Thema dieses Buches aus mehreren Gründen bedeutsam:

Anfangs waren die Einheiten unwesentlich. Es herrschte vor allem das *Rechnen mit* den irgendwie passend und untereinander vergleichbaren *Zahlenwerten* vor. Dabei war oft entsprechend der vorhandenen Meßtechnik jede Größe auf eine *Längenmessung* zurückgeführt, und ihre Einteilung war zugleich die entsprechend relative, ja z. T. auch echte Maßeinheit (z. B. Induktivitäten und Kapazitäten in cm). Obwohl Frankreich bereits 1795 wohl als erster Staat ein gesetzliches Maßsystem besaß, dürfte das *erste bedeutsame Maßsystem der Physik* von GAUSS und WEBER stammen (vgl. auch Tab. 4.2). Es wurde von ihnen 1836 aus den Einheiten cm, g, s aufgebaut und wurde daher 1881 als Gaußsches, cgs- oder absolutes Maßsystem für die Wissenschaft verbindlich. Mit der Zunahme der Kenntnisse über die *Elektrizität* und den *Magnetismus* wurde es immer schwieriger, nur mit diesen drei Einheiten auszukommen. So entstand *um die Jahrhundertwende eine Vielzahl von Maßsystemen*, die im Prinzip jedoch alle den gleichen Mangel besaßen. Als erster dürfte GIORGI 1901 ausgesprochen haben, daß in der *Physik* (ohne Wärmelehre) *vier* voneinander *unabhängige Grundgrößen notwendig* sind. Hierauf baute dann das 1910 von MIE erschienene *Lehrbuch* auf ([W4, S. 205ff.]). Um 1922 erschien eine fundamentale Arbeit von WALLOT. Sie war wesentliche Grundlage für die Arbeit des Ausschusses für Einheiten und Formelgrößen (AEF). Er gab nach langen Diskussionen 1931 das dazu bedeutsame Normblatt DIN 1313 heraus. 1953 erschien das Buch von WALLOT, das nur diesen Problemen gewidmet war. Es berücksichtigte noch nicht im gebührenden Maße die für die Folgezeit besonders bedeutsame Arbeit von FLEISCHMANN (1951) (vgl. Abschnitt 4.6.). Es kann hier nicht aufgezeigt werden, mit wievielen Problemen und Polemiken dieser Weg behaftet war. Sie sind z. T. aus dem Buch von WALLOT erahnbar. Auf alle Fälle führten sie aber zu dem Erfolg, daß 1954 auf der „10. Generalkonferenz für Maß und Gewicht" in Paris das „*System International*" (genau Système International d'Unités = SI) beschlossen wurde. Der Name wurde allerdings erst auf der 11. Generalkonferenz 1960 festgelegt. Ab 1980 ist dieses System im RGW allgemein verbindlich. Ihm ist der nächste Abschnitt gewidmet. Zuvor sei jedoch noch kurz auf PLANCKS „*Natürliche Einheiten*" eingegangen [T12]. Bereits mehrfach wurden hier im Text *Naturkonstanten* erwähnt. Es gibt ihrer eine größere Zahl. Tab. 4.4 zeigt eine Zusammenstellung. Dabei können in etwa die ersten sechs als fundamental aufgefaßt werden, denn aus ihnen lassen sich die meisten anderen irgendwie ableiten. Für die Meßtechnik haben die Naturkonstanten mehrfach Bedeutung. Ein Vorteil ist, daß sie sich — wenn überhaupt — höchstens sehr langsam (Millionen Jahre) und wenig ändern. Für das Plancksche Wirkungsquantum wurde in [T12] ein Wert von höchstens 10^{-18} je Jahr abgeschätzt. Für die Elektronenladung e_0 wurde andererseits ein Wert von kleiner als $2 \cdot 10^{-13}$ je Jahr gefunden. Weiter läßt sich auf der Basis der

Tabelle 4.4 Wichtige naturwissenschaftliche Konstanten

Lichtgeschwindigkeit	c	= 2,99792457	$\cdot 10^{8}$	ms^{-1}
Wirkungsquantum (PLANCK) ($\hbar = h/2\pi$)	h	= 6,626196	$\cdot 10^{-34}$	Ws^2
Gravitationskonstante (γ; f)	G	= 6,6732	$\cdot 10^{-17}$	$N\,m^2\,g^{-2}$
Boltzmann-Konstante	k	= 1,380622	$\cdot 10^{-23}$	$Ws\,K^{-1}$
Loschmidt-Konstante	N_L	= 6,02217	$\cdot 10^{+23}$	mol^{-1}
Elementarladung	e	= 1,6021917	$\cdot 10^{-19}$	As
Faraday-Konstante	F	= 9,648670	$\cdot 10^{4}$	$As\,mol^{-1}$
Induktionskonstante (= $4\pi\ 10^{-7}$)	μ_0	= 1,256637	$\cdot 10^{-6}$	$Vs\,A^{-1}\,m^{-1}$
Influenzkonstante (= c^2/μ_0)	ε_0	= 8,854185	$\cdot 10^{-12}$	$As\,V^{-1}\,m^{-1}$
Bohrsches Magneton $\left(= \frac{eh}{4\pi m_e};\ \mu_B^+ = \mu_B \mu_0\right)$	μ_B	= 9,274096	$\cdot 10^{-24}$	$A\,m^2$
Kernmagneton $\left(= \frac{eh}{2m_p};\ \mu_k^+ = \mu_k \mu_0\right)$	μ_k	= 5,0509	$\cdot 10^{-27}$	Am^2 (J/T)
magnetischer Flußquant (Tieftemp.)	$\varphi = h/2c$	= 2,0677	$\cdot 10^{-15}$	Vs
Elektronenruhemasse	m_e	= 9,109558	$\cdot 10^{-28}$	g
Protonenruhemasse	m_p	= 1,672614	$\cdot 10^{-24}$	g
Neutronenruhemasse	m_n	= 1,67482	$\cdot 10^{-24}$	g
Atomare Masseneinheit (= $1/12 \cdot {}^{12}C$)	m_0	= 1,660531	$\cdot 10^{-24}$	g
relative Atommasse auf ^{12}C bezogen	A_r	= 1,0008		—
absolute Molekülmasse (Molmasse)		= 1,6602	10^{-24}	(g)
Proton-/Elektronenmasse		= 1,8360	10^{3}	—
spezifische Elektronenladung	e/m_e	= 1,758796	$\cdot 10^{14}$	$As\,g^{-1}$
Bohrscher Radius (= $4\pi\varepsilon_0 h^2/m_e e^2$)	r_H	= 5,29177	$\cdot 10^{-11}$	m
klassischer Elektronenradius $= \frac{e^2}{4\pi\varepsilon_0 m_e c}$	r_e	= 2,82	$\cdot 10^{-15}$	m
Compton-Wellenlänge des Elektrons $\left(= \frac{h}{m_e c}\right)$	λ_e	= 2,42631	$\cdot 10^{-12}$	m
Rydberg-Konstante	R	= 1,09737309	$\cdot 10^{7}$	m^{-1}
Avogadro-Konstante (= N_L/V_0)	A	= 2,68699	$\cdot 10^{25}$	m^{-3}
Molvolumen	V_0	= 2,2414	$\cdot 10^{-2}$	m^3
absoluter Nullpunkt	T_0	= −273,16		K (°C)
Feinstruktur-Konstante (= $e^2/2\varepsilon_0 hc$)	α	= 7,29720	$\cdot 10^{-3}$	—
Stephan-Boltzmann-Konstante	σ	= 5,6697	$\cdot 10^{-8}$	$Wm^{-2}\,K^{-4}$
Gaskonstante (= kN_L)	R_0	= 8,31434		$WsK^{-1}mol^{-1}$
Wellenwiderstand des Vakuums (= $\sqrt{\mu_0/\varepsilon_0}$)	Γ	= 376,73		Ω
Erdbeschleunigung	g	= 9,78 ... 9,83 (9,80665)		ms^{-2}

Naturkonstanten ein Maßsystem aufbauen. Dies versuchte bereits PLANCK auf der Basis von h, c und G um 1900. Er leitete aus ihnen nämlich eine spezielle Masse m^+

eine Länge l^+ und eine Zeit t^+ ab:

$$m^+ = \sqrt{\frac{hc}{G}} \approx 5{,}4560 \cdot 10^{-5}\,\mathrm{g}\,,$$
$$l^+ = \sqrt{\frac{hG}{c^3}} \approx 4{,}05106 \cdot 10^{-35}\,\mathrm{m}\,, \qquad (16)$$
$$t^+ = \sqrt{\frac{hG}{c^5}} \approx 1{,}35129 \cdot 10^{-43}\,\mathrm{sec}\,.$$

Entsprechend dem heutigen Stand der Kenntnisse wären jetzt aber auf ähnliche Weise Ampère, Kelvin, (Candela) und mol definierbar. Hierzu könnten z. B. die Elementarladung, Boltzmann-Konstante (Stephan-Boltzmann-Konstante) und Loschmidt-Konstante herangezogen werden. Bereits die drei oben genannten Werte sind jedoch so wenig anschaulich, daß sie sich nicht bewähren würden. Deshalb sah auch später PLANCK von diesem Prinzip ab.

4.6. System International

Ein *Hauptproblem* bei der schrittweisen Herausbildung des Systems International war die *Wahl der Basiseinheiten und ihre Anzahl.* Hierzu hat FLEISCHMANN nachgewiesen, daß die *physikalischen Einheiten einer freien Abelschen Gruppe entsprechen.* Er nennt die Einheiten nach Größenarten und bezeichnet sie mit großen Buchstaben: „Für das Rechnen mit verschieden benannten „physikalischen Größen" und ihrer Verallgemeinerung, den physikalischen „Größenarten" gelten folgende Grundaussagen:

1. $A \cdot B = C$, d. h., zu zwei Größenarten existiert stets eine dritte, für die gilt $A \cdot B = C$. (Beispiel: Geschwindigkeit · Zeit = Länge.)
2. $A \cdot (1) = A$. Es *existiert* eine Größenart, die bei der Multiplikation mit irgendeiner Größenart A wieder die gleiche Größenart A ergibt. Wir nennen sie die Größenart der unbenannten Zahlen und bezeichnen sie mit (1). Ihr gehören z. B. an: Teilchenzahl, Nutzeffekt, Brechungsindex, Winkel u. a. (Beispiel: Energie · Nutzeffekt = Energie.)
3. $A \cdot A^{-1} = (1)$. Zu jeder Größenart A existiert eine reziproke A^{-1}, für die gilt $A \cdot A^{-1} = (1)$. (Beispiel: Frequenz · Zeit = Zahl oder (Teilchenzahl : Fläche) × Fläche = Teilchenzahl.
4. $A \cdot (B \cdot D) = (A \cdot B) \cdot D$ (assoziative Eigenschaft). (Beispiel: Wir wählen Länge · Kraft · Zeit, dann ist Länge · Impuls = Energie · Zeit.)
   Unter Benutzung von 3. und 2. kann aus 1. gefolgert werden $A = C \cdot B^{-1}$ und $B = A^{-1} \cdot C$.
5. $A \cdot B = B \cdot A$ (kommutative Eigenschaft). (Beispiel: Geschwindigkeit · Zeit = Zeit · Geschwindigkeit.)
6. Für alle $A \neq (1)$ und für alle Faktorenanzahlen m gilt $A \cdot A \cdot A \cdot A \ldots \neq (1)$.
7. Die aus unendlich vielen Größenarten bestehende Gesamtheit besitzt ein endliches Erzeugendensystem, d. h., es gibt endlich viele Elemente $C_p, C_q, \ldots, C_r$, so daß jedes Element X sich in die Form

   $$X = C_p^{\alpha_p} C_q^{\alpha_q} \ldots C_r^{\alpha_r}$$

bringen läßt mit ganzzahligen α_i. Eindeutigkeit dieser Produktdarstellung ist nicht vorausgesetzt. Die $C_p, \ldots, C_r$ nennt man „Erzeugende" der Gesamtheit. Ihre Anzahl werde mit N bezeichnet."

In weiteren Betrachtungen weist dann FLEISCHMANN nach, daß es in der *Physik* wirklich *möglich* ist, mit *ausschließlich ganzzahligen Exponenten* zu arbeiten. Für *jedes Teilgebiet* wird dabei *nur eine Basiseinheit* benötigt. Als Teilgebiete und Basiseinheit schlägt er unter Beachtung der Reihenfolge vor:

Geometrie	Länge
Kinematik	Zeit
Mechanik (ohne Gravitation)	Energie
Elektrizität	Ladung (Elektrizitätsmenge)
Magnetismus	magnetische Spannung
Gravitation	Gravitationspotential
Wärme	Temperatur

Diese Zusammenstellung hat sich nicht behauptet, wohl aber seine Aussage zur Ganzzahligkeit der Exponenten und zur Auswahl einer Basisgröße je Teilgebiet.

WALLOT wählt entgegen FLEISCHMANN immer die Basiseinheiten: Länge, Zeit, Kraft, Temperatur, Elektrizitätsmenge, Lichtstrom. Bei ihm werden also der Gravitation und dem Magnetismus keine besonderen Basiseinheiten zugeordnet. *Heute* ist die Entwicklung soweit gediehen, daß einschließlich der Chemie im SI genau *die sieben folgenden Basiseinheiten* verwendet werden:

Das *Meter* (m) ist gleich 1650763,73 Vakuumwellenlängen der Strahlung, die dem Übergang zwischen den Niveaus $2p_{10}$ und $5d_5$ des Atoms Krypton 86 entspricht.

Das *Kilogramm* (kg) ist die Masse eines Normalzylinders aus Pt-Ir im Internationalen Büro für Maße und Gewichte in Paris.

Die *Sekunde* (s) ist die Dauer von 9192631770 Perioden der Strahlung, die dem Übergang zwischen den beiden Hyperfeinstrukturniveaus des Grundzustandes des Atoms Cäsium 133 entspricht.

Das *Kelvin* (K) ist durch zwei Fixpunkte festgelegt, den absoluten Nullpunkt der Thermodynamik und den Tripelpunkt des Wassers bei 273,16 K.

Das *Ampere* (A) ist die Stromstärke, welche zwischen zwei unendlich langen, parallelen, in 1 m Abstand befindlichen Drähten eine Anziehungskraft von $2 \cdot 10^{-7}$ Newton hervorruft.

Die *Candela* (cd) ist die Lichtstärke, mit der ein schwarzer Strahler bei der Temperatur des schmelzenden Platins mit $1/600000$ m^2 bei einem Druck von 101325 N/m^2 (1 physikalische Atmosphäre) senkrecht zur Oberfläche leuchtet.

Das *Mol* (mol) ist die Stoffmenge (Teilchenzahl bzw. Stück), welche genauso viele Elementareinheiten (Teilchen) enthält wie 0,0120 kg des Nukleids ^{12}C. Es können Atome, Moleküle, Ionen, Radikale, Elektronen, Photonen usw. sein.

Aus diesen 7 Grundeinheiten werden alle weiteren abgeleitet. Einige der *abgeleiteten Einheiten* erhalten besondere Namen, wie z. B. Watt, Hertz, Joule usw. Alle Einheiten, auch die abgeleiteten, dürfen mit *Vorsätzen*, wie z. B. k, M, G, T, m, μ, n, p usw. versehen werden. Hierdurch werden in allen Fällen relativ einfache Zahlenwerte möglich. Bevorzugt sollen aber Vorsätze, die das Vielfache von 10^3 sind, verwendet werden. Wie wichtig diese Vorsätze sind, mögen die folgenden *Bereiche einiger Größen* aufzeigen:

Länge:	klassischer Elektronenradius bis zum entferntesten Spiralnebel (10^{-15} ... 10^{26} m)
Masse:	Ruhemasse des Elektrons bis zur Weltmasse (Summe aller Sternmassen) (10^{-30} ... 10^{52} kg)
Zeit:	Elementarzeit der Atomphysik bis zum Weltalter (10^{-30} ... 10^{18} s)
Temperatur:	Tiefste hergestellte Temperatur bis zur H-Fusion (10^{-5} ... 10^{12} K).

4.7. Probleme und Grenzen des SI

Das System International berücksichtigt aber verständlicherweise noch nicht alle Meßgebiete. Es seien hier nur einige fehlende genannt:

- Materialeigenschaften, wie z. B. Härte und Kerbschlagzähigkeit.
- Pegelmaße der Elektrotechnik und Akustik, wie z. B. Dezibel, Neper und Phon.
- Zähleinheiten, wie Windungen, Stück und Vollbeschäftigteneinheiten.
- Währungseinheiten wie Mark, Rubel und Dollar.
- Statistische Maßeinheiten, z. B. Kennziffern der Volkswirtschaft und auch das hier so bedeutsame Bit.

Alle diese und weitere sowie daraus abgeleitete Einheiten bedürfen späterer Festlegungen. Es sei aber erwähnt, daß es bezüglich der vorgenannten „Einheiten“ schon lange Diskussionen gibt, die noch nicht ausgestanden sind. Ein erstes Ergebnis war die Einführung des Mol. Es ist durchaus möglich, daß weitere noch folgen. Bis dahin ist mit diesen Größen so zu rechnen, als ob ihre Objekte zugleich die Einheit darstellen. So galt z. B. in alten Einheiten 1 Gros = 12 Dutzend = 144 Stück.

Ein Schwerpunkt des SI liegt darin, daß jetzt deutlich zwischen *Masse und Kraft* (bzw. Gewicht) unterschieden wird. Die Masse wird in Kilogramm (kg), die Kraft in Newton (N) gemessen. Das Kilopond (kp) gehört zu den inkohärenten Einheiten und soll daher nicht verwendet werden. Es gilt:

$$1\ \text{kp} = 9{,}80665\ \text{N} = 9{,}80665\ \text{kg m s}^{-2}\,.$$

Abschließend zum SI seien noch einige Bemerkungen zur *Kraft* angebracht. Sie hat nämlich eine etwas *seltsam anmutende Geschichte*, die für das Thema Information durchaus lehrreich ist. Wie schon erwähnt, benutzt sie ja WALLOT als eine Basiseinheit. Als Begründung dafür kann vielleicht seine Aussage [W4, S. 49] sein, die das Messen betrifft:
„Man kann vielleicht sagen, daß überhaupt erst durch die Zurückführung aller Vergleichungen auf Vergleichungen von Längen und Kräften ein „objektives“ Vergleichen möglich geworden ist.“
Sehr stark im Gegensatz zu WALLOT steht eine posthume Arbeit von HERTZ. Er hat eine ganze Mechanik geschrieben, aus der er die Kraft als Größe völlig verbannte. Sie war für ihn zu unanschaulich. Auch mit dem SI wird eine gewisse Abkehr von der Kraft betrieben, indem einmal das kg als Basiseinheit eingeführt ist und zum anderen, indem jetzt ganz deutlich zwischen Masse und Gewicht (Kraft) unterschieden ist. Vielleicht lassen sich auf solche Weise — nämlich durch die Wahl anderer Basiseinheiten — viele Begriffe teilweise eliminieren. Was dies für die Information bedeutet, wird noch zu behandeln sein.

Weiter sei auf ein Problem hingewiesen, das im Zusammenhang mit *Gleichungen* z. B. der Form

$$H = e^{\ln E} \tag{17}$$

steht. Solche Gleichungen sind stets *in mathematischem Sinne richtig*. Ihnen kann jedoch zunächst, falls E eine physikalische Größe, z. B. die Energie, ist, *kein physikalischer Sinn* zugeordnet werden, denn mit den Beziehungen der freien Abelschen Gruppe für Größe sind *nur Multiplikation und Addition erklärt.* Es gibt keine physikalische Größe, die der Logarithmus einer anderen ist. Solche Gesetze lassen sich also nur für reine Zahlen verwenden. Dies bedeutet, daß dann stets unter dem Logarithmus durch Dividieren mit der Einheit nur eine Zahl stehen darf. Derartige Probleme betreffen die *Semantik der Physik*, die im Ergänzungsband behandelt wird. Außer für den Logarithmus gelten diese Aussagen auch für die trigonometrischen und hyperbolischen Funktionen usw.

4.8. Anwendung der Informationstheorie

Beziehungen zwischen Meßtechnik und Informationstheorie klangen bereits mehrfach, vor allem im Kapitel 2. und im Abschnitt 4.4., an. Aus sehr allgemeiner Sicht weist Abb. 4.5 die Zusammenhänge der Meßtechnik mit dem Informations-, Energie- und Stoffaspekt aus. Dadurch werden auch Beziehungen zum Kapitel 1. deutlich.

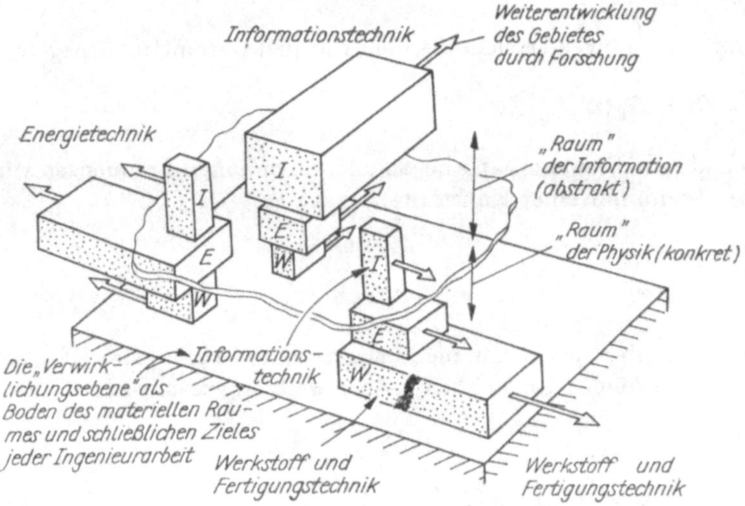

Abb. 4.5 Zusammenhänge der Meßtechnik mit den Gebieten: Informations-, Energie- und Werkstoff-Fertigungstechnik. In allen drei Gebieten haben Information I, Energie E und Werkstoff W unterschiedliche Anteile (nach Oppelt [O2]).

Hier sei lediglich auf zwei ausgewählte Beispiele der Informationstheorie hingewiesen. In [V9] wurde mittels der Amplitudenstufen die *Fehlerklasseneinteilung von Meßgeräten* verallgemeinert. Dabei können vor allem auch nichtlineare Skalenverläufe exakt behandelt werden. So läßt sich auch der Übergang zu den spezifischen Eigenschaften der Meßwertspeicherung mit Magnetbandgeräten durchführen.

Woschni hat in mehreren Untersuchungen versucht, die Eigenschaften eines *Meßwandlers* durch *Optimalfilter* zu verbessern. Der Meßwandler sei in seinem Verhalten durch einen Frequenzgang $G(f)$ beschrieben und besitze im wesentlichen Tiefpaßverhalten. Für ihn existiert eine Grenzfrequenz f_g. Dadurch ermöglicht er eine Kanalkapazität, die sich aus dieser Grenzfrequenz und der Anzahl unterscheidbarer Amplitudenstufen, d. h. dem Störabstand gemäß Gl. (2.71), ergibt. Wird nun aber dem Meßwandler ein *Korrekturfilter* mit dem Frequenzgang $G_K(f)$ *nachgeschaltet* (vgl. Abb. 4.6), so kann z. T. eine wesentliche Verbesserung der Eigenschaften der Kette, Meßwandler

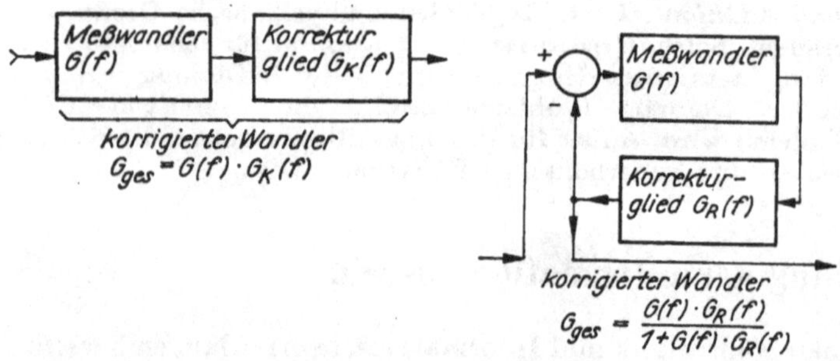

Abb. 4.6 Prinzipien der Korrektur von Meßwandlern nach Woschni [W20—W24]
a) nachgeschaltetes Korrekturglied,
b) Korrekturglied in Gegenkopplung (Regelkreisdarstellung).

und Korrekturglied, dadurch erreicht werden. Für den Gesamtfrequenzgang gilt dann

$$G_{\text{ges}} = G(f) \cdot G_{\text{K}}(f) . \tag{18}$$

Ein theoretisch idealer Frequenzgang bis zu unendlich hohen Frequenzen würde dann erreicht werden, wenn mit einer Konstante A gilt:

$$G_{\text{K}}(f) = \frac{A}{G(f)} . \tag{19}$$

Dieses Ergebnis ist aber praktisch nicht sinnvoll, da auch jeder *Meßwandler* ein *Rauschen* besitzt. Es sei der Einfachheit halber weiß angenommen. Dieses Rauschen

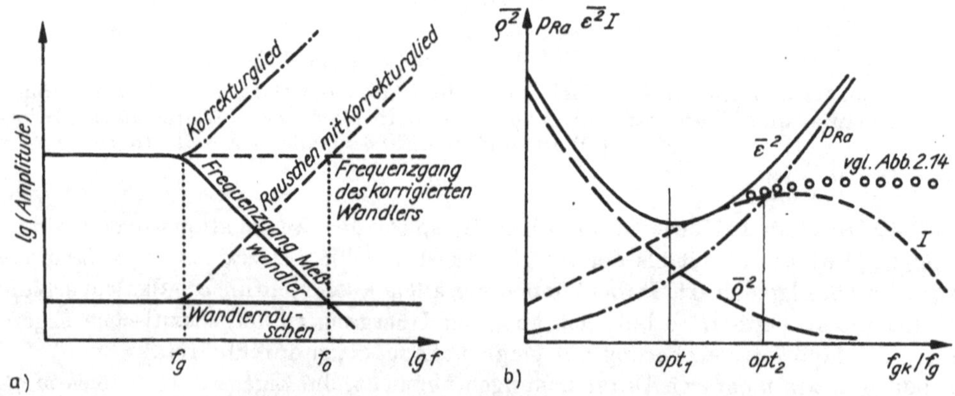

Abb. 4.7 Eigenschaften von korrigierten Meßwandlern
a) Frequenzgang des Meßwandlers und des Rauschens mit (gestrichelt) und ohne Korrektur (ausgezogen), Frequenzgang des Korrekturgliedes strichpunktiert,
b) Frequenzgang vom dynamischen Fehler ϱ^2 lang gestrichelt, von der Rauschleistung P_{Ra} strichpunktiert, vom Gesamtfehler $\overline{\varepsilon^2}$ ausgezogen und vom Informationsfluß I kurz gestrichelt. Die Kurve mit den Kreisen stellt den Zusammenhang mit Abb. 2.14 her.

wird durch den Korrekturfrequenzgang im Gesamtfrequenzgang folglich gerade bei den hohen Frequenzen wesentlich verstärkt wirksam und beeinträchtigt so die Anzahl der unterscheidbaren Amplitudenstufen. Dies geht deutlich aus Abb. 4.7 hervor. Es gibt eine *Frequenz* f_0, bei der das *Rauschen und Signal gleich groß* sind. Dies gilt sowohl beim korrigierten als auch nicht korrigierten Wandler. Das Optimum des korrigierten Wandlers muß also zwischen seiner Grenzfrequenz f_g und der Frequenz f_0 liegen. Die genauen Rechnungen bei Woschni zeigen das entsprechende Ergebnis. Werden sie ins Meßtechnische übertragen, so bedingt die gewählte Grenzfrequenz des korrigierten Wandlers f_{gK} einen dynamischen Fehler $\overline{\varrho^2}$ (Einschwingzeit) und die Rauschleistung einen anderen P_{Ra}. Die entsprechende Summe

$$\overline{\varepsilon^2} = \overline{\varrho^2} + P_{Ra} \tag{20}$$

bestimmt also den *Gesamtfehler*. Er kann einmal minimiert werden. Es ist aber auch möglich, den Informationsfluß

$$I = f_{gK} \operatorname{ld}\left(1 + \frac{P_{Ra}}{\overline{\varepsilon^2}}\right) \tag{21}$$

zu maximieren. Beides führt, wie Abb. 4.7b zeigt, zu unterschiedlichen Ergebnissen. Zum Vergleich ist in der Abbildung auch noch die Kurve von Abb. 2.14 eingetragen.

5. Aus der Technik

Die bewußt angewandte und konstruktive Seite eines Wissenschaftsgebiets wird Technik genannt. Für die Information ist der entsprechende Begriff *Informationstechnik* einmal relativ neu und zum anderen auch zu eng. Werden meist in der Informationstechnik doch nur die Gebiete der *Nachrichtenübertragung* (-technik), also insbesondere Fernsprech-, Fernschreib-, Rundfunk- und Fernsehtechnik, zusammengefaßt. Dann fehlen aber zumindest die Rechentechnik und die technische Kybernetik, wobei wiederum beide Gebiete sehr weit aufgespalten sind.

Die *Rechentechnik* reicht heute vom Taschenrechner und Mikroprozessor bis zum Großrechner und kann außerdem in Analog-, Digital- und Hybridrechentechnik geteilt werden. Dabei steht die Frage, wie weit die *Speichertechnik* hierzu gehört oder bereits ein Sondergebiet der angewandten Information bildet. Es sei dazu nur an die Audio- und Videospeicher erinnert (s. Abschn. 5.3.).

Die *Technische Kybernetik* ist z. T. vom Begriff her fälschlicherweise auf die Regelungs- und Steuerungstechnik eingeschränkt und das, obwohl die Anwendungen der Kybernetik so vielfältige Gebiete, wie z. B. *Automation*, *Roboter* (Handhabetechnik), *Zeichenerkennung*, *Bildverarbeitung* usw., umfassen. Hier entsteht aber auch eine Konsequenz aus der Rechentechnik. Bislang war es üblich, nur ein technisches Produkt, also z. B. ein Gerät, eine Einrichtung (Anlage) oder Maschine, als für den Techniker wichtig zu betrachten. Infolge der breiten Anwendung der Rechentechnik und damit auch der steuerbaren Produkte ergibt sich die Notwendigkeit, hierfür auch Steuerprogramme im weitesten Sinne zur Verfügung zu stellen. So ist in der Technik der Information eine neue Situation aufgetaucht, die in diesem Kapitel als Abschn. 5.5. unter *Hard-Software* behandelt wird. Es ist verständlich, daß bei dieser Breite hier nicht einmal ein Überblick gegeben werden kann. Deshalb werden einige wenige Gebiete ausgewählt, die aus verschiedenen Gründen für den Gesamtinhalt dieser Studie bedeutsam sind. Ansonsten muß auf die vielfältige *technische Literatur* verwiesen werden. Es sei aber erwähnt, daß gewisse Teilgebiete der Anwendung der Information schon behandelt wurden. So wird in Kapitel 2 die *Shannonsche Theorie* als wesentliches Gebiet der Nachrichtentechnik behandelt. Auch die *Meßtechnik* (Teilgebiete im Kapitel 4) muß zur angewandten Information gezählt werden, denn durch sie wird im technischen Bereich erst Information bereitgestellt. Im weiteren Sinne kann auch die *Information — Dokumentation* (Ergänzungsband) hierzu gezählt werden, wenngleich dieser Bereich sogar im alten Sinne von Technik noch mehr als die Problematik der Software am Rande liegt.

5.1. Analog und digital

Die gesamte Informationstechnik im weitesten Sinne läßt sich in analog und digital teilen. Dabei weiß intuitiv jeder Techniker, wie diese Einteilung aufzufassen ist. Dennoch gibt es keine Definition hierfür, und so gibt es auch immer Teilgebiete, deren Einordnung schwierig ist. Hier sei eine gewisse Definition versucht. Dabei müssen aber verwandte Begriffe einbezogen werden. Begonnen sei mit der *Einteilung von Informationsträgern*, die in der Technik fast immer Signale heißen. Dies ist zu beachten, weil *Signal* im Sinne der Semiotik (Ergänzungsband) auch zur Zeicheneinteilung, dann aber im anderen Sinne, verwendet wird. Signale der Technik werden u. a. nach ihrer Energieform (Hilfsenergie) z. B. in *elektrische, pneumatische, hydraulische* usw. eingeteilt. Ein Signal hat nur in bezug auf ein entsprechendes System, allgemein Sender, Kanal oder Empfänger, einen Zweck. Je nach dessen Eigenschaften können *diskrete und kontinuierliche Signale* unterschieden werden. Bei beiden Signalarten liegt ein zulässiger Signalbereich vor, innerhalb dessen die Geräte arbeiten, z. B. von 0 bis 5 V. Die Unterscheidung zwischen kontinuierlichen und diskreten Signalen innerhalb dieses Bereiches erfolgt nun dadurch, ob *jeder mögliche Wert angenommen* werden kann und als solcher auch weiterverwendet wird, oder ob nur ausgewählte, d. h. quantisierte Werte gültig sind. Insofern sind also *diskrete* und *quantisierte* Signale gleichwertig, ebenso wie für kontinuierliche Signale auch zuweilen die Begriffe stetig bzw. analog herangezogen werden.

Von einem *quantisierten* (abgestuften) *Signal* wird aber meist nur dann gesprochen, wenn es aus einem *ursprünglich kontinuierlichen* Signal gewonnen wurde und deshalb häufig auch wieder später dazu in den Grenzen der technischen Möglichkeiten zurückgewandelt werden soll. Ein Beispiel hierfür ist die quantisierte Sprachübertragung. Eine Möglichkeit hierzu bieten unter anderem die Analog-Digital- bzw. Digital-Analog-Wandler.

Der *Begriff analog* stammt vom *griechischen* analogos, was soviel wie nach der *Vernunft* (logos) übereinstimmend oder, weiter abgeleitet, auch entsprechend, ähnlich, vergleichbar bedeutet. Es sei auch auf Begriffe wie analoger Beweis und *Analogieschluß* hingewiesen. Schließlich wird auch der Begriff Analogie recht vielfältig verwendet. In der Technik meist in dem Sinne, daß Systeme, Anordnungen, Gebilde, Modelle usw. sich bezüglich ihrer Struktur und/oder Funktion (Verhalten) weitgehend ähneln. So gibt es z. B. die *analoge Ersatzschaltung* bzw. die *elektromechanischen Analogien.* In der *Morphologie* wird u. a. von analogen Organen gesprochen. Hier sei beispielsweise nur auf die im Ergänzungsband angesprochene Analogie zwischen den Kameraaugen der Säugetiere und den Tintenfischen sowie den Facettenaugen der Gliederfüßler hingewiesen. Schließlich gibt es noch die Analogie in der *Rechtsprechung* und Sprachwissenschaft. Dies alles deutet darauf hin, daß *analoge Signale* zumindest in zweifacher Hinsicht definierbar wären,

a) im Sinne des *Kontinuierlichen* ihrer Energiewerte,

b) im Sinne des Vergleichs mit ihrem *Ursprung.*

Meist wird unter Analogtechnik nur der Fall a) verstanden. Hier wäre aber der Begriff kontinuierlich eindeutiger. Allerdings müßte dann konsequent der Analog-Digital-Wandler den unschönen Namen Kontinuierlich-Diskret-Wandler erhalten. Einfacher sind die Verhältnisse noch bei der Anzeigetechnik. Es sei das Beispiel der Uhren herausgegriffen. Alle Uhren, die mit kreisenden Zeigern arbeiten, sind im Sinne von b) richtigerweise *Analog-Uhren* und zwar auch dann, wenn sie, wie z. B. eine Bahnhofsuhr, von Minute zu Minute springt, also im Sinne von a) nicht analog, sondern quantisiert arbeitet.

Insgesamt sind nach den bisherigen Betrachtungen also *zwei unabhängige Unterscheidungen* zu treffen, nämlich Einteilungen nach dem *Abbildungsverhältnis* und nach den *Energiezuständen* der Signale. So entsteht Tab. 5.1. Hieraus geht hervor, daß die

Tabelle 5.1 Zur engeren Begriffsbildung im Zusammenhang mit analog und digital. Die Einteilung erfolgt nach dem Abbildungsverhältnis und den Energiezuständen der Signale. Eingetragen sind Beispiele

Abbildung	Energiezustände	
	kontinuierlich	diskret
analog	analoge Technik im engen Sinn, z. B. Rundfunktechnik, Oszillograph, mechanische Uhr	quantisierte Signale, Fernsehen infolge der Zeilenstruktur Rasterdruck bei Bildern Bahnhofsuhr mit Minutensprung
nichtanalog	nur wenige Beispiele vorhanden z. B. Frequenzmodulation Visible speach	alle Darstellungen mit Zahlen und Buchstaben, also z. B. km-Zähler, Digitalvoltmerter, aber auch Schriftsprache und im gewissen Umfang Sprache überhaupt infolge der Phoneme. (Digitaltechnik im engeren Sinn.)

nichtanalogen-kontinuierlichen Signale sehr selten sind. Dies ist der Grund, daß dieses Gebiet meist in die *Analogtechnik* einbezogen wird. Bei den analog diskreten Signalen ist meist der Zweck, etwas analog abzubilden, und es wird wegen vielfältiger technischer Vorteile lediglich von der diskreten (digitalen) Technik Gebrauch gemacht. Dies ist dann wiederum der Grund, auch dieses Gebiet zur Analogtechnik zu rechnen. So verbleiben schließlich die nichtanalogen-diskreten Signale. Sie bilden den etwas erweiterten Bereich der *Digitaltechnik.* Alle diskreten Signale lassen sich nämlich letztlich über einen Kodebaum mit Binärentscheidungen beschreiben. Sie lassen sich ferner durch Ziffernsysteme, insbesondere das Dualsystem, darstellen. In diesem Sinne existieren je nach der Kodierung dann zwar noch Unterscheidungen in binäre, duale, dezimale und andere Systeme. Sie sind hier in ihrer Unterscheidung aber nicht so wichtig. Wichtig ist aber, noch auf die Unterscheidung von Signalen hinzuweisen, die sich neben dem hier behandelten Amplituden-(Energie-)bereich im *Zeitbereich* ergibt. Auf sie wurde bereits im Zusammenhang mit Abb. 2.9 eingegangen. Es sei hier aber nochmals betont, daß es kaum möglich sein dürfte, den üblichen Gebrauch bezüglich analoger und digitaler Technik zu verändern. Insofern stellt Tab. 5.1 lediglich eine Präzisierung dar, die in Zweifelsfällen zu verwenden ist.

Im allgemeinen ist die *analoge Technik* einfacher und damit ökonomischer. So ist es verständlich, daß sie im wesentlichen vor der digitalen entstand. Infolge der rasanten *Entwicklung der Mikroelektronik* wird nun aber gerade die digitale bevorzugt. Hierdurch wird das Verhältnis digital zu analog immer mehr zugunsten der *Digitaltechnik* verschoben, und es hat oft den Anschein, als ob das Ende der Analogtechnik abzusehen sei. Dies ist jedoch nicht zu erwarten, denn die Analogtechnik hat ihre spezifischen Vorteile. Es sei hier versucht, die wichtigsten herauszustellen.

Bezüglich der Ökonomie wird meist die Darstellung von Abb. 5.1a gegeben. Sie geht davon aus, daß es bei analogen Geräten eine *Genauigkeitsgrenze* zwischen 10^{-2} und 10^{-4} gibt, von der an der Aufwand sehr stark zunimmt. Der Aufwand der digitalen Technik wächst dagegen annähernd linear mit der Stellenzahl. Dies ist jedoch nur in erster Näherung richtig, denn je größer die Stellenzahl ist, desto größer wird auch der Aufwand zur gegenseitigen Verknüpfung, bei der Addition z. B. durch die Anzahl der Überträge. Andererseits ist aber auch bei nur einer Stelle, z. B. Lampe: Ein oder Aus, die Digitaltechnik im Vorteil. Richtig dürfte daher ein Verlauf sein, wie

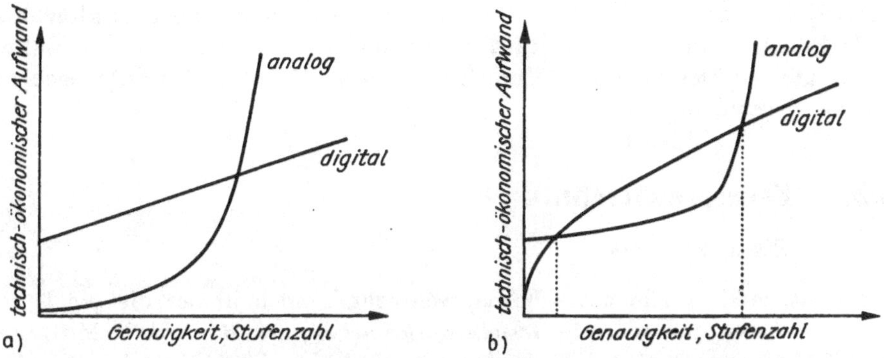

Abb. 5.1 Zum ökonomischen Vergleich von digitaler und analoger Technik
a) übliche Darstellung, die nur für Ungenauigkeiten von weniger als etwa 10% gilt,
b) allgemeiner Verlauf. Er zeigt, daß die Analogtechnik vor allem im physiologisch wichtigen Bereich von etwa zehn bis einigen hundert Amplituden Vorteile besitzt.

ihn etwa Abb. 5.1 b zeigt. Vorteilhaft ist die Analogtechnik *im Genauigkeitsbereich* von 10% bis einigen 10‰ bzw. bei 10 bis einigen hundert Stufen. Dieser Bereich ist für uns zugleich *physiologisch gut zugänglich*, was also einen doppelten Vorteil bedeutet, aber nicht ausschließt, daß auch hier nützliche Digitallösungen wirksam werden. Es sei auch erwähnt, daß in diesem Sinne ein *Kurvenbild*, z. B. Frequenzgang, Zeitverlauf, Graph usw., meist anschaulicher als eine *Tabelle* ist. Natürlich kann ein Kurvenbild auch digital (eigentlich analog-diskret) geschaffen werden.

Ein zweiter Unterschied besteht in der *Geschwindigkeit*. Analoge Signale stellen in der Regel die Signalwerte unmittelbar bereit, während digitale Signale den Signalwert fast immer sequentiell aufbauen müssen. Hierdurch sind analoge Signale vor allem bei hohen Frequenzen vorteilhaft. Ein spezielleres Beispiel aus der Meßtechnik wurde bereits im Zusammenhang mit Abb. 2.17 behandelt.

Es sei noch erwähnt, daß *Messen* und *Stellen überwiegend analog* erfolgt. Dies bedingt auch die Notwendigkeit der Techniken des rechten, oberen Feldes in Tab. 5.1 und die entsprechenden Übergänge in Abb. 2.9, wenn digitale Signale gewonnen werden sollen. Dieser notwendige Übergang ist also oft die Voraussetzung zur Digitaltechnik und wird in seinem Aufwand bei ihrer Anwendung unterschätzt oder gar vergessen.

Weiter sei auf die *Anschaulichkeit* der analogen Technik verwiesen. Infolge ihrer Einfachheit sind die entsprechenden Prinzipien relativ leicht zu verstehen und zu durchschauen. Digitale Anordnungen sind dagegen meist wesentlich komplexer und stark hierarchisch aufgebaut. Sie können und müssen also in vielen Ebenen beschrieben werden, was ihr Verständnis meist erschwert. Beim Rechner wird sogar vielfach diese Undurchschaubarkeit des Geschehens als großer Nachteil hervorgehoben und deshalb eine entsprechende Beschreibung gefordert, z. B. [Z3].

Bezüglich des *Störverhaltens* sind die Probleme differenzierter. Ein Nachteil der analogen Technik ist, daß Fehler (z. B. in der Genauigkeit und in den Grenzwerten) kontinuierlich auftreten. Sie werden im Gegensatz zu den üblichen Totalausfällen in der Digitaltechnik nur schwer erkannt. Da andererseits die Digitaltechnik weitaus mehr Bauelemente benötigt, ist bei ihr die Ausfallrate insgesamt oft wesentlich größer. Dafür gibt es hier aber wiederum leichter Möglichkeiten der Fehlersicherung, z. B. mittels Redundanz.

5.2. Fernsprechtechnik

5.2.1. Etwas Statistik

Weltweit gesehen bildet die Fernsprechtechnik noch immer die *größte* technische, komplizierteste und teuerste *Gemeinschaftsleistung der Menschheit.* Mit ihr sind etwa $3 \cdot 10^8$ Menschen (davon 50% in Amerika und 30% in Europa) im Prinzip jederzeit unmittelbar erreichbar. Dazu kommt noch eine fast genau so große Anzahl öffentlicher Sprechstellen hinzu. In ihr sind insgesamt rund 10^{12} M investiert. Selbst die Gesamtinvestitionen der *Rechentechnik* liegen erst bei etwa 10^{11} Mark, und dabei ist noch nicht einmal andeutungsweise ein einheitliches System im Sinne der Netzgestaltung vorhanden. Rechner sind fast immer noch Einzelsysteme. Sie werden eher künftig noch in die Fernsprechtechnik im weiteren Sinne integriert werden. Die Ansätze hierzu sind ja bereits durch die Datenfernübertragung (DFÜ) und die Rechnernetze zu erkennen. In diesem Sinne dürften *künftig* auch Bildtelefon, Bildausgabe (Tageszeitung) und einiges mehr *in die Fernsprechtechnik einbezogen* werden. Sie hat also auch die Chance, die „größte Maschine" der Menschheit zu bleiben.

Etwa 80% der *Kosten* des Fernsprechnetzes gehen zu Lasten der *Verbindungen* (Leitungen, Kabel usw.). Trotzdem erfolgten die meisten Weiterentwicklungen bei den *Vermittlungssystemen.* International liegen die Kosten für einen Hauptanschluß heute bei etwa 1000 M. Die zugehörige Produktionszeit für die technischen Anlagen je Anschluß liegt bei 10 Stunden. Entsprechend den hohen Gesamtkosten wird die *Lebensdauer* von Fernsprecheinrichtungen sehr hoch, nämlich zu 20 bis 30 Jahren angesetzt. Dies bringt Schwierigkeiten bei der Neu- und Umgestaltung der Fernsprecheinrichtungen mit sich.

In den industriell hochentwickelten Ländern führt im Durchschnitt jeder Einwohner je Jahr 300 Telefongespräche. Die USA nehmen z. Z. mit 800 den höchsten und Italien mit 40 den niedrigsten Wert ein. Bei einem Durchschnittsgespräch von 3 Minuten Dauer telefoniert also jeder Mensch jährlich ca. 15 Stunden; das ergibt in seinem Leben 40 Tage (1000 Stunden), also 0,5%. Die Werte für das Fernsehen mit täglich 2 Stunden liegen natürlich viel höher. *Auslandsgespräche* werden im Mittel je Jahr und Einwohner angegeben. Hier liegt die Schweiz mit drei an der Spitze, und Japan bildet mit nur einigen je 100 Einwohner den Schluß. Eine weitere interessante Zahl ist die *Sprechstellendichte* je 100 Einwohner. Die Spitze stellen Schweden und die USA mit etwa 50, während der Mittelwert für Europa bei 12 und für Afrika bei 0,9 liegt. In Washington und Stockholm werden sogar Werte über hundert erreicht.

5.2.2. Das Telefonnetz

Im Prinzip entspricht es den Forderungen an ein Telefon, daß jeder Teilnehmer mit einem anderen telefonieren kann. Dies ist nicht auf direkte Weise möglich, denn sonst müßten entweder von jedem Teilnehmer so viele Leitungen ausgehen, wie es Anschlüsse auf der Welt gibt, oder es müßte eine einzige Telefonzentrale auf der Welt geben, zu der alle Anschlüsse direkt gehen. Die beiden Prinzipien zeigt stark vereinfacht Abb. 5.2. Sie werden als *maschen-* bzw. *sternförmige Netze* bezeichnet. In der Praxis existieren häufig Mischformen, die mehrfach hierarchisch gekoppelt sind. Dies sei von unten beginnend erklärt. Es wird eine bestimmte Anzahl von Teilnehmern, die als *Anschlußeinheiten* AE bezeichnet werden, auf einem *Amt* überwiegend bis aus-

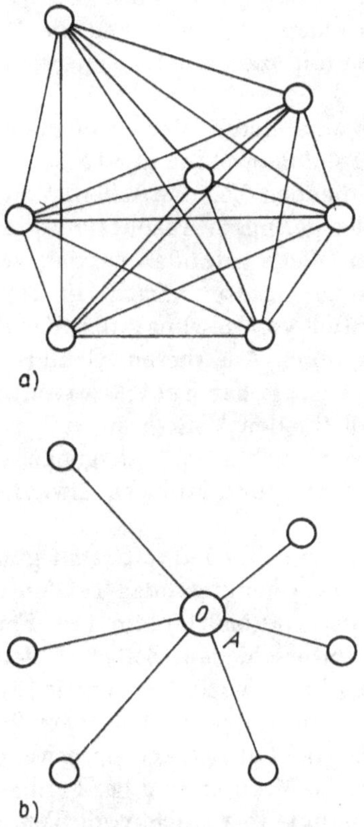

Abb. 5.2 Die zwei prinzipiellen Gestaltungsprinzipien von Netzen

a) Maschenförmiges Netz. Hier ist jeder Punkt mit jedem verbunden, so daß $0{,}5n(n-1)$ Leitungen und $n(n-1)$ Kontaktstellen notwendig sind.

b) Sternförmiges Netz, bei dem alle $(n-1)$ Leitungen zu einem Teilnehmer (dem Amt) gehen. Dort sind $n(n-1)$ Kontaktstellen notwendig.

schließlich sternförmig zusammengefaßt. Die optimale Größe dieser Ämter hängt von der Teilnehmerdichte und von technischen Parametern der Vermittlung ab. Durch eine *Dezentralisierung* (kleine Ämter) werden generell *Leitungskosten* eingespart. Wird sie zu weit getrieben, so werden der *Wartungsaufwand* sowohl für die Beschaffung von Meßgeräten als auch die Wegezeiten des Personals zu groß. Für den heutigen technischen Stand, wo die Leitungen etwa 3- bis 5-mal soviel wie die anderen Einrichtungen kosten, sind bei 10^4 AE je km^2 Ämter mit 30000 AE und bei 10^3 AE je km^2 Ämter mit 1000 AE etwa besonders günstig. Deshalb liegt heute die *Vielzahl der Ämter* (90%) bei 500 bis 2000 AE. In europäischen Großstädten werden meist Werte um 10000 bis 20000 AE erreicht. In den Wolkenkratzerstädten, vor allem der USA, werden zuweilen Werte über 50000 AE erreicht. Bei der Handvermittlung waren erheblich größere Zahlen günstig. So entstanden ziemlich früh Ämter mit mehreren 10000 AE. Das wohl überhaupt größte, allerdings nur geplante Amt war Hamburg mit 80000 AE.

Doch auch für diese einzelnen Ämter besteht das *Problem des Verbindens* von *jedem mit jedem* und zwar zweimal: erstens bezüglich der *Teilnehmer*, die zu dem jeweiligen Amt gehören, und dann *bezüglich der Ämter* untereinander. So existieren in der DDR hierarchisch angeordnet 8 Haupt-, ca. 140 Knoten- und ca. 1500 Endämter. Dazu kommt noch eine Vielzahl kleiner Zentralen in Betrieben und anderen Einrichtungen. Etwa 30% des Fernsprechverkehrs findet innerhalb der Endämter statt (Ortsgespräche), weitere 22% verbleiben im Bereich eines Knotenamtes, weitere 25% gehen zu den benachbarten Knotenämtern, und die restlichen 20% erreichen die Hauptamtebene. In der Regel telefoniert der Einzelne eben mit anderen, die er persönlich kennt und die daher oft auch in seiner Nähe wohnen.

Die *Telefoneinrichtungen* werden im Vergleich zu anderen Einrichtungen sehr *wenig ausgenutzt*. Im Durchschnitt wird ein einzelner Telefonanschluß nur 15 bis 30 Minuten täglich, also in 1 bis 2% der zur Verfügung stehenden Zeit betrieben. Von privaten Anschaffungen abgesehen, entsteht hierdurch der geringste Ausnutzungsgrad, den es überhaupt in der Technik gibt. Deshalb mußten Wege gefunden werden, welche die technischen Einrichtungen besser auszunutzen gestatteten. Dabei mußte auch in Kauf genommen werden, daß ein gewisser Anteil von gewünschten Verbindungen zum gewünschten Zeitpunkt nicht zustande kommt. Aus diesem Grunde entstand relativ früh eine gründliche *Fernsprechstatistik*. Hierbei hat Erlang wesentliche Verdienste. Deshalb wird sein Name heute als Maß für den Verkehrswert benutzt. Ein Verbindungssatz, welcher bestimmte Teilnehmer verbindet, hat genau dann ein Erlang, wenn er z. B. 60 mal für 1 Minute oder 30 mal für 2 Minuten usw., d. h., wenn er vollständig genutzt wird.

Die *Fernsprechteilnehmer* werden für solche Untersuchungen mit recht guter Näherung in *zwei Gruppen* eingeteilt: Die *Schwachsprecher* benutzen das Telefon im Mittel täglich 5 bis 10 Minuten, die *Starksprecher* dagegen 100 bis 200 Minuten. Ferner werden *verkehrsschwache* und *verkehrsstarke Zeiten* unterschieden. Selbst in den Hauptverkehrsstunden entfallen auf die Starksprecher nur 20 bis 25 Minuten je Stunde (für Schwachsprecher nur 1 Minute je Stunde). Auch die mittlere *Dauer von Gesprächen* ist sehr unterschiedlich. Bei Nebenstellen (in Betrieben) beträgt sie etwa 1 Minute, bei Ortsgesprächen der öffentlichen Netze 1,5 bis 2,5 Minuten und bei Ferngesprächen 2 bis 5 Minuten. Die mittlere Gesprächslänge hängt aber auch vom Temperament beim Telefonieren ab. Erstaunlicherweise führen in Europa die Schweden die längsten und die Italiener die kürzesten Gespräche.

Aus den vorgenannten Fakten wird verständlich, weshalb es möglich ist, auf eine Leitung ohne merkliche Beeinflussung zwei Anschlüsse (*Zweieranschluß*) zu legen. Eine Erweiterung dieses Prinzips sind die *Wählsternschalter* oder allgemeiner die *Vorfeldeinrichtungen*. Sie fassen oft zehn und mehr Anschlüsse in allerdings komplizierter Weise zusammen.

Der Hauptgewinn der Vermittlungen läßt sich am besten mittels Abb. 5.3 erklären. Dazu sollen n AE miteinander verbunden werden. Am übersichtlichsten geschieht dies mit dem Prinzip des *Kreuzschienenverteilers* (Abb. 5.3a). Jeder Teilnehmer wählt (dies geschieht natürlich automatisch) beim Abheben eine der freien senkrechten Balken aus. Hier wird der erste Kontakt gesetzt. Mittels eines zweiten Kontakts in der Höhe des gewünschten Partners ist dann die Verbindung hergestellt. Es ist sofort zu erkennen, daß dieses Kontaktschema sogar bei gleichzeitiger Benutzung aller AE mehr als *zweifach redundant* ist. Genau optimal wäre eine Struktur gemäß Abb. 5.3b.

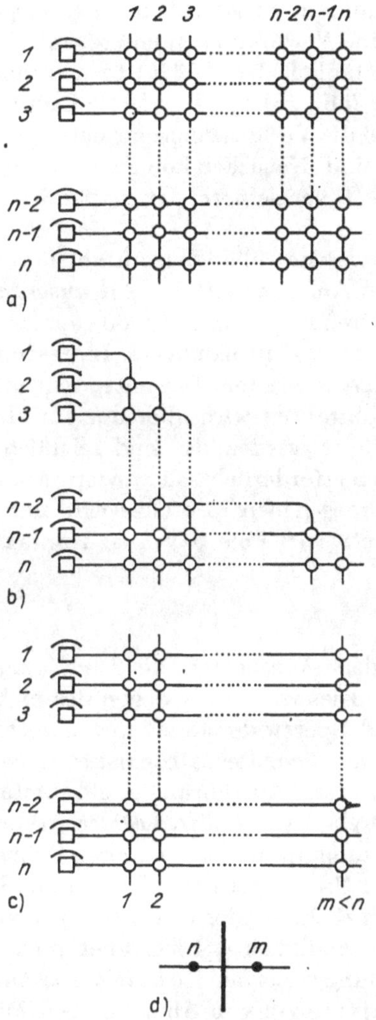

Abb. 5.3 Zur Verbindung von Teilnehmern
a) Prinzip des Kreuzschienenverteilers. Jeder ist mit jedem verbindbar.
b) Anordnung unter Aufhebung der Redundanz von a),
c) zur Verbindung werden nur m Schienen mit $m < n$, vielfach $m \approx 0{,}1\,n$ verwendet,
d) symbolische Darstellung des Schemas von Teilbild c).

Hier erfolgt jede Verbindung mit nur einem Kontakt. Dafür ist die Steuerung des Verbindungsaufbaus aber nicht ganz so einfach. Es ist interessant, daß diese Schaltung Pfeiffer [P7] auswählte, um hypothetische Verschaltungen im Gehirn zu diskutieren und daraus interessante Schlußfolgerungen zu ziehen.

Es kann aber auch der statistische Gesichtspunkt ausgenutzt werden. Entsprechend der *Häufigkeit der Gespräche* werden weitaus weniger senkrechte Verbindungsschienen benötigt. Ihre Anzahl sei m. Entsprechend den vorgenannten statistischen Ergebnissen stellt $m = 0{,}1\,n$ einen brauchbaren Wert dar. Symbolisch wird dieses Prinzip gemäß Abb. 5.3d gezeichnet. Schließlich kann ebenfalls entsprechend den vorgenannten Werten auf jeder der m Verbindungsschienen noch ein Kontakt auf etwa $100n$ zur Weiterleitung an eine übergeordnete Stelle verwendet werden. So sind dann für 100 AE 10 Verbindungen untereinander und eine Verbindung zur Weiterleitung aus der jeweiligen Hierarchieebene heraus vorhanden. Entsprechend den vorgenannten Daten bleiben die *Verkehrsverluste* (wenn keine Verbindungen entstehen) hinreichend klein. Sie betragen etwa 300 ... 400 Minuten täglich (20 ... 27%) bzw. in den Hauptverkehrsstunden 34 ... 49 Minuten stündlich (56 ... 81%). Der Verkehrswert beträgt dabei 0,03 bis 0,18 Erlang. Dies bedeutet, daß die Vermittlungseinrichtungen dennoch nur zwischen 3 und 18% der Zeit ausgenutzt sind. Natürlich können durch ein anderes Verhältnis von $n : m$ die Verkehrsverluste z. B. verkleinert, dafür aber der Verkehrswert verringert werden und umgekehrt.

Es sei noch die *Komplexität des Fernsprechnetzes* über die Anzahl der Kontakte abgeschätzt. Dabei sei von den Daten eines Amtes mit 10000 AE ausgegangen. Es enthält meist 2500 Hebdrehwähler, 10000 Drehwähler und 40000 Relais. Das sind also nach einer entsprechenden Umrechnung ca. $2 \cdot 10^6$ Kontakte. Insgesamt müßten dann im Telefonnetz der Welt ca. 10^{11} *Kontakte* existieren. Das entspricht in etwa der *Neuronenzahl unseres Gehirns.* Von diesen Kontakten wird aber nur ein kleiner Teil dafür benutzt, daß über ihn Gespräche geführt werden. Es sind reichlich 200-mal soviel Kontakte zum Aufbau der Verbindungen erforderlich. Ein wiederum noch kleinerer Teil der prinzipiell für die Gespräche vorgesehenen Kontakte wird nur zu jedem Zeitpunkt genutzt. Dieser Anteil dürfte bei etwa 10^{-5} bis 10^{-4} aller Kontakte liegen.

5.2.3. Technik der Verbindungspunkte

Aus der heutigen Sicht würde es am sinnvollsten erscheinen, die *Durchschaltkontakte* mit Dioden oder Transistoren zu realisieren. Dies ist jedoch wegen des nicht ausreichenden Verhältnisses von Durchlaß- und Sperrwiderstand sowie verbleibender Nichtlinearitäten (Übersprechen) z. Z. nicht möglich. Deshalb existieren heute noch praktisch überall *wirkliche Kontakte.* Die ältesten Ausführungen sind entsprechend dem Dezimalsystem der Wählscheibe die Dreh- bzw. *Hebdrehwähler* (Abb. 5.4). Sie werden beide je nach der Länge der Telefonnummern und aus anderen Gründen kombiniert verwendet. Es gibt eine Vielzahl von Nachfolgern und Varianten. Sie unterscheiden sich jedoch im Prinzip nicht wesentlich, sondern besitzen vor allem verbesserte Kontaktgabe und höhere Wahlgeschwindigkeit, stützen aber auch Konzerninteressen. Die entscheidende Weiterentwicklung stellt der *Koordinatenschalter* gemäß Abb. 5.4c dar. Er entspricht echt dem Matrixprinzip von Abb. 5.3. Bei ihm werden also bei der Wahl keine unnötigen Kontakte betätigt. Eine andere Weiterentwicklung ist das *Schutzgasrelais* (Reed-Kontakt). Bei ihm werden nur noch die Kontaktzungen allein betätigt. Es benötigt dafür aber während des Durchschaltens einen ständigen *Haltestrom.* Die *Steuerung* der ersten Technik mit den Dreh- und Hebdrehwählern erfolgte über Relais. Diese wurden in der Weiterentwicklung, z. B. bei den Koordinatenschaltern, aber vor allem bei den Reed-Kontakten durch *elektronische Schaltungen* ersetzt. So sind die modernen Vermittlungen mit elektronischer Technik für den Aufbau der Verbindungen, also für die Steuerung und mit mechanischen Kontakten für die Gesprächsdurchschaltung, ausgerüstet.

5.2.4. Raum- und Zeitvielfach sowie Trägerfrequenztechnik

Die bisherigen Betrachtungen waren so geführt, als ob jedem Ferngespräch sein eigener Leitungsweg geschaltet wird. Dies ist nur bedingt richtig. Genau gilt es nur

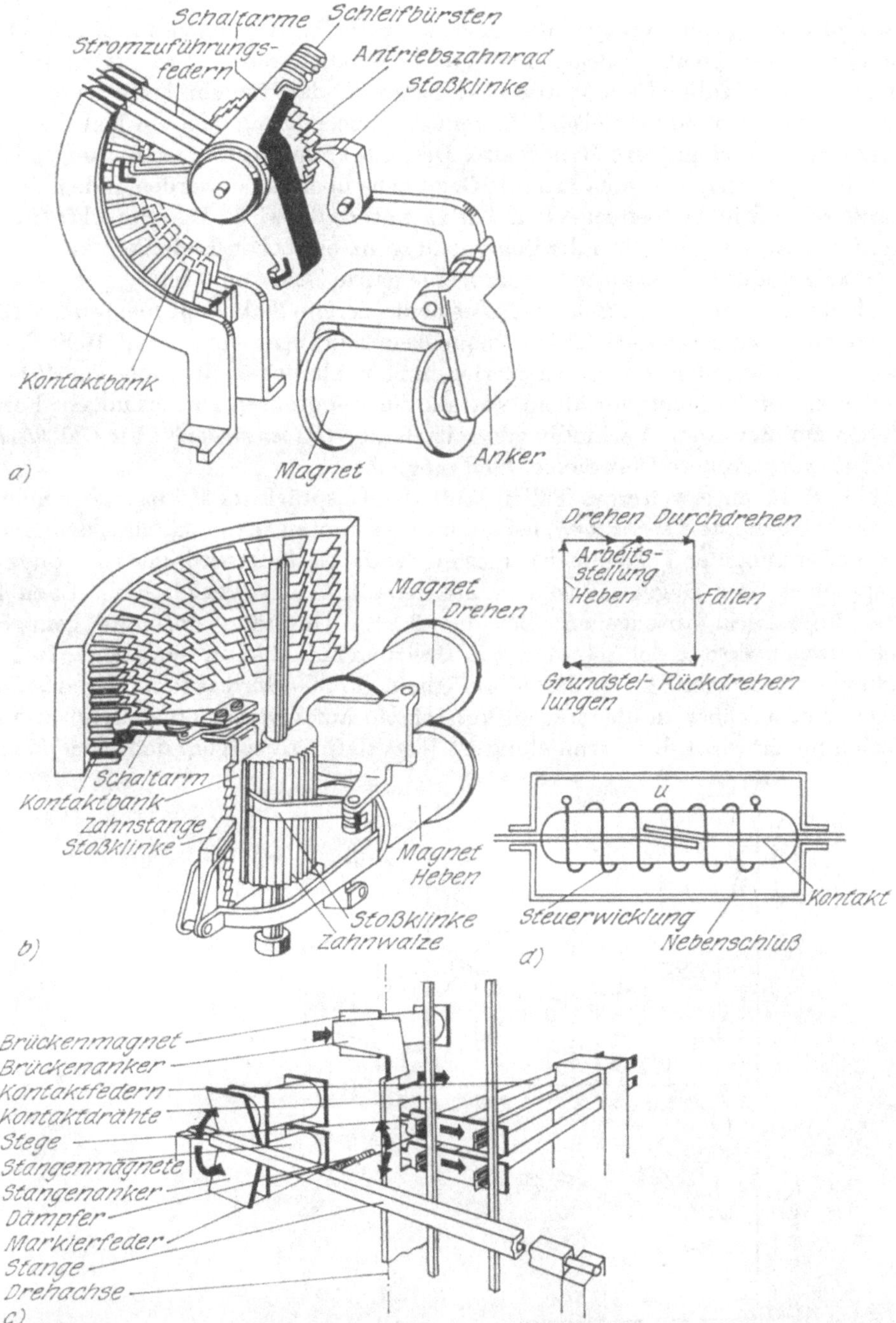

Abb. 5.4 Bauelemente für die Verbindungspunkte
a) Prinzip des Drehwählers, b) Prinzip des Hebdrehwählers mit Skizze für einen Arbeitsdurchlauf, c) Prinzip des Koordinatenschalters, wobei in einem Koordinatenschalter p Brückenelemente und q Stabmagnete zu einer Kontaktmatrix $p \cdot q$ zusammengefaßt sind. In der DDR ist die Variante 10×20 üblich. Generell sind verschiedene Produkte bis etwa 2000 üblich, d) Prinzip des Reed-Kontakts.

für den Anfang der Fernsprechtechnik, als noch Freileitungen das Bild bestimmten. Bereits bei den Kabeln liegen mehrere Fernsprechkreise, etwa bis zu 100 in einer gemeinsamen Hülle. Bald wurde aber bekannt, daß für ein Ferngespräch der Frequenzbereich von 300 Hz bis 3 kHz genügt. Eine Leitung oder ein Kabel ermöglichen aber eine weitaus größere Bandbreite. Deshalb können auf einer Leitung mittels verschiedener *Trägerfrequenzen* mehrere Gespräche übertragen werden, indem die gesamte Bandbreite B in Teilbereiche von 3 kHz unterteilt wird. Die Sprechfrequenzen f_{sp} werden dazu lediglich (in allerdings nicht ganz einfacher Technik) um einen Betrag $3 \cdot n$ kHz additiv verschoben, wobei n eine ganze Zahl von 0 bis n_{max} ist. Diese Technik heißt Trägerfrequenztechnik. Da es heute bereits Kabel mit mehreren MHz Bandbreite gibt, existieren auch Trägerfrequenzeinrichtungen bis zu etwa 1000 *Fernsprechkanälen*. Inzwischen sind auch Verbindungen ähnlicher Art über *Satelliten* üblich geworden. Sie besitzen vor allem Vorteile für die größten Entfernungen. Ferner entstehen zur Zeit auch Verbindungen mittels der *Optoelektronik* über *Glasfasern*. Hier werden noch größere Gesprächszahlen möglich.

Bei all diesen erweiterten Fällen läuft das Gespräch im Prinzip aber noch immer über die *klassische Vermittlung*, bei der an bestimmten Orten, nämlich den Kontakten, die Verbindung der Teilnehmer hergestellt wird. Deshalb wird hier vom *Raumvielfach* gesprochen. Das Gegenteil ist das *Zeitvielfach* in der Vermittlung. Dazu ist vom *Samplingtheorem* auszugehen. Bei den 3 kHz Gesprächbandbreite genügen rund 6000 Abtastwerte in der Sekunde. Ein Breitbandkanal kann nun aber z. B. 10^6 in der Sekunde übertragen. Es ist deshalb möglich, ca. 300 *Sprechkanäle in zyklischer Folge* abgetastet hierüber zu übertragen. Vereinfacht auf 3 Sprechkanäle zeigt dies schematisch Abb. 5.5a. In der Vermittlung ist jetzt dafür zu sorgen, daß jedes Fernsprech-

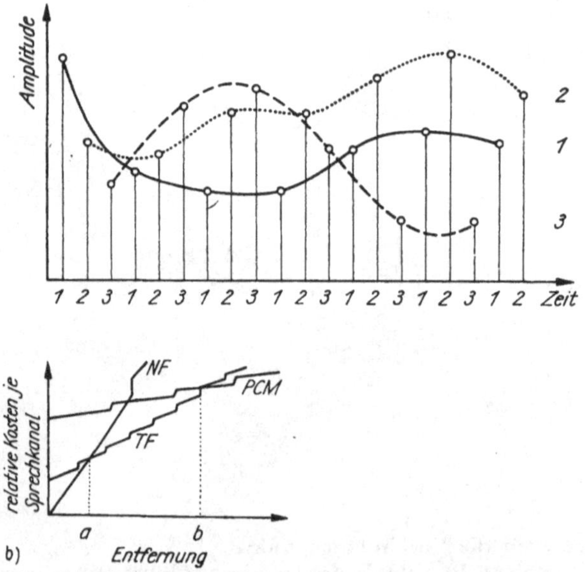

Abb. 5.5 Prinzip des Zeitvielfach (Zeitmultiplexes). Beispiel von drei ineinander verschalteten Signalen (a) und relativer Vergleich der Kosten je Sprechkanal für reine Niederfrequenztechnik (NF), Trägerfrequenztechnik (TF) und Pulscodemodulation (PCM) (b).

signal genau zum richtigen Zeitpunkt abgetastet und paßgerecht in die Impulsfolge eingefügt wird. Auf der Empfangsseite muß es entsprechend ausgefädelt werden. Dieses *Zeitvielfach* ist zwar weniger anschaulich als das Raumvielfach, bringt aber mehrere *technische Vorteile*. Beim Abtasten ist es auch möglich, die *Amplitudenstufen zu quantisieren*, d. h., sie auf einige feste Werte festzulegen. Dabei können die Amplitudenstufen entsprechend unserem Gehör sogar optimal *nichtlinear verteilt* gewählt werden. Die Amplitudenquantisierung bietet den Vorteil, daß prinzipiell alle Störungen des Kanals unterdrückt werden können. Das Signal muß dazu lediglich, bevor das Rauschen zu groß im Vergleich zur Quantisierungsstufe wird, wieder exakt auf die Quantisierungsstufe zurückgeführt werden. Solche Techniken werden *Pulscodemodulationen* PCM genannt. Sie besitzen den weiteren Vorteil, daß für sie alle Prinzipien der Digitaltechnik, also insbesondere die integrierte Schaltkreistechnik, eingesetzt werden können. Da bei diesem Prinzip der Vermittlung auch nur wenige Sprechkanäle auf ein *Durchschaltelement* fallen, genügen hier sogar *Transistoren* bzw. Dioden mit ihrem relativ geringen Verhältnis von Durchlaß- zu Sperrwiderstand. Die *Kosten* für die *drei geschilderten Prinzipien* als Funktion der Entfernung sind in Abb. 5.5b dargestellt. Für kleine Strecken (bis a) ist die NF-Technik vorteilhaft. Dann wird die Trägerfrequenztechnik (bis b) ökonomisch, und erst darüber ist die PCM vorteilhaft. Die Stufen in den Kurven sind durch Zwischenverstärker und Regeneriereinrichtungen bedingt.

5.2.5. Abwicklung von Ferngesprächen

Die Fernsprechtechnik ist praktisch die einzige Möglichkeit, wie zwei Menschen über eine große Entfernung unmittelbar miteinander in Kommunikation treten können. Für das *Zustandekommen eines Gespräches* sind mehrere *Phasen* zu unterscheiden.

Für die weiteren Betrachtungen sei der Einfachheit halber nur noch die *Selbstwählfernsprechtechnik* betrachtet. Es fehlen also jene Verbindungen, die eventuell noch von Hand erfolgen. Hier gilt der folgende entsprechende Ablauf:

- Ich nehme den Hörer ab.
- Wenn das Freizeichen ertönt, wähle ich die Nummernfolge für den Gesprächspartner. Mit dem erneuten Freizeichen bestätigt die Technik, daß mein gewünschter Partner gerufen wird.
- Durch Abnehmen des Hörers bekundet er seine Bereitschaft zu einem Gespräch.
- Das Gespräch findet statt.
- Das Gespräch wird beendet.

Dieser *Normalablauf kann* in der Praxis mannigfach *modifiziert werden*: Es kann die Verbindung nicht zustande kommen; der Partner kann bereits ein Gespräch führen oder nicht zu Hause sein; es können technische Störungen eintreten. Schließlich ist der Ablauf auch aus der Sicht des Partners zu betrachten. Insgesamt entsteht bei Berücksichtigung aller Fälle ein relativ komplizierter Graph, wie ihn Abb. 5.6 zeigt.

Telefonzentralen können heute sehr verschieden gestaltet sein. Für die weiteren Betrachtungen sei eine Zentrale mit einem Steuernetzwerk betrachtet, weil dann die Verhältnisse besonders übersichtlich sind (Abb. 5.7a). Zu jedem Anschluß gehört eine *Teilnehmeranschlußschaltung*. Sie reagiert auf das Abheben des Hörers und leitet

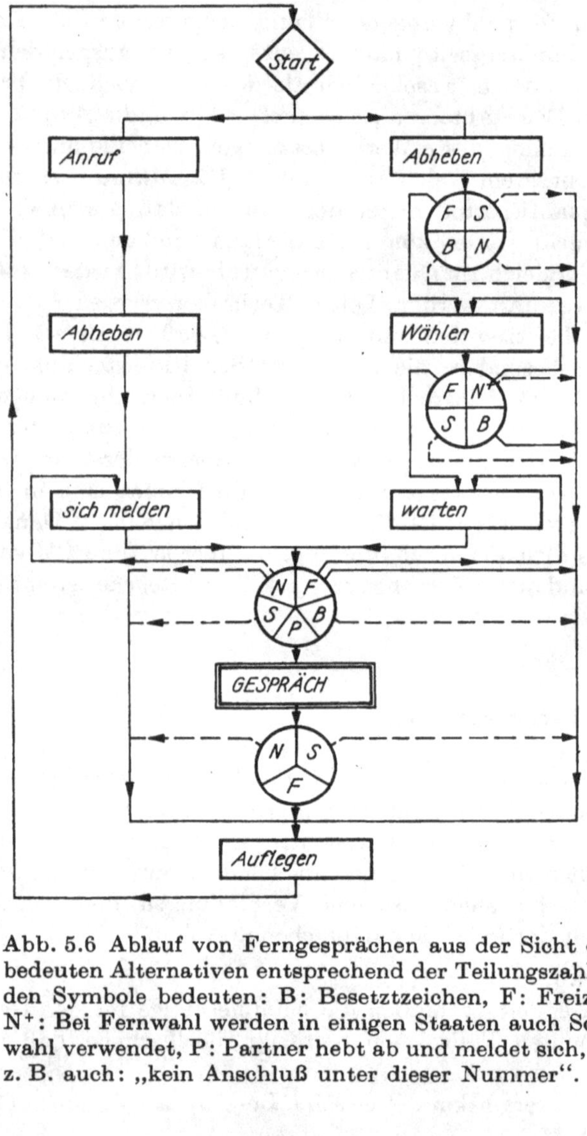

Abb. 5.6 Ablauf von Ferngesprächen aus der Sicht des Teilnehmers. Die Kreise bedeuten Alternativen entsprechend der Teilungszahl. Die in den Feldern stehenden Symbole bedeuten: B: Besetztzeichen, F: Freizeichen, N: Nichts zu hören, N^+: Bei Fernwahl werden in einigen Staaten auch Sonderzeichen für die Weiterwahl verwendet, P: Partner hebt ab und meldet sich, S: Störung, Unterbrechung, z. B. auch: „kein Anschluß unter dieser Nummer".

für das *Steuernetzwerk* die weiteren Funktionen ein. Im Steuernetzwerk empfängt und speichert dann die *Wahlaufnahme* die anzurufende Nummer, dekodiert sie, und mittels des *Markierers* wird der berechnete *Schaltweg als Steuerinformation* an das *Durchschaltnetzwerk* gegeben. Hier werden die Kontakte zur entsprechenden zweiten Teilnehmeranschlußschaltung verbunden. Die *Ruferzeugung* gibt dann das Freizeichen an den Anrufenden und die Auslösung des Klingelzeichens zum Angerufenen. Mit Abheben seines Hörers wird die Verbindung hergestellt.

Es sei noch ergänzt, daß bei der *Hebdrehwähltechnik* wesentliche Teile des Steuernetzwerkes und des Durchschaltnetzes bereits in den Wählern vereint sind. Beim *Koordinatenschalter* müssen zumindest die üblichen Wählimpulse in einem getrennten

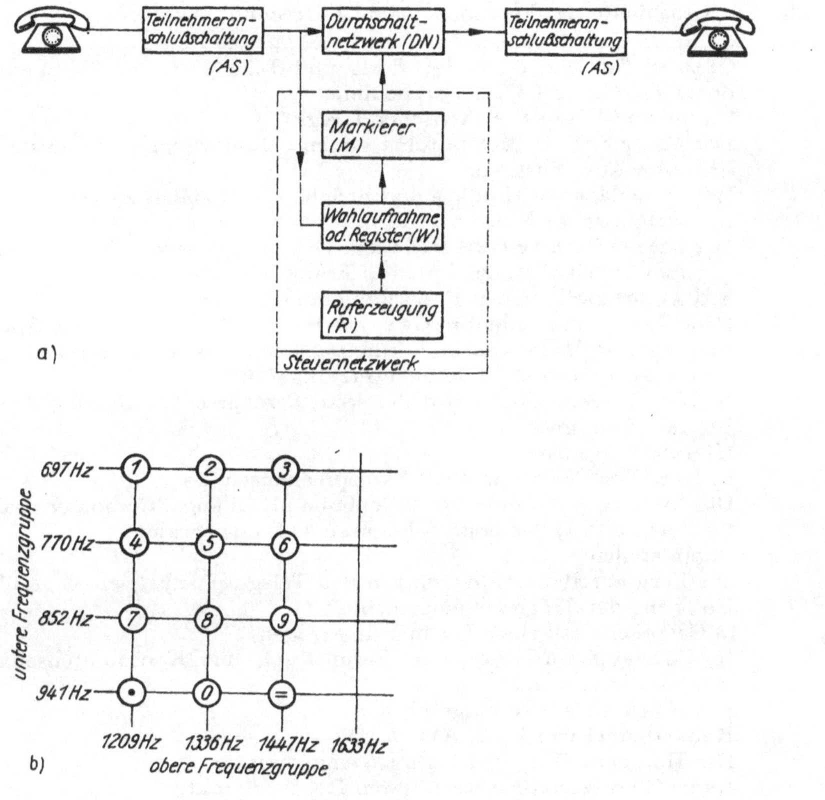

Abb. 5.7 Ablauf von Ferngesprächen aus der Sicht der Technik
a) Struktur eines zentralgesteuerten Amts,
b) Zweifrequenzgruppen bei der Tastwahl,
c) Zeiten des Ablaufs und Betrieb der einzelnen Baugruppen.

Tabelle 5.2 Zur Geschichte der Fernsprech- und Fernschreibtechnik

1794	Claude Chappe verbindet Paris und Lille über 20 Zwischenstationen durch eine optische Telegraphenlinie
1833	Gauss und Weber: elektrischer Telegraph
1837	Der Maler S. F. B. Morse führt seinen Schreibtelegraphen an der Universität von New York vor
1840	Morse schlägt vor, Punkte und Striche als Alphabet zu verwenden
1858/1868	transatlantisches Kabel von Field
1861	Der Lehrer Philipp Reis stellt sein Telefon und seinen Strichnadelempfänger dem physikalischen Verein in Frankfurt a. M. vor
1874	E. Baudot stellt seinen Fernschreibapparat vor
1876	Dem Taubstummenlehrer Graham Bell gelingt die erste Sprachübertragung mit Hilfe von Induktionsströmen. Zwischen Boston und Cambridge wird das erste Telefongespräch geführt
1878	In New Haven (USA) wird die erste Fernsprechvermittlung der Welt in Betrieb genommen.
1886	Hertzsche Wellen
1879	In New York bestehen 4000 Fernsprechanschlüsse
1892	Die Strowger Automatic Telephone Exchange Company eröffnet in La Porta (USA) das erste Selbstanschlußversuchsamt
1900	Pupin-spulen
1914	Die Fernschreibmaschine wird in den Telegraphenbetrieb eingeführt
1918	Ursprung der Trägerfrequenztechnik (3 Gespräche auf einer Leitung übertragen)
1923	In Göteborg wird die erste Vermittlung mit Koordinatenschaltern in Betrieb genommen.
1927	Das Flachrelais wird eingeführt
1929	Koaxialkabel von H. A. Attel
1932	Der Hell-Schreiber wird erstmals eingesetzt
1950	erster Einsatz von gasgeschützten Reed-Kontakten
1956	Fernsprechkabel von Nordamerika nach Europa
1960	erster Nachrichtensatellit
1960	Versuchslaser von Th. H. Maimann
1962	in Berlin wird die erste Fernsprecheinrichtung des sozialistischen Lagers mit elektronischer Steuerung ATZ an das öffentliche Netz angeschlossen
1965	in den USA geht das erste PCM-System ESS 1 in Versuchsbetrieb
1966	in den USA erstes zentralgesteuertes Amt
1967	Nachrichtensatellit mit etwa 100 Sprechkreisen
1972	Schweden benutzt ein erstes 60 MHz-Koaxkabel für eine 90-km-Strecke
1975	Intelsat 4 A mit 12000 Fernsprech- bzw. 20 Fernsehkanälen
1976	Versuchsbetrieb eines Lichtleitersystems mit 123 Mbit/s über 14 km in Japan

Steuerwerk erst umgerechnet werden. Deshalb ist bereits hier im Prinzip ein Übergang zu einer für den Menschen bequemen Wähltechnik, der *Tastenwahl*, möglich. Hierbei werden beim Betätigen jeder Taste zwei Frequenzen auf die Leitung gegeben. Sie sind so gewählt, daß sie unter normalen Sprechbedingungen nicht auftreten können (Abb. 5.7b). Die Tastenwahl beschleunigt aber auch zum Vorteil der Ausnutzung der Technik den Wahlvorgang. Sind beim üblichen Wählen etwa 1,2 Ziffern je Sekunde möglich, so gestattet die Tastenwahl etwa 6 ... 10.

In Abb. 5.7c sind nun der zeitliche *Ablauf eines Gespräches* aus der Sicht der Technik die zeitlichen Mittelwerte für die einzelnen Phasen und der Betrieb der einzelnen Einheiten zusammengestellt. Hieraus geht hervor, daß für einen Gesprächsaufbau im

Mittel 15 Sekunden für den Wahlaufbau und 20 Sekunden für das Rufen des Teilnehmers benötigt werden. Der Markierer ist dabei sogar nur etwa 1 Sekunde in Betrieb. Auf ein mittleres Gespräch von 200 Sekunden bezogen sind das nur recht kurze Zeiten. Deshalb lohnt sich der Aufwand einer *Zentralsteuerung* in Vermittlungen. Für die Teilnehmer lassen sich dann aber *auch zusätzliche Dienste* gestalten. Hiervon sollen einige Beispiele abschließend genannt werden.

Jeder Teilnehmer kann für ihn wichtige Teilnehmer durch *Kurzwahlnummern* individuell festlegen, die im Steuernetzwerk gespeichert und bei Verwendung umkodiert werden. Es besteht eine relativ leichte Möglichkeit zum *Fangen von böswilligen Anrufen.* Der Teilnehmer hat die Möglichkeit, auf „*Störung unerwünscht*" umzuschalten. Der Anrufer erhält dann eine automatische Mitteilung, daß der Angerufene möglichst nicht gestört werden möchte. Je nach Dringlichkeit kann er dann selbst entscheiden, ob er den Ruf aufrecht erhält oder später neu wählt. Schließlich lassen sich auch mittels Telefon *Steuerungen auslösen,* z. B. Heizung im Wochenendhaus einschalten. Es gibt bereits *Untersuchungen* bei 5600 *Teilnehmern in Schweden,* wie oft sie solche Sonderdienste in Anspruch nehmen. Für *ein Jahr* gilt insgesamt
20000 mal Kurzwahl,
2000 mal Wecken per Telefon,
800 mal Störung unerwünscht.
Tab. 5.2 gibt schließlich noch einige Daten aus der Geschichte der Fernsprech- und Fernschreibtechnik.

5.3. Speichertechnik

5.3.1. Zur Bedeutung und Abgrenzung

Speichern läßt sich, wie in Kapitel 1 gezeigt, sehr weit fassen, nämlich dann, wenn es das *Speichern von Stoffen, Energien und Informationen* betrifft. Bei einer Diskussion um das Gebiet Kybernetik sagt Zemanek [Z2] hierzu:

> „Wenn man sich darüber hinaus überlegt, daß man die Geschichte der Menschheit als Geschichte der Entwicklung von materiellen und informationellen Speichern umschreiben könnte, dann muß man sich tatsächlich die Frage stellen, wer eigentlich bei disjunkter Auffassung der Definition kein Kybernetiker wäre".

Doch dies läßt sich noch weiter fassen. *Alles Leben wäre ohne Speicher nicht möglich.* Diese Behauptung läßt sich sogar dann aufrecht erhalten, wenn, wie im weiteren, nur das Speichern von Informationen betrachtet wird. Zumindest die etwas höheren Formen des Lebens besitzen zwei völlig verschiedenartige *Speicherprinzipien*: den genetischen und den neuronalen Speicher. Der *genetische Speicher,* der in den Chromosomen des Zellkerns verankert ist, dient dabei dem *Artgedächtnis.* Mit ihm wird das Lebewesen strukturell determiniert. Der *neuronale Speicher* befindet sich im Gehirn und trägt das *individuelle Gedächtnis.* Mit ihm steuern die Lebewesen im wesentlichen ihr *Verhalten* und können dabei *lernen.* Beide Prinzipien werden noch genauer im Ergänzungsband behandelt. Doch damit ist die Entwicklung der Speicher keineswegs beendet. Ein neues Speicherprinzip tritt offensichtlich auf kollektiver Basis auf. Es ist am deutlichsten in der menschlichen Gesellschaft zu beobachten und eigenartigerweise bisher kaum untersucht worden. Denn was ist schon darüber bekannt, wie es zu verschiedenen Zentren besonders hoher handwerklicher Kunstfertigkeit kam und immer wieder kommt, oder wie sich wissenschaftliche oder künstlerische Schulen ausbildeten bzw. ausbilden? Wahrscheinlich liegen dem ähnliche Vorgänge zugrunde, wie sie auch in der modernen, ja sogar z. T. automatisierten Industrie beobachtet werden. Erst wenn das *Arbeitskollektiv* gut zusammenarbeitet und die hinreichende Arbeitserfahrung besitzt, läuft die Produktion zuverlässig. Das notwendige *Wissen und Können* ist in allen diesen Fällen offensichtlich *nicht in einem Individuum* vorhanden, sondern *über das Kollektiv verteilt*, und erst das Ganze (was mehr als die Summe ist) führt zum Ergebnis. Solch kollektives Wissen scheint nie vollständig materiell fixiert zu werden, und vielleicht ist das auch nicht einmal möglich. In den letzten Jahren ist nun ein englischer Begriff aufgetaucht „das gewußt wie" (*know-how*). In ihm scheint mir so etwas wie das zuvor genannte kollektiv Gespeicherte zu stecken. Die letzte Entwicklungsstufe (wahrscheinlich aber nicht die höchste Form) der Informationsspeicherung ist die *technische Speicherung*. Hierbei wird Wissen des Menschen an materielle Speicher außerhalb des Menschen gebunden. Solche Speicher begannen mit der *Schrift* und entwickelten sich, um nur einige Etappen zu nennen, über *Buchdruck, Fotografie, Kinofilm, Schallplatte, Magnetband* bis zu den vielfältigen Speichern der *Rechentechnik*. Auf die hier verbal gezeigten vier Etappen wird noch unter anderen Gesichtspunkten im Ergänzungsband eingegangen werden. Bevor im weiteren die technischen Speicher beschrieben werden, seien noch einmal die vier Etappen zusammengestellt:

- genetische Speicherung,
- neuronale Speicherung,
- kollektive Speicherung,
- technische Speicherung.

Es sei aber noch erwähnt, daß offensichtlich die *Speicherung* von jeher ein tiefes Bedürfnis des Menschen war, das vielleicht gleichberechtigt mit dem Wunsch nach dem Fliegen verglichen werden kann. Wie wäre es sonst zu erklären, daß derartige Wünsche immer wieder in den *Märchen und Sagen* der Völker sowie in den *Zukunftsromanen* vorkommen. Es sei hier nur an das Kraut des Vergessens oder Erinnerns, an den hundertjährigen Schlaf von Dornröschen, an das eingefrorene Posthorn bei MÜNCHHAUSEN oder an die Zeitmaschine von H. G. WELLS erinnert. Ja, vielleicht ist es sogar zulässig, den zentralen Ausspruch in GOETHES Faust in diesem Sinne zu interpretieren:

„Werd ich zum Augenblick sagen:
Verweile doch, du bist so schön.
Dann magst du mich in Fesseln schlagen.
Dann will ich gern zugrunde gehn.
Dann mag die Totenglocke schallen.
Dann bist du deines Dienstes frei.
Die Uhr mag stehen, der Zeiger fallen.
Es sei die Zeit für mich vorbei".

Bei all diesen Fakten ist es erstaunlich, wie wenig allgemeine Beachtung der Speicherung bisher geschenkt wurde. Es gibt so weder eine *allgemeine Theorie der Speicherung*, noch ist definiert, was, genau genommen, eigentlich Informationsspeicherung ist. Dennoch ist seit mehr als einem Jahrzehnt bekannt, daß die *technischen und ökonomischen Grenzen der Speicher* ganz wesentlich mit den entsprechenden *Grenzen der*

Rechentechnik zusammenhängen. Vielleicht liegt die Ursache darin, daß die Menschheit ständig entsprechend ihren Bedürfnissen und Möglichkeiten neue Speicher schuf und ihre Anwendung dabei sozusagen eine Selbstverständlichkeit war. Dabei wurden insgesamt soviele Varianten eingesetzt und erprobt, daß das Kernproblem nicht mehr sichtbar war. Es wurde nicht der Wald vor lauter Bäumen gesehen, nein, er war und ist nicht sichtbar. Hier soll nun ein gewisser Versuch gemacht werden.

5.3.2. Grundprinzip und Arten

Information ist immer — wie überhaupt alles Geschehen — ein *Ablauf in der Zeit.* Die Zeit ist gerichtet und nicht umkehrbar (vgl. Abschnitt 7.2.2.). Was also geschieht, ist unmittelbar danach unwiederbringlich verloren. Gewiß laufen viele Prozesse zyklisch ab, d. h., sie wiederholen sich sehr ähnlich, aber nie exakt genau so. Hier setzt die *Speicherung* ein, sie *friert momentanes Geschehen ein* und konserviert es für spätere Verwendung. Ein Ausschnitt Δt aus einem Zeitablauf wird also fixiert und zu einem späteren Zeitpunkt, also um die Speicherzeit verzögert, in das Geschehen eingeblendet. So etwa läßt sich das *Grundprinzip* der Speicherung umschreiben. So stellt es sich auch ganz konsequent dar, wenn akustische Signale auf dem Magnetband festgehalten werden. Hier kann der Ablauf gemäß Abb. 5.8 beschrieben werden. Es lassen sich also die beiden reziproken *Vorgänge*:
Aufzeichnung und Wiedergabe
mit der Transformation

$$F(x) \leftrightarrow F(t) \tag{1}$$

und der zeitlich möglichst unveränderliche

Speicherzustand $F(x)$ bzw. $F^*(x)$

unterscheiden. Bei den Transformationen gemäß Gl. (1) ist die Geschwindigkeit v bedeutsam. Sie bereitet nun aber für generelle Speicherbetrachtungen, ähnlich wie die zunächst selbstverständlich erscheinende Gl. (1), gewisse *Probleme.* Es braucht nur das Beispiel der Speicherung mittels *Fotografie* gewählt zu werden. Hier wird eben gerade der gewählte Zeitausschnitt Δt so klein, daß er vernachlässigt werden kann oder sogar (damit z. B. keine Bewegungsunschärfe auftritt) vernachlässigt werden muß. Es wird also gewissermaßen ein gerade im Zeitlauf *gegebener Zeitpunkt* als Zustand *gespeichert.* Damit sind für die Speicherung schon zwei unterschiedliche Fälle gegeben:

- Speicherung von Zeitabläufen,
- Speicherung von Momentausschnitten aus Zeitabläufen.

Natürlich sind dies nur zwei Grenzfälle. Eine deutliche *Zwischenstellung* nimmt der *Kinofilm* ein. Hier werden in definierten zeitlichen Abständen Momentausschnitte des Geschehens festgehalten und später in dieser Reihenfolge wieder reproduziert. Subjektiv entsteht aus physiologischen Gründen für den Menschen dann wieder der zeitliche Ablauf des Originalgeschehens.

Nun muß für den zweiten Grenzfall nicht gleich das flächige oder räumliche Bild mit seiner hohen Parallelität von Information gewählt werden. Praktisch genauso verhält es sich, wenn *Meßdaten* gewonnen werden. Auch für *Daten* (Zahlen), die in die *Rechenmaschine* eingegeben und dort verarbeitet werden, gilt es. Es werden jeweils Momentanwerte, die mehr oder weniger lange im Zeitablauf des Geschehens existieren, gespeichert. Das gespeicherte *Programm* der Rechenmaschine gehört dagegen wieder mehr zum ersten Typ gemäß Abb. 5.8. Allerdings sind die vielen Schleifen und Sprünge eine Besonderheit (vgl. Abschnitt 5.4.).

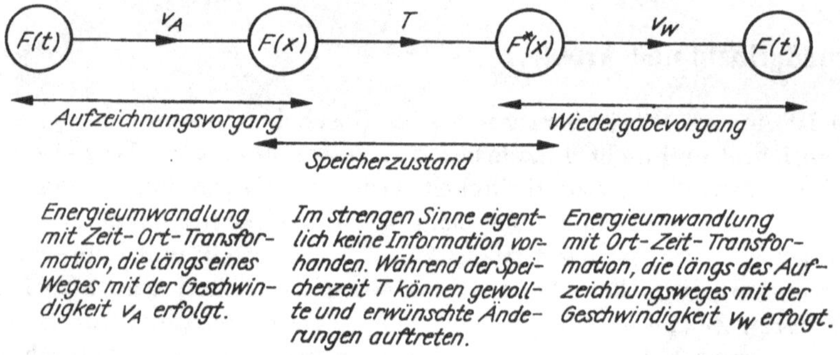

Abb. 5.8 Ein wichtiges Grundprinzip der Speicherung ist die Einteilung in die zwei Vorgänge: Aufzeichnung und Wiedergabe sowie in den Speicherzustand. Bei einer solchen Betrachtung ist auch die Geschwindigkeit v für die Ort-Zeit-Transformation bedeutsam. Die Änderungen zwischen $F(x)$ und $F^*(x)$ sollen möglichst gering sein.

Neben der eben gegebenen Präzisierung der Aufzeichnungs- und Wiedergabevorgänge gemäß Abb. 5.8 sind auch zum *Speicherzustand* Ergänzungen zu geben. Dazu braucht nur das Beispiel des Laufzeitspeichers, z. B. Laufzeitkabel oder -kette bzw. magnetostriktiver Draht- oder Quarzblockspeicher, als anderes Extrem herangezogen werden. Er kann auf zweierlei Art als Speicher verwendet werden. Mit dem Speicherzustand existieren also *drei Fälle*:

- statischer Speicherzustand,
- Verzögerungsspeicher,
- Umlaufspeicher.

Beim *Verzögerungsspeicher* gelangt einfach ein an seinen Eingang gegebenes Signal um die Laufzeit Δt verzögert zum Ausgang. Es steht damit noch zu einem Zeitpunkt zur Verfügung, bei dem es im Original nicht mehr existiert. Dies wird z. B. bei Oszillographen und Störungsschreibern ausgenutzt. Hier löst der Originalimpuls den Oszillographen aus, und wenn der Oszillograph soweit ist, daß er das Bild dieses Impulses schreiben möchte, ist es bereits verschwunden. Wird nun das Signal über die Laufzeitkette geführt, so können sogar Vorgänge sichtbar gemacht werden, die zeitlich vor dem Auslösen des Oszillographen lagen. Sie waren solange in der Verzögerungsleitung gespeichert.

Beim *Umlaufspeicher* wird lediglich das Ausgangssignal der Laufzeitkette verstärkt und regeneriert und dann wieder dem Eingang zugeführt. So läuft eine einmal eingegebene Information ständig im Laufzeitkettenspeicher um. Es existiert also kein statischer Zustand $F(x)$ für die Information, sondern ein dynamischer $F(x, t)$.

Tabelle 5.3 Mögliche Einteilung von Speichern in acht Klassen. Besonders herausgestellt wurden Probleme der Bewegung, welche sich aus dem Modell von Abb. 5.8 durch die Geschwindigkeit ergeben, sowie der dort genannte Speicherweg

Speicherprinzip	Speicherweg	Bewegung (Zeiten)	Beispiele
Motorische Speicher (sequentieller Speicher)	Weg ist durch die Relativbewegung zwischen Wandlern (z. B. Magnetköpfen) und dem Speichermedium eindeutig gegeben	Bewegung von Wandlern und/oder Informationsträgern mechanische Transportgeschwindigkeit	Magnetbandspeicher Schallplattentechnik Lochband Kinofilm
Laufzeitspeicher	Weg ist durch das Medium entsprechend Ausbreitung der Welle eindeutig bestimmt	Wellengeschwindigkeit	Magnetostriktiver bzw. Quarzspeicher
Strahlen-(optischer) Speicher	entsprechend der meist zweidimensionalen Ablenkung ist Weg nicht mehr eindeutig, aber prinzipiell gegeben	Ablenkung von Strahlen Winkelgeschwindigkeit	Speicherröhren Bildaufnahmeröhren des Fernsehens magneto-optische Speicher
Matrixspeicher (Random-access-memory = RAM)	nur noch symbolischer Weg, da von einem Speicherplatz zum nächsten gesprungen wird	Umschalt- und Kodierungsgeschwindigkeit der Zuordner (Adressenregister) evtl. auch zusätzlich Leitungsgeschwindigkeit	Ferritkernspeicher integrierte Halbleiterspeicher
assoziative Speicher	stark parallel organisiert. Weg kaum mehr vorhanden. Gesuchte Speicherplätze werden von allen „Seiten" erreicht	Schalt- und Entwicklungszeiten der Prüfeinrichtungen	nur wenig realisierte Beispiele (vielleicht Gehirn)
holographischer Speicher	da nicht einmal Einzelpunktzuordnung existiert, fehlt Weg völlig (synthetisches Hologramm wird allerdings punktweise auf einem Weg erzeugt)	Interferenz von Wellen Belichtungszeit	Hologramm
sequentiell abbildende Speicher	Bewegung von Material (Papier) und/oder Werkzeug (z. B. Druck- bzw. Schreibmaschinentypen)	nicht Weg im Speichermedium, sondern Weg zum Speichermedium und Kontakt mit ihm existiert	Schreibmaschine Paralleldrucker Rotationspresse Plotter der EDV
vollabbildende Speicher	voll parallel, kein Speicherweg	evtl. Bewegung des Verschlusses (Fotografie) Belichtungs-, Verschluß- und Entwicklungszeit	Fotografie Reprografie

Auch hier gibt es wieder Übergänge. In [V8] wurde z. B. ein Speicher vorgeschlagen, bei dem das Signal ein *Laufzeitkabel* durchläuft und dann zu einem bestimmten Zeitpunkt örtlich auf magnetischer Basis fixiert wird. Untersuchungen von HAGER [H2] zeigten die prinzipielle Realisierbarkeit eines solchen Speichers, der vor allem für höchste Signalfrequenzen bedeutsam wäre.

Bei Betrachtung der Abb. 5.8 und mit dem Gedanken an die Schallplatte bzw. das Magnetband wird ein weiterer wichtiger Begriff, der *Speicherweg*, verständlich. Auf ihm ist das ursprünglich in der Zeit ablaufende Signal in definierter Weise gemäß der Anfangszeit t_0 und dem Anfangsort x_0 eingeprägt:

$$t - t_0 = \frac{1}{v}(x - x_0) . \tag{2}$$

Hier sind nun offensichtlich die vielfältigsten Variationen möglich. Deshalb wurde die Tab. 5.3 zusammengestellt. Sie teilt die Speicher in 8 Typen ein und versucht außerdem, in der Spalte *Bewegung* noch einmal die Konsequenzen und Varianten der *Geschwindigkeit* zu betrachten.

5.3.3. Allgemeiner und minimaler Speicher

Werden alle bisher betrachteten und aus Tab. 5.3 hervorgehenden Besonderheiten zusammengefaßt, so läßt sich bereits ein *allgemeiner Speicher* beschreiben (vgl. Abb. 5.9a):

Auf ihn gelangen *Eingangssignale*, die als mehrdimensionaler Vektor $\boldsymbol{x}_E$ dargestellt seien. Aus ihm heraus ist der *Ausgangsvektor* $\boldsymbol{x}_A$ zu erhalten. In seinem Innern gibt es technisch *unterschiedliche Lösungen*, wie ein solcher Vektor oder eine Folge von ihnen zeitunabhängig aufbewahrt werden kann. Hierzu kann es notwendig sein, wie z. B. beim *Laufzeitspeicher*, ständig oder periodisch eine Regeneration der Speicherzustände im allgemeinsten Sinn vorzunehmen. Bei dem dynamischen Speicher der Halbleitertechnik wird in diesem Sinne von *refresh* gesprochen. Werden z. B. Magnetband- und Halbleiterspeicher verglichen, so ergibt sich ein weiterer Unterschied. Der Halbleiterspeicher benötigt (von Ausnahmen sei abgesehen) *zur Erhaltung seines Speicherzu-*

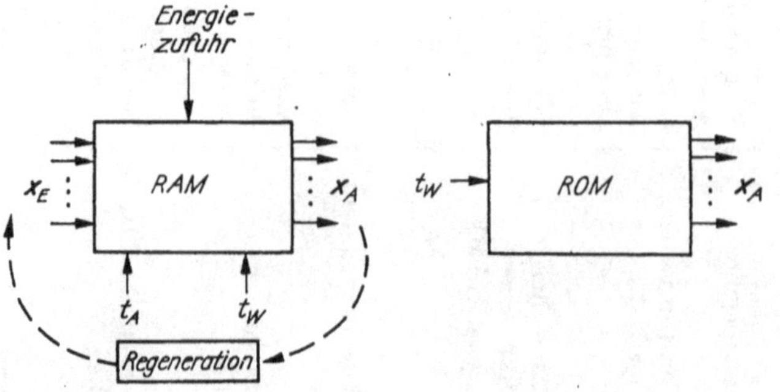

Abb. 5.9 RAM als Beispiel für den allgemeinen und ROM als Beispiel für den minimalen Speicher.

standes ständig Energie, der Magnetbandspeicher dagegen nicht. Es ist ein Unterschied wie beim Klingelknopf, der ständig gedrückt werden muß, und Lichtschalter, der nur kurzzeitig betätigt zu werden braucht. Der Refreshspeicher liegt also dazwischen. Daneben gibt es noch Halbleiterspeicher wie vor allem bei der *I²L-Technik*, bei denen die Speicherzustände und die Möglichkeiten ihrer Beeinflussung mittels der Menge der Energie verändert werden können. Wird viel Energie zugeführt, so sind sie imstande, schnell neue Zustände aufzunehmen bzw. wiederzugeben. Bei weniger Energiezufuhr geht dies langsamer vor sich. Das Produkt aus Schaltzeit und Energie je Schaltvorgang ist bei ihnen etwa konstant. Je nach Art und Ausführung werden bei I²L Werte zwischen etwa 10^{-15} und 10^{-12} Ws erreicht. Hierauf wird noch eingegangen. Es gibt daher bei ihnen auch eine besonders kleine Leistung, bei welcher noch gerade die Speicherzustände bestehen bleiben. Insgesamt existieren so die vier Gruppen, wie sie Tab. 5.4 zeigt.

Tabelle 5.4 Eigenschaften verschiedener Speicher bezüglich des Speicherzustands

Art	Beschreibung	Beispiel
eigentlicher (non-volativer) Speicher	ein einmal erzeugter Speicherzustand ist über sehr lange Zeit von sich aus stabil	Schallplatte Magnetband Kernspeicher
Refresh- oder Regenerations-speicher	ein einmal erzeugter Speicherzustand ist nur vorübergehend beständig. Es treten Verluste auf, die ständig oder periodisch rückgängig zu machen sind	Laufzeitspeicher dynamischer Halbleiterspeicher
energiearmer Speicher	für die Nichtbenutzung des Speichers wird sein Leistungsbedarf soweit gesenkt, daß gerade noch ohne äußere Einflüsse die Zustände beständig bleiben	Halbleiterspeicher, z. B. continuous memory bei Hewlet-Packert-Taschenrechnern
energieabhängiger Speicher	die Speicherzustände sind nur solange stabil, wie von außen eine Energie zugeführt wird	Flip-Flop-Speicher, also die meisten Halbleiter-RAM

Bezüglich der Speicherzustände besitzt also offensichtlich die Energie eine besondere Bedeutung. Dies wird später noch genauer behandelt (Abschnitt 5.3.6.). Es kann daher auch eine Klassifizierung der Speicher danach erfolgen, welche *Energieart* für den Speicherzustand wesentlich ist. Hier können vor allem die Fälle von Tabelle 5.5 unterschieden werden. Es ist auffallend, daß die thermische, elektromagnetische und kernphysikalische Energie (noch) keine Anwendung gefunden haben. Es sei aber auch betont, daß alle Versuche, die Einteilung nach den Energiearten bei der Aufzeichnung und Wiedergabe vorzunehmen, mehr oder weniger unbefriedigend blieben ([V28], Bd. 1). Dies liegt offensichtlich daran, daß vielfach eine komplizierte Energiekette, gepaart mit gleichzeitigem Einwirken mehrerer Energiearten, vor allem bei der Aufzeichnung zusammenwirken. Es sei als Beispiel nur die Curiepunkt-Aufzeichnung der Magnetooptik genannt.

Insgesamt besitzt somit ein allgemeiner Speicher, wie er in Abb. 5.9a gezeigt ist, folgende mögliche *Hauptteile*:

- Anordnungen für veränderbare Speicherzustände,
- Eingänge für die zu speichernden Signale,

Tabelle 5.5 Energiearten, welche für die Speicherzustände von Speichern wesentlich sind

Energieart	Beispiele
mechanisch	Buchdruck Schallplatte Lochband
magnetisch	Magnetband Ferritkerne Bubble-Domänen
elektrisch	Kondensatoren der dynamischen Halbleiterspeicher Speicherplatten der Fernseh-Bildaufnahmeröhren
chemisch	Fotografie

- Ausgänge für die wiederzugebenden Signale,
- Steuerungen zur Auslösung des Aufzeichnungsvorganges,
- Steuerungen zur Auslösung des Wiedergabevorganges,
- Prinzipien zur Regenerierung bzw. zum Refresh,
- Energiezufuhr zur Erhaltung der Speicherzustände, eventuell mit Absenkung der Leistung in Ruhepausen.

Die Aufzählung zeigt im Vergleich zu vielen vorhandenen Speichern, daß oft nur Teile hiervon notwendig sind. Deshalb entsteht die Frage, *was gehört mindestens zu einem Speicher*; was gehört zu einem Minimalspeicher? In Abb. 5.9 ist zu diesem Zweck dem RAM (Random access memory = Schreib-Lese-Speicher), z. B. Matrixspeicher mit freiem Zugriff zu allen Speicherzellen, s. Abschnitt 5.3.4.) der ROM (Read only memory = *Nurwiedergabespeicher*) gegenübergestellt. Hier existieren nur noch folgende Fakten:

- Ein innerer, fest gegebener, d. h. nicht mehr veränderbarer Speicherzustand,
- eine Steuerung zum Wiedergabevorgang,
- Ausgänge für das wiederzugebende Signal.

Insbesondere fehlt völlig der Aufzeichnungsvorgang, welcher doch für einen Speicher gemäß Abb. 5.8 so wesentlich erscheint. Die beiden Begriffe RAM und ROM stammen aus der Halbleitertechnik. Unabhängig existieren diese beiden Extreme aber generell. Sie lassen sich auch über die *Reversibilität des Speichermediums,* in welchem die Speicherzustände fixiert werden, verstehen. Weißes Papier, das bedruckt wurde, ist irreversibel mit Information belegt. Zeitschriften und Bücher bilden in diesem Sinne einen Nurwiedergabespeicher, Festwertspeicher (ROM). Wird das Papier dagegeben nur mit Bleistift beschrieben, so ist es im gewissen Umfange reversibel mit Information belegt, denn Bleistiftschrift läßt sich ausradieren. In Perfektion ist diese *Reversibilität* bei magnetischen Medien z. B. in dem *Magnetband* vorhanden. Hier kann beliebig oft neue Information aufgezeichnet werden. Zwischen reversiblen und irreversiblen Speichermedien gibt es also sowohl die beiden Extreme als auch *Übergänge*. Dies zeigt sich wiederum in der Halbleitertechnik. Dort gibt es neben den ROM u. a. PROM (vom Anwender einmal programmierbare ROM) und EAROM

Tabelle 5.6 Zur Reversibilität von Speichermedien

Prinzip	Vorteile	Nachteile	Anwendungsbeispiel	Speicherbeispiele
voll reversibel	leichtes Verändern des Speicherinhaltes	Daten können durch Störungen verändert oder bewußt gefälscht werden	Register und Arbeitsspeicher der Rechner	Halbleiter RAM magnetische Speicher
bedingt reversibel	schnelle und häufige Wiedergabe, meist ökonomischer	langsame und seltene Aufzeichnung	Speicher — die oft wiedergegeben, aber selten verändert werden müssen	PROM EAROM Bleistiftaufzeichnungen
Nurwiedergabespeicher	Information unzerstörbar, besonders einfach, schnell und ökonomisch	Aufzeichnung nur einmal, meist sogar nur bei der Produktion möglich	feste Daten und Programme Urkunden und Dokumente	ROM Schallplatte Fotografie Buchdruck

(Electrical Alterable, also elektrisch löschbare ROM). Im allgemeinen sind die ROM einfacher und damit auch billiger als Speicher mit reversiblem Medium. Andererseits haben beide Prinzipien ihre Vor- und Nachteile. Dies ist einschließlich der vielfach vorhandenen Zwischenstufen in Tab. 5.6 zusammengestellt.

Auch der *Wiedergabevorgang* läßt sich *klassifizieren*. Hierzu seien die beiden Fälle Magnetband- und Magnetkernspeicher verglichen. Ein Magnetband kann ohne (wesentliche) Beeinflussung seiner gespeicherten Information beliebig oft abgespielt werden. Beim *Magnetkernspeicher* beruht die Wiedergabe aber gerade darauf, daß alle Kerne in einen definierten Zustand versetzt, also die Information gelöscht wird. Das Geschehen beim Löschen, nämlich die dadurch bewirkte oder nichtbewirkte Ummagnetisierung, gibt an, welche Information der einzelne Kern vorher trug. Zu einem vollen Wiedergabezyklus gehört daher auch das erneute Wiederaufzeichnen der Information. Doch diese beiden Extreme lassen sich noch durch einen dritten Fall ergänzen, nämlich den der statischen Halbleiterspeicher, bei denen die gespeicherte Information ständig am Ausgang zur Verfügung steht. Diese drei Fälle faßt Tab. 5.7 zusammen. Auf Konsequenzen des minimalen Speichers wird noch im Abschn. 5.4 eingegangen.

Tabelle 5.7 Vergleich der drei Wiedergabeprinzipien

Wiedergabeprinzip	statisch	dynamisch I	dynamisch II
Wiedergabe ist abhängig vom	Speicherzustand	Übergang zwischen zwei Zuständen	
Wiedergabesignal	ist ständig vorhanden	entsteht durch „Bewegung" zu der Speicherzelle hin bzw. von ihr weg	entsteht durch definierte Änderung des Speicherzustandes
Energie für Wiedergabesignal stammt aus	Belastung der Speicherzustände	Hilfsenergie, z. B. Bewegung des Magnetbandes	aus dem Speicherzustand selbst
Wiedergabe erfolgt in Bezug auf den Speicherzustand	zerstörungsfrei	zerstörungsfrei	zerstörend
Beispiele	Flip-Flop Lichtschranke Flußempfindlicher Magnetkopf	induktiver Magnetkopf	Ferritkernspeicher

5.3.4. Zugriffsprinzipien

Der Einfachheit halber seien für die folgenden Betrachtungen Speicher mit statischem Speicherzustand angenommen. Sie sollen weiter einzelne Speicherzellen enthalten, in denen sich die Information befindet. Diese *Speicherzellen* können dann wie bei der Schallplatte oder beim Magnetband *längs eines Weges* im Sinne von $F(x)$ angeordnet sein. Dies war der allgemeine Ansatz für Abb. 5.8. Sie können aber auch wie bei einer Fotografie oder einem Matrixspeicher *flächenhaft*, also gemäß $F(x, y)$ angeordnet sein. Weiter besteht die Möglichkeit, sie wie beim Kernmatrixspeicher noch zusätzlich *in mehreren Ebenen* zu schichten oder wie bei Speicherung in Kristallen *direkt räumlich*, also im Sinne von $F(x, y, z)$ unterzubringen. Schließlich sei noch eine einzelne Speicherzelle, z. B. ein Flag bei Rechnern, betrachtet. Hier ist die örtliche Lage unwesentlich. Deshalb gilt $F(0)$. Neben dieser Anordnung der Speicherzellen hat nun auch noch Bedeutung, wie die *Information strukturiert* ist bzw. für die Aufzeichnung und Wiedergabe strukturiert wird. Dies sei mit *Zugriffsart* bezeichnet, und es können wiederum vier Prinzipien unterschieden werden: Der *Punktzugriff* $Z(0)$ für Einzelbit, der *Wort-* bzw. *Signalzugriff* $Z(x)$ für Bitfolgen, der *Bildzugriff* für ein Prinzip flächiger Information $Z(x, y)$ und schließlich der *Körperzugriff* $Z(x, y, z)$, wenn räumlich Informationen gespeichert werden. Aus den Zugriffsarten und Speicherzellenanordnungen läßt sich eine Matrix aufbauen. Sie zeigt Tab. 5.8. Aus ihr lassen sich weitere Details erkennen.

Tabelle 5.8 Kombinationen zwischen den Speicherzellenanordnungen und den Zugriffsarten mit Beispielen

Zugriffsart	Anordnung der Speicherzellen			
	$F(0)$	$F(x)$	$F(xy)$	$F(x, y, z)$
Punktzugriff $Z(0)$	einzelne Speicherzelle für ein digitales, diskretes oder kontinuierliches Signal (z. B. Flag)	Schiebe-register	Einzelbit-Matrixspeicher	
Wort- oder Signalzugriff $Z(x)$	Glasblock als Verzögerungsspeicher	Magnetband (Genetik)	Schallplatte wortorganisierte Halbleiterspeicher	wortorganisierte Kernspeicher (Sprachgedächtnis des Menschen)
Bildzugriff $Z(x, y)$	Einzelbildfotografie	Kinefilm	Mikrofiche Video-Magnetband	Mikrofich-archiv (Bildgedächtnis des Menschen)
Körperzugriff $Z(x, y, z)$	einzelnes räumliches Modell Hologramm		(Stereofilm)	(Museum) (Neuronales Gedächtnis)

Mit den soeben behandelten Zugriffsrelationen steht auch ein weiterer Fakt im Zusammenhang, nämlich die relative Anzahl von Wandlern bezüglich der Speicherzellen. Als Wandler sei hier allgemein eine Einrichtung, ein Baustein oder ähnliches verstanden, was dazu dient, die Signalenergie bei der Aufzeichnung auf die Speicherzelle zu übertragen und bei der Wiedergabe aus ihr abzuleiten und wieder zum Signal zurückzuwandeln. Hier gibt es wiederum zwei Extreme. Das eine stellt z. B. die einspurige Magnetband- und die Schallplattentechnik dar. Hier existiert *nur ein Wandler*, der Magnetkopf (eigentlich der Satz für Löschen, Aufzeichnen und Wiedergeben) bzw. der Tonabnehmer *für alle Speicherzellen*. Das andere stellen gewisse Halbleiter- bzw. Magnetkernspeicher dar, bei denen *jeder Speicherzelle genau ein Wandler* zugeordnet ist. Zwischen beiden Extremen gibt es Übergänge und zwar von der Magnetbandseite die Mehr- und Vielspuraufzeichnungen und von anderen Extremen aus z. B. die wortorganisierten Speicher. Beide Extreme haben gewisse Vor- und Nachteile. Sie sind teilweise in Tab. 5.9 zusammengestellt und betreffen vor allem die *Zugriffszeit* und die *Speicherdichte*. Allein daraus wird verständlich, wie bedeutsam die Übergänge zwischen den Extremen sind.

Tabelle 5.9 Vergleich von Wandlern und Speicherzellen

	Vorteile	Nachteile	Beispiele
Einwandler-prinzip	hohe Speicherdichte, da nur Speicher-zustand je bit	lange Zugriffszeit, da Wandler irgendwie in Kontakt mit Speicherzelle gebracht werden	Schallplatte Einspur-Magnetband-aufzeichnung
je Speicherzelle ein Wandler	schneller Zugriff, da Wandler und Speicherzelle eine Einheit bilden	geringe Speicher-dichte, da je bit Wandler und Speicher-zelle unterzubringen sind	Schieberegister einige Halbleiter-speicher

Es sei erwähnt, daß zum Zugriff auch der schon im Zusammenhang mit Tab. 5.3 behandelte Speicherweg gehört. Neben den dort genannten Prinzipien, wie vor allem sequentiell, random-access, assoziativ, holographisch und abbildend, muß aber noch zusätzlich die *hierarchische Organisation* genannt werden. Bei ihr sind meist mehrere Speicher unterschiedlicher Kapazität und Zugriffszeit so angeordnet, daß sich für die Datenverarbeitung ein Optimum ergibt.

5.3.5. Zusammenfassende Systematik

Entsprechend den vorangegangenen Betrachtungen gibt es eine Vielzahl von Speicherprinzipien und Varianten. Sie können nun gemäß Tab. 5.10 zusammengefaßt werden. Dabei und auch im Zusammenhang mit den vorangegangenen Betrachtungen zeigt sich, daß viele der Prinzipien und Klassen miteinander zusammenhängen. Dies macht verständlich, weshalb alle Versuche für einfache Klassifizierungen der Speicher immer wieder zu Problemen führten. Die hier gegebene Einteilung ist zwar recht kompliziert, und sie kann wahrscheinlich nur mit Mühe nachvollzogen werden. Sie hat den Vorteil, daß sie zumindest für den jetzigen Stand praktisch vollständig sein dürfte.

5.3.6. Zu Grenzen der Speicherdaten

Die hier interessierenden Grenzen können in zwei Gruppen eingeteilt werden und betreffen dann

- physikalische Grenzen,
- notwendige Redundanzen.

Sie sind beide sehr unterschiedlicher Art. Sie können auch als Relation zwischen theoretisch und technisch Machbarem gesehen werden.

Tabelle 5.10 Versuch einer zusammenfassenden Systematik möglicher Klassifizierungsprinzipien von Speichern

Einteilungsprinzip	wichtige Klassen	Verweis
geschichtliche Etappen	genetisch; neuronal; kollektiv; technisch	Abschnitt 5.3.1.
Informationsart	digital, diskret, kontinuierlich, analog	Abb. 2.9; Tab. 5.1 Abschnitt 2.4. u. 5.1.
Informationsbezug	Zeitabläufe $f(t) \leftrightarrow f(x)$; Momentausschnitte $f(\Delta t)$; Signalspeicher ↔ Digitalspeicher	Abb. 5.8 u. 5.9 Abschnitt 5.3.2.
vorhandene Speichervorgänge	Nurwiedergabe, seltene bzw. schwierige Aufzeichnung, Aufzeichnung und Wiedergabe (Minimaler ↔ Allgemeiner Speicher (RAM — EROM — PROM — ROM)	Abb. 5.8 u. 5.9 Tab. 5.6 Abschnitt 5.3.3.
Reversibilität des Speichermediums	reversibel, bedingt reversibel, irreversibel	Tab. 5.6 Abschnitt 5.3.3.
Art des Speicherzustandes	statisch, verzögernd, umlaufend	Tab. 5.3 Abschnitt 5.3.2.
notwendige Energiezufuhr	keine, minimal, refresh, ständig	Tab. 5.4 Abschnitt 5.3.3.
Energieart Speicherzustand	mechanisch, magnetisch, elektrisch, chemisch	Tab. 5.5 Abschnitt 5.3.3.
Speicherzellenanordnung	$F(0)$; $F(x)$; $F(x, y)$; $F(x, y, z)$	Tab. 5.8 Abschnitt 5.3.4.
Wandler zu Speicherzellen	Einwandlerprinzip, Mehrspurtechnik, wortorganisierte Speicher, ein Wandler je Speicherzelle	Tab. 5.9 Abschnitt 5.3.4.
Speicherweg	linear, symbolisch, nicht vorhanden	Tab. 5.2 Abschnitt 5.3.2.
Bewegung	mechanisch, Wellengeschwindigkeit, Winkelgeschwindigkeit, Ablenkung, Schaltzeiten	Tab. 5.3 Abschnitt 5.3.2.
Zugriffsprinzipien	sequentiell; random access; abbildend; assoziativ, holographisch, hierarchisch	Tab. 5.3 Abschnitt 5.3.4.
Zugriffsarten (Zusammenhang der Information)	$Z(0)$; $Z(x)$; $Z(x, y)$; $Z(x, y, z)$	Tab. 5.8 Abschnitt 5.3.4.
Wiedergabe	ständig möglich, bei Auslösung möglich; nicht zerstörend, zerstörend	Tab. 5.7 Abschnitt 5.3.3.

Wesentliche Aussagen zu physikalischen Grenzen wurden bereits in den Abschnitten 2.7.3. und 4.4. im Zusammenhang mit den Abb. 2.15; 2.16; 4.2 und 4.3 behandelt. Dabei zeigt sich u. a., daß für die Meßbarkeitsgrenze eine *Elementarzelle* aus dem Produkt von Energie und Zeit bzw. Energiedichte, Volumen und Zeit existiert. Diese Meßbarkeitsgrenze kann im Sinne der Speicherung nun unmittelbar als *Wiedergabegrenze* interpretiert werden. Die Speicherzelle benötigt ein bestimmtes Volumen je nach der in ihr erreichbaren Energiedichte, und hieraus folgt eine minimale Wiedergabezeit. Es läßt sich aber auch weiter folgern, daß diese Grenzbeziehung im Sinne von Gl. (4.13) nur dann erfüllbar ist, wenn die gesamte Energie des Speicherzustandes in das Wiedergabesignal umgewandelt wird. Dies ist aber nur bei Speichern mit zerstörender Wiedergabe möglich.

Tabelle 5.11 Zusammenstellung von Grenzgrößen und praktisch erreichten Werten für die Speicherung (vgl. Abschnitt 4.4)

Grenzgröße	Formel	Bedingungen für theoretischen Grenzwert in der nächsten Spalte	theoretischer Grenzwert	Realisierte Werte				Einheit
				Video-Magnetband	I²L**)	im Gehirn	genetisch Doppelhelix	
Energie	$E_{gr} = kT \ln 2$	300 K	$3 \cdot 10^{-21}$	10^{-12}	$10^{-12} \ldots$ $\ldots 10^{-15}$	10^{-4}	$3 \cdot 10^{-20}$	J
Energiedichte	$w = \frac{E}{V}$	klassische Physik	0,5	0,1	300	10^{-4}	0,15	J cm^{-3}
Volumen	$V_{gr} = \frac{E_{gr}}{w}$	300 K 0,5 J cm^{-3}	10^{-20}	10^{-10}	10^{-7}	10^{-10}	$2 \cdot 10^{-19}$	cm^3
Masse	$m_{gr} = \frac{E_{gr}}{w} \cdot \varrho$	300 K 0,5 J cm^{-3}	10^{-20}	$5 \cdot 10^{-10}$	$2 \cdot 10^{-7}$	10^{-10}	10^{-21}*)	g
Zeit	$t_{gr} = \frac{h}{E_{gr}}$	300 K	$2{,}2 \cdot 10^{-13}$	10^{-8}	10^{-9}	10^{-3}	$5 \cdot 10^{-4}$	s
Wirkungsgrenze	$U_{gr} = Vwt = h$	0,5 J cm^{-3}	$6{,}6 \cdot 10^{-34}$	10^{-19}	$3 \cdot 10^{-14}$	10^{-17}	$2 \cdot 10^{-24}$	Ws^2

*) Es sind nur die funktionellen chemischen Strukturen ohne das zusätzliche, das Volumen ausfüllende Wasser erfaßt.
**) Nur auf den Chip allein, also ohne Gehäuse und Umgebung berechnet. Die notwendige Wärmeableitung ist so nicht realisierbar.

Speicher mit nichtzerstörender Wiedergabe erfordern also theoretisch etwas größere Speicherzellen. Unter diesem Gesichtspunkt lassen sich Werte von existierenden Speichern mit den theoretischen Grenzwerten vergleichen. Dabei ergibt sich Tab. 5.11. Bereits hier sind einige notwendige Redundanzen bemerkbar. In einem Halbleiterchip allein entsteht soviel Wärme, daß das Volumen zur Ableitung redundant erheblich vergrößert werden muß. Die genetische Substanz, die DNS-Strukturen allein, sind effektiv nicht nutzbar. In ihrem Doppelhelixvolumen befinden sich noch viele Wassermoleküle (siehe Ergänzungsband). Auffallend ist weiter, daß im allgemeinen bereits bei der Energie je bit ein beträchtlicher Abstand besteht. Eine Ausnahme bildet hier der genetische Speicher. Aus diesem Fakt zog ja auch bereits SCHRÖDINGER [S6] die Folgerung, daß die genetische Substanz nicht stabil sein sollte. Im Abschnitt 4.4. wurde aber bereits deutlich, daß nicht die Energie allein bestimmend ist, sondern die Zeit einbezogen werden muß. Hier ist die Sicherheit mit fast zehn Zehnerpotenzen aber beträchtlich. Noch besser für Vergleiche ist die Wirkungsgrenze geeignet, denn in ihr sind gemäß Gl. (4.13) alle notwendigen Werte zusammengefaßt. Hier ist die Sicherheitsgrenze bei allen schon bewußt ausgewählten, hochdichten Speichermedien ganz beträchtlich.

Die mögliche Grenzenergie E_{gr} kann auch als Produkt aus Leistung P und Schaltzeit T_s aufgefaßt werden. Die Leistung sei dabei auf ein Bauelement, ein gespeichertes oder ein logisches Bit bezogen. Dann gilt

$$PT_s = E_{gr} \,. \tag{2}$$

Da es nur um Größenordnungen geht, gilt auch

$$T_s f_0 \approx 1 \,. \tag{3}$$

Dies bedeutet, daß *Schaltzeit* und obere *Grenzfrequenz* f_0 annähernd reziprok zueinander sind. Aus diesen beiden Größen läßt sich ein *Diagramm* bilden (Abb. 5.10), in dem diese für eine Vielzahl von Bauelementen, logischen Schaltkreisfamilien und Speichern eingetragen sind. Es wird so eine beträchtliche Fläche ausgefüllt. Sie ist nach rechts unten durch das *thermische Rauschen* und das *Quantenrauschen* theoretisch begrenzt. Nach oben nimmt die Bauelementeabmessung wegen der *Wärmeabfuhr* zu. Nach oben rechts gibt es daher bereits erheblich früher Grenzen für die Leistungstransistoren und etwas später nach rechts für Bauelemente, welche die Zeitverzögerung durch ihre Größe im Sinne der Laufzeit ausnutzen. Dann folgt eine *Energielücke*, und rechts davon liegt der Arbeitsbereich der Laser und Maser. Die Energielücke wird, wie die Pfeile andeuten, im Laufe der Entwicklung kleiner.

Im Hauptbereich der Abbildung gibt es *zwei* weitere *Tendenzen*; einmal existiert die der *Leistungsoszillatoren* und *-verstärker*, die nach rechts oben, also zu höheren Frequenzen und Leistungen weist. Zum anderen besteht bei *Schaltelementen* und Speichern das Ziel nach kürzester Schaltzeit und minimaler Leistung. Da hier die letzte Zielrichtung vor allem interessiert, sei sie etwas weiter im Detail betrachtet.

Nach *kurzen Schaltzeiten* existieren *Grenzen* verschiedener Art. Zu ihnen gehören u. a.:

- Zeitverzögerungen infolge der *Leitungslängen*, also Packungsdichte, sowie *Wärmeabfuhr*, elektrischer Durchschlag, Bit-Größe und ähnliches.

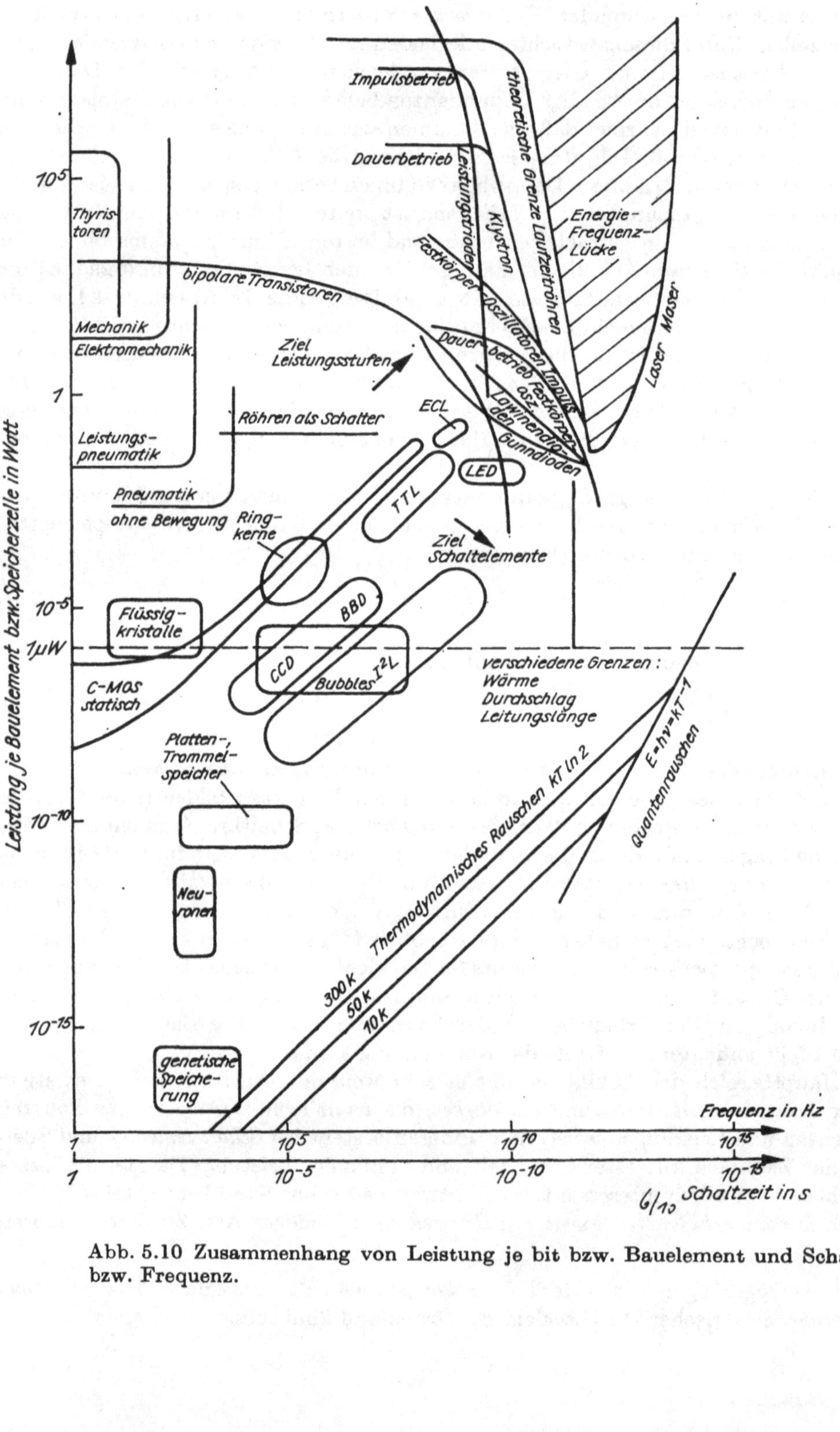

Abb. 5.10 Zusammenhang von Leistung je bit bzw. Bauelement und Schaltzeit bzw. Frequenz.

- Zeitverzögerungen durch innere Vorgänge in den Bauelementen, z. B. *Ladungsträgertransport*, *Rekombinationszeiten* usw.

Zu diesem und verwandten Gebieten gibt es viele interessante Betrachtungen. Sie wurden in der Literatur [F18; F30; K11; L1; L12; V8; V11; V31 und V37] behandelt. Es sei erwähnt, daß es auch unzulässige Betrachtungen gibt, die auf KEYES [K12; K13] zurückgehen. Von der an sich richtigen Annahme der Nichtlinearitäten leitet er aus der Grundformel der Halbleitertechnik ab, daß die notwendige Spannungsschwelle größer als die thermodynamische Spannung kT/e_0, also bei Zimmertemperatur, ca. 27 mV sein müsse. Dies trifft dann erstaunlich gut bei Neuronen mit ca. 70 mV zu. Hierbei ist aber unbeachtet, daß gerade Rückkopplungen — wie sie für Speicherelemente notwendig sind — die Nichtlinearitäten wesentlich verstärken. So können dieser Wert und Folgerungen daraus nicht aufrechterhalten werden. Dies gilt auch für die 2 μW, welche über den Wellenwiderstand des Vakuums erfolgen. Abb. 5.10 zeigt zusammenfassend die Werte bekannter und erprobter Techniken. Sie zeigt auch, wieviele Bauelemente unterhalb der Grenze nach KEYES arbeiten.

5.3.7. Redundanzen und Speicherdichte

Bereits im Zusammenhang mit Tab. 5.11 wurden die zwei Redundanzen, welche durch die Hinweise * und ** ergänzt sind, sichtbar. Solche und ähnliche Redundanzen werden aber noch deutlicher, wenn vier verschiedene Volumen unterschieden werden:

- Volumen des eigentlichen Speichermediums,
- Volumen des Speichermediums in seiner archivgerechten Form,
- Volumen einschließlich des zugehörigen Gerätes,
- Volumen, wenn ein Speichergerätekomplex aufgebaut wird.

Zu den ersten drei Volumen sind in Tab. 5.12 einige Zusammenstellungen gegeben. Als Mittelwert kann etwa $10^4:10^2:1$ für die weitere Betrachtung verwendet werden.

Tabelle 5.12 Zum Verhältnis der Volumen von Speichergerät, Archivierungsgerechtem Medium und Speichermedium allein

Speicherprinzip	Archivierung	Medium	Verhältnisse
Kassettenrecorder	Compactkassette mit Plasteetui	Magnetband	
$3 \cdot 10^7$	$1{,}3 \cdot 10^5$	$1{,}7 \cdot 10^3$	$2 \cdot 10^4:100:1$
DIA-Projector	5 × 5 cm² DIA	Filmbild	
$5 \cdot 10^7$	10^4	200	$2 \cdot 10^5:50:1$
Plattenspieler	Schallplatte mit Hülle	Schallplatte	
10^8	$3 \cdot 10^5$	$1{,}2 \cdot 10^5$	1000:3:1
Digitalmagnetband-Speicher	Archivierung für Magnetband	Magnetband	
10^9	$3 \cdot 10^6$	$5{,}6 \cdot 10^5$	2000:6:1
Halbleiterspeicher aus 50 Chips	Dual-in-line-Gehäuse	Halbleiterplättchen	
$5 \cdot 10^6$	$2{,}5 \cdot 10^4$	50	$10^5:500:1$
Kernspeicher	Kernmatrizen	Ferritkerne	
$3 \cdot 10^7$	10^6	$3 \cdot 10^3$	$10^4:300:1$
Verhältnis für Gerätetechnik (Gerät)	alle Leiterplatten	alle Bauelemente	$5 \cdot 10^4:250:1$

Sollen nun *viele Speichergeräte* zusammengestellt werden, so ist erst einmal eine Abschätzung der *Größe von Geräten* sinnvoll. Dabei können, wenn vom Maschinenbau mit seinen unteilbar großen Aggregaten abgesehen wird, *drei Prinzipgrößen* unterschieden werden, die irgendwie dem Menschen angepaßt sind:

- kleinste bedienbare Geräte müssen noch in der Hand haltbar und mit den Fingern steuerbar (bedienbar) sein — ca. 1 ... 10 dm^3,
- größte tragbare Geräte müssen an Gewicht und Volumen so aufgebaut sein, daß sie ein Mensch mit nicht zu großer Anstrengung über einige Entfernungen tragen kann — ca. 10 cm^3,
- größte Standgeräte müssen in Wohnraumabmessungen passen und zur Reparatur gut zugänglich sein — ca. 1 m^3.

Die größten Gerätekomplexe ergeben sich nun noch schließlich dadurch, daß nur eine bestimmte Anzahl der Standgeräte in einem Gebäude untergebracht werden kann. Dazu müssen sie so aufgestellt sein, daß eine Reparatur jederzeit möglich ist, der Mensch also von allen Seiten herankommt. Es sei ein sehr *großes Gebäude* von etwa 100 mal 100 m^2 und 10 Etagen angenommen. Wie schnell einzusehen ist, sind dort *nur wenige tausend Geräte* von 1 m^3 unterzubringen. So folgt insgesamt die *vierstufige Relation der Volumen*

$$10^7 : 10^4 : 10^2 : 1 .$$

Anders ausgedrückt, die prinzipielle Speichergrenze beträgt in etwa 10^7 dessen, was auf einem einfachen Stück Speichermedium unterzubringen ist. Dies ist in verschiedener Hinsicht bedeutsam.

Vom Addieren gewöhnlicher Zahlen sind wir gewöhnt, daß die Zahlenwerte schnell und beliebig weiter wachsen. Dies gilt jedoch nicht für das Rechnen mit Zehnerpotenzen, wie es u. a. für die Speicherkapazitäten üblich ist. Beträgt doch z. B. die Anzahl der Atome im Weltall nur 10^{80}. Hierauf wurde bereits im Kapitel 3 eingegangen. Wenn also ein bestimmtes Speichermedium 10^n bit speichern kann, so kann nach den eben geführten Betrachtungen aus ihm nur ein Speicherkomplex mit ca. 10^{n+7} bit aufgebaut werden. Wenn Wert auf ein Einzelgerät gelegt wird, sogar nur ein Wert von ca. 10^{n+4} (vgl. Abschn. 7.3.3.).

5.3.8. Allgemeine Grenzwerte

Aus den vorangegangenen Betrachtungen folgt, daß eine gegebene Speicherdichte auch annähernd die prinzipiell erreichbare Speicherkapazität festlegt. Natürlich gehen hier noch andere Zusammenhänge ein. Auf zwei Beispiele wurde mit den Ergänzungen in der Legende der Tab. 5.12 bereits hingewiesen. Weiter zeigt die Praxis, daß mit *wachsender Speicherdichte* auch die zugehörige *Gerätetechnik* meist erheblich *voluminöser* und auf alle Fälle aufwendiger wird. Auch der Aufwand zur Aufzeichnung und Wiedergabe wächst bei hoher Speicherdichte. Hierzu werden etwas vereinfacht ein direkt betrachtbares Bild, ein Kleinbilddia und eine Mikrofiche betrachtet. Daraus folgt, daß die Speicherkapazität weitaus weniger als die Speicherdichte wächst. Obwohl dies noch nicht genügend untersucht ist, dürfte nur die 2. bis 3. Wurzel wirksam werden. Dabei ist dann aber noch zu bedenken, daß die meisten technischen Speicherdichteangaben in linearer bzw. flächenbezogener Form und nicht in der hier notwendigen volumenbezogenen erfolgen (siehe auch Abschnitt 6.1.1.). Trotz dieser und vieler anderer Einschränkungen sei für die weiteren Betrachtungen ein Volumen von 1 m^3 angenommen. Es werde für die beiden Extremfälle von Tab. 5.9 ausschließlich und ohne weitere Redundanz mit dem Speichermedium gefüllt. Dies dürfte ganz sicher bereits eine sehr hoch gegriffene obere Grenze sein.

Wird jetzt jeder *Speicherzelle* ein *Wandler* zugeordnet, so entstehen Speicherzellen mit Wandlern, wie sie heute z. T. bereits in der Halbleitertechnik üblich sind. Beispiele in verschiedenen Techniken zeigt Abb. 5.11. Zum Vergleich sei auch die prinzipielle Minimalfläche eines Transistors mit $1 \times 1\ \mu m^2$ angegeben. Real sind heute etwa 10^2 bis $10^3\ \mu m^2$. Die Waferdicke beträgt ferner etwa 0,1 ... 0,2 mm. Aus diesen Größen ist abzusehen, daß selbst beim größten Fortschritt der Technik eine Speicherzelle von einem Bit mit Wandler theoretisch kaum auf ein Volumen von $10 \times 10 \times 10\ \mu m^3$ verringert werden kann. Dabei wurden noch gar nicht die Probleme für Zuleitungen, Kodierung und Wärmeableitung berücksichtigt. Für den Speicher mit direktem Zugriff folgt also bestenfalls eine obere Grenze von 10^{15} bit/m^3.

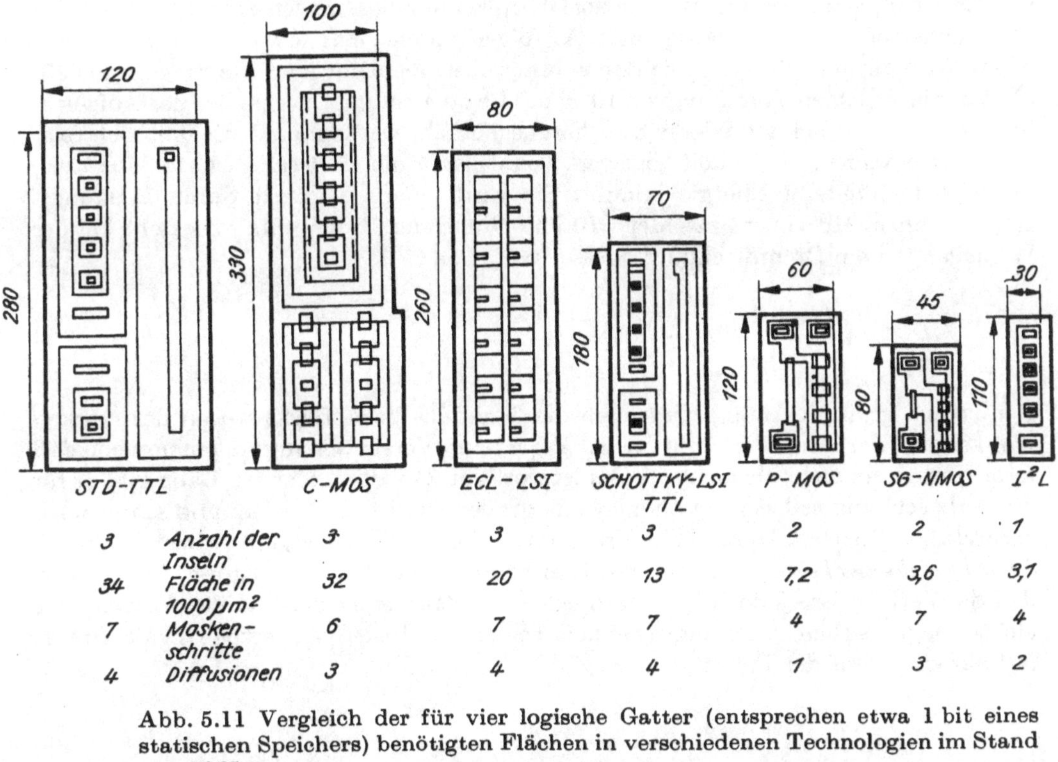

STD-TTL		C-MOS	ECL-LSI	SCHOTTKY-LSI TTL	P-MOS	SG-NMOS	I^2L
3	Anzahl der Inseln	3	3	3	2	2	1
34	Fläche in 1000 μm^2	32	20	13	7,2	3,6	3,1
7	Masken-schritte	6	7	7	4	7	4
4	Diffusionen	3	4	4	1	3	2

Abb. 5.11 Vergleich der für vier logische Gatter (entsprechen etwa 1 bit eines statischen Speichers) benötigten Flächen in verschiedenen Technologien im Stand von 1975.

Größere Speicherdichten werden natürlich für das Prinzip mit nur einem Wandler für alle Speicherzellen erreichbar. Beim heutigen Magnetband existieren etwa folgende

Werte für die Speicherzelle von einem Bit: Die kleinste Länge liegt durch die Spaltweite des Magnetkopfes bei ca. 0,5 µm, die kleinste Spurhöhe aus verschiedenen mechanischen Gründen bei etwa 50 µm. Obwohl magnetische Schichtdicken von etwa 50 nm prinzipiell ausreichen, muß immer noch eine Trägerunterlage von mindestens 5 µm aus mechanischen Gründen vorhanden sein. Das kleinste Volumen für eine Speicherzelle von einem Bit liegt also bei reichlich 100 µm³. Es sei angenommen, daß es um das Hundertfache gesenkt werden könne (hierfür besteht in der nächsten Zeit wenig Chance), dann folgt ein Grenzwert von etwa 10^{18} bit/m³.

Die beiden Grenzen wurden durch extreme Grenzwertbetrachtungen zweier heutiger hochdichter Speicherverfahren gewonnen. Es ist aber auch ein anderer prinzipieller Weg denkbar. Dazu sei zunächst lediglich die *physikalische Grenze* der Energiedichte von 0,5 J/cm³ vorausgesetzt. Wird je Speicherplatz nur die Grenzenergie (vgl. Tab. 5.11) bei Zimmertemperatur vorausgesetzt, so folgen unmittelbar etwa 10^{26} bit/m³. Doch dieser Wert gilt nur für das Speichermedium selbst. Es bleibt noch die Frage, wie definiert in die einzelnen Volumina von 10^{-26} m³ die notwendige Energie bei der Aufzeichnung herein- und bei der Wiedergabe herausgebracht werden kann. Es läßt sich relativ leicht erkennen, daß nach heutigen Kenntnissen die *elektromagnetische Strahlung* die höchstgebündelte Energie erlaubt. Sie wird jedoch begrenzt durch Beugungserscheinungen. Mit einer Linse der Öffnung $\ddot{O}$ und der Brennweite f entsteht bei der Wellenlänge λ ein Brennfleckdurchmesser von etwa

$$D \geqq 2\lambda \frac{f}{\ddot{O}}. \tag{8}$$

Bei extrem großer Öffnung wird auch die Tiefe des Brennflecks wegen der starken Konvergenz der Strahlen recht klein. Es sei zur Vereinfachung angenommen, daß insgesamt so ein mehr als idealer Volumenwert von λ^3 ansteuerbar ist. Dann gibt es für die Aufzeichnung selbst im Volumen mit großer allseitiger Ausdehnung kaum noch theoretische Grenzen. Durch hohe Frequenzen (kurze Wellenlängen) ist zumindest bei der *Aufzeichnung keine Grenze* gesetzt. Hier begrenzt das Speichermedium. Anders werden die Verhältnisse jedoch bei der *Wiedergabe.* Hier stört der *Quantencharakter* der elektromagnetischen Strahlung erheblich. In der einzelnen Speicherzelle sei als Grenzfall nur ein Quant der Energie

$$E_Q = \frac{hc}{\lambda}. \tag{9}$$

Es darf dann nur so groß sein, daß es die den Speicherzustand kennzeichnende Energie je Bit-Volumen nicht verdeckt. Bei der bereits optimalen zerstörenden Wiedergabe sind beide Energien gleich groß. Dies bedeutet, daß die sich so ergebende Energiedichte

$$w = hc\lambda^{-4} \tag{10}$$

nicht größer als 0,5 J cm⁻³ sein darf. So entsteht eine Wellenlänge von etwa 20 nm, also eine *Speicherdichte* von 10^{22} bit/m³. Nach all unseren Betrachtungen scheint die prinzipiell höchste Speicherkapazität in einem Riesengebäude also bei 10^{25} bit zu liegen. Wie im Kapitel 7. gezeigt wird, liegen die heutigen größten Speicher bei 10^{13}

Tabelle 5.13 Zu den theoretischen, möglichen und erreichten Grenzen der Speicherdichte und Speicherkapazität. Es gelten nur die Größenordnungen. Für die theoretischen Grenzen werden die höchsten Speicherdichten auf einen m³ bezogen und entsprechend den Betrachtungen des Textes angenommen, daß maximal 1000 m³ dieser Dichte zu einem Gerätekomplex zusammengefaßt werden können. So ergeben sich Werte, die als prinzipielle Grenzen für alle Zukunft angenommen werden können. Die heute erreichten Grenzwerte zeigen aber, um wieviele Zehnerpotenzen insbesondere Speicherdichte und Gesamtvolumen darunter liegen

Speicherprinzip	Erklärung und Angabe von Bezügen	Speicherdichte bit/m³	Kapazität in bit
Atome im Weltall	—	—	10^{80}
Atome im Kristall	je Atom ein Bit	10^{28}	10^{31}
Energiedichte des Speicherzustandes	Zimmertemperatur 0,5 J cm^{-3}	10^{26}	10^{29}
Wiedergabe	Quantencharakter elektromagnetischer Strahlung und 0,5 J cm^{-3} führt zu = 20 nm (fernes UV)	10^{22}	10^{25}
Einwandlerprinzip	Bit an Bit gepackt Bit-Volumen $1 \times 1 \times 1$ µm³	10^{18}	10^{23}
Direktzugriff	je Bit ein Wandler Bit-Volumen $10 \times 10 \times 10$ µm³	10^{15}	10^{18}
Erreichte Grenzwerte			
Buchdruck und Großbibliothek		10^{10}	10^{15}
Mikrofilm und automatischer Großspeicher		10^{14}	10^{13}
Bildplatte		10^{15}	10^{11}
Menschliches Gehirn und Neuronenzahl		10^{14}	10^{11}
Genetik und Säugetierzelle		10^{20}	$5 \cdot 10^{9}$

bis 10^{14} bit. In Tab. 5.13 sind noch einmal die Grenzen und Möglichkeiten der Speicherdichte und -kapazität zusammengestellt. Eine anschauliche Ergänzung hierzu gibt Abb. 5.12. Weitere Ergänzungen zu den bisherigen Betrachtungen bringt schließlich noch Abb. 5.13.

5.3.9. Gedanken zur möglichen Zukunft

Im Ergänzungsband werden in bezug auf die Massenkommunikation einige Analysen und Konsequenzen auch für die Speicherung gegeben. Insbesondere können daraus Bedürfnisse für die Speicherung der Zukunft gezogen werden. Unter Einbeziehung der auch in diesem Kapitel gewonnenen Kenntnisse müssen *zwei große* Anwendungsgebiete unterschieden werden, nämlich

- Speicher für die Digitaltechnik, also vor allem Datenerfassung und Rechentechnik,
- Speicher für audio-visuelle Signale und analoge Meßwertspeicher.

Um etwas mehr über die Entwicklung aussagen zu können, ist immer die Kenntnis der Vergangenheit wichtig. Hierzu soll die Tab. 5.14 Auskunft geben. Ein idealer Speicher

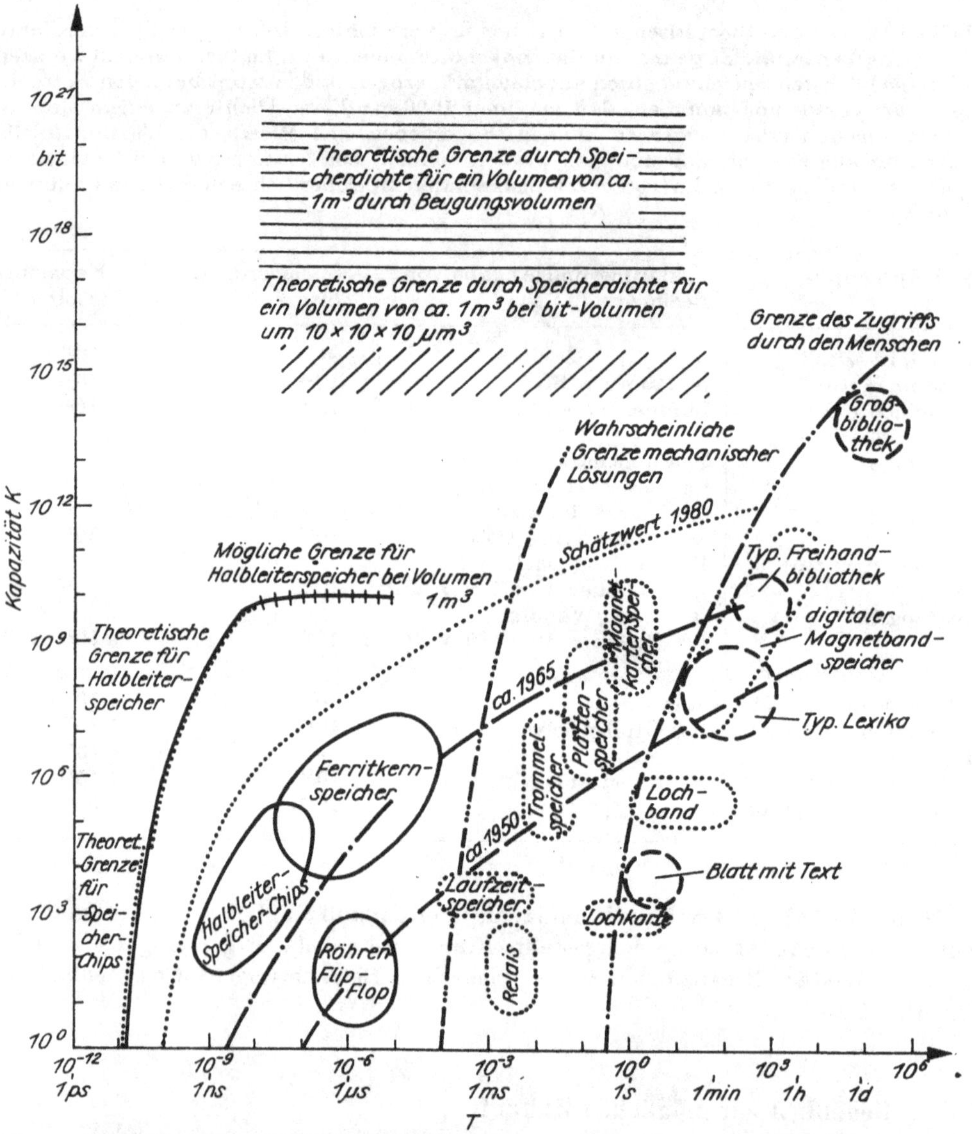

Abb. 5.12 Einige Werte von Speicherdaten im Diagramm aus Kapazität und Zugriffszeit. Dabei erfolgt eine Trennung in den unmittelbaren menschlichen, den elektromechanischen und elektronischen Zugriff. Ferner sind die erreichten Grenzen für 1950 und 1965 sowie die für 1980 zu erwartenden eingezeichnet. Weitere Details enthält Abb. 7.21.

für alle Zwecke müßte im Prinzip vor allem folgende Eigenschaften besitzen:

- extrem große Kapazität,
- schnellster Zugriff,
- kleines Volumen,
- wenig Energieverbrauch,
- äußerst billig.

Tabelle 5.14 Aus der Geschichte der Speicherung

vor unserer Zeitrechnung	
$3 \cdot 10^9$	Entstehung des genetischen Apparates der Zelle
10^9	Bildung des Zellkernes
$7 \cdot 10^8$	erste Neuronen
$3 \cdot 10^8$	Insekten und Wirbeltiere
$1{,}5 \cdot 10^8$	Säugetiere
10^7	Menschenaffen
$3 \cdot 10^6$	Mensch
$5 \cdot 10^4$	erste Höhlenmalereien
5000	erste Schriften; Mesopotamien Keilschrift
3500	Papyrus als Schreibmaterial
2000	chinesische Schrift
1400	Buchstabenschrift in Ägypten
1000	griechische Kapitelschrift
700	Bibliothek mit 22000 Tontafeln in Ninive
290	Bibliothek mit $5 \cdot 10^5$ Papyrusrollen in Alexandria
200	Papier in China
100	chinesische Notenschrift
63	Stenogramm einer Rede CICEROS
nach unserer Zeitrechnung	
100	Rom geheftete Pergamentbücher
300	Wachstafeln als Notizbücher
600	Gänsekielfeder gebräuchlich
800	Kupferplattendruck in China
900	Kyrillische Schrift
1100	Stempeldruck in China
1100	gotische Schrift
1150	Papier in Europa
1350	Silberstift als Vorläufer des Bleistiftes
1380	Ölmalerei entsteht
um 1430	Holzschnitt und Kupferdruck
1445	GUTENBERG führt Buchdruck ein
1500	Europäische Notenschrift
1500	Camera obscura (DA VINCI)
1547	Eisenschreibfeder in Nürnberg
1600	englische Stenographie
1609	erste deutsche periodische Zeitung Straßburg
1646	Laterna magica
1660	Bleistift von STADTLER
1660	Zauberlaterne von HUYGENS
1700	Pastelltechnik
1715	Steinlithographie
1719	Dreifarbendruck
1727	SCHULZE: Silberchloridbilder durch Sonnenlicht
1765	Buchhandelsgesellschaft in Deutschland
1775	Abbe ROGIER verwendet Karteikarten
1806	J. M. JACQUARD benutzt „Lochkarten" für die Steuerung von Webstühlen
1815	Setzmaschine von B. FOSTER (England)
1822	NIEPCE macht erste Fotografie
1833	DAGUERRE Fotografie
1834	GABELSBERGER Kurzschrift
1841	CH. WHEATSTONE benutzt Lochstreifen
1857	erster Bildtelegraph
1860	Rasterdruckverfahren
1867	Schreibmaschine

1871	trockene Fotoplatte
1877	Reihenaufnahmen lebender Tiere
1878	EDISON: Phonograph
1880	Kohlemikrofon
1887	Berliner Schallplatte mit Vervielfältigung
1888	EDISON schafft den 35 mm-Film
1890	H. HOLLERITH verwendet Lochkarten für die Volkszählung
1895	erstes Kinotheater in Paris
1900	POULSONS Draht-Tonspeicher
1905	Odeon-Schallplatte doppelseitig bespielt
1908	Füllfederhalter
1919	Eccles-Jordan-Trigger patentiert
1921	9,5- und 16-mm-Schmalfilm
1923	Rundfunk
1925	PFLEUMER entwickelt Magnetband
1930	Kleinbildphotographie
1932	8 mm-Schmalfilm von Kodak
1932	SCHÜLLER entwickelt Ringmagnetkopf
1933	G. TAUSCHEK (Wien): Patent für Trommelspeicher
1935	Farbfilm von Kodak und Agfa
1940	elektromagnetischer Tonabnehmer mit Saphir als Nadel
1941	BRAUNMÜHL u. WEBER: HF-Vormagnetisierung Magnetband
1943	DIRKS entwickelt Magnettrommelspeicher
1944	Röhren-Flip-Flop
1947	Magnettrommelspeicher von BILLING
1947	F. W. VIENE Patent für Kernspeicher
1948	Rechteckkerne bekannt
1950	Heimmagnetbandtechnik (BG 19)
1950	Magnetbandgeräte für digitale Speicherung
1951	Langspielplatte
1953	erster Ferritkernspeicher in Betrieb
1953	Entdeckung der Doppelhelix
1956	Ampex - Videoaufzeichnung
1959	Stereo-Schallplatte
1960	erste integrierte Schaltkreise
1962	Compact-Kassette
1964	magnetische Aufzeichnung von Marsbildern im Satelliten
1965	Wechselplattenspeicher
1965	Faserschreiber
1965	erster Halbleiterspeicher
1968	erste LSI-Schaltkreise
1968	Heimbildgeräte
1968	Low-Noise- und CrO_2-Magnetband
1969	CCD-Speicher
1974	erste Bildplatte

Dies ist natürlich in Kombination wohl prinzipiell nicht erfüllbar. Also werden entsprechend dem Stand der Technik immer *Kompromisse* notwendig sein. Sie werden auch in der weiteren Zukunft zumindest zunächst für digitale Speicher und audiovisuelle Speicherung unterschiedlich aussehen.

Es scheint so, daß sich auf dem *audiovisuellen Gebiet* keine extremen Veränderungen abzeichnen. Nebeneinander dürften für Schall die *Platte*, das *Magnetband* und die *Kassette* bestehen bleiben. Natürlich werden sie weiter entwickelt, und z. T. vor allem für die Schallplatte sind *hochdichtere Verfahren* mit eventuell kleineren Medien und Geräten bei allerdings ausgefeilter Technik zu erwarten.

Die Schreib- und Drucktechnik wird schon heute und noch mehr in der Zukunft von der Rechentechnik beeinflußt, u. a. gehören hierzu der digitale Lichtsatz und das künftige papierarme Büro. Auf dem Bildgebiet machen sich immer deutlicher die Vorteile der Videospeicherung bemerkbar. Sie beeinflussen schon jetzt erheblich den 8 mm-Filmsektor und dringen auch in die Amateurfotografie ein. Auf die hochauflösende Fotografie, die Reprografie und den Kinofilm ist ihr Einfluß aber niedrig. Dennoch wird der Anwendungsbereich der Videospeicherung auch schon durch den überall vorhandenen Fernsehempfänger immer breiter. Darüber hinaus dürfte sich die Bildplatte einen gewissen Platz erobern.

Insgesamt scheint sich damit das Gebiet der audiovisuellen Speicher relativ ruhig, aber konsequent weiter zu entwickeln. Es steht hier aber die Frage, ob und wann eine *Digitalisierung* einzieht. Dies würde doch einen gewissen Umbruch bedeuten. Erste Anzeichen sind in Versuchen zur *pulscodierten Tonaufzeichnung* zu erkennen. Damit würde die audiovisuelle Technik in das zumindest in der letzten Zeit erheblich unruhigere Gebiet Datenspeicherung einbezogen.

In der *Datenverarbeitung* bestimmte immer und auch noch heute der Datenspeicher erheblich die Ökonomie und technische Leistungsfähigkeit der Rechentechnik. Daher ist es verständlich, daß in den letzten zwanzig Jahren alle nur erdenklichen Möglichkeiten erprobt und einzuführen versucht wurden. Ganz erstaunlich ist es festzustellen, daß sich bis heute die *Lochkarte* und das *Lochband* behaupten konnten. Ebenso erstaunlich ist, daß trotz aller Möglichkeiten das direkte Lesen von auch für den Menschen lesbaren Belegen nur geringe Bedeutung besitzt. Bis vor kurzem hatte sich der nahezu am längsten vorhandene *Kernspeicher* im wesentlichen vielen Prognosen zum Trotz mit großer Beharrlichkeit als Arbeitsspeicher behauptet. Erst die neuesten Entwicklungen der *Halbleiterspeicher* verdrängen ihn jetzt nach rund 25 Jahren Existenz. Die *magnetomotorischen Prinzipien* sind praktisch ebenso alt. Hier haben sich jedoch interne Veränderungen vollzogen. Zum Trommel- und Bandspeicher kamen Platten und Floppydisc hinzu. Die Trommel ist so gut wie verschwunden. Von einer großen Vielzahl sonstiger Speicherprinzipien wird heute allgemein nur noch den *Bubble-Domänen-Speichern* und eventuell den *Tieftemperaturspeichern* eine *gewisse Chance* eingeräumt. Ihre Prinzipien sind aber bereits lange bekannt und erprobt, z. B. Kryotron seit 1956 und Bubbles seit 1967, daß allein dies schon Zweifel weckt. Natürlich sind auf beiden Gebieten inzwischen große Fortschritte erreicht worden: in der Tieftemperaturtechnik die Flußquantenspeicherung und bei den Bubbles erste gute Chips beträchtlicher Kapazität sowie die reale Möglichkeit von Speicherbitgrößen im 10 nm-Bereich. Für beide wird also der *Fortschritt der Technologie* im Sinne der ökonomischen Massenfertigung die Entscheidung liefern.

Wird jedoch von beiden möglichen Typen für die Zukunft abgesehen, so stehen eigentlich nur zwei allgemeine *Prinzipien* zur effektiven Verfügung, die *Halbleiter-* und die *magneto-motorischen Speicher*. Eine solche Vereinfachung der Situation hat vor einigen Jahren wohl niemand erwartet, und das allein ist *erstaunlich*. Deshalb sei sie etwas genauer untersucht. Dazu seien *drei Gruppen* unterschieden, nämlich bei den Halbleitern die ROM und alle anderen Speicher, deren Inhalt durch eine neue Aufzeichnung geändert werden kann, also unter anderem die statischen Flipflop-Speicher, Refresh-Speicher, die dynamischen Speicher, und ähnliche. Die dritte Gruppe sind die magnetomotorischen Speicher. Werden weiter die wichtigsten Eigenschaften von Tab. 5.10 ausgewählt, so kann schließlich die Matrix von Tab. 5.15 gebildet werden.

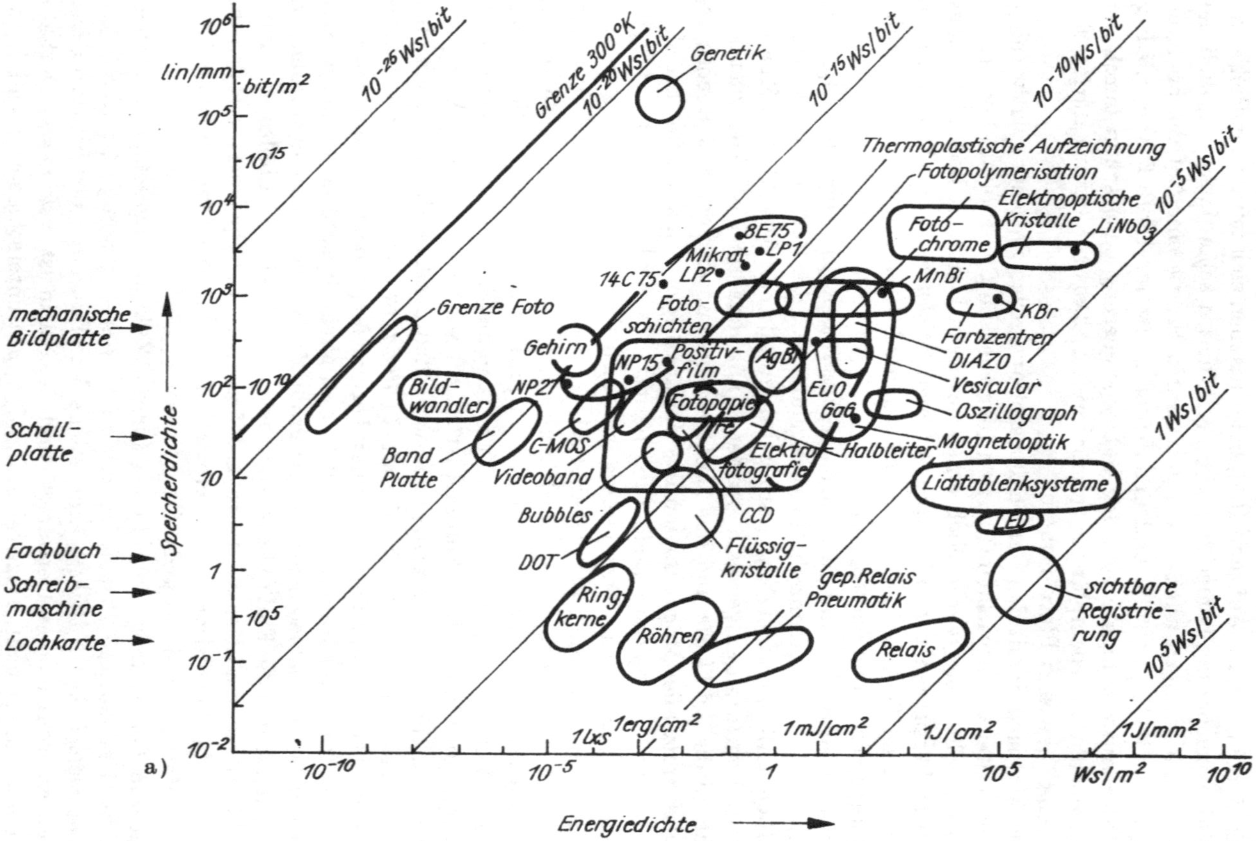

a)

Abb. 5.13 Ergänzungen zur Speicherdichte und Energiedichte (a) sowie zur Schaltenergie je bit und Schaltzeit für die unterschiedlichsten Speicherarten und Bauelemente. Weitere Werte enthalten die Abb. 7.17 bis 7.21.

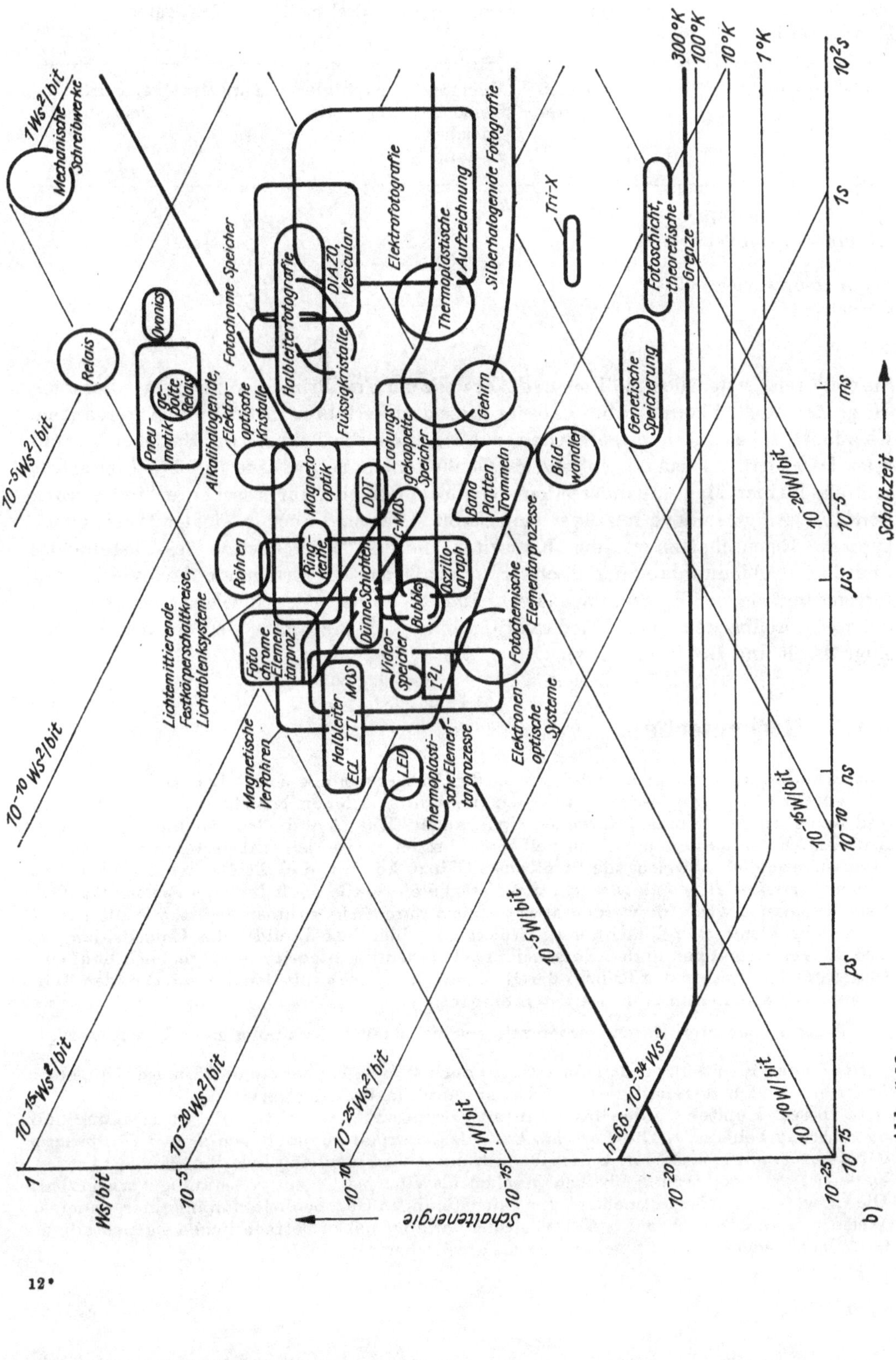
b)
Schaltenergie
Ws/bit
Schaltzeit
ps
ns
µs
ms
1s
10^2s
10^{-15}
10^{-10}
10^{-5}
10^{-25}
10^{-20}
10^{-15}
10^{-10}
10^{-5}
1
1 Ws²/bit
10^{-5} Ws²/bit
10^{-10} Ws²/bit
10^{-15} Ws²/bit
10^{-20} Ws²/bit
10^{-25} Ws²/bit
1 W/bit
10^{-5} W/bit
10^{-10} W/bit
10^{-15} W/bit
10^{-20} W/bit
h = 6,6 · 10^{-34} Ws²
300 °K
100 °K
10 °K
1 °K
Mechanische Schreibwerke
Relais
Ovonics
Pneumatik
gepolte Relais
Alkalihalogenide, Elektrooptische Kristalle
Fotochrome Speicher
Halbleiterfotografie
DIAZO, Vesicular
Elektrofotografie
Thermoplastische Aufzeichnung
Silberhalogenide Fotografie
Tri-X
Fotoschicht, theoretische Grenze
Genetische Speicherung
Gehirn
Bildwandler
Flüssigkristalle
Magnetooptik
Ladungsgekoppelte Speicher
DOT
C-MOS
Band Platten Trommeln
Röhren
Ringkerne
Dünne Schichten
Oszillograph
Bubbles
Fotochemische Elementarprozesse
Lichtemittierende Festkörperschaltkreise, Lichtablenksysteme
Foto chrome Elementarproz.
Videospeicher
I²L
Halbleiter ECL TTL MOS
Magnetische Verfahren
LED
Thermoplastische Elementarprozesse
Elektronenoptische Systeme

Abb. 5.13

Tabelle 5.15 Versuch einer einfachen Bewertung der drei heutigen wichtigsten Digitalspeicherprinzipien

Speicherprinzip	Reversibilitäten	Energiefreier Speicherzustand	Archivierbarkeit	Kapazität	Zugriffszeit
Halbleiter — ROM	–	+	–	±	+
schreibbare Halbleiterspeicher	+	–	–	–	+
magneto-optischer Speicher	+	+	+	+	–

Sie zeigt relativ deutlich die *Vor- und Nachteile* der drei Prinzipien. Sie zeigt aber auch die großen Möglichkeiten dafür, daß sich diese drei Verfahren in idealer Weise ergänzen. Es könnte daher durchaus geschehen, daß sie allein die Zukunft der Speicher bestimmen. Dabei bahnen sich noch offene Möglichkeiten an. So war es fast nicht zu erwarten, daß ein kleiner Magnetbandstreifen der ideale Speicher für Taschenrechner werden könnte, verfügt er doch nur über einige kbit. Hier sind aber in idealer Weise einige typische Eigenschaften vereint: Kapazität, die den Möglichkeiten des Tastenfeldes und dem Problemumfang der Rechner angepaßt ist; hervorragende Archivierbarkeit fertiger und eigener Programme, sowohl hohe Sicherheit der Aufzeichnungen als auch leichte Löschbarkeit und Wiederverwendung der Kärtchen, ferner ausreichende Zugriffszeit und Bit-Rate (bit/s).

5.4. Rechentechnik

Auf Grundlagen, Prinzipien und Grenzen der Rechentechnik wurde bereits in Kapitel 3, insbesondere in Zusammenhang mit den durch Algorithmen berechenbaren Funktionen und bezüglich der formalen Sprachen eingegangen. Das Denkmodell war hier der Turing-Automat. Er entspricht jedoch in keiner konkreten Weise den realisierten Rechnern. Sie besitzen erheblich abweichende Strukturen. Hinzu kommt, daß die Rechentechnik neben den *numerischen Berechnungen* in immer stärkerem Maße auch für *organisatorische Probleme* eingesetzt wird. Sie werden aber genauso durch Algorithmen gelöst, wie die numerischen Probleme. Vereinfacht ausgedrückt sind hier insbesondere die Entscheidungen, also die Verzweigungen in den Entscheidungsbäumen der Algorithmen, erheblich häufiger. Insgesamt bleibt aber das Prinzip der Rechentechnik doch mit dem entsprechenden Teilschema: Verarbeiten in Abb. 1.4 beschreibbar:

Aus gespeicherten Daten werden mit gespeicherten Programmen neue Daten erzeugt.

In anderen Kapiteln wurden statt Daten auch Worte, Alphabete und Buchstaben, statt Programme auch Regeln, Syntax und Grammatik fast analog verwendet.

In diesem Kapitel wurden bisher in ausgewählten Ausschnitten die Übertragung und Speicherung behandelt. Die *Rechentechnik* als Verarbeitung stellt den *dritten Hauptzweig* der *Informationstechnik* dar. So ergibt sich ein Zusammenhang, wie ihn Abb. 5.14 zeigt. Dabei ist die Speicherung für sich gesehen als einziges Gebiet selbständig verwendbar. Die Übertragung erfordert neben ihren eigenständigen Gegebenheiten immer in irgendeiner Weise zusätzlich Speicher. Die Verarbeitung verlangt neben beträchtlichen eigenständigen Grundlagen sogar sowohl Speicherung als auch Übertragung.

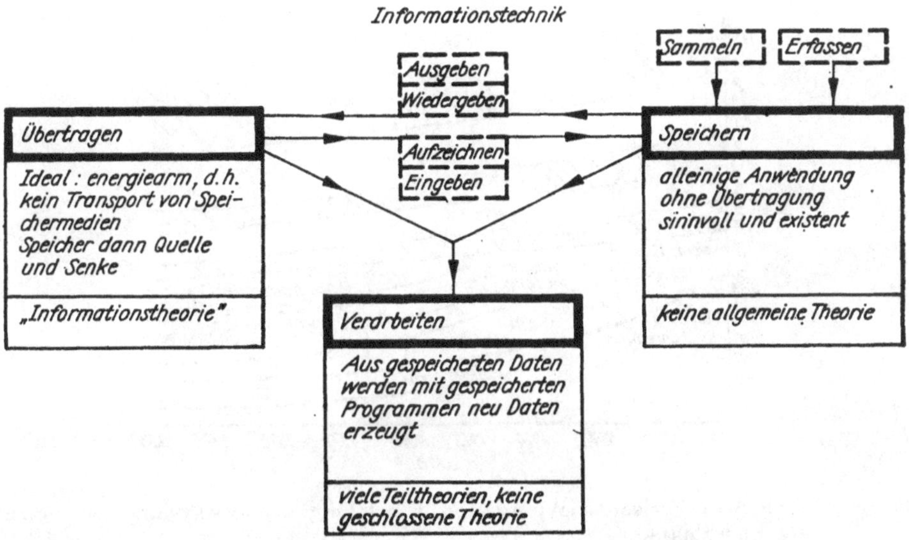

Abb. 5.14 Aufbau der Informationstechnik aus den drei Hauptgebieten Speichern, Übertragen, Verarbeiten sowie ihre gegenseitigen Abhängigkeiten und Beziehungen zu anderen Begriffen. Im unteren Teil der drei Felder ist etwas zum Stand der Theorien gesagt. Informationstheorie ist bei der Übertragung in Anführungsstriche gesetzt. Damit ist all das gemeint, was im Kapitel 2. behandelt worden ist. Es soll angedeutet werden, daß eigentlich dieser Begriff für die geschlossene Theorie der Verarbeitung erst richtig wäre.

Diese Zusammenhänge heben noch einmal die besondere Bedeutung der Speicherung auch von ihrer universellen Seite hervor und machen noch deutlicher, wie problematisch die fehlende Theorie ist. Während die Übertragung, die gut ausgebaute und fachlich abgeschlossene Theorie der Übertragung, die „Informationstheorie" besitzt, verfügt die *Rechentechnik* nur über eine größere Anzahl von *theoretischen Grundlagen.* Hierzu gehören u. a. Algorithmentheorie, Theorie der Spiele, der formalen Sprachen, Codierungstheorie, Automatentheorie, Boolesche Algebra, Zahlentheorie, künstliche Intelligenz oder allgemeine Kybernetik. *Es fehlt* jedoch *eine allgemeine geschlossene Theorie.* Um sie bemüht sich auch noch das Gebiet der Numerischen Mathematik. Die geschlossene Theorie dürfte dann eigentlich erst den Namen Informationstheorie tragen, der soeben genau deshalb in Anführungsstriche gesetzt wurde, und sie müßte dabei die jetzige „Informationstheorie", die fehlende Speichertheorie und zumindest Teiltheorien der genannten Gebiete umfassen. Sie müßte auf alle Fälle hierauf aufgebaut sein.

5.4.1. Geschichtliche Entwicklung und Grundeinheiten

Heute gibt es eine *Vielfalt von Rechnern,* die von dem einfachsten Taschenrechner und Mikroprozesser bis zu den Großrechnern ein kontinuierliches Spektrum füllen. Das gilt sowohl für die Leistungsfähigkeit als auch für den Preis. Die Einteilung in verschiedene Rechnertypen und deren Bezeichnung ist dabei z. T. recht willkürlich, erfaßt aber z. T. auch wesentliche Fakten. Die *Leistung* der Rechner in jeder Gruppe *hängt* dabei mehr *von der Zeit* als vom Preis *ab.* Dies kann u. a. aus Abb. 5.15 und dem Vergleich heutiger *Mikroprozessoren* mit der etwa gleich leistungsfähigen ENIAC von 1946 gefolgert werden. Die ENIAC hatte 18000 Röhren, ca. 10^5 handgelötete Verbindungen, wog 30 Tonnen, benötigte 150 m^2 Stellfläche und verbrauchte 174 kW Leistung. Der eigentliche Chip im

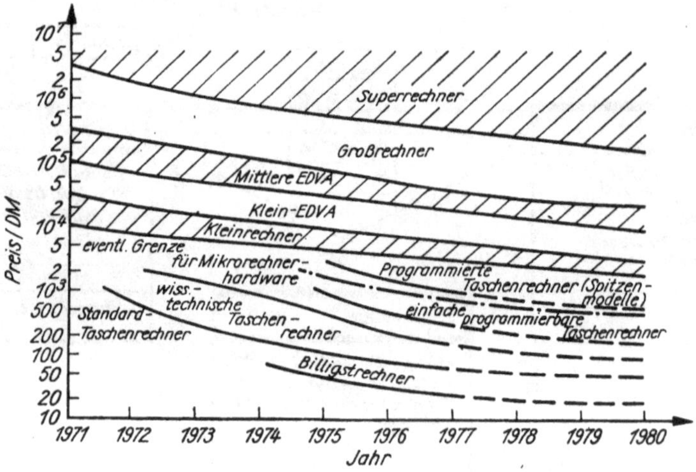

Abb. 5.15 Preisentwicklung und Einteilung des Spektrums der verschiedenen Rechnerklassen.

Tabelle 5.16 Mögliche Generationseinteilung bei Großrechnern, vor allem auf Basis der verwendeten Bauelemente

Generation	ungefährer Zeitraum	typische Bauelemente	sonstige neue Eigenschaften und Techniken
0	bis 1947	Relais	Vorstufe, festes Programm
1	1946–1958	Elektronenröhren	sequentielle Programmierung in Maschinensprache Programm im Speicher Trommelspeicher
2	1958–1965	Transistoren Dioden	symbolische Sprachen (Assembler) Unterscheidung von wissenschaftlich-technischen und kommerziell-ökonomischen Rechnern Kernspeicher
3	ab 1965	Hybrid- oder Dünnschicht-schaltungen MSI-Schaltungen	Betriebssysteme Problemsprache: ALGOL, FORTRAN, COBOL Familienkonzepte Time-sharing Datenfernverarbeitung Mikroprogramm- und Steuerspeicher Bildschirmgeräte Magnetbandgeräte Plotter Belegleser
4	ab 1975	LSI-VLSI-Schaltungen	Modularstruktur Parallele Datenverarbeitung Busse komplexe Speicherhierarchie Rechnernetze

Mikroprozessor mit etwa der gleichen Leistungsfähigkeit ist nur reichlich einen mm^3 groß und verbraucht etwa 0,5 W. Die gewiß sehr großen Kosten der ENIAC sind leider nicht bekannt geworden. Sie dürften aber mindestens beim 10^4 bis 10^5-fachen des Mikroprozessors von weniger als 100 M liegen. Hinzugefügt sei noch, daß die Entwicklung des ersten Mikroprozessors nur etwa 2 Jahre mit 3 VbE betragen haben soll. Diese angedeutete Entwicklung wurde mehrfach in dieser Weise beschrieben. Sie gilt jedoch, wenn überhaupt, nur für die Großrechner und läßt sich dann vielleicht mittels Tab. 5.16 beschreiben. Auch die Kosten für eine Rechenorganisation wurden in diesem Sinne mehrfach verglichen. Ein solches Beispiel zeigt Tab. 5.17. Schließlich sei zum weiteren Vergleich die Geschichte der Rechentechnik in Tab. 5.18 zusammengestellt.

Tabelle 5.17 Zeit und Kosten bei einfachen Rechnungen

Art der Rechnung		Zeitbedarf je Rechenoperation (s)	Kapitalaufwand für Hilfsmittel (M)	ca. Kosten je Rechenoperation (0,01 M)
menschlicher Rechner	mit Papier und Bleistift	120		5,0
	mit Rechenschieber	40	20,–	1,7
	mit Handrechenmaschine	30	500,–	1,3
	mit elektrischer Rechenmaschine	18	4000,–	0,9
elektrischer Rechenautomat	um 1946	10^{-2}	$2 \cdot 10^5$	0,3
	um 1970	10^{-5}	10^6	10^{-7}

In der Entwicklung der Rechentechnik gibt es auch einen heute kaum mehr verständlichen Irrtum. Er betrifft das von Grosch formulierte „*Gesetz*" ,wonach die Leistung einer Rechenanlage mit dem Quadrat in bezug zu den Kosten ansteigt. Für diesen Zusammenhang gab es Hinweise. Sie galten aber — wenn überhaupt — nur zu Beginn der Entwicklung. So kam es zum *Trend zur Großrechentechnik*. Mehrere, auch bedeutende Firmen, wie z. B. IBM, wurden daher völlig von der *Kleinrechentechnik überrascht*. Ebenso sind vielleicht auch heute bei aller Euphorie um den Mikroprozessor und Mikrorechner noch nicht die Konsequenzen im Sinne der Dezentralisierung der Rechentechnik voll erkannt.

Insgesamt gibt es durch diese und weitere Entwicklungen heute ein *Miteinander aller Rechnergrößen*. Mit der Entwicklung entstanden auch nacheinander unterschiedliche Rechnerstrukturen. Sie haben heute nebeneinander Bedeutung. Zum besseren Verständnis seien jedoch zunächst die fünf immer vorhandenen Grundeinheiten eines Rechners beschrieben:

Über eine *Eingabeeinheit* werden Daten (bei späteren Rechnern auch Programme) in den Rechner eingegeben. Beim Taschenrechner erfolgt dies z. B. über Tasten, bei Großrechnern u. a. mittels Schreibmaschine, Lochkarten, Lochbänder, Magnetplatten, Magnetbänder oder Lesegeräte.

Mittels *Ausgabeeinheiten* können die durch die Rechnung gewonnenen Daten ausgegeben werden. Beim Taschenrechner erfolgt dies über das Anzeigefeld (Diaplay), bei Großrechnern über Schreibmaschinen, Paralleldrucker, Magnetbänder, Plotter, Bildschirm usw.

Die Eingangsdaten werden in einer *Recheneinheit* (Rechenwerk, CPU = Centralprocessorunit, ALU = Arithmetisch-logische Einheit (unit) bzw. Mikroprocessor) verarbeitet, z. B. addiert, multiplizert usw.

Tabelle 5.18 Geschichte der Rechentechnik

vor unserer Zeitrechnung	
5000	Mensch „rechnet“ mit den Fingern bzw. verwendet Steine oder ähnliches
4000	erstes heute bekanntes Zahlensystem
1700	Rechenbuch in Ägypten
1100	Römer besitzen den Abakus (Rechenbrett)
1000	Inder kennen Zahlen bis etwa 10^5
300	EUKLID: Elemente der Geometrie
200	Werk „Arithmetik“ in China
nach unserer Zeitrechnung	
500	Inder entwickeln arabisches Zahlensystem mit Stellenwert
800	Maya kennen den dezimalen Stellenwert
825	BEN MUZA AL-CHAVARIZINI „Algebra“
1000	Null kommt nach Europa
1210	arabische Zahlenschreibweise in Europa
1518	erstes Rechenbuch von ADAM RIES
1600	Rechenkästen in Rußland in Gebrauch
1614	Lord NAPIER gibt erste Logarithmentafeln heraus
1620	logarithmische Skalen als Vorläufer
1620	Briggsche Logarithmen; Rechenschieber von E. GUNTER
1623	W. SCHICHARD baut für KEPLER Rechenuhr mit Spaltenübertragung
1632	Rechenschieber von W. OUGHTRED (wird auch PARTRIDGE 1650 zugeschrieben)
1641	B. PASCAL baut mit 19 Jahren für seinen Vater sechsstellige Addiermaschine
1673	G. W. LEIBNIZ stellt seinen Vierspezies-Rechner vor
1703	G. W. LEIBNIZ gibt Schrift „Arithmetique binaire“ heraus
1833	CH. BABBAGE entwickelt programmgesteuerte Rechenmaschine mit Speicher, Rechenwerk, Steuerwerk und Eingabe-Ausgabe-Einheit
1854	Planimeter
1855	Boolesche Algebra begründet
1876	mechanischer Kugelintegrator von Lord KELVIN
1932	GÖDEL beweist Unentscheidbarkeit der Arithmetik
1936	Turing-Automat definiert
1938	ZUSE führt Z1 vor (Baubeginn 1936)
1938	SHANNON publiziert zur Schaltalgebra
1938	Analogrechner mit Röhrenverstärker
1941	Relaisrechner Z3 von ZUSE fertiggestellt
1946	J. v. NEUMANN entwickelt Prinzip der speicherprogrammierten Rechenmaschine
1946	Elektronenröhrenrechner ENIAC und Z22 (1. Rechnergeneration)
1948	N. WIENER definiert Kybernetik
1948	Theorie des Programmierens, Klassifizierung von Adressenmanipulationen, Programmschleife
1951	M. V. WILKES: Konzept für Mikroprogramm
1954	erster Paralleldrucker
1954	erste Sprachübersetzung russisch — deutsch
1955	Analogrechner mit 10^{-4} Genauigkeit
1957	FORTRAN-Computer
1957	Betriebsprogramme etwa 10^4 Zeilen
1957	Teilnehmer-Rechensystem
1957	Rechner mit Transistoren (2. Generation)
1958	Betriebssystem für Mehrprogrammbetrieb (breiter Einsatz erst ab 1965)
1958	Belegleser und Mosaikdrucker

1958	ALGOL (1963 revidiert)
1959	COBOL
1960	McCarthy entwickelt LISP
1960	Großrechner mit Mikroprogrammierung
1960	erste Hybridrechner
1961	virtuelle Speicherung bei Atlas
1961	elektronischer Tischrechner
1964	PL/I
1964	Verwendung von integrierten Schaltkreisen (3. Generation)
1968	Teilnehmerrechensystem
1968	mikroprogrammierbare Rechner
1969	für bemannten Mondflug von Apollo 11 sind 600 Rechner im Einsatz
1970	Betriebsprogramme mit 10^7 Zeilen ($6 \cdot 10^6$ IBM 370)
1970	EDV-Gesamtwert ca. 10^{11} Mark
1971	Vierspeziestaschenrechner
1971	Mikroprozessor 4 bit
1972	Wissenschaftlich-technischer Taschenrechner HP 35
1972	Vielfachprozessor-Rechner ILLIAC 4
1973	Entstehung der Rechnerbusstrukturen
1974	programmierbarer Taschenrechner HP 65
1975	20 Hersteller und 40 Typen Mikroprozessoren

Der Vorgang der Verarbeitung in der Recheneinheit verläuft nicht von allein, insbesondere dann, wenn einmal die Daten addiert, ein andermal multipliziert usw. werden sollen. Beim einfachen Taschenrechner wird diese Funktion wiederum durch Tasten ausgelöst, die z. B. mit $+$, $-$, $\times$, $\div$, usw. bezeichnet sind. Alle anderen Rechner besitzen hierfür ein *Steuerwerk*, dem zu diesem Zweck bestimmte Befehle in Form von Signalen zuzuführen sind.

Im allgemeinen wird mit einem Rechner nie eine Addition, Multiplikation usw. erfolgen, sondern vielmehr eine komplizierte Kette solcher Operationen. Dabei ist dann auch wiederum das Zwischenergebnis bedeutsam dafür, welche Operationen folgen. Dies alles ist im *Programm* verwirklicht. Das Programm entspricht genau dem *Algorithmus*, wie er im Kapitel 3. eingeführt wurde. Hier liegt aber die eigentliche „intelligente Leistung" der Rechner. Die anderen genannten Baugruppen dienen als technische Gebilde nur zu seiner Realisierung. Deshalb ist der einfache *Taschenrechner* auch *nur bedingt eine Rechenmaschine*, denn hier stammt das Programm noch unmittelbar von Menschen. Andererseits sind im Taschenrechner selbst bereits vielfältige Strukturen und eben die Teilprogramme zur Addition, Multiplikation usw. von Zahlen enthalten. Das *Programm* eines Rechners ist also, wie schon bei der Turingmaschine im Kapitel 3. gezeigt, vielfach *hierarchisch* gestaffelt. Zwischen *Großrechner* und *Taschenrechner* besteht eigentlich nur ein *Unterschied* in der *Komplexität der zulässigen Programme und in der Peripherie* (Ein- und Ausgabe). Den ersten Übergang zeigen schon die programmierbaren Taschenrechner. Hier gibt der Mensch einen bereits komplizierten Algorithmus einmal in den Rechner per Hand (oder Magnetkarte bei Hochleistungstaschenrechnern) ein und, nachdem er auch noch Daten eingegeben hat, läuft das gesamte Programm auf Tastendruck wiederholbar und automatisch ab.

5.4.2. Rechnerstrukturen

Auf Grund der gegebenen Beschreibung der Grundeinheiten der Rechner dürfte auch leicht sein Wirkungsmechanismus verständlich sein. Abb. 5.16a zeigt den einfachen *Rechneraufbau*, wie er auch wirklich bei den Rechnern *der nullten Generation* und im Prinzip bei den einfachen heutigen Taschenrechnern realisiert worden war bzw. ist. Die Daten werden in den Speicher eingegeben. Mit dem Start wird der Befehlszähler im Steuerwerk auf Eins gestellt, und der Takt für den synchronen Ablauf der Vor-

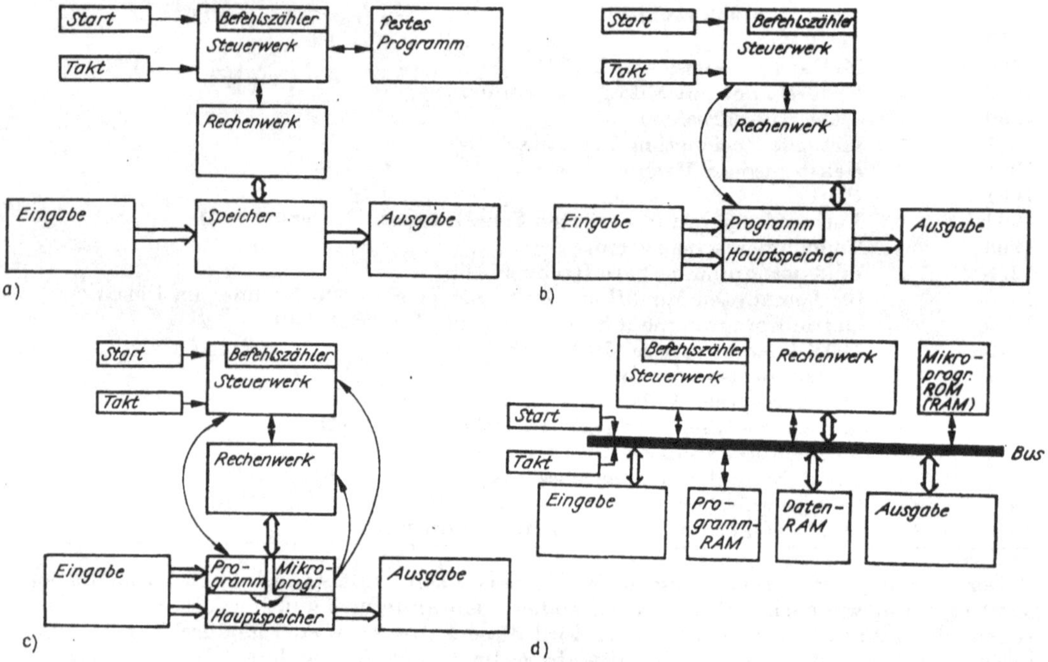

Abb. 5.16 Zur Struktur von Rechnern (Doppellinien für Daten, Einfachlinien für Befehle)
a) Rechner mit festen, wenn auch auswechselbaren Programmen,
b) Rechner, bei dem das Programm gespeichert wird und daher leicht eingebbar ist,
c) Rechner mit Mikroprogrammen, die immer wiederkehrende Befehlsfolgen enthalten,
d) Rechner mit Busstruktur.

gänge in allen Teilen des Rechners wird wirksam. Aus dem Programm wird der erste Befehl geholt, zum Rechenwerk geführt, welches ihn ausführt. Wenn der Befehl ausgeführt worden ist, teilt dies das Rechenwerk dem Steuerwerk mit. Es schaltet den Befehlszähler um eins weiter und holt aus dem Programm den nächsten Befehl, der in gleicher Weise abgearbeitet wird, usw.

Eine neue Qualität führte J. v. NEUMANN ein, indem er das *Programm* ebenfalls *in den Speicher* niederlegte und daher den Rechner zum *Universalrechner* machte (Abb. 5.16b). Jetzt konnten nämlich beliebige Programme schnell in den Speicher eingegeben werden, und so wurde er flexibler. Dieses Prinzip herrschte bei den Rechnern der *ersten und zweiten Generation* vor. Gleichzeitig wird es hierbei leicht möglich, gewisse *sich wiederholende Teil-Programme* besser zu verwirklichen. Hierzu muß immer dann, wenn sie gebraucht werden, der Befehlszähler auf die zugehörige Programmspeicheradresse gestellt werden. Er wird dann also nicht um eins erhöht, sondern auf genau diesen Wert eingestellt. Nach demselben Prinzip lassen sich auch leicht *Entscheidungen* auf Grund von Zwischenergebnissen realisieren.

Eine Weiterentwicklung der Unterprogramme wurde mittels der *Mikroprogramme* erreicht. Hierbei sind die eben geschilderten Programme in einem besonderen Teil des Speichers fest niedergelegt (Abb. 5.16c). Sie werden über das Programm abgerufen, führen dann dem Rechenwerk die notwendige Befehlsfolge zu und geben am Schluß an das Steuerwerk den Endbefehl. Solche Mikroprogramme enthalten z. B. die wissenschaftlich-technischen Taschenrechner für die Funktion e^x, lg, sin, cos usw. Bei Großrechnern sind es z. B. schon recht komplexe Befehlsfolgen.

Im Prinzip braucht nun aber das Mikroprogramm nicht fest gegeben zu sein, sondern der Speicher läßt hier auch eine Programmierung durch Eingabe zu. Dann ist ein solcher Rechner *mikroprogrammierbar*. Auf diese Weise werden vielfältige Verbindungen zwischen den einzelnen Einheiten notwendig. Es ist daher schaltungstechnisch viel besser, jede Einheit von vornherein mit jeder zu verbinden. Dies geschieht dann am besten mit einer *gemeinsamen Busleitung* (Abb. 5.16d). Auf sie werden von jeder Einheit alle Daten und Steuerbefehle gegeben und von ihr auch empfangen. Damit dennoch die Signale in der richtigen Richtung ablaufen, erhält *jede Einheit eine Adresse*, und diese wird den Signalen hinzugefügt. Der *Bus* führt also auf diese Weise Signale der folgenden drei *Arten*

Daten,
Steuerbefehle,
Adressen.

Deshalb werden zuweilen auch diese drei Bussignale auf verschiedenen Leitungen dem Daten-, Steuer- und Adreßbus geführt.

Die *vier* verschiedenen Strukturen werden oft auch als *Architekturen* bezeichnet. Sie haben unterschiedliche Eigenschaften, die zusammengefaßt folgendermaßen beschrieben werden können. Dabei umfaßt die folgende *Stufe* immer die vorangehenden:

- durch die Programminformation gesteuertes *Verhalten* (Abb. 5.16a),
- als Information gespeicherte *Programme* (Abb. 5.16b),
- im Mikroprogramm als Information gespeicherte *Funktion* (Abb. 5.16c),
- über die Adreßinformationen gespeicherte *Struktur* (Abb. 5.16d).

Der Rechner wird also in dieser Folge immer flexibler und damit anpassungsfähiger, daher also auch für Spezialfälle im gewissen Sinne langsamer. Für einen *Spezialrechner*, wie es z. B. Vierspeziestaschenrechner sind, ist daher die Struktur gemäß Abb. 5.16a besonders günstig. Für einen *universellen Mikroprozessor* oder besser mit ihm aufgebauten Mikrorechner hat dagegen die Struktur von Abb. 5.16d erhebliche Vorteile. Allein durch Auswechseln des Mikroprogramms ROM gewinnt er neue Eigenschaften. Die *Strukturen* von Abb. 5.16 sind also nicht eine Frage, ob ein Groß- oder Kleinrechner vorliegt, sondern der *Anwendung*. Weiter sei betont, daß Busse noch in anderen Fällen genutzt werden. So werden jetzt immer häufiger, besonders aber bei den Mikrorechnern, auch in den Rechenwerken selbst, Busstrukturen angewendet. Schließlich existieren noch (und dort wohl am längsten) Busstrukturen bei der Zusammenschaltung von Meßgeräten zu einem Gerätekomplex. In diesem Fall gilt der übergeordnete Begriff *Interface* (z. B. CAMAC oder IEC).

5.4.3. Schaltungsstrukturen

Rechner sind in ihrer Struktur hierarchisch aufgebaut. Bis jetzt sind entsprechend Abb. 5.16 die großen Einheiten kurz behandelt worden. Im Zusammenhang mit anderen Betrachtungen, insbesondere bezüglich der Information im Kapitel 7., ist es hier jedoch notwendig, noch etwas detaillierter in die *Schaltungsstruktur* einzudringen.

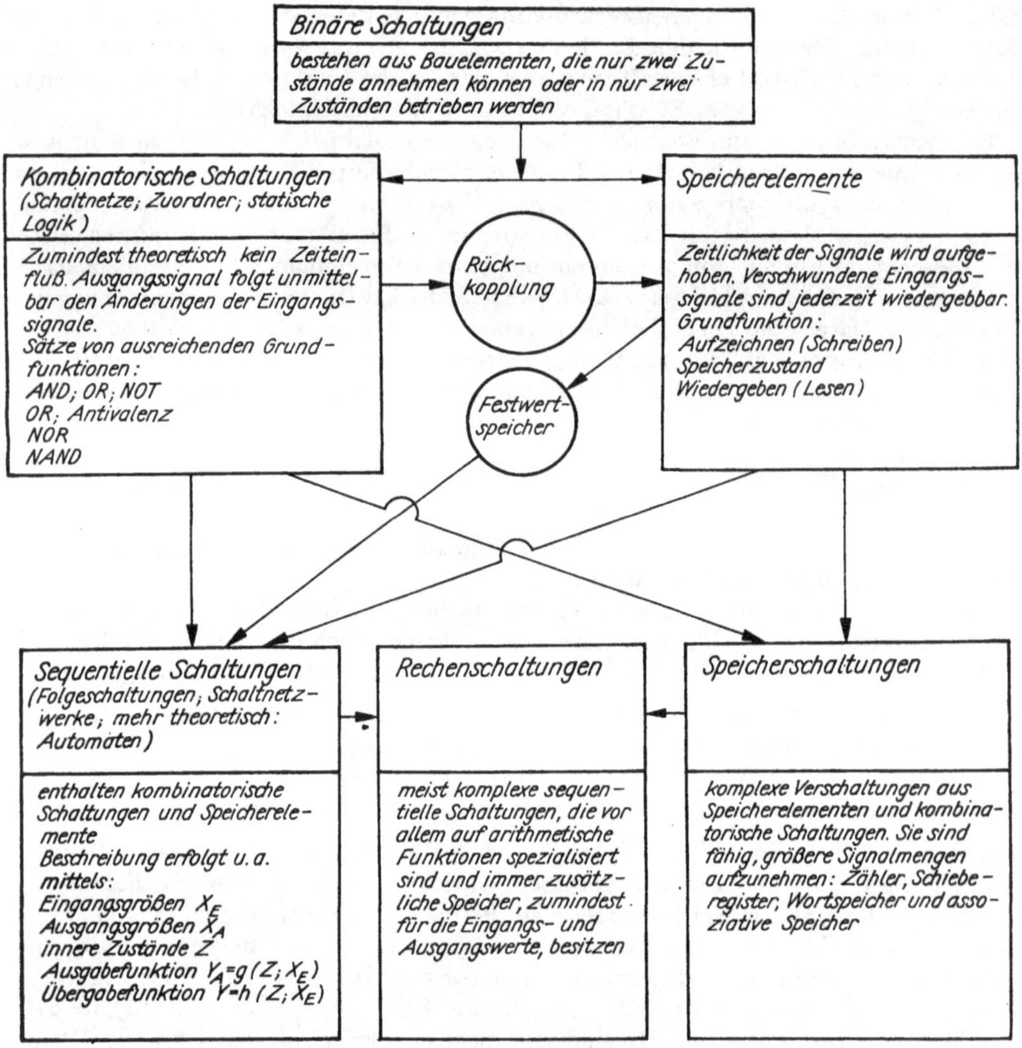

Abb. 5.17 Zusammenhänge zwischen den verschiedenen binären Schaltungen [V42].

Eine Grundlage der wichtigsten elektronischen Schaltungen des Rechners stellt die Boolesche Algebra dar. Deshalb werden die entsprechenden Schaltungen zuweilen, sprachlich falsch, logische Schaltungen genannt. Besser ist, davon auszugehen, daß mit ihnen binäre Werte verarbeitet und gespeichert werden und sie daher *binäre Schaltungen* zu nennen. Die binären Schaltungen bestehen aus *zwei Grundschaltungen* (Abb. 5.17): kombinatorische Schaltungen und Speicherelemente. Die *Speicherelemente* sind bereits im Zusammenhang mit Abb. 5.9 behandelt worden. Sie bewirken, daß zeitliche Signale beständig festgehalten werden und daher jederzeit wiedergebbar sind. Die *kombinatorischen Schaltungen* sind zumindest zunächst einmal theoretisch zeitunabhängig. An ihrem Eingang stehen *mehrere Eingangssignale*, die jedes für sich

0 oder L sein können. Aus dieser Kombination entsteht entsprechend der speziellen Eigenschaft der kombinatorischen Schaltung ein x_A, das wiederum 0 oder L sein kann. Es gilt somit

$$x_A = f(x_E)\,. \tag{11}$$

Die Ausgangsgröße x_A folgt (wenn von geringen Verzögerungen abgesehen wird) unmittelbar den Änderungen des Eingangsvektors x_E.

Aus diesen beiden Grundfunktionen: Speicherung und kombinatorische Schaltung lassen sich nun alle anderen *binären Schaltungen* aufbauen. Dabei ist zu beachten, daß die Speicherelemente bereits recht vielfältig gestaltet sein können. In einem Spezialfall lassen sich mittels Rückkopplung aus kombinatorischen Schaltungen Speicherelemente, nämlich *Flip-Flop* bzw. Latch, bilden. Es ist in der Mitte von Abb. 5.18 aus 2 NAND-Elementen zusammengeschaltet. Doch zunächst sei weiter Abb. 5.17 diskutiert.

Den kombinatorischen Schaltungen werden meist die *sequentiellen Schaltungen* gegenübergestellt. Sie bestehen aus kombinatorischen Schaltungen und Speichern. Die Speicher verleihen je nach den in ihnen erhaltenen Werten 0 bzw. L den sequentiellen Schaltungen unterschiedliche *innere Zustände Z*. Deshalb ist bei ihnen der Zusammenhang zwischen den Eingangs- und Ausgangsgrößen von dem jeweiligen Zustand Z abhängig. Sequentielle Schaltungen sind in diesem Sinne also kombinatorische Schaltungen, deren jeweiliges Verhalten gemäß Gl. (11) mittels der inneren Zustände veränderbar ist. Die inneren Zustände bestimmen also sozusagen die jeweilige Funktion gemäß:

$$x_A = g(Z; x_E)\,. \tag{12}$$

Eine Besonderheit der sequentiellen Schaltungen besteht nun darin, daß die *inneren Zustände* nicht frei wählbar sind, sondern in gewisser Weise *von der Vergangenheit abhängen*

$$Z_{n+1} = h(Z_n; x_E)\,. \tag{13}$$

Hierbei beziehen sich n und $n + 1$ auf zwei aufeinanderfolgende Takte. Sequentielle Schaltungen werden also meist getaktet beschrieben. Die sequentielle Schaltung entspricht damit im wesentlichen auch dem Turing-Automat gemäß Abschnitt 3.2.3. Jedoch hat die Turing-Maschine zusätzlich das unendlich lange Speicherband.

Nach diesen Betrachtungen werden die beiden weiteren Gruppen komplexer *binärer* Schaltungen, nämlich die Rechen- und Speicherschaltungen, gemäß den Texten von Abb. 5.17 besser verständlich. Es kann deshalb noch deutlicher auf die gegenseitige Bedingtheit und Abhängigkeit der Schaltungen gemäß Abb. 5.18 eingegangen werden. In der oberen Reihe werden dabei die *kombinatorische Schaltung*, der *allgemeine Speicher* und der *Festwertspeicher* nebeneinander gestellt. Daraus wird deutlich, daß zumindest formal Festwertspeicher und kombinatorische Schaltung Umkehrungen voneinander sind: Der Festwertspeicher hat einen Eingang, mit dem mehrere Ausgangsgrößen ausgelöst werden, die kombinatorische Schaltung hat aber mehrere Eingänge, die einen Ausgang determinieren. Hiernach steht der allgemeine Speicher (ebenfalls) formal zwischen beiden: Mit dem einen t_A-Signal werden die Eingangssignale ins

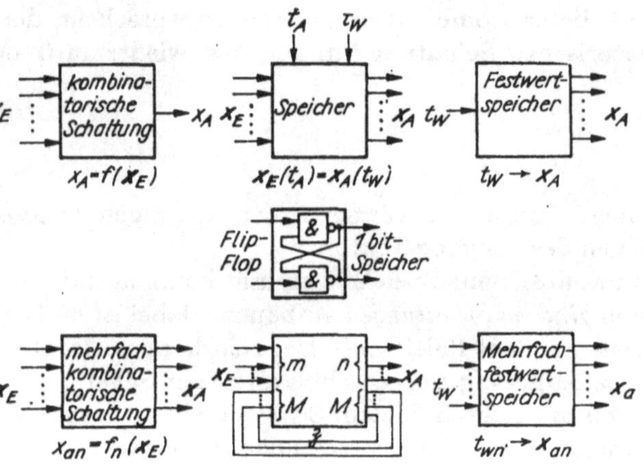

Abb. 5.18 Zusammenhänge und Übergänge zwischen kombinatorischen Schaltungen, Speichern und sequentieller Schaltung [V39].

Innere aufgenommen und mit dem einen t_E-Signal wieder ausgegeben. Die Bezeichnungen lassen sich mit der unteren Zeile jedoch noch weiter entwickeln. Dazu werden einmal (links unten) mehrere kombinatorische Schaltungen eingangsseitig parallel schaltet. Dadurch entstehen dann ausgangsseitig mehrere Signale, die der Anzahl der parallel geschalteten kombinatorischen Schaltungen entsprechen. Gegenüber dem Speicher sind also Eingangs- und Ausgangsgrößen, sowohl was die einzelnen Signale als auch deren Anzahl betrifft, unterschiedlich. Außerdem sind nicht die Signale t_A und t_E notwendig.

In ähnlicher Weise lassen sich auch *mehrere Festwertspeicher parallel* schalten (rechts unten). Dabei sollen ihre Ausgänge in bestimmter Weise parallel geschaltet werden, während die Eingänge einzeln bestehen bleiben. Die Parallelschaltung kann z. B. so vorgenommen werden, daß eine 0 erscheint, wenn alle Ausgänge 0 sind, und ein L, wenn zumindest ein L existiert.

Die beiden Schaltungen: mehrfach-kombinatorische Schaltung und Mehrfachfestwertspeicher können nun so gestaltet werden, daß sie funktionell identisch sind. Damit ist erneut die möglicherweise große Ähnlichkeit von Speicher und kombinatorischer Schaltung belegt und nicht nur in der einen Richtung, wie in der Mitte von Abb. 5.18, durch Rückkopplung. Mittels Rückkopplung von Mehrfachfestwertspeichern oder mehrfachkombinatorischen Schaltungen lassen sich nun auch *sequentielle Schaltungen* erzeugen (Bild Mitte unten). Dies sei kurz erklärt: Durch die M Rückkopplungsleitungen wird eine bestimmte innere Zustandskombination $\boldsymbol{Z}_0$ festgelegt. Jetzt wird ein $\boldsymbol{x}_E$ angelegt, dann erscheint gemäß Gl. (12) ein bestimmtes Ausgangssignal $\boldsymbol{x}_A$. Aber gemäß Gl. (13) wird auch ein neuer Zustand $\boldsymbol{Z}_1$ bewirkt. Dadurch wirkt das immer noch vorhandene und gleiche Signal $\boldsymbol{x}_E$ auf neue Weise und erzeugt sowohl ein neues Ausgangssignal $\boldsymbol{x}_{A1}$ als auch einen neuen Zustand $\boldsymbol{Z}_2$. Dies wiederholt sich so lange, bis wieder einmal der Zustand Z_0 erreicht wird. Dann wird die Schaltung periodisch. Ein $\boldsymbol{x}_E$ löst also eine periodische Folge $\boldsymbol{x}_{A0}, \boldsymbol{x}_{A1}, \dots, \boldsymbol{x}_{An}, \boldsymbol{x}_{A0} \dots$ usw. aus. Die Schaltung besitzt also genau wie jeder Automat ein bestimmtes autonomes Verhalten. Dabei kann durch andere $\boldsymbol{x}_E$ eine andere Folge der $\boldsymbol{x}_A$ Signale bewirkt werden.

5.4.4. Hard- und Software

Die Begriffe Hardware und Software haben sich im allgemeinen für die Rechentechnik recht gut bewährt, obwohl sie nie genau definiert wurden. In späteren Abschnitten (5.5.4. und 7.5.4.) werden sie noch allgemeiner gefaßt. Hier soll zunächst eine grobe Abgrenzung gegeben werden:

Unter *Hardware* werden allgemein jene *Gerätestrukturen* verstanden, die *aus Bauelementen* wie Widerständen, Kondensatoren (Schaltern, Buchsen, Kabeln), Dioden, Transistoren, Relais, integrierten Schaltkreisen usw. aufgebaut sind. Auch die entsprechende Zusammenfassung auf *Leiterplatten* mit *Einschüben* und mit Gehäusen gehört dazu. *Baugruppen* der Hardware sind dabei u. a. Generatoren, Verstärker, Zentraleinheiten, Steuergeräte, Speicher, Ein- und Ausgabe-, Meßgeräte usw.

Unter *Software* werden im allgemeinen primär auf Papier aufgeschriebene *Programme* verstanden. Hierzu gehört ebenfalls eine ganze Hierarchie, die von einfachen Programmen der *Codeumwandlung* über *Assembler, Compiler* bis zu komplizierten *Programmsystemen* reicht. Als weitere Beispiele seien nur Programme zur Speicherbelegung und -verwaltung sowie zur Listenverarbeitung genannt.

Es ist relativ schnell zu verstehen, daß Hard- und Software in einem dialektischen Verhältnis zueinander stehen. Eine entsprechend komplexe Hardwarestruktur ist nämlich ohne Software kaum zu betreiben. In jedem Fall bestimmen Qualität und Umfang der Software die Effektivität des Einsatzes der Hardware. Eine Software ohne Hardware ist dagegen sogar prinzipiell nicht nutzbar. Nicht selten diente die Software auch dazu, technische Grenzen der Hardware zu umgehen.

Software und Hardware sind in gewissen Grenzen austauschbar. Die Hardware muß dabei immer so redundant bzw. unbestimmt sein, daß ihr Verhalten erst durch die Software in genau definierte Abläufe gezwungen wird. Die Software ist dann also Steuerinformation für steuerbare Hardware. So wird auch das Problem unwesentlich, daß Software immer in den materialisierten Speichern (also Hardware) lagert. Als Information ist Software selbst nicht verwendbar. Sie wird nur angewendet auf die für sie bestimmten Rechnerstrukturen, also mittelbar über den Rechner.

Die *Austauschbarkeit* von Hard- und Software zeigt zwei Tendenzen, nämlich einmal werden Softwarelösungen zu Hardware realisiert. Dies gilt u. a. für Gleitkommaarithmetik und Kellerspeicher oder generell für Mikroprogramme. Zum anderen werden Hardwarestrukturen schichtweise aufgelöst und in die Software aufgenommen. Dies wurde im Zusammenhang mit Abb. 5.16 bereits erläutert. Im allgemeinen nimmt der relative Anteil der Software bei Rechnern auf Kosten der Hardware ständig zu. Trotzdem ist absolut gesehen auch die Menge der Hardware ständig stark gewachsen.

Bei der *Entwicklung von Rechnersystemen* sind vier Etappen zu unterscheiden:

| Planung, Architektur, Entwurf und Realisierung.

In den ersten beiden Etappen werden die Anforderungen, Funktionen, Leistungsparameter und die große Struktur fesgelegt. Dabei wird in der Regel nicht entschieden, was als Hard- und was als Software realisiert wird. Dies erfolgt erst beim Entwurf. Hierfür besitzen dann viele Fakten Bedeutung:

Es fiel schon sehr früh auf, daß bezüglich der *Kosten von Hardware und Software* ein beträchtlicher Unterschied besteht. Während in die Hardware Material- und Lohnkosten, Vorrichtungsbau, Bearbeitungs- und Werkmaschinen sowie Lizenz- und Patentgebühren eingehen, treten bei der Herstellung von Software im wesentlichen nur Lohnkosten auf. Teilweise werden die Kosten des Rechenaufwandes für die Softwareentwicklung sogar noch getrennt ausgewiesen. Weiter ist zu beachten, daß im Prinzip nur gerätetechnische Lösungen patentierbar sind.

Hardwarelösungen lassen im Gegensatz zur betont sequentiellen Software auch parallel ablaufende Informationsflüsse zu. Sie sind dann natürlich viel schneller. Dies gilt aber auch dann, wenn z. B. logische Entscheidungen durch Hardwarestrukturen statt durch Softwarelösungen getroffen werden. Hardwarelösungen tendieren meist zum Spezialrechner, Softwarelösungen zum Universalrechner.

Softwarelösungen sind flexibler, leichter zu ändern, anzupassen und auch zu erweitern. Sie unterliegen kaum dem moralischen Verschleiß. Softwarelösungen lassen sich leichter auf dem modernsten Stand der Technik halten. Bei den Softwarelösungen erfolgt der schnellste Fortschritt. Vieles hiervon gilt auch für die als Hardware realisierten Softwarelösungen, z. B. für die ROM in Mikrorechnern.

Bei der *Vervielfältigung* sind Hardwarelösungen vorteilhaft. Je größer die zu produzierende Stückzahl ist, desto mehr Rationalisierungsmittel lassen sich einsetzen, desto ausgefeilter läßt sich das Gerät gestalten. *Software* ist dagegen *fast nur sequentiell* zu vervielfältigen. Durch große Loszahlen lassen sich kaum Effektivitätssteigerungen erreichen. Es sind dann aber eher spezielle neue technische Lösungen, wie z. B. die Pressung der Schallplatte oder der Buchdruck, zu entwickeln. Dann ist aber zumindest im gewissen Sinne die Software als Hardware realisiert.

Großer Einsatz von Software verlangt eine hoch zentralisierte, große Gerätetechnik. „Verteilte technische Intelligenz“ bzw. „Intelligenz vor Ort“ ist vorwiegend nur mit Hardwarelösungen zu realisieren. Das Entstehen der Mikrorechner fördert stark diese Richtung. Die konzentrierte Gerätetechnik bringt neue Probleme bezüglich ihres möglichen *Ausfalls*, d. h. bezüglich ihrer *Verfügbarkeit*, mit sich. Hier bahnen sich Ausweglösungen über Rechnernetze an.

Software ist prinzipiell leichter und risikoarmer herstellbar. Aus diesem Grunde werden heute geplante Hardwarelösungen zunächst als Software erprobt. Bei kleinen Stückzahlen ist sie stets von Vorteil. Softwareerzeugung ist sehr intelligenzintensiv. Softwarelösungen sind (wenn vom Papierverbrauch abgesehen wird) stets umweltfreundlicher. Es treten keine Neben- und Abfallprodukte auf.

Die räumlichen Abmessungen für die Hardware sind beim heutigen Stand der Technik für die Hardwarerealisierung stets kleiner als die erforderlichen Speichervolumen der Software.

Nach NICKEL [N20] gab es bisher erstaunlich *wenig Rückwirkungen zwischen Theorie, Hardware und Software*:

„Kaum jemals haben die Beschränkungen oder Vorteile einer speziellen Hardwaretechnik dazu angeregt, spezielle Softwaretechniken zu entwickeln. Ein Beispiel für einen Ausnahmefall — der allerdings niemals praktisch realisiert worden ist — ist die Feld-Rechenmaschine von KONRAD ZUSE. Sie will die Tatsache ausnutzen, daß in einem Trommelspeicher (oder Plattenspeicher oder Kernspeicher, dagegen nicht in einem Bandspeicher) die gespeicherte Information flächenmäßig, d. h. zweidimensional, vorliegt. ZUSE wollte diese hardwaremäßige Eigenschaft nutzbar machen für die softwaremäßige Behandlung von zweidimensionalen partiellen Differentialgleichungen, die sich sonst in den (eindimensionalen) modernen Computern nicht „sachgemäß“ behandeln lassen.

Der umgekehrte Fall, daß bewährte Softwaretechniken in die Hardware übernommen wurden, trifft zwar immer wieder ein (siehe die oben erwähnte Verdrahtung der Gleitkomma-Arithmetik oder der Dualdezimal-Konversion). Seltsamerweise ist es jedoch auch jetzt, mehr als 10 Jahre nach der Entwicklung des Kellerungsprinzips, immer noch nicht selbstverständlich, eine moderne Rechenanlage hardwaremäßig mit einem oder mehreren Kellern auszurüsten. Dieses Hinterherhinken gegenüber den bewährten Softwaretechniken findet man auch in vielen anderen Fällen.“

Neben der Hard- und Software hat auch seit einiger Zeit der Begriff *Firmware* Anerkennung gefunden. In Abb. 5.19 sind die verschiedenen *hierarchischen Betrachtungsebenen* der Rechner übereinander angeordnet. Hieraus wird auch noch einmal deutlich, daß die Hardware immer die unmittelbare funktionelle Ebene der Realisierung und einige darüber gelagerte hierarchische Ebenen betrifft. Die höheren, dem Menschen bei der Anwendung des Rechners unmittelbar zugänglichen Ebenen gehören stets zur Software. In dieser Darstellung liegt die Entscheidung, ob Soft- oder Hardwarerealisierung vorliegt, im mittleren Bereich, und hier siedelt sich nun auch gerade

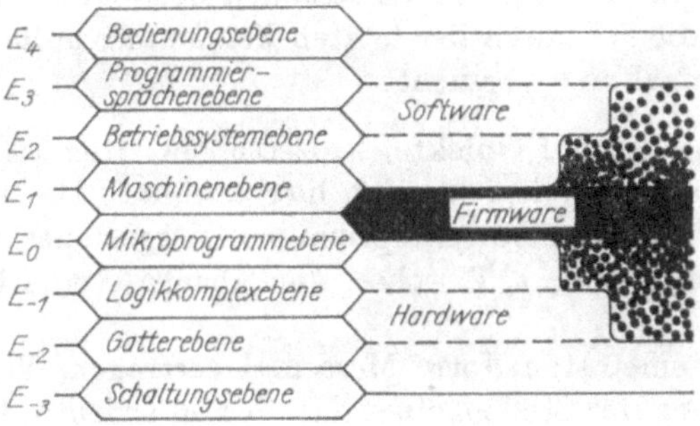

Abb. 5.19 Realisierungsmöglichkeiten der verschiedenen hierarchischen Betrachtungsebenen von Rechnersystemen [B8].

die Firmware an. Stark vereinfacht ist Firmware eine Hardwarerealisierung bestimmter Firmen, die diese Funktion beim vorangegangenen Modell noch als Software installiert hatten. Sie entspricht z. T. den Mikroprogrammen bzw. Mikroprogrammpaketen. Wie in Abb. 5.19 angedeutet, gibt es hier bereits ganze *Hierarchien.* Sie äußern sich u. a. in Ausdrücken wie Nano- und Picoprogrammierung. Die Besonderheiten der Firmware liegen in ihren Eigenschaften, die einige Hard- und Softwarevorteile vereinen:

- Die *Zuverlässigkeit* entspricht praktisch den von der Hardware gewöhnten Größenordnungen [B8].
- Der *Pflege- und Wartungsaufwand* ist trotz komplexer Mikroprogrammierung und beachtlichem Kostenaufwand gering.
- Anfällige *Änderungen* sind schnell, kostengünstig und sicher durchzuführen.

Schließlich sei noch kurz auf den ebenfalls zuweilen gebräuchlichen Begriff *Brainware* eingegangen [H3] (brain engl. = menschliches Gehirn). Mit ihm soll ausgedrückt werden, daß Hard- und Software allein noch keineswegs die Leistungsfähigkeit der Rechner optimal zu nutzen gestalten. Mit Brainware wird die *analytische Tätigkeit* verstanden, die notwendig ist, bevor überhaupt ein Rechnerprogramm (Software) entwickelt werden kann. Gerade diese Arbeit legt ja die Ziele, d. h. auch den Anwendungszweck und die Anwendungseffektivität der Rechner, fest. Mit dem Ausdruck Brainware kommt zum Ausdruck, daß letztlich der Mensch die Rechentechnik anwendet, daß also der Rechner für den Menschen ein Mittel ist, um bestimmte Lösungen zu finden.

5.5. Einbeziehung der Stelltechnik

Bisher wurden die Gebiete Messen, Übertragen, Speichern und Verarbeiten behandelt. Im Grunde genommen fehlt somit nur noch das *Gebiet des Einwirkens auf die Umwelt.* Dieses Gebiet fristet für sich genommen jedoch ein recht kärgliches Dasein, was zumeist so nebenbei mit dem Begriff Stelltechnik abgehandelt wird. Anders sehen die Verhältnisse jedoch aus, wenn es in einem größeren Rahmen behandelt wird. Dann existieren sofort *mehrere Gebiete,* die gerade in der letzten Zeit immer *größere Bedeutung* erlangen. Es sei hier eine Aufzählung versucht:

- *Steuern* entspricht dem Einwirken auf Objekte, Prozesse usw. Hier ist die Stelltechnik Endglied. Zwei besondere Beispiele seien hier erwähnt: Die *NC-Werkzeugmaschinen* (NC = numerical control entspricht rechnergesteuert) und die künstlichen Prothesen (Gliedmaßen), z. T. schon von abgeleiteten Bioströmen gesteuert.
- *Regeln* umfaßt in seiner allgemeinsten Form Messen, Übertragen, Verarbeiten und Stellen, wobei die Wirkung des Stellens über das Messen erneut erfaßt wird. Deshalb der Begriff Regelkreis.
- *Automatisierung* bezieht sich meist auf Produktionsprozesse, wird aber schon weit allgemeiner aufgefaßt. Im wesentlichen wird hier mit technischen Mitteln versucht, den Menschen in derartigen Prozessen weitgehend von körperlichen Arbeiten oder geistigen Routineprozessen zu entlasten.
- *Automaten* stellen meist Geräte oder Ausrüstungen dar, die auf eine Auslösung hin einen mehr oder weniger komplizierten Ablauf selbständig vollziehen. Ihr Spektrum reicht von den einfachen Briefmarkenautomaten über verschiedene Spielzeuge der ersten Kybernetikjahre (z. B. Schildkröte von Wiener und Maus im Labyrinth von Shannon [N14]) bis zu den komplizierten Automaten, z. B. im Weltall wie u. a. Lunochod). Sie sind also deutlich von den mehr theoretischen Automaten der Automatentheorie zu unterscheiden und gehen so z. T. über in:
- *Handhabetechniken* bzw. *Roboter* sind technische Einrichtungen, die komplizierte Manipulationen vollbringen vermögen oder sich selbst bewegen.

Diese, nicht vollständige Aufzählung zeigt die Vielfalt der sich jetzt besonders stark entwickelnden Verfahren mit Stelltechnik. Dabei ist zu bemerken, daß derartige Prinzipien von altersher gepflegt werden. Dies weist u. a. die Tab. 5.19 aus. Aber gerade in den letzten Jahren sind für sie die Anwendungen in mehrfacher Hinsicht immer mehr möglich, ökonomisch und notwendig geworden. Möglich und ökonomisch, weil ein höherer Stand der Technik erreicht wurde, und notwendiger, weil der Mensch gewisse Gebiete, wie z. B. Weltraum, Tiefsee, extreme Temperaturen und Radioaktivität, nicht oder nur mit großem Risiko erträgt. Dieser Vergleich wird erst später (Kapitel 7.) besprochen. Hier sei nur auf Abb. 5.20 aus dem wohl ältesten Artikel zu diesem Gebiet hingewiesen [S27].

Tabelle 5.19 Aus der Geschichte der Automatisierung und Roboter

vor unserer Zeitrechnung	
350	Archytas soll Seilrolle und Schraube erfunden und auch erste Automation erbaut haben
270	Schwimmventil zur Konstanthaltung der Durchfuhrmenge von Ktesitios
220	Philon baut Öllampe mit automatisch konstant gehaltenem Flüssigkeitsniveau
100	Heron von Alexandria entwickelt automatische Theater, Wasserspiele und Türöffner und ähnliches
nach unserer Zeitrechnung	
1304	erste Räderuhr in Deutschland im Straßburger Münster und in Erfurt (1352) mit mechanischem Glockenspiel
1500	Maschinenentwürfe von Leaonardo da Vinci
1633	C. Drebbel baut einen thermostatisch geregelten Ofen
1675	Dampfkochtopf mit Sicherheitsventil von Papin
1695	erste Drehorgeln
1700	erste künstliche Arm- und Beinprothesen
1712	russischer Mechaniker A. K. Nartow baut eine Nachformdrehmaschine
1726	Schwarzwälder Kuckucksuhr
1738/45	Mechaniker Vaucanson baut eine programmgesteuerte Ente sowie einen Webstuhl mit Nockensteuerung für verschiedene Muster, sowie „Flötenspieler" und „Mandolinenspieler"
1760	v. Knaus und Brüder Droz bauen Schreibapparate sowie schreibende, zeichnende und musizierende Puppen
1786	Watt und Rennie nutzen das Fliehpendelprinzip zur Regelung an Dampfmaschinen
1787	Th. Mead stellt mit Fliehkraftregler den Abstand der Mühlsteine ein, um eine konstante Drehzahl zu erhalten
1805	J. M. Jacquard entwickelt die Lochkartensteuerung für Webstühle
1830	B. Thimonnier erfindet die Nähmaschine
1831	elektrische Klingel mit Wagnerschem Hammer
1834	Ampere: Essai sur la philosophie des sciènces
1858	ständiges Marionettentheater in München
1859	Stellwerke für Eisenbahn von A. Chamberlain
1859	Glühlampe von Goebel
1866	W. Siemens erfindet selbsterregte Dynamomaschinen
1869	W. N. Tschikoleẃ erfindet Differentialregler für Bogenlampen
1873	Spencer (USA) baut den ersten Drehautomaten mit Magazinanlage, Steuerwelle und zylindrischen Kurvenkörpern
1876	I. A. Vynegradskij schreibt „Über eine allgemeine Theorie der Regler" und über direkt wirkende Regler
1876	automatische Kupplung für Eisenbahnwagen
1878	vollautomatische garbenbindende Mähmaschine
1898	Versuche zur drahtlosen Fernlenkung
1913	Schlömilch erhält Patent auf Rückkopplungsaudion
1913	Meissner: Rückkopplungsschaltung
1914	Sperry baut einen Flugregler mit Kreisel, Relais und Ruderantrieben
1920	Karel Capeks Roman: RUR (Rossems Universal Roboter) erscheint
1923	englische Gesellschaft „Morris Motors" nimmt eine mechanische Taktstraße in Betrieb
1925	Wagner beschreibt biologische Regelung
1920/30	Philips Hund (Simulation der Fototaxis)
1928	Reglerbügeleisen
1928	elektrische Verkehrsampeln in Berlin
1930	Hess: Regelung des Blutkreislaufes
1930	Herstellung erster Roboter

Tabelle 5.19 (Fortsetzung)

1932	Nyquist: Stabilitätskriterien
1933	Frisch: Volkswirtschaftliche Regelkreise
1940	H. Schmidt: Denkschrift zur Gründung eines Institutes für Regelungstechnik
1948	N. Wiener verfaßt das Buch: „Kybernetik der Steuerung und Informationsübertragung in Lebewesen und Maschine“
1949	Inbetriebnahme des automatischen Werkes für Aluminiumkolben in der UdSSR
1949	Beginn der Entwicklung von NC-Maschinen
1952	Shannons Maus im Labyrinth
1956	Baubeginn eines Werkes für die automatische Kugellagerfertigung in der UdSSR
1957	Sputnik I
1960	Vorführung der Moskauer „Hand“ (bioelektrisch gesteuerte Prothese)
1961	erster Manipulator mit Rückmeldung von H. Ernst und Cl. Shannon und M. Minski
1962	erster Robotereinsatz in der Autoindustrie der USA
1966	Luna 6 und Luna 13 landen auf dem Mond
1970	Lunochod 1 auf dem Mond (Lunochod 2; 1973)
1974	ca. 50000 NC-Werkzeugmaschinen im Einsatz
1974	ca. 4000 Roboter arbeiten in der Welt. In Europa ca. 35 Typen (für 1980 werden 60000 geschätzt)
1975	automatische Meßstationen auf der Venus

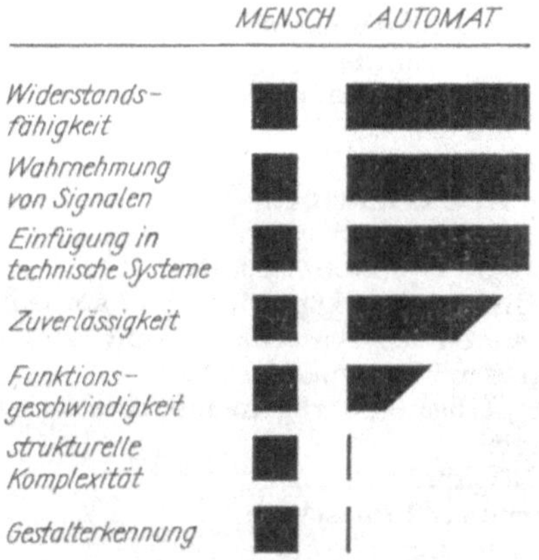

Abb. 5.20 Vergleich einiger Eigenschaften von Mensch und Automat im Hinblick auf die Raumfahrt [S27].

5.5.1. Stelltechnik

Messen und *Stellen* oder allgemeines *Einwirken* sind gegenläufige Prinzipien. Beim Messen wird aus unterschiedlichen Ausprägungsgraden von Eigenschaften der zu untersuchenden Gegenstände die Information gewonnen (vgl. Abschnitt 4.1.). Hier erfolgt also eine Wandlung von Stoff- bzw. Energiegrößen in Information. Beim Stellen wird aus Information über eine Leistungsverstärkung auf Gegenstände, Vorgänge, z. B. Energie und Stoffströme, so eingewirkt, daß dort strukturelle, quantitative oder gar qualitative Änderungen erfolgen. In diesem Sinne stellt Messen den *Beginn* und Einwirken das *Ende der Informationskette* dar. Da aber die Folge der Einwirkung wiederum meßbar ist, können beide zusammen sowohl Anfang als auch Ende sein. Sie schließen dann die Wechselwirkung von Informationssystem mit der Umwelt zu einem *Regelkreis*.

Die Stelltechnik umfaßt einen weiten Bereich und vielfältige Energie- bzw. Stoff- und Materialströme. Die Leistungen, die von der Stelltechnik beherrscht werden müssen, liegen in der Elektrotechnik bei Größenordnungen von Milliwatt bis Megawatt; bei Durchflußmengen zwischen 10^{-6} und einem Kubikmeter in der Minute. Im Gegensatz zur Meß-, Übertragungs- und Verarbeitungstechnik muß hier sehr auf den *Leistungswirkungsgrad* geachtet werden. Da mit der Stelltechnik die gewonnene und verarbeitete Information in Energie- und Stoffströme umgewandelt wird, hört mit der Stelltechnik eigentlich zumindest im engeren Sinne die Information auf. Deshalb wird die *Stelltechnik* zuweilen auch als *Informationsnutzung* bezeichnet. Andererseits besitzen besonders hier neben der elektrischen auch die pneumatischen und hydraulischen *Hilfsenergien* beachtliche Bedeutung. Für ihre *Anwendung* weist TÖPFER [T7] folgende Tendenzen von 1970 nach 1990 aus:

pneumatisch	80% auf 66%,
elektrisch	17% auf 29%,
hydraulisch	3% auf 5%.

Für dieses sonst ungewöhnliche Verhältnis gibt es vielfältige Gründe, die meist aus den Eigenschaften der entsprechenden Stellantriebe herrühren. Im pneumatischen Bereich sind es vor allem Membranelemente, Kolben und schnellrotierende Motoren; im elektrischen Bereich Motoren, auch Schritt- und Linearmotoren sowie Elektromagneten, und im hydraulischen Bereich sind es Stellkolben. Hier seien nur einige der sich ergebenden und damit *zu bewertenden Eigenschaften* aufgezählt:

> Ausreichende Stellkraft, guter Wirkungsgrad bzw. hoher Verstärkungsfaktor, wählbare Stellgeschwindigkeit, Linearität, Stellgenauigkeit, Hysteresearmut, gutes Anlauf- und Nachlaufverhalten, Bremswirkung bei Stillstand, Verhalten bei Ausfall der Hilfsenergie, Vor- und Rückbewegung, Explosionsschutz, Temperaturbereich, einfache Ansteuerbarkeit, geringe Wartung, gute Ökonomie.

Die *Stellungenauigkeiten* liegen heute etwa bei 0,05 bis 5%. Diese Werte lassen sich durch Gegenkopplung (Rückführung) noch verbessern. Die *Stellgeschwindigkeiten* liegen bei analogen Mechanismen zwischen 0,5 und 20 mm/s, in Ausnahmefällen werden Werte bis etwa 1,5 m/s erreicht.

Schließlich sei noch erwähnt, daß DÖHN auf Grund der Stellglieder eine gute quantitative Abschätzung für den *Automatisierungsgrad* von Industrieanlagen geben konnte. Er mußte dabei eine Unterscheidung einführen, in welchem Abstand ein Stellglied betätigt wird. Dieser Abstand kann zwischen Millisekunden und Jahre liegen. Es ist verständlich, daß die oft zu betätigenden Stellglieder für eine Automatisierung wichtiger als die anderen sind.

5.5.2. Einfache Beispiele aus der Steuerungs- und Regelungstechnik

Schon bei den alten Öllampen bestand das Problem, den Ölspiegel konstant zu halten, damit gleichbleibende Betriebsbedingungen existieren. Hierzu gab es bereits 220 vor unserer Zeitrechnung Lösungen. Erneut trat das Problem beim elektrischen Lichtbogen auf, da die Kohlen abbrannten und so nachgestellt werden mußten. Hier gab es zwei Lösungen:

1. Da der Abbrand etwa proportional mit der Zeit erfolgte, konnte er einfach zeitlinear mit einem Uhrwerk nachgestellt werden. Lediglich in gewissen Abständen war eine meist kleine Korrektur notwendig (Störwertaufschaltung).
2. Regelung über die Stromcharakteristik des Bogens. Diese Lösung lag bereits 1869 vor.

Beide Prinzipien wurden aber hinfällig, indem die beiden Kohlen nicht gegenüber, sondern parallel gestellt und der Bogen an ihrer Spitze gezündet wurde. Allerdings verlagert sich dann der Brennfleck. Eine ganz andere Lösung entstand schließlich mit der Glühfadenlampe. Hier ist es nur noch notwendig, den Strom (bzw. die Spannung) konstant zu halten. Da das Lichtnetz dafür hinreichend konstant ist, entfällt die Notwendigkeit der Steuerung und Regelung. Erst wenn mit ihr eine hochkonstante Lichtquelle realisiert werden soll, muß ein Regelkreis über der Lichtstrommessung aufgebaut werden.

Diese Reminiszenz sollte vor allem andeuten, daß zumindest in einigen Fällen neue technische Lösungen vorher notwendige Regelungen und Steuerungen weitgehend überflüssig machen können. Im Sinne der Regelungs- und Steuerungstechnik unterscheidet man *drei Prinzipien*:

- weitgehende *Ausschaltung* aller inneren (und äußeren) Störfaktoren durch ein neues Wirkprinzip,
- wesentliche Minderung der determinierten inneren und/oder äußeren Störungen durch *Störwertaufschaltung*,
- Messung der Störungen und Ableitung von Regelgrößen zu ihrer Kompensation im Sinne eines *Regelvorgangs*.

An Stelle des Begriffes Störwertaufschaltung wurde früher auch Steuerung verwendet. Heute wird Steuerung meist nur auf gezielte Änderung und nicht auf Konstanthaltung bezogen.

Die weiteren Betrachtungen sollen am *Beispiel* eines mit Dauermagneten erregten *Gleichstrommotors* erfolgen. Seine Ersatzschaltung zeigt Abb. 5.21 a. Dabei werden alle inneren Verluste, wie Kupferwiderstand, Bürstenübergangswiderstand und Reibung, im Ankerwiderstand R_i zusammengefaßt. Er wird zunächst als unabhängig von weiteren Parametern angenommen. Dann muß die in den verlustfreien Motor hineingehende elektrische Leistung gleich der zu entnehmenden aus Drehzahl n und Druckmoment M sein:

$$U_i I = nM \,. \tag{14}$$

Da die innere Spannung U_i entsprechend dem Induktionsgesetz mit einer Konstanten K der Drehzahl proportional ist

$$U_i = Kn \,, \tag{15}$$

folgt weiter

$$I = \frac{M}{K} \,. \tag{16}$$

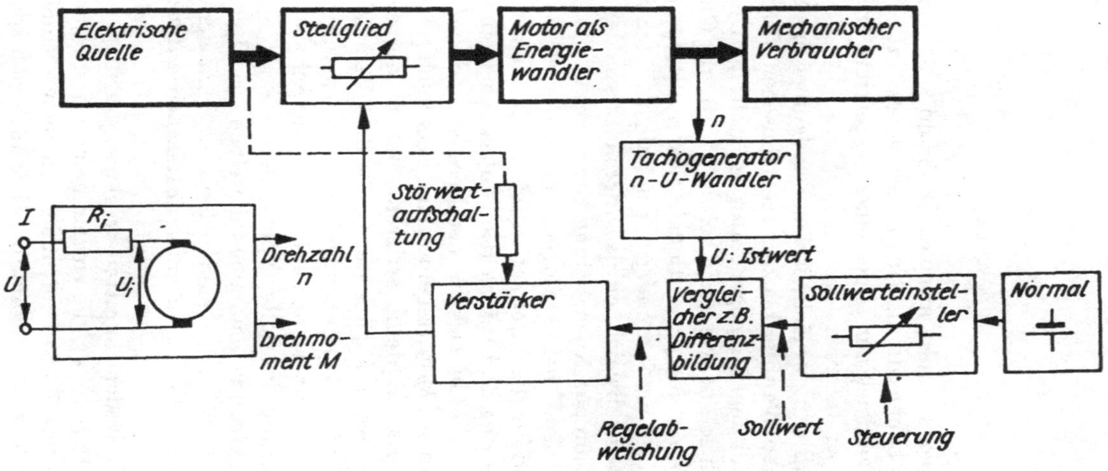

a) b)

Abb. 5.21 Zur Drehzahlregelung eines Motors
a) Ersatzschaltung des Motors,
b) Regelkreis für konstante Drehzahl, Leistungsfluß ist stark, Informationsfluß dünn gezeichnet. Störwertaufschaltung von Schwankungen der Spannungsquelle und Steuerung der Drehzahl sind gestrichelt gezeichnet.

Mit einer Konstantstromquelle ist das *Drehmoment* des Motors unabhängig von der Drehzahl konstant zu halten, mit einer Spannungsquelle mit negativem Widerstand R_i die *Drehzahl.* Besonders die letzte Methode wird bei einfachen Motorregelungen angewendet. Sie sind dann empfindlich gegenüber Änderungen des Verslustwiderstandes R_i, denn es gilt der Zusammenhang

$$U = Kn - \frac{R_i M}{K}. \tag{17}$$

Deshalb leiten *hochwertigere Schaltungen* direkt aus der Drehzahl z. B. über einen *Tachogenerator* die Meßsignale und bauen damit einen Regelkreis auf. Er ist in Abb. 5.21 b gezeigt und demonstriert zugleich den allgemeinen Regelkreis. In ihm sind deutlich gekennzeichnet, zwei Flüsse zu unterscheiden:

Der stark ausgezogene *Leistungsfluß* von der elektrischen Quelle über das Stellglied und den Motor als elektromechanischen Wandler bis zum mechanischen Verbraucher.

Der *Informationskreis,* beginnend mit dem Tachogenerator. Er stellt die Umkehrung eines Motors dar, und da er elektrisch so gut wie nicht belastet wird, gilt Gl. (15). Er erzeugt also aus der Drehzahl des Motors eine proportionale elektrische Spannung als Drehzahlinformation. Sie wird mit der vom Spannungsnormal abgeleiteten Sollspannung verglichen, und so entsteht die Regelabweichung als Differenz aus beiden. Sie wird verstärkt dem Stellglied als Information zur Nachstellung zugeführt.

Die Motorregelung wurde hier als Beispiel herangezogen, weil bei ihr relativ deutlich diese *beiden Wege*: für das *Geregelte* und für die *Information* infolge der zumindest zum Teil unterschiedlichen Träger für Leistung und Information zu erkennen sind. Bei der elektrischen Spannungsregelung bleibt alles im elektrischen Bereich, und die Trennung macht daher Mühe. Mit diesem Prinzip der Motorregelung sind aber auch relativ leicht *Störwertaufschaltungen und Steuerungen* zu demonstrieren. Besitzt die elektrische Quelle z. B. Schwankungen, so können sie in angepaßter Größe dem Verstärker zugeführt werden, und der Regelkreis hat die entsprechenden Schwankungen nur in weitaus geringerem Maß zu korrigieren. Gesteuert werden kann bei dieser Schaltung besonders gut die Drehzahl durch Veränderung des Sollwerteinstellers.

Bei der *Automatisierung* werden im Grunde genommen dieselben Prinzipien wie bei der Motorregelung angewendet. Die *Verhältnisse* sind jedoch in vielfacher Hinsicht wesentlich *komplizierter* und *komplexer.* Hier seien einige Tatsachen aufgezählt, die dies begründen:

Die zu stabilisierende Größe kann weder unmittelbar gemessen noch beeinflußt werden. Es existieren vielmehr viele Parameter, die einzeln gemessen und/oder nachgestellt werden müssen. Dabei sind diese Parameter nicht voneinander unabhängig, sondern meist in komplizierter und z. T. nicht bekannter, aber auch sich ständig verändernder Weise miteinander vermascht. Größtenteils sind die einzelnen Abhängigkeiten sogar nichtlinear. Dies alles führt dazu, daß Einzelregelkreise gebildet werden, die Teilparameter suboptimal auf das Gesamtziel hin konstant halten. Dadurch müssen wiederum diese Regelkreise, nach verschiedenen Kriterien und verschieden bewichtet, in ihren Sollgrößen verstellt werden. So entsteht eine stark gestaffelte Hierarchie der Regelungen und Steuerungen. Um sie besser zu beherrschen, wird seit mehreren Jahren der Prozeßrechner eingesetzt. Dies hat aber zur Folge, daß meist die ursprünglichen Signale zunächst digitalisiert werden müssen, um verarbeitet werden zu können.

Umgekehrt werden die digitalen Signale für das Stellen oft wieder rückgewandelt. Der Einsatz der Rechentechnik in der Automatisierung wird durch die Mikroelektronik stark vorangetrieben.

5.5.3. Automaten, Handhabetechnik, Roboter

Der Wunsch des Menschen, sich selbst oder andere Lebewesen auf technische Weise nachzugestalten, ist sehr alt. Im gewissen Sinne äußerte er sich schon in den alten Höhlenzeichnungen und figürlichen Darstellungen. Doch im Laufe der Zeit stiegen die Ansprüche, und so kam der Wunsch nach dem Homunkulus auf. Eine gewisse Existenz erlangte dieser Gedanke dann wohl bei den Puppenspielern, insbesondere bei den Marionetten. Mit den feinmechanischen Möglichkeiten entstanden dann die *mechanischen Puppen*, welche wohl ihren Höhepunkt bei den *Automaten* der Gebrüder DROZ erreichten. So wurde der Mensch z. T. immer mehr und fälschlich mit Automaten „gleichgesetzt".

Diese *Ansicht* fand auch in der *Kunst und Literatur* ihren Einzug. Es sei nur an RUR und Copelia erinnert. Heute dürfte fast überall klar sein, daß eine mechanische, elektronische oder sonstige Nachbildung des Menschen praktisch sinnlos ist. Am deutlichsten demonstriert dies STEINBUCH mit einem Bild von einem menschenähnlichen Roboter, dem er das Schild umhängt: Bitte um eine milde Gabe, da Fehlkonstruktion.

Dennoch zeichnet den hier zu behandelnden realen und nützlichen Automaten, *Handhabetechniken und Robotern* (ohne Menschenähnlichkeit) eine Eigenschaft aus. Sie können sich in ihrer Gesamtheit oder zumindest mit bestimmten Teilen *definiert im Raum bewegen*, um so Tätigkeiten zu vollbringen, d. h. Arbeit zu leisten. Im engeren Sinne gehören dann auch die numerisch gesteuerten *(NC-) Werkzeugmaschinen* hierzu. Für sie wird vielfach der vereinfachte Begriff Automat verwendet. Weiter gehören zu diesem Gebiet auch die gesteuerten Hand-, Arm- oder Beinprothesen. Seit einiger Zeit ist es gelungen, sie über *Bioströme* vom Gehirn aus zu steuern. Aus der Anfangszeit der Kybernetik stammen die Experimente mit der Nachbildung einfacher biologischer Abläufe. Hier seien mit Hinweis auf [N14] nur die Wienersche Schildkröte und Shannons Maus im Labyrinth genannt. Die Unterscheidung von *Handhabetechnik und Roboter* erfolgt heute vor allem unter dem Gesichtspunkt der freien Beweglichkeit des ganzen Mechanismus (Roboter) oder nur einiger Teile von ihnen, z. B. Greifer usw. Wesentlich für beide sind die vielen *Freiheitsgrade* der Bewegung. Zum Teil sind es mehr als fünf. Während die Handhabetechnik vor allem in der Produktion eingesetzt wird, haben die Roboter (Automaten mit freier Eigenbewegung) vor allem im Weltall bei Landungen auf dem Mond und den Planeten und unter anderen extremen Bedingungen, z. B. in den aktiven Zonen von Kernreaktoren, Anwendung gefunden. Die *wesentlichen Baugruppen* beider Arten sind:

Mechanische Bauelemente für die Glieder, Greifer, das Fahr- bzw. Schreitwerk und für Stückvorrichtungen.

Kraftquellen für den Antrieb der mechanischen Bauelemente. Sie funktionieren mit unterschiedlichen *Hilfsenergien*. 1973 war das Verhältnis: 51% hydraulisch, 39% pneumatisch, 10% elektrisch. Es weicht also erheblich von den entsprechenden Anteilen ab, die sonst in der Stelltechnik üblich sind. (Vgl. Abschn. 5.5.1.). Im geringen Umfang werden auch Verbrennungsmotoren eingesetzt.

Fühler, um Information aus der Umwelt für koordinierte Bewegungen zu gewinnen. Am meisten werden Druckfühler, Annäherungssensoren und optische *Sensoren* verwendet. Ein beachtlicher Trend geht zum *Hand-Auge-System* mit Bilderkennung und Verarbeitung. Obwohl es schon hierfür einzelne Lösungsansätze gibt, haben sie noch keine technische Bedeutung erlangt.

Die *Steuereinheit* dient zur definierten Bewegung der Glieder und Greifer. Die entsprechenden Abläufe sind z. T. sehr komplex und werden wiederum von den Rückmeldungen der Sensoren beeinflußt. Im wesentlichen handelt es sich hier um speziell ausgelegte Rechner.

Die *Programme* für die Einrichtungen müssen dem jeweiligen Anwendungsgebiet angepaßt werden, denn der Vorteil der Handhabetechniken und Roboter liegt ja gerade darin, daß sie ziemlich universal sind und sich so durch Programmänderung an vielfältige Aufgaben anpassen lassen.

Die *Einteilung* der Handhabetechniken und Roboter kann *vielfältig* vorgenommen werden. So gibt es Geräte mit sehr hoher Belastbarkeit, die also insbesondere für *Schwerstarbeit* gestaltet sind und in dieser Hinsicht schon den Menschen übertreffen. Es gibt aber auch Automaten für höhere, *präzise Montagen*, z. B. in der *Uhrenindustrie*. Es wurde auch mehrfach versucht, eine *Generationseinteilung* wie in der Rechentechnik vorzunehmen. Bei der ersten Generation herrschen dann die rein gesteuerten mechanischen Bewegungsabläufe vor. Bei der zweiten Generation kommen Sensoren für Druck und Abstand hinzu. Die dritte Generation erhält das Hand-Augesystem, und die vierte ist schließlich der „intelligente" Roboter mit hoher Verarbeitungskomplexität.

An dieser Stelle ergeben sich auch theoretische Fragen, die sich mit dem *möglichen oder zulässigen Verhalten von Automaten* (oder z. T. sogar von Menschen) befassen. Mit solchen Theorien wie Verhaltenslogik, Deontik usw. (z. B. [L14; P10]) soll versucht werden, *ethisch-moralisch* das Verhalten *zu formalisieren*. Dies dürfte sehr wahrscheinlich, auf den Menschen bezogen, kaum widerspruchsfrei zu lösen sein. Zumindest interessant ist dennoch ein Ansatz von dem Science-Ficton-Autor ASIMOW [A14]. Er entwirft ein Gebiet der *angewendeten Robotertechnik*, das er *Robotik* (zusammengesetzt aus Roboter und Technik) nennt, und stellt die *drei Gebote* der Robotik auf:

„1. Ein Roboter soll ein menschliches Wesen nicht verletzen oder durch Untätigkeit zulassen, daß einem menschlichen Wesen Schaden zugefügt wird.

2. Ein Roboter muß den Weisungen menschlicher Wesen gehorchen, ausgenommen der Fall, daß die Weisungen dem ersten Gebot widersprechen.

3. Ein Roboter muß seine eigene Existenz schützen, ausgenommen die Fälle, wo ein solcher Schutz dem ersten oder zweiten Gebot widerspricht."

Es zeigt sich, daß diese sehr einleuchtenden und logisch erscheinenden Gebote auch ihre Probleme haben. ASIMOW fährt fort:
„Ist ein fünf Jahre altes Kind ein menschliches Wesen im Sinne des zweiten Gebotes? Muß ein Roboter einen Chirurgen am Operieren hindern, da der erste Einschnitt den Patienten zu beschädigen scheint?"

Damit ist die Problematik spätestens jetzt wieder bei den Entscheidungsfragen des Abschnittes 3.1. angelangt. Es wäre auch sehr verwunderlich, wenn Ethik und Moral sich auf so einfache oder gar rein logische Fragestellungen reduzieren lassen.

5.5.4. Noch einmal Hard-Software

Die Begriffe *Hard-Software* entstanden in der *Rechentechnik* und sind dort heute auch noch im wesentlichen beheimatet. Die Rechentechnik dringt nun aber immer stärker in die vielfältigsten Gebiete ein und wird so insbesondere im Sinne der dezentralisierten, *verteilten technischen „Intelligenz"* sehr unmittelbar und effektiv wirksam. Infolgedessen wird auch die Anwendung der beiden Begriffe immer breiter. Zuweilen scheint es schon so, daß *Hardware* mit *Gerätetechnik* völlig gleichwertig verwendet wird. Als *Software* wird dann *alles* verstanden, *was zur Bedienung* der Geräte generell *nötig ist*, also auch das dann dem Menschen zu vermittelnde Wissen, wie es zum Beispiel als Gerätebeschreibungen, Bedienungsanleitungen usw. vorkommt. Schließlich wären dann (vielleicht sogar noch berechtigter) Noten die Software, die nötig ist, um ein Musikinstrument als Hardware zu spielen. Eine solche Ausweitung der beiden Begriffe führt, wie schon im Kapitel 1. für System angedeutet wurde, ohne Gegenmaßnahmen zur Entleerung der Begriffe. Es soll hier nun versucht werden, eine *sinnvoll erscheinende Abgrenzung* zu geben:

So wie es den Spezial- und Universalrechner gibt, existieren auch *Einzweckgeräte*, die für eine Aufgabe ausgelegt sind, und *Mehrzweckgeräte* mit hinreichender, Flexibilität um mehreren Aufgaben zu genügen. Ein Voltmeter mit nur einem Meßbereich ist ein solches Einzweckgerät. Ein Vielfachrechner mit mehreren Meßbereichen für Strom, Spannung und Widerstand ist da schon wesentlich universeller. Dennoch ist es nicht sinnvoll, für den Vielfachmesser den Begriff Hardware zu verwenden, denn auch er wird ausschließlich vom Menschen bedient und abgelesen. Die Verhältnisse werden sofort anders, wenn es sich um ein *programmierbares, digitales Voltmeter* handelt. Hier kann über Steuerung ein Meßbereich eingeschaltet werden und das Ergebnis als Meßwert abgefragt werden. Ein solches Gerät ist also für den Einsatz in automatischen Meßplätzen geeignet. Die *Gerätetechnik* muß also in zwei Gruppen zerlegt werden, in solche, die *automatisch steuerbar* sind (sie stellen *Hardware* dar), und in die einfachen Geräte (Abb. 5.22). Natürlich benötigt damit jede so definierte Hardware eine Redundanz, denn sonst wäre sie ja nicht steuerbar. Mit den Programmen zur Steuerung wird ja gerade diese Redundanz zweckmäßig ausgenutzt und der nur jeweils benötigte Teil in Betrieb gesetzt. Damit ist auch die *Software als Steuerinformation* bereits definiert. Sie kann zumindest seit J. v. NEUMANN zweifach realisiert sein: Entweder befindet sie sich auf Speichermedien und ist somit leicht auswechselbar, oder sie ist

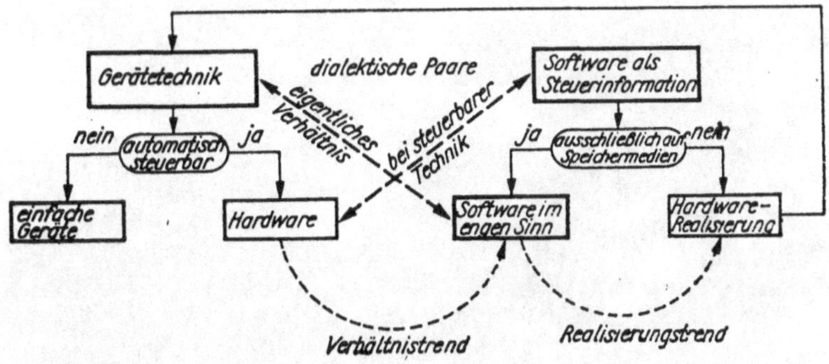

Abb. 5.22 Zum allgemeinen Verhältnis von Hard- und Software.

wie bei den vorangegangenen Varianten selbst als technisches Gerät realisiert. Diese Lösung tauchte auch bei der Mikroprogrammierung und kürzlich bei den Mikrorechnern mit den ROM auf. Es seien deshalb zwei Arten von Software unterschieden:

Software *im engeren Sinne.* Sie befindet sich in oder auf Speichermedien und ist leicht austauschbar.

Software *in Hardwarerealisierung.* Hier werden Strukturen geschaffen, die den genau definierten Ablauf der Programme unveränderlich erzeugen. Solche Software in Hardwarerealisierung ist nicht ganz einfach zu definieren. Es seien deshalb *Beispiele* angeführt: Die Stiftwalzen bei den Glockenspielen, die Walzen in Drehorgeln, die Programm-ROM der Mikrorechner sind solche als Hardware realisierte Software. Sie steuern Geräte (Hardware), um etwas zu bewirken. Falsch dagegen wäre es, die Schall- oder Bildplatte als hardwarerealisierte Software zu bezeichnen. Denn sie stellt kein Programm für eine Hardware, sondern einfach einen Informationsspeicher dar (sofern nicht der Mensch fälschlicherweise, sei es aus welchen unsinnigen Gründen auch immer, als steuerbare Hardware betrachtet werden soll). Natürlich gibt es hier auch *Grenzprobleme*: Die *Meßschallplatte* kann z. B. Steuerinformation für einen Meßkomplex enthalten. Die Streifen des Welte-Steinway-*Flügel* enthalten offensichtlich die exakte Information, wie dieser oder jener bedeutende Pianist gespielt hat. In diesem Sinne sind sie Informationsspeicher. Sie können in dem Sinne, daß sie diesen Flügel steuern, aber auch als Software aufgefaßt werden. Allerdings wird dann von dem eigentlichen Zweck, der exakten Reproduktion des Spiels, so gut wie abgesehen. Ein weiteres extremes Beispiel wäre die *Schiene* als „Steuerinformation" für ein Räderfahrzeug.

Nach diesen Beispielen lassen sich nun verschiedene Begriffe besser fassen:

Zur genannten *Gerätetechnik* gehören also: *einfache Geräte*, *Hardware*(-geräte) und *Hardwarerealisierungen* von ursprünglicher Software. So läßt sich das meist als *Hard-Software-Verhältnis* bei Rechenanlagen und anderen steuerbaren Einrichtungen in dem Sinne präzisieren, daß es hier um das Verhältnis aus gesamter dazu notwendiger Gerätetechnik zu der Software im engen Sinne geht. Es ist selbst dann verständlich, daß mit der zunehmenden Komplexität und damit möglichen Anwendungsbreite der Anlagen, der relative Anteil der eigentlichen Software ständig zunimmt. Dies gilt, wie die Praxis zeigt, auch dann noch, wenn immer mehr Teile der Software als Hardwarerealisierungen (Mikroprogramme, Firmware) verwendet werden. Diese Entwicklung sei *Realisierungstrend* genannt. Der Anteil der gesteuerten Gerätetechnik ohne die Hardwarerealisierung von Programmen zur Software im engeren Sinne heiße *Verhältnistrend.*

6. Quantitative Anwendungen und Ergebnisse

Dieses Kapitel steht zwischen Aussagen, die mehr quantitative Aspekte als qualitative Aspekte betreffen. Es stellt damit auch zugleich einen ganz quantitativ betonten Abschluß in diesem Buch dar. Es werden quantitative Daten, soweit wie sie vor allem in Bit ausdrückbar sind, zusammengestellt. Natürlich kann diese Sammlung nicht vollständig sein. Wie die vorangegangenen Betrachtungen schon erahnen lassen und die späteren (vor allem im Ergänzungsband) noch zeigen werden, müssen auf verschiedenen Gebieten — es sei nur die formale Ästhetik genannt — hierbei Probleme auftreten. Sie werden noch besonders im abschließenden Kapitel 7 behandelt werden.

6.1. Speichertechnik

Hier werden drei Gebiete behandelt, die sich vom informationstheoretischen Standpunkt besonders nahe stehen, nämlich die Anwendung bei der Signalspeicherung vor allem mit *Magnetband*, in der *Optik* und in der *Polygraphie*. Es sind dies jene Gebiete, bei denen die Frequenzen der Signalübertragung durch *Ortsfrequenzen* oder *Wellenlängen* ersetzt werden. Die Betrachtung erfolgt also nicht längs der Zeit- oder Spektralachse, sondern bezüglich räumlicher Koordinaten. Allgemein wurde auf derartige Zusammenhänge bereits im Abschn. 5.3. eingegangen. Die beste Vermittlung zwischen den beiden möglichen Formen ist durch die Signalaufzeichnung gegeben.

6.1.1. Signalaufzeichnung, insbesondere auf Magnetband

Es liege ein Signal der Form $F(t)$ vor. Am geeignetsten erfolgt seine Speicherung, wenn es längs eines Weges als $F(x)$ eingeprägt wird. Als Transformationsparameter dient dann die Geschwindigkeit v mit

$$x = x_0 + vt\,. \tag{1}$$

Solche Verfahren stellen u. a. die Schallplatte, der Tonfilm oder das Magnetband in allen Varianten bereit. Ist für die Signalübertragung die Frequenz f die wesentliche Größe, so tritt für die Speicherung an ihre Stelle die *Wellenzahl*

$$k = \frac{f}{v} = \frac{1}{\lambda}\,. \tag{2}$$

Sie ist also reziprok zur Wellenlänge λ und besitzt daher die Einheit m^{-1}. Sie kann als eine auf eine bestimmte Geschwindigkeit normierte Frequenz aufgefaßt werden. (In der Optik wird als Wellenzahl oft $k = 2\pi/\lambda$ benutzt.) Die *Wiedergabespannung eines Magnetkopfes* wird durch mehrere Einflüsse bestimmt. Etwas vereinfacht gilt für sie:

$$U_{\text{rel}}(k) = \frac{k\,e^{-k/k_1} \sin \pi s k}{\pi s k}\,. \tag{3}$$

Sie ist also zunächst infolge des induktiven Wiedergabekopfes proportional der Frequenz, also proportional k. Dies entspricht dem ersten Glied. Das zweite Glied mit der Exponentialfunktion berücksichtigt den Einfluß von Dämpfungen im Band und durch den Abstand zum Kopf. Sie werden besonders wirksam für große Wellenzahlen (kleine Wellenlängen). Daher gibt es in Zusammenwirken mit dem ersten Glied ein *Maximum* für die Spannung. Es wird genau bei der *Wellenzahl* k_1 angenommen. Sie liegt für moderne Bänder bei etwa $10^5 \dots 10^6\ m^{-1}$. Dem bisherigen Verlauf ist noch der Einfluß der *Spaltweite* s des Wiedergabekopfes überlagert. Sie liegt heute bei etwa 0,5 ... 3 µm. Einen beispielhaften Gesamtverlauf zeigt Abb. 6.1. Sowohl die Spannung

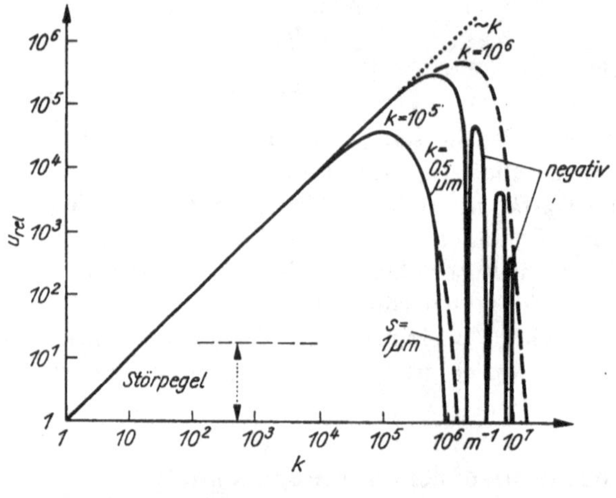

Abb. 6.1 Typische Frequenzgänge bei der Magnetbandspeicherung.

als auch die Wellenzahl sind logarithmisch aufgetragen. Das erste Glied in Gl. (3) entspricht der ansteigenden Geraden, die oben gepunktet fortgesetzt wird. Der zusätzliche Einfluß des zweiten Faktors (Exponentialfunktion) bewirkt ein Abbiegen nach unten und ist zum Ende gestrichelt fortgesetzt. Die zusätzliche Spaltfunktion $(\sin x)/x$ wirkt infolge ihrer *vielfachen Nullstellen* unterschiedlich. Tritt ihre Wirkung erst dann ein, wenn schon die e-Funktion stark dämpft, so erfolgt nur eine geringe Änderung. Dies gilt z. B. bei $k = 10^5\ m^{-1}$ und $s = 1$ µm. Bei $k = 10^6$ und $s = 0{,}5$ µm werden dagegen mehrere Nullstellen und Zwischenextrema (abwechselnd negativ und positiv) deutlich ausgeprägt. Dieser Fall ist in der Praxis relativ selten, zumal dann der enge Spalt auch noch sehr gerade und überall gleichmäßig breit sein muß. Insgesamt besitzt damit die Magnetbandspeicherung einen Frequenzgang (eigentlich Wellenzahlengang), der erheblich von dem der Nachrichtentechnik abweicht. Dabei kommt noch hinzu, daß hierbei der *Phasengang linear* ist, also nicht wie beim Minimalphasennetzwerk dem Dämpfungsgang entsprechend folgt. Es liegen hier nämlich nur *Apertureinflüsse* vor. Die Berechnung der Kanalkapazität ist unter Berücksichtigung dieser Einflüsse nur numerisch möglich. In erster Näherung kann aber für die Bandbreite von der ersten Nullstelle der Spaltfunktion $(\sin x)/x$ ausgegangen werden. Eine realistische Wellenzahl ist etwa:

$$k_0 = (0{,}8 \dots 0{,}9) \frac{1}{s} \, . \tag{4}$$

Kanalkapazität

Mit den im Mittel vorhandenen *Amplitudenstufen* n_{AS} und der Bandgeschwindigkeit v gilt

$$C = \frac{1{,}6 \dots 1{,}8}{sv} \operatorname{ld} n_{AS} \, . \tag{5}$$

Für die Amplitudenstufenzahl gilt Gl. (2.51). Wird zur Vereinfachung von der störenden Amplitudenmodulation abgesehen, so kann von dem Verhältnis von maximaler Signalamplitude u_m zur Störamplitude u_{st} ausgegangen werden, und es gilt

$$C = \frac{1{,}6 \dots 1{,}8}{sv} \operatorname{ld} \left(1 + \frac{u_m}{u_{st}}\right) . \tag{6}$$

Den beiden Näherungsformeln haftet weiterhin der Fehler an, daß sie eigentlich nur für eine Gaußsche Amplitudenstatistik gelten. Der *Magnetbandkanal* ist aber *amplitudenbegrenzt* und besitzt zusätzlich die *störende Amplitudenmodulation.* Hierfür ist noch nicht einmal die optimale Amplitudenstatistik und damit auch nicht die Formel für die Kanalkapazität bekannt. Aus all diesen Gründen ergeben Gl. (5) und (6) nur grobe Näherungen.

Speicherdichten

Bei der Magnetbandtechnik ist die *lineare Speicherdichte* wichtig. Sie wird in erster Näherung durch die in Gl. (4) angegebene Wellenzahl bestimmt. In der Analogtechnik ist dieser Wert noch mit dem binären Logarithmus der Amplitudenstufenzahl n_{AS} zu multiplizieren

$$S = k_0 \operatorname{ld} n_{AS} \, . \tag{7}$$

Es ergibt sich dann ein Wert in bit/mm. Heute sind z. B. bei der Video- und Audiotechnik Werte von mehreren Tausend bit/mm üblich. In der Digitaltechnik entspricht der Wellenzahl direkt die doppelte Anzahl der *Flußwechsel.* Andererseits muß für die Kodierung aber meist ein Faktor 1,5 bis 3 eingeplant werden. Daraus folgt, daß digital etwa gilt

$$S_{dig} \approx 1/s \, . \tag{8}$$

Bei der *Flächenspeicherdichte* gehen für mehrere Spuren die Spurbreite und der zwischen ihnen befindliche „Rasen" ein. Bei Vielspurtechnik liegt der *relative* Anteil der *genutzten Fläche* bei ca. 50 bis 70%. Die heute gebräuchlichen schmalsten Spuren liegen bei etwa 30 bis 50 μm, also 10 bis 20 Spuren je mm. Bei noch schmaleren Spuren gibt es vor allem mechanische Probleme, wie das exakte *Wiederfinden der Spur* und die *Abriebstabilität der Magnetköpfe*. Mit der Spurzahl vervielfachen sich proportional die Kapazität und die Flächenspeicherdichte. Mit der Wurzel aus der Spurhöhe nimmt der Störabstand ab und die störende Amplitudenmodulation zu. Je schmaler die Spuren, desto besser sind gute schmale Kopfspalte, also bessere Frequenzgänge, zu realisieren. Diese komplexe Berechnung dieser Einflüsse ist kaum exakt möglich [V15]. Es zeigt sich aber, daß die *theoretisch optimalen Spuren* bei wenigen Mikrometer Spurhöhe liegen und die Speicherkapazität dabei auf das Mehrhundertfache einer Vollspuraufzeichnung wächst.

Bei der *Volumenspeicherdichte* geht wesentlich die *Unterlagendicke* ein. Bei den gegenwärtigen Oxidbändern ist sie 2- bis 10-mal so dick wie die aktive Magnetschicht. Sie liegt heute im Bereich von etwa 5 bis 35 μm. Diese Dicke ist bei dem schon speziell entwickelten Polyesterträger für einen einigermaßen stabilen Transport notwendig. Außerdem wird die aktive Schicht in der Regel — zumindest aber bei kurzen Wellenlängen (hohen Wellenzahlen) — nur sehr wenig ausgenutzt. Im Prinzip würden für die höchste lineare Speicherdichte geringe Bruchteile eines Mikrometers genügen. Dies wird aber fertigungstechnisch nicht beherrscht. Bei *Metallschichtbändern* konnten gute Eigenschaften noch bei 50 bis 100 nm erreicht werden. Die Redundanz liegt hier nahezu bei tausend. Unter Berücksichtigung der optimalen Spurzahl werden bezüglich der Volumenspeicherdichte Magnetbänder heute bis 10^6-fach unterhalb des theoretischen Optimums betrieben.

Informationsfluß

Der Informationsfluß von Magnetbandspeichern kann durch die *Geschwindigkeit des Bandes* in weiten Grenzen angepaßt werden. Es gibt heute bei unterschiedlichen Geräten Geschwindigkeiten von mm/s bis zu mehreren m/s. Bei einzelnen Geräten ist die Geschwindigkeit in einem Bereich bis 1 : 100 variierbar. Bei digitalen Magnetbandgeräten kann mittels Start-Stop-Betrieb der Informationsfluß in einem weiten Bereich variiert werden. Die obere Grenze liegt heute bei mehreren 10^7 bit/s.

Schließlich sei noch erwähnt, daß der in Abb. 6.1 gezeigte typische Frequenzgang in der Magnetbandtechnik durch verschiedene Modulationsverfahren, z. B. Frequenzmodulation, in einen üblichen Frequenzgang von Gleichstromsignalen bis zu einer oberen Frequenzgrenze verwandelt werden kann.

Fehlergrößen

Im Magnetbandkanal gibt es in jedem Fall, also auch bei der modulierten Speicherung, zwei sonst nicht übliche typische Störeinflüsse:

1. *Gleichlauffehler*; das Wiedergabesignal enthält periodische und statistische Zeitfehler. Zu ihrer Reduzierung sind mechanische Präzision der Transportwerke und zusätzliche elektronische Maßnahmen erforderlich, wie steuerbare Laufzeitglieder im analogen und getaktete Schieberegister im digitalen Fall. Auch die Präzisionsmechanik wird durch zusätzliche spezielle elektronische Regelungen des Antriebs verbessert.

2. *Störende Amplitudenmodulation* entsteht infolge der *Ungleichmäßigkeit* der *Magnetschicht* und statischer Einflüsse des *Bandkopfkontaktes.* Dieser Einfluß überträgt sich auch über den modulierten Kanal. Er wird bei den digitalen Anwendungen weitgehend unterdrückt. Diese unterliegen aber einem weiteren Störeinfluß, nämlich dem, daß benachbarte Bit sich gegenseitig beeinflussen und so Fehler bewirken können (Interbiterror). Die Ursache hierfür ist die nichtlineare Kennlinie der Übertragung infolge der magnetischen Hysterese und der magnetischen Wechselwirkung benachbarter Pole. Ähnliche Einflüsse äußern sich auch bereits bei einem einzelnen Bit durch Unsymmetrie (*peak-shift*) der Wiedergabesignale.

6.1.2. Optik

Bis Mitte der fünfziger Jahre galt die Optik „als ein relativ abgeschlossenes Gebiet der Physik. Sie beschränkte sich auf die Untersuchung der Ausbreitung elektromagnetischer Wellen. Die wissenschaftlichen Interessen konzentrierten sich zu dieser Zeit hauptsächlich auf die Lösung von Randwertaufgaben aus der Beugungstheorie, einige optische Erscheinungen an Kristallen und die für die optische Industrie so bedeutungsvolle Berechnung von abbildenden Linsen- oder Spiegelsystemen, wobei das letztgenannte Gebiet eher als eine Kunst, denn als Wissenschaft angesehen werden konnte." [R8] Durch den Einfluß der Shannonschen Gedanken und in den letzten Jahren durch die starke Entwicklung der Halbleitertechnik wird die Optik immer stärker vom Kommunikations- und Informationsaspekt beeinflußt. Heute existiert auch für die Optik eine relativ geschlossene Informationstheorie. Hier können nur einige wesentliche Gesichtspunkte behandelt werden. Dabei soll vor allem versucht werden, den Bezug und Unterschied zur Nachrichtentechnik herauszustellen.

In der Nachrichtentechnik besitzen einige *Kennlinien,* die auf Ein- und Ausgangssignale bezogen sind, große Bedeutung. Sie existieren im Prinzip in vier Arten, nämlich als

- Übertragungskennlinie mit Angaben z. B. über Steilheit und Nichtlinearität,
- Amplituden-Frequenzgang,
- Phasen-Frequenzgang,
- Rauschspektrum.

Die beiden mittleren werden oft als komplexe Größe zusammengefaßt und führen dann z. B. zu *Ortskurven.* Sie sind einzeln und gemeinsam nur dann gut definiert, wenn die Übertragungskennlinie hinreichend linear ist oder nur ein entsprechender Ausschnitt benutzt wird.

Schwärzungskurve

Das Analogon zur Übertragungskennlinie in der Optik ist die *Schwärzungskurve.* Das Eingangssignal ist die Lichtmenge oder Belichtung, sie wird in Lux-Sekunden (lx · s) gemessen. Bei monochromatischem Licht bietet sich auch die Energiedichte in J/cm² oder die Photonenzahl je cm² an. Die Schwärzung kann auf zweierlei Art gemessen werden, in *Reflexion* oder *Absorption.* Ist Φ_o der eingestrahlte Lichtstrom und Φ_r der reflektierte bzw. Φ_d der durchgelassene, so gilt

$$S_r = \lg (\Phi_o/\Phi_r) \tag{9a}$$

bzw.

$$S_d = \lg (\Phi_o/\Phi_d) . \tag{9b}$$

Den Verlauf einiger Schwärzungskurven zeigt Abb. 6.2. Sie unterscheiden sich untereinander (vgl. Abb. 6.2a) stark durch ihre *Empfindlichkeit* (grob: Lage bezüglich

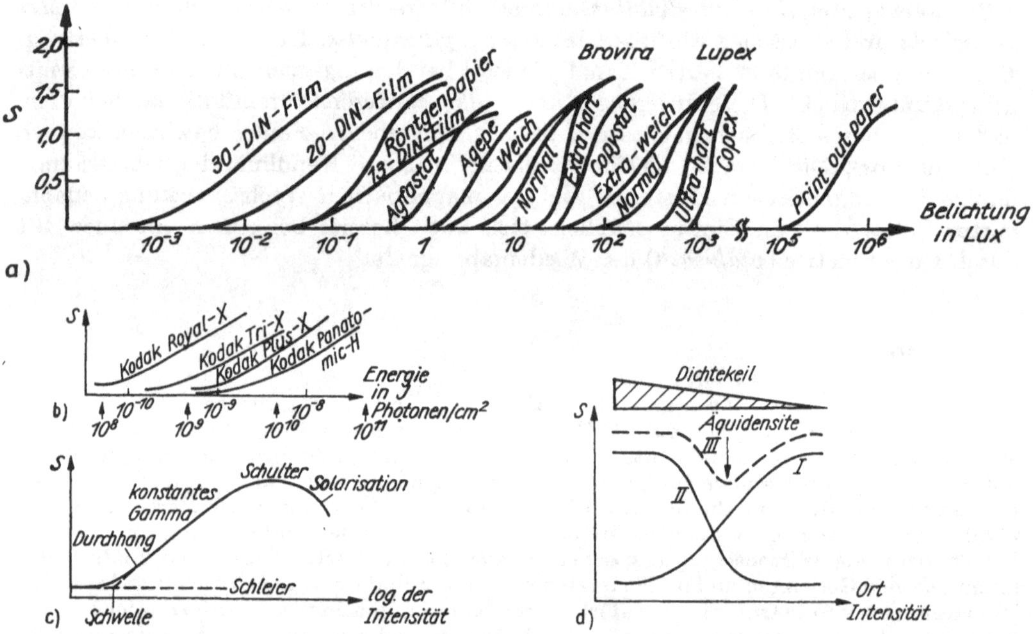

Abb. 6.2 Verlauf einiger Schwärzungskurven
a) einiger unterschiedlicher Fotomaterialien [F33],
b) belichtet mit monochromatischem Licht von 436 nm [F33],
c) schematischer Verlauf der Schwärzungskurve,
d) Sabattier-Effekt [K40].

Lichtmenge) und *Steilheit* (Gradation γ). Gemeinsam ist ihnen allen eine S-Kurve mit einem gewissen „linearen" Bereich der Schwärzung von etwa 0,5 bis 1,5. Im Vergleich zur Nachrichtentechnik ist zu beachten, daß einmal nur Energien bzw. Leistungen erfaßt werden und daß zum anderen in der Optik beide Achsen nicht linear, sondern logarithmisch geteilt sind. Bei der Abszisse ist dies unmittelbar zu sehen; bei der Ordinate erst mittelbar über Gl. (9). Dabei ist aber zu beachten, daß in der Optik von dem Fotomaterial im Vergleich zur Akustik oder Nachrichtentechnik meist nur *Intensitätsverhältnisse* von 1:10 bis 1:100, also 10 bis 20 dB, also mit $\Delta S = 1 \dots 2$ verarbeitet werden. Hinzu kommt, daß in der Optik weitaus ausgeprägter mit absoluten Werten als mit Änderungen der Werte (analog dem Wechselstrom) um einen Arbeitspunkt gerechnet wird. Ein Grund hierfür liegt auch darin, daß das Auge vor allem nur auf Helligkeitsunterschiede, aber kaum auf deren Verlauf reagiert. Im Gegenteil, es erzeugt mit den Machschen Streifen sogar zusätzliche „nützliche Kontraste". Besitzt ein Objekt die größte Intensität I_{max} und die kleinste I_{min}, so gilt:

$$K = \frac{I_{max} - I_{min}}{I_{max} + I_{min}}. \tag{10}$$

Weitere Details des prinzipiellen *Schwärzungsverlaufes* zeigt Abb. 6.2c. Der *Schleier* entspricht etwa dem Rauschen der Nachrichtentechnik. Der lineare Teil der Kennlinie wird von verschiedenen Faktoren, u. a. der Entwicklung, z. T. erheblich beeinflußt. Dadurch ändern sich vor allem ihre *Steilheit* und die Lage des *Schwellwerts*, aber auch der obere Teil. So tritt das Gebiet der *Solariation* vor allem bei grobkörnigen Filmen und nicht vollständiger Entwicklung auf. Auch hier zeigt sich ein beträchtlicher Unterschied zwischen Nachrichtentechnik und Optik. In der Nachrichtentechnik lassen negative Kennlinien stets den Gedanken an Verstärkung und Schwingungserzeugung aufkommen. Dazu gibt es hier kein Äquivalent. Dennoch können negative Kennlinien für spezielle Zwecke gut genutzt werden. Der wichtige Sabattier-*Effekt* gemäß Abb. 6.2d sei kurz beschrieben. Hierbei wird der belichtete Film anentwickelt, dann einer diffusen Belichtung ausgesetzt und nachfolgend ausentwickelt. Hierbei wirken drei Effekte zusammen, die gleichzeitig ein positives Bild (Kurve I) und ein negatives Bild (Kurve II) in der Fotoschicht entstehen lassen. Ihre Addition hat die Kurve III zur Folge, die für einen definierten Belichtungswert ein Schwärzungsminimum zeigt.

Schließlich sei noch auf die *Körnigkeit* des Filmes verwiesen. Hierdurch unterliegt die *ortsabhängige Schwärzung* statistischen Schwankungen. Sie entsprechen der störenden Amplitudenmodulation beim Magnetbandkanal. Da beim Film im Gegensatz zum Magnetband die Auflösung räumlich oft bis in die Korngröße ausgenutzt wird, sind hier die Schwankungen natürlich viel größer. Zum *optischen Rauschen* tragen auch das *Streulicht, mechanische Bewegungen* und der *Quantencharakter* des Lichtes bei.

Modulationsübertragungsfunktion

Bei der Magnetbandtechnik wurde statt der Frequenzen in der Nachrichtentechnik bereits die Wellenzahl bzw. die Anzahl der Flußwechsel je Millimeter eingeführt. Diese Werte galten für die Bewegungsrichtung des Bandes und waren mit der Bewegung auch bei der Aufzeichnung unmittelbar von Frequenzen zu gewinnen und bei der Wiedergabe in Frequenzen zurückzuverwandeln. Dies ist bei der Optik nur in einem Spezialfall, nämlich dem der *Fernsehtechnik* (einschließlich verwandter Verfahren wie Bildtelegraphie), üblich. In allen anderen Fällen ist beim Bild im wesentlichen Isotropie (nach allen Richtungen in der Fläche) vorhanden und eine Umwandlung in Zeitfrequenzen erfolgt nicht. Vielmehr liegt eine zeitlich *parallele „Übertragung“* aller Bildpunkte vor. Aus diesem Grunde wird in Anlehnung an die Nachrichtentechnik von *Raumfrequenzen* R, zuweilen auch Ortsfrequenzen gesprochen. Ihre Einheit ist Anzahl (z. B. Linien) je Millimeter. So wie in der Nachrichtentechnik die Fourier-Transformation zwischen der Zeit- und Spektraldarstellung vermittelt, erfolgt in der Optik durch sie die Verknüpfung zwischen einer Amplituden- (bzw. Intensitäts-) verteilung als Funktion des Ortes im Bild und der Raumfrequenzdarstellung als Funktion von R.

Im Gegensatz zur Nachrichtentechnik sind in der Optik *unterschiedliche Beleuchtungsarten* zu unterscheiden. Von *inkohärenter Beleuchtung* wird dann gesprochen, wenn sich das Licht diffus und in alle Richtungen gleichmäßig ausbreitet. Dieser Fall wird hier weiterhin ausschließlich betrachtet. Wird die Ausbreitungsrichtung eingeschränkt, so werden die einzelnen Wellenzüge *teilweise kohärent*, bis schließlich wie beim Laser *vollkommene Kohärenz* vorliegt. Die damit im Zusammenhang stehende *Holographie* sei hier genauso wie die teilweise Kohärenz nicht behandelt. Ein idealer Bildpunkt (Intensität nur an einem Ort im Raum) entspricht einer Delta-Funktion als Zeitsignal. Zu ihm gehört damit ein gleichmäßiges Raumfrequenzspektrum. Infolge der unvermeidlichen *Beugung* ist nun aber *ein Bildpunkt* nicht ideal abbildbar. Es

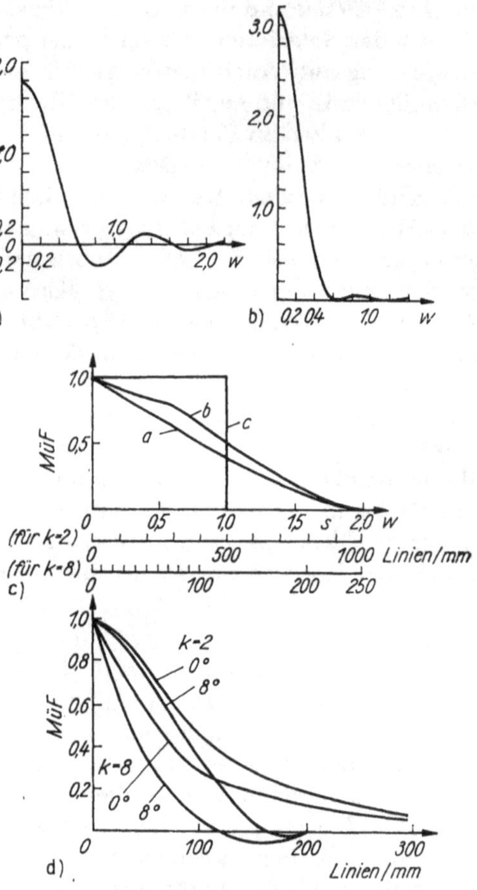

Abb. 6.3 Beeinflussung von Punktabbildungen durch Beugung [F33]
a) Amplitudenverlauf gemäß Gl. (11a),
b) Intensitätsverlauf gemäß Gl. (11b),
c) Bei Überlagerung von zwei Punkten im Abstand $r = 1/w$ gemäß Gl. (11c). Dieser Verlauf entspricht einem sinusförmigen Raster. Bei rechteckförmigem Raster liegen im mittleren Bereich etwas bessere Werte vor. Bei kohärentem Licht entsteht eine rechteckförmige Funktion. Schließlich sind die Raumfrequenzen R in Linien/mm für ideale Optiken mit den relativen Blendenzahlen 2 und 8 ergänzt.
d) MÜF eines Kleinbildobjektivs von 50 mm Brennweite.

ergibt sich vielmehr ein Verlauf, wie ihn Abb. 6.3 darstellt. Die entsprechenden Formeln mit der Bessel-Funktion erster Ordnung $J_1(x)$ lauten bezüglich der Amplitude

$$A(r) = 2\sqrt{\pi}\,\frac{J_1(2\pi r)}{2\pi r} \tag{11a}$$

bzw. für die Intensität

$$I(r) = 4\pi\left(\frac{J_1(2\pi r)}{2\pi r}\right)^2. \tag{11b}$$

Darin bedeutet r eine bezüglich Bildabstand und Pupille normierte radiale Entfernung vom Zentrum des abgebildeten Bildpunktes. Werden nun *zwei Punktbilder* mit dem Abstand der normierten Raumfrequenz w überlagert, so ergibt sich für die Kontraständerung

$$D(w) = \frac{2}{\pi}\left\{\operatorname{arc\,cos}\frac{w}{2} - \frac{w}{2}\sqrt{1-\left(\frac{w}{2}\right)^2}\right\}. \tag{12}$$

Den Verlauf zeigt Abb. 6.3c. Hierbei nimmt der Intensitätsunterschied kontinuierlich ab und hört bei $w = 2$ völlig auf. Sind h der Pupillenradius und a der Gaußsche Kugelradius für die Abbildung, so gilt für die Auflösung:

$$x > \frac{\lambda}{2h/a} \approx \frac{\lambda}{2 \sin \alpha}. \tag{13}$$

Hierin ist α der bildseitige Öffnungswinkel. $\sin \alpha$ wird auch als *Apertur A* bezeichnet. Mit der relativen Blendenwahl k (z. B. 2) gilt etwa $\sin \alpha = 1/2k$. Das Ergebnis stimmt mit dem Durchmesser des *klassischen Beugungsscheibchens* nahezu überein:

$$\delta = \frac{1{,}22\,\lambda}{2 \sin \alpha}. \tag{14}$$

Wird nun in Gl. (12) statt der normierten einheitsfreien Raumfrequenz die wirkliche Raumfrequenz R betrachtet, so stellt die in Abb. 6.3 gezeigte Kurve bereits die *Modulationsübertragungsfunktion* MÜF dar. Sie entspricht dem Frequenzgang der Nachrichtentechnik. Ursprünglich wurde sie auch Kontrast-Übertragungsfunktion KÜF genannt. Da der Begriff des Kontrastes aber z. T. unterschiedlich definiert ist, wurde später der Begriff MÜF ausschließlich verwendet. Im Englischen ist der Begriff MTF (modulation transfer function) gebräuchlich. Abb. 6.3d zeigt im Vergleich zu den idealen Werten von Teilbild c die MÜF eines realen Kleinbildobjektivs. Einmal wird der Einfluß des Bildwinkels und der Blendenzahl deutlich und zum anderen auch die Abweichungen gegenüber der idealen Kurve. Selbst bei den besonders günstigen Werten von $k = 8$ und axialem Strahl wird MÜF $= 0{,}5$ bei nur ca. 60 (gegenüber 100 theoretisch möglichen) Linien erreicht.

Bei inkohärenter Beleuchtung (und nur bei dieser) hat die MÜF den großen Vorteil, daß sich, ähnlich wie bei den in Reihe geschalteten Systemen der Nachrichtentechnik, die einzelnen Einflüsse multiplikativ überlagern. Dementsprechend gehen auf die MÜF vom optischen System hier (neben dem Fotomaterial) weiterhin die Defokussierung und Bewegungen ein. Für die *Defokussierung* einer idealen Optik gilt Abb. 6.4a.

Die *Bewegung* wird bei der Fotografie oft unterschätzt. Es können dabei bewegte Objekte und Bewegung der Kamera unterschieden werden. In Sonderfällen, Vibration usw., ist auch die Bewegung zwischen Objektiv und Film zu beachten. Wird von ihr abgesehen, so kommt es vor allem auf die Relativbewegung zwischen Objekt und Kamera an. Dabei sind *vier Fälle* zu unterscheiden:

- senkrecht zur optischen Achse (transversal; näher-ferner),
- in der optischen Achse (longitudinal; seitlich ohne Kippen und Drehen),
- Drehen um die optische Achse,
- Kippen (der Kamera).

Die ersten beiden Einflüsse sind, wenn von schnellen Objektbewegungen abgesehen wird, meist gering. Wesentlich kritischer ist vor allem das Kippen. (Auch der Verschluß besitzt einen Einfluß auf die MÜF.) Für vier Fälle zeigt Abb. 6.4a, b und c den entsprechenden Einfluß. Dabei wird auf eine ideale rechteckförmige MÜF des Systems bezogen. Diese Einflüsse sind multiplikativ denen der Optik zu überlagern. Während bei den zuvor und auch später zu betrachtenden Einflüssen auf die MÜF

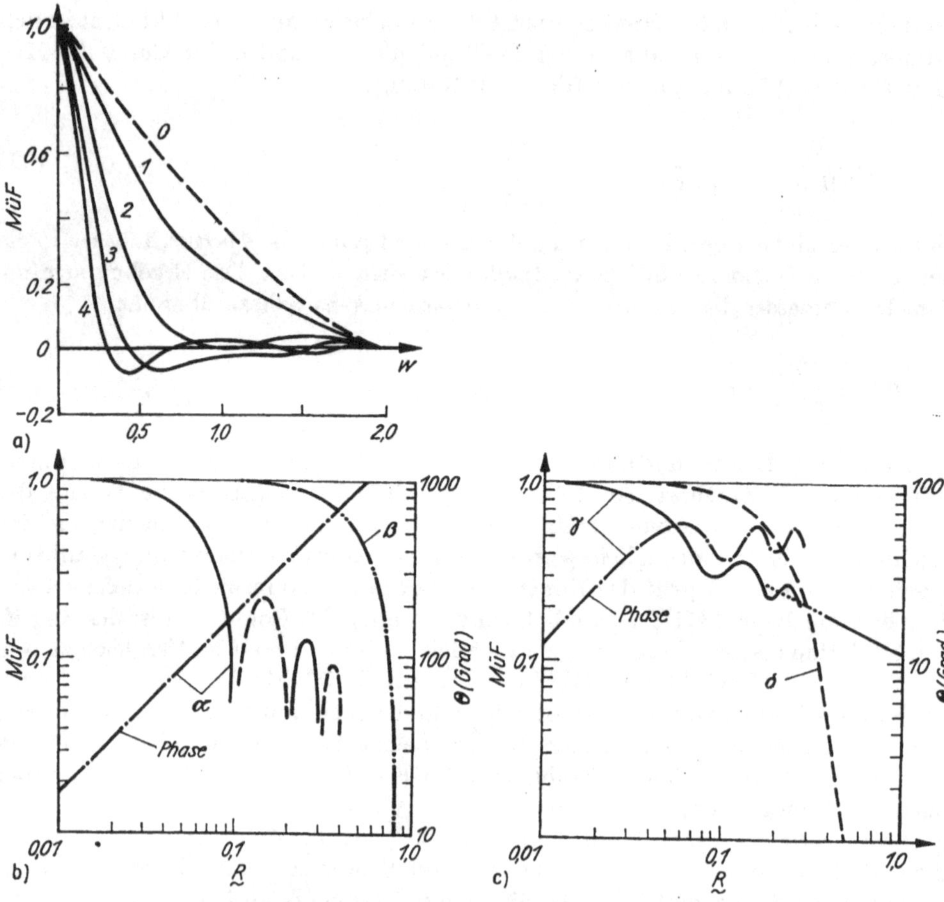

Abb. 6.4 Einfluß von Defokussierung und Bewegung auf die MÜF [F33]; [R8]
a) Defokussierung, wobei der Parameter sich aus Aberration Δ, der Wellenlänge λ und dem reduzierten Radius s der Austrittspupille wie folgt ableitet

$$n = \frac{\pi \Delta}{\lambda s^2},$$

b) Einfluß der Bewegung bei linearem Ablauf (α)

$$\Delta\gamma = a \frac{t}{T},$$

und bei sinusförmigem Ablauf (β) $\Delta\gamma = \frac{a}{2} \cdot \frac{1}{2\pi f t}$,

c) wie b), jedoch

γ) parabolisch $\Delta\gamma = a \left(\frac{t}{T}\right)^2$,

δ) statistisch mit mittlerer quadratischer Abweichung σ^2 in Bildebene.

Bei α und β ist die Zeit durch $0 \leqq t \leqq T$ begrenzt.

reine Amplitudenverfälschungen vorliegen, treten hier *auch Phasenfehler* auf. Sie sind im Bild durch strichpunktierte Linien bei der linearen und parabolischen Bewegung eingetragen.

MÜF bei Fotomaterialien

Die Eigenschaften eines Fotomaterials werden vor allem durch *Körnigkeit*, *Lichthofeffekte* und *Entwicklung* bestimmt. Das Prinzip der Lichthofbildung deutet Abb. 6.5 an. MÜF einiger Filme zeigt Abb. 6.6. Beim Film IFF ist auch der Einfluß des Ent-

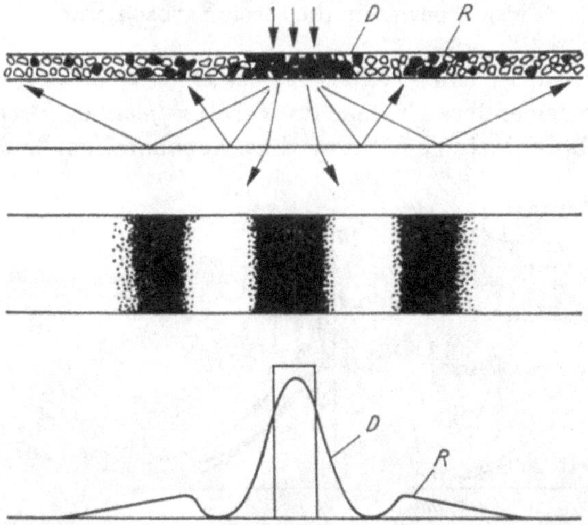

Abb. 6.5 Prinzip der Lichthofbildung. Es können der Diffusionslichthof D und Reflexionslichthof R unterschieden werden [F33].

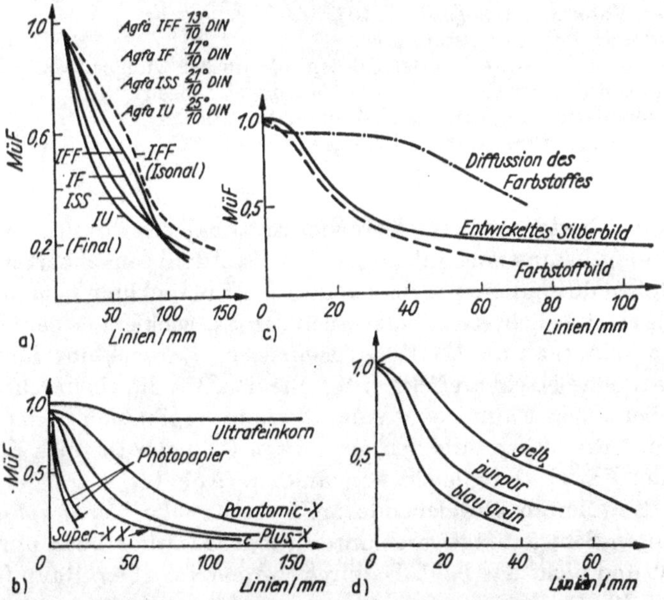

Abb. 6.6 Beispiele von MÜF bei Fotomaterialien
a) Alte Agfa-Filme und Einfluß des Entwicklers bei IFF,
b) Verschiedene Kodakfilme,
c) Teilprozesse eines Farbfilmes,
d) der drei Schichten eines Farbfilmes.

wicklers Final bzw. Isonal zu erkennen. *Spezialfilme* lösen heute bis etwa 2000 Linien/mm auf. Hierzu tendieren die Ultrafeinkornschichten (Abb. 6.6b). *Fotopapiere* liegen meist bei einigen Zehn. Beim *Farbfilm* sind die Verhältnisse, wie Abb. 6.6 c und d zeigen, komplizierter. Es müssen die MÜF des Silberbildes und des Farbstoffbildes unterschieden werden. Aus beiden kann durch Differenzbildung die Diffusion des Farbstoffes abgeleitet werden. Ferner besitzen die drei Farbschichten eine unterschiedliche MÜF.

Bei mehreren MÜF in Abb. 6.6 ist eine *Überhöhung bei kleinen Raumfrequenzen R* zu erkennen. Sie hat im wesentlichen ihre Ursache im *Nachbareffekt* bei *der chemischen Entwicklung*. Hierzu zeigt Abb. 6.7 einige Fakten. Der Nachbareffekt entsteht da-

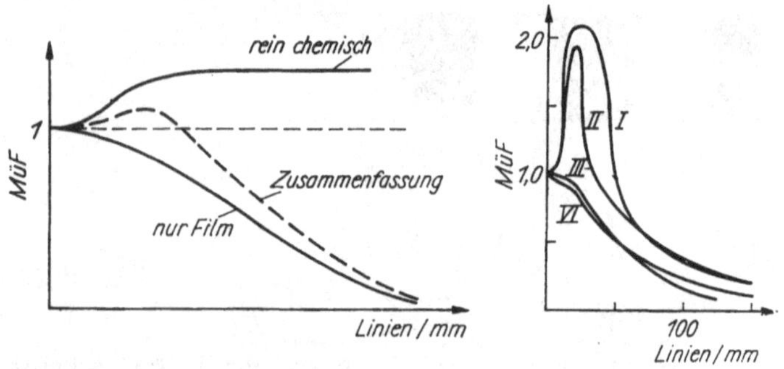

Abb. 6.7 Der Nachbareffekt
a) Zusammensetzung aus der MÜF der chemischen Entwicklungsfunktion und des reinen Fotomaterials [F33; K40],
b) Einfluß der Entwicklungsmethode
I. Gleichförmige Rotation der Filmspirale im Entwickler, wenig Bewegung,
II. Ungleichförmige Rotation mit Richtungswechsel,
III. Pinselentwicklung mit gleichsinniger Rotation,
IV. Pinselentwicklung mit Richtungswechsel [R86].

durch, daß an stark belichteten Stellen relativ viel Entwickler verbraucht wird. Dabei bilden sich entwicklungshemmende Substanzen, die zu den benachbarten, weniger stark belichteten Stellen diffundieren und auch dort die Entwicklung hemmen. Außerdem verbrauchen die stark belichteten Stellen auch den Entwickler aus der Umgebung. Aus diesen Gründen kann man die MÜF der chemischen Entwicklungsfunktion und die des Fotomaterials ohne Nachbareffekt unterscheiden. Da die chemische Entwicklung den Kontrast bei hohen Raumfrequenzen überhöht, ergibt sich in der Summenkurve das Maximum (Abb. 6.7a). Aus den genannten Gründen ist auch der Einfluß der Bewegung bei der Entwicklung leicht verständlich (Abb. 6.7b).

Eine völlig vom Gewohnten abweichende MÜF besitzt die *Xerographie*. Bei ihr werden alle konstanten Schwärzungswerte unterdrückt. Es wirkt eben nur der elektrische Feldgradient und nicht das Feld. Dadurch werden vor allem Raumfrequenzen im Bereich um 10 bis 100 Linien je mm wiedergegeben. Einige Verläufe zeigt Abb. 6.8.

Methoden der Informationsausnutzung

Während früher immer versucht wurde, die Hervorhebung bestimmter Raumfrequenzen zu unterdrücken, hat sich in den letzten Jahren eine andere Einstellung aus-

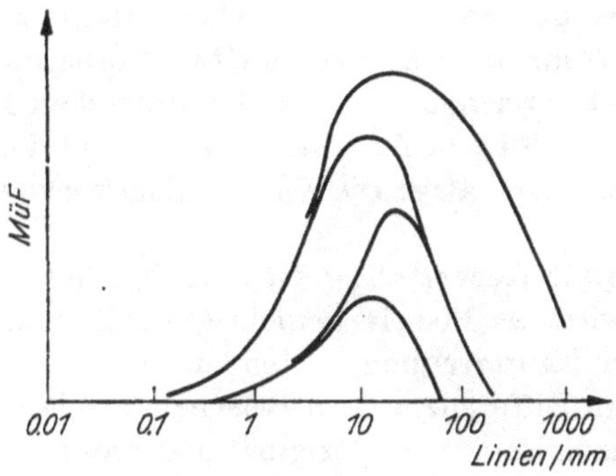

Abb. 6.8 Einige Beispiele von MÜF beim Xerox-Verfahren [F33].

gebildet. Mittels der Informationsaspekte wurden die Vorteile entsprechender Beeinflussungen immer deutlicher und dementsprechend bewußt vollzogen. Hierüber geben vor allem die Bücher von Krug und Weide [K40; L6] Auskunft. Dabei werden sowohl elektronische Mittel als auch rein chemische Verfahren benutzt.

Bei dem vor allem von Lau weiterentwickelten *Detailfilter-Verfahren* (DF) wird der Nachbareffekt auf folgende Weise stark angehoben und kann bis in den Bereich um 30 Linien/mm verschoben werden. Die Kopie erfolgt dabei auf ein extrem hartes Fotomaterial (z. B. ORWO FU 5). Dieses Material wird für einige Sekunden in einen entsprechend verdünnten Entwickler gebracht und dann auf eine Glasplatte gepreßt. Dabei werden höchstens Schwärzungen um 1, dafür aber hohe Kontraste bei feinen Details erreicht. Die entsprechende MÜF zeigt Abb. 6.9. Mittels Fernsehabtastung und

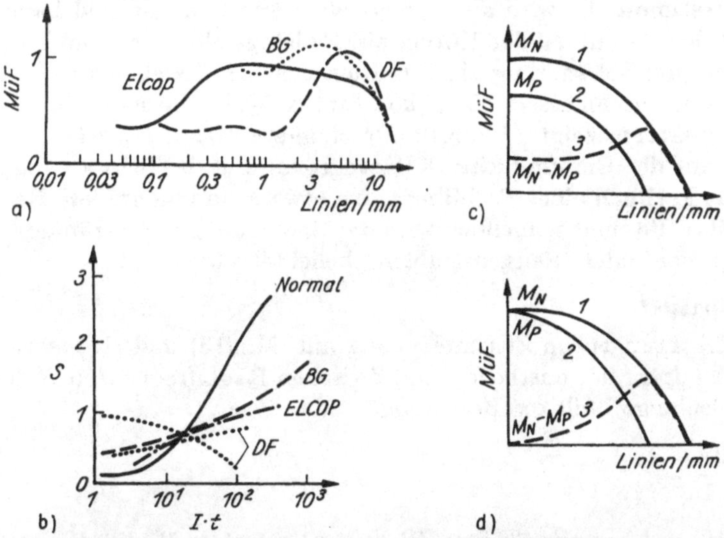

Abb. 6.9 Spezielle MÜF (a) und Schwärzungskurven (b) beim Detailfilterverfahren (DF), dem Blau-Gelb-Verfahren (BG) und mittels des elektronischen Kopiergerätes ELCOP. Im Vergleich dazu das Prinzip der unscharfen Maske (c) und (d) [K40].

elektronischer Anhebung der hohen Frequenzen ist ein ähnlicher Effekt möglich, er wird z. B. beim elektronischen Kopieren mit dem Zeißgerät ELCOP ausgenutzt. Bei all diesen Verfahren kann auch die relativ geringe Steilheit der statischen Kennlinie zum Kontrastausgleich genutzt werden. Dies ist deshalb bedeutsam, weil die Objekte meist einen größeren Kontrastumfang besitzen, als es die Schwärzungskurve des Fotomaterials zuläßt (vgl. Abb. 6.9 b).

Ein ähnlicher Effekt wie mit dem Detailfilterverfahren ist auch mit der *unscharfen Maske* möglich (Abb. 6.9 c + d). Sie wird als Positiv gemeinsam mit dem Negativ kopiert. Dadurch werden alle niedrigen Raumfrequenzen bis zur Grenzfrequenz der unscharfen Maske geschwächt und die im Differenzbereich zwischen unscharfer Maske und Original liegenden angehoben. Je nach dem γ von Original und unscharfer Maske können dabei die niedrigen Raumfrequenzen mehr oder weniger stark geschwächt werden. Bei gleichem γ verschwinden sie, und es wird eine Raumfrequenz ähnlich wie bei der Xerographie betont wiedergegeben.

Schließlich sei noch auf die *Äquidensitometrie* hingewiesen. Hier werden aber nicht bestimmte Ortsfrequenzen und Schwärzungen hervorgehoben. Es liegt also ein völlig anderes Prinzip zugrunde, obwohl zuweilen ähnliche Bildwirkungen erreicht werden. Auf das Entstehen von Äquidensiten mittels des Sabattier-Effektes wurde bereits im Zusammenhang mit Abb. 6.2 d hingewiesen. Es gibt aber auch viele andere Verfahren [L6].

Kornrauschen

Zu Beginn dieses Abschnitts über optische Aspekte wurden vier Kennlinien der Nachrichtentechnik genannt. Der Übertragungskennlinie entspricht die Schwärzungskurve, dem Amplituden- bzw. Phasenfrequenzgang die MÜF, wobei diese jedoch ähnlich wie der Magnetbandkanal nur ausnahmsweise Phasengang aufweist. Damit ist jetzt die vierte Größe, das Rauschspektrum, zu behandeln. Sein Analogon wird durch das *Kornrauschen* bestimmt. Es wird als *normalverteilt* angenommen und hängt von der Korngröße und der Verteilung der Körner ab. Es hängt also u. a. vom Filmmaterial, der Entwicklung und Schwärzung ab. Das Rauschen hat bis etwa zu einem Zehntel des mittleren Korndurchmessers einen konstanten Wert. Beispiele für das Raumfrequenzrauschspektrum zeigt Abb. 6.10. Besonders auffällig ist, wie die Intensität des Rauschens mit der Empfindlichkeit (Korngröße) und der Schwärzung zunimmt. Ferner zeigt das Farbbild eines Farbfilmes eine etwa zehn mal größere Rauschintensität als das Silberbild, und schließlich wird das Spektrum völlig verändert, wenn der Film mit Elektronen- oder Röntgenstrahlen „belichtet" wird.

Informationskapazität

Bereits die Betrachtungen im Zusammenhang mit Gl. (13) und (14) weisen auf das *Abtasttheorem* der Informationstheorie hin. Zwischen Raumfrequenzen R der Apertur A und der Wellenlänge λ gilt die Beziehung

$$R \leqq \frac{2A}{\lambda}\,. \tag{15}$$

Dieses Ergebnis gilt aber nur für eine Richtung. Auf einer Bildfläche F lassen sich daher

$$N \leqq \frac{4A^2}{\lambda^2} F \tag{16}$$

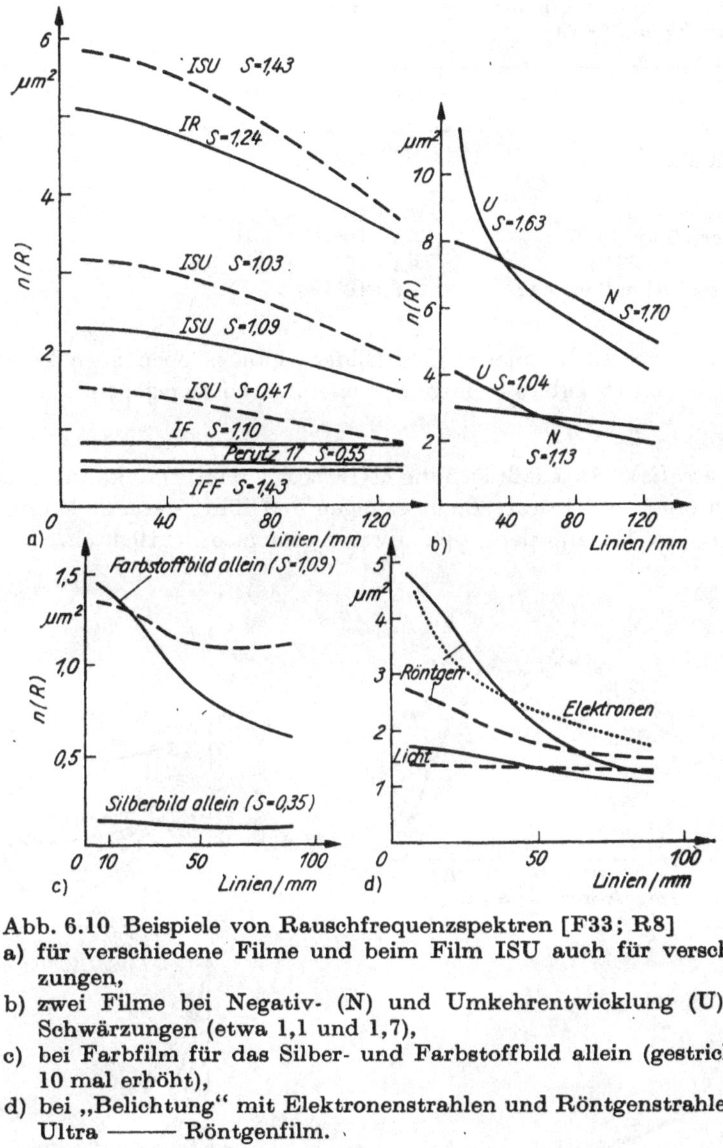

Abb. 6.10 Beispiele von Rauschfrequenzspektren [F33; R8]
a) für verschiedene Filme und beim Film ISU auch für verschiedene Schwärzungen,
b) zwei Filme bei Negativ- (N) und Umkehrentwicklung (U) und ähnlichen Schwärzungen (etwa 1,1 und 1,7),
c) bei Farbfilm für das Silber- und Farbstoffbild allein (gestrichelt Silberkurve 10 mal erhöht),
d) bei „Belichtung" mit Elektronenstrahlen und Röntgenstrahlen - - - - Isopan Ultra ——— Röntgenfilm.

Bildpunkte unterscheiden. Hierfür wurde auch der Begriff *Freiheitsgrade* geprägt. Diese Aussagen sind meist mit dem Begriff *Expansionstheorem* verbunden, das auf Gabor zurückgeht und die zweidimensionale Analogie zum Abtasttheorem darstellt. Sind in jedem Bildpunkt p Schwärzungswerte unterscheidbar, so kann in Analogie zur *Kanalweite* folgender Wert (oft als Kanalkapazität bezeichnet) angegeben werden:

$$C_w \leqq N \operatorname{ld} (1 + p) . \tag{17}$$

Er kann aber nur als grober Richtwert angesehen werden. Eine Präzisierung über die *Entropie* ist leider nicht möglich, da es bis heute nicht gelang, für die Schwärzungs-

Tabelle 6.1 Speicherdichten einiger Filme der Eastman Kodak [F33]

Film	bit/cm²
Royal-X Pan	$5 \cdot 10^4$
Tri-X	$2 \cdot 10^5$
Panatomic-X	$5 \cdot 10^5$
Fein-Korn Typ 7456	$1{,}1 \cdot 10^6$
Mikrofile Typ 5454	$1{,}1 \cdot 10^6$
High Resolution Typ 649	$1{,}6 \cdot 10^8$

werte Erwartungswerte zu definieren. Bei Bildern gibt es eben noch keine Signalstatistik. Dennoch sind in Tab. 6.1 einige Speicherdichten angegeben.

Subjektive Größen

Auch für das *menschliche Auge* läßt sich die MÜF bestimmen. Dies kann einmal objektiv über das von innen reflektierte Licht erfolgen und führt dann zu Werten, wie es Abb. 6.11b zeigt. Der Einfluß der Pupillenweite geht also deutlich ein. Die „beste“

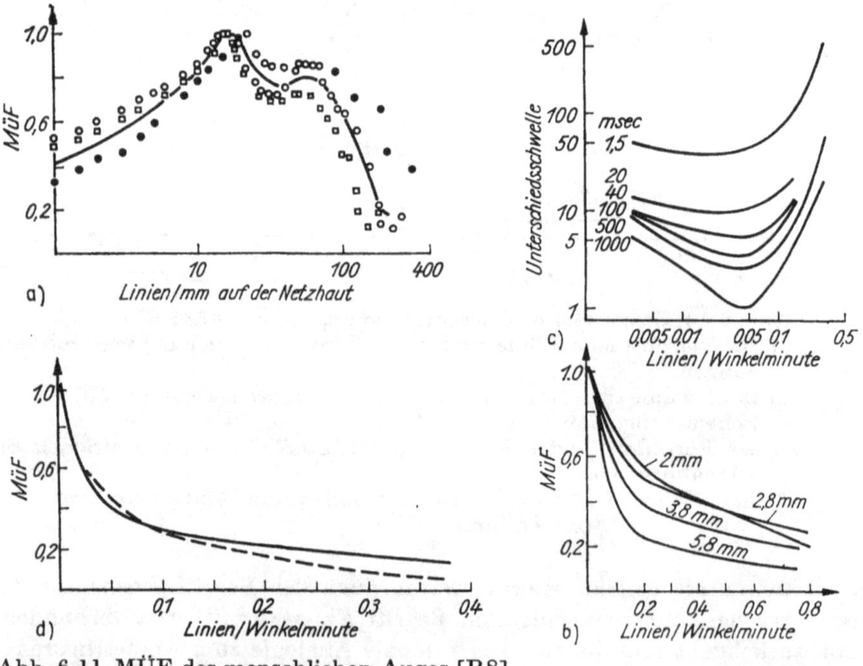

Abb. 6.11 MÜF des menschlichen Auges [R8]
a) auf der Netzhaut als relativer, subjektiver Kontrast für ein Sinusgitter,
b) in Linien je Winkelminute für unterschiedliche Pupillen in objektiver Messung,
c) gerade wahrnehmbare Unterschiedsschwellen bei kurzen Beobachtungszeiten,
d) Korrektur von der Kurve aus Bild a) mittels des Frequenzganges der Unterschiedschwelle für kurze Zeit von 1,5 ms (gestrichelt) im Vergleich zur objektiven MÜF (durchgezogen).

MÜF wird bei einem Wert um 3 mm erreicht. Stark abweichende MÜF werden bei subjektiver Bestimmung des Kontrastes mit Sinusgittern erhalten (Abb. 6.11 a). Sie beruhen sehr wahrscheinlich auf neuronalen Verkopplungen in der Netzhaut. Dieser Effekt läßt sich mittels sehr kurzer Bildeinwirkung ausschalten. Dabei wird dann die Schwelle des gerade feststellbaren Kontrastes von Gittern bestimmt. So entsteht Abb. 6.11 c. Wird nun der Verlauf von 1,5 ms zur Korrektur der MÜF von Abb. 6.11 a benutzt, so entsteht eine Kurve, wie sie die gestrichelte Kurve von Abb. 6.11 d zeigt. In dieser Abbildung ist auch die zugehörige objektiv ermittelte MÜF eingetragen. Beide Kurven stimmen im Rahmen der zu erwartenden Meßgenauigkeiten überein.

Schließlich sei in Abb. 6.12 die subjektiv von Fachleuten beurteilte *Güte von Bildern* mitgeteilt.

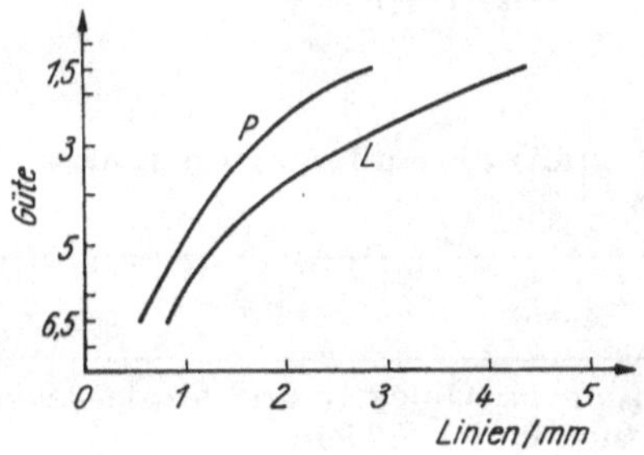

Abb. 6.12 Güte von Bildern der Größe 18 × 24 cm² in 40 cm Abstand für Landschaften (L) und Porträt (P). Werte von 6,5 entsprechen dem Urteil unbrauchbar. Der Wert 1,5 stellt die Grenze zwischen sehr gut und unübertroffen dar [F33].

6.1.3. Polygrafie

In der Polygrafie wird absorbierende Substanz, vorwiegend Druckerschwärze, auf vor allem weißes Papier aufgebracht. In diesem Sinne besteht eine formale Ähnlichkeit zur Fotografie, bei der das schwarze Silberkorn in der Gelatineschicht durch Entwicklung nach einer Belichtung erzeugt wird. Im Gegensatz dazu verfügt die Polygrafie aber *nur* über *zwei Dichte-(Schwärzungs-)grade*; den des Bedruckstoffes (Papier) und den der Druckfarbe. Beide können sich zwar absolut etwas ändern, z. B. indem das Papier z. B. „schmutzig“ wird und die Druckerfarbe zu dünn aufgetragen wird. Aber auch dann bleiben nur zwei Werte, nämlich frei und bedruckt, übrig. Die Polygrafie ist also in dieser Hinsicht ein volldigitales Verfahren, und *Grauwerte* lassen sich nur über den *Rasterdruck* mit vielen Punkten unterschiedlicher Größe erzeugen. Dies könnte zunächst den Gedanken aufkommen lassen, daß die MÜF in der Polygrafie keine Bedeutung besitzt. Dies ist jedoch nicht der Fall, denn der Kontrast aus den beiden Schwärzungswerten hängt doch zumindest bei kleinen Abmessungen (hohen Raumfrequenzen) von vielerlei Einflüssen ab. Hier seien als Beispiele nur das mögliche *Verlaufen der Druckfarbe* erwähnt. Auf die Grundfläche gehen in extremen Fällen z. B. die Unsauberkeit der Anlage ein. Noch komplexer werden die Verhältnisse, wenn *über Mikrofilm* der Druck vollzogen wird. Ein Beispiel für die MÜF zeigt hierzu Abb. 6.13. Es ist deutlich zu erkennen, wie die Auflösung schrittweise abnimmt. Es sei erwähnt, daß als kritische Auflösung für das menschliche Auge in etwa 25 cm Abstand etwa 9 Linien je mm gelten. Einflüsse auf die Begrenzung der Auflösung faßt Tab. 6.2 zusammen.

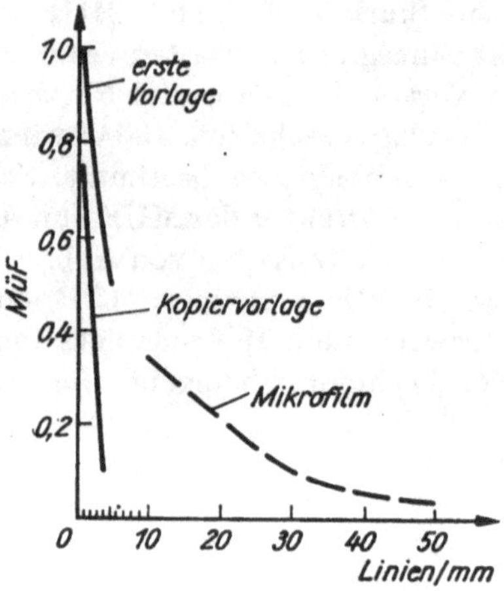

Abb. 6.13 MÜF der Vorlage, Mikrofilm und aus dem Mikrofilm gewonnene Druckvorlage [R3].

Tabelle 6.2 Einige Vorgänge, die in der Polygrafie die Auflösung beeinflussen; in Anlehnung an Rausendorf [R3]

Vorgang	Ursachen
Belichtung und Entwicklung von Mikrofilm	Lichtbeugung im Objektiv und an den Rasterkanten Lichtdiffusion in der Schicht schlechte Planlage des Films mangelhafte Fokussierung
Farbübertragung bei Druckverfahren	Breitlaufen der Druckfarbe durch Kapillarwirkung und Adhäsion Quetschrand im Buchdruck Emulgieren der Farbe an den Grenzflächen zum Feuchtemittel, Tonen der Druckplatte beim Offsetdruck
Elektrografie (Xerox)	Haften von Toner auf bildfreien Stellen infolge Ladungsunschärfe und mechanischer Haftung
Thermokopieren	seitliche Wärmestrahlung

Alle bisherigen Aussagen gelten zunächst ganz allgemein, d. h. unabhängig davon, ob Schrift oder Rasterbilder gedruckt werden. In jedem Fall sind aber auch spezielle Aussagen möglich. Bei den Rasterbildern besitzt sowohl die Anzahl (r) der *Rasterpunkte* je cm als auch die *Anzahl* der meist diskret gewählten *möglichen Größen der Punkte* Bedeutung. Die möglichen genau definierten Rasterpunktgrößen g können als *unterscheidbare Amplitudenstufen* (Graustufen) aufgefaßt werden. Die maximal mögliche *Entropie* lautet dann

$$H \leqq r^2 \operatorname{ld} g\,. \tag{18}$$

Die Rasterzahl geht quadratisch ein, da sie nur in einer Richtung gezählt ist. Eine Auswertung dieser Gleichung zeigt Abb. 6.14. Daraus ist zu ersehen, daß es bei kleinen Rasterzahlen nicht effektiv ist, viele Graustufen zu verwenden. Für weitere Folgerungen sei auf [R3] und [W17] verwiesen. Es sei erwähnt, daß eine gute Fotografie als Druckvorlage ca. 40 Graustufen besitzt und daß beim Mehrfarbenrasterdruck etwa

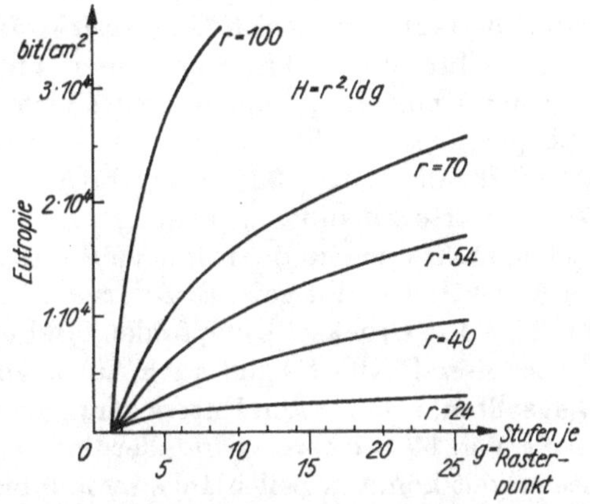

Abb. 6.14 Maximale Entropie als Funktion der linearen Rasterpunktzahl r je cm und der Anzahl der unterscheidbaren Rasterpunktgrößen g [W17].

20 Tonwerte in drei Teilfarben üblich sind. Das sind aber $20^3 = 8000$ unterscheidbare Farbwerte.

Für Texte hat RAUSENDORF auch erfolgreich eine *Kanalkapazität von Setzmaschinen* definiert und berechnet. Er geht dabei in einer umfangreichen Analyse von den unterscheidbaren Zeichen aus. Für Bleisatz bestehen sie z. B. aus

26 Kleinbuchstaben
26 Großbuchstaben
6 Umlauten
12 Symbolen zur Zeichensetzung
10 Ziffern
1 Wortzwischenraum
= 81 Symbolen.

Dieser Wert ist natürlich für unterschiedliche Setzverfahren, z. B. mehrere Schriftarten usw. verschieden. An einem etwa repräsentativen Text wird dann die Häufigkeit der Symbole bestimmt und so die *Entropie je Symbol* berechnet. Beim Bleisatz ergibt sich z. B. ein Wert von 5,36 bit/Zeichen. Da etwa 4 bis 5 Zeichen je Sekunde bewältigt werden, entsteht ein *Informationsfluß* von etwa 25 bit/s (s. Abb. 6.15). Da

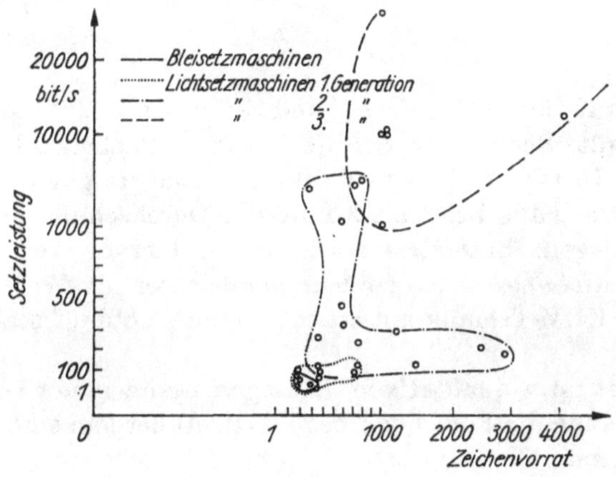

Abb. 6.15 Zusammenhang von Setzleistung in bit/s und Symbolvorrat von verschiedenen Setzmaschinen [R3].

die Fläche eines Zeichens etwa 12,5 mm² beträgt, ergibt sich eine *Speicherdichte* von rund 0,43 bit/mm². Dieses Prinzip wurde für etwa 30 Setzmaschinen untersucht. Schließlich wurden auch die Kosten je bit/s bestimmt, und es zeigte sich, daß die Setzleistung annähernd den Kosten proportional ist. Für die zweite Generation der Lichtsetzmaschinen folgten etwa 900 und für die dritte 430 Mark je bit/s.

An dieser Stelle seien auch einige Zahlenwerte genannt, die etwas stärker vielleicht in den Abschnitt 6.3.3. gehören. Sie stellen nicht nur rein quantitative Werte dar, sondern berücksichtigen auch qualitative Aspekte. Da gibt es z. B. Aussagen zum *Sachwortverzeichnis* bei Büchern. Es werden 2 bis 4 je Druckseite empfohlen, und möglichst sollte ein Sachwort nur auf eine Seite verweisen [N19]. Es gibt auch Aussagen, *wieviel* Prozent *des Textes hervorgehoben* werden sollten. Nach ersten Untersuchungen scheinen 3 bis 6% günstig zu sein. Eine Analyse von 60 Büchern zeigt allerdings nur einen Mittelwert von 1,7% [R3]. Für die Lesbarkeit könnten Zeilenlängen von 5 bis 6 Wörtern, wie z. B. beim Zeitungsdruck, besonders günstig sein. Dies ist darin begründet, daß wir nicht kontinuierlich, sondern ruckartig den Zeilen folgen und dabei jeweils 3 bis 4 Buchstaben zugleich wahrnehmen. So springt das Auge von Gruppe zu Gruppe weiter und macht auch, wenn der Zusammenhang nicht erkannt wurde, Rücksprünge. Dies veranschaulicht Abb. 6.16. Die Fixationszeit liegt im Bereich von 30 bis 500 ms.

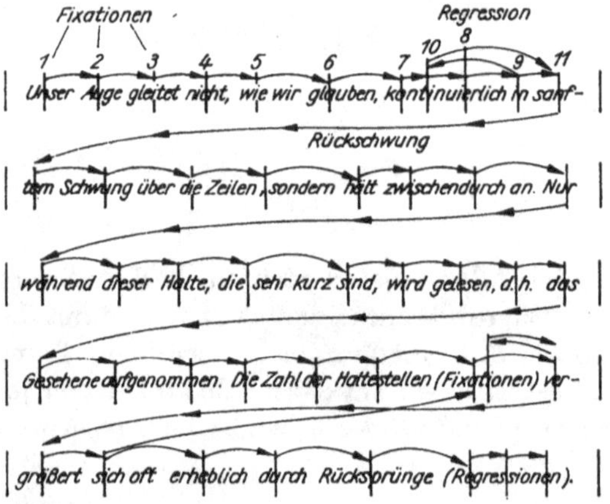

Abb. 6.16 Prinzip der Augenbewegung beim Lesen.

Ferner hat es sich gezeigt, daß für *schräge Schrift* und Zeilen etwa das Cosinusgesetz für die *Lesegeschwindigkeit* gilt. Senkrechte Schrift ist am schnellsten lesbar. Die *Schriftgröße* scheint bei 8 bis 10 typografischen Punkten besonders gut zu sein. Der Zeilenabstand könnte in diesem Falle bei 2 bis 3 Punkten Durchschuß und 100 mm Zeilenlänge als Richtwerte liegen. Besonders stark weicht hiervon vor allem die Schreibmaschinenschrift ab. *Kleinbuchstaben* sind immer leichter als *Großbuchstaben* lesbar [N7; N8]. Hier hat die EDV-Technik mit ausschließlich Großbuchstaben einen erheblichen Mißgriff getan.

Alle zwar gemachten quantitativ-qualitativen Aussagen besitzen noch hohe Unsicherheiten, denn hier hat gerade die Forschung begonnen. Außerdem sind sie in der Praxis nur bedingt zu realisieren.

6.1.4. Vergleich von Speicherdaten

Bevor auf die eigentlichen Speicherdaten eingegangen wird, sei zunächst mit Abb. 6.17a ein Überblick zu dem Bereich der verschiedenen *Informationsflüsse* gegeben. Er überstreicht immerhin fast 15 Zehnerpotenzen. Würden Evolutionsprozesse der Natur einbezogen, müßten noch kleinere Werte ergänzt werden. Wenn es telepathische Kanäle geben sollte, müßten sie viel größere Kapazitäten aufweisen. Besonders die *magnetomotorischen Speicher* haben den Vorteil, daß sie u. a. über die Bandgeschwindigkeit im weiten Bereich dem Informationsfluß anpaßbar sind. So gibt es Geräte im Bereich von Bruchteilen von mm/s bis zu einigen m/s. In einem Gerät sind aber höchstens Änderungen um 1:100 möglich. Dies geht natürlich nicht voll aus Abb. 6.17a hervor, zumal hier ja auch nicht die Audio- und Videogeräte getrennt ausgewiesen sind. Sie weisen Werte aus, die mindestens die Größen für das Hören erfüllen müssen. Für sehr langsame Informationsflüsse gibt es bei den Bandgeräten schließlich noch den Start-Stop-Betrieb.

In Ergänzung zu Abb. 6.17a sind in 6.17b Werte zur *Preisentwicklung* ausgewiesen. Besonders stark ist der Preisabfall beim Informationsfluß. Die Kosten fallen auf grob jeweils die Hälfte in einem Jahr. Weniger steil ist der Preisabfall für die Operationen je Sekunde bei Rechenmaschinen oder bezüglich bit.

Speicherkapazität und *Speicherdichte* haben oft größere Bedeutung als die Kanalkapazität. Die Speicherkapazität gibt an, wieviel Bit ein Gerät speichern kann. Bei der *Speicherdichte* sind drei Fälle zu unterscheiden. Sie kann längs des Speicherweges, also in Bandlängsrichtung, auf die Speicherfläche oder auf das Volumen bezogen betrachtet werden. Dementsprechend wird von linearer, Flächen- und Volumenspeicherdichte gesprochen. Über die entsprechende Menge des Speichermediums ergibt sich die Speicherkapazität. Deshalb sei zunächst die Speicherdichte betrachtet.

Für die *lineare Speicherdichte* eines Magnetbandgerätes ist bereits die in Gl. (4) ausgewiesene Wellenzahl typisch. In der Digitaltechnik wird sie oft mit Flußwechsel je mm angegeben. Entsprechend dem jeweils gewählten Kodierverfahren folgt daraus ein kleinerer Wert in bit/mm. Wurde etwa 1955 mit 8 bit/mm begonnen, so sind heute 1000 bit/mm erreichbar. Dieser Verlauf ist in Abb. 6.18 erkennbar.

In der analogen Magnetbandtechnik sind einmal die Ansprüche auf Zuverlässigkeit bezüglich des Ausfalles einzelner Bit weitaus geringer, und zum anderen können hier auch die verschiedenen Amplitudenstufen je Flußwechsel ausgenutzt werden. Dadurch ergeben sich jeweils größere Werte für die Speicherdichte. Heute sind einige tausend bit/mm durchaus gebräuchlich. Auf die optische Speicherdichte in Linien/mm oder in der Polygrafie Rasterpunkte je cm und andere Fakten wurde bereits in den vorangegangenen Abschnitten eingegangen.

Die *Flächenspeicherdichte* kann als das Quadrat des Wertes von Linien/mm, also in Bildpunkte/mm², berechnet werden. Beim Magnetband und den verwandten Medien geht dieser Weg nicht. Es muß vielmehr die lineare Speicherdichte mit der Spurzahl/mm multipliziert werden, um zu Werten in bit/mm² zu kommen. Der Einfluß der Spurhöhe und damit die Berechnung der optimalen Spurzahl ist ziemlich kompliziert und führt zu Näherungslösungen (u. a. [V15]). Insgesamt steigen aber zunächst mit mehreren schmalen Spuren die Speicherdichte und -kapazität erheblich (bis auf mehr als das Hundertfache) an. Auf weitere Details sei hier verzichtet. Werte für verschiedene realisierte Flächenspeicherdichten sind ebenfalls in Abb. 6.18 eingetragen. Für

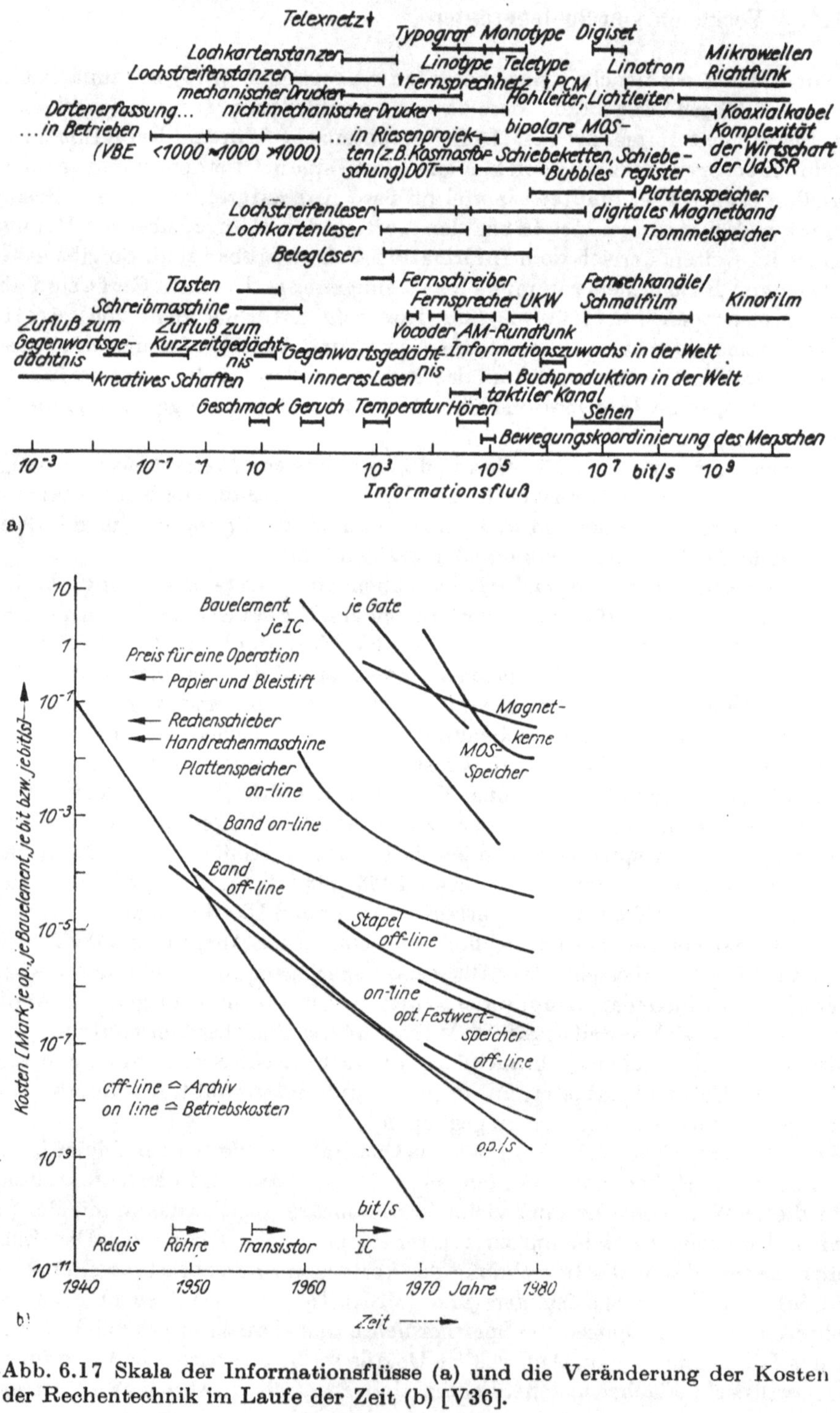

Abb. 6.17 Skala der Informationsflüsse (a) und die Veränderung der Kosten in der Rechentechnik im Laufe der Zeit (b) [V36].

die meisten hochdichten Medien liegt die Flächenspeicherdichte im Bereich 10^3 bis 10^6 bit/mm².

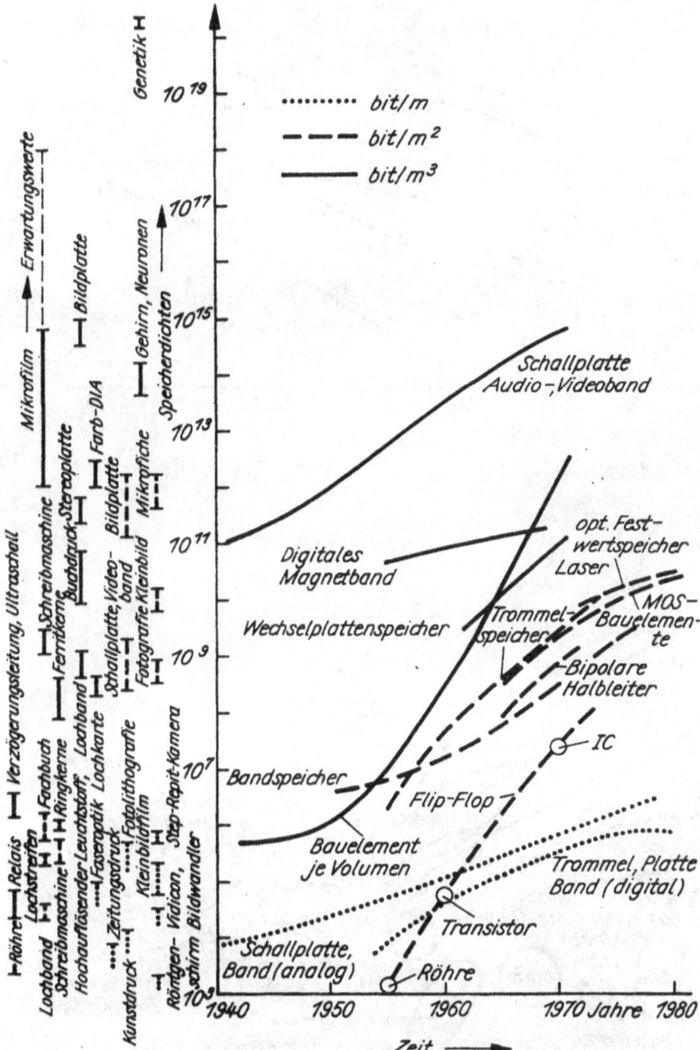

Abb. 6.18 Darstellung verschiedener Speicherdichten entsprechend dem heutigen Stand und zeitlicher Verlauf einiger ausgewählter Techniken [V36].

Für die Archivierung ist vor allem das notwendige Volumen je bit bedeutsam. Deshalb hat die *Volumenspeicherdichte* für die Beurteilung der Speicherkapazität größte Bedeutung. Jedoch gehen hierbei sehr verschiedene, aber meist notwendige Redundanzen durch die mögliche Konfektionierung und Austauschbarkeit der Speichermedien ein. Vor allem aus diesem Grund existiert bei der Volumenspeicherdichte

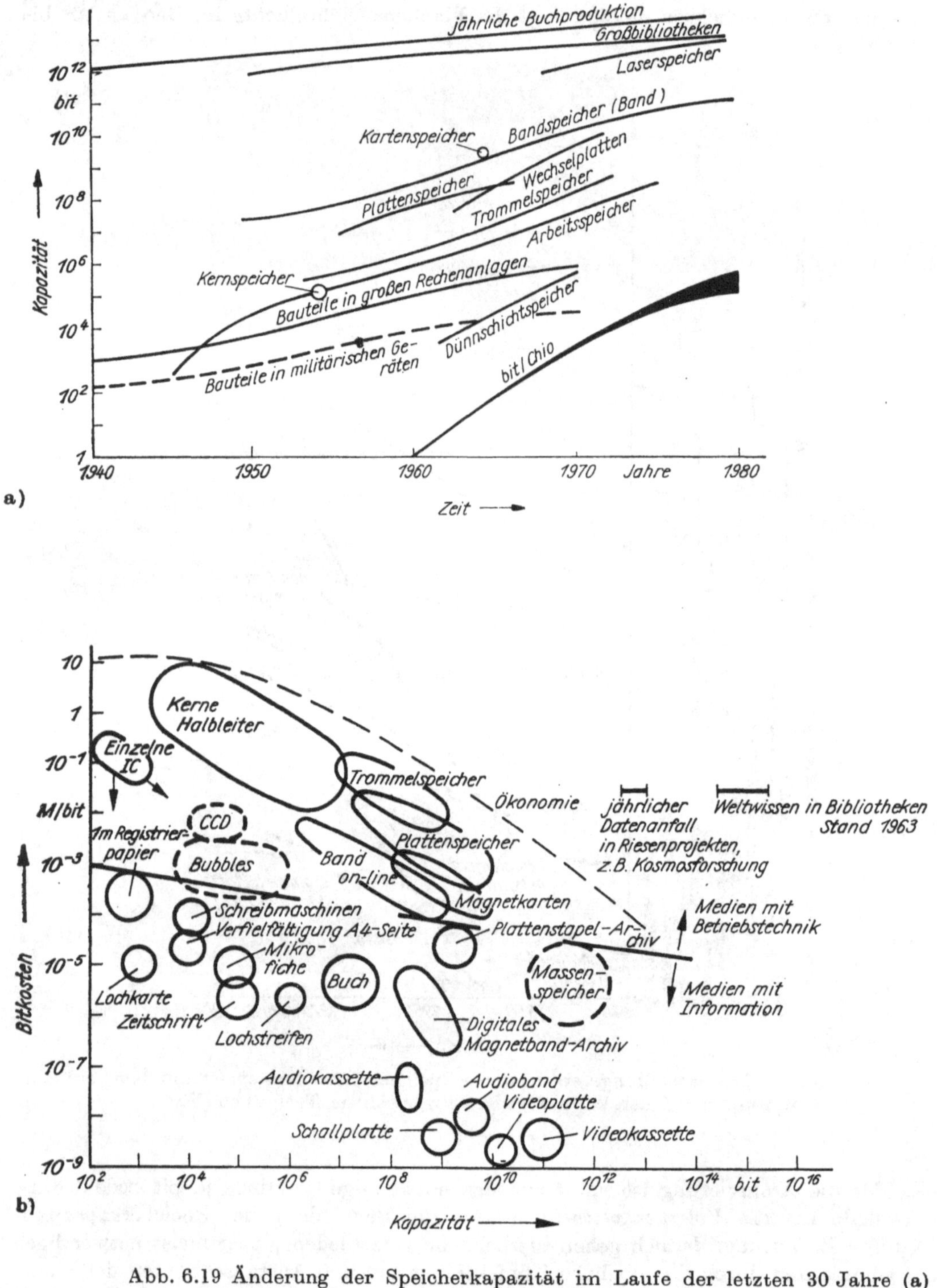

Abb. 6.19 Änderung der Speicherkapazität im Laufe der letzten 30 Jahre (a) und ungefähre Kosten als Funktion der Kapazität (b) [V36].

gemäß Abb. 6.18 die größte Variationsbreite. Sie reicht z. B. von wenigen 10^3 bit/m³ bei der Röhrentechnik bis zu etwa 10^{20} bit/m³ bei der Genetik. Technisch realisierte Grenzwerte liegen bei etwa 10^{15} bit/m³. Doch dies gilt nur für die Medien allein, ohne Archivierung und Gerätetechnik. Auf entsprechende Probleme wurde schon im Abschnitt 5.3.7. eingegangen.

Die zeitliche Änderung einiger *Speicherkapazitäten* ist in Abb. 6.19a gezeigt. *Abgesehen* von den *Halbleiterspeichern* fällt hier das *relative gleichmäßige Anwachsen* aller Arten auf. Trotz des Kapazitätsbereiches von über 10 Zehnerpotenzen wird die

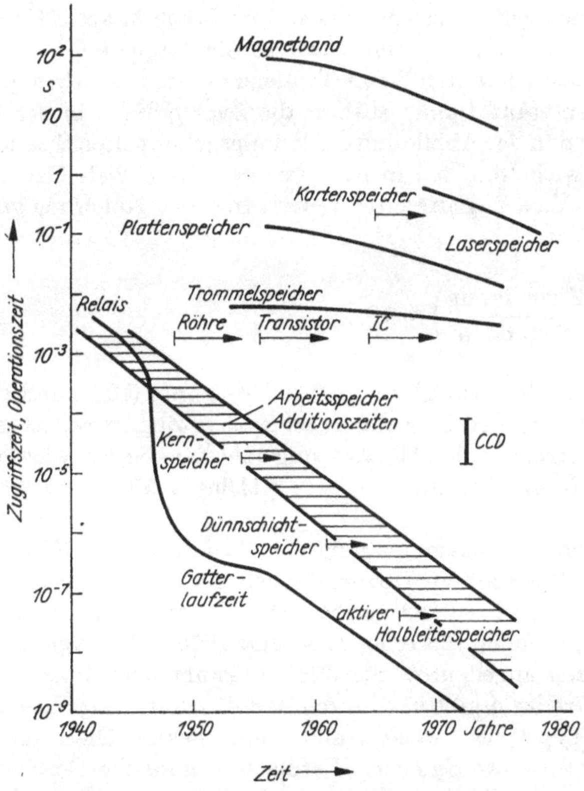

Abb. 6.20 Entwicklung der Zugriffszeiten bei Speichern [V36].

jeweilige Kapazität jeweils in etwa 2 bis 3 Jahren verdoppelt. Bei den Bibliotheken sind dafür allerdings etwa 10 bis 20 Jahre notwendig. Die *Kosten je bit* zeigt ergänzend Abb. 6.19b. Sie überstreichen auch etwa 10 Zehnerpotenzen und sind relativ wenig mit der Kapazität korreliert. Die schräg nach rechts fallende Trennlinie ergibt sich vor allem durch zwei Einflüsse. Unterhalb der Trennlinie gehen wesentlich die Kosten der Vervielfältigung, also das Speichern der Information, ein. Die Speichermedien sind hier also mit bestimmten Informationen belegt (Festwertspeicher). Oberhalb der Trennlinie gehören zu allen Medien unbedingt die Betriebstechnik, also die Speichergeräte. Diese Trennlinie ist natürlich unscharf. Die gestrichelte schräge Linie deutet die Grenze an, die vor allem durch die Ökonomie der Speicherung bestimmt wird.

Eine weitere wesentliche Kenngröße von Speichern ist die *Zugriffszeit*, also jene Zeit, in der im Mittel eine bestimmte Information aus dem Speicher wieder zur Verfügung steht. Den entsprechenden Verlauf zeigt Abb. 6.20. Dabei zeigt sich, daß die *Additionszeiten* von Rechenmaschinen notgedrungen immer annähernd den Zugriffszeiten der *Arbeitsspeicher* entsprechen (schraffierter Bereich). In der Verarbeitungseinheit des Rechners wurden erst Röhren, später Transistoren und integrierte Schaltkreise (IC) eingesetzt. Es folgen als Speicher Ferritkern, Dünnschichttechnik und Halbleiterspeicher, wobei der Dünnschichtspeicher nur in sehr beschränktem Umfang zum Einsatz kam. In jeweils weniger als 2 Jahren wurde so die doppelte Geschwindigkeit erreicht. Die *peripheren Speicher* konnten dieser Tendenz nur in wesentlich geringerem Umfang folgen. Dadurch entstand immer stärker die *Zugriffslücke* in der Speicherhierarchie, und zwar dort, wo in der Abbildung die ladungsgekoppelten Speicher (CCD) eingetragen sind. Hier entwickelten sich in den letzten Jahren viele Techniken.

Das einzelne Bit ist bei kurzen Zugriffszeiten teurer. In erster Näherung galt für die Mittelwerte 1975

$$\left(\frac{\text{Kosten}}{\text{Mark/Bit}}\right)^{2{,}33} \cdot \left(\frac{\text{Zugriffszeit}}{\text{Sekunden}}\right) \approx 10^{-7}\,. \qquad (19)$$

Im Lauf der Entwicklung verkleinert sich die rechte Konstante (10^{-7}) und der Exponent wächst. Das bedeutet, daß der Preisabfall bei kurzen Zugriffszeiten größer als bei den langen ist. (Eine extrem grobe Abschätzung läßt für die Entwicklung einen Drehpunkt bei etwa 10^{10} Jahren (Weltalter) und 10^{-13} M/bit (1 Mark fürs Weltwissen) erwarten.)

In Abb. 6.21 ist schließlich der Zusammenhang von *Speicherkapazität und Zugriffszeit* aufgetragen. Für jeden Speichertyp gibt es danach ein relativ gut abgegrenztes Gebiet, in welchem er ökonomisch zu fertigen ist. Die Entwicklung der Technik ist dabei durch die gestrichelten Linien für 1950, 1965 und 1975 aufgezeigt. Ferner sind drei prinzipbedingte Grenzen angedeutet. Sie dürften kaum nach links oben überschreitbar sein. Die erste Grenze ergibt sich durch den direkten *Umgang mit Schriftgut*, z. B. ein Blatt-Text, typisches Lexikon und Bibliotheken. Die zweite Grenze ergibt sich durch *elektromechanische Systeme*. Hierbei bestimmt die Geschwindigkeit und Präzision (z. B. ansteuerbare Punkte) der Steuereinrichtungen die Möglichkeiten. Schließlich gibt es die elektronische Grenze. Auf die in der Abbildung eingetragenen Werte aus der Biologie wird noch in Abschn. 6.4 eingegangen. Aus Abb. 6.21 ist zu erkennen, daß bereits 1975 auch ohne Bubbles und CCD die o. g. Zugriff- bzw. Kapazitätslücke kaum existiert.

6.2. Sprache

Soll die Sprache informationstheoretisch behandelt werden, so müssen das „*Alphabet*" festgelegt und die zugehörigen Wahrscheinlichkeiten (Häufigkeiten) bestimmt werden. Als Alphabet kommen bei der Sprache zuerst die *Buchstaben* (mit und ohne Unter-

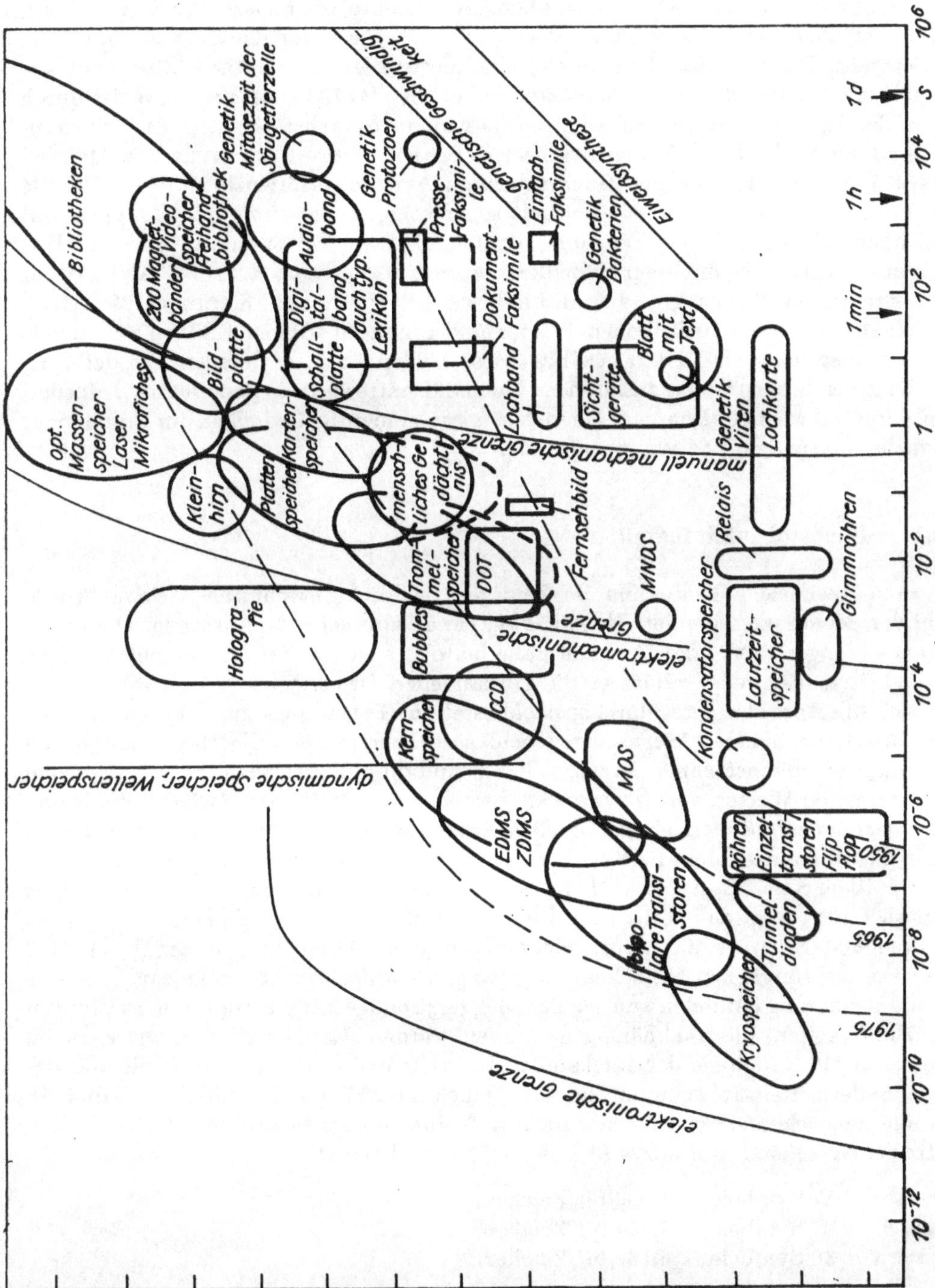

Abb. 6.21 Zusammenhang von Speicherkapazität und Zugriffszeit [V36].

scheidung von Groß- und Kleinbuchstaben, die Umlaute, die Pausen und Satzzeichen), dann aber auch die *Phoneme*, die *Silben* und *Worte*, ja sogar die *Satzteile* und *Sätze* in Betracht. Diese Vielfalt legt bereits eine gewisse Unbestimmtheit, aber auch die Vielfalt der Untersuchungsmöglichkeiten nahe. Die Häufigkeiten werden meist durch Auszählen irgendwie ausgewählter Texte bestimmt. Sprachstatistische Untersuchungen sind älter als die Informationstheorie. So hat Socco Simonetta aus Mailand bereits 1380 eine Tabelle der Buchstabenhäufigkeiten veröffentlicht. Eine Tabelle von Porta aus dem Jahre 1658 enthielt sogar schon Diagramme und Gruppen von zwei Buchstaben [C3, S. 56]. Eine umfangreiche Zeittafel zur Sprachstatistik in [M14] beginnt dagegen erst mit dem Silbenlexikon von Gabelsberger 1823. Als eins der umfangreichsten Werke gilt das Häufigkeitswörterbuch von Kaeding 1898 [K2]. In ihm sind reichlich 10 Millionen Wörter und genau 20 Millionen Silben von repräsentativ ausgewählten Texten gezählt. Diese beiden Arbeiten hängen mit der Entwicklung der Stenographie zusammen. Niemand hätte damals den Begriff Information dafür verwendet. Dennoch lagen hier ganz eindeutig Gedanken im Sinne einer möglichst optimalen Kodierung zugrunde.

6.2.1. Buchstabenhäufigkeiten

Die erste technische Kodierung im heutigen nachrichtentechnischen Sinne wurde wohl von Morse angewendet. Es gibt zwei etwas abweichende Aussagen, wie er die Voraussetzungen dazu fand. Auf alle Fälle holte er sich von Setzern die notwendigen Häufigkeiten. Entweder zählte er die vorhandenen Drucktypen [C3, S. 55], oder er ließ sich die Anzahl der regelmäßig nachbestellten Typen angeben [Z1]. In Tab. 6.3 sind die entsprechenden Werte angegeben. Aus ihnen wurden die Häufigkeiten und dann die Entropie berechnet. In der Tab. 6.3 sind diese Werte auch mit entsprechend umgerechneten Werten von Hyvärinen verglichen. Auffällig ist, daß sich die Rangfolge der Buchstaben an einigen Stellen ganz erheblich ändert. In fast allen Fällen liegen die Differenzen der Häufigkeiten jedoch bei weniger als 0,005. Ausnahmen bilden vor allem S und L. Auf Grund späterer vielfältiger, sehr genauer Untersuchungen zeigt sich auch hier, daß recht gute Richtwerte oft mit relativ kleinem Aufwand zu erhalten sind. So waren dann auch nicht so sehr diese Abweichungen der Grund, daß von dem ursprünglichen Morsekode abgegangen wurde, sondern vielmehr, daß eine bessere Kodierung gefunden wurde. Tab. 6.4 zeigt einige andere Zusammenstellungen von Häufigkeiten, die unabhängig gewonnen wurden. Es ist auffällig, wie z. B. im Deutschen die Rangfolge der Buchstaben wechselt und damit sich auch die Häufigkeiten ändern. Relativ wenig ändert sich jedoch die *Entropie je Zeichen* (s. Tab. 6.5). Für alle Beispiele und auch für hier nicht aufgeführte liegt sie grob um 4 bit/Zeichen. Extreme Werte sind in Jaglom [J 2.44; S. 214] enthalten:

Samoa	17 Symbole	4,086 bit/Zeichen,
Englisch	27 Symbole	4,754 bit/Zeichen,
Russisch	36 Symbole	5,169 bit/Zeichen.

Werden diese Werte und die von Tab. 6.5 erfaßt, so entsteht ein *Mittelwert* von 4,32 bit pro Zeichen mit einer *Streuung* von 0,362 bit/Zeichen. Die Symbolzahl hängt dagegen recht stark von der Willkür ab. Sie liegt zwischen 17 und fast 40, wenn von Satzzeichen

Tabelle 6.3 Häufigkeiten der Buchstaben der englischen Sprache nach der Abschätzung von Morse (VII) und nach genaueren Untersuchungen bei Hyvärinen (VIII) [H25]

Buchstabe	Anzahl	Häufigkeit (VII)	richtige Häufigkeit (VIII)	Rangfolge+
E	12000	0,1128	0,1248	1
T	9000	0,0846	0,0855	2
A	8000	0,0752	0,0822	3
I	8000	0,0752	0,0708	6
N	8000	0,0752	0,0727	5
O	8000	0,0752	0,0750	4
S	8000	0,0752	0,0668	7
H	6400	0,0602	0,0496	9
R	6200	0,0583	0,0596	8
D	4400	0,0414	0,0408	11
L	4000	0,0376	0,0433	10
U	3400	0,0320	0,0322	13
C	3000	0,0282	0,0324	12
M	3000	0,0282	0,0270	14
F	2500	0,0235	0,0202	16
W	2000	0,0188	0,0198	18
Y	2000	0,0188	0,0167	20
G	1700	0,0160	0,0207	15
P	1700	0,0160	0,0200	17
B	1600	0,0150	0,0172	19
V	1200	0,0113	0,0112	21
K	800	0,0075	0,0091	22
Q	500	0,0047	0,0006	25
Y	400	0,0038	0,0021	24
X	400	0,0038	0,0034	23
Z	200	0,0019	0,0005	26

+ Diese Werte mußten allerdings zum Vergleich korrigiert werden, da dort auch der Zwischenraum als zusätzliches Symbol mit einer Häufigkeit von 0,175 erfaßt war. — Durch die Weglassung dieses Symbols und entsprechender Korrektur der Wahrscheinlichkeiten steigt die Entropie von 4,128 bit/Symbol auf 4,2032. Die Häufigkeiten von Morse wurden aus den insgesamt 106400 gezählten Lettern gem. [C3; Z1] berechnet und führen zur Entropie 4,2244.

und unterschiedlichen Schriftarten, z. B. beim Druck, abgesehen wird. Sie kann aber auch bis zu einigen hundert bei verschiedenen Schriftarten, Groß- und Kleinschreibung sowie vielen Hilfszeichen liegen. Im Chinesischen liegen sogar mehrere tausend Zeichen vor. Auffällig ist jedoch, daß diese Willkür nur geringen Einfluß auf die Entropie je Zeichen hat.

Zu den Häufigkeiten von I in Tab. 6.4 ist in Abb. 6.22 der Kodebaum sowohl für den Shannon-Fano-Kode als auch für den Huffman-Kode konstruiert. Gegenüber einer idealen Entropie je Zeichen von 4,037 benötigt der Shannon-Fano-Kode einen Aufwand von 4.127 und der Huffman-Kode von 4,112 bit/Zeichen (vgl. Abschn. 2.). Ferner fällt im Vergleich beim Huffman-Kode die weitaus stärkere Verschachtelung und die um Eins kürzere maximale Wortlänge auf. Die kürzeste Wortlänge ist beim Huffman-Kode 2, beim Shannon-Fano-Kode 3.

Tabelle 6.4 Häufigkeiten einiger Alphabete im Vergleich und in Ergänzung zur Tabelle 6.3. Bei I sind mit * die Leerstellen und Satzzeichen zusammengefaßt. Die Umlaute wurden dabei wie folgt zugeordnet: z. B. ä → a und e. Bei II sind nur die Grundlaute gezählt und bei III zusätzlich der Zwischenraum. IV enthält eigentlich 84 Zeichen, jedoch Q, X, Ä, 3, ;, ! kamen nicht vor. Eine Verschiebung bei den Großzeichen ist hier dadurch entstanden, daß in dem Text mit 11256 Zeichen allein die Abkürzung ITT 7 mal vorkommt.

I deutsch [M18]		II deutsch [K46]		III deutsch [Z1]		IV deutsch [R3]				V russisch [J2]		VI hebräisch [M23]	
*	0,1442	e	0,1669	—	0,15149	e	0,134950	ä	0,004709	—	0,175	vov	0,125
e	0,1440	n	0,0992	e	0,14700	leer	0,121002	M	0,003643	о	0,090	bayz	0,105
n	0,0865	i	0,0782	n	0,08835	n	0,076670	D	0,003109	е ё	0,072	cof	0,100
s	0,0646	s	0,0678	r	0,06858	i	0,069563	K	0,003021	а	0,062	yod	0,090
i	0,0628	t	0,0674	i	0,06377	r	0,063077	E	0,002932	и	0,062	lamed	0,082
r	0,0622	r	0,0654	s	0,05388	t	0,048596	I	0,002843	т	0,053	mem	0,082
a	0,0594	a	0,0651	t	0,04731	s	0,044421	T	0,002665	н	0,053	hay	0,068
d	0,0546	d	0,0541	d	0,04385	a	0,042022	B V W	0,002567	с	0,045	aleph	0,065
t	0,0536	h	0,0406	h	0,04355	d	0,041134	R	0,002488	р	0,040	tof	0,060
u	0,0422	u	0,0370	a	0,04331	h	0,033404	P	0,002399	в	0,038	shin	0,045
h	0,0361	g	0,0365	u	0,03188	l	0,031183	ß	0,002310	л	0,035	daled	0,034
l	0,0345	m	0,0301	l	0,02931	u	0,028518	öU	0,001866	к	0,028	nun	0,034
c	0,0255	c	0,0284	c	0,02673	g	0,024343	C	0,001777	м	0,026	ayen	0,034
g	0,0236	l	0,0283	g	0,02667	o	0,020078	„ “	0,001688	д	0,025	tess	0,012
o	0,0211	b	0,0257	m	0,02134	c	0,019456	F 1	0,001599	п	0,023	pay	0,010
m	0,0172	o	0,0229	0	0,01772	m	0,018568	L N	0,001333	у	0,021	tsadek	0,009
b	0,0138	f	0,0204	b	0,01597	—	0,012171	H 0	0,001244	я	0,018	koof	0,008
w	0,0113	k	0,0188	z	0,01423	f,	0,011638	2	0,001155	ы	0,016	gimel	0,006
z	0,0092	w	0,0140	w	0,01420	b	0,011461	9 ()	0,001066	з	0,016	zion	0,006
v	0,0079	v	0,0107	f	0,01360	z	0,009328	j Z7 –	0,000977	ь	0,014	samech	0,005
f	0,0078	z	0,0100	k	0,00956	.	0,009240	G	0,000888	б	0,014	chess	0,003
k	0,0071	p	0,0094	v	0,00735	w	0,008973	0	0,000800	г	0,013		
p	0,0067	j	0,0019	ü	0,00580	k	0,008085	x 8	0,000622	ч	0,012		
j	0,0028	q	0,0007	p	0,00499	A	0,007463	y :	0,000533	й	0,010		
x	0,0008	y	0,0003	ä	0,00491	v	0,006485	4	0,000444	х	0,009		
q	0,0005	x	0,0002	ö	0,00255	p	0,006130	J	0,000355	ж	0,007		
y	0,0001			j	0,00165	S	0,005686	5	0,000267	ю	0,006		
				y	0,00017	ü	0,005597	Ö	0,000178	ш	0,006		
				q	0,00015			qYÜe6 ?	0,000089	ц	0,004		
				x	0,00013					щ	0,003		
										з	0,003		
										ф	0,002		

Tabelle 6.5 Vergleich von Eigenschaften der Alphabete aus Tab. 6.3 und 6.4. In der Spalte VIII a ist wieder der Zwischenraum mit der Häufigkeit 0,175 im Vergleich zu den Werten von VIII aus Tab. 6.3 berücksichtigt.

Alphabet	I	II	III	IV	V	VI	VII	VIII	VIII a
Anzahl der Symbole	27	26	30	73	32	22	26	26	27
Entropie: bit/Zeichen	4,037	4,097	4,1146	4,6738	4,35	3.979	4,2244	4,2032	4,128
ϱ^2 (= Korrektionskoeffizient)	0,68	0,55	0,63	0,63	0,82	0,72	0,70	0,57	0,62
K (= Normierungsfaktor)	0,54	0,65	1,44	6,93	0,34	0,40	0,34	0,46	0,53
T (= Texttemperatur) (vgl. S. 227)	0,71	0,66	0,54	0,46	0,88	0,82	0,90	0,77	0,72

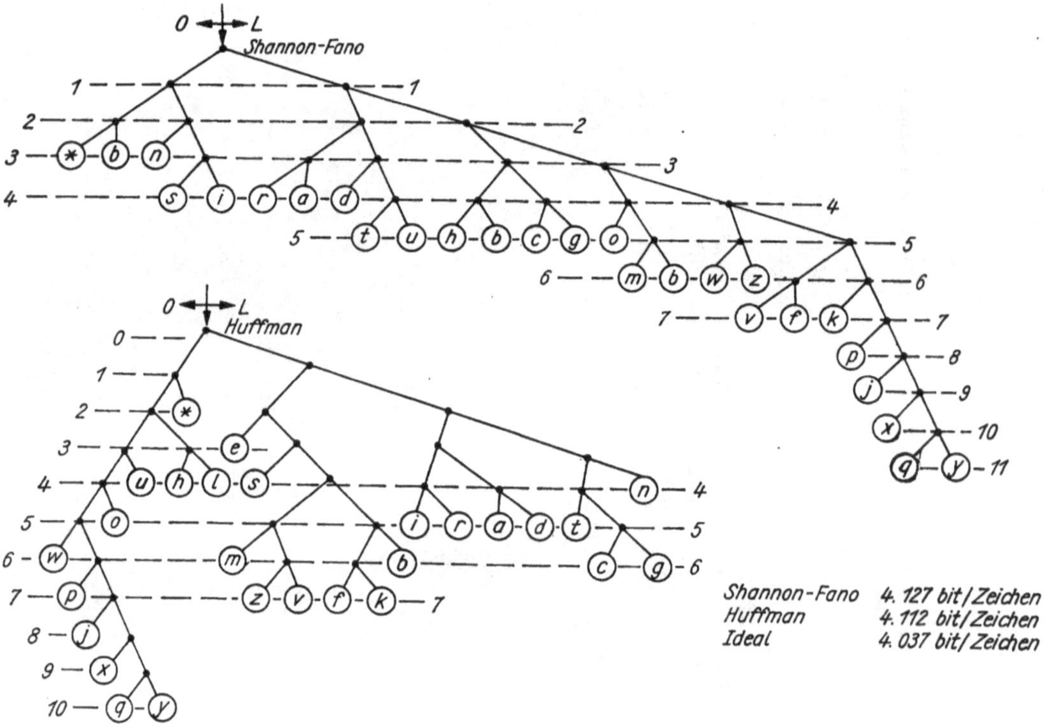

Abb. 6.22 Shannon-Fano- (oben) und Huffman-Codebaum für die deutsche Sprache gemäß den Häufigkeiten von I in Tab. 6.4.

Untersuchungen über die Streuungen der Buchstabenhäufigkeiten in verschiedenen Sprachen stammen von Meier [M14]. Die wichtigsten Ergebnisse sind in Abb. 6.23 zusammengefaßt worden, und zwar einmal geordnet nach der Streubreite für die drei Sprachen Deutsch, Englisch und Spanisch und zum anderen praxisbezogen auf die *Schreibmaschinentastatur* für acht wichtige europäische Sprachen mit lateinischer Schrift. Zu jedem Buchstaben sind die oberen und unteren Grenzwerte mit der zugehörigen Sprache angegeben. Bei aller Streuung zeigt sich auch hier, daß in den europäischen Sprachen eine gewisse gemeinsame Gesetzmäßigkeit existiert.

Die *Buchstabenhäufigkeiten* sind immer an der Schriftsprache orientiert. Etwas anders liegen sofort die Verhältnisse, wenn zu *Lauten* übergegangen wird. Hierbei gehen dann auch bereits Landschafts- und andere Einflüsse ein. Eine Analyse hierzu gab für das Hochdeutsche ebenfalls Meier. Sie zeigt Abb. 6.24.

Ergänzend sei hierzu erwähnt, daß auch oft ganz *bewußt die Buchstabenstatistik durchbrochen wird.* Hierzu seien einige Beispiele aus Pierce [P12, S. 56] angeführt:

„Der deutsche Dichter Gottlob Burmann (1737—1805) schrieb 130 Gedichte, die zwanzigtausend Wörter ohne ein einziges R enthalten. Während der letzten siebzehn Jahre seines Lebens mied Burmann diesen Buchstaben sogar in der täglichen Konversation.

In jeder von fünf Erzählungen, die Alonso Alcala y Herrera 1641 in Lissabon veröffentlichte, *fehlt ein* anderer *Vokal.* Fracisco Navarrete y Ribera

(1959), FERNANDO JACINTO DE ZURITA Y HARO (1654) und MANUEL LORENZO DE LIZARAZU Y BERBUIZANA (1654) liefern weitere Beispiele.
1939 erschien ein 267 Seiten langer Roman (Gadsby) von ERNEST VICENT WRIGHT, in dem der Buchstabe E nicht vorkommt.“

Die bewußten, noch mehr aber unbewußten, individuellen Abweichungen von der Statistik der Gesamtheit führen zu der im Abschn. 6.2.8. behandelten Stilanalyse mittels der Statistik von Texten.

6.2.2. Silben- und Worthäufigkeiten

Wie gezeigt, sind die Silben keineswegs eindeutig definiert. Für die Kurzschrift besitzen sie jedoch eine spezifische Bedeutung wegen vieler Kürzel. Unter diesem Aspekt ist auch die Einteilung von KAEDING in *Stamm-*, *Vor-* und *Endsilben* zu sehen. Tab. 6.6

Tabelle 6.6 Silbenhäufigkeiten der deutschen Sprache nach KAEDING

Stammsilben	Häufigkeit in ‰	Vorsilben	Häufigkeit in ‰	Endsilben	Häufigkeit in ‰
der	18,1	ge	22,2	en	88,2
die	17,9	be	11,4	e	64,4
und	16,1	ver	9,8	er	42,1
ein	14,1	er	6,2	ung	11,8
in	9,9	an	4,3	ig	9,9
zu	9,2	zu	3,8	lich	8,6
den	7,4	vor	3,0	es	7,8
nicht	6,4	aus	2,7	et	5,6
das	6,4	un	2,5	end	5,2
von	6,2	erst	2,4	em	4,4
dem	5,3	da	2,4	i	4,0
sich	5,2	ein	2,3	el	3,6
des	5,2	ab	2,3	isch	3,1
sie	5,1	auf	2,0	keit	1,7
mit	5,0	über	1,8		
ist	4,9				
Summenhäufigkeit	= 142,4		79,1		260,1
Entropie bit/Silbe	= 0,941		0,555		1,224
ϱ^2	= 0,92 (0,96)		0,98 (0,96)		0,95 (0,96)
K	= 0,025 (0,046)		0,022 (0,057)		0,129 (0,063)
T	= 1,69 (1,22)		1,06 (0,79)		0,67 (0,49)

zeigt eine Zusammenstellung der häufigsten Silben dieser drei Gruppen. Sie wurden hier so ausgewählt wie bei KÜPFMÜLLER [K46], um damit zugleich den Anschluß an seine Folgerungen für den Abschn. 6.2.5. bereitzustellen. Die Summenhäufigkeit dieser Silben beträgt 48,16% vom gesamten durchgesehenen Text. Auch die sofort erkennbare Rangfolge: Endsilben, Stammsilben, Vorsilben geht aus dieser kleinen Anzahl von 35 Silben bereits deutlich hervor. Insgesamt 400 Stammsilben ergeben etwa die

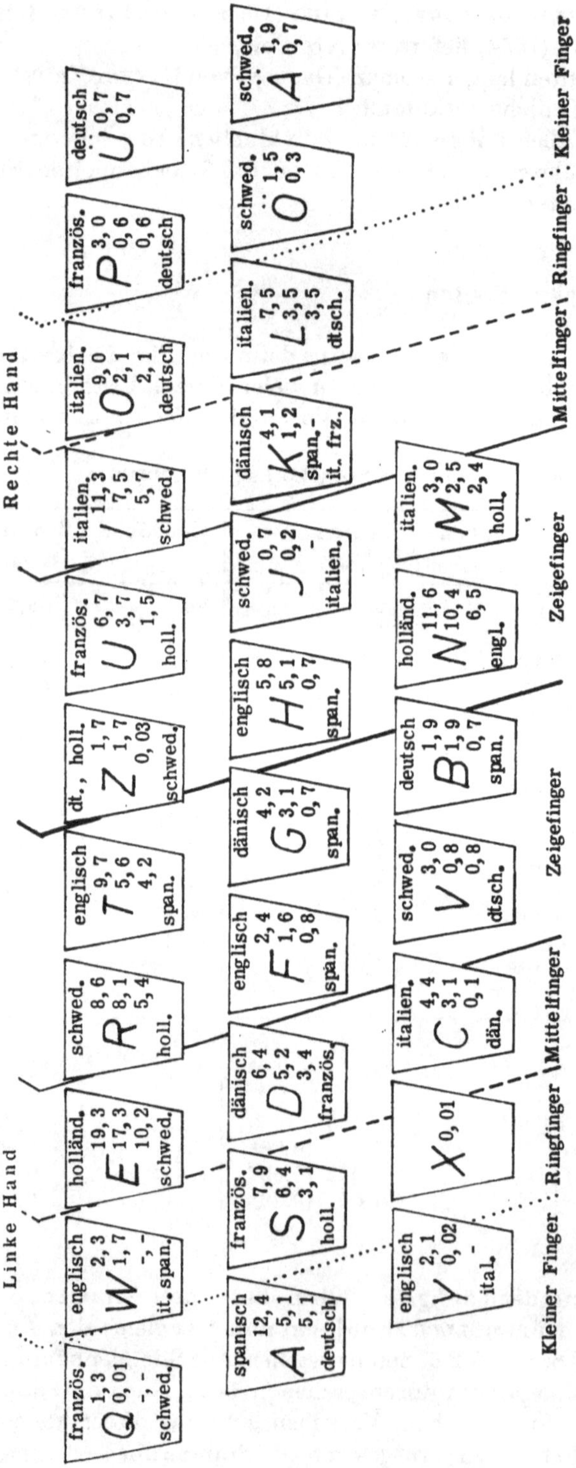
Linke Hand
Rechte Hand
französ. Q 1,3 0,01 -,- schwed.
englisch W 2,3 1,7 -,- it. span.
holländ. E 19,3 17,3 10,2 schwed.
schwed. R 8,6 8,1 5,4 holl.
englisch T 9,7 5,6 4,2 span.
dt., holl. Z 1,7 1,7 0,03 schwed.
französ. U 6,7 3,7 1,5 holl.
italien. I 11,3 7,5 5,7 schwed.
italien. O 9,0 2,1 2,1 deutsch
französ. P 3,0 0,6 0,6 deutsch
deutsch Ü 0,7 0,7
spanisch A 12,4 5,1 5,1 deutsch
französ. S 7,9 6,4 3,1 holl.
dänisch D 6,4 5,2 3,4 französ.
englisch F 2,4 1,6 0,8 span.
dänisch G 4,2 3,1 0,7 span.
englisch H 5,8 5,1 0,7 span.
schwed. J 0,7 0,2 - italien.
dänisch K 4,1 1,2 span.- it. frz.
italien. L 7,5 3,5 3,5 dtsch.
schwed. Ö 1,5 0,3
schwed. Ä 1,9 0,7
englisch Y 2,1 0,02 - ital.
X 0,01
italien. C 4,4 3,1 0,1 dän.
schwed. V 3,0 0,8 0,8 dtsch.
deutsch B 1,9 1,9 0,7 span.
holländ. N 11,6 10,4 6,5 engl.
italien. M 3,0 2,5 2,4 holl.
Kleiner Finger
Ringfinger
Mittelfinger
Zeigefinger
Zeigefinger
Mittelfinger
Ringfinger
Kleiner Finger

a)

Abb. 6.23

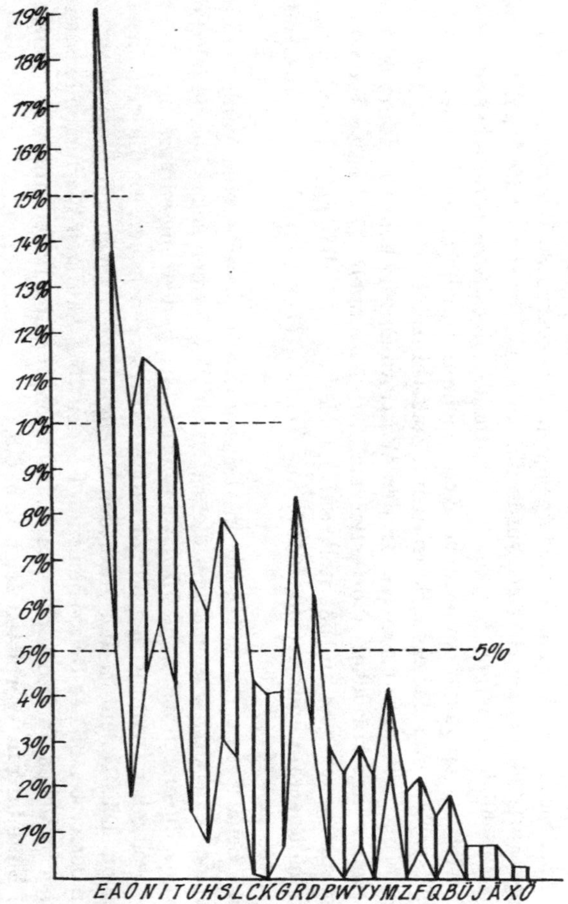

b)

Abb. 6.23 Zur Streuung von Buchstabenhäufigkeiten zwischen verschiedenen Sprachen nach MEIER [M14]

a) obere und untere Grenzwerte für die drei Sprachen Deutsch, Englisch, Spanisch, geordnet nach der Größe der Streuung,

b) Prozentuale Häufigkeit von Anschlägen in den acht Sprachen: Deutsch, Englisch, Französisch, Italienisch, Spanisch, Schwedisch, Holländisch, Dänisch. Die mittlere Zahl gilt für deutsch; darüber jene Sprache, welche die maximale Häufigkeit besitzt und der dazugehörige Zahlenwert. Unten die entsprechenden Werte für das Minimum.

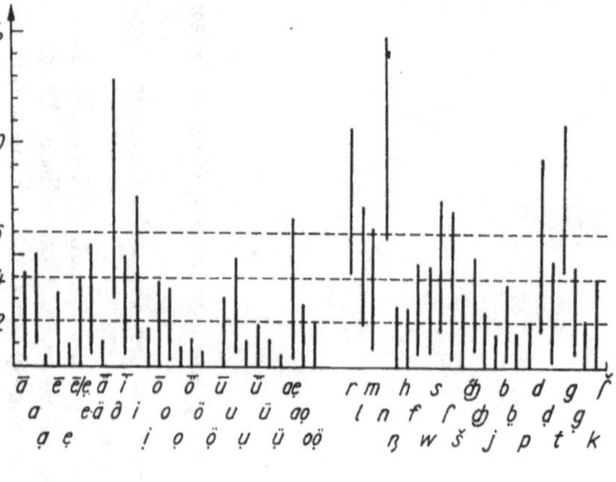

Abb. 6.24 Die Häufigkeiten von Lauten und deren Streuung im Hochdeutschen nach MEIER [M14].

Hälfte des Texts, während die 242 häufigsten Vorsilben nur zu 9% beitragen und 118 Endsilben 30% ausmachen.

Über die *Häufigkeiten von Worten* liegt ein weitaus umfangreicheres Material vor. Tab. 6.7 enthält die ersten 30 Worte der Zählung von KAEDING (um 1900) und Häufigkeiten (um 1960) nach MEIER sowie eine Auswahl der ersten englischen Worte, die allerdings nur über eine Auswahl von 36299 gewonnen wurden. Bei den Untersuchungsergebnissen von KAEDING fällt auf, daß in den fast elf Millionen Worten nur 258173 Wortformen vorkamen und davon 49,14%, das sind 126862, jeweils nur einmal. Andererseits existiert eine *Spitzengruppe*. So machen die drei ersten Worte: „die, der, und" bereits 9,47% aus, und die ersten 66 Wortformen bestimmen bereits 50% des Gesamttextes. Eine anschauliche Darstellung der ersten 107 Wortformen gab MEIER. Sie ist in Abb. 6.25 wiedergegeben. Die ersten 30 Wortformen sind also einsilbige Partikel. Dieser Bereich wurde die „An-und-für-sich-Stufe" genannt, weil fast ausschließlich derartige Partikel darin enthalten sind. Aber bereits bei den ersten 100 Wortformen ist keine einheitliche Kennzeichnung mehr möglich. Hier kommen u. a. Hilfsverben und das erste Substantiv „Zeit" hinzu. In den nächsten 100 Wortformen folgen weitere Substantive. In den Wortformen mit höherem Rang ist keine Bevorzugung irgendwelcher Wortarten mehr zu erkennen. Das erste Fremdwort „Paragraph" taucht erst an 153. Stelle auf. Es macht also in diesem Teil der Pyramide 0,93%, in der gesamten Pyramide 0,48% aus. Der Mittelwert für alle Wortformen beträgt jedoch fast 10%.

Es ist bemerkenswert, daß auch in der *englischen Sprache* eine ganz ähnliche „Pyramide" existiert. Dort machen die ersten 50 Wortformen sogar bereits 50% des Textes aus, die ersten 300 sogar 75%. Ja selbst in der Bedeutung entsprechen sich die Wörter weitgehend. Unter den 50%-häufigen Wortarten haben 42 die gemeinsame Bedeutung. Dies bedeutet, daß unter den 50 englischen Worten nur 8 existieren, die nicht in den ersten 66 des Deutschen sind. Bei den 75%-häufigen Wortarten existieren in beiden Sprachen 44 Substantive, und 20 haben dieselbe Bedeutung. Eine entsprechende Einteilung in Wortarten zeigt Tab. 6.8.

Tabelle 6.7 Worthäufigkeiten der ersten 30 Worte in Deutsch und Englisch

KAEDING Wort	Häufigkeit in ‰	MEIER Wort	Häufigkeit in ‰	Englisch HYVÄRINEN Wort	Häufigkeit in ‰
die	32,8	die	32,0	the	72
der	32,5	der	31,3	of	49
und	29,4	und	29,3	and	36
zu	23,7	in	17,2	to	25
in	19,6	zu	15,8	in	23
ein	14,0	den	12,7	a	18,5
an	13,4	das	11,4	that	14,6
den	13,0	nicht	10,5	is	13,2
auf	11,7	von	10,4	for	11,5
das	11,6	sie	9,4	be	11,0
von	10,8	ist	8,9	it	9,7
nicht	10,6	des	8,8	I	8,4
mit	10,1	sich	8,5	as	8,0
dem	9,5	mit	8,4	not	7,8
des	9,5	dem	8,2	with	7,6
aus	9,4	daß	8,1	shall	7,6
sie	9,4	er	8,0	are	7,5
ist	8,9	es	8,0	you	6,8
so	8,9	ein	7,9	which	6,5
sich	8,5	ich	7,5	but	6,4
daß	8,1	auf	7,4	he	5,9
er	8,0	so	6,8	by	5,8
es	8,0	eine	6,4	we	5,6
vor	7,7	auch	5,6	have	5,5
ich	7,5	als	5,3	this	4,9
über	7,1	an	5,1	on	4,9
da	6,9	nach	5,0	his	4,8
nach	6,8	wie	4,7	ale	4,7
eine	6,4	im	4,7	they	4,7
auch	5,6	für	4,6	will	4,3
Summenhäufigkeit	= 369,2		317,9		401,2
Entropie bit/Wort	= 2,265		2,000		2,265
ϱ^2	= 0,96 (0,97)		0,95 (0,96)		0,99 (0,98)
K	= 0,043 (0,067)		0,041 (0,069)		0,082 (0,024)
T	= 1,82 (1,46)		1,63 (1,30)		1,16 (0,85)

Tabelle 6.8 Prozentualer Wortanteil im deutschen und englischen Text bei den Wortarten, die 50 bzw. 75% aller gezählten Wortformen ausmachen [M14]

Grenze	Sprache	Anzahl der Wortformen	Hauptwörter	Zeitwort	Eigenschaftswort	Bestimmungsworte	Sonstige
50%	englisch	55	0	22	4	6	68
	deutsch	66	0	13	0	16	71
75%	englisch	300	21	28	8	17	26
	deutsch	250	14	20	6	18	42

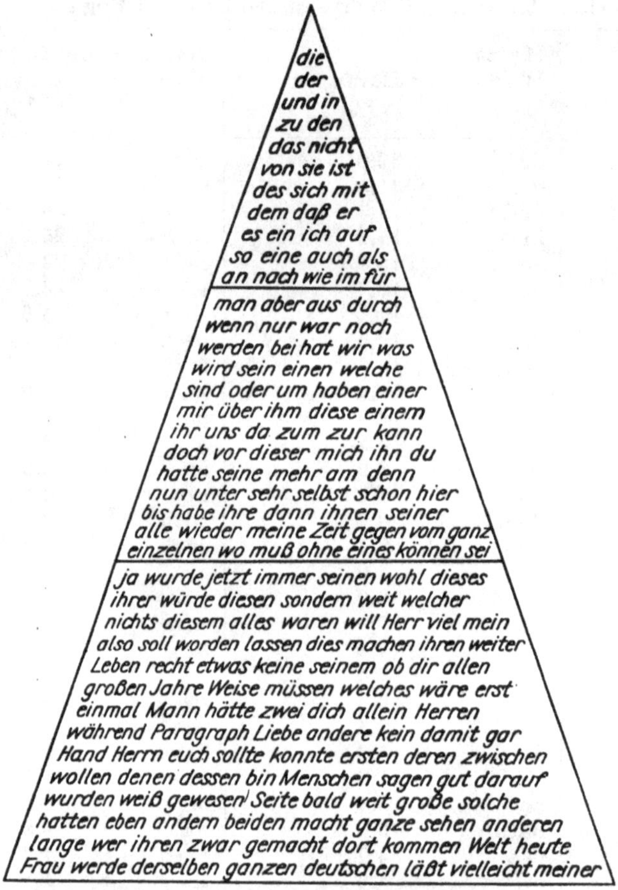

Abb. 6.25 Häufigkeitspyramide der deutschen Sprache um 1900. Die Unterteilung ist noch in drei Stufen erfolgt. An der Spitze befinden sich 30 Wortformen; im Mittelteil die dann folgenden weiteren 70. In der gesamten Pyramide sind die ersten 207 Wortformen eingetragen [M14].

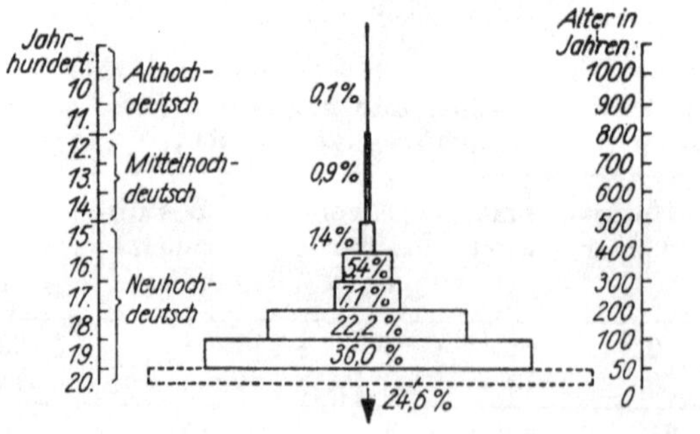

Abb. 6.26 Einteilung der Wortformen nach ihrem Alter [M14].

Interessant ist auch die *Altersstruktur* der Worte, sie ist in Abb. 6.26 wiedergegeben. Dabei ist allerdings noch mehr als bei den anderen Ergebnissen zu beachten, daß gerade seit KAEDINGs Untersuchungen viele neue Worte durch die starke Entwicklung von Naturwissenschaft und Technik hinzugekommen sind.

6.2.3. Zipf-Mandelbrotsches Gesetz

Eine Sprache werde aus n verschiedenen Symbolen ihres „Alphabets" aufgebaut. Die Länge eines Wortes sei l. Es besteht also aus l aneinandergefügten Symbolen. Von dieser Länge existieren höchstens n^l unterschiedliche Worte. Es sei weiterhin L die größte Wortlänge. Für eine Sprache mit allen Wortlängen

$$l \leqq L \tag{20}$$

existieren dann maximal

$$\begin{aligned} R &= \sum_{l=1}^{L} n^l \\ &= n \frac{n^L - 1}{n - 1} \end{aligned} \tag{21}$$

unterschiedliche Worte. Sind nur der *Wortschatz* (Anzahl unterscheidbarer Worte) R und die Anzahl *unterscheidbarer Symbole* n gegeben, so ergibt die Auflösung nach der *maximalen Wortlänge*

$$L = \left[\frac{\lg\left(\frac{n-1}{n} R + 1\right)}{\lg n} \right]. \tag{22}$$

Die eckige Klammer soll hier bedeuten, daß auf die nächste ganze Zahl aufzurunden ist.

Da in erster Näherung alle Worte der maximalen Länge L den Wortschatz R bestimmen, also

$$R \approx n^L \tag{21 a}$$

gilt, folgt auch

$$L \approx \frac{\lg R}{\lg n}. \tag{22 a}$$

Als Beispiel sei angenommen, daß der Wortschatz einer Sprache etwa 30000 Worte sei. Wenn dann eine maximale Wortlänge von $L = 3$ gewählt wird, so genügen bereits 31 Symbole als Alphabet. Lebende Sprachen besitzen natürlich eine beträchtliche Redundanz. Sie verwenden also, um Fehler erkennen und korrigieren zu können, nicht alle *möglichen Worte*, sondern nur eine *bestimmte Auswahl*. Diese Auswahl wird *infor-*

mationstheoretisch beeinflußt. Wenn ein Wort infolge der geschichtlichen Entwicklung im *Gebrauch* häufiger Verwendung findet, *wird es verkürzt.* Beispiele sind Automobil zu Auto, Super-Heterodyne-Empfänger zu Superhet und Super. So stellt sich eine gewisse *Ordnung* zwischen der *Rangfolge* von Worten *und* ihren *Längen* ein. Den realen Verlauf für 10525 Wörter aus einem wissenschaftlichen Sammelband im Vergleich zum theoretischen für einen Symbolvorrat von 2 bzw. 3 zeigt Abb. 6.27. Es sei l_r die Länge eines Wortes vom Rang r und p_r seine Wahrscheinlichkeit. Der Erwartungswert

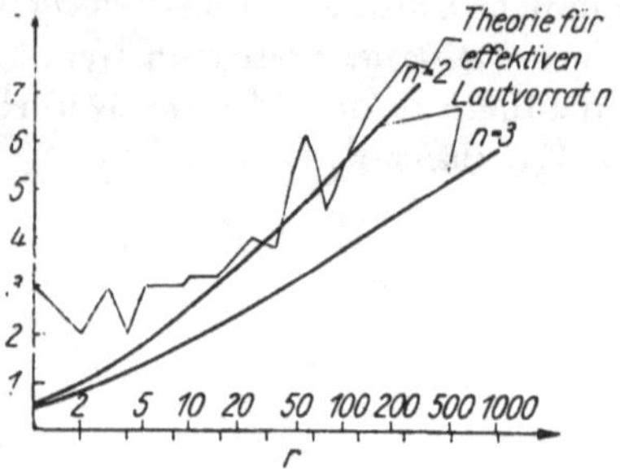

Abb. 6.27 Die Länge L deutschsprachiger Wörter wissenschaftlicher Texte in Abhängigkeit vom Wortrang r nach H. Frank [F23].

von Worten der Länge l beträgt dann

$$E(l) = \sum_r p_r l_r \,. \tag{23}$$

Für l_r kann hier Gl. (22) eingesetzt werden. Werden jetzt weiter die Entropie

$$H = -\sum_r p_r \operatorname{ld} p_r \tag{24}$$

und die Normierung

$$\sum_r p_r = 1 \tag{25}$$

angesetzt, so kann das *Minimum* von $E(l)$ unter den Bedingungen *konstanter Entropie* und Gl. (25) mittels der Variationsrechnung bestimmt werden. Hierbei ergibt sich das *kanonische Gesetz* von Benoit Mandelbrot (1957), das er allerdings anders abgeleitet hat und bei experimentellen Sprachanalysen bestätigt fand:

$$p_r = K \cdot \left(r + \frac{L}{L-1}\right)^{-1/T} . \tag{26}$$

Darin ist K eine Normierungskonstante, und T heißt die *Texttemperatur.* In einem p_rL-Diagramm gibt sie nämlich die Steigung des Abfalles zu höheren Worträngen an. Das Korrekturglied

$$r_0 = \frac{L}{L-1} \tag{27}$$

ist für Worte der Länge 1 unbestimmt, besitzt ein Maximum von 2 für die Länge 2 und strebt für große Wortlängen gegen 1. Es besitzt also nur bei kleinen Rangzahlen einen merklichen Einfluß. Deshalb genügt für viele Betrachtungen die vereinfachte Gleichung

$$p_r = \frac{K}{\sqrt[T]{r}}\,. \tag{28}$$

Nach dieser Gleichung wurden mittels der Methode der kleinsten quadratischen Abweichung die Werte in den Tab. 6.5 bis 6.7 bestimmt. Darin bedeutet ϱ^2 den Korrelationskoeffizienten für die Güte der Übereinstimmung der Werte mit diesem Gesetz. Es zeigt sich, daß die Güte bei den Alphabeten von Tab. 6.3 bis 6.5 (Rang $r = 1$) nur gering ist: 0,55 bis 0,82. Bei den Silben und Worten ist sie dagegen mit 0,92 bis 0,98 gut bis sehr gut. Die Texttemperatur liegt dabei zwischen 0,67 und 1,69 bei den Silben und sank bei den Worten von 1900 mit 1,82 auf 1960 mit 1,63 ab. Früher hatte sich als recht gute Näherung das einfachere, empirisch gefundene *harmonische Gesetz* von Estoup (1916) und Zipf (1949) bewährt:

$$p_r \approx \frac{K}{r}\,, \tag{29}$$

also $T = 1$. In Abb. 6.28a sind die prinzipiellen Verläufe der drei Gleichungen (26), (28) und (29) zum Vergleich zusammengestellt. Das harmonische Gesetz und Gl. (28) bilden im doppelt logarithmischen Maßstab Geraden unterschiedlicher Steigung. Das kanonische Gesetz bedeutet demgegenüber eine additive Rechtsverschiebung um die Größe r_0. Diese führt im doppelt-logarithmischen Maßstab zu der Anfangskrümmung der Kurve. Sie verflacht hier die Steigung und entspricht damit einer höheren Texttemperatur. So ist verständlich, daß die aus den Anfangswerten gebildete Texttemperatur größer als Eins sein muß. Da es sich hier um im Mittel 3-silbige Worte handelt, beträgt r_0 etwa 1,5. Die dann mit Gl. (26) berechneten Werte sind in den Tabellen in Klammern hinzugefügt. Wenn von den Vorsilben abgesehen wird, verbessert sich dadurch der Korrelationskoeffizient, und erwartungsgemäß sinkt die Texttemperatur. Bei den Endsilben erreicht sie so den sehr niedrigen Wert von 0,49. Aber bei den Worten wird auch hier noch nicht der Grenzwert um Eins erreicht. Es sind eben einfach zu wenig Ränge erfaßt, nämlich nur 30 von über 300000. Um dies zu demonstrieren, enthält Abb. 6.28 b, c, d auch drei experimentell erhaltene Bilder.

Wie schon bei den Buchstaben, so besteht hier auch die Möglichkeit individueller Abweichungen von betrachteten Gesetzmäßigkeiten. Neben der möglichen *Stilanalyse* gibt es in diesem Fall besondere Anwendungen in der *Psychopathologie*. Insbesondere bei Schizophrenen fällt es auf, daß sie einen ungewöhnlichen Wortschatz verwenden. Es gibt Hinweise dafür, daß bei ihnen generell alle Wahrscheinlichkeitseinschätzungen sehr unsicher sind. Feigenberg [F4] beschreibt das kurz so:

> „Aus der großen Zahl der formal richtigen Wörter wählt der Gesunde jene, die ihm im Sprachmilieu am gebräuchlichsten sind, in dem er erzogen wurde. Der Kranke dagegen wählt mit gleicher Leichtigkeit sowohl häufige (sehr wahrscheinliche) als auch seltene Wörter (wenig wahrscheinliche) aus.“

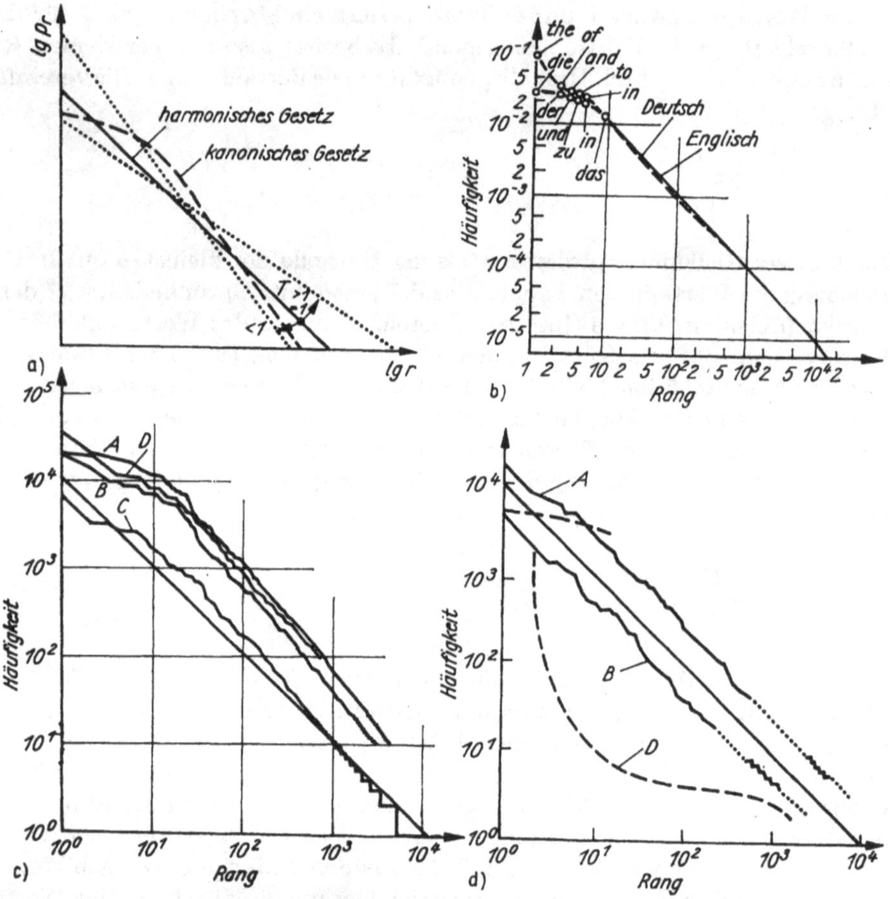

Abb. 6.28 Verschiedene Kurvenverläufe für den Zusammenhang von Wahrscheinlichkeit p_r und dem Rang r bei Worten aus Texten. Die Steigung T der Kurven heißt Texttemperatur. Sie ist für das harmonische Gesetz $p_r \approx 1/r$ gleich Eins.
a) Prinzipieller theoretischer Verlauf für die Gleichungen (26), (28) und (29),
b) Verlauf für deutsche und englische Worte entsprechend den Häufigkeitswörterbüchern [Z14],
c) Verlauf bei norwegischen Texten *A*, *B* Undset; *C* Aasen; *D* Wergeland [M18],
d) *A* James Joycs „Ulysses",
B amerikanisches Zeitungsenglisch [C3].

Dies würde eine Gleichverteilung statt des harmonischen oder kanonischen Gesetzes bedeuten. Bei Meier [M14] sind nun für drei spezielle Fälle Zahlenwerte vorhanden, mit deren Hilfe Abb. 6.29 gezeichnet wurde. Er hat den ganzen Wortschatz so in 14 Klassen geteilt, daß sich für die in jeder Klasse befindlichen Wortformen annähernd die ansteigende Gerade (eigentlich Stufenkurve) ergibt. Wird nun den Klassen ein mittlerer Rang zugeordnet und das harmonische Gesetz für die Wahrscheinlichkeiten angesetzt, so ergibt sich die abfallende Kurve. Sie entspricht also der normalen

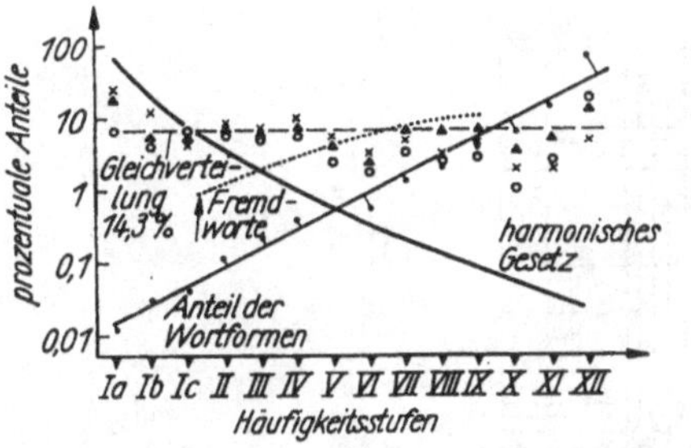

Abb. 6.29 Zum Psychopathologischen Sprachverhalten
× Spektrum eines Paranoikers (Tagebuch König Ludwigs II von Bayern),
△ Bildbeschreibungen zweier Schizophrener,
○ Dadaistische Dichtung „Das bezungte Brett" von HANS ARP
(Daten aus MEIER [M14] entnommen).
Zur Erklärung der Häufigkeitsstufen wurde der Anteil der Wortformen je Stufe und der Teil der Fremdworte in den Stufen ergänzt. Die dargestellten Werte entsprechen vielmehr einer Gleichverteilung als einem harmonischen Gesetz.

Produktion von Texten. Die eingetragenen offenen Kreise, Dreiecke und Kreuze entsprechen aber viel eher der Gleichverteilung um 14,3%.

Bei den *Buchstaben* ist *keines der Gesetze* Gl. (26), (28) oder (29) hinreichend gut erfüllt. Hierauf wurde schon hingewiesen. Ähnliches gilt auch für die Phoneme. Beide werden eben nicht so gebraucht und verändert wie Worte. Den Verlauf für die Phoneme der deutschen Sprache zeigt Abb. 6.30. Es läßt sich damit eine Ähnlichkeit zu Abb. 6.27 erkennen, und gemäß Gl. (22a) läßt sich dann aber für die Phoneme ein effektiver Phonemvorrat

$$n = R^{1/2} \tag{30}$$

bestimmen. Er liegt hier bei 3,1. Für die englische Sprache ergeben sich Werte von 3,24 bis 3,55 und für französisch von 3,27 bis 4,90.

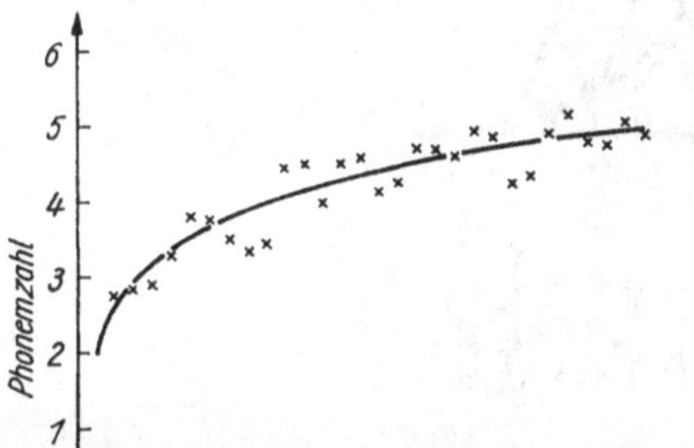

Abb. 6.30 Rangabhängigkeit der Phonemzahl L deutscher Vollwörter (übergreifendes Mittel von je 20 benachbarten Rangstufen [M18]).

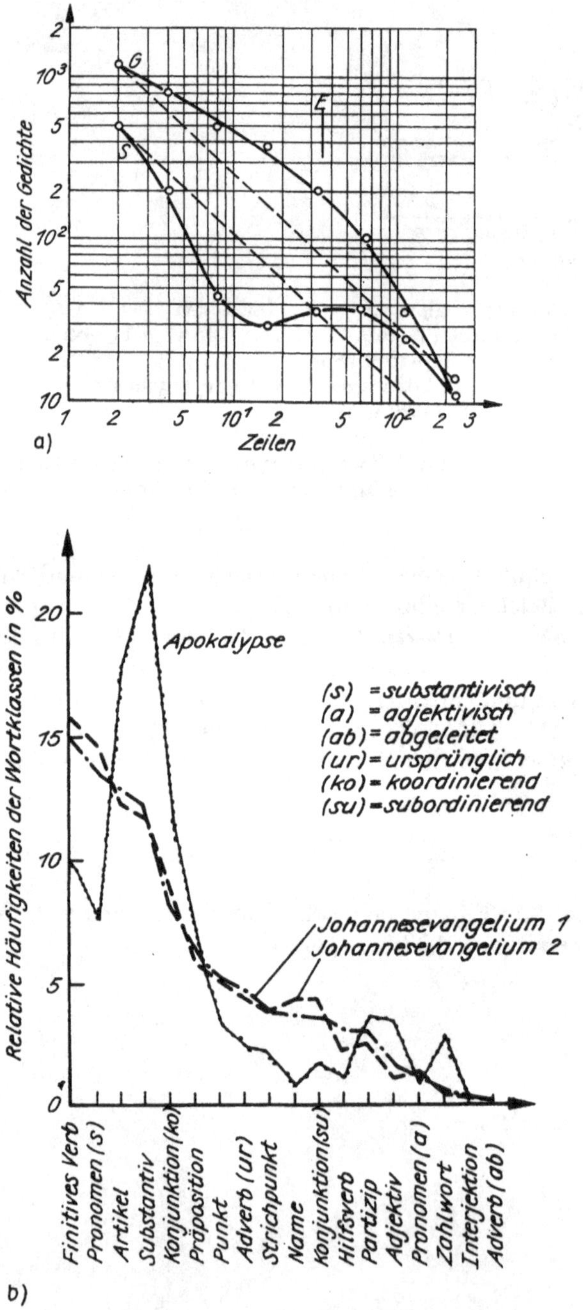

Abb. 6.31 Zwei Beispiele von Stilanalysen

a) Zeilenzahl der Gedichte von GOETHE (G) und SCHILLER (S). *E* stellt das relative Maximum aus einem Gedichtband von ECHTERMAYER dar [L5].

b) Analyse der relativen Wortarthäufigkeiten beim Vergleich von griechischen Texten [F42],

An dieser Stelle ist es günstig, auch etwas zu *Stiluntersuchungen* auszusagen. Hierzu diene u. a. die Untersuchung von LAU [L5] zu den Zeilenanzahlen von Gedichten. Er untersuchte dazu alle Gedichte GOETHES und SCHILLERS und kam bei Klassenzusammenfassungen zu Abb. 6.31 a. Ohne auf das Zipfsche Gesetz hinzuweisen, zeichnete er bereits damals die gestrichelten Geraden ein. Aus der dagegen stark abweichenden Kurve bei SCHILLER folgerte er: „Es muß hier in der Produktion ein Zweistufenprozeß angenommen werden. Wahrscheinlich hat Schiller seine Gedichte noch einmal überarbeitet, vielleicht hat er gelegentlich aus finanziellen Gründen lange Gedichte machen müssen.“ Tab. 6.9 faßt die Zeilenanzahl der Gedichte von GOETHE

Tabelle 6.9 Die Gedichte von J. W. v. GOETHE, geordnet nach der Zeilenanzahl [L5]

Zeilen-anzahl	Gedicht-anzahl	Zeilen-anzahl	Gedicht anzahl	Zeilen-anzahl	Gedicht anzahl
2	1208	48	10	94	—
4	780	50	3	96	—
6	214	52	5	98	2
8	301	54	3	100	3
10	66	56	8	102	—
12	160	58	4	104	1
14	60	60	4	106	1
16	96	62	1	112	1
18	29	64	4	116	2
20	38	66	2	136	1
22	13	68	2	138	1
24	52	70	1	146	2
26	9	72	2	152	1
28	18	74	2	158	1
30	14	76	2	166	1
32	27	78	2	181	1
34	7	80	4	184	1
36	14	82	—	192	1
38	3	84	1	196	1
40	19	86	1	214	1
42	12	88	4	234	1
44	3	90	1	352	1
46	9	92	2		

zusammen. Werden zwei Zeilen gleich eine Klasse gesetzt und wird nun ohne Umordnung Gl. (26) mit $r_0 = 2$ angewendet, so folgen:

$$\varrho^2 = 0{,}92\,, \qquad K = 2{,}80 \quad \text{und} \quad T = 0{,}45\,.$$

Ein Beispiel ganz anderer Art, das aber dennoch in diesen Rahmen paßt, operiert mit verschiedenen Wortarten. Es sei hier am Beispiel einer Analyse für die *Autorschaft* (Abb. 6.31 b) beschrieben. Es wurden dazu zwei Auswahltexte aus dem Johannesevangelium und ein Text aus der Apokalypse analysiert. Das Johannesevangelium ist danach und auch nach anderen Untersuchungen sehr einheitlich. Die Apokalypse weicht hiervon wesentlich ab. Es ist also sehr wahrscheinlich nicht vom gleichen Autor.

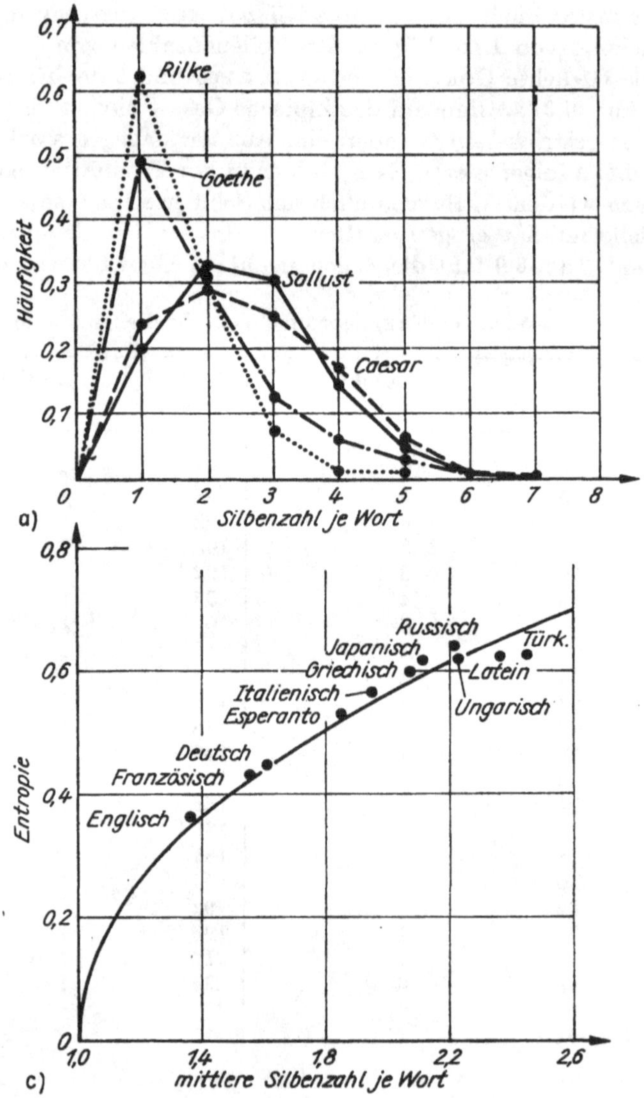

Abb. 6.32

Schließlich sei noch erwähnt, daß die Zipf-Mandelbrotschen Gleichungen viel allgemeiner anwendbar sind als nur bei Sprachen. Voss [V44] hat dies z. B. für verschiedene ökonomische Systeme, wie Einteilung von Haushaltsmitteln auf verschiedene Sachgebiete, untersucht.

6.2.4. Zergliederungen

Die folgenden Betrachtungen versuchen *Gesetzmäßigkeiten in Detailstrukturen* zu beschreiben, z. B. Laute je Silbe, Silben je Wort, Wörter je Satz, Schachtelteile je Satz, usw. Hierbei sind zwei Analysen bedeutsam geworden: einmal die Häufigkeiten

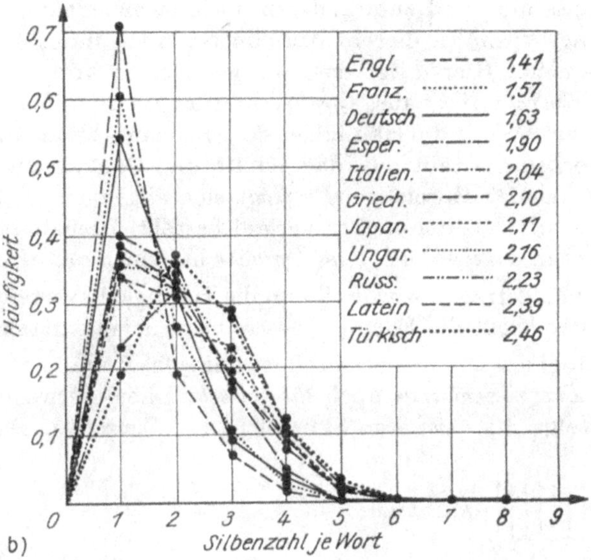

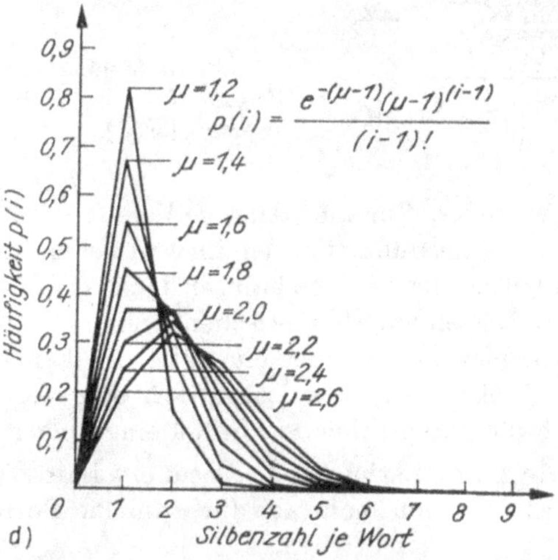

Abb. 6.32 Beispiele der Analyse von Silben je Wort nach Fucks [F38; F21]

a) bei analytischen Texten:
Rilke: Die Weise von Liebe und Tod des Cornets Christoph
Goethe: Wilhelm Meisters Lehr- und Wanderjahre
Caesar: De Bello Gallico
Sallust: Bellum Jugurthinum

b) Häufigkeiten $p(i)$ der Silbenanzahl je Wort bei 10 verschiedenen natürlichen Sprachen und Esperanto, sowie in der Tabelle die mittlere Silbenanzahl,

c) Zusammenhang zwischen Entropie und mittlerer Silbenanzahl je Wort,

d) Theoretischer Verlauf von Häufigkeitsverteilungen, wobei μ den theoretischen Mittelwert der Silbenanzahl darstellt.

der einzelnen Zergliederungsstufen und zum anderen die Zusammenhänge zwischen verschiedenen Zergliederungstypen. In diesem Abschnitt werden nur Beispiele der Zergliederungsstufen behandelt. Hierzu sei das am genauesten von FUCKS [F38] untersuchte Beispiel der *Silben je Wort* ausgewählt. Hierfür gilt Abb. 6.32. Es zeigt zunächst im Teilbild a den Verlauf für die Häufigkeit der Silbenanzahl für Ausschnitte aus vier verschiedenen Werken. Es fällt auf, daß RILKE und GOETHE als deutsche Dichter relativ wenig voneinander abweichen. Es zeigt sich allgemein, daß für jede Sprache auf diese Weise ein relativ einheitlicher Verlauf besteht. Deshalb ist es möglich, Teilbild b für 11 Sprachen darzustellen. *Jede Sprache* hat einen *charakteristischen Mittelwert* $\bar{i}$, der in das Bild eingetragen wurde. Wenn die Häufigkeitsverteilung gegeben ist, läßt sich auch relativ leicht die Entropie bestimmen, dabei entsteht dann in Abhängigkeit von der Häufigkeit der mittleren Silbenzahl $\bar{i}$ das Teilbild c.

FUCKS untersuchte die *Zusammenhänge* auch *theoretisch*. Dabei verwendet er ein Modell, wie es Abb. 6.33 zeigt. Es existieren Starzellen und Zielzellen. Dazwischen

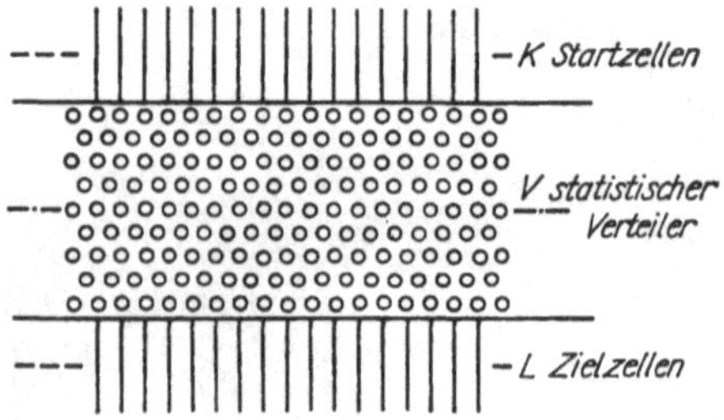

Abb. 6.33 Mechanisches Modell von FUCKS für die Silbenverteilung in Worten [F38].

befindet sich ein statistischer Verteiler. Für mechanische Versuche mit Kugeln dient z. B. ein *Galtonsches Nagelbrett* als Verteiler. Bei den hier zu behandelnden Silben je Wort muß wenigstens eine Silbe vorhanden sein, deshalb wird jede Zielzelle bei Versuchsbeginn mit einer Kugel belegt. Bei einem theoretischen Silbenmittelwert μ werden auch noch $K = (\mu - 1)\,L$ Startzellen mit je einer Kugel belegt. Fallen diese Kugeln jetzt über den Verteiler in die L Zielzellen, so existiert dort eine Verteilung, wie sie Abb. 6.32d zeigt. Dort ist auch die entsprechende Formel eingetragen. Im Vergleich zu Bild b besteht bei $\mu = \bar{i}$ gute Übereinstimmung. Es sei erwähnt, daß die Berechnung von FUCKS allgemeiner ist und sich mehrfach für ähnliche Betrachtungen bewährt hat.

Ergänzend zu den vorangegangenen Verteilungen sind in Abb 6.34 noch einige weitere Ergebnisse zusammengestellt. Hierbei handelt es sich nur um eine Auswahl aus den vielfältigen vorliegenden Ergebnissen. So sind u. a. noch der *Rhythmus*, die *Zergliederung eines Satzes* in Satzteile, die *Häufigkeiten von Substantiven* usw. unter-

▶

Abb. 6.34 Weitere Häufigkeitsverteilungen
a) Laute je Silbe für vier Sprachen [F38],
b) dasselbe, jedoch Konsonanten je Silbe [F38],
c) Silben je Satz [F42]. (Zahlen beziehen sich auf die zugehörige lognormale Verteilung),
d) Wörter je Satz [K25],
e) mittlere Entropie als Funktion von Zergliederungseinflüssen [P15].

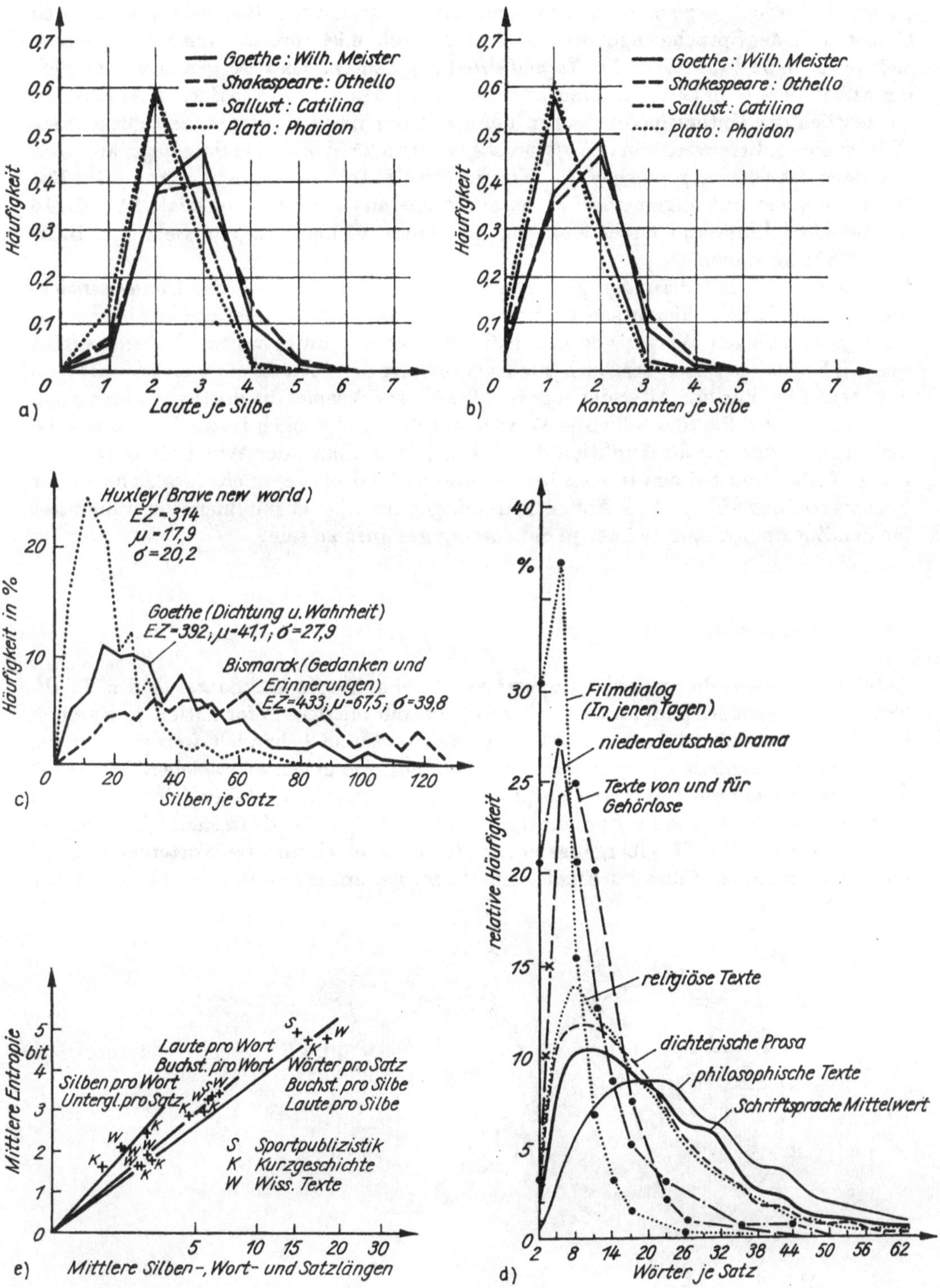
Goethe: Wilh. Meister
Shakespeare: Othello
Sallust: Catilina
Plato: Phaidon
Häufigkeit
0,1
0,2
0,3
0,4
0,5
0,6
0,7
0 1 2 3 4 5 6 7
a)
Laute je Silbe
b)
Konsonanten je Silbe
Häufigkeit in %
Huxley (Brave new world)
EZ=314
μ=17,9
σ=20,2
Goethe (Dichtung u. Wahrheit)
EZ=392; μ=41,1; σ=27,9
Bismarck (Gedanken und Erinnerungen)
EZ=433; μ=67,5; σ=39,8
0 20 40 60 80 100 120
c)
Silben je Satz
Mittlere Entropie
bit
Laute pro Wort
Buchst. pro Wort
Silben pro Wort
Untergl. pro Satz
Wörter pro Satz
Buchst. pro Silbe
Laute pro Silbe
S Sportpublizistik
K Kurzgeschichte
W Wiss. Texte
5 10 15 20 30
e)
Mittlere Silben-, Wort- und Satzlängen
%
relative Häufigkeit
Filmdialog (In jenen Tagen)
niederdeutsches Drama
Texte von und für Gehörlose
religiöse Texte
dichterische Prosa
philosophische Texte
Schriftsprache Mittelwert
2 8 14 20 26 32 38 44 50 56 62
d)
Wörter je Satz

sucht. Außerdem werden in den anderen Abschnitten noch Beispiele aus anderen Gebieten als der Sprache angeboten. Viele der in Bild 6.34 dargestellten Kurven lassen sich durch eine *logarithmische Normalverteilung* nähern. Dies ist genauer bezüglich der Silben je Satz in [F42] untersucht worden. Bei den Wörtern je Satz in Abb. 6.34d ist deutlich der Unterschied zwischen unmittelbarer und Schriftsprache zu erkennen. Während der Mittelwert von *Schriftsprache* bei etwa 25 Wörtern je Satz liegt, kommen auf einen Satz der *gesprochenen Sprache* nur etwa 8. Den Zusammenhang mit der Entropie versucht auf allgemeiner Basis, allerdings aus anderem Material, Abb. 6.34e herzustellen. Insgesamt lassen sich hier also kaum so klare Ergebnisse wie z. B. in Abb. 6.32c gewinnen.
Bezüglich der Zergliederungen gibt es auch Zusammenhänge mit der *Sprachentwicklung*. Einige Fakten hierzu stellt Abb. 6.35 dar. Darin ist einmal der Anteil der 1-, 2-, 3- usw. -silbigen Wörter von den Häufigkeitsstufen aufgetragen. Dadurch ergibt sich ein besonders guter Vergleich zur Entwicklung der *Sprache eines Kindes* bis zum 6. Lebensjahr. Für das Alter darüber ist als anderes Beispiel die mittlere Information bei Wörtern je Silbe und Silben je Wort angegeben. Schließlich ist auch noch auf die mittlere Information als Funktion der Silben je Wort bzw. der Wörter je Satz angegeben. Dabei sind bei den letzten beiden Abb. (6.35 d und e) auch Vergleiche zu der Fucksverteilung (Formel in Abb. 6.32d) mitgeteilt. Sie scheint hiernach zumindest für den Zusammenhang Wörter je Satz wenig geeignet zu sein.

6.2.5. Markow-Ketten

Aufeinander folgende Symbole (Buchstaben, Silben, Worte und Sätze) sind z. T. abhängig voneinander. Hierdurch verringert sich die mittlere Information je Symbol. Ein Beispiel hierzu wird auch noch im Ergänzungsband behandelt werden. Für die Sprache sind ebenfalls *Übergangsmatrizen* bekannt. Sie geben an, welcher Buchstabe mit einer bestimmten Häufigkeit auf den vorangehenden Buchstaben folgt. Tab. 6.10 zeigt sie für die englische Sprache und Abb. 6.36 für die deutsche. Während im Deutschen vor allem die Übergänge en, er, de, ie, te, ei, ch und als Wortende n, e, r, s und t auftreten, sind dies im Englischen th, in, he, an, er, on und es. Es sei darauf

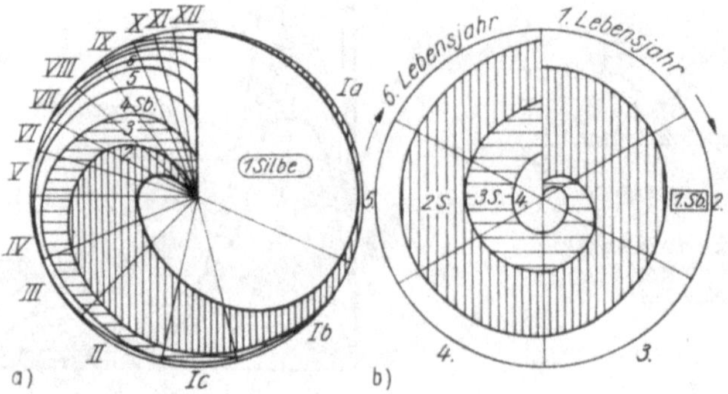

Abb. 6.35

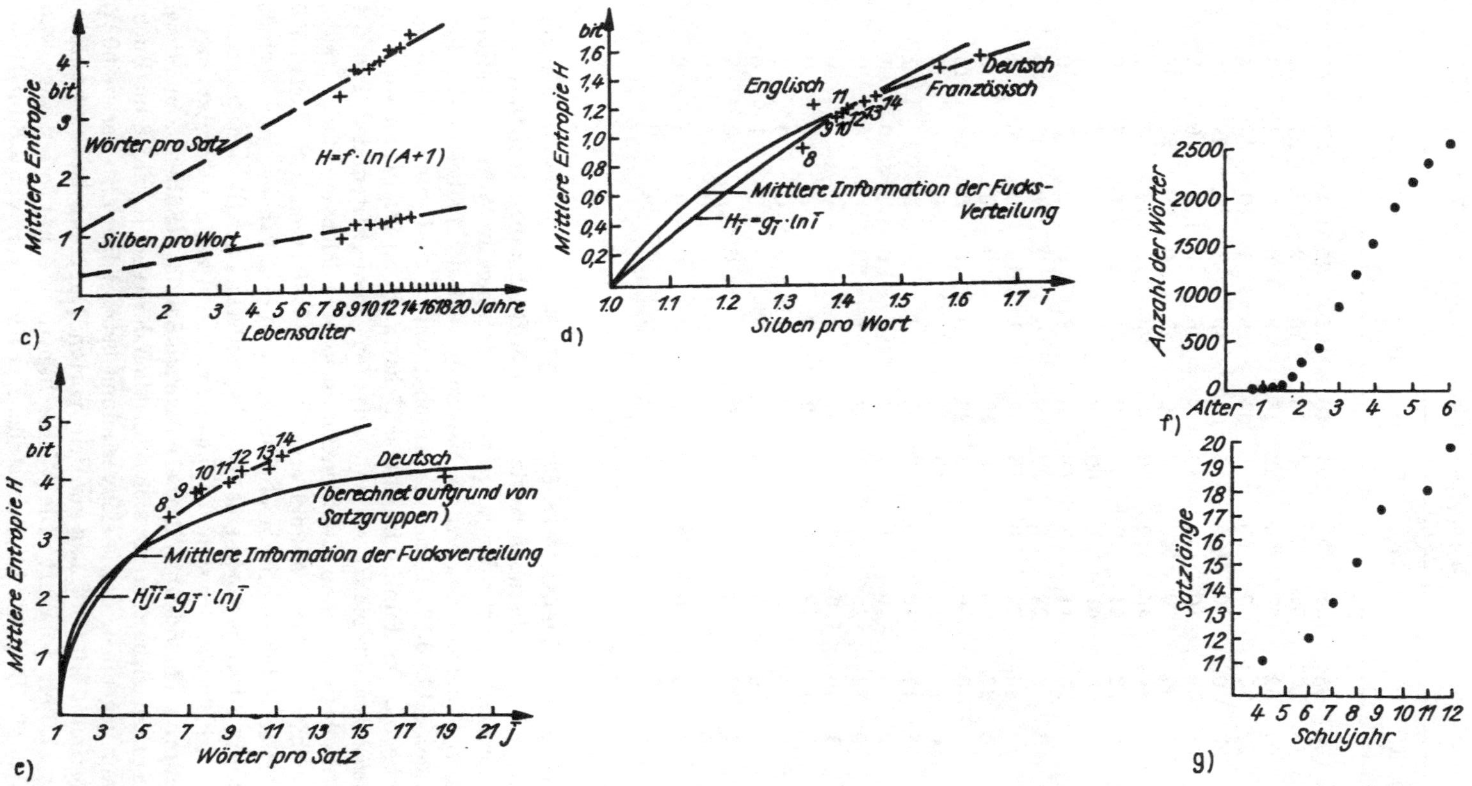

Abb. 6.35 Zur Entwicklung der Sprache [K25; P15]
a) Verteilung der Wörter mit unterschiedlicher Silbenzahl auf die Häufigkeitsstufen (vgl. Abb. 6.29),
b) Häufigkeiten des Auftretens von Worten unterschiedlicher Silbenzahl beim Kind bis zum 6. Lebensjahr,
c) mittlere Information von Wörtern je Satz und Silben je Wort in Abhängigkeit vom Alter,
d) mittlere Information als Funktion der Silben je Wort in Abhängigkeit vom Alter und im Vergleich zu Abb. 6.32c,
e) wie d), jedoch Wörter je Satz,
f) Anzahl der Wörter, die ein Kind in Abhängigkeit vom Alter kennt [C5],
g) Satzlänge bei Aufsätzen in verschiedenen Schuljahren [F42].

Tabelle 6.10 Übergangshäufigkeiten der englischen Sprache (nach Hyvärinen [H25])

		E	T	O	A	N	I	R	S	H	D	L	C
	0	49	196	85	171	31	106	46	104	77	44	38	55
E	265	25	13	0	51	79	5	95	79	2	67	37	35
T	153	56	7	52	27	0	62	15	18	156	0	1	3
O	59	6	22	30	7	90	1	64	18	1	10	17	4
A	44	2	63	0	0	108	15	53	49	1	37	47	29
N	127	37	68	19	10	8	19	1	26	0	70	5	26
I	7	15	65	37	9	140	0	19	49	0	13	21	34
R	72	82	18	49	45	12	32	5	26	2	12	10	1
S	189	49	53	12	11	0	33	2	21	28	1	5	6
H	35	134	9	35	61	0	50	2	1	0	2	1	0
D	154	39	0	17	11	3	18	5	8	0	2	2	0
L	63	45	7	16	28	0	22	0	6	0	14	46	0
C	11	40	19	45	22	0	15	7	1	24	0	6	4
F	53	14	5	27	6	0	9	16	0	0	0	1	0
U	3	8	24	0	6	21	6	23	20	0	6	23	16
M	25	57	0	14	31	0	13	1	6	0	0	0	3
P	7	23	5	17	10	0	7	22	2	6	0	17	1
Y	84	9	2	6	0	0	4	2	5	0	0	0	1
W	17	22	0	17	28	1	23	2	1	22	0	0	0
G	47	22	1	16	5	1	9	13	2	18	0	2	0
B	3	39	3	10	12	0	3	10	2	0	0	14	0
V	0	58	0	0	3	0	13	1	1	0	0	0	0
K	22	9	0	2	0	0	14	1	9	0	0	1	0
X	4	6	1	0	1	0	2	0	0	0	0	0	2
J	0	1	0	4	3	0	0	0	0	0	0	0	0
Q	0	0	0	0	0	0	0	0	0	0	0	0	0
Z	1	1	0	0	1	0	0	0	0	0	0	0	0

hingewiesen, daß bei Meyer-Eppler [M18, S. 436–437] für das Arabische die Verbundmatrizen für 1. und 2. Buchstaben sowie 2. und 3. Buchstaben enthalten sind. Im allgemeinen nimmt nun aber mit der Folge von Buchstaben im Wort die *Entropie je Buchstabe* ab und *strebt einem Grenzwert zu.* Dies zeigt nach den frühesten durchgeführten Abschätzungen Abb. 6.37. Derartige Abschätzungen sind immer etwas unsicher und dazu mühevoll. Die Punkte in Abb. 6.37 hat z. B. Küpfmüller wie folgt gewonnen. Die *Buchstabenentropie* H_1 stammt aus den Häufigkeiten der Tab. 6.4 Spalte II (4,097 bit/Buchstabe), ohne Häufigkeiten, also bei Gleichverteilung, ergäbe sich $H_0 \approx 4{,}7$ bit/Buchstabe. Aus Tab. 6.6 ergeben sich Entropien zwischen 0,555 und 1,224 bit/Silbe. Hierbei fehlen aber noch Silben, die in den Tabellen nicht erfaßt sind. Die ausgewerteten Silben ergeben erst 86% des vollständigen Textes. So ergibt sich etwa insgesamt ein Betrag, der sich aus folgenden Teilen zusammensetzt: erster Buchstabe Vor-, Stamm- und Endsilben. Dabei entstehen 8,6 bit je Silbe. Da im Mittel eine *Silbe* 3,03 Buchstaben enthält, ergibt sich schließlich der Wert H_3 zu 2,8 bit/Buchstabe. Die Redundanz gegenüber der Gleichverteilung beträgt hier also bereits 60%.

Den Wert $H_{5,5}$ bestimmt Küpfmüller aus den Worten. Dabei ergeben sich in ähnlicher Abschätzung 11,0 bit je Wort. Die Worte haben eine mittlere Länge von 5,53 Buchstaben. Also gilt $H_{5,5} \approx 2$ bit/Buchstabe. Der Grenzwert von 1,6 bit/Buch-

F.	U	M	P	Y	W	G	B	V	K	X	J	Q	Z
60	20	63	46	12	96	41	78	6	8	0	12	0	1
7	0	16	14	9	8	2	1	16	4	17	0	1	0
0	10	4	0	11	4	0	1	1	0	0	0	0	0
47	39	46	9	1	10	1	5	13	10	0	0	0	0
3	4	16	11	22	6	11	13	14	6	5	0	0	0
1	5	3	0	5	0	55	0	0	7	0	1	0	1
8	0	14	3	0	0	14	5	21	4	1	0	1	1
0	8	5	3	8	1	4	0	3	7	0	0×	0	0
0	20	1	11	2	4	0	1	0	5	0	0	0	0
1	1	1	0	3	0	0	1	0	0	0	0	0	0
0	12	1	0	2	2	1	0	1	0	0	0	0	0
6	8	1	1	29	0	0	2	0	0	0	0	0	0
0	15	0	0	0	0	0	0	0	10	0	0	1	0
5	4	0	0	0	0	0	0	0	0	0	0	0	0
1	0	0	6	0	0	10	6	0	0	0	0	0	0
0	57	1	13	2	0	0	4	0	0	0	0	0	0
1	0	0	13	1	0	0	0	0	0	0	0	0	0
0	0	0	0	0	0	0	0	0	0	0	0	0	0
0	0	0	0	0	0	0	0	0	1	0	0	0	0
5	12	0	0	0	0	2	0	0	0	0	0	0	0
0	1	0	0	7	0	0	0	1	0	0	1	0	0
0	0	0	0	0	0	0	0	0	0	0	0	0	0
0	6	0	0	0	3	0	0	0	0	0	0	0	0
0	3	0	6	0	0	0	0	0	0	0	0	1	0
0	4	0	0	0	0	0	0	0	0	0	0	0	0
0	0	0	0	0	0	0	0	0	0	0	0	0	0
0	0	0	0	0	0	0	0	0	0	0	0	0	0

stabe wird schließlich durch den *Ratetest* gewonnen, der im folgenden erklärt wird. In Abb. 6.38a wird ein spezieller Fall gezeigt. Von dem auf der Abszisse stehenden Text werde zunächst nur der erste Buchstabe betrachtet. Die Anzahl der zu seinem Erraten notwendigen Versuche wird darüber aufgetragen. Es war in diesem Beispiel nur einer notwendig. Dann wird der nächste Buchstabe zum Erraten freigegeben. Es sind hier zwei Rateversuche notwendig. So geht es mit dem ganzen Text fort. Meist sind zu Beginn eines Wortes die meisten Versuche notwendig. Insgesamt ergibt sich dann gemittelt über viele Versuche ein Kurvenverlauf gemäß Abb. 6.38b. Je nach der Zahl der bereits bekannten Buchstaben ist die Entropie geringer. Sie strebt ab etwa 7 Buchstaben dem Grenzwert von 1,6 bit/Buchstabe zu. Tab. 6.11 gibt zu den Kurven noch einige andere Werte, die z. T. auch, vor allem die für russisch, aus Rechneranalysen gewonnen wurden.

Eine Betrachtungsweise, die den Markow-Ketten ähnlich ist, ergibt sich aus der Korrelation zwischen nacheinander folgenden Symbolen. In Abb. 6.39a ist dies für die Anzahl der Zergliederungen (Unterordnungen innerhalb eines Satzes) dargestellt. Es zeigt sich dabei eine Abhängigkeit vom Genre. In Abb. 6.39b wird dagegen die Anzahl der Fortsetzungsmöglichkeiten bei Phonemen der englischen Sprache gezeigt.

Den *Einfluß der Wortlänge* hat Lauter [L8] untersucht. Er benutzte dabei den Begriff der (*Hamming-*)*Distanz* zwischen Worten. Dabei ergab sich Abb. 6.40a.

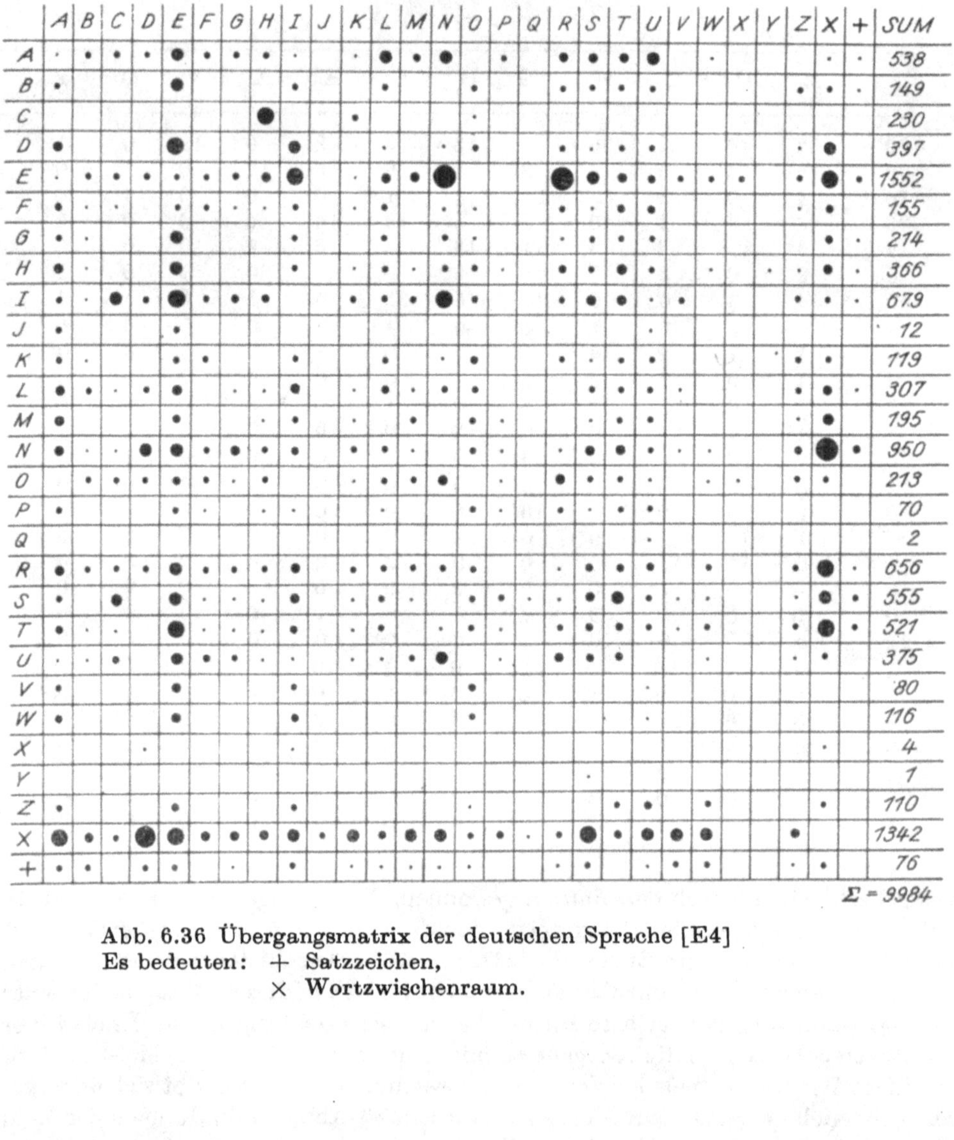

Abb. 6.36 Übergangsmatrix der deutschen Sprache [E4]
Es bedeuten: + Satzzeichen,
× Wortzwischenraum.

Tabelle 6.11 Einige Markow-Entropien für verschiedene Sprachen, u.a. [H25; J2; K46]

	H_0	H_1	H_2	H_3	H_5	H_8	H
Deutsch	4,70	4,04	3,40	2,80	≈2		1,60
Englisch	4,75	4,03	3,32	3,10	2,16	1,86	1,70
Russisch (Buchstab.)	5,17	4,35	3,52				
Russisch (Phoneme)	5,38	4,88	3,72	0,70			
Samoa	4,05	3,40	2,68				
Französisch		3,95					
Spanisch		3,98					

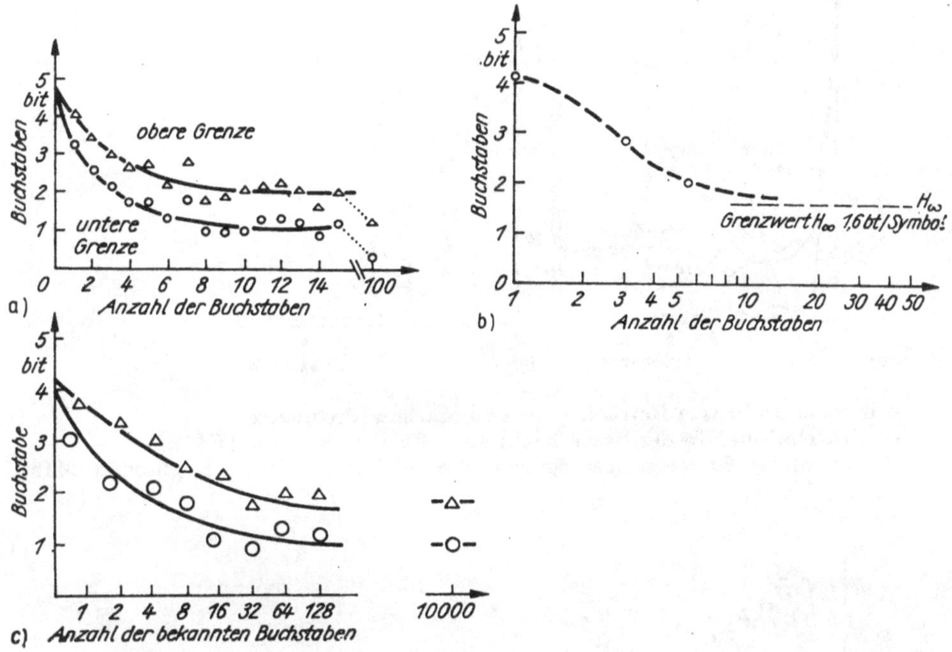

Abb. 6.37 Abnahme der mittleren Information je Buchstaben nach der Länge des Wortes
a) für Englisch nach SHANNON 1951 [S16] und
b) für Deutsch nach KÜPFMÜLLER 1954 [K47],
c) für Deutsch nach BURTON-LICKLIDER [W8].

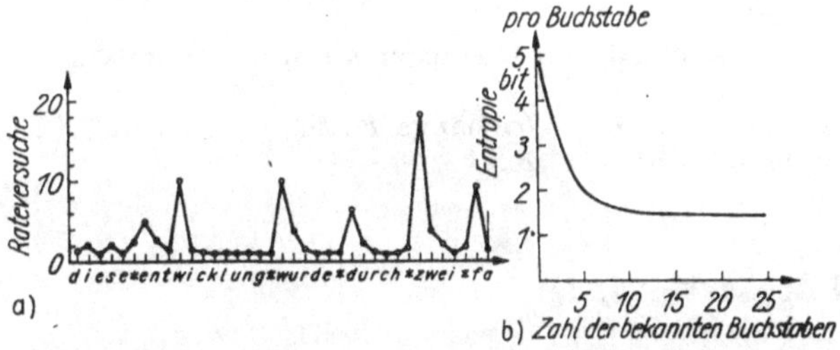

Abb. 6.38 Zur Grenzwertbestimmung der Entropie je Buchstaben durch den Ratetest [M18; Y1]
a) Beispiel eines Experiments,
b) Verlauf der Kurve in Abhängigkeit von den bereits bekannten Buchstaben.

Worte der Länge n können maximal eine Distanz n haben, wenn nämlich alle Buchstaben verschieden sind. Deshalb enden die Kurven an diesen Punkten. Aus den Ergebnissen läßt sich dann die Redundanz bestimmen. Das Ergebnis zeigt Abb. 6.40b. Es ergibt sich ein Grenzwert von etwa 77% Redundanz. Mit 4,7 bit/Buchstabe folgt in guter Übereinstimmung mit den anderen Werten für das Deutsche daraus $H_\infty \approx$ $\approx$ 1,55 bit/Buchstabe.

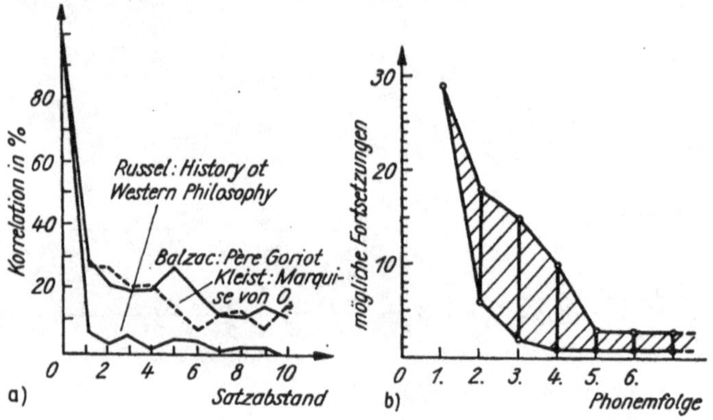

Abb. 6.39 Indirekte Betrachtungen zu Markow-Prozessen
a) Korrelationen in der Satzschachtelung für drei Autoren [F41],
b) Anzahl der Fortsetzungsmöglichkeiten bei Phonemen des Englischen [M18].

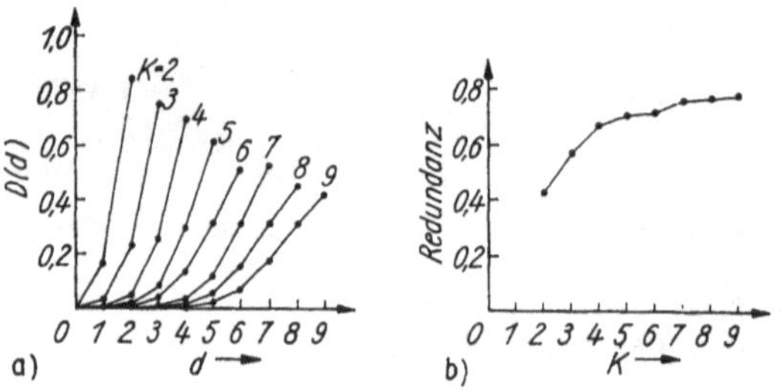

Abb. 6.40 Bestimmung von Entropiewerten über die (Hamming-)Distanz d zwischen Worten verschiedener Länge K [L8]
a) Häufigkeit $D(d)$ der verschiedenen Distanzen d mit der Wortlänge K als Parameter,
b) Redundanz R als Funktion der Wortlänge K. Sie steigt von 0,42 bei $K = 2$ auf 0,77 bei $K = 9$, $R = (d - 1)/K$.

6.2.6. Stilanalysen und Lesbarkeitsindex

Bereits in den vorangegangenen Abschnitten wurde mehrmals auf statistische Stilanalysen und ihre Möglichkeiten als ergänzende Beweise für die Autorschaft eines Werkes eingegangen. Allgemein hat sich um dieses Gebiet in großer Vielfalt vor allem Fucks erfolgreich bemüht. Hier sollen jetzt nur einige besondere Beispiele ausgewählt werden, die sich vor allem aus Zusammenhängen zwischen den einzelnen bisher behandelten Größen ergeben. Abb. 6.41 a zeigt so den Zusammenhang von Mittelwert und Streuung der Wörter je Satz. Hierbei zeigt sich vor allem, wie *große Schriftsteller* im Laufe ihrer Entwicklung *ihren Stil* wesentlich stärker *änderten* als weniger anspruchsvolle.

Ein zweites Beispiel zeigt Abb. 6.41 b. Hierbei sind die Satzlängen über den Schachtelungen der Sätze (Anzahl der Satzteile je Satz) aufgetragen. Neben diesen beiden Beispielen gibt es noch viele. Eine besonders ausgeprägte Aussage ergibt sich jedoch, wenn die mittlere Zahl der Silben je Wort über der mittleren Zahl der Wörter je Satz aufgetragen wird. Hierzu seien die beiden Darstellungen in Abb. 6.42 wiedergegeben. Es lassen sich neben anderen interessanten Details die „Dichter" unten von den anderen Schriftstellern wie Politiker, Wissenschaftler usw. deutlich trennen. Die Durchdringung zwischen beiden ist äußerst gering. Dies wird durch die Ellipsen im Teilbild b noch deutlicher. Weiter sind die beiden grauen Felder — unten für Goethe und oben für Physiker — recht typisch.

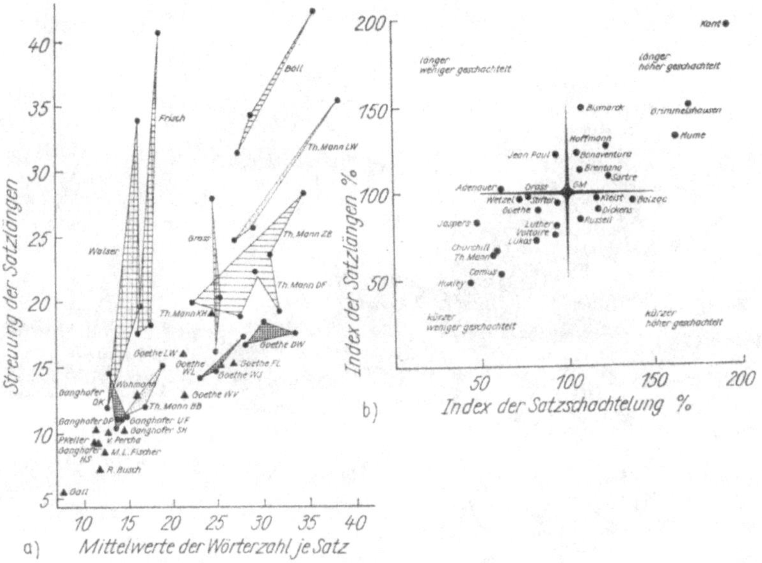

Abb. 6.41 Beispiele einiger Stilanalysen von Fucks [F41]

a) Mittelwert und Streuung von Wörtern je Satz. Die Werke: Böll: Billard um halb zehn. Grass: Blechtrommel. Th. Mann: ZB = Zauberberg; DF = Doktor Faustus; BB = Buddenbrooks; LW = Lotte in Weimar; KH = Königliche Hoheit. Goethe: LW = Leiden des jungen Werther; WL = Wilhelm Meisters Lehrjahre; DW = Dichtung und Wahrheit; FL = Farbenlehre; WV = Wahlverwandtschaften; WJ = Wilhelm Meisters Wanderjahre. Ganghofer: UF = Der Unfried; DP = Dschapei; SH = Schloß Hubertus; HS = Der hohe Schein. Frisch: Stiller! Walser: Das Einhorn. Keller: Der grüne Heinrich. Fischer: Das Herz einer Mutter. Busch: Am Leben gescheitert. V. Percha: Christina Maria. Wohmann: Erzählungen. Gall: Gefährten eines Frühlings,

b) relative Satzlängen in Abhängigkeit von der Satzschachtelung. Dabei bedeutet GM das Gruppenmittel über alle Autoren. Huxley verwendet also die kürzesten und am wenigsten geschachtelten Sätze. Kant stellt das andere Extrem dar.

Ergänzungen zu diesem Diagramm gab vor allem Pomm [P15], indem er Einflüsse des *Alters von Kindern* hierauf untersuchte (Abb. 6.43). Diese Untersuchungen bestätigen im Nachhinein ein Diagramm, das Franke auf noch zu behandelnden psychologischen Grundlagen (Abschnitt 6.4) aufgestellt hat. Es gibt bei der statistischen Analyse von Texten einen Anhalt für deren Lesbarkeit (Abb. 6.44).

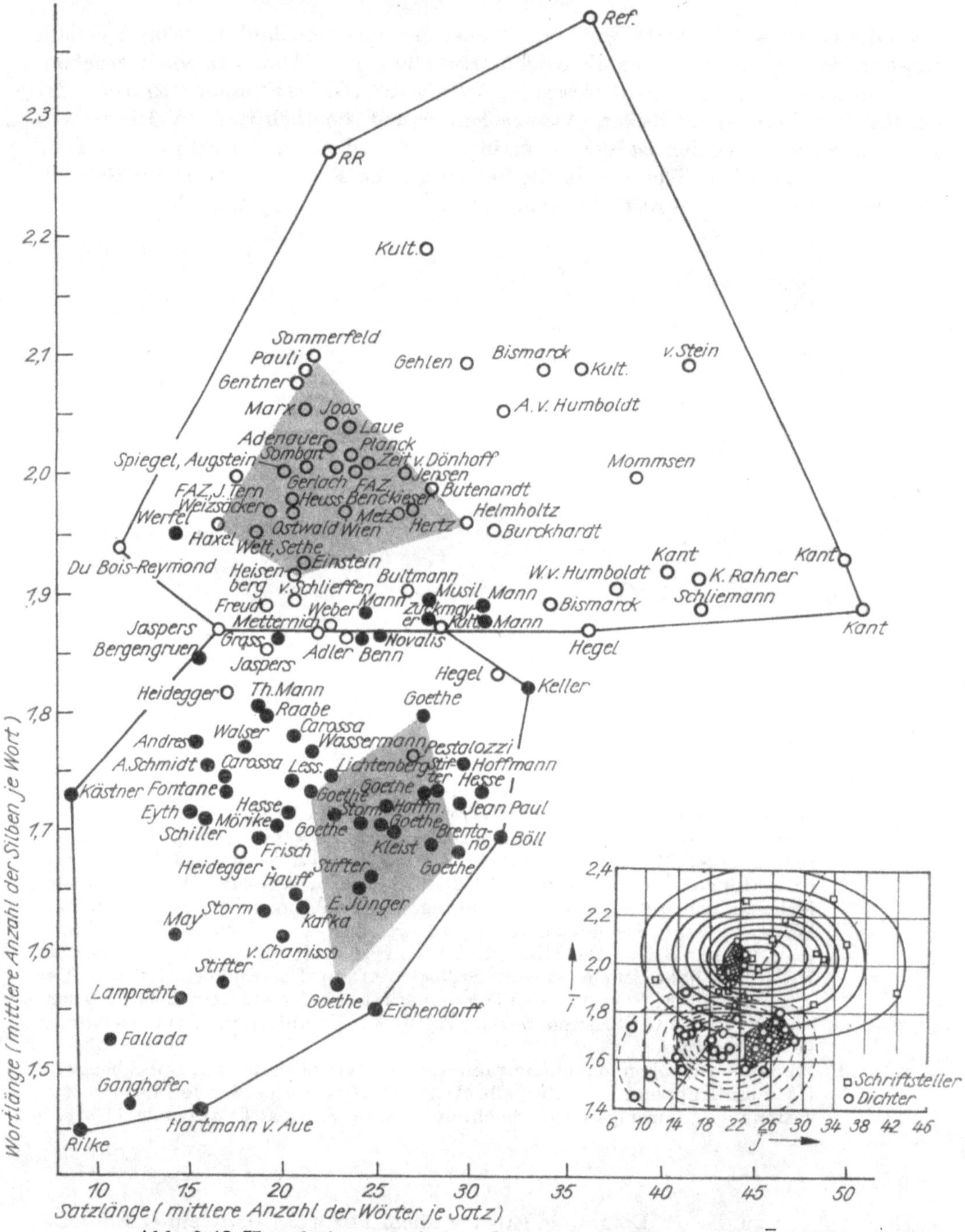

Abb. 6.42 Korrelationen zwischen der mittleren Silbenanzahl $\bar{i}$ je Wort und der mittleren Wortzahl $\bar{j}$ je Satz

a) mit genauer Lage der einzelnen Autoren nach FUCKS [F21],

b) verdichtete Zusammenstellung desselben Zusammenhanges nach FRANKE [F26].

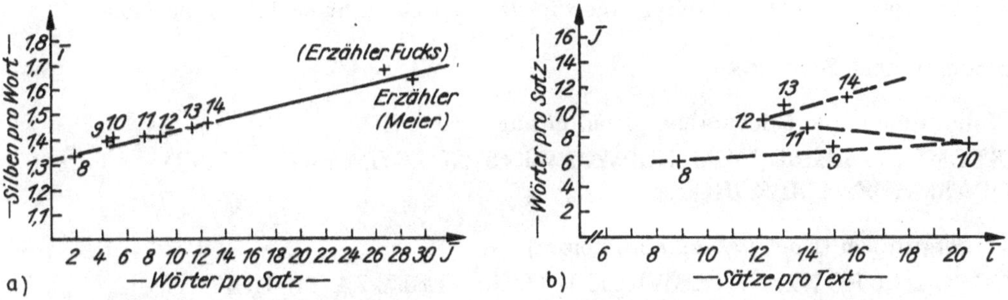

Abb. 6.43 Einfluß des Alters von Kindern auf den Zusammenhang [P15]
a) Silben je Wort von Wörtern je Satz,
b) Wörter je Satz von Sätzen pro Text (Schulaufsätze).

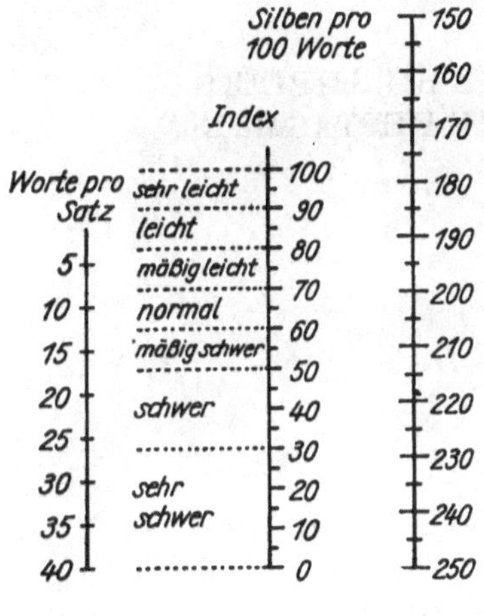

Abb. 6.44 Lesbarkeitsindex nach Franke [F26].

6.2.7. Generierung von Texten

In der Anfangszeit der statistischen Untersuchungen wurde teilweise geglaubt, daß bei genauer Kenntnis aller Werte daraus auch eine *Synthese* möglich sein müßte. Dies läßt sich relativ leicht widerlegen. Ein Gegenbeispiel besteht in den *Einfügungen der Sprache*. Bei dem Satz „Der Vater geht in den Garten“ ist es z. B. möglich, ihn wie folgt zu verändern: „Der ergraute Vater, der gestern seinen siebzigsten Geburtstag feierte, geht in den grünen Garten, den er stets liebevoll in Ordnung hielt.“ Andererseits existieren viele Regeln, die beim Satzbau zu befolgen sind. Hierauf wurde z. B. bei den generativen Grammatiken (Abschnitt 3.3.3.) eingegangen. Vieles Weitere ließe sich anfügen. Dennoch lassen sich mit Generierung gewisse erstaunliche Ergebnisse erzielen. Die trivialsten und ältesten stammen von Shannon [S16] und Küpfmüller [K46]. Dabei wird ein Text zunächst gleichwahrscheinlich (Nullgruppen) dann mit Buchstabenhäufigkeiten (Einsergruppen) und schließlich mit den einzelnen

Übergangswahrscheinlichkeiten „gewürfelt". Es entsteht so folgender Text:

Englisch nach Shannon

Nullgruppen (alle Buchstaben gleich häufig)
XFOML RXKHRJFFJUJ ZLPWCFWKCFYJ FFJEYVKCQSGXYD QPAAMKBZAACIBZLHOJQD

Einsergruppen (Buchstabenhäufigkeiten)
OCRO HLI RGWR NMIELWISMEU IL NBNESEBYA TH EEI ALHENHTTRA OOBTTVA NAH BRL

Zweiergruppen
ON IE ANTSOUTTINYS ARE T INCTORE ST BE S DEAMY ACHIN D ILONASIVE TUCOOWE AT TEASONARE FUSO TIZIN ANDY TOBE SEACE CTISBE

Dreiergruppen
IN NO IST LAT WHEY GRATICT FROURE BIRS GROCID PONDENOME OF DEMONSTURES OF THE REPTAGIN IS REGOACTIONA OF CRE

Deutsch nach Küpfmüller

Nullgruppen
ITVWDGAKNAJTSQOSRMOIAQVFWTKHXD

Einsergruppen
EME GKNEET ERS TITBL VTZENFNDGBGD EAI E LASZ BETEATR IASMIRCH EGEOM

Zweiergruppen
AUSZ KEINU WONDINGLIN DUFRN ISAR STEISBERER ITEHM ANORER

Dreiergruppen
PLANZEUNDGES PHIN INE UNDEN ÜBBEICHT GES AUF ES SO UNG GAN DICH WANDERSO

Vierergruppen
ICH FOLGEMÄSZIG BIS STEHEN DISPONIN SEELE NAMEN

In späteren Arbeiten wurde mehr von den generativen Grammatiken ausgegangen. Die Worte wurden für ein Thema ausgewählt. Aus diesem „Material" erzeugte ein Rechner dann z. B. *Gedichte*.

Aus der Vielzahl der so schnell entstehenden Texte wurden dann die gelungensten ausgewählt. Hier zwei Beispiele:

Von GUNZENHÄUSER [G16] stammt das Gedicht:

Weihnacht

Der Schnee ist kalt
und jeder Friede ist tief
und kein Christbaum ist leise
oder jede Kerze ist weiß
oder ein Friede ist kalt
oder nicht jede Kerze ist rein
und ein Engel ist rein
und jeder Friede ist still
oder jeder Friede ist weiß
oder das Kind ist still
ein Engel ist überall

Von STICKEL [S31] wurde mit einer IBM 7090 aus knapp 1200 Wörtern in jeweils 0,25 Sekunden ein Autopoem erstellt. Hier ein Beispiel:

Autopoem Nr. 312
Die fröhlichen Träume regnen
Das Herz küßt den Grashalm
Das Grün verstreut den schlanken Geliebten
Fern ist eine Weite und melancholisch
Die Füchse schlafen ruhig
Der Traum streichelt die Lichter
Traumhaftes Schlafen gewinnt die Erde
Anmut friert, wo dieses Leuchten tändelt
Magisch tanzt der schwache Hirte

Die Texte regen wegen ihres hohen Zufallscharakters die Fantasie des Lesers an, sinnvolles Empfinden hineinzuinterpretieren. Dies wird natürlich noch deutlicher bei einer entsprechenden „künstlerischen“ Darbietung durch einen guten Sprecher, der bereits seine Interpretation mit hineinträgt. Dabei muß aber immer erwähnt werden, daß solche Texte zumindest zweimal von Menschen bestimmt werden: einmal durch das Programm und durch das Lexikon der Worte und dann durch die anschließende Auswahl aus der Vielzahl der erzeugten Texte. Die schlechten werden dabei ja nie publiziert.

6.3. Massenmedien, Information und Dokumentation

„Immer war Information eine Kostbarkeit, spärlich rieselndes und schwer zu beschaffendes Material ... Sie war es umsomehr, weil der geistige Besitz, in Manuskripten festgehalten, immer wieder zerstört wurde. Der Brand der Alexandrinischen Bibliothek im Jahr 47 v. Chr. vernichtete nicht nur 700000 Buchrollen, sondern er ließ den Sternstunden des griechischen Geistes das Mittelalter folgen, das darum so dunkel war, weil es auf vielen Gebieten des Erkennens mühsamen Neubeginn setzen mußte.“ (ARNTZ [A11, S. 3]).

Einen großen Fortschritt brachte für die Verbreitung des Wissens die Erfindung des *Buchdrucks*. Bereits für die Zeit von 1450 bis 1500 wird geschätzt, daß in Europa ca. $2 \cdot 10^7$ Inkunabeln existierten. Diese Zahl kann erst dann richtig eingeschätzt werden, wenn berücksichtigt wird, daß zu dieser Zeit in Europa nicht einmal 10^8 Menschen lebten und die meisten von ihnen nicht einmal lesen konnten [E7]. Bereits unter diesen Gesichtspunkten erscheint die sogenannte heutige „*Informationslawine*" beträchtlich verändert. Gewiß erscheinen heute laufend ca. 50000 Zeitschriften mit jährlich einigen 10^6 Aufsätzen. Dazu kommen dann noch etwa jährlich $5 \cdot 10^6$ Monographien und ebensoviele Patente sowie nicht erfaßte Forschungsberichte usw. Schließlich wurden darüber hinaus bereits 1969 über 10^{11} Seiten Text kopiert [M17]. Gewiß kann heute das Weltwissen auf rund 10^{15} bit und die Zuwachsrate auf etwa $2 \cdot 10^5$ bit/s eingeschätzt werden [S13]. (H. Frank nennt abweichende Werte. vgl. Abb. 6.64.) Dennoch *überfordert* haben sich *die Wissenschaftler schon immer gefühlt*, wie mehrfach nachgewiesen wird. Die Problematik für uns heute liegt wohl vor allem darin, daß ein gewaltiger Umbruch in der *Informationstechnik* erfolgt. Sie betrifft die Organisation bezüglich des Umganges mit technisch gespeicherter Information. Das Problem liegt bei den Möglichkeiten des Menschen, Information aufzunehmen. Hierauf wird noch im Abschnitt 6.4.3. einzugehen sein.

6.3.1. Einige Daten zu den Massenmedien

Zur Demonstration der Entwicklung zur heutigen Informationstechnik mögen Abb. 6.45 und die Tab. 6.12 und 6.13 dienen. Die Gutenberg-Bibel wurde 1455 mit einer Auflage von knapp 200 Exemplaren gedruckt. Die Handpresse ließ dann steigende Auflagenhöhen von etwa maximal 4000 realisieren. Eine neue Qualität entstand etwa 1820 durch die *neue Vervielfältigungstechnik*, und die Herstellung von Tageszeitungen wurde möglich. (Die Vossi*sche Zeitung* erschien zwar schon 1751.) Dadurch entwickelten sich die Probleme der aktuellen Information. Sie führten zu den *Nachrichtenagenturen* in aller Welt, die seit etwa 1835 gegründet wurden. Die heutige Größe derartiger Unternehmungen sei am Beispiel von „Associated Press" (AP) gezeigt. Sie besaß 1962 rund 7000 Bezieher in 74 Ländern, darunter 1763 Zeitungen und 1873 Rundfunk- und Fernsehstationen. Sie verbraucht jährlich $24{,}6 \cdot 10^6$ Dollar, beschäftigt 7200 Angestellte und vertreibt je Tag etwa 10^6 Worte [D7]. Wie weit die Konzentration bei den Zeitungen andererseits getrieben werden kann, zeigt die Bildzeitung mit einer Auflage um $5 \cdot 10^6$ Exemplare und etwa 100000 Personen, die in dieses Unternehmen eingespannt sind.

Sehr oft wurde in der letzten Zeit von einer generationsmäßigen Ablösung verschiedener Medien gesprochen. Hierauf wurde schon im Abschnitt 5.4.1. eingegangen. *Jedes Medium* hat seine spezifischen Eigenschaften und damit seine besonderen *Vor- und Nachteile*. Dies sei zahlenmäßig mit Abb. 6.45b demonstriert. Die *Zeitungen* zeigen dabei, wenn von der Anfangsphase bis etwa 1900 abgesehen wird, einen Mittelwert von etwas über 1 je Haushalt. Hierauf wirken sich weder Kino noch *Rundfunk* oder *Fernsehen* wesentlich aus. Ganz anders zeigen sich die Verhältnisse beim *Kino*. Es erreicht um 1920 eine Sättigung von etwa 2,5 Kinobesuchen je Haushalt und Woche. Der Rundfunk ändert dies kaum. Ganz anders jedoch das Fernsehen als echtes Konkurrenzmedium. Es senkt die Kinowerte auf etwa 0,7. Hier bleiben sie

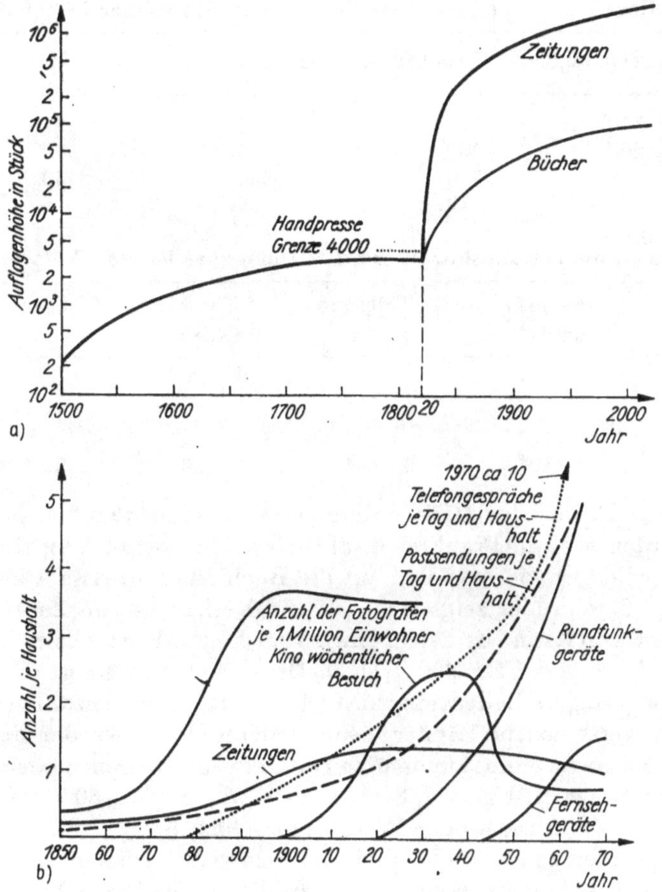

Abb. 6.45 Zur Entwicklung von Massenmedien

a) Änderung der auftretenden höchsten Auflagen im Buchdruck. Für die Kurve wurden insbesondere Daten von Escarpit [E7] herangezogen.

b) Relative Zahlenwerte je Haushalt bei Massenmedien und täglichen Kommunikationsakten in den USA. Die Daten hierzu wurden mit Umrechnungen aus Fleur [F17] und Chapanis [C1] entnommen.

allerdings beständig. In den letzten Jahren ist sogar (in der Abbildung nicht dargestellt) wieder ein schwacher Anstieg zu verzeichnen.

Man könnte erwarten, daß ein ähnlicher Zusammenhang bezüglich *Postsendungen* und *Telefonverkehr* bestehen könnte. Dies ist, wie die Abbildung zeigt, jedoch nicht der Fall. Schließlich ist in Abb. 6.45a auch die Anzahl der *Fotografen* je Million Einwohner aufgetragen. Auch sie stellt sich auf einen konstanten Wert ein. Leider stehen keine Daten ab 1930 mehr zur Verfügung.

Tab. 6.12a ergänzt die in Abb. 6.45 gezeigten Verläufe bezüglich der Streuung gegenüber dem Weltmittelwert, Europa, Nordamerika und dem zurückgebliebenen Kontinent Afrika, während Tab. 6.12b einige absolute Werte zeigt.

Das Aufkommen an *Druckerzeugnissen* kann auch anders gemessen werden. So werden in der Welt z. Z. täglich $5 \cdot 10^8$ m² Papier bedruckt. Dies bedeutet, daß in

Tabelle 6.12a Gerundete Werte für Massenmedien je 1000 Einwohner 1960 [S29]

	Zeitungen	Rundfunkgeräte	Fernsehgeräte	Kinositze
Welt	100	126	33	22
Europa	200	200	50	50
Nordamerika	250	700	220	50
Afrika	13	19	0,5	6

Tabelle 6.12b Einige gerundete absolute Werte für Massenmedien der Welt

Jahr	Rundfunkgeräte	Fernsehgeräte	Telefone	Tonbandgeräte	Computer
1937	10^7				
1955	$1{,}5 \cdot 10^8$				
1960	$2{,}5 \cdot 10^8$	$5 \cdot 10^7$			
1966	$5{,}3 \cdot 10^8$	$2 \cdot 10^8$	$2 \cdot 10^8$	$3 \cdot 10^7$	$5 \cdot 10^4$

einem halben Jahr die Fläche der DDR damit belegt werden könnte. Nach einem anderen Beispiel wurden 1957 in Frankreich jährlich je Einwohner 8 kg Druck- und Schreibpapier verbraucht. Davon entfielen auf die Buchindustrie etwa 1 kg und auf die Zeitungen 6,6 kg. Bereits hier zeigt sich, daß ein Verhältnis von Zeitungen und Buchdruck interessant sein kann. Es hängt stark vom Land ab. So gilt z. B. UdSSR 4:1; Großbritannien 12:1 und USA 200:1 [E7]. Dem Buch kommt in dieser Folge relativ gesehen immer geringere Bedeutung zu. In Tab. 6.13 ist die Anzahl der jährlich produzierten Titel für verschiedene Länder zusammengestellt. Es wurden nur Länder aufgenommen, die mindestens einmal in dem Zeitraum die 5000-Grenze überschritten. (Es gibt auch Länder, wie z. B. Uganda, Senegal usw., die nur ca. 50 Titel im Jahre 1962 produzierten, oder gar Liberia oder Libyen mit 4 bzw. 5.)

Die Massenmedien werden zu unterschiedlichen Zeiten verschieden intensiv genutzt. Dies zeigt zum Beispiel Abb. 6.46. Besonders auffällig ist das Fernsehen-Maximum von 19 bis 22 Uhr. Diesem haben sich die Fernsehsender angepaßt. Daraus wurde bereits gefolgert, daß dieser zeitlich typische Verlauf der Hochfrequenzstrahlung auch in weiter Entfernung von der Erde feststellbar sein müßte. Im Wellenlängenbereich von 1 cm bis 30 km treten, über die verschiedenen Funkdienste umgerechnet, Strahlungstemperaturen bis zu 10^{10} K auf. Damit wäre diese spezifische Strahlung mit unseren heutigen technischen Mitteln noch eindeutig in 30 Lichtjahren Entfernung nachzuweisen.

In Abb. 6.46b sind schließlich noch verwandte Informationsübertragungskanäle nach der Menge der zu übertragenden Information und der dazugehörenden üblichen Zeitverzögerung eingeteilt.

In der letzten Zeit gab es auch Untersuchungen, wie weit Menschen bereit wären, Reisen zu Konferenzen usw. durch Fernsehkommunikation (in beiden Richtungen) zu ersetzen. Die Umfragen führten zu positiven Antworten bei etwa 20% der Befragten. In Experimenten zeigte sich dann jedoch eine gewisse Unzufriedenheit, welche die Kommunikationspartner nicht recht erklären konnten. Sie dürften nach den meisten Einschätzungen auf Kommunikationen zurückzuführen sein, die bei Konferenzen nicht sprachlich, sondern unmittelbar (vielleicht vor allem emotional) übertragen werden. Sie werden bei der Fernsehkommunikation vermißt [C1].

Tabelle 6.13 Gerundete jährliche Buchtitelproduktion in Tausend in verschiedenen Ländern, soweit sie über 5000 lag. Die Weltproduktion betrug 1900 etwa 1,2 und 1925 etwa $2 \cdot 10^5$ Titel [E7; A6]

Land	1952	1962	1972
CSSR	5,8	8,7	9,5
Dänemark	2,2	4,2	6,5
DDR	4,3	6,5	5,1
Finnland	1,7	2,6	6,5
Frankreich	11,9	13,3	24,5
Großbritannien	18,7	25,1	33,1
Indien	18,3	11,1	15,1
Italien	8,9	7,4	16,1
Japan	17,3	22,0	26,3
Jugoslawien	5,2	5,6	9,7
Kanada	0,7	3,6	6,7
Niederlande	6,7	9,7	11,8
Österreich	3,2	3,6	5,0
Polen	6,6	7,1	10,8
Rumänien	5,3	7,3	8,7
Schweden	3,2	5,4	7,8
Spanien	3,4	9,6	20,9
Türkei	2,4	4,8	7,0
UdSSR	43,1	79,1	80,6
Ungarn	3,2	5,2	7,3
USA	11,8	21,9	81,8
Westdeutschland	13,9	21,5	44,0
Weltproduktion	$2,5 \cdot 10^5$	$4 \cdot 10^5$	$5 \cdot 10^5$ Titel

b) Gedruckte Bücher in Europa
mit jeweils im Durchschnitt 300 Exemplaren

Jahr	Werke
1456—1536	$4,2 \cdot 10^3$
1537—1636	$3,75 \cdot 10^5$
1637—1736	$1,23 \cdot 10^6$
1737—1822	$1,84 \cdot 10^6$

6.3.2. Zur Wissenschaftsentwicklung

Immer wieder wird angegeben, daß heute 80 bis 90% aller Wissenschaftler leben, die je gelebt haben. Am deutlichsten demonstriert dies die Kurve der Universitätsgründungen in Abb. 6.47a. (Die erste erfolgte in Kairo im Jahre 950.) Mit einer Verdopplungszeit in etwa 100 Jahren erfolgte dann eine exponentielle Zunahme bis 1450. Von da ab ging der Verlauf in eine Sättigung mit etwa 80 Universitäten über, die den mittelalterlichen Bedürfnissen entsprach. Mit der industriellen Revolution erfolgte jedoch ein erneuter steiler exponentieller Anstieg mit nur 66 Jahren für eine Verdopplung.

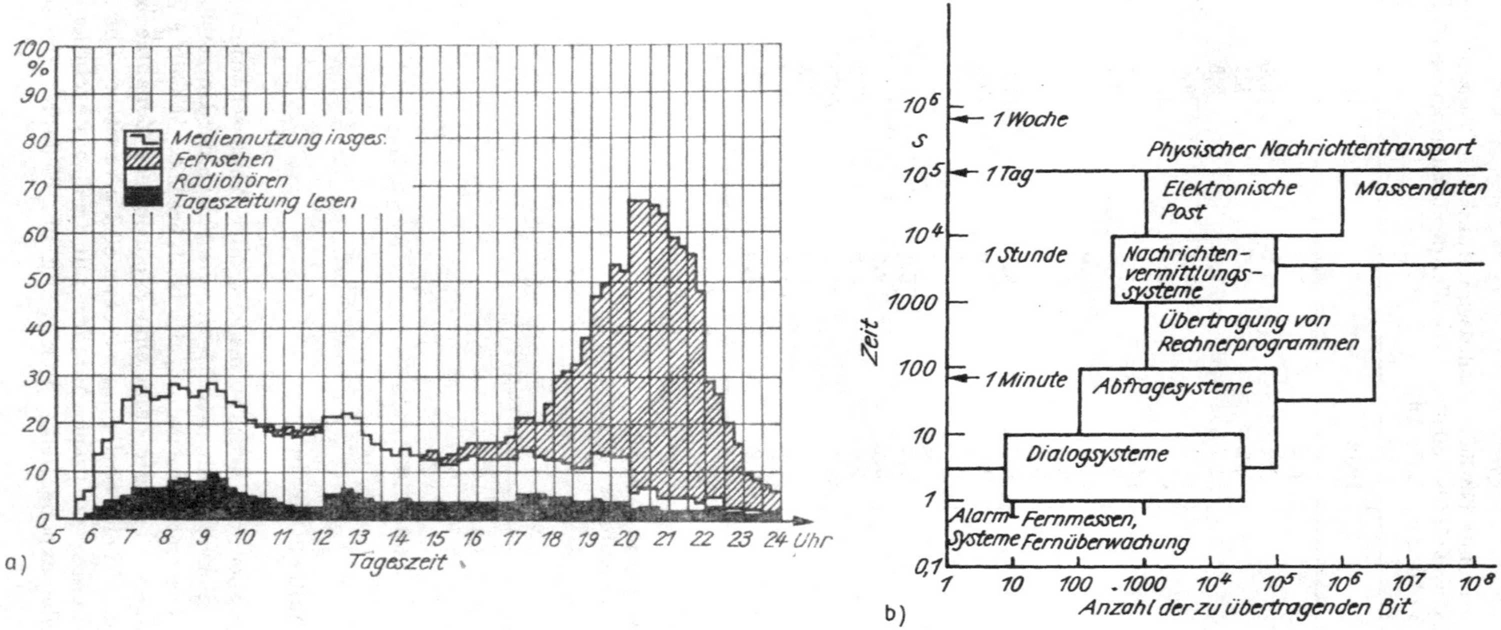

Abb. 6.46 Nutzung von Zeitung, Rundfunk und Fernsehen im Verlaufe eines Durchschnittstages (a) (Montag bis Sonnabend 1974) [S30] und Zusammenhänge von zu übertragender Bitmenge und dafür Notwendiges bei verschiedenen Medien (b) [L10].

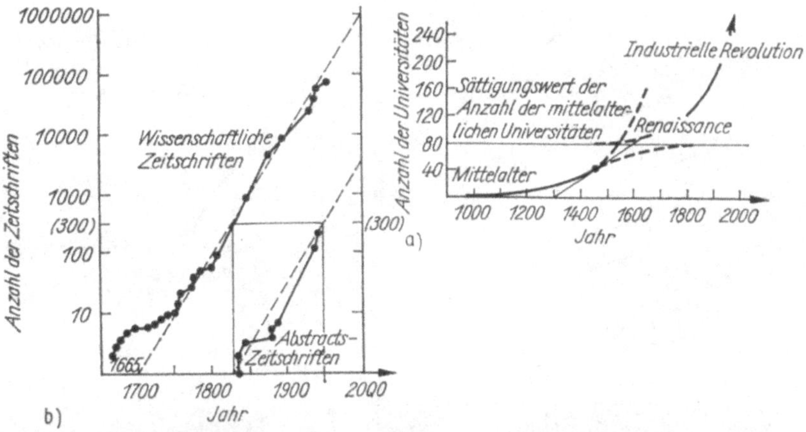

Abb. 6.47 Zum Anwachsen der wissenschaftlichen Information [S21]
a) Zahl der Universitätsgründungen in Europa,
b) Gesamtzahl der Gründungen von Zeitschriften und Referateorganen.

Für den Zeitraum ab 1700 wurde auch das Anwachsen der wissenschaftlichen Zeitschriften und der Referate-Organe untersucht (Abb. 6.47 b). Es fällt auf, daß auf etwa jeweils 300 Zeitschriften ein Referateorgan fällt.

Bei der großen Anzahl von Wissenschaftlern stand auch zuweilen die *Produktivität des einzelnen* in bezug auf Publikationen zur Diskussion. Dabei wird oft unterschieden zwischen denen, die besonders produktiv sind, und denen, die es weniger oder gar nicht sind. Nur zuweilen wird bei solchen Betrachtungen darauf eingegangen, daß auch die Ideen umgesetzt werden müssen und es hierzu eine Vielzahl von guten Wissenschaftlern geben muß, die bezüglich der Publikationen als nicht produktiv erscheinen. Ferner sind auch diejenigen wenigen zu erwähnen, die immer wieder nahezu dasselbe publizieren. Dennoch sind die statistischen Zusammenhänge bezüglich der Publikationstätigkeit interessant. Sie ist unter verschiedenen Gesichtspunkten in Abb. 6.48 zusammengestellt. Aus Teilbild a geht die Anzahl der Veröffentlichungen in Abhängigkeit von der Rangfolge der Autoren hervor. Dieses Gesetz wird oft Lotkas Überschätzung genannt. Sie besitzt also einen sehr ähnlichen Verlauf wie die Mandelbrod-Zipfschen Gesetze des Abschnittes 6.2.3. Da dies die kumulierte Form ist, gilt auch, daß zwischen der Anzahl z von Autoren und der von ihnen publizierten Aufsätze n Proportionalität mit $1/n^2$ besteht. Wenige Autoren produzieren daher soviel, wie eine große Anzahl der restlichen. Diese Zusammenhänge werden auch für größere Gruppen gemäß Teilbild b bestätigt. Entsprechend der oben geschilderten Situation werden die gemeinsamen Veröffentlichungen mehrerer Autoren immer häufiger. Dies zeigt Teilbild c.

Beziehungen zum Mandelbrot-Zipfschen Gesetz bestehen jedoch nicht nur über die Produktivität der Autoren. Abb. 6.49 zeigt einen ähnlichen Zusammenhang bezüglich der *Benutzungshäufigkeiten von Zeitschriften.* Die hierbei untersuchte Bibliothek verfügte über 9120 verschiedene Zeitschriften, von denen 1300 nicht mehr erschienen. Die im Bild angegebene Häufigkeit gilt für 53000 Fernleihanforderungen im Jahre 1956. Von den vorhandenen Zeitschriften wurden 4800 keinmal und 2274 nur einmal verlangt. In der Bibliothek wurden 3000 der verfügbaren Zeitschriften überhaupt

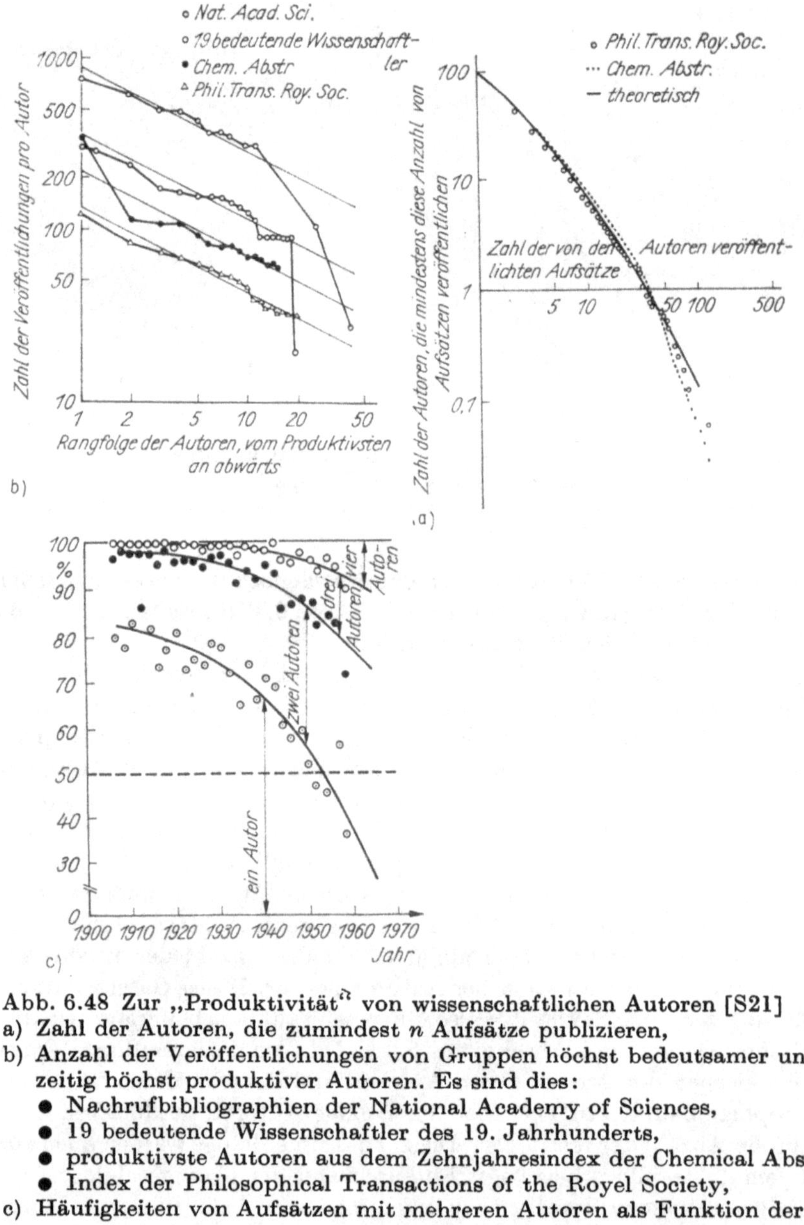

Abb. 6.48 Zur „Produktivität“ von wissenschaftlichen Autoren [S21]

a) Zahl der Autoren, die zumindest n Aufsätze publizieren,

b) Anzahl der Veröffentlichungen von Gruppen höchst bedeutsamer und gleichzeitig höchst produktiver Autoren. Es sind dies:
- Nachrufbibliographien der National Academy of Sciences,
- 19 bedeutende Wissenschaftler des 19. Jahrhunderts,
- produktivste Autoren aus dem Zehnjahresindex der Chemical Abstracts,
- Index der Philosophical Transactions of the Royel Society,

c) Häufigkeiten von Aufsätzen mit mehreren Autoren als Funktion der Zeit.

nicht benutzt. Andererseits genügten 10% der Periodica etwa 80% aller Anforderungen. Solche Tendenzen zeigen Aspekte, die der Informationsflut entgegen wirken.

Im allgemeinen wird angenommen, daß *wissenschaftliche Ergebnisse schnell veralten.* In der Technik ist es z. B. üblich, kaum noch Arbeiten zu lesen, die mehr als 5 bis 10 Jahre alt sind. Ausnahmen bedeuten lediglich geschichtswissenschaftliche Untersuchungen. In anderen Gebieten, vor allem in der Mathematik, Chemie und in den

Geisteswissenschaften sind die Arbeiten meist etwas langlebiger. Dennoch bedeutet es auch hier eine Seltenheit, wenn auf Arbeiten vor ca. 50 Jahren zurückgegriffen wird. Mit diesen durchaus berechtigten und richtigen Aussagen steht jedoch eine Tendenz im Widerspruch, die seit einigen Jahren auftritt, nämlich die ständig zunehmende *Produktion wissenschaftlicher Reprints.* Abb. 6.50 zeigt zwei Kurven mit nahezu gleichem Verhalten für die DDR, BRD und USA. Ein Nachdruckverzeichnis von R. OSTWALD weist für den Zeitraum von 1945 bis 1967 etwas über 30000 Titel aus. Wird eine mittlere Auflage von etwa 300 angesetzt, so waren bereits damals also rund

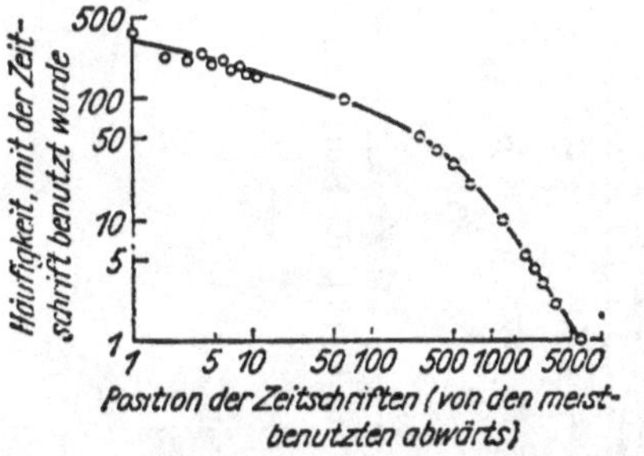

Abb. 6.49 Benutzung von 9120 Zeitschriften gemäß 53000 Fernleihanforderungen des Jahres 1956 [S21].

10^7 Exemplare nachgedruckt. Zum Teil sollte diese große Anzahl wohl Kriegsverluste ausgleichen und zum Teil den Bedarf von Entwicklungsländern befriedigen. Interessant ist, daß ab Mitte der 60er Jahre auch die Trivialliteratur bei den Nachdrucken auftaucht. Hier einige *Folgerungen*, die BÖHM [B12] aus seiner Analyse zieht.

„1. Die vielzitierte These vom Veralten der Information darf nicht unzulässig verallgemeinert werden.
2. Die einzelnen Wissenschaftsdisziplinen zeigen ein differenziertes Alterungsverhalten.
3. Innerhalb der Wissenschaftsdisziplinen gibt es einen zeitlich unvergänglichen Fundus an klassischen und Standardwerken.
4. Monografien haben eine längere Lebensdauer als Sekundärliteratur."

Die weiteren Punkte 5 bis 7 beziehen sich dann auf Konsequenzen für Weiterentwicklung des Reprintgeschehens.

6.3.3. Einiges zur Dokumentation

Allgemeine Aussagen zur Information und Dokumentation werden noch in Band II (Ergänzungsband) gegeben werden. Hier folgen also nur noch einige ausgewählte Ergänzungen.

Für die automatische Dokumentation werden oft 10^5 *Dokumente als Grenzzahl* genannt. Bis zu diesem Wert sind meist gut organisierte Bibliotheken überlegen. Darüber werden technische automatisierte Systeme vorteilhaft. Bei ihnen lag 1975 die Fehlerrate bei etwa 3%.

Die *Kopierverfahren* erlangen immer größere Bedeutung und reduzieren so die Auflagenhöhe von Zeitschriften und Büchern. Um 1967 wurden auf der Welt ca. 3 bis

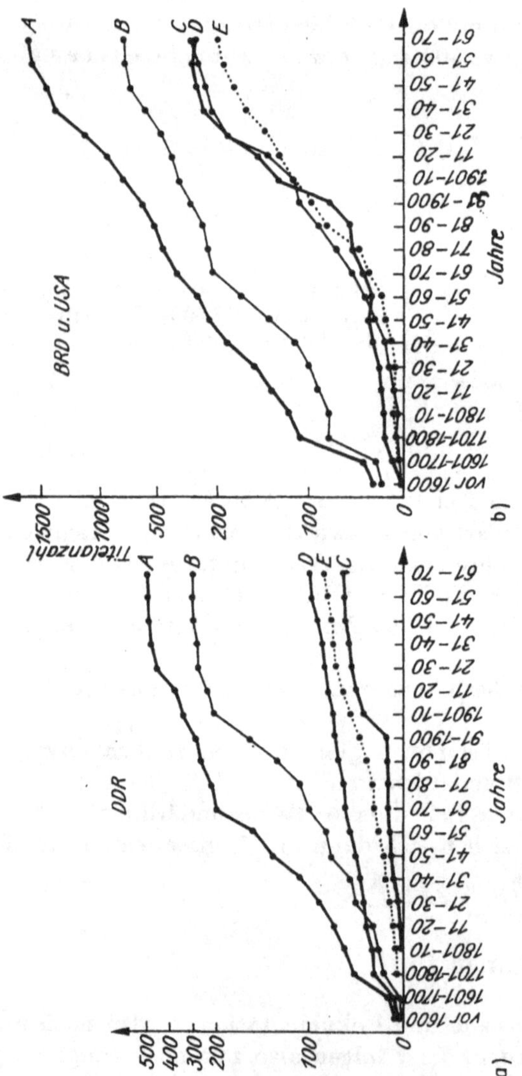

Abb. 6.50 Produktionen von wissenschaftlichen Reprints als Funktion ihres Alters in der DDR (a) und in der BRD und den USA zusammen (b) [P17]. Es bedeuten weiter

A) Gesamtgebiet,
B) Geisteswissenschaften,
C) Recht, Wirtschaft, Gesellschaftswissenschaften, Politik,
D) Naturwissenschaft, Medizin, Technik, Mathematik,
E) Bibliographie, Dokumentation, Speziallexika.

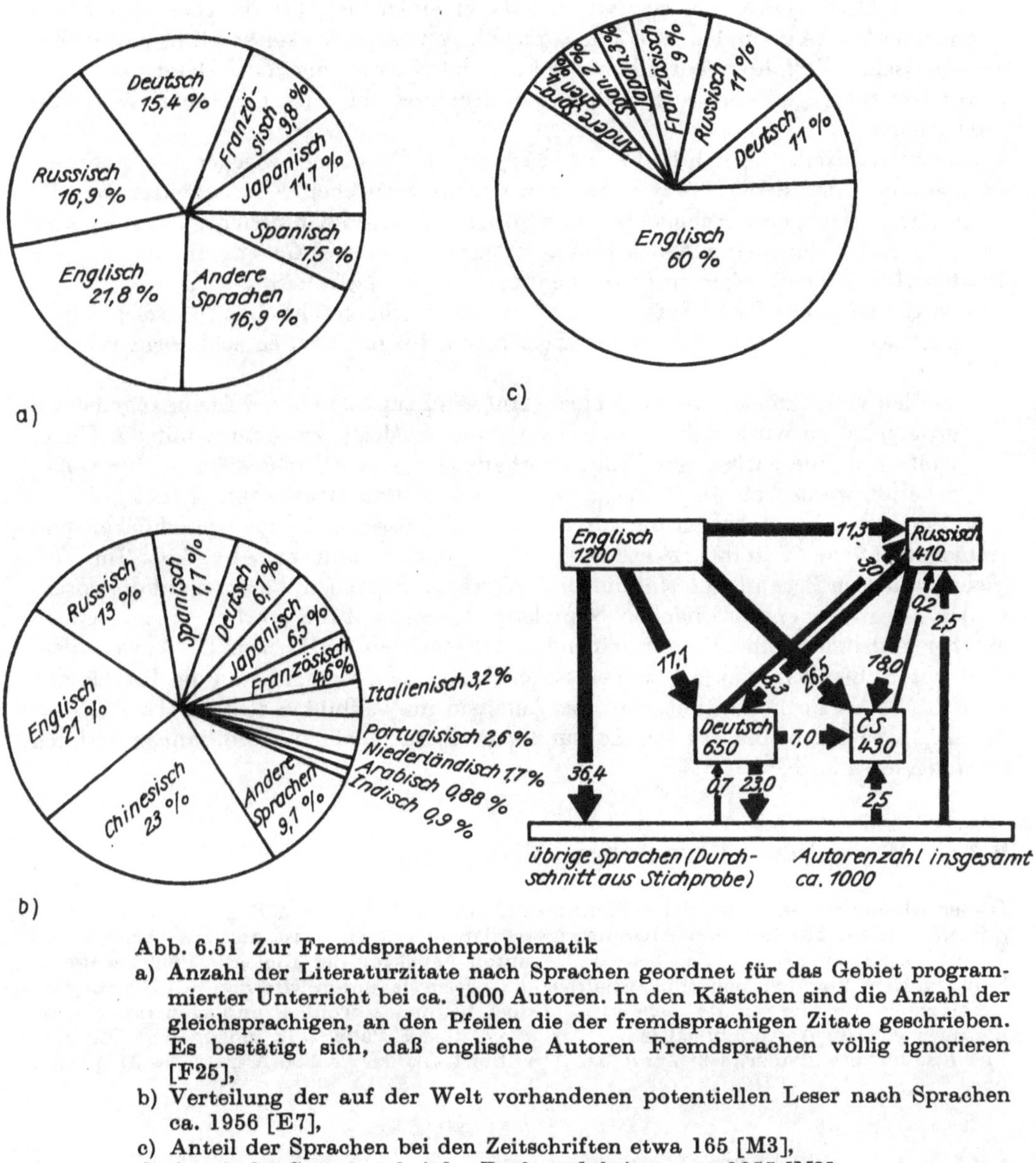

Abb. 6.51 Zur Fremdsprachenproblematik

a) Anzahl der Literaturzitate nach Sprachen geordnet für das Gebiet programmierter Unterricht bei ca. 1000 Autoren. In den Kästchen sind die Anzahl der gleichsprachigen, an den Pfeilen die der fremdsprachigen Zitate geschrieben. Es bestätigt sich, daß englische Autoren Fremdsprachen völlig ignorieren [F25],

b) Verteilung der auf der Welt vorhandenen potentiellen Leser nach Sprachen ca. 1956 [E7],

c) Anteil der Sprachen bei den Zeitschriften etwa 165 [M3],

d) Anteil der Sprachen bei der Buchproduktion etwa 1955 [M3].

$4 \cdot 10^{11}$ Seiten Bürokopien angefertigt. Davon entfielen auf wissenschaftliche Arbeiten ca. 10%.

Eine interessante Untersuchung von H. Frank [F22] beschäftigte sich mit dem Zusammenhang vom Mandelbrot-Zipfschen Gesetz und der Dokumentation. Er fand dabei, daß für eine Arbeit die typischen Worte (in etwa *Deskriptoren*) im Bereich des *10. bis 20. Ranges* liegen. Sie decken sich zu etwa 80% mit auf übliche Weise herausgezogenen Deskriptoren. Ferner wurden dabei einige den persönlichen Stil kennzeichnende Worte gefunden, wie z.B. „quasi". Auf Schwierigkeiten stößt ein solches automatisches Verfahren vor allem bei kurzen Publikationen oder dann, wenn ein Autor bewußt gegen eine solche Regel arbeitet und die entsprechenden Worte im Text meidet.

An anderer Stelle hat sich H. Frank [F25] um die Probleme zwischen den *Nationalsprachen* bemüht. Seine Analyse mit den daraus gezogenen Konsequenzen betrifft zwar nur sein engeres Fachgebiet, den programmierten Unterricht, sie weist aber dennoch recht allgemeine Aspekte aus. Er setzt u. a. *zwei Gründe* an, *warum eine wichtige Arbeit* für die eigenen Untersuchungen *nicht gelesen wird.*:

„1. ist die Originalarbeit häufig in einer Fremdsprache geschrieben, in welcher man auch Fachschrifttum des eigenen Spezialgebietes nicht zu entschlüsseln vermag, und

2. werden viele Arbeiten nur mit einem Aufwand zugänglich, der für unangemessen groß gehalten wird; z.B. kann die erwartete Suchzeit zusammen mit der Ungewißheit, ob die vorliegende Frage überhaupt im Schrifttum geklärt ist, für größer gehalten werden als die Zeit, die man selbst zu ihrer Bearbeitung benötigt."

Er hat dann bei Arbeiten die Literaturverzeichnisse nach eigensprachlichen und fremdsprachlichen Literaturzitaten untersucht und kommt zu Abb. 6.51. Im Vergleich zu diesen Ergebnissen sind im Bild Werte der Sprachen, bezogen auf die potentiellen Leser mit entsprechenden Sprachkenntnissen auf die jährlich erscheinenden Bücher und die regelmäßig erscheinenden Zeitschriften, enthalten. Die Verhältnisse sind unterschiedlich, was die prozentualen Relationen, weniger was die Rangfolgen betrifft. Es sei noch erwähnt, daß die Angaben im Teilbild b sich auf ca. $1{,}1 \cdot 10^9$ Menschen beziehen, die des Lesens kundig sind, und nicht auf die damals wirklich lebenden etwa $3 \cdot 10^9$.

6.4. Physiologie, Psychologie, Pädagogik

Dieser Abschnitt setzt vielfältige Kenntnisse voraus, die erst im Ergänsungsband vermittelt werden. Zur besseren Abgrenzung werden hier keine Aussagen zur Genetik und Evolution behandelt. Von den beiden relevanten Aspekten der Biologie: dem genetisch-konstruktiven und dem neuronalverhaltens- bzw. lernrelevanten wird hier — aber nur ausschnittsweise — der zweite behandelt. Dabei werden sowohl Grundlagenerkenntnisse als auch gewisse Anwendungsbezüge vor allem in der Pädagogik hinzugefügt. Es liegt hier also nur ein kleiner, sehr spezieller Ausschnitt aus der großen Anzahl des Möglichen vor.

6.4.1. Informationsflüsse in Nervenfasern

Hier werden vor allem Teilergebnisse aus den Arbeiten [F2; F3; G12; M1] berücksichtigt. In ihnen sind weitere Details und Literaturhinweise enthalten. Insgesamt lassen sich zumindest vier Modelle zur Berechnung unterscheiden. Drei benutzen die *Impulsantwort der Nervenzelle* und eins geht von der kontinuierlich veränderlichen Membranspannung der Sehzelle aus. Die Sehzelle bildet ja unter den Nervenzellen eine Ausnahme infolge ihrer nicht spontanen, sondern *kontinuierlichen Änderung des Membranpotentials* (vgl. Ergänzungsband 6). Für die Schildkrötennetzhaut ergeben sich Potentialänderungen bis etwa 0,2 ... 0,4 V gegenüber spontanen Schwankungen um 3 ... 4 mV. Der Frequenzgang bezüglich Helligkeitsänderungen verläuft relativ flach. Daher ist die genaue Grenzfrequenz nicht angebbar. Sie kann aber zu etwa 20 Hz bestimmt werden. Dementsprechend ergibt sich ein *maximaler Informationsfluß* um 250 bit/s. Ähnliche Werte ergeben sich auch für die Horizontalzellen der Katzennetzhaut. Die Rauschspannung liegt hier bei etwa 4 mV und das maximale Membranpotential bei 0,1 bis 0,2 V bei ebenfalls etwa 20 Hz, was zu rund 200 bit/s führt. Wesentlich größere Werte treten vor allem bei den schnell fliegenden Insekten auf. Sie verfügen nämlich über Sehzellen, die bis zu fast 1000 Hz Helligkeitsschwankungen folgen. Da die Rezeptorpotentiale sich im ähnlichen Bereich bewegen, liegt ihre Kanalkapazität bei einigen tausend bit/s.

Im Gegensatz zur Sehzelle reagieren praktisch alle anderen Sinneszellen und die *Nervenzellen* auf Reize durch *Impulsantworten*. Dabei hat jeder Impuls einer Zelle immer recht gut die gleiche Form und Amplitude. Die Information muß hier also in irgendeiner Weise durch die *Beziehungen zu anderen Impulsen* (also in der Zeit) enthalten sein. Es gibt bis heute noch keine eindeutige Vorstellung über das *Kodierungsprinzip*. Es kann ferner offensichtlich bei verschiedenen Zellen auch unterschiedlich sein, ja es kann sogar in Abhängigkeit von z.B. der Reizstärke wechseln. Während z.B. die kälteempfindlichen Temperaturfasern der Katze bei höheren Temperaturen zunächst die Pulsdichte mit der Temperaturabnahme erhöhen, gehen sie von einer bestimmten tieferen Temperatur wahrscheinlich zu einer Pulsgruppenkodierung über. Die Fasern des akustischen Nerves sind bei tiefen Frequenzen etwa mit dem Tonreiz synchron, bei höheren Frequenzen treten bestenfalls noch subharmonische Beziehungen auf. Diese und weitere Fakten führen zu einer relativen Unsicherheit von Modellen. Es werden im wesentlichen *drei Modelle* diskutiert:

- *Digitale Kodierung.* Hierbei wird ein Zeittakt angenommen und entschieden, ob ein Impuls vorliegt oder nicht. Dieses Modell besitzt keine Bedeutung mehr.
- *Impulsabstandskodierung.* Die Information wird also in dem zeitlichen Abstand zwischen den aufeinanderfolgenden Impulsen angenommen.
- *Impulszahlkodierung.* Hierbei wird eine bestimmte Zeit t_i als Integrationszeit angesetzt und die Impulszahl während dieser Zeit als Maß der Information betrachtet. Dabei kann das Impulsfenster sowohl gleitend über die Zeit als zu definierten festen Zeiten angenommen werden. Die letzte Methode hat z. Z. die meiste Verbreitung gefunden.

Die *Impulsabstandskodierung* ist mit am ältesten und geht auf Mc Kay und Mc Cullack zurück. Sie benutzt die längste Zeit t_m, welche sich aus der Spontanaktivität der Nervenzelle herleitet, und die absolute Refraktärzeit t_0, während der also die Zelle nicht wieder erregbar ist. Ferner nimmt sie an, daß es eine statistische Schwankungsbreite t_s für die Zeit der Impulse gibt. Für die *Entropie* gilt dann bei Gleichverteilung aller möglichen Impulsabstände

$$H = \operatorname{ld} \frac{t_m - t_0}{t_s}, \tag{31}$$

und die *Kanalkapazität* berechnet sich zu

$$C = \frac{2}{t_m - t_0} \operatorname{ld} \frac{t_m - t_0}{t_s}. \tag{32}$$

Für die *Impulskodierung* gelten die Betrachtungen des *Telegrafenkanals* im Abschnitt 2.7.6. Deshalb gilt für die Kanalkapazität

$$C = \frac{1}{t_i} \operatorname{ld}\left(1 + \frac{t_i}{t_0}\right) \tag{33a}$$

oder bei Streuung um einen Mittelwert

$$C = \frac{1}{t_i} \operatorname{ld}\left(1 + \frac{1}{\sqrt{\pi e}} \sqrt{\frac{t_i}{t_0}}\right). \tag{33b}$$

FÄRBER betrachtet unter diesem Gesichtspunkt zwei biologische Beispiele (Abb. 6.52). Wird für den Winkelrezeptor (oberer Teil des Bildes) eine Gleichverteilung für alle Winkel angenommen, so berechnet sich der Informationsgehalt zu 0,3 bit je Impulsabstand und die Kanalkapazität zu 17,3 bit/s. Für den optischen Nerv der Katze (unterer Teil des Bildes) folgen 0,08 bit/Impuls und 6,4 bit/s. Sowohl GRÜSSER [G12] als auch FÄRBER [F3] haben in ähnlicher Weise noch mehrere weitere Nervenfasern berechnet. Es ergeben sich dabei insgesamt Werte im Bereich von 0,05 bis 4 bit je Reiz und für die Kanalkapazität von 0,1 bis 1000 bit/s. Hieraus *ist zu folgern*:
Im allgemeinen übertragen Nerven der optischen, akustischen und olfaktorischen (Geruch) Sinnesorgane weniger Information als die der Mechanorezeptoren. Gründe

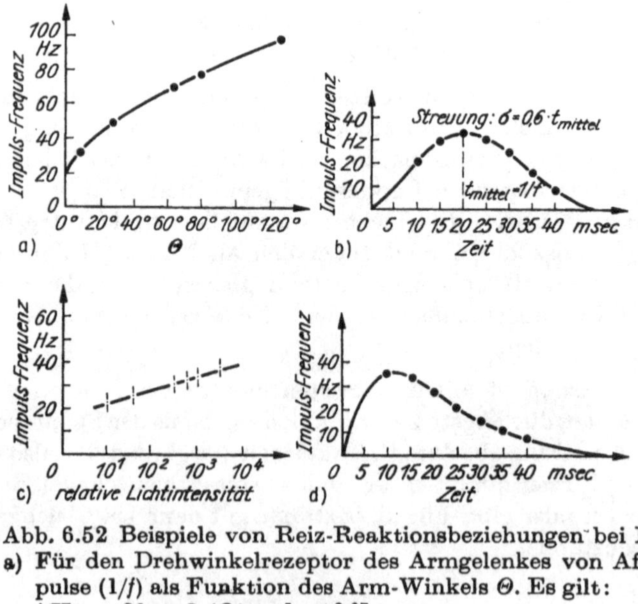

Abb. 6.52 Beispiele von Reiz-Reaktionsbeziehungen bei Neuronen [F2]
a) Für den Drehwinkelrezeptor des Armgelenkes von Affen als Anzahl der Impulse ($1/f$) als Funktion des Arm-Winkels Θ. Es gilt:
$f/\text{Hz} = 20 + 3\,(\Theta/\text{grad} \cdot \text{s})^{0,67}$,
b) wie a), jedoch als zeitlicher Verlauf für einen festen Winkel nach dessen Einstellung,
c) Abhängigkeit der Impulsfrequenz einer optischen Faser der Katze von der Lichtintensität,
d) wie c), jedoch wiederum als zeitlicher Verlauf nach der Lichtreizgabe.

hierfür liegen u. a. darin, daß die optischen und olfaktorischen Sinneskanäle schon von der Erregung her (Lichtquanten und Duftmoleküle) stärker Zufallsprozessen ausgesetzt sind. Insbesondere bei den optischen und akustischen Kanälen liegt eine stärkere Verschaltung vor, so daß einer einzelnen Nervenzelle weniger Bedeutung zukommt. Dabei nimmt die Streuung infolge der Verschaltung von Stufe zu Stufe zu. Insbesondere reagieren beim optischen System die höheren Verschaltungsstufen nur noch auf eine komplexe Verschaltung mehrerer primärer Zellen, also z. B. auf spezielle Lichtmuster, dagegen nicht mehr auf die Lichtintensität.

6.4.2. Kanalkapazitäten beim Menschen

Die *Aufnahmekapazität unserer Sinne* ist sehr groß. Die Abschätzungen der entsprechenden Werte streuen z. T. beträchtlich. Mittelwerte hierzu wurden bereits in Abb. 6.17a eingetragen. Die Unterschiede ergeben sich aus der Betrachtungsweise. Hier sei das *Gehör* als Beispiel ein wenig mehr behandelt. Wir hören Frequenzen im Bereich von etwa 20 Hz bis 20 kHz. Bei 1000 Hz ist der Unterschied zwischen Hör- und Schmerzschwelle rund 130 dB. Also ließen sich aus 20 kHz Bandbreite und 130 dB Störabstand ca. $8{,}6 \cdot 10^5$ bit/s berechnen. Nun sind die *Amplitudenstufen* beim Gehör aber *nicht linear*, sondern etwa logarithmisch verteilt. Deshalb existieren bei 1000 Hz nur rund 325 unterscheidbare Stufen. Hierdurch sinkt die Kanalkapazität allein schon auf $3{,}3 \cdot 10^5$ bit/s. Die Anzahl der Amplitudenstufen ist aber bei hohen und tiefen Frequenzen weitaus geringer. Außerdem existiert auch eine Unterscheidungsschwelle für Frequenzen. Insgesamt lassen sich etwa $3{,}5 \cdot 10^4$ *unterscheidbare Signale* bestimmter Frequenz und Lautstärke für Sinustöne ermitteln. Für Schmalbandrauschen fällt ihre Anzahl noch einmal auf ein Viertel. Jetzt bleibt noch die Frage übrig, in welcher Zeit solche Signale erkennbar sind. Oft wird hierfür im Mittel 1/2 Sekunde angenommen. So ergibt sich ein maximaler Informationsfluß um $7 \cdot 10^4$ bit/s. Jacobson hat z. B. nur $4{,}5 \cdot 10^4$ bit/s berechnet. Dieser Wert könnte weiter durch Berücksichtigung von *Verdeckungseffekten* reduziert werden ($8 \ldots 10 \cdot 10^3$ bit/s) [V7]. Andererseits wissen wir, daß wir situationsbedingt auch ungehörte Informationen über optische oder andere Kanäle ergänzen. Ein Beispiel ist der *Cocktailpartyeffekt*: Bei einem Stimmengewirr in einer freundschaftlichen Runde sind wir imstande, uns auf einen Partner zu konzentrieren und trotz des hohen Geräuschpegels uns gut mit ihm zu verständigen. Eine äquivalente, auch stereophone Bandaufzeichnung ermöglichte dieses in weitaus geringerem Maße. Der Informationsfluß unseres Hörsinnes kann also nur annähernd oder innerhalb gewisser Grenzen angegeben werden. Ähnlich gilt dies für das Sehen und nicht so extrem für die anderen Sinne.

Die obere Grenze für das *Sehen* bestimmt Zemanek [Z1] wie folgt: 16 Farbtöne und 1024 Helligkeitsstufen je Zäpfchen und 32 Helligkeitsstufen je $1{,}2 \cdot 10^8$ Stäbchen ergeben rund $7 \cdot 10^8$ bit. Mit etwa 14 Bildern je Sekunde folgen daraus etwa 10^{10} bit/s. In Wirklichkeit liegt aber eine hohe Zusammenschaltung vieler Sehzellen auf eine Sehnervfaser vor, so daß sich auch hier die Kapazität erheblich reduziert.

Trotz dieser Unsicherheiten zeigt Tab. 6.14 einen Überblick. Aus ihr wird deutlich, daß wir den Hauptteil unserer Umweltinformation optisch wahrnehmen, dann folgt das Gehör. Interessant ist ein von Steinbuch [S28] angestellter *Vergleich mit der Technik*. Ihn zeigt verdichtet Abb. 6.53. Während die Technik einen erheblich größ-

Tabelle 6.14 Übersicht zur Informationskapazität unserer Sinnesorgane. Die Daten stellen z. T. nur Richtwerte dar

Sinn	Gesichtssinn	Gehörsinn	Druck- und Berührungssinn	Wärme- und Kältesinn	Geruchssinn	Geschmackssinn	Schmerzempfinden
Adäquate Reize	Elektromagnetische Schwingungen, Wellenlängen 380 ... 760 nm	Mechanische Schwingungen 16 ... 16000 Hz	Verformung der Haut durch mechanische Kräfte	Temperaturabweichungen	Chemische Stoffe	Chemische Stoffe	ungeklärt
Ort	Auge (Retina)	Ohr (Basilarmembran)	Oberhaut	Oberhaut	Nasenhöhle	Zunge, Rachen	überall
Anzahl der Rezeptoren	10^8 je Auge 10^7 Zapfen für Tagessehen, Farbsehen 10^8 Stäbchen: Dämmerungssehen $4 \cdot 10^5$ unterscheidbare Bildpunkte Amplitudenbereich $1:10^6$	$3 \cdot 10^4$ Haarzellen $3 \cdot 10^4$ unterscheidbare elementare Signale (Frequenz-Amplitude Amplitudenbereich $1:10^6$	$5 \cdot 10^5$	10^4 Warmrezeptoren 10^5 Kälterezeptoren	10^7	10^7	$3 \cdot 10^6$
Anzahl der Nervenbahnen zum ZNS	$2 \cdot 10^6$	$2 \cdot 10^4$	10^4	10^6	$2 \cdot 10^3$	$2 \cdot 10^3$	10^6
Informationskapazität (in bit/s)	10^7	$5 \cdot 10^4$	$2 \cdot 10^5$	$2 \cdot 10^3$	50	10	100

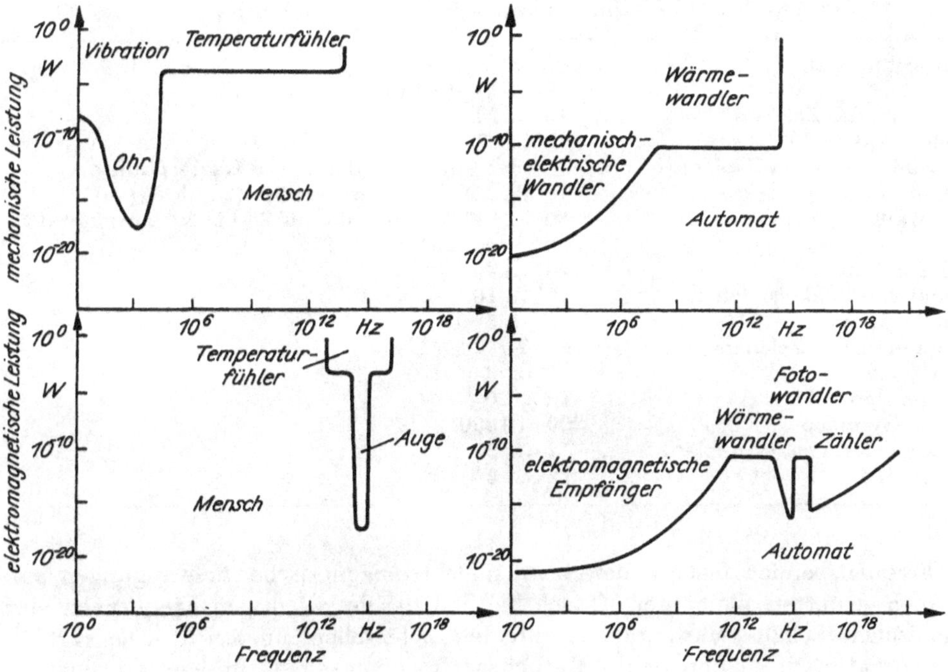

Abb. 6.53 Wahrnehmbarkeit von mechanischen und elektromagnetischen Schwingungen beim Menschen und in der Technik nach STEINBUCH [S28].

Tabelle 6.15 Richtwerte von Sinnesleistungen des Menschen [H17; Z4]. In Klammern empfohlene Werte

Sinneswahrnehmung	Anzahl der unterscheidbaren Stufen	
Sehen		
Zeigerstellung	15	
Größe	7	(2 ... 3)
Farbton	9	
Helligkeit	5	(2 ... 3)
Größe, Helligkeit und Farbton kombiniert	17	
Farbton und Sättigung	11 ... 15	(5 ... 8)
Hören		
Tonhöhe	5	
Lautstärke	5	
Frequenz, Lautstärke, zeitliche Folge, Gesamtdauer und räumliche Lage	150	
Riechen		
Art, Intensität, Anzahl	16	
Alle Sinne komplex	$10^3 ... 10^6$	

Tabelle 6.16 Empfohlene Abmessungen von Zeichen und Symbolen [Z4]

Strichzeichnungen	0,4′ ... 1′ Blickwinkel
	2 ... 4 · 10^3 Punkte auf 25 ... 30°
Höhe optimaler Zeichen	10′ ... 20′
Einzelpunkte	2′ ... 3′
Zeilenzahl bei Rasterdisplays	7 oder 9 (5 × 7 oder 7 × 9 Rasterpunkte)
Strichdicke	10 bis 15% der Rasterbreite (2 ... 3 Arten)
Zeichenzahl	80 ... 100mal 30 ... 50 auf 25 bis 30° horizontal und etwa 20° vertikal
komplexe Symbole	20′ ... 40′
Abstand von Skalenstrichen	10′ ... 15′
Skalenlänge	3° ... 5°
Alphanumerische Zeichen	ca. 64
Schrifttypen	1 ... 3
abstrakte Symbole	10 ... 20
bildhafte Symbole	200 ... 1000
Gruppierungen von Symbolen	2 ... 5
Symbolgröße	2 ... 3

ßeren Frequenzbereich, insbesondere bei den elektromagnetischen Schwingungen, aufzunehmen gestattet, bleibt der Mensch bei den für ihn wichtigen Frequenzen, den mechanischen (Schall-)Schwingungen und den Lichtwellen, unerreicht. Die Verhältnisse sind natürlich im Bereich des Geruches, Geschmacks usw. in jeder Hinsicht für den Menschen noch typischer.

Die, wenn auch sehr große, aber dennoch begrenzte Kapazität unserer Sinne führt vor allem in komplizierten Situationen zu Problemen. In der Technik liegen sie vor allem in der *Wartentechnik* großer Anlagen, z. B. Chemiebetriebe, vor. Deshalb wurden für eine optimale Wartengestaltung auch sehr bald entsprechende Untersuchungen durchgeführt. Sie brachten Empfehlungen, von denen einige Beispiele von Holle [H17] und Zimmermann [Z4] in den Tab. 6.15 und 6.16 als Beispiele wiedergegeben sind. In vielen Versuchen hat die Experimentalpsychologie gefunden, daß bei *unterscheidbaren Signalen einer Qualität* die Zahl 7 ± 2 immer wieder eine entscheidende Rolle spielt. Sie scheint eine für uns optimale Größe zu sein und entspricht etwa 3 bit/Symbol [L3; M21]. Lediglich bei mehrdimensionalen Änderungen werden größere Werte erreicht.

Tabelle 6.17 Motorische Leistungen des Menschen [L17; S 28; S32]

Tätigkeit	Informationsfluß in bit/s
Sprechen	22 ... 55
Lesen (obere Grenze stumm)	18 ... 45
Maschineschreiben	16
Klavierspielen	23
genaue Zielbewegungen	≦20
Rechnen	12
Abzählen	12
Fliegen mit 6 Freiheitsgraden	4 ... 18
Dreigrößenregelung	2 ... 4

Weiter sind verschiedene Ergebnisse über die *motorischen Leistungen* des Menschen bekannt. Hierzu gibt Tab. 6.17 einen Überblick nach verschiedenen Quellen. Dabei ist auffällig, daß sich die Werte um maximal 20 bit/s bewegen. Da in der Tabelle Grenzwerte angegeben sind, sei erwähnt, daß wir im Mittel etwa 6 mal so schnell *stumm lesen* wie *sprechen* und etwa 4 mal so schnell sprechen wie *schreiben*. Das mittlere Sprechtempo liegt bei etwa 200 Silben je Minute, Grenzwerte bei 100 ... 400. KÜPFMÜLLER hat hierbei auch die Anteile des Textes, der Sprechmelodie, der persönlichen Kennzeichen und der Dynamik untersucht (Abb. 6.54).

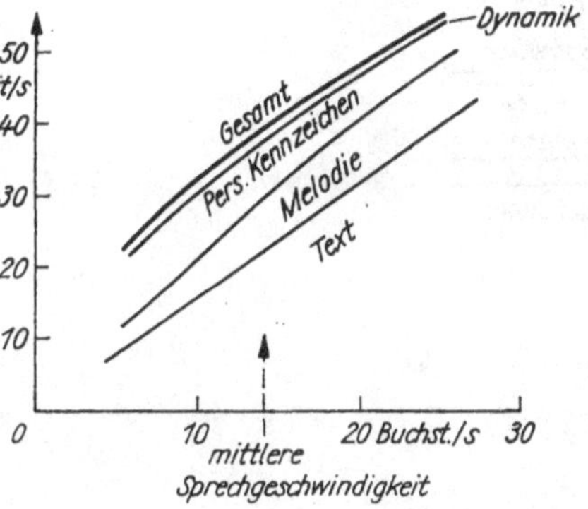

Abb. 6.54 Nachrichtenfluß beim Sprechen des Menschen in Abhängigkeit von der Sprechgeschwindigkeit nach KÜPFMÜLLER [K46].

Es sei darauf hingewiesen, daß es sich bei allen diesen motorischen Leistungen um aktionische Information handelt, für die also die Einheit bit bereits mit großer Vorsicht zu verwenden ist. Außerdem ist ersichtlich, je höher der in der jeweiligen Situation notwendige intellektuelle (gegenüber dem Routine-)Anteil ist, desto weniger Information können wir abgeben. Auf diese Probleme ist noch einzugehen.

Bereits an der Grenze zur Psychologie liegen Ergebnisse, die in 6.55 vorgestellt sind. Sie betreffen jene *Informationsmengen, die wir bewußt aufnehmen*, verarbeiten und zu Handlungen ausnutzen können. Das Prinzip beruht hierbei entsprechend den ersten Untersuchungen von HICK auf folgendem: Einer Versuchsperson können mit einem Gerät Zeichen angeboten werden, die ihr im Prinzip alle bekannt sind. Diese Zeichen sollen mit gleicher Wahrscheinlichkeit auftreten. Es wird die Zeit R_t gemessen, die zwischen dem Angebot der Zeichen und der Antwortreaktion vergeht. Diese Zeit hängt vom Zeichenrepertoire n ab. Es ergibt sich eine Kurve, wie sie Abb. 6.55a zeigt. Sie kann durch den Verlauf

$$R_t/\mathrm{ms} \approx 183{,}3 \;\mathrm{ld}\, n + 514{,}2 \tag{34}$$

genähert werden. Hieraus läßt sich folgern, daß die Kanalkapazität bei *Wahlreaktionsexperimenten* konstant ist und bei rund 5 bit/s liegt. Im Verlaufe weiterer Untersuchungen zeigten sich jedoch z. T. erhebliche Abweichungen von diesem Verlauf. Beispiele dazu zeigt Abb. 6.55b oder auf spezielle Informationsangebote bezogen Abb. 6.55c. Die *Kanalkapazität* ist also durchaus nicht konstant. Es ergeben sich vielmehr prinzipielle Verläufe, wie sie Abb. 6.55d zeigt. Aus diesen Gründen hat heute der Begriff Kanalkapazität in der Psychologie keine Bedeutung mehr. Hier sei aber betont,

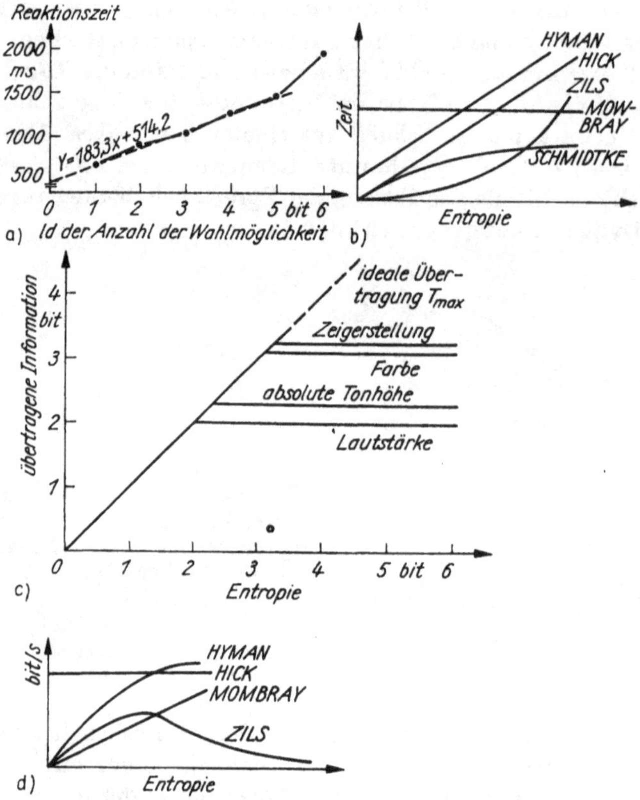

Abb. 6.55 Zur Kanalkapazität bei Wahlreaktionsversuchen [K24 T6]
a) Ergebnisse der ersten Untersuchungen von Hick 1952,
b) Prinzipieller Verlauf der Reaktionszeit gemäß den Untersuchungen mehrerer Autoren,
c) Abhängigkeit der Synentropie von der Reizmodalität,
d) Abhängigkeit der Kanalkapazität gemäß dem schematischen Verlauf in b).

daß dies auch eine Folge davon ist, daß syntaktische (ensemblische) Eingangsinformation auf aktionische Ausgangsinformation bezogen wird. Bei diesen Versuchen werden also zwei unterschiedliche Informationsqualitäten quantitativ miteinander verglichen, und dazwischen geschaltet ist ein komplexer informationsverarbeitender Teil unseres Gehirns.

6.4.3. Gedächtnis

Das Gedächtnis des Menschen ist in vielfältiger Hinsicht untersucht worden. Dabei ergab sich zunächst eine größere Anzahl von Werten, die sich um mehrere Größenordnungen voneinander unterschieden. Heute liegt hier ein gewisser Abschluß vor, und die Werte können als relativ gesichert angesehen werden. Die wesentlichen Aussagen faßt Tab. 6.18 zusammen. Es sind zumindest drei *Gedächtnisarten* zu unter-

Tabelle 6.18 Schematisches Bild, Größenordnungen und funktionelle Zusammenhänge der drei Gedächtnistypen des Menschen. Zusammengestellt insbesondere nach Fakten aus DRISCHEL [D8] und BIESOLD, MATTHIES [B9]

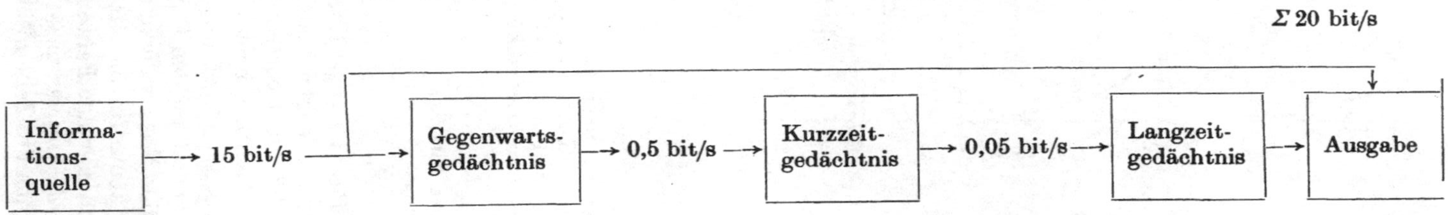

Speicherkapazität in bit	150	1500	$10^6 \dots 10^8$
Zuflußrate bit/s	15	0,5	0,05
Verlust gegenüber Gegenwartsgedächtnis	1	30:1	300:1
Zeit für vollständige Füllung des Speichers	10 Sekunden (Gegenwartsdauer)	50 Minuten	ganzes Leben
Halbwertszeit für Einspeicherung	Millisekunden bis Sekunden	etwa 20 Minuten	1 Stunde bis wenige Tage
Zeitdauer für Bestand der Information	einige bis 45 Minuten	Minuten bis Stunden	Jahre bis Jahrzehnte
Unterbrechend für Speicherinhalt wirken	Elektroschock	Anaesthica Narcotica	Puromycin Acetoxycycloheximid
Bedeutsam für Speicherung	Synapsen	Membranstruktur ?	Proteinsynthese ?
Brauchbares technisches Modell	regenerierender und einfügender Umlaufspeicher	Speicher mit exponentiellem Vergessenseffekt	assoziativer Massenspeicher

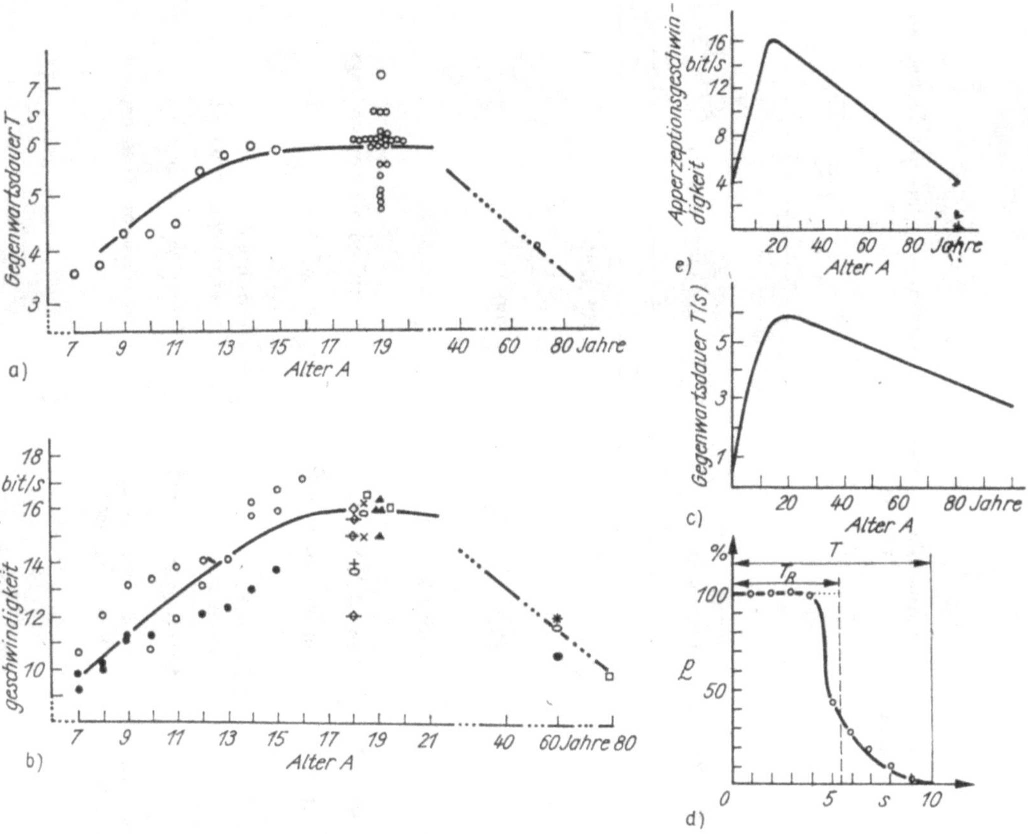

Abb. 6.56 Einige Daten zum Gegenwartsgedächtnis nach RIEDEL [R7]

a) Wahrscheinlichkeit p dafür, daß Information im Gegenwartsgedächtnis bleibt. Die kritische Zeit T liegt also bei ca. 5 Sekunden und die Grenze bei 10,
b) Zusammenstellung von Daten vieler Autoren zur Altersabhängigkeit des aufnehmbaren Informationsflusses,
c) Mittelwertskurve von b) in linearer Zeitachse,
d) Länge der Gegenwartsdauer als Funktion des Alters,
e) Mittelwertskurve von d) mit linearer Zeitachse.

scheiden, das *Gegenwarts-*, *Kurzzeit-* und *Langzeitgedächtnis* (vgl. Ergänzungsband). Sie werden oft auch anders bezeichnet. Sie treten alle drei zugleich an jedem Neuron infolge unterschiedlicher Mechanismen auf, sie sind also nicht getrennt lokalisierbar. Ferner werden zuweilen, getrennt vom Gegenwartsgedächtnis, noch die im Bewußtsein vorhandene Informationsmenge, die Gegenwartsdauer und die Kapazität betrachtet. Diese Werte stimmen im wesentlichen sehr genau mit den Daten des Gegenwartsgedächtnisses überein, so daß die Frage nach der Notwendigkeit einer solchen Trennung besteht. Die meisten Aussagen existieren heute für das Gegenwarts- und Langzeitgedächtnis. Zur Tab. 6.18 werden im folgenden einige Fakten ergänzt.

Experimentell werden die Werte des *Gegenwartsgedächtnisses* meist mit sinnlosen Silben oder zufälligen Zahlenfolgen bestimmt. Bezüglich des Zeiteinflusses ergibt sich der Verlauf gemäß Abb. 6.56.

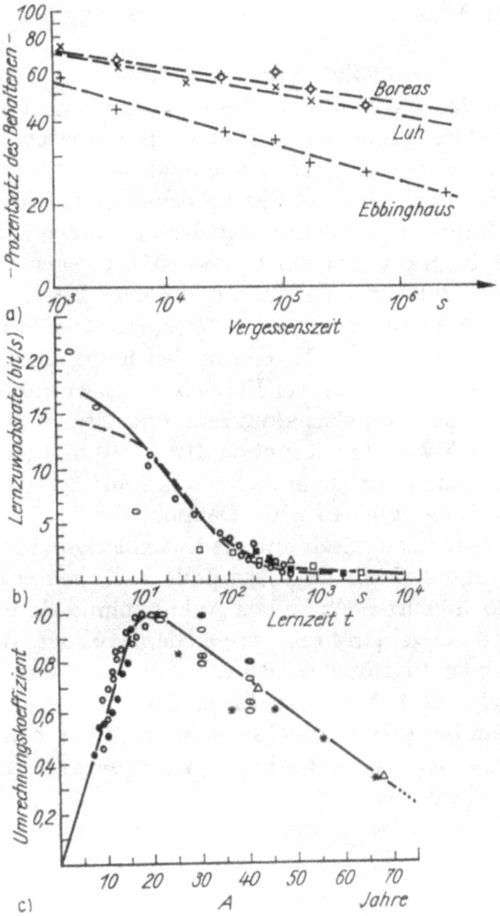

Abb. 6.57 Einige Daten zum Kurzzeitgedächtnis
a) Behaltenskurve nach der Methode des Wiedererlernens als Ergebnis dreier klassischer Untersuchungen mit logarithmischer Zeitachse [P17],
b) Lernzuwachsrate nach mehreren Autoren [R7],
c) Grobe und normierte Altersabhängigkeit der Daten des Kurzzeitgedächtnisses [R7] (Werte sind auf ein Alter von 20 Jahren bezogen).

Für das *Kurzzeitgedächtnis* werden einige Kurven in Abb. 6.57 dargestellt. Ihre Werte sind wesentlich unsicherer. Deshalb gibt RIEDEL bezüglich der Altersabhängigkeit auch nur relative Werte an.

Das *Langzeitgedächtnis* läßt sich nur schwer in verdichteter Form analog zu Abb. 6.56 und 6.57 angeben. Zu seiner Abschätzung gibt es vielfältige Methoden, wovon hier einige ausgewählt seien.

J. v. NEUMANN [N17] ging von einem Standardrezeptor mit 14 bit/s aus und multiplizierte diesen Wert mit 10^{10} Nervenzellen und den $2 \cdot 10^9$ Sekunden eines 60-jährigen Lebens. So kam er auf einen Wert von etwa $2{,}8 \cdot 10^{20}$ bit. Ein ähnlicher Wert wird auch wie folgt erreicht [L15]. Es werden $2{,}5 \cdot 10^{10}$ Neuronen und eine mittlere Impulsrate von 15 Impulsen je Sekunde angenommen. Bei einem 60-jährigen sind dann etwa

$7 \cdot 10^{20}$ Impulse erfolgt. Werden je Impuls θ,15 bit gerechnet, so ergeben sich etwa 10^{20} bit.

Zemanek [Z1] nimmt einen Informationsfluß von etwa 50 bit/s, ein Alter von 50 Jahren und 16 Stunden Informationsaufnahme je Tag an, dann folgen $5 \cdot 10^9$ bit.

Küpfmüller [K47] geht von etwa 50000 Worten deutscher Sprache aus. Sie benötigen ca. $1{,}5 \cdot 10^6$ bit. Für den Satzbau schätzt er nochmals $4 \cdot 10^5$ bit ab. Unter Hinzufügung von Werten für die Rechtschreibung, das Sprechen usw. kommt er auf einen Wert von $4 \ldots 5 \cdot 10^6$ bit. Unter Berücksichtigung dessen, daß ein Spezialist ca. 10 Sprachen beherrscht, dürfte die Kapazität bei $4 \ldots 5 \cdot 10^7$ bit liegen.

Zuweilen wird auch angenommen, daß etwa 10 Neuronen einem Bit entsprechen, dann ergeben sich etwa $3 \cdot 10^8$ bit bei $3 \cdot 10^9$ Neuronen im Cortex. Eine Zwischeneinschätzung mehrerer Methoden gibt Schaefer [S2]. Hier sollen nicht alle möglichen Wege weiter behandelt werden. Als relativ gesicherter Bereich für unser intellektuelles Gedächtnis (also unter Ausschluß von Verhaltensroutinen und Steuerung lebenswichtiger Prozesse usw.) dürfte *nach heutiger Kenntnis* $10^6 \ldots 10^8$ bit gelten. Dies erscheint auf den ersten Blick sehr wenig, vor allem dann, wenn mit bereits heutigen technischen Speichern (z. B. Abb. 6.21) verglichen wird. Dennoch dürften diese Werte richtig sein, da wir ja das wenigste rein mechanisch und als Daten lernen, sondern viel mehr Wissen aus wenigen Daten und Fakten über ebenfalls z. T. gelernte Regeln rekonstruieren können. Es gibt jedoch heute noch keinen Anhaltspunkt dafür, wieviel Wissen als Fakten und wieviel mittels Regeln indirekt gespeichert vorliegt. Wir wissen aber sehr gut, wie die Daten bei uns zusammenzuschrumpfen scheinen, wenn wir wieder einmal Zusammenhänge erkannt haben und durch das „*Aha-Erlebnis*" beglückt werden. In Abb. 6.58 sind die bisherigen Ergebnisse als Bild aus Frank [F23] noch einmal zusammengefaßt. Ferner sei noch auf Abb. 6.44 hingewiesen. Es basiert auf den Daten des Gegenwartsgedächtnisses.

▶

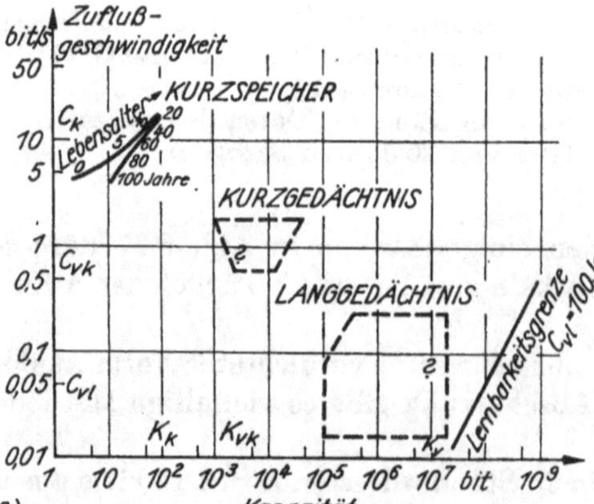

a)

Abb. 6.58 Größenordnungen der drei Gedächtnisse (a) des Menschen und das Organogramm (b), welches die vielfältigen Informationsflüsse des Menschen zusammenfaßt nach Frank [F23].

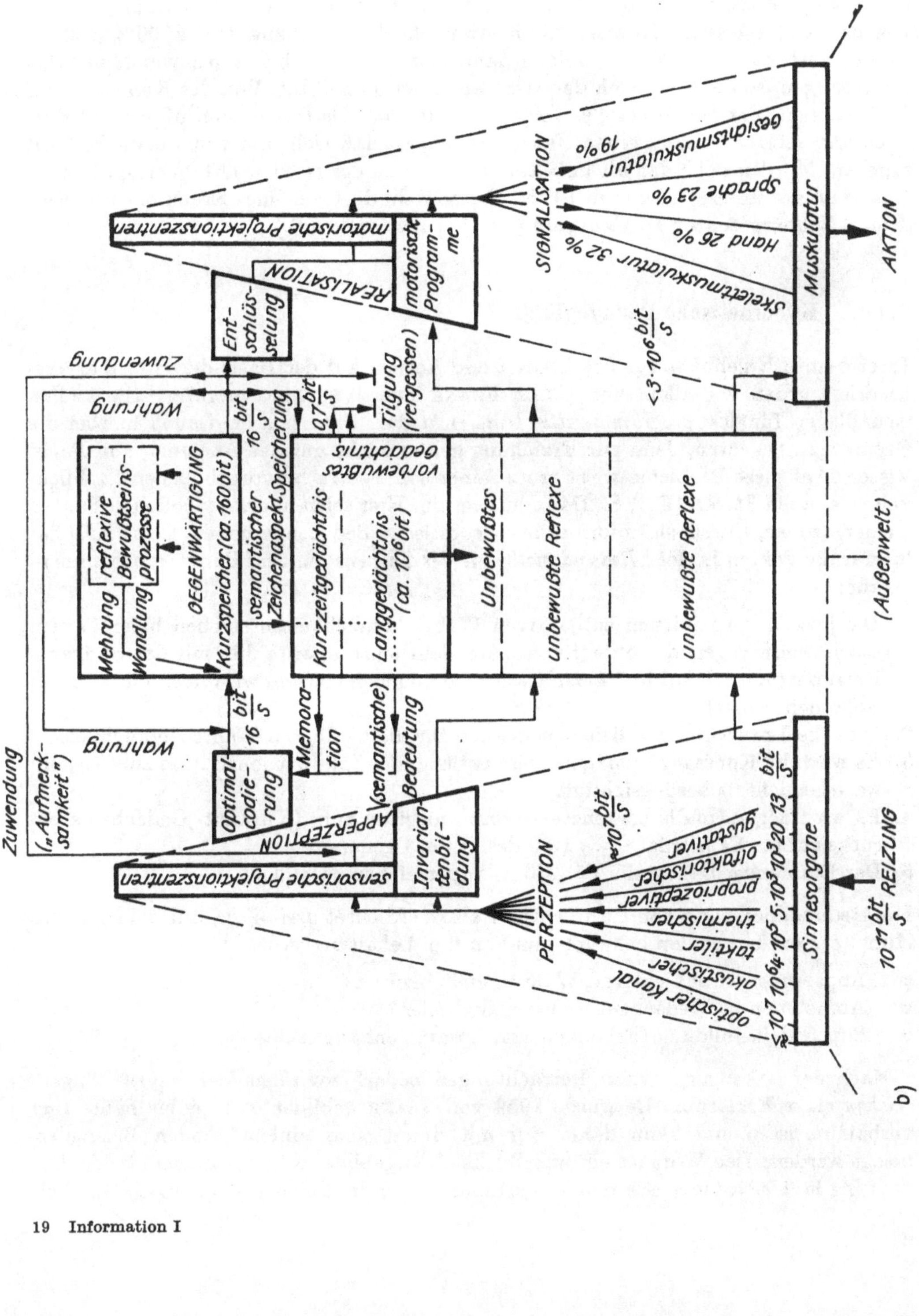
Zuwendung („Aufmerksamkeit“)
Optimalcodierung
Wahrung
16 bit/s
Mehrung
Wandlung
reflexive Bewußtseinsprozesse
GEGENWÄRTIGUNG
Kurzspeicher (ca. 160 bit)
semantischer Zeichenaspekt
Speicherung
16 bit/s
Wahrung
Zuwendung
Entschlüsselung
motorische Projektionszentren
REALISATION
motorische Programme
sensorische Projektionszentren
APPERZEPTION
Invariantenbildung
Memoration
(semantische) Bedeutung
Kurzzeitgedächtnis
Langgedächtnis (ca. 10⁶ bit)
vorbewußtes Gedächtnis
0,7 bit/s
Tilgung (vergessen)
Unbewußtes
unbewußte Reflexe
unbewußte Reflexe
PERZEPTION
optischer Kanal
akustischer
taktiler
thermischer
propriozeptiver
olfaktorischer
gustatorischer
≈10⁷ bit/s
≤10⁷ 10⁶ 4·10⁵ 5·10³ 10³ 20 13 bit/s
Sinnesorgane
10¹¹ bit/s REIZUNG
SIGNALISATION
Skelettmuskulatur 32 %
Hand 26 %
Sprache 23 %
Gesichtsmuskulatur 19 %
<3·10⁶ bit/s
Muskulatur
AKTION
(Außenwelt)

Abb. 6.58 b

b)

Ergänzend werden schließlich noch einige andere informationsmäßige Daten des Menschen nach ZEMANEK [Z1] behandelt. Sie gelten für den konstruktiven Aspekt des Menschen, also für seinen Körper. Er enthält etwa $7 \cdot 10^{27}$ Atome. Entsprechend der Häufigkeitsverteilung der Atome ergeben sich dabei etwa 1,5 bit/Atom. Für den Ort der Atome lassen sich etwa 23 bit ermitteln. Unter Abzug der ca. 90% gestaltlosen Substanz (u. a. Wasser) folgen dann etwa $1{,}7 \cdot 10^{28}$ bit. Wird von Molekülen ausgegangen, so reduziert sich der Wert auf etwa $5 \cdot 10^{25}$ bit. Von der Keimzelle mit 10^{12} Atomen oder 10^{10} Molekülen folgen nur 10^{11} bit. Als Umwelteinfluß bei der Entwicklung setzt ZEMANEK einen Faktor 10 an, so daß sich insgesamt etwa 10^{12} bit ergeben. Mit den noch damals unbekannten Werten der Nukleotidfrequenzen kommt ZEMANEK auf untere Werte um 10^{6} bit. Diese Zahl dürfte meines Erachtens um etwa 2 bis 3 Zehnerpotenzen zu klein sein (vgl. Ergänzungsband).

6.4.4. Kybernetische Pädagogik

Interessante Ergebnisse für das Lehren und Lernen auf der Basis der Informationstheorie wurden vor allem von CUBE, FRANK und WELTNER vorgelegt. Sie stellen Grundlagen für den *programmierten Unterricht* dar. Natürlich sind auch hierbei die Grenzen zu beachten, denn zur Erziehung gehört nicht nur das Aneignen von Fachwissen. Auf diese Probleme weist trotz seiner sonst stark hervorgehobenen Sachlichkeit u. a. auch FRANK [F21, S. 274] deutlich hin. Hier seien nur die sachlichen Fakten wiedergegeben, soweit sie informationstheoretische Bedeutung haben. CUBE [C6] hat hierfür die Fakten in der „*Redundanztheorie des Lernens*" in fünf Punkten zusammengefaßt:

1. Die jeweils vorhandenen subjektiven Wahrscheinlichkeiten streben beim Lernen schrittweise gegen die objektiven. (Am deutlichsten wäre dies mit der Bongard-Entropie (vgl. z.B. Abb. 7.4) zu beschreiben, jedoch hiervon wird noch nicht direkt Gebrauch gemacht).
2. Dieselbe Entwicklung vollzieht sich auch für die bedingten Wahrscheinlichkeiten.
3. Es wird die Konstanz (genauer obere Grenze) des Informationsflusses zum Gegenwartsgedächtnis berücksichtigt.
4. Es wird der ebenfalls begrenzte Informationsfluß zum (Kurzzeit-)Gedächtnis berücksichtigt. Er beträgt etwa 1/30 des unter 3 genannten.
5. Der Empfänger besitzt die Fähigkeit, Superzeichen zu bilden.

Die Redundanztheorie von CUBE enthält also verdichtet *drei Wege*, auf denen Texte (Inhalte) dem Lernenden bekannt und von ihm behalten werden:

- Anpassung der subjektiven Wahrscheinlichkeiten
- Aufnehmen ins Gedächtnis (Auswendiglernen)
- Superzeichenbildung (Erkennen von Zusammenhängen).

Nach den vorangegangenen Betrachtungen bedarf vor allem der Begriff *Superzeichen* einer Erklärung. Er wurde 1959 von FRANK gebildet und ist bis heute nur verbal umrissen und kann daher nur mit unmittelbar einleuchtenden Beispielen belegt werden: Das Wort ist ein aus Buchstaben gebildetes Superzeichen. Seine Bedeutung läßt sich nicht aus den Buchstaben herleiten. Seine Entropie ist erheblich geringer als die der Buchstaben. Es besitzt also eine höhere Redundanz (Weitschweifigkeit). Ähnlich, wenn auch nicht ausgeprägt, ist es mit dem Satz als Superzeichen aus Worten. Andere Superzeichen sind Strukturen, Formen und Gestalten, die zwar in Details zerlegt werden und auch über diese Details erlernbar sind, die wir in der Regel jedoch als Ganzheiten wahrnehmen. Superzeichen entstehen allgemein also durch Klassen- oder Komplexbildung und durch das Erkennen von Zusammenhängen, Ordnungen und Gesetzen. Die ganze Problematik der *Mnemotechnik* gehorcht oft Prinzipien der *Superzeichenbildung*. Wir benutzen sie beim Auswendiglernen, durch Gruppierung, Rhythmisierung usw. Dies hat wohl kaum einer interessanter als KAHLAU [K3] ausgedrückt:

„Gedichte sind die Urform der Literatur. Ihre Mittel entstanden im Laufe der Jahrtausende in allen Sprachen, um Nachrichten aufzubewahren und weiterzugeben. Als die Menschheit noch viel jünger war als heute, als das Gedächtnis der Menschen noch der einzige Aufbewahrungsort für Erfahrungen war, wurden die Gedanken-Container der Gedichte erfunden."

In den experimentellen Untersuchungen zur kybernetischen Pädagogik besitzt die von WELTNER so bezeichnete „*subjektive Information*" große Bedeutung. Sie wird durch das Shannonsche *Rateprinzip* [S16] begründet, das bereits im Zusammenhang mit Abb. 6.38a erklärt wurde. Es werden nun die Ergebnisse aber so geordnet, daß die Reihenfolge nicht durch die im Text auftretenden Einheiten (Buchstaben) bestimmt wird, sondern vielmehr nach der Anzahl der notwendigen Rateversuche. Dabei entsteht über viele Versuche eine Treppenkurve (Abb. 6.59a). Sie läßt sich am besten verstehen, wenn die möglichen Entscheidungen bei jedem Rateversuch als Kodebaum betrachtet werden. Er besitzt N Entscheidungsebenen, davon werde z.B. an N_F falsch geraten, dann existiert eine *subjektive Häufigkeit*.

$$p = N_F/N\,. \tag{35}$$

Für einen Verzweigungspunkt folgt daraus die Formel für die *subjektive Entropie* gemäß der binären Information:

$$H_{max} = p \operatorname{ld} p - (1-p) \operatorname{ld} (1-p)\,. \tag{36}$$

Ihr Verlauf ist in Abb. 2.2b dargestellt. Hier interessiert nur der Verlauf bis $p = 0{,}5$. Er stellt dann zugleich eine obere Grenze für die subjektive Information dar. Alle Treppenkurven müssen also darunter liegen. Über *Variatonsrechnung* mit gleichem Flächeninhalt der Treppenkurve folgt

$$H_{min} = 2p\,. \tag{37}$$

Die praktischen Versuche (Punkte in Abb. 6.59b) bestätigen dies. Durch weitere Einschränkungen konnte WELTNER auch den Verlauf einer mittleren Kurve (gestrichelt) bestimmen, die sich nicht theoretisch beweisen läßt:

$$H_{sub} = p - \tfrac{1}{2}\,[p \operatorname{ld} p + (1-p) \operatorname{ld} (1-p)]\,. \tag{38}$$

Die praktischen Abweichungen von dieser Kurve betragen nur 0,13 bit je Verzweigung. Noch einfachere Ergebnisse erhielt WELTNER, als er sich bemühte, den experi-

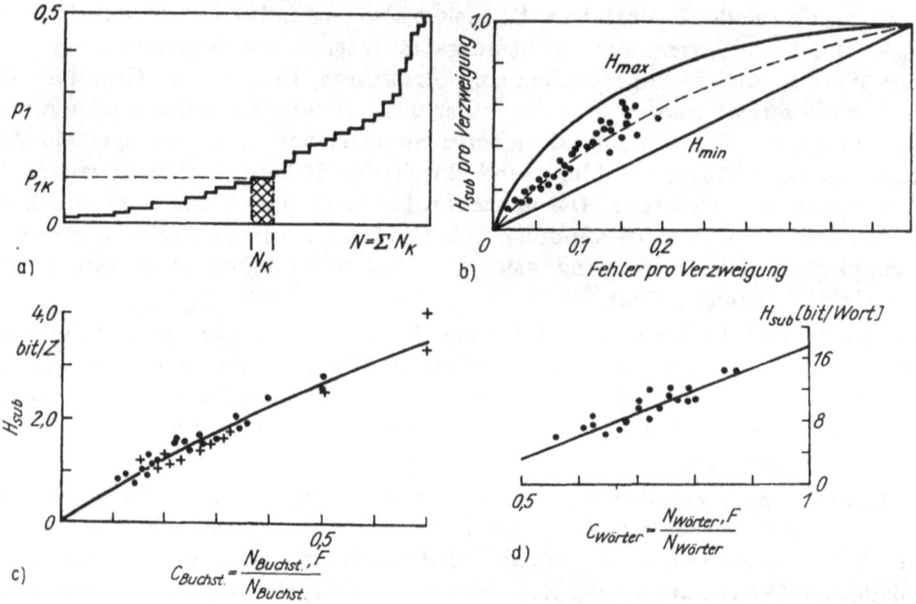

Abb. 6.59 Zur Bestimmung der subjektiven Entropie H_{sub} nach WELTNER [W8]
a) Treppenkurve, bei der die Anzahl der Ratefehler $p = N_F/N$ als Ordnung für die Abszisse dient,
b) Grenzkurven und Mittelkurve für den Verlauf der Treppenkurve,
c) Ergebnisse bei dem vereinfachten Rateversuch, wo nur einmal geraten wird (+ Studenten, ● Schüler),
d) wie bei c), jedoch nicht auf Buchstaben, sondern auf Wörter bezogen.

mentellen Ablauf der Versuche zu beschleunigen. Er ließ nur noch einmal je Buchstaben (bzw. Symbol) raten. War falsch geraten worden, so wurde dem Ratenden der richtige Buchstabe mitgeteilt. Hierbei ergab sich dann ein Verlauf, wie ihn Abb. 10.59c zeigt. Es entsteht also eine lineare Beziehung

$$H_{sub} \approx 0{,}27 + 4{,}93 \frac{N_F}{N}. \tag{39}$$

Die Korrelation liegt dabei um 0,973, also sehr hoch. Ähnliche Versuche hat WELTNER auch für Silben und Wörter angestellt. Dabei wurden folgende Kurven gewonnen:

$$\text{Silben:} \quad H_{sub} \approx -0{,}28 + 11{,}2 \frac{N_F}{N}, \tag{40a}$$

$$\text{Worte:} \quad H_{sub} \approx -7{,}7 + 25{,}1 \frac{N_F}{N}. \tag{40b}$$

Die Korrelation lag bei 0,95 bzw. 0,96. Abb. 6.59d zeigt dies für die Wortvorhersage. Mit dieser Methode konnte WELTNER bereits eine *Rategeschwindigkeit* von 60 Zeichen je Sekunde erreichen. Sie liegt bei einem Zehntel der üblichen Lesegeschwindigkeit.

Die subjektive Information hängt stark von dem jeweils gewählten Text ab. Für verschiedene Texte fand WELTNER die Ergebnisse gemäß Abb. 6.60a bei Studenten. Dabei stimmen erzählende Prosatexte mit 1,2 bit je Zeichen recht gut mit den von KÜPFMÜLLER und SHANNON gefundenen Werten überein. An zwei Prosatextproben hat WELTNER auch die *Altersabhängigkeit* untersucht (Abb. 6.60b). Mit dem Alter fällt also deutlich die Transinformation (vgl. Abschnitt 3) des Textes auf eine untere Grenze. Dies hat dazu geführt, daß WELTNER bei Lehrtexten zwischen der *didaktischen* und *ästhetischen Information* unterschied. Selbst wenn ein solcher Text näm-

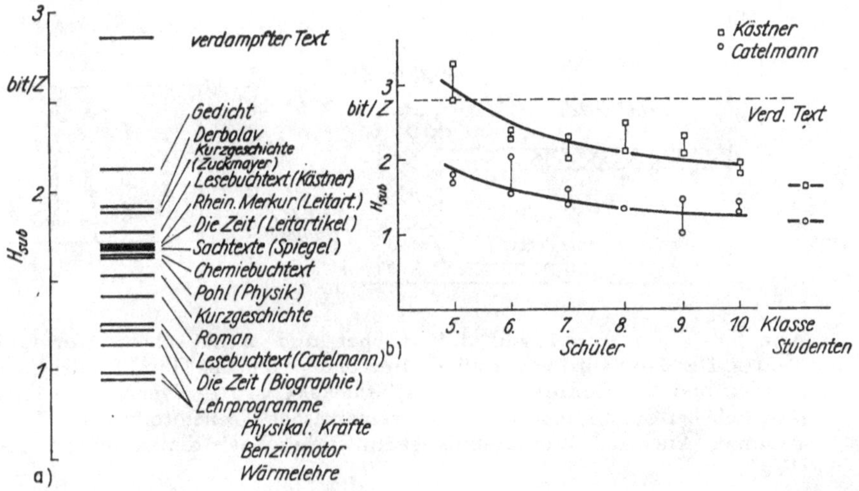

Abb. 6.60 Von WELTNER [W8] über Rateversuche ermittelte subjektive Information an verschiedenen Texten (a) und in Abhängigkeit vom Alter (b) Erhard KÄSTNER: Die nordafrikanische Wüste; CATELMANN: Der Tierquäler (Verdampfter Text ist ein Zufallstext).

lich vollständig dem Inhalt nach erlernt wird, bleiben Rateversuche mit negativem Ausgang bestehen. Dies sei am folgenden Text über den Benzinmotor erklärt:

„Ein Gemisch aus Benzin und Luft verbrennt schlagartig, weil der Benzindampf jetzt ..."

Bis hierher sei der Text geraten. Jetzt muß geraten werden:

„sehr fein in der Luft verteilt ist."

Für die Worte „sehr" und „fein" sind dann viele Hilfen notwendig. Sie sind nämlich mehr durch den *Stil des Autors* als den Inhalt der Aussage bedingt. Dies wird daher als ästhetische Information bezeichnet. Sie läßt sich aus der Altersabhängigkeit und Kenntnis um den sachlichen Inhalt bestimmen. Dies ist in Abb. 6.61a zu erkennen. In ähnlicher Weise läßt sich auch die *subjektive, semantische Information* bestimmen. Dazu werden zwei Versuchsgruppen gebildet und *Synonyme* verwendet. Die eine Gruppe muß sie im Rateversuch aus einem Zufallstext bestimmen, die andere erhält eines der Synonyme als Vorgabe für den Ratetext. So ergibt sich Abb. 6.61b für Synonyme zu „feig" und Teilbild c als relative Darstellung. In diesem Sinne wurde

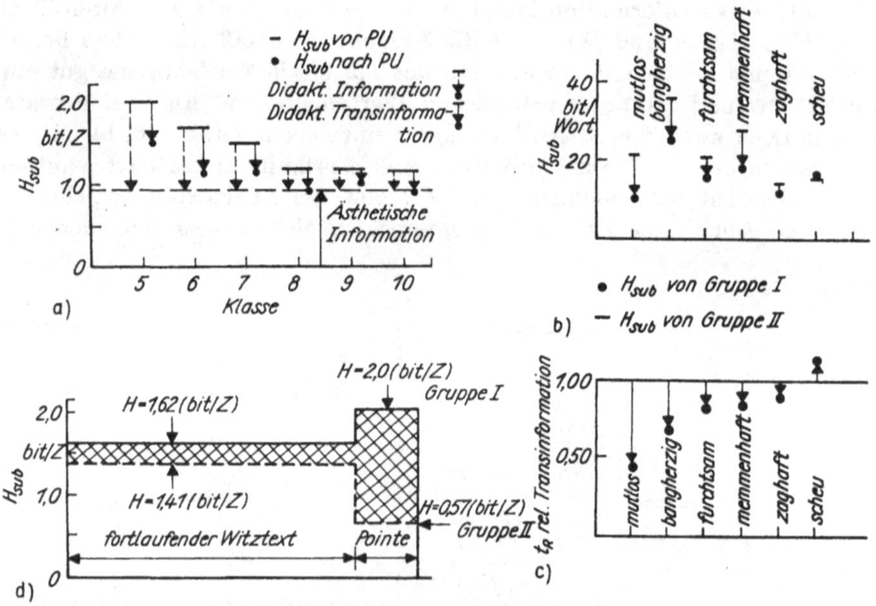

Abb. 6.61 Zum Anteil von didaktischer und ästhetischer Information eines Textes. Der Text wird vor (Balken) und nach Kenntnis (Punkte) des Sachinhaltes geraten und der Einfluß des Alters berücksichtigt (a). Nach demselben Prinzip läßt sich bei Synonymen auch eine semantische Transinformation (b und c) bestimmen. Auch das Witzerlebnis ist auf dieser Basis experimentell erfaßbar (d) [W8].

auch das *Witzerlebnis* untersucht. Es führt zum Schema von Abb. 6.61 d. Es sind die fortlaufende Erzählung und die Pointe zu unterscheiden. Die Pointe besitzt einen Überraschungswert, und dazu muß in der Pointe ein zweiter Zusammenhang des Textes unvermittelt klar werden. Hierbei bricht die ursprüngliche hohe subjektive Information plötzlich zusammen. Die Pointe muß also zunächst bei Nichtkenntnis eine hohe subjektive Information haben, die bei Kenntnis des Witzes dagegen sehr klein ist. (Gruppe I und II)

Im Zusammenhang mit der *Gruppierung zu Superzeichen* sei noch eine Betrachtung von Cube [C6] mitgeteilt. Es existiere ein Text der Länge m, der aus k gleichlangen Wörtern mit der Buchstabenzahl n besteht ($k \cdot n = m$), dann kann die subjektive Information aus zwei Anteilen bestehen. Jedes Einzelwort besitzt dann eine Entropie, die proportional zu

$$H_1 \approx n \operatorname{ld} n \tag{41}$$

ist. Alle Wörter liefern also einen Beitrag

$$H_{1,s} \approx m \operatorname{ld} n \,. \tag{42}$$

Ferner können die Wörter zu einem Text zusammengefügt werden. Dafür gilt

$$H_2 \approx k \operatorname{ld} k \,. \tag{43}$$

Für die Summe gilt also wegen $k = m/n$:

$$H_s \approx m \,\mathrm{ld}\, n + \frac{m}{n} \,\mathrm{ld}\, \frac{m}{n}. \tag{44}$$

Dieser Wert besitzt ein Minimum für

$$m = n \cdot e^{n-1}. \tag{45}$$

Für verschiedene Wortlängen gibt es also optimale Gruppierungen. Den Verlauf von Gl. (45) zeigt Abb. 6.62. Natürlich kann in Wirklichkeit n nur ganzzahlige Werte annehmen. Aus dem Kurvenverlauf ist aber unmittelbar zu verstehen, warum es effektiv ist, 6- bis etwa 10-stellige *Telefonnummern* sich *in Zweiergruppen* zu *merken.*

Abschließend sei mit Abb. 6.63 noch angegeben, wo prinzipielle Grenzen für programmierten Unterricht liegen. Auf inhaltliche Zusammenhänge mit den hier gezeigten Lerntheorien muß verzichtet werden.

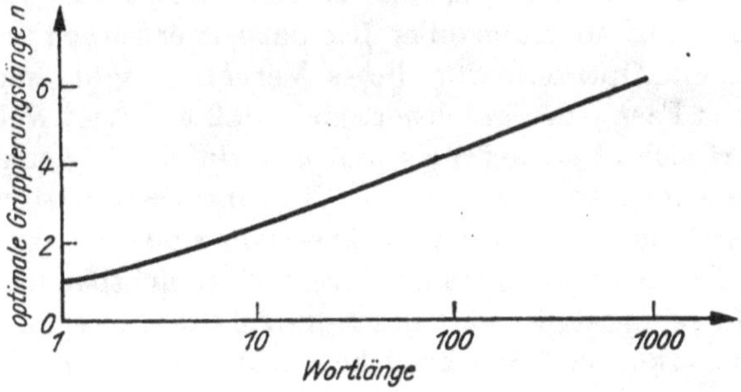

Abb. 6.62 Optimale Gruppierungslänge n von Zufallswörtern der Länge m.

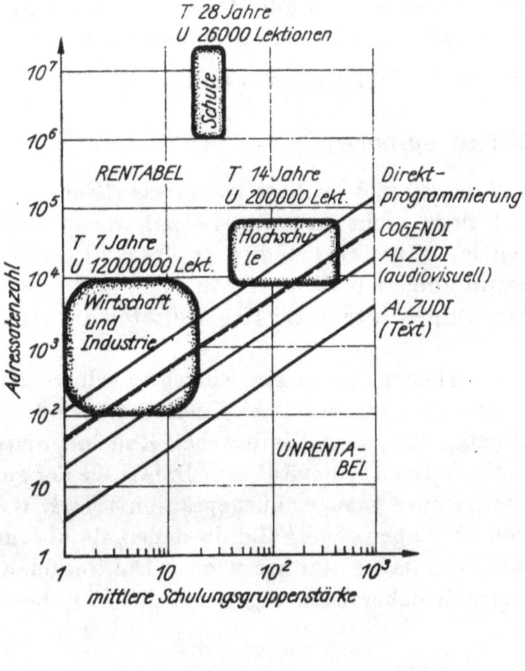

Abb. 6.63 Rentabilitätsgrenzen von programmiertem Unterricht nach Frank [F21]. Die schrägen Linien gelten für speziell erprobte Programme.

6.4.5. Kreativer Informationsfluß

Die *Kreativität* oder Schöpferkraft des Menschen ist eine Leistung, die *Neues* schafft und auf die wir besonders stolz sind. Sie hat eine besondere Bedeutung in der Wissenschaft und Kunst, kommt aber in allen Berufen und Gebieten der menschlichen Gesellschaft vor. Hier geht es nicht darum, ihre Ursachen, Zusammenhänge mit anderen Eigenschaften, wie z.B. Phantasie, Möglichkeiten und Bedingtheiten, zu ergründen. Hier soll vielmehr auf der Basis des bisher gegebenen Zahlenmaterials versucht werden, *Schätzungen* über die Größenordnung des *entsprechenden Informationsflusses* zu geben. Dabei sind zugleich drei unterschiedliche Größen zu definieren und zu begründen:

subjektive, objektivierte und absolute Kreativität.

Mit dieser Begründung wird zugleich das *Problem des Kreativzwanges* etwas deutlicher. Er läßt sich kurz wie folgt begründen: *Jeder Mensch möchte aus zwei Gründen möglichst kreativ sein.* Einmal wird Kreativität gesellschaftlich hoch bewertet und zum anderen schafft sie *Erfolgserlebnisse.* Außerdem setzt Kreativität viel Wissen und Erfahrung voraus, und beides muß in mühevoller Kleinarbeit erworben werden. Da niemand sagen kann, ob es ein Optimum für dieses Verhältnis gibt, entsteht die folgende subjektive Situation: Fast jeder beschwert sich, daß er soviel *Routinearbeit* leisten muß. Fast jeder wehrt sich aber, wenn sie ihm z.B. durch die Rechentechnik abgenommen wird. Dies bedeutet, solange wir viel Routinearbeit leisten müssen, können wir uns damit entschuldigen, daß wir nicht kreativer sind. Wie groß ist aber die Gefahr, daß unsere vielleicht doch mangelhafte Kreativität sichtbar würde, wenn die Routinearbeit nicht mehr nötig ist. Es gibt nur selten Mitarbeiter, die, wie AUER [A15] schreibt, gerade heraus erklären: „Ich brauche die Routinearbeit als schöpferische Pause.“

Wesentlich für die Kreativität ist, was als neu gilt. Dies ist bisher wohl am deutlichsten im *Patentwesen* definiert. Es läßt sich kurz in drei Aspekte zusammenfassen:

- formale Neuheit im Sinne des noch nicht Dagewesenen,
- technischer Fortschritt,
- Originalität im Sinne von Erfindungshöhe.

Allgemein ist heute bekannt, daß es oft viel leichter ist, etwas „Neues“ zu finden, als nachzuweisen, daß es wirklich noch nicht da war. Hierauf wurde schon im Abschnitt 3.3.3. eingegangen. Ferner ist in der Geschichte der Technik (und nicht nur hier) die Anzahl der Mehrfacherfindungen und -entdeckungen nicht gering. Dies alles zwingt dazu, die bereits oben aufgezählten drei Kreativitäten zu unterscheiden. Sie seien jetzt erklärt:

Subjektive Kreativität soll dann vorliegen, wenn ein Einzelner selbst meint, etwas Neues gefunden, eingeführt oder durchgesetzt zu haben. Hier sind bewußt die Verben eingeführt oder durchgesetzt hinzugefügt, denn selbst bei Routineprozessen tritt erfahrungsgemäß immer wieder subjektive Kreativität auf. Die Größe der subjektiven Kreativität wird also stark von mehr oder weniger ausgeprägten *selbstkritischen Einschätzungen* der eignen Leistungen abhängen. Die Fälle, in denen sie übermäßig ausgeprägt ist, machen z.B. verständlich, daß es immer wieder Doktoranden gibt, die trotz sehr guten Wissens und beträchtlicher Leistungen nie den Mut besitzen, eine

Dissertation fertigzustellen. Den Gegenpol stellt vielleicht ein stark entwickelter Geltungsdrang, gepaart mit einer Unbekümmertheit bzw. mangelndem Respekt vor dem *wissenschaftlichen Ethos*, dar. Derartige „Wissenschaftler“ füllen mit minimalsten Ergebnissen gleichzeitig mehrere Zeitschriften, ja ganze Bücher. Unabhängig von diesen beiden Extremen bleibt die subjektive Kreativität ein Selbstmaß in dem Sinne: „Seht, dies ist meine Leistung, dies sind meine Ergebnisse.“

Objektivierte Kreativität im Bereich der Wissenschaft könnte jenes als eine schöpferische Leistung definiert werden, was sich als Fortschritt im Vergleich zu einer guten Literaturrecherche ergibt. Zur weiteren Objektivierung könnte noch die Einschätzung eines „sachkundigen“ Kollektivs bzw. entsprechender Experten herangezogen werden. Annähernd entspräche somit die objektive Kreativität jener Leistung eines Wissenschaftlers, die gesellschaftlich anerkannt wird.

Die *absolute Kreativität* ist auf das „Weltwissen“ zu beziehen. Im konkreten Einzelfall ist sie äußerst schwierig und nicht selten erst sehr viel später, *teilweise* sogar *erst posthum* feststellbar. In der Technikgeschichte gibt es immer wieder Beispiele dafür, daß diese oder jene Erfindung bzw. Tatsache mehrmals gefunden wurde, und zwar sowohl parallel als auch zeitlich nacheinander, also zwischendurch der Vergessenheit anheim gefallen war. Andererseits gibt es auch Beispiele dafür, daß eine bedeutende Leistung erst sehr spät, eventuell erst nach dem meist langsamen Umbruch des jeweils tradierten Denkens, ihre Anerkennung und richtige Einschätzung findet.

Bezüglich der drei Kreativitäten gilt also: Zunächst schätzt jeder einzelne für sich seine Ergebnisse auf der Basis der subjektiven Kreativität ein. Eine mehr realistische Einschätzung erfolgt dann durch seine Umgebung im Sinne der objektivierten Kreativität. Meist zeitlich erheblich verzögert geschieht dann weltweite Bewertung im Sinne der absoluten Kreativität. Aus dem geschilderten Sachverhalt ist unmittelbar einsichtig, daß die *Kreativitätsraten* (*Informationsflüsse*) *von der subjektiven über die objektivierte zur absoluten Kreativität fallen.* Besonders groß kann das Verhältnis von subjektiver und objektivierter Kreativität sein. Außerdem dürfte hier auch die Streuung um wahrscheinlich vorhandene Mittelwerte sehr groß sein. Ein Problem jedes Einzelnen ist, auf Grund des Verhältnisses von Routinearbeit und kreativer Tätigkeit hier ein mit der Umgebung richtiges Verhältnis beider Größen zu erreichen. Gelingt ihm dies nicht, treten vielfältige Probleme auf.

Im folgenden sollen nun einige Wege zur *Einschätzung der* zur Kreativität gehörenden *Informationsflüsse* versucht werden. Sie werden um Zehnerpotenzen streuen. Dies darf jedoch noch nicht entmutigen, denn es sind eben erste Zahlenwerte. Sie dürften sich bei Verbesserung der Methoden und Heranziehung weiteren Faktenmaterials verbessern lassen. Außerdem ist zu beachten, daß im Grunde genommen das Bit für die Kreativität gar nicht unmittelbar geeignet ist, und weiter wurde ja schon mehrfach gezeigt, wie unsicher schon die Entropie eines Textes dadurch wird, ob er auf Buchstaben, Silben, Worte oder Texte bezogen wird. Andererseits ist bekannt, daß es bei kollektiven Neuheitseinschätzungen selten bezüglich der Wertigkeit und Bedeutung des Ergebnisses Meinungsverschiedenheiten gibt.

Lenin- und Nobelpreise

Im Zeitraum von zwei Jahren werden 25 Leninpreise für Wissenschaft und Technik und 5 für Literatur, Kunst und Architektur verliehen. Außerdem werden jährlich je ein Nobelpreis für Physik, Chemie, Medizin und Literatur sowie einer „Zur Förderung des Weltfriedens“ verliehen. Es wird angenommen, daß hiermit der Hauptanteil des absoluten jährlichen Wissenszuwaches erfaßt wird. Für die Abschätzung kann folglich von jährlich 40 wesentlichen Ergebnissen bzw. Arbeiten ausgegangen werden. Jede dieser Arbeiten sei mit etwa 1000 Seiten Text beschreibbar, das entspricht einer Informationsmenge von rund 10^7 bit. Folglich beträgt der Weltzuwachs $4 \cdot 10^8$ bit im Jahr, also 1,3 bit/s. Andere Werte hierzu enthält Abb. 6.17a nach SENDERS bzw. Abb. 6.64a

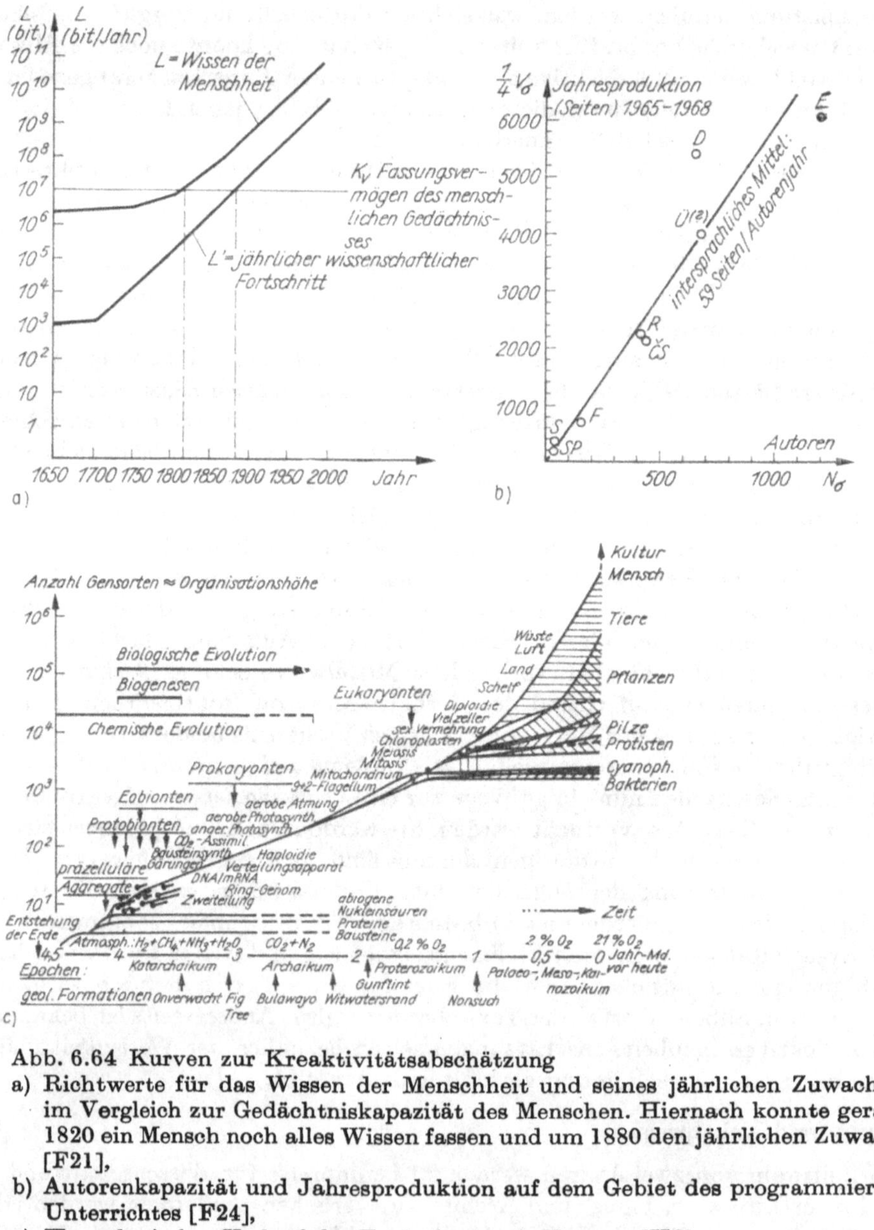

Abb. 6.64 Kurven zur Kreaktivitätsabschätzung

a) Richtwerte für das Wissen der Menschheit und seines jährlichen Zuwachses im Vergleich zur Gedächtniskapazität des Menschen. Hiernach konnte gerade 1820 ein Mensch noch alles Wissen fassen und um 1880 den jährlichen Zuwachs [F21],

b) Autorenkapazität und Jahresproduktion auf dem Gebiet des programmierten Unterrichtes [F24],

c) Hypothetischer Verlauf der Evolution nach KAPLAN [K8].

nach H. FRANK. Dennoch wird dieser Wert als der für diese Betrachtungen am meisten wahrscheinliche weiterverwendet. Ferner wird angenommen, daß an jeder Arbeit 10 sehr kreative Wissenschaftler beteiligt waren und etwa 30 Jahre daran gearbeitet haben. Diese Zeitdauer sollte gewählt werden, da gewöhnlich von einem Menschen nur einmal im Leben ein solches Ergebnis erbracht werden kann. Der entsprechende Informationsfluß folgt zu: 1,3 bit/s dividiert durch 400 (40 Arbeiten zu je 10 Mitarbeitern) und dividiert durch die 30 Jahre zu rund 10^{-3} bit je Sekunde und Person. Dies bedeutet, alle 1000 Sekunden oder alle 15 Minuten liefert ein solch hochkreativer Mensch 1 bit neue bedeutende Information. Dies ist eine obere Grenze.

Zur Abschätzung einer unteren Grenze wird angenommen, daß die gesamte Menschheit mit ca. $3 \cdot 10^9$ Individuen alle kreativen Leistungen erbracht hat. Dann folgt $4 \cdot 10^8$ dividiert durch $3 \cdot 10^9$ rund 0,13 bit pro Individuum und Jahr, also $4 \cdot 10^{-9}$ bit je Sekunde und Person. Der Streubereich von 6 Zehnerpotenzen ist riesengroß. Es wird versucht, ihn nach anderen, möglichst unabhängigen Methoden einzuengen. SENDERS [S13] hat das Weltwissen aus Bibliotheksbeständen auf rund 10^{10} bit geschätzt. Es dürfte von (ca. 10^{10} Menschen, die bisher gelebt haben, geschaffen worden sein. Werden für jeden 30 kreative Jahre angesetzt, so folgen ca. 10^{-4} bit/s je Mensch.

Die Gedächtniskapazität eines Menschen wird heute allgemein auf Werte zwischen 10^6 und 10^8 bit geschätzt. LEIBNIZ gilt als einer der letzten Universalgelehrten, die noch einen Großteil des gesamten damaligen Wissens kannten. Es betrug danach also maximal 10^8 bit. Dieser Wert ist sehr viel kleiner als der von SENDERS aus dem Bestand der Bibliotheken geschätzte. Wie in der Literatur üblich, ist darin das Wissen ja mehrfach enthalten. Andererseits sind die 10^8 bit größer als der von FRANK in Abb. 6.61 angegebene Wert. Dennoch sei die Größe 10^8 bit weiter verwendet. Sie dürfte im wesentlichen im europäischen Raum entstanden sein. Deshalb können für ihre Schaffung ca. 10^7 Menschen mit wiederum 30 kreativen Jahren angesetzt werden. Das ergibt 10^{-8} bit/s je Mensch.

Ein hochkreativer Wissenschaftler schafft maximal im Sinne der objektivierten Kreativität jährlich soviel neues Wissen, daß es in etwa 10 Seiten, also mit 10^5 bit, niedergelegt werden kann. Daraus folgt eine Kreativitätsrate von $3 \cdot 10^{-3}$ bit/s. Zum Vergleich sei noch der Mittelwert von FRANK (Abb. 6.64b) mit 5 Seiten Publikationen je Autor und Jahr, natürlich mit großer Redundanz, angegeben. Andererseits kann z.B. angenommen werden, daß die wesentlichen neuen Erkenntnisse EINSTEINS heute auf ca. 100 Seiten unterzubringen sind. Bei zehn Jahren ergäbe dies einen Wert von nur $2 \cdot 10^{-5}$ bit/s.

Der *Zufluß* zu unserem *Langzeitgedächtnis* liegt bei 0,03 bit/s. Nur mit dieser Geschwindigkeit kann sich unser Wissen aufbauen, und nur mit diesem Wissen kann gedanklich operiert werden. Für kreative Leistungen muß der Informationsfluß folglich viel geringer sein. Meist wird subjektiv angenommen, daß wir zwischen 5 und 30% der Arbeitszeit kreativ sind. Da wir im Mittel nur etwa 25% des 24 Stundentages arbeiten (Erholung, Essen, Schlaf, Urlaub usw. gehen ab), folgen kreative Anteile von 1,2 bis 8%. Aus dem Zufluß zum Dauergedächtnis folgt damit eine subjektive Kreativitätsrate zwischen $3{,}5 \cdot 10^{-4}$ und $2{,}5 \cdot 10^{-3}$ bit/s. Werden gar 25% kreativer Anteil angesetzt, so werden 10^{-3} bit/s möglich.

AUER [A15] berechnet für den kreativen Aufwand für die Konstruktion eines Einzelteiles den Wert von ca. 300 bit. Ferner zitiert er, daß je Jahr und Konstrukteur etwa 40 Zeichnungen zu erwarten sind. Hieraus würde sich eine Rate von ca. 4×10^{-4} bit/s ableiten.

Werden die erhaltenen Werte zusammengefaßt, so lassen sich etwa folgende Schlußfolgerungen ziehen. Die *subjektive Kreativität* dürfte im Bereich von 10^{-4} bis 10^{-3} bit/s und die *absolute* bei 10^{-7} bis 10^{-8} bit/s liegen. Die *objektivierte* könnte damit zu etwa 10^{-6} geschätzt werden. Wie schon gesagt, sind diese Werte bestenfalls Richtwerte.

Zum Vergleich sei noch die *Kreativitätsrate des Lebens* versuchsweise abgeschätzt: Auf der Erde existieren etwa $3{,}7 \cdot 10^5$ Pflanzen- und 10^6 Tierarten. Ihre Information ist im wesentlichen in den Nukleotidsequenzen gespeichert. Als Mittelwerte je Art können etwa 10^8 Sequenzen zu je 2 bit angenommen werden. Nach Ergebnissen der Molekulargenetik werden aber nur etwa 10% genutzt werden. Damit dürfte der gesamte *Genpol des Lebens* einen Wert von etwa $3 \cdot 10^{13}$ bit besitzen. Er ist seit der Zeit der Entwicklung des Lebens, also in rund $3 \cdot 10^9$ Jahren, erzeugt worden. Daraus folgt eine mittlere Rate von maximal $3 \cdot 10^{-4}$ bit/s des gesamten Lebens auf der Welt. In Kaplan [K8] ist für die Gesamtzeit der Evolution ein vermutlicher Kurvenverlauf angegeben (Abb. 7.64c), der Auskunft über die jeweils vorhandenen *Gensorten* des Lebens im Sinne der Organisationshöhe gibt. Gemittelt läßt sich daraus eine Verdopplung in etwa 10^8 Jahren berechnen. Dies führt dann zu einer kreativen Rate von rund $2 \cdot 10^{-14}$ bit/s. In dieser Zahl ist dann aber nicht die Vielfalt der jeweils lebenden Arten enthalten. Verglichen mit dem ersten Wert könnte die Kreativität der Lebensevolution also etwa zwischen 10^{-6} und 10^{-10} bit/s liegen.

6.5. Formale Ästhetik

6.5.1. Zur Geschichte und Einteilung

Allgemein wird auf die künstlerischen und ästhetischen Beziehungen im Zusammenhang mit Kommunikation und Semiotik im Ergänzungsband eingegangen. Gewisse formalästhetische Zusammenhänge, die aber keineswegs die Kunst oder Ästhetik ausreichend kennzeichnen, wurden außerdem bereits im Abschnitt 6.2. behandelt. Im folgenden werden nur einige Fakten stärker von der quantitativen Seite erörtert, vor allem, was die Gebiete Computergrafik und Musik betrifft. Dabei sei zunächst anhand von Abb. 6.65, die von Helmar Frank stammt, auf eine geschichtliche Entwicklung eingegangen. Sie gilt hier eingeschränkt vor allem für die Gebiete: Kybernetische Pädagogik und formale Ästhetik. Wird von den recht alten und zwischendurch zeitweilig in Vergessenheit geratenen Arbeiten von Birkhoff abgesehen, so haben sich die wesentlichen Arbeiten zur formalen Ästhetik in der BRD und in Frankreich (Moles) entwickelt. Sie fußen dabei vorwiegend auf der idealistischen Schule von Bense. Sein Verdienst ist dabei, mehr gute Schüler ausgebildet als selbst Leistungen erbracht zu haben. So nimmt es auch nicht wunder, daß seine Schüler sich später ganz deutlich von seinen idealistischen Ansichten trennten und eigene Wege gingen. Am ausgeprägtesten ist dies bei Nake der Fall. Es ist relativ schwer, die Entwicklung der Ideen und Ansätze zu ordnen. In dieser Schule erfolgte ein reger Gedankenaustausch. Vielleicht etwas subjektiv zeigt wesentliche Arbeiten zur formalen Ästhetik in ihrer geschichtlichen Folge Tab. 6.19. Weitere geschichtliche Details sind u. a. in [M9; N10; S18] enthalten. Hier sei auf sie verzichtet. Viel wichtiger erscheint es, annähernd das Ziel (eigentlich ist es nie einheitlich gewesen) der formalen Ästhetik zu umschreiben. Es wird schon deutlicher durch die oft verwendeten Begriffe „exakte" oder „numerische" Ästhetik umrissen. Es soll also ein genaues Maß zur formalen Bewertung ästhetischer Objekte geschaffen werden. Dies ist natürlich ein unmöglich erreichbares Ziel. Dennoch lassen sich mit den hier entwickelten Methoden nützliche Aussagen über gewisse aus-

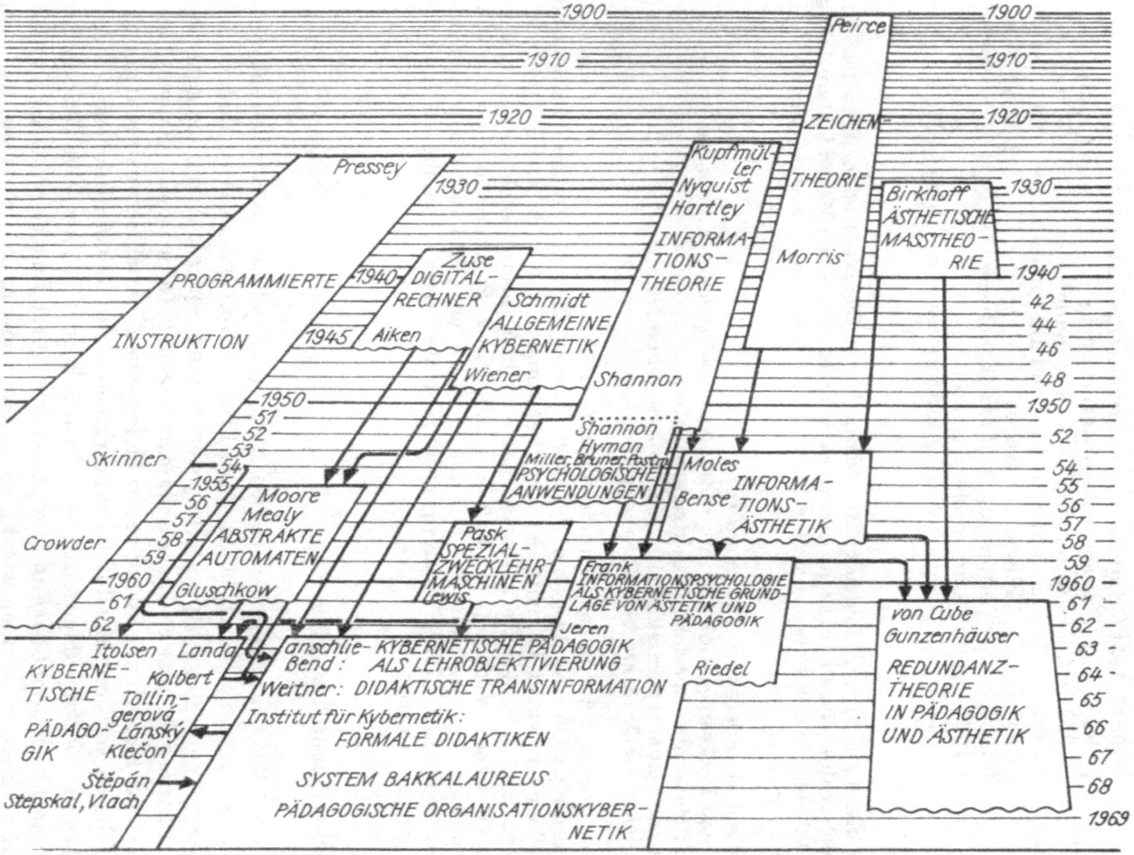

Abb. 6.65 Ursprünge und Entwicklung informationstheoretischer Untersuchungen für die kybernetische Pädagogik (und Ästhetik) nach Helmar Frank [F23].

Tabelle 6.19 Ausgewählte wichtige Arbeiten zur formalen Ästhetik (ohne Vollständigkeit)

Name	Jahr	Hauptinhalt	Literatur
BIRKHOFF	1930	ästhetisches Maß	[B10]
BENSE	1954–1958	formalistische semiotische Ästhetik	[B5]
MOLES	1956	ästhetische Wahrnehmung	[M23]
FRANK	1959	Anwendung auf pure mime	[F20 a]
GUNZENHÄUSER	1962	ästhetisches Maß und Information	[G15]
FRANKE	1967	Phänomen Kunst	[F26]
FUCKS	1968	Literatur- und Musikanalysen	[F38; F42]
MASER	1970	numerische Ästhetik	[M8]
NAKE	1974	Ästhetik als Informationsverarbeitung	[N10]

gewählte, vor allem strukturelle Eigenschaften ästhetischer Objekte finden. Wird der Anspruch auf solch reales Niveau gebracht und werden die entwickelten Methoden umsichtig verwandt, so können sie durchaus nützlich sein. Um dies besser zu verstehen, seien 5 *Teilgebiete* abgegrenzt:

- statistische und andere formale *Analysen*
- *beschreibende Erklärungen* mittels informationspsychologischer Ergebnisse
- *bewertende* Maße über spezielle Objekteigenschaften
- Versuche zur *Synthese* formalästhetischer Objekte (ohne Inhalt)
- Anwendungen der *Rechentechnik* für die Ästhetik.

Diese Gebiete sind natürlich nicht disjunkt. So umfaßt die Anwendung der *Rechentechnik* natürlich auch die Gebiete Analyse und Synthese. Ferner sind die Gebiete weitgehend abhängig voneinander, wobei die Synthese Voraussetzungen aus allen anderen vier Gebieten benötigt. Bezüglich des Rechners sei hier nochmals ausdrücklich betont, daß er eigentlich nur ein neues Werkzeug darstellt. Er ermöglicht z. B. Analysen, die sonst vom Aufwand her nicht zu bewältigen wären. Für die Synthese von Bildern stellt er andererseits nur einen modernen „Pinsel" dar, den die Künstler aber erst mühevoll in seiner Handhabung erlernen müssen.

6.5.2. Beschreibende Theorien

Hier werden nicht die Beiträge der einzelnen Autoren behandelt, sondern es soll vielmehr versucht werden, die wesentlichen Ansichten zusammenzufassen. Dabei wird der Rezeptionsprozeß in den Vordergrund gerückt. Eine zentrale Annahme geht von dem *Informationsfluß* in unser *Gegenwartsgedächtnis* mit 15 bit/s aus. Es wird angenommen, daß der Mensch auf Grund seiner biologischen Entwicklung darauf gerichtet ist, genau diesen Informationsfluß zu verwirklichen. *Zu geringer* Informationsfluß führt zu *Langeweile, zu hoher* dagegen zu *Verwirrung.* Beides hat negative Gefühle zur Folge. Der *optimale Informationsfluß* wird biologisch durch *Lust* belohnt. Ist der Informationsfluß zu klein, so können wir ihn subjektiv erhöhen, indem wir aus unserem eigenen Gedächtnis Information hinzunehmen. FRANKE schreibt: der im informationsarmen Unterricht gelangweilte Schüler träumt vor sich hin.

Zuviel Information versuchen wir dagegen zu reduzieren, indem wir nach *Superzeichen* suchen, um auf diese Weise das Mehr an Information dennoch aufzunehmen. Mittels Orientierungsverhalten verschaffen wir uns zunächst einen Überblick über die komplexe Situation.

Kunstwerke sind nun so vom Menschen eingerichtet, daß sie optimale Voraussetzungen für die Wahrnehmung bieten. Sie enthalten viele *Superzeichenhierarchien* und können auf dieser Basis lange Zeit mit genau dem optimalen Informationsfluß, d. h. mit Lust, wahrgenommen werden. Dies ist die zentrale Aussage der informationspsychologischen Informationsästhetik, wie sie vor allem von FRANK, FRANKE und GUNZENHÄUSER gegeben wurde. Kunstwerke sind für sie daher *Herausforderungen* an die menschliche *Wahrnehmungs- und Verarbeitunsgfähigkeit*. Sie begründen daher auch einen Sinn der Kunst: Es ist ja bekannt, daß mit der Zivilisation die Differenzierungsfähigkeit unserer Sinnesorgane ständig abzunehmen droht, daß sie nicht mehr so wie in dem gefahrvolleren früheren Leben gefordert werden. Die Polynesier gebrauchen z. B. 3000 Farbbezeichnungen. Die Kunst hilft nun, die Sinnesorgane weiter zu üben. Sie hat aus diesem Grunde auch Ähnlichkeit mit dem Spiel.

Da die Superzeichnen bei der Informationsästhetik eine besondere, ja vielleicht zentrale Bedeutung besitzen, seien hier auch noch einige entsprechende Vorstellungen behandelt. Dabei sei noch einmal an Betrachtungen des Ergänzungsbandes vorgegriffen. Es werden bei der *Erzeugung* und bei der *Rezeption von Kunstwerken drei Phasen* betrachtet, die GUNZENHÄUSER [R9] wie folgt formuliert:

„a) *Die selektive Phase*: Aus einem Überangebot an Information wird ausgewählt; bei dieser Auswahl werden Freiheiten (Anmerkung d. Autors: im Sinne verschiedener Möglichkeiten) verbraucht, künstlerische Mittel werden frei gewählt usw.

b) *Die synthetische Phase*: Die gewählte Zeichenauswahl wird geordnet und strukturiert, ihr Informationsgehalt verringert, es werden Gestalten und Superzeichen gebildet. Dies geschieht (subjektiv) bei der Wahrnehmung wie auch bei der Konzipierung eines ästhetischen Objektes.
Man geht von der Zeichenfülle zur Zeichenordnung über.

c) *Die analytische Phase*. Der unter b) genannte Prozeß wird umgekehrt. Die Aufmerksamkeit wendet sich dem individuellen Aufbau der Superzeichen aus Elementarzeichen zu, es werden Abweichungen von Details festgestellt etc., d. h., die Information des vorliegenden Zeichengeflechtes wird durch solche Betrachtungen vergrößert. Dasselbe gilt für die Herstellung ästhetischer Objekte, wo der Künstler die von ihm geplanten Informationen „ausfließen" läßt."

FRANK faßt diese Zusammenhänge verdichtet gemäß Tab. 6.20 zusammen. Dabei ist allerdings zu beachten, daß diese Einteilung nach oben und unten sich periodisch, hierarchisch mehrfach wiederholt. Wenn auch kaum ausdrücklich auf diese Hierarchie von FRANK, FRANKE, und GUNZENHÄUSER hingewiesen wird, so schaffft sie doch gerade erst die Voraussetzungen für die *„Unerschöpflichkeit" von Kunstwerken*. Ferner sei darauf hingewiesen, daß wir ständig Teilregeln der verschiedenen Übergänge unbewußt und z. T. auch bewußt erlernen, indem wir natürliche und künstliche Objekte verschiedenster Art wahrnehmen.

Es sei hier noch einmal betont, daß diese Betrachtungen viele wertvolle Anregungen und nützliche Hinweise für die Ästhetik zu geben vermögen. Sie betreffen aber *nur die formale Seite der Kunst*. Der Inhalt eines Kunstwerkes bleibt dabei vollkommen unberührt. Dies gilt in noch größerem Maße für den folgenden Abschnitt.

Tabelle 6.20 Zusammenhang der drei Phasen bei der Kunstproduktion und -rezeption nach H. FRANKE [F26]

synthetische Phase		Superzeichen
↑	Birkhoffscher Übergang	↑
Selektivphase		Zeichen
↓	Molesscher Übergang	↓
analytische Phase		Unterzeichen

6.5.3. Quantitative Ansätze

Das älteste ästhetische Maß stammt von BIRKHOFF. In ihm wird das Objekt nach seiner Komplexität C und Ordnung O gemessen. Als Komplexität wird z. B. bei Polygonen die Anzahl der Geraden gewählt. Die Ordnung wird durch die Summe von 5 *Kenngrößen* beschrieben:

V Symmetrie zu einer vertikalen Linie (0 oder 1),
G Gleichgewicht, in etwa Schwerpunktlage zur Grundfläche (0, 1 oder −1),
R Rotationssymmetrie (Anzahl der Perioditäten um einen Drehpunkt),
HV Beziehungen zwischen horizontalen und vertikalen Linien
F Erfreuliche Form. Sie liegt vor, wenn jeder Strahl vom Zentrum die Randkurve nur einmal schneidet.

Das *Birkhoffsche Maß* lautet dann

$$M = \frac{O}{C} = \frac{V + E + R + HV + F}{C}. \tag{46}$$

Es ist bis heute nicht sicher, ob ein solches Maß überhaupt eine Berechtigung besitzt. Es gibt wenige experimentelle Versuche, die eine damit gewonnene Rangfolge einfacher Figuren bestätigen. Es gibt aber mehr Versuche, die eine andere gewinnen. Kritische Bemerkungen hierzu sind ausführlich bei NAKE [N10] zusammengestellt. Dennoch wurde immer wieder ähnlich, wie es bereits intuitiv BIRKHOFF tat, dieses Maß informationspsychologisch oder andersartig begründet. Die *Komplexität* C wird dann als objektive Information im Sinne der Shannonschen Entropie verstanden, und die *Ordnungsbeziehungen* O werden als *subjektive Information* im Sinne von Superzeichenrelationen interpretiert. Der Quotient M (die logarithmische Differenz) ist dann die ästhetische Information. Besonders weit wurde dieses Prinzip bei Formen für Vasen zu treiben versucht [R9]. Auch Anwendungen auf Musik und Texte wurden, von BIRKHOFF beginnend, immer wieder mit mehr oder weniger Erfolg versucht. Insgesamt scheint das Maß aber zu formal zu sein. Dies läßt sich am leichtesten gemäß Abb. 6.66 verstehen.

Bereits MOLES hat qualitativ 1958 *vermutet*, daß *ästhetische Information* irgendwo ihr *Maximum* zwischen reinem Zufall und vollständiger Ordnung besitzen muß (Abb. 6.66a). Dies stimmt auch mit der im vorigen Abschnitt geschilderten Theorie überein. Wird dagegen das Birkhoff-Maß aufgetragen, so entsteht Abb. 6.66b. Es steht völlig zu den sonst üblichen Anschauungen im Widerspruch. Eine bessere Näherung ergibt sich, wenn, wie auch schon mehrfach vorgeschlagen, das Produkt $O \cdot C$

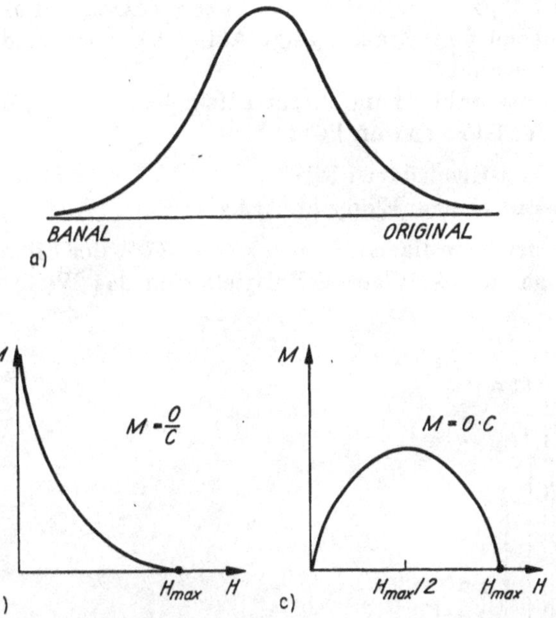

Abb. 6.66 Zum Verlauf von ästhetischen Maßen über der Skala der Ordnung bzw. Zufälligkeit [N10]
a) nach MOLES,
b) nach NAKE für das Birkhoffsche Maß,
c) nach NAKE für ein abgewandeltes Maß aus Komplexität C und Ordnung O.

verwendet wird. Schließlich sei noch erwähnt, daß MASER [M8] das Birkhoff-Maß weiter ausbaut und so zu einer *Makro- und Mikroanalyse* kommt. Wie schon NAKE bemerkt, ergeben sich dabei wahrscheinlich vor allem deshalb *einleuchtende Rangfolgen, weil die Komplexität annähernd konstant ist.*

Zwei völlig andersartige Maße, die einen Zusammenhang mit der Ästhetik besitzen, gehen auf FRANK zurück. Er definiert für ein einzelnes Zeichen j eine *Überraschung*

$$\ddot{u}_j = \frac{-\operatorname{ld} p_j}{-\sum p_i \operatorname{ld} p_i} \tag{47}$$

und eine *Auffälligkeit*

$$a_j = \frac{-p_j \operatorname{ld} p_j}{-\sum p_i \operatorname{ld} p_i}, \tag{48}$$

wobei die p_i die Wahrscheinlichkeiten der einzelnen Zeichen sind. Der Überraschungswert nimmt monoton zu, wenn die Wahrscheinlichkeit des Zeichens abnimmt. Dies ist unmittelbar einzusehen. Die *Auffälligkeit* besitzt dagegen (wie leicht abzuleiten ist) ein *Maximum*, wenn $a_1 = 1/\mathrm{e} \approx 0{,}368$ beträgt, wenn auf das Zeichen also rund 37% Wahrscheinlichkeit zutrifft. Verblüffend ist die Ähnlichkeit mit dem Wert für den harmonischen Schnitt $1/2(3 - \sqrt{5}) \approx 0{,}382$.

Um das Maximum der Auffälligkeit zu bestimmen, haben FRANK und andere auch Versuche angestellt. Ein Beispiel von RIEDEL zeigt Abb. 6.67. Hier wird ein Wert in der Nähe von 1/e recht gut erreicht.

Auch bei verschiedenen Kunstwerken kann dieser Effekt festgestellt werden. Dies gilt z. B. für die zwei Zeilen der Glocken von POE:

Hear the slEdgEs with the bElls, silver bElls
what a world of mErrimEnt their mElody foretElls!

Das hier bewußt groß geschriebene flache E macht etwa 37% der Silben aus und bestimmt dadurch den Klangeindruck. Weitere Beispiele sind das Weiß in ANSELM

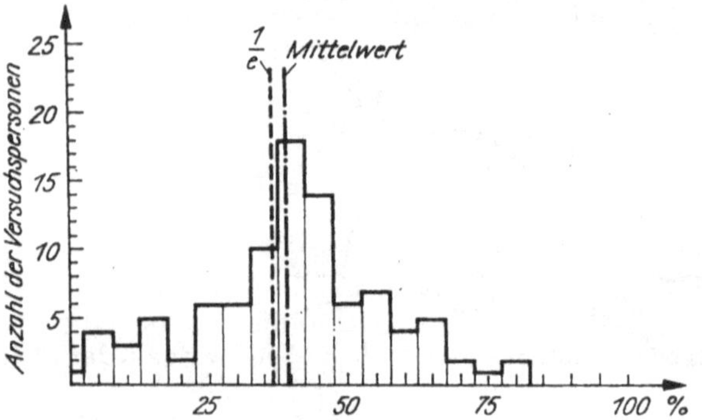

Abb. 6.67 Ergebnis von 149 Jugendlichen im Alter von 14 bis 16 Jahren. Sie hatten die Aufgabe, aus sieben Zeichen, von denen jedes mindestens einmal verwendet werden mußte, eine Anordnung zu schaffen, bei der ein Zeichen besonders auffällig ist [F23].

FEUERBACHS „Iphigenie" oder das Gelb bei MARCS „Gelben Pferden" bzw. das Rot bei seiner „Roten Kuh". Interessant ist auch die oft angeführte Betrachtung zu Synkopen in der Musik. Beim Jazz sind sie bereits so häufig, daß sie nicht mehr auffallen. Beim 3. Satz des 5. Brandenburgischen Konzerts von BACH treten sie in 124 Takten von 310 vorhandenen auf und werden dadurch besonders auffällig.

6.5.4. Musikanalyse

Neben der Sprache (Abschnitt 6.2.6.) wurde vor allem die Musik informationstheoretischer, genauer statistischer Analysen unterzogen. Die gründlichste Arbeit hierzu stammt von FUCKS [F39; F40]. Es sei wiederum $p(x_i)$ die Häufigkeit des Zeichens x_i. In den Arbeiten von Fucks werden dann die folgenden statistischen Maße verwendet:

der Mittelwert: $$\bar{x} = \sum_i x_1 \, p(x_i) \, , \tag{49}$$

die n-ten Momente: $$\mu_n = \sum_i (x_i - \bar{x})^n \, p(x_i) \, , \tag{50}$$

wobei speziell gilt:

Streuung bzw. Standardabweichung $\mu_2 = \sigma^2$, (51)

Schiefe (skewness) $s = \frac{\mu_3}{\sigma^3}$, (52)

Krümmung (Kurtosis) $\varkappa = \frac{\mu_4}{\sigma^4}$, (53)

Exzeß $\varepsilon = \varkappa - 3$. (54)

Dabei ist zu bemerken, daß bei einer Gaußschen Normalverteilung die Kurtosis immer den Wert 3 annimmt.

Mit diesen Mitteln wurden 29 Werke von 1570 bis heute bezüglich der *Noten der ersten Stimme* (erste Violine) untersucht. Dabei zeigt sich eine Verteilung, wie sie für vier Werke Abb. 6.68a wiedergibt. Abb. 6.68b gilt für die Verteilung aufeinanderfolgender Töne. Es ist schon bei diesen Bildern ohne statistische Analyse auffallend, daß die *Noten* selbst im Laufe der Zeit immer mehr einer *Gleichverteilung* zustreben bzw. daß die *Intervalle* immer *größer werden.* Die statistische Analyse bezüglich der Streuung führt demgemäß auch zu Abb. 6.69a bzw. bezüglich des Exzesses zu Bild 6.69b. Bei der Kurtosis wird darüber hinaus die Stiltrennung infolge der *Zwölftontechnik* sichtbar. Bezüglich weiterer interessanter Ergebnisse, die u. a. die Übergangsmatrizen betreffen, muß auf die Originalarbeiten verwiesen werden. (Sie entwickelten sich von betonten Diagonalverteilungen in Richtung Gleichverteilung.) In einer anderen Arbeit wurde die Redundanz der zeitlichen Längen und in bezug auf den Anteil der Höhen untersucht. Hier zeigt sich ein Abnehmen der Redundanz im Laufe der Geschichte [K10].

Eine andere Analyse [V28] versuchte die *Zeitdauer im Vergleich* zu den *typischen Gedächtniszeiten* zu ermitteln. Dazu wurden drei Größen: Motiv, Thema und emotionale Fläche definiert. Bei einer Analyse von 69 Werken zeigten sich folgende interessante Ergebnisse: Obwohl jedes Werk einen typischen Verlauf bezüglich der *Motivlängen* zeigte (z. B. Abb. 6.70a), ergibt sich dann für alle Werke ein Mittelwert, der recht gut zum *Gegenwartsgedächtnis* paßt (Abb. 6.70b) und zumindest die *Lerntheorie mit den drei Phasen* für die Musikrezeption sehr wahrscheinlich macht. In das *Gegenwartsgedächtnis* paßt meist die *jeweils aktuelle Form des Motivs und seine Vergleichsform.* Dadurch ist es möglich, mit der *analytischen Phase* gut alle Veränderungen der Gestalt zu verfolgen und daran Genuß zu finden. In der *selektiven Phase* ist dagegen das Motiv noch nicht bekannt, und es muß als Superzeichen erst aus dem Überangebot an Information gewonnen werden. Auf Konsequenzen für die Rezeption neuer Musik bzw. des Spezialistentums wird in diesem Zusammenhang ebenfalls eingegangen. Es konnten zwar keine so prägnanten Werte bezüglich der Länge der Motive gewonnen werden, der Zusammenhang ist aber dennoch ausreichend subjektiv zu erkennen. Viel stärker scheint hier der Gebrauch und die Gewohnheit bei der Motivwahl und -gestaltung einzugehen. Das gleiche gilt für Beziehungen, die sich zu *Biorhythmen* ergeben, und für Aussagen zu den anderen Ergebnissen [V28].

Es wurde auch versucht, die Zipf-Mandelbrotschen Gesetze in der Musik, vor allem bezüglich der Texttemperatur, anzuwenden. Bislang liegen jedoch noch keine ausreichenden Aussagen vor. Die Beethoven-Sonate As-Dur op. 3 enthält im 2. Satz

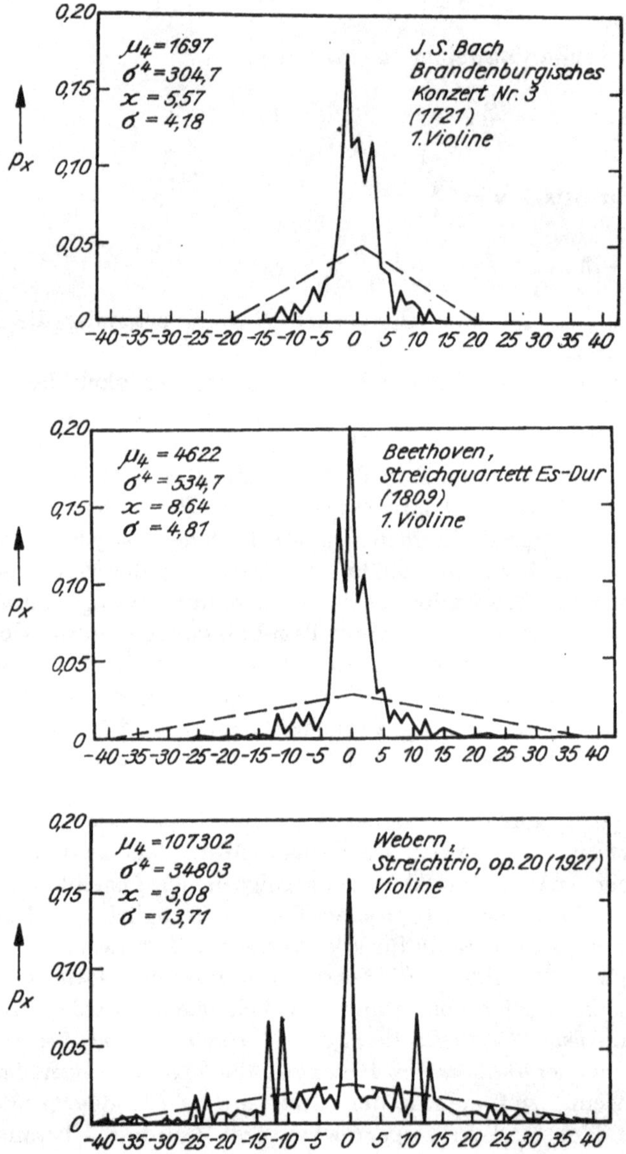

I

Abb. 6.68

1630 Noten mit 71 verschiedenen Tonhöhen. Gemäß Gl. (6.28) ergibt dann die Rechnung $\varrho^2 = 0{,}855$; $K = 0{,}625$ und $T = 0{,}708$ und die Entropie $H = 5{,}124$ bit je Note. Das Korrekturglied müßte zur besseren Anpassung hier negativ sein. Deshalb fehlen im Vergleich zu den Tab. 6.5 bis 6.7 die Klammerwerte. Es sei ergänzt, daß Pierce [P12] für Kinderlieder eine Entropie von 2,8 bit je Note angibt.

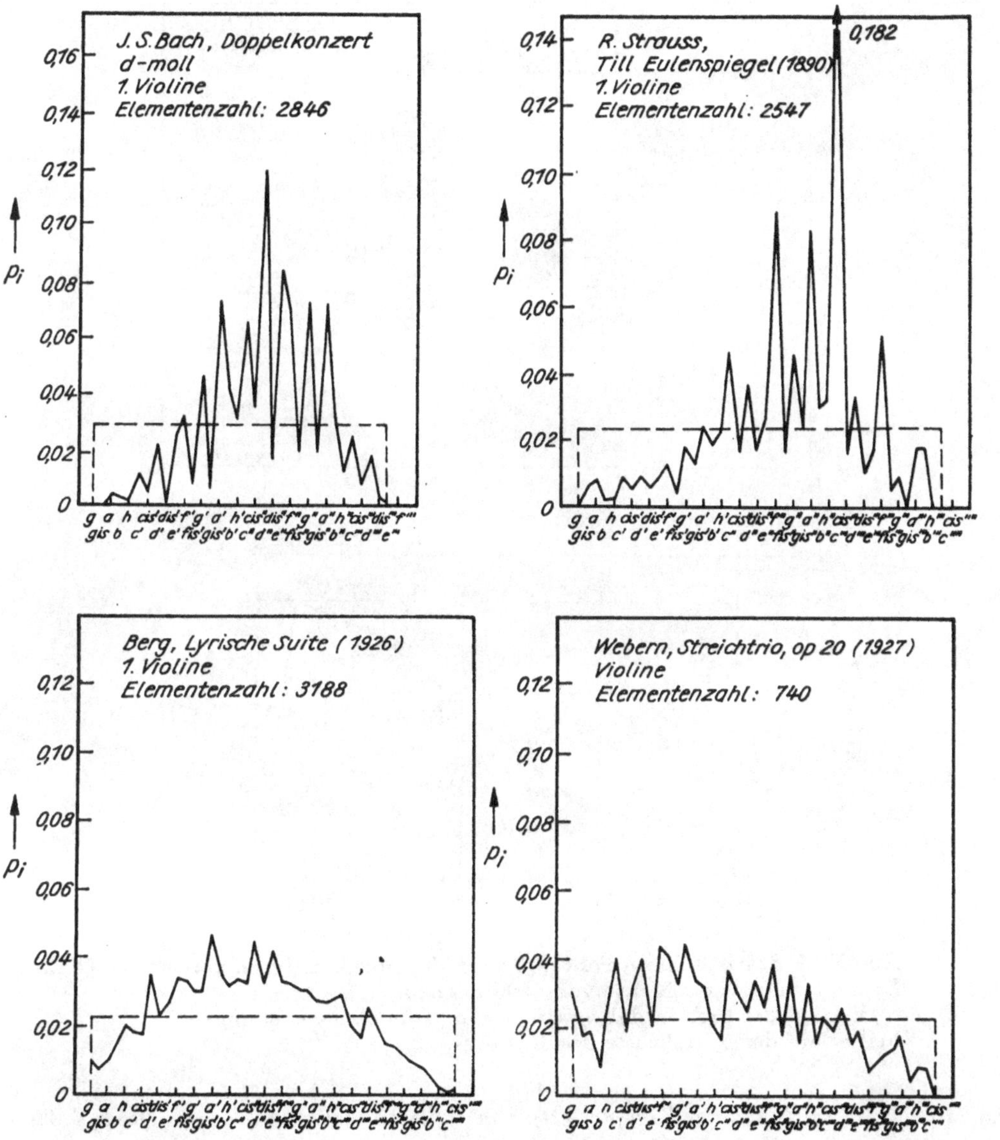

II

Abb. 6.68 Zur Analyse von Musikwerken durch Fucks [F42] an einigen Beispielen, links) Tonhöhenverteilungen, rechts) Häufigkeitsverteilungen der Folgetöne.

6.5.5. Einiges zur Synthese in der Musik

Über die *Synthese von sprachlichen Texten* wurde bereits im Abschnitt 6.2.7. berichtet. Hier gelten ganz entsprechende Bedingungen. In der Musik gibt es jedoch schon seit dem 17. Jahrhundert Versuche zur automatischen Komposition. Am berühmtesten

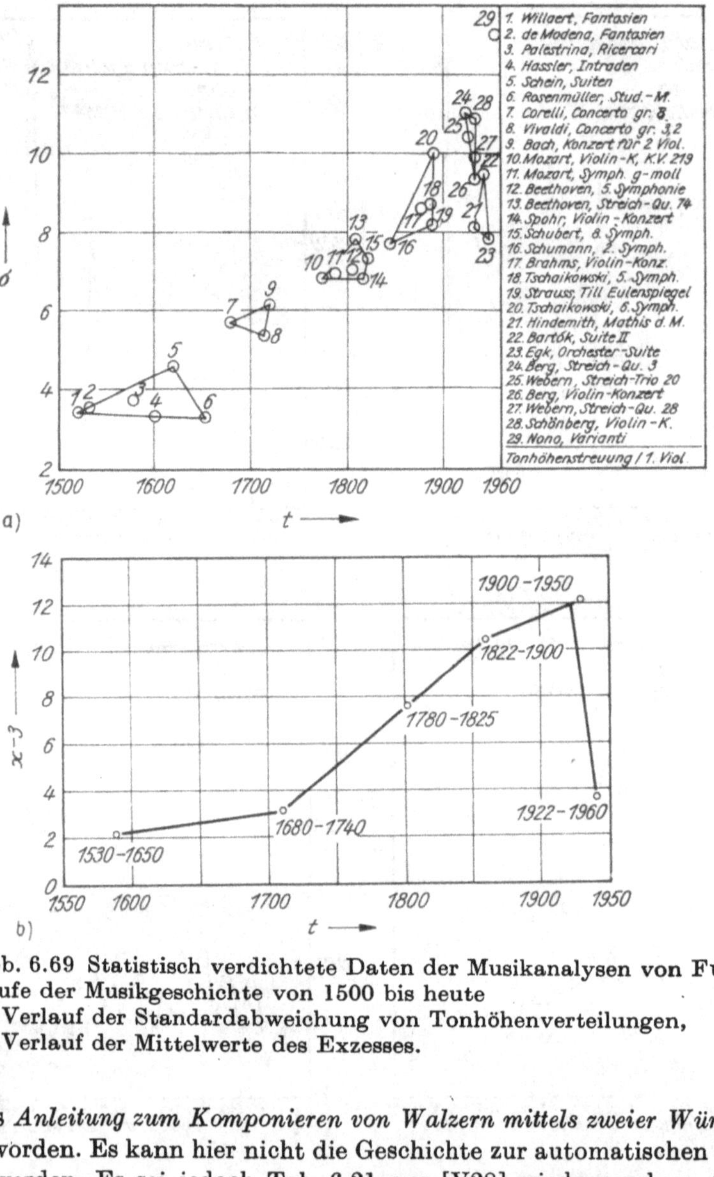

Abb. 6.69 Statistisch verdichtete Daten der Musikanalysen von FUCKS [F42] im Laufe der Musikgeschichte von 1500 bis heute
a) Verlauf der Standardabweichung von Tonhöhenverteilungen,
b) Verlauf der Mittelwerte des Exzesses.

ist MOZARTS *Anleitung zum Komponieren von Walzern mittels zweier Würfel* KV 294 d Anhang geworden. Es kann hier nicht die Geschichte zur automatischen Komposition behandelt werden. Es sei jedoch Tab. 6.21 aus [V28] wiedergegeben. (Weitere Angaben s. [G8; P12; G4]. Die ersten Versuche zur Komposition auf der Basis der Informationstheorie wurden wohl 1949 von der Frau von SHANNON, M. E. SHANNON, gemeinsam mit PIERCE [P12] angestellt. Sie kannten danach noch nicht die bereits klassischen Versuche von MOZART und gingen im Prinzip sogar einfacher vor. Mit den Möglichkeiten der Rechner stiegen dann auch die Anforderungen. Einen ersten Höhepunkt bildete die ILLIAC-Suite für Streichorchester 1956. Einige Takte daraus zeigt Abb. 6.71. Sie klingt im Detail recht gut, läßt aber als ganzes betrachtet, wie auch nicht anders zu erwarten, die entsprechende musikalische Linie vermissen. Das am weitesten entwickelte *Kompositionsprogramm* stammt wohl von KUPPER

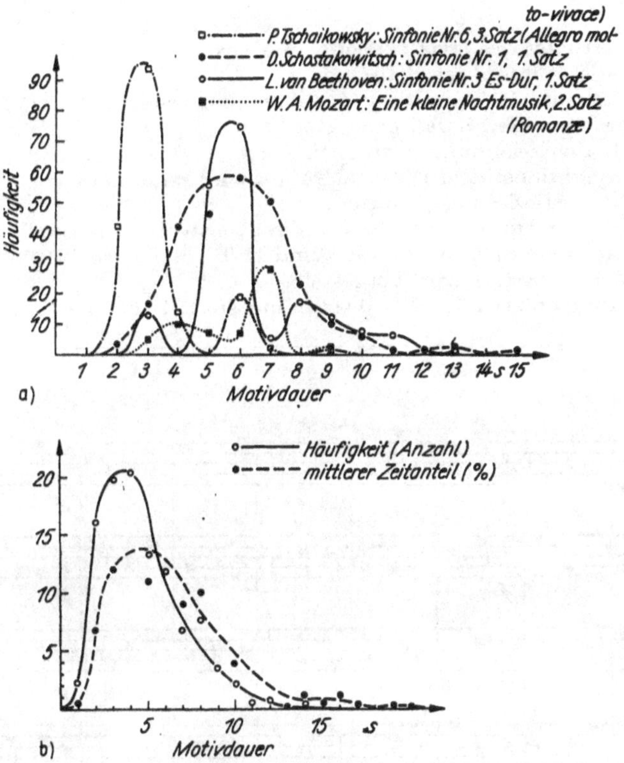

Abb. 6.70 Beispielergebnisse von einer Musikanalyse bezüglich der Zeitdauer von Motiven [V28]
a) für vier ausgewählte Werke,
b) über alle 69 Werke einmal bezüglich der Häufigkeiten und dann bezüglich des relativen Zeitanteils.

Tabelle 6.21 Kurzer geschichtlicher Überblick zur automatischen Komposition von Musik bis 1956 [V28]

1660	Kircher beschreibt eine Komponiermaschine
1738	Vaucanson entzückt Paris mit zwei Musikautomaten
1739	Euler beschreibt eine Theorie der Musik
1757	Kirnberger beschreibt das erste algorithmische Komponierverfahren mit Würfeln als Zufallsgenerator
1772	Haydn schreibt Stücke für die Flötenuhr
1774	Jaquet-Droz baut einen Zeichner
1781	M. Stadtler, Tabelle zum Auswürfeln von Menuetts und Trios
1790	Mozart schreibt Stücke für die Flötenuhr
1790	C. Ph. E. Bach, Walzenstücke
1790	Menuettanleitung von J. Haydn
1792	Beethoven schreibt Stücke für die Flötenuhr
1793	Mozarts Anleitung zum Komponieren von Walzern mittels zweier Würfel (KV Anhang 294d)
1805	Mälzel erbaut das erste Panharmonium
1813	Beethoven schreibt *Wellingtons Sieg*, eine stereophonische Komposition für zwei Automaten

Tabelle 6.21 (Fortsetzung)

1814	WINKEL erfindet das erste brauchbare Metronom
1815	MÄLZEL stiehlt ihm diese Erfindung
1821	MÄLZEL erbaut als Vergeltung die Komponiermaschine Componium mit einem mechanischen Zufallsgenerator
1875	Erste Schallaufzeichnungen durch EDISON
1903	der Reproduktionsflügel WELTE-MIGNON wird patentiert
1928	TRAUTWEIN erfindet das Trautonium
1944	Die Magnetbandspeicherung besitzt die höchste Speicherqualität
1949	Informationstheorie von SHANNON und Kybernetik von WIENER
1955	Der RCA Synthesizer wird vorgestellt
1956	HILLER komponiert mit Hilfe des Computers ILLIAC die Illiac Suite

Abb. 6.71 Einige Takte aus der ILLIAC-Suite für Streichorchester von L. A HILLER jr. und L. M. ISAACSON von der Universität Illinois 1956.

▶

Abb. 6.72 Computer-Play-Bach op. 11 nach KUPPER in der „Maschinenschrift" und üblichen Notenschrift [S18].

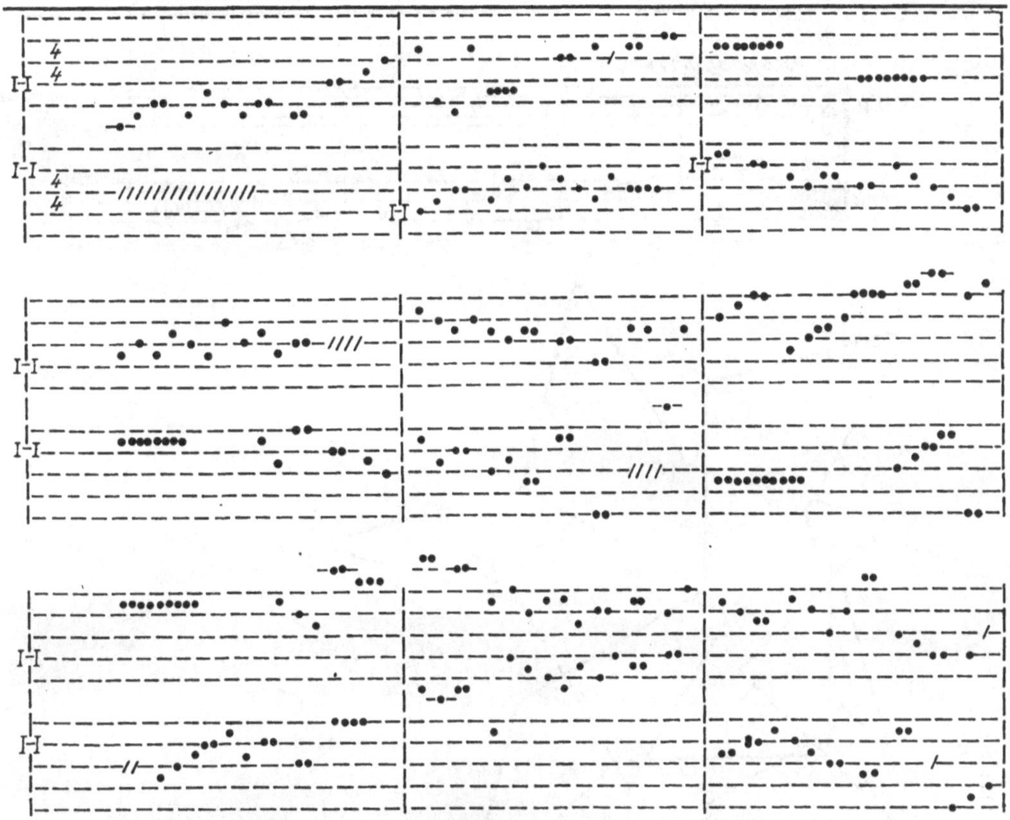

Abb. 6.73 Beginn des 1. Kanons für 2 Flöten op. 15 von Hanns Jelinek (oben) und Umsetzung in einen Graphen, wobei jeder der 12 Noten eine Richtung zugeordnet ist [G8].

[K48; K49]. Er nennt sein Programm GEASCOP von General Asymptotic Composition Program. Es ist in FORTRAN IV für die IBM 360-65 entwickelt. Mit dem Programm können zunächst *Stilanalysen* bekannter Werke vorgenommen werden. Auf der Basis von *Zufallszahlen* und den gewonnenen *Regeln* werden dann stilähnliche Kompositionen durchgeführt. Besonders liegen entsprechende „Musikstücke" zu Bach-Werken und Madrigalen vor, die von Cembalisten bzw. Chören vorgetragen werden. Ein weiterer Vorteil dieses Programms ist, daß in etwa auch das *Finalproblem* gelöst wird. Die „Kompositionen" besitzen einen deutlich erkennbaren Schluß. Ferner werden die Noten in einer den üblichen Noten ähnlichen Schreibweise ausgegeben (Abb. 6.72).

In der *darstellenden Kunst* gibt es bisher nur sehr wenig und dazu wenig überzeugende Analysen. Dies steht offensichtlich damit im Zusammenhang, daß auch die Bilderkennung nicht den Fortschritt erreicht hat, wie es lange Zeit erhofft wurde. Ganz anders sind die Verhältnisse bei der *Synthese von Bildern*. Dies liegt vor allem daran, daß mit den *Plottern* eine Präzision der Ausgabe möglich ist, wie sie sonst wohl

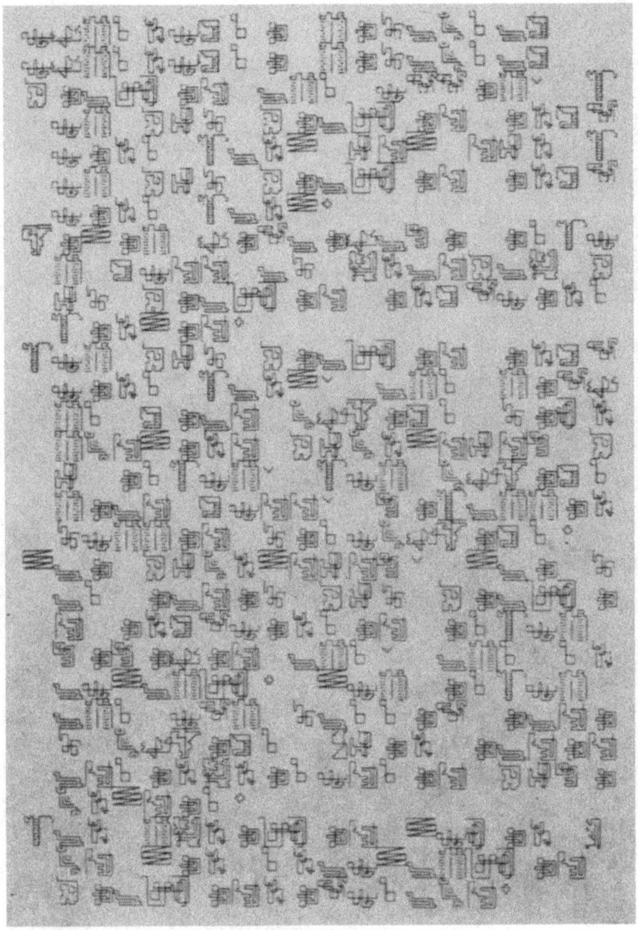

Abb. 6.74 Transformation: „Abstrakte Semiotik“ von GARDNER und NAKE entsprechend dem Anfangstext von BENSES „Semiotik“: S. 9: „Zeichen ist alles, was zum Zeichen erklärt wird und nur was zum Zeichen erklärt wird ...“ [N10].

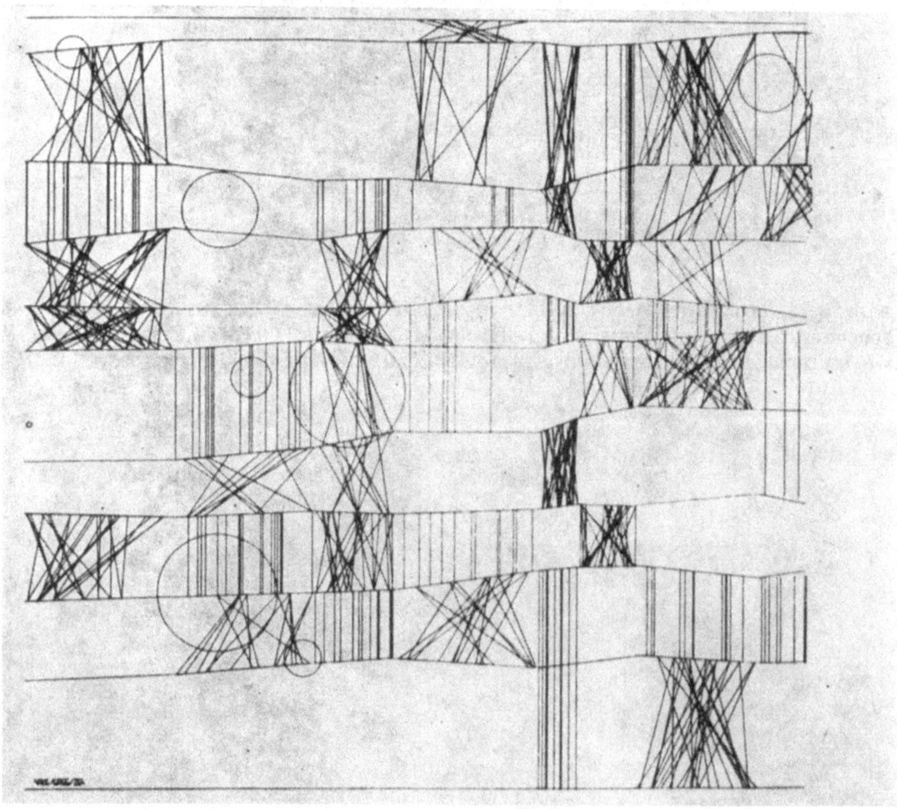

prinzipiell nicht erreichbar ist, nämlich Genauigkeiten von 1/10 mm bei mehreren Quadratmetern. So wurden seit Anfang der sechziger Jahre regelmäßig *Wettbewerbe in Computergrafiken* veranstaltet. Hierbei gewannen NAKE und NEES mehrmals Preise. Bei den Computergrafiken, die oft nur durch ihre sehr große Präzision wirken, gibt es wiederum vielfältige Möglichkeiten. So ist es z. B. möglich, wie Abb. 6.73 zeigt, 12-Ton-Musik unmittelbar umzusetzen, indem jedem Ton eine Richtung zugeordnet wird. In ähnlicher Weise haben mit speziellen Symbolen NAKE und GARDNER Texte buchstabengetreu umgesetzt (Bild 6.74). Weiter existieren auch hier Grafiken, die Stile bekannter Künstler, z. B. MONDRIAN oder KLEE, nachbilden. Besonders bekannt ist NAKES „Klee" gemäß Abb. 6.75.

◄

Abb. 6.75 PAUL KLEE: Haupt- und Nebenwege (oben) und NAKES „Klee" 13/9/1965, das im Original eine Größe von 40 × 40 cm² besitzt [N10].

7. Zur Allgemeinen Theorie der Information

In den vorangegangenen Kapiteln ist ein weiter Bogen gespannt worden. Es wurde gezeigt, wie die Information sich in ein weitergefaßtes Gebiet einfügt, das als Konnektion bezeichnet wurde, und wie sie in einem dialektischen Verhältnis zu speziellen Systemen, den informationellen oder kommunikativen Systemen, steht. Dann wurden die klassische Informationstheorie von SHANNON und ihre Weiterentwicklungen für die Nachrichtenübertragung behandelt. Dies führt zum Problem der mit Ja oder Nein beantworteten Fragen und damit zu den berechenbaren Funktionen und formalen Sprachen, oder anders ausgedrückt, zu den mathematischen Grundlagen der Rechentechnik. Da die Information ihre große Bedeutung erlangt hat, seitdem sie mit dem Bit meßbar zu sein scheint, wurde schließlich die Meßtechnik insbesondere auch in ihren Grundlagen betrachtet. Dies führte dann zu einigen wenigen, ausgewählten Gebieten der Technik, in welchen die Information besondere Bedeutung hat und die zugleich zum Vergleich mit dem Biologischen in der Zelle, bei den Gehirnen und Sinnesorganen sowie beispielhaften gesellschaftlichen Prozessen entsprechend dem Ergänzungsband gedacht waren. So wurde ein gewisser, wenn auch sehr unvollständiger Überblick darüber erreicht, was heute allgemein und insbesondere in der Technik mit Information bezeichnet wird. Dies wurde schließlich noch abgerundet durch das Kapitel 6., wo unter Hinzunahme weiterer Gebiete, aber dennoch mit Beschränkung auf wesentliche Ergebnisse darüber berichtet wurde, wie mit dem Bit in den verschiedenen Gebieten mehr oder weniger nützliche Zahlenwerte erhalten wurden bzw. werden. Jetzt wird der notwendige Bruch eintreten, der schon in den Kapiteln 1 und 3 angedeutet wurde: Information ist nicht nur quantitativ. Sie hat auch einen qualitativen Aspekt. Oft wird angenommen, er sei mit der Semiotik zu erfassen. Deshalb sind umfangreiche Kenntnisse über Kommunikation und Semiotik an sich für das folgende unbedingt notwendig. Sie befinden sich aber aus eingangserwähnten Gründen im Ergänzungsband. Insgesamt zeigt sich, daß die Semiotik in diesem Sinne nicht für die Informationstheorie geeignet ist. Daher wird im folgenden ein neuer Weg beschritten. Er baut im wesentlichen auf eigene, z. T. schon publizierte Arbeiten auf. Um diesen Weg zu begründen, werden zunächst noch extrem kurz einige Arbeiten anderer Autoren referiert bzw. nur genannt, die bereits in gewisser Hinsicht versuchten, einen qualitativen Aspekt zu berücksichtigen. Sie betreffen aber auch Maße der Information, die vom Shannonschen Ansatz abweichen. Weiter werden dann kurz einige Ergebnisse aus primär nicht informationellen Gebieten behandelt, aus denen sich Erkenntnisse für die Information ableiten lassen.

7.1. Verschiedene Versuche

Mehrfach sind Ansätze gemacht worden, welche zu einer gewissen Erweiterung oder Ergänzung des Shannonschen Informationsmaßes führen bzw. führen sollten. In diesem Abschnitt sind einige Autoren mit ihren Ergebnissen kurz erwähnt worden. Eine vollständige Würdigung läßt sich dabei nicht erreichen. Etwas detaillierter sind entsprechende Ergebnisse in [F9; F27; K37; P3] und [U3] untersucht worden. Insbesondere werden hier die z. T. recht bedeutsamen *rein mathematischen Ansätze ausgelassen,* da ihnen ausschließlich eine Monographie von PÖTSCHKE und SOBIK gewidmet ist.

7.1.1. Von SHANNON abweichende quantitative Maße

In den letzten Jahren sind verschiedene Versuche unternommen worden, andere, bessere oder allgemeinere Maße für die Informationsmenge zu finden. Hier seien lediglich einige Beispiele erwähnt. Tabellarische Übersichten befinden sich unter anderem in [E5 und F9].

Die *kombinatorische* Methode geht eigentlich auf HARTLEY [C2] (vor SHANNON) zurück. Bei ihr werden mögliche, zufällige oder *determinierte Zustände* bzw. Ereignisse *unterschieden* und als gleich wahrscheinlich angenommen. Dann wird als Informationsmenge

$$I = \operatorname{ld} n \tag{1}$$

gewählt (vgl. Tab. 2.1). Vielfach wird, obwohl dabei keine wesentlichen Änderungen vorliegen, dieses Maß QUASTLER [Q1] zugeschrieben. Von ihm stammen aber die Anwendungen auf Prozesse der Entstehung des Lebens.

Von ähnlicher Art ist die *Vielfaltskonzeption* von ASHBY. Bei ihr wird jedoch eigentlich nicht einmal ein Maß definiert, sondern es wird die Anzahl möglicher oder verwirklichter Zustände gezählt.

Von einer *dynamischen* Informationsmenge wird dann gesprochen, wenn bei derartigen Systemen die *Anzahl* der möglichen *internen Zustände* berücksichtigt wird. Hierzu gibt es mittlerweile eine Vielzahl von Untersuchungen. Sie verwenden für die Zustände teils deterministische, teils zufällige und auch andere Betrachtungen. Im wesentlichen geht der Anfang solcher Untersuchungen auf KOLMOGOROW [K28] zurück. Bei der *topologischen* Methode werden vor allem Graphen, d. h. die Anzahl der in ihnen vorhandenen *Knoten und deren Vernetzung,* berücksichtigt. Diese Methode benutzt daher also wieder determinierte Ereignisse. Die Graphen wurden dabei zuerst von RASHEVSKI [R2] zur Beschreibung unterschiedlicher Strukturen von Molekülanordnungen im Zusammenhang mit der Entstehung des Lebens benutzt.

Die *algorithmische* Informationsmenge verwendet die Kompliziertheit von Algorithmen für Turing-Automaten (vgl. Kapitel 2.). Sie wurde zuerst von KOLMOGOROV [K28] für die Konstruktion von komplexen Systemen herangezogen. Sie stellt heute eine weit entwickelte mathematische *Disziplin* dar [P1 a]). Auf sie kann des Umfanges wegen hier nicht weiter eingegangen werden.

Der Begriff *kumulative* Information geht auf ZEMANEK zurück. Ausführlicher wird sie von WALK [W1] untersucht. Während alle anderen, bisher genannten Informationsarten eine von der Zeit abhängige Quelle voraussetzen (Konstanz der Quelleneigenschaften), wird hier gerade ein *Zeiteinfluß* zu erfassen versucht. Damit ergibt sich in den weiteren Betrachtungen ein sehr enger Bezug zu der algorithmischen Infromationsmenge. WALK weist auch einen interessanten Bezug zum noch zu behandelnden Carnapschen Informationsmaß (Abschn. 7.2.) aus. Ferner wird durch den Zeiteinfluß und die *Verwendung des Automatenmodells* auch eine Beziehung zur Messung der Informationsmenge an einem Thesaurus, gemäß SREJDER, z. B. im Abschnitt 7.2. und Ergänzungsband deutlich.

Obwohl diese Aufzählung nicht vollständig ist, zeigt sie das Wesentliche aller dieser Versuche. An die Stelle des Alphabetes treten andere Größen, wie Zustände, Graphen, Ereignisse usw. Dies bedeutet inhaltlich zunächst kaum etwas Neues, sondern ist teilweise als Erweiterung der Anwendung aufzufassen. Eine etwas andere Stellung wird aber erreicht, wenn statt des Wahrscheinlichkeitsfeldes Gegebenheiten, Möglichkeiten und ähnliches treten. Vielfach entspricht das dann der Annahme von Gleichverteilung, die aber meist nicht gewährleistet ist. So mußten Probleme entstehen. Dennoch ist der Wunsch, auch den Informationsgehalt derartiger Anordnungen zu bestimmen, durchaus berechtigt. Doch eine befriedigende Lösung steht hier noch aus.

Einen neuen interessanten Weg beschreiben vor allem KLIX [K23], S. 58, 67ff, 302ff; [K26] und HINTAKKA [H13]. Sie gehen inhaltlich von den *generativen Grammatiken* aus (vgl. Kapitel 3.) und unterscheiden so *die Aufbauelemente und die Regeln* zum Aufbau einer Struktur. Hieraus läßt sich eine strukturelle Information herleiten. Bei Untersuchungen zum Erlernen der Information werden die Anzahl der unterschiedlichen Elemente und die der unterschiedlichen Paare von Elementen verwendet. Der *Lernaufwand* ist eine monotone Funktion dieser definierten *strukturellen Information*. Es besteht die berechtigte Hoffnung, daß dieses Prinzip universeller anwendbar ist und dabei zu einer beträchtlichen Erweiterung des Shannonschen Maßes für Informationsmengen führt. Insbesondere sind hiermit wohl auch erstmalig Bildinformationen nicht nur über die Anzahl der Rasterpunkte und der Graustufenzahl berechenbar. Es bestehen hierbei gewisse Beziehungen zum Superzeichen (vgl. Ergänzungsband).

Von M. MAZUR stammt eine Arbeit, die direkt auf Qualität der Information hinzielt. Insbesondere in der Einleitung werden ähnliche Ziele wie in diesem Buch angestrebt. Leider geht der Autor aber fast ausschließlich vom *Steuerungsaspekt* aus. Es werden andere neue, natürlich allgemeine Begriffe eingeführt; so z. B. „Transformation“ dafür, wenn Information ihre Träger wechselt. Information fließt längs „Steuerbahnen“, die etwa Kommunikationswegen entsprechen. In der Arbeit wird auch das Paar Quantität und Qualität eingeführt. Es sind jedoch für die hier angestrebten Aussagen keine Ergebnisse zu verwenden.

7.1.2. Anwendungen der Semiotik

Verschiedene Anwendungen der Informationstheorie, insbesondere der Entropieformel bzw. des Logarithmus der unterscheidbaren Zustände, führten z. T. zu Widersprüchen. So war es verständlich, daß bei den andererseits sehr großen Erfolgen der Informationstheorie nach Wegen gesucht wurde, um zu besseren Ergebnissen zu kommen. Dabei wurde immer deutlicher, daß neben dem bedeutenden statistischen Aspekt auch andere herangezogen werden müssen. Was lag da näher, als semiotische, d. h. von Zeichen abgeleitete, Aspekte einer Information zu definieren. Die Ergebnisse von SHANNON werden dabei dem syntaktischen Aspekt zugeordnet. Dies schien um so mehr berechtigt, als bereits im Zusammenhang mit der Originalarbeit von SHANNON WEAVER auf diese Probleme relativ ausführlich eingeht. Er *unterscheidet drei Ebenen* [S17, S. 12 u. 35]:

„EBENE A. Wie genau können die Zeichen der Kommunikation übertragen werden? (Das technische Problem)
EBENE B. Wie genau entsprechen die übertragenen Zeichen der gewünschten Bedeutung? (Das semantische Problem)
EBENE C. Wie effektiv beeinflußt die empfangene Nachricht das Verhalten in der gewünschten Weise? (Das Effektivitätsproblem)“

Es werden also eindeutig die *semiotischen Kategorien Syntax, Semantik* und *Pragmatik* angesprochen. Weaver verwendet statt dessen jedoch die Begriffe Statistik bzw. Technik, Semantik und Effektivität. Er ist sogar der Meinung, daß mit Shannons Arbeit im wesentlichen auch bereits die Grundlagen für alle drei Ebenen geleistet worden sind (S. 14—15):

„Ein Teil der Bedeutsamkeit der neuen Theorie kommt daher, daß auf den Ebenen B und C nur von dem Grad der Signalgenauigkeit Gebrauch gemacht werden kann, wie er auf der Ebene A analysiert wurde. So wirkt sich jede Beschränkung, die in der Theorie der Ebene A entdeckt wird, auch auf die Ebenen A und B aus. Die weitaus größere Bedeutsamkeit der Ebene A ergibt sich jedoch dadurch, daß die Analyse ihrer Probleme eine stärkere Überlappung dieser Ebene mit den anderen beiden offenbart, als man sich als Laie vorzustellen vermag. Dadurch ist die Theorie der Ebene A zumindest in einem bedeutsamen Grad auch eine Theorie der Ebenen B und C.“

Was nimmt es da Wunder, wenn lange Zeit und z. T. auch heute noch geglaubt wurde bzw. wird, es ist nur eine allgemeine (semiotische) Informationstheorie zu entwickeln und alle Probleme sind gelöst. Die Frage des Wie wird schon gefunden werden. Diese Theorie hat dann den Shannonschen Fall als Spezialfall zu enthalten. Bei gründlicher Durchsicht des Kapitels Semiotik müssen natürlich Bedenken kommen. Wahrscheinlich wurde aber eine solche Analyse für eine semiotische Informationstheorie bisher nicht gemacht. Dennoch sind einige interessante Ergebnisse im Zusammenhang mit Ansätzen zur semiotischen Informationstheorie entstanden. Sie sollen im folgenden kurz behandelt werden.

Sofern die drei Ebenen (und nicht mehr) anerkannt werden, gelten heute allgemein etwa folgende Aussagen:

- *Syntaktische Information* betrifft Häufigkeit, Anzahl, Möglichkeit von Zeichen oder Signalen sowie deren gegenseitige Beziehungen und Abhängigkeiten.
- *Semantische Information* betrifft die Beziehungen der Zeichen zu ihren Bedeutungen. Während also für die syntaktische Information die Betrachtung der Quelle (im allgemeinen eine Schrittstelle im Kanalschema) genügt, muß bei der semantischen Information eine gesmeinsame Vereinbarung bezüglich der Zeichen zwischen Sender und Empfänger vorliegen. Dies wird oft durch das Venn-Diagramm z. B. im Sinne von Abb. 2.3 dargestellt.
- *Pragmatische Information* berücksichtigt die Wirkung im Empfänger. Sie setzt also in der Regel Ziele des Senders voraus und prüft deren Erreichung im Empfänger. Hierzu muß die semantische Information also verstanden und verarbeitet werden.

Im Zusammenhang mit dieser *Einteilung* werden für die Information auch oft unterschiedliche Namen eingeführt. In der Regel (bei Abweichungen einiger Autoren) ergibt sich dann meist Tab. 7.1. Eine gründliche Analyse der Begriffe Information, Nachricht und Signal enthält [F7]; Fuchs-Kittkowski [F36] unterscheidet sogar zwischen den semiotischen Qualitäten bei *Sender und Empfänger* und gelangt dann

Tabelle 7.1 Semiotische Einteilungen bei der Information

Semiotisches Teilgebiet	Bezeichnungen des zu Übertragenden	Betrachtungsschwerpunkte
Pragmatik	Information	Ziel des Senders, durch Information bewirktes Verhalten des Empfängers
Semantik	Nachricht	gemeinsam bei Sender und Empfänger vereinbarte Bedeutung (Inhalt) der Zeichen
Syntaktik	Signal	Betrachtung von Quellen als Kanalschnittstellen genügt. Es werden analysiert Wahrscheinlichkeiten, Häufigkeiten, Anzahl von Möglichkeiten usw.

Tabelle 7.2 Formen und Qualitätsstufen der Informationsbeziehung nach Fuchs-Kittowski [F36; S67]

Sender	Empfänger		
	semantische Information	syntaktische Information	Wirkung
semantische Information	*Verständnis* einer gegebenen Information des Senders		
syntaktische Information	*Verstehen* einer gezielten syntaktischen Information (= Absicht) des Senders	*Interpretation* einer syntaktischen Information des Senders	
Wirkung	*Erkenntnis* über eine objektive Eigenschaft des Senders	*Erkennung* einer objektiven Eigenschaft des Senders	*Wechselwirkung* zwischen Objekten

zu der Einteilung von Tab. 7.2. Zur weiteren Erklärung in anderer Betrachtungsweise sei auch Abbb. 7.1 eingefügt. Nach diesem Prinzip läßt sich wohl eine interessante Klassifikation gewisser Begriffe erreichen, aber über die Information selbst wird dabei nur noch sehr wenig ausgesagt. Es werden zwar später (z. B. [F36, S. 194ff]) interessante Folgerungen für die Rechentechnik gezogen, aber auch sie tragen nicht weiter zur Klärung der Information oder gar ihrer Messung bei.

Es sei noch erwähnt, daß bei der Pragmatik zuweilen zwei Gebiete getrennt werden, nämlich die *rationale und emotionale Wirkung.* Die rationale Seite wird zuweilen mit Symbol- oder Signalfunktion umschrieben. Sie ist beschreibend, soll also Verständnis bewirken und Verhalten erzeugen. Die emotionale Seite bewirkt Gefühle oder drückt sie aus. Sie heißt zuweilen auch Symptom- oder Bewertungsfunktion, und zwar vor allem im Sinne von gut und schlecht, wahr und falsch, schön und häßlich usw. Deshalb wird hier zuweilen auch von *emotionaler* Information oder detaillierter von *ethischer* und *ästhetischer Information* gesprochen.

In der Hoffnung, daß über eine noch differenzierte Einteilung von Ebenen der Information weiterzukommen sei, entstand 1968 Abb. 7.2. Sie unterscheidet *sechs*

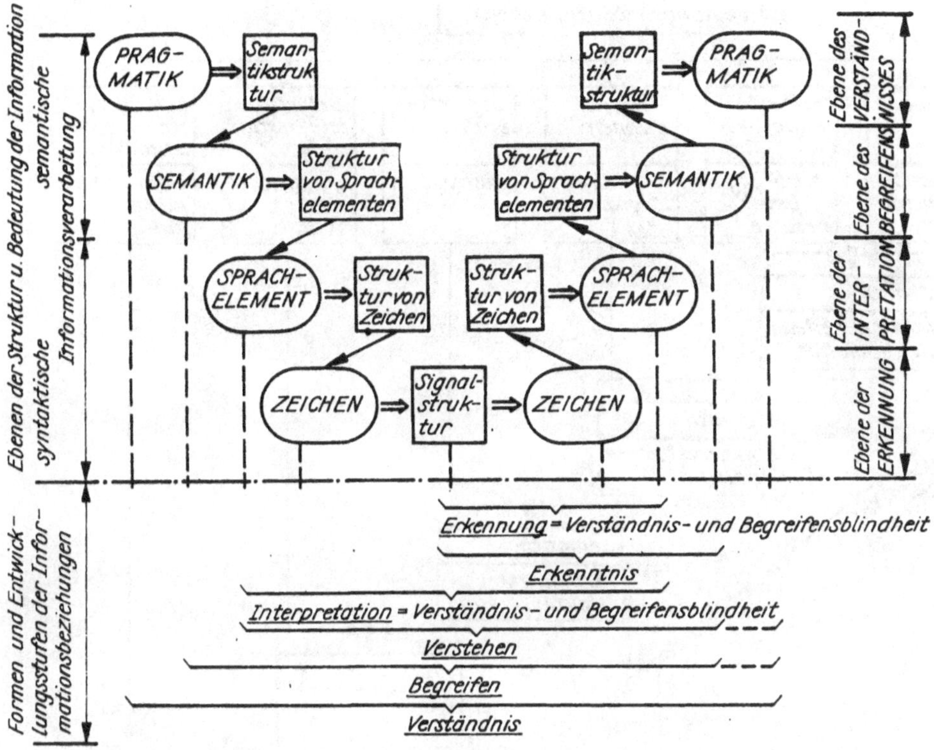

Abb. 7.1 Zusammenhang von Ebenen des Verhältnisses von Struktur und Bedeutung mit der Sender-Empfänger-Relation nach Fuchs-Kittowski ([F36, S. 57]).

Aspekte des Zeichens, die durch im Prinzip quantifizierbare Begriffe belegt sind. Aus der Zusammenfassung von solchen Aspekten ergeben sich dann die *Ebenen der Information,* wobei zwei Extreme existieren: die *vertiefte Abstraktion* zum Shannonschen Maß und andererseits eine weitgehende Ausschöpfung von Zusatzinformationen über das Zeichen zur *möglichst vollständigen Inhaltsausschöpfung.* Leider hat sich auch dieses Schema, das im engen Zusammenhang mit den Kanalmodellen der Kommunikation im Ergänzungsband steht, nicht bewährt. Eine Erweiterung von Feitscher und Reball zeigt dazu Abb. 7.3.

Neben den bisher behandelten Arbeiten, die erst mehr verbal die Qualitäten, Aspekte oder Ebenen der Information zu klären versuchten, gibt es auch einige, die sich um *neue Maßansätze* bemühen. Am meisten kehrt immer wieder der Ansatz von Carnap und Bar-Hillel (aber auch u.a. Hintakka) wieder, der von *induktiven bzw. logischen Wahrscheinlichkeiten* ausgeht und im wesentlichen auf der Semantikdefinition von Carnap beruht, die im Ergänzungsband behandelt sind: Während die übliche Wahrscheinlichkeit nur Klassen, z. B. das Bezugsalphabet, verlangt, benötigt die *induktive* Wahrscheinlichkeit *Aussagenpaare,* einmal über eine Hypothese h für Eintreten von Ereignissen und zum anderen über *Hinweise* (Grundlagen) e für die Wahrscheinlichkeit aus gewissen Vorkenntnissen. Mit einer L-semantischen Sprache (vgl.

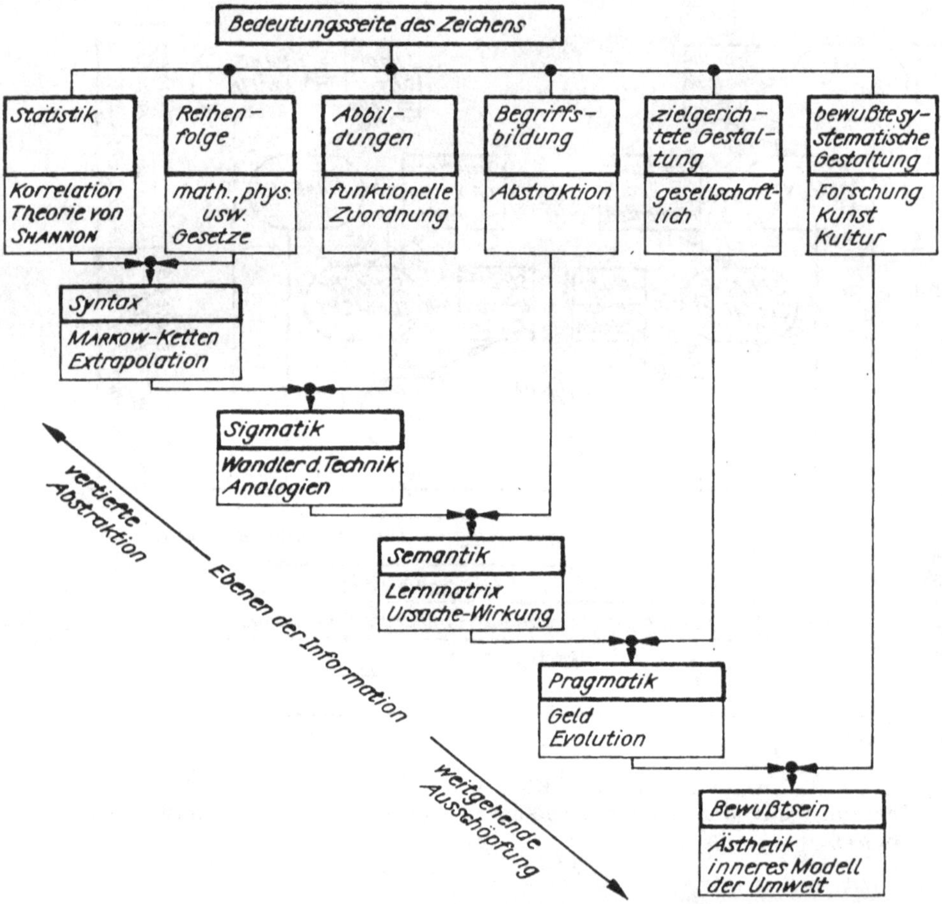

Abb. 7.2 Sechs Aspekte der Information (obere Reihe), deren Kombination zu sechs Ebenen der Information führt [V13].

Kapitel 3 und Ergänzungsband) lassen sich dann *logische Wahrscheinlichkeiten* bezüglich h und e sowie deren Abhängigkeiten einführen. Eine logische Unabhängigkeit liegt vereinfacht dann vor, wenn der Inhalt der Aussagen nichts Gemeinsames besitzt oder wenn die Aussagen im induktiven Sinne unabhängig sind. Für zwei Größen a und b gilt dann $p(a/b) = p(a)$. Es werden *zwei Maße* eingeführt:

$$\inf(h/e) = \lg p(e) - \lg p(e/h)\,, \tag{2a}$$

$$\mathrm{cont}(h/e) = p(e) - p(e/h)\,, \tag{2b}$$

wobei cont ein Maß für die semantische Information und inf für den Überraschungswert ist. Es hat sich im Laufe der Zeit aber gezeigt, daß mit diesen nicht gut zu arbeiten ist und daß sie *letztlich* auch auf dem Shannonschen Maß beruhen, z. B. [K39].

In mehreren Arbeiten wird die *subjektive Wahrscheinlichkeit* q eingeführt. Sie wird dann meist mit der objektiven Wahrscheinlichkeit verglichen. Es besteht dabei eine

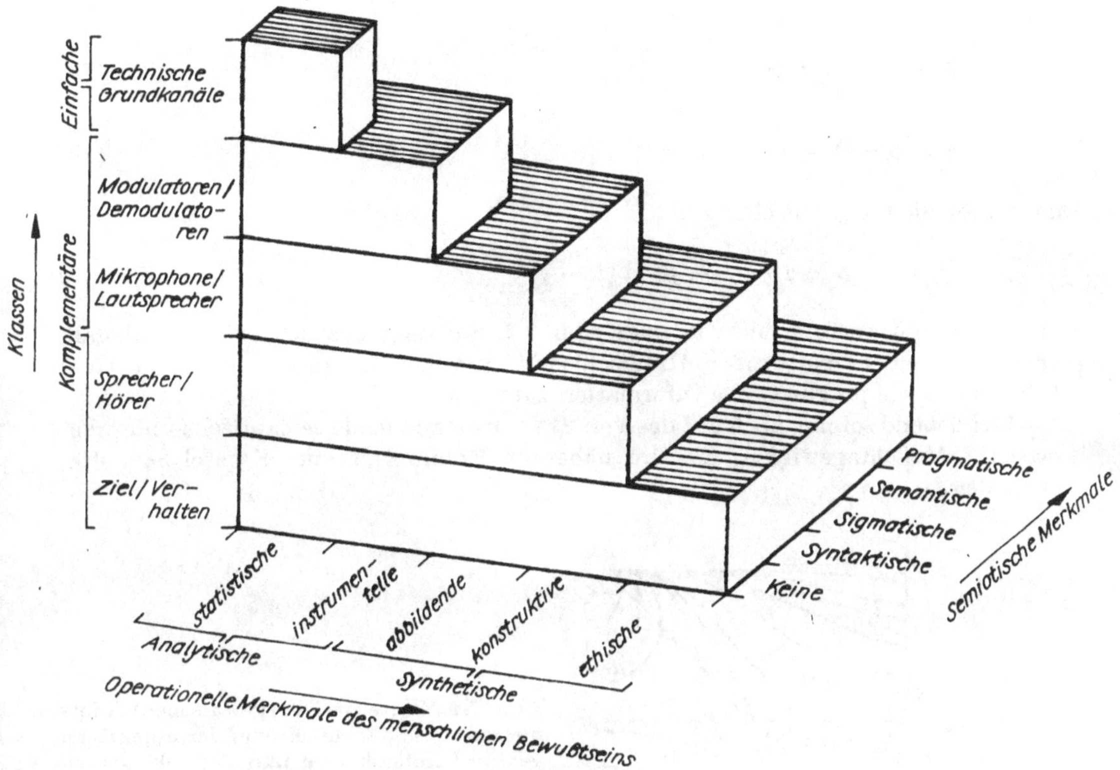

Abb. 7.3 Schematische Darstellung des Terms „Information" als mehrstufiges Prädikat [F10].

gewisse Ähnlichkeit zur Hypothesenwahrscheinlichkeit. Da bei der subjektiven Wahrscheinlichkeit aber noch stärker Motive des Handelns einbezogen werden, wird in all diesen Zusammenhängen meist von einer *pragmatischen Informationstheorie* gesprochen. Solche Ansätze stammen u. a. von Bongard [B13]; Charkowitsch [C2]; Gäng [G1]; Klix [K23]; Kronthaler [K39]; Weiss [W6]. Bei ihnen wird im wesentlichen immer von der Beziehung

$$H_p = -\sum_{i=1}^{n} p_i \operatorname{ld} q_i \qquad (3)$$

Gebrauch gemacht. Zwischen *subjektiver und objektiver Wahrscheinlichkeit* bestehen insbesondere bei sehr großen und sehr kleinen Werten der Wahrscheinlichkeit *erhebliche Abweichungen*. Im Zahlenlotto fünf Treffer zu erhalten, liegt die objektive Wahrscheinlichkeit bei $2 \cdot 10^{-8}$. Dennoch spielen viele Menschen mit weitaus größeren Erwartungen. Die Flugsicherheit ist viel größer als beim Autotransport. dennoch haben die Menschen meist nur vor dem Fliegen Angst. Wie sich solche Unterschiede am Beispiel der obigen Formel auswirken, sei für den Fall von zwei sich gegenseitig ausschließenden Ereignissen betrachtet.

Es gelte also

$$p = p_2 = 1 - p_1 \tag{4a}$$

und

$$q = q_2 = 1 - q_1 , \tag{4b}$$

dann geht die obige Gleichung in

$$H_p = - p \operatorname{ld} q - (1 - p) \operatorname{ld} (1 - q) \tag{5}$$

über. Eine Auswertung hiervon zeigt Abb. 7.4. Sie zeigt deutlich, wie fast überall, aber insbesondere bei großen Unterschieden zwischen objektiver und subjektiver Information die pragmatische Information zunimmt.

Abschließend sei nur noch auf das von SREJDER stammende semantische und pragmatische Maß hingewiesen. Es wird näher im Ergänzungsband, Kapitel Semiotik, behandelt.

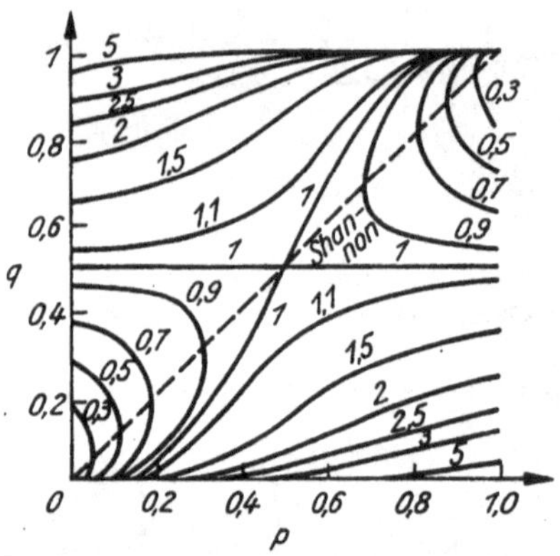

Abb. 7.4 Werte der (pragmatischen) Information in Abhängigkeit von der objektiven Wahrscheinlichkeit p und der subjektiven Wahrscheinlichkeit q. Die Werte auf der Diagonalen "SHANNON" entsprechen denen des üblichen binären Kanals gemäß Abb. 2.2b.

7.1.3. Weitere qualitative Ansätze

Bei verschiedenen Ansätzen, die Information von der qualitativen Seite her zu begründen, wird versucht, von anderen, ebenfalls ungenau faßbaren Begriffen auszugehen. Als Beispiele seien hier nur *Komplexität, Kompliziertheit, Ordnung, Organisation, Organisiertheit* und auch die bereits mehrfach zitierte *Vielfalt* von ASHBY genannt. URSUL [U3] setzt sogar den Kode als Maßstab für die Qualität an. Im Abschn. 1.3. „Der qualitative Aspekt der Information" kommt er auf S. 39 zur Aussage:

„Aufbau, Struktur und System sind also eng mit dem Code der Information verbunden, die übermittelt und die empfangen werden kann. Deshalb kann man sagen, daß der Kode die Qualität bestimmt."

Der erste Satz ist sicher richtig, doch für den zweiten fehlen auch im Originaltext die Begründungen.

Mehrfach erwähnt (Abschn. 6.5.) wurde auch der Begriff *ästhetische Information.* Er ist wohl von MOLES [M23] eingeführt worden und dabei nur intuitiv definiert, wobei zugleich auch bei den meisten Lesern ein intuitives Verstehen vorliegt. Dennoch ist er bis heute kaum faßbar. Weitere Aussagen dazu enthält der Ergänzungsband. Eine gewisse mengenmäßige Konkretisierung gab KRAH [K36] mit der Abb. 7.5. Bei der *empfängerrelevanten Information* unterscheidet er nämlich

- *diskurse*, die das innere Modell des Empfängers verändert,
- *aktionsrelevante*, die das Verhalten des Empfängers unmittelbar beeinflußt,
- *ästhetische*, als Beispiel für Information sonstiger Art.

Bei der empfängerrelevanten Information wären aber auch solche Begriffe, wie die *anpassende Information* von LORENZ [L16] oder die *durch Evolution erzeugte Information* von EIGEN [E2], zu nennen.

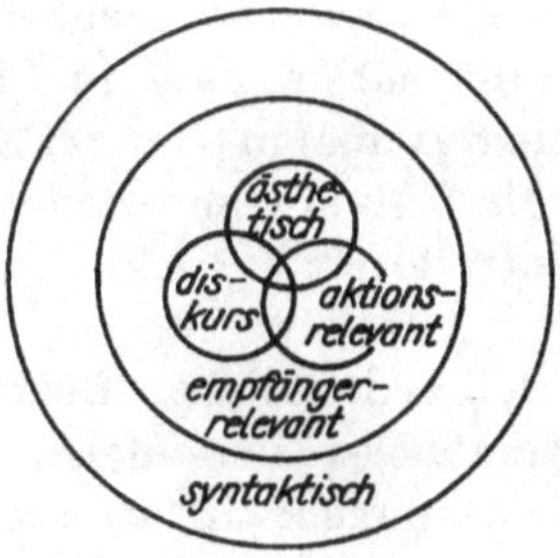

Abb. 7.5 Einteilung von Information, insbesondere der empfängerrelevanten nach KRAH [K36].

Zwei besondere Informationsdefinitionen stammen von KÜMMEL [K42; K43]. Sie beruhen auf einer *vergleichenden Analyse* der *chinesischen* und *europäischen Schriftzeichen* unter Einbeziehung der *Gebärdensprache* der Taubstummen. Außerdem gibt KÜMMEL Hinweise über den inhaltlichen Neuigkeitswert von Patenten.

Es werden dabei *definiert*

BIAO = kleinste, nicht mehr teilbare, durch Sinne perzipierbare Einheit des willkürlichen Ausdrucks,

YI = kleinste, nicht mehr teilbare, durch BIAO ausdrückbare Sinndaten- oder Denkeinheit.

In etwa sollen sie als Einheiten für die syntaktische und semantische Information dienen. Bei mehreren interessanten Aussagen zu diesen beiden Größen ist bisher aber weder eine allgemeinere Anwendung dieser Begriffe erfolgt, noch gelang es KÜMMEL bisher, diese Begriffe weiter zu präzisieren.

Einen völlig abweichenden Weg zur Unterscheidung von Informationen geht MÜLLER [M26] bei der *Analyse des konstruktiven Entwicklungsprozesses* oder allgemeiner des *gedanklichen Bearbeitungsprozesses*. Das zugehörige 3-*Ebenen-Modell* wird genauer im Ergänzungsband vorgestellt. Er unterscheidet fünf Informationsklassen:

Zielinformation. Ausdrücke, welche das Ziel antizipieren (vorwegnehmen) und in diesem Sinne Zwischenziele und Teilergebnisse zum Ziel hin bewerten.

Sachinformation. Ausdrücke, die materielle Sachverhalte beschreiben, entwerfen bzw. planen und die im gedanklichen Prozeß verarbeitet werden, wobei der Abstand zum Ziel verringert werden soll.

Prozessorinformation. Gegebenheiten, die im Prozeß mit den und aus den Sachinformationen die Veränderungen zum Ziel bewirken.

Planinformation. Hierunter werden Informationen zusammengefaßt, die an verschiedenartigen Stellen des 3-Ebenen-Modells (Ergänzungsband) als steuernde Vorgaben wirken und die anzeigen, welche Wege möglicherweise zum Ziel führen. Sie bestehen aus Daten und Programmen, die entsprechend zusammenwirken.

Kontrollinformation. Zwischenzustände im Prozeß, die mit Kriterien bewertet werden und dabei anzeigen, ob der eingeschlagene Weg zum Ziel führt und wie weit noch das Ziel entfernt ist.

Diese Einteilung verwendet also mehrmals die *automatentheoretische Betrachtung* von Daten und Programmen, die gemeinsam zu einem Ergebnis führen, einmal im Sinne des Ausgangspunktes mit Sach- und Prozessorinformation, dann im Sinne vom Regelungsaspekt, wobei beide Gruppen (Daten und Programme) in den *drei Aufgaben*: *Ziel, Plan und Kontrolle* auftreten. Dabei wird Plan als Teilvorgabe, wie ich das Ziel bzw. Zwischenziel erreiche, angesehen, und die Kontrolle sind Rückinformationen über das zwischendurch Erreichte.

Diese Einteilung konnte MÜLLER qualitativ an vielen gedanklichen Bearbeitungsprozessen erproben. Sie gestattet bisher jedoch nur eine klassifizierende Analyse und noch nicht quantitative Untersuchungen. In diesem Zusammenhang sei auch auf die *Qualitätssprünge* hingewiesen, die MÜLLER [M25] in der systematischen Heuristik als *Schichtübergänge* definierte. Hierbei wird jeweils zu einer anderen Informationsqualität übergegangen, ohne daß aber Aussagen über die existierende Anzahl der Schichtübergänge und deren Zusammenhänge gegeben werden konnten. Ferner sei erwähnt, daß ähnliche Informationseinteilungen auch in der *Ökonomie* üblich sind. So werden bei GOLENKO [G9, S. 21 ff.] *Plan-, Kontroll- und Steuerinformation* genannt.

Abschließend sei noch auf eine Arbeit eingegangen, die zunächst nicht im Zusammenhang mit Information steht, nämlich OPPENHEIM [O3]. Die Einteilung, die zur *Klassifizierung der Wissenschaften* gemacht wurde, trägt trotz verschiedener Mängel für die Information viele Ansätze, die wahrscheinlich nutzbar zu machen sein könnten. Ihr Hauptergebnis, ein *universelles, zweidimensionales Schema,* sei hier bereits in der übersichtlicheren Fassung von *Feitscher* [F8] gemäß Abb. 7.6 vorgestellt. Es werden in dem Schema die Anzahl der Objekte B und die Anzahl der Merkmale M aufgetragen. In Abb. 7.6b sind beide in Anlehnung an OPPENHEIM so normiert, daß sie höchstens Eins werden können. Sie wurden deshalb mit kleinen Buchstaben gekennzeichnet. Zwei Größen von ihnen erhalten dann spezielle Bezeichnungen: der *Konkretisierungsgrad*

$$k = bm\,, \qquad 0 \leqq k \leqq 1\,, \tag{6a}$$

und der *Typisierungsgrad*

$$t = b/m \qquad 0 \leqq k < \infty\,. \tag{6b}$$

Die ungefähre Lage der verschiedenen Wissenschaftsdisziplinen sowie die Zuordnung der unterschiedlichen Begriffe gehen ganz wesentlich auf umfangreiche Begründungen bei OFFENHEIM zurück. Vielleicht ist es möglich, daß mit diesem zweidimensionalen

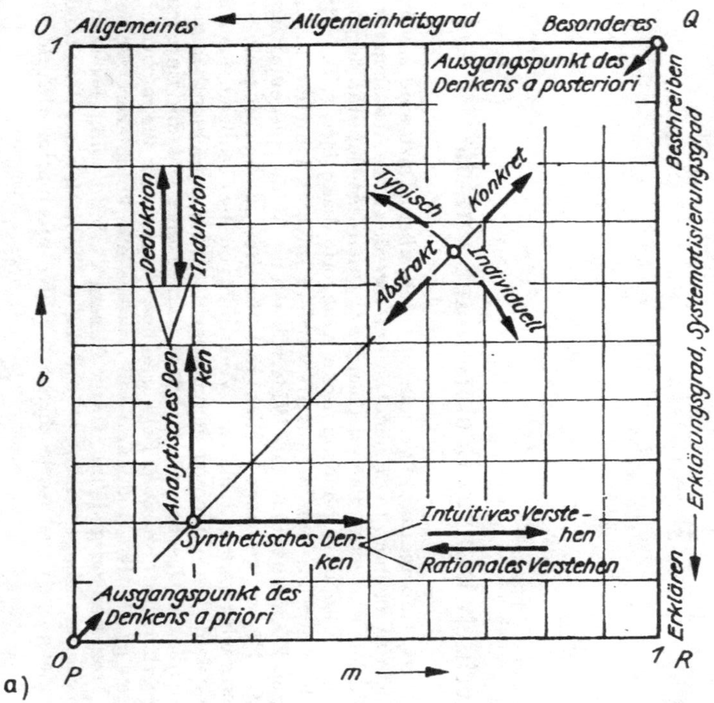

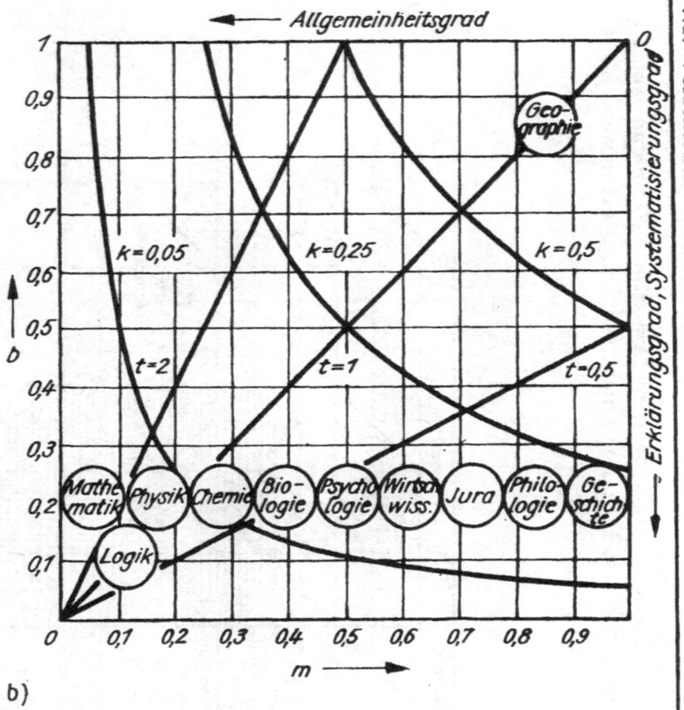

Abb. 7.6 Einteilung von Information nach dem von Feitscher [F9] etwas abgewandelten Oppenheim-Schema [O3], die Eckpunkte O, P, Q und R sollen die Beziehung zu Oppenheim erleichtern.

a) Einordnung der verschiedenen Arten zu denken,

b) Versuch zur Anordnung der Wissenschaften,

c) Versuch von Feitscher [F8], die verschiedenen Lochkarten nach Oppenheim zu klassifizieren.

Schema bei weiterer Präzisierung eine genauere *Maßbestimmung von Information* entsteht. FEITSCHER hat dies z. B. in der genannten Arbeit erfolgreich *für verschiedene Karteikarten* getan (Abb. 7.6c).

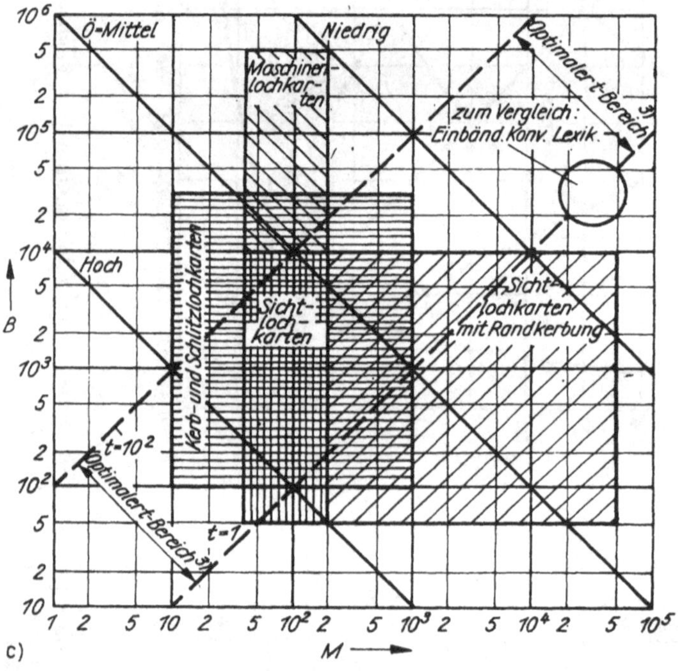

Abb. 7.6c)

7.2. Zur Wechselwirkung, Evolution und Qualität

Ziel dieses Kapitels ist, Information allgemein zu beschreiben. Dazu sind zuvor verschiedene Voraussetzungen zu machen. In diesem Abschnitt werden kurz Aussagen zur Wechselwirkung, zur Evolution und zum dialektischen Paar Quantität-Qualität dargestellt. Zuweilen wird Information auch als philosophische Kategorie diskutiert, z. B. [F28]. Solche Probleme können hier nur am Rande gestreift werden. Information steht in einem noch nicht ausdiskutierten Zusammenhang zur Widerspiegelung. Widerspiegelung ist ein weitaus älterer Begriff. Er wurde ursprünglich nur für Bewußtseinsprozesse verwendet. Spätestens seit LENIN wird versucht, sie bzw. Vorstufen von ihr als allgemeine Eigenschaft der Materie zu verstehen. Der Widerspiegelungsbegriff wird so, geschichtlich gesehen, auf immer weniger komplexes Geschehen vorverlegt. Umgekehrt lief die Entwicklung der Anwendung des Begriffes Information. Er wurde ursprünglich für die nachrichtentechnischen Anwendungen geschaffen und dann schrittweise auf komplexere Gebiete bis zu gesellschaftlichen Prozessen ausgedehnt. Unter diesem Gesichtspunkt besitzen Information und Widerspiegelung viele gemeinsame Züge. Leider ist noch nicht der Stand erreicht, Ergebnisse der Widerspiegelungstheorie direkt für die Informationstheorie nutzbar zu machen.

7.2.1. Physikalische Wechselwirkung

Bereits in Abschn. 1.2. und in den Tab. 1.1 und 1.2 wurde auf das Problem der Wechselwirkung von Systemen eingegangen. Als Ergebnis zeigten sich *drei Arten von Wechselwirkungen*:

stoffliche, energetische und informationelle.

Dies ist aber nur eine, und zwar für die Studie besonders wichtige Einteilung der Wechselwirkungen. Es ist auch üblich, die Wechselwirkungen nach den *Entwicklungsstufen der Materie* einzuteilen, also z. B. in

physikalische, chemische,
biologische und gesellschaftliche.

Besonders Tab. 1.2 zeigt, daß diese Einteilung nahezu unabhängig von der obigen erfolgen kann. Es ist damit aber auch offensichtlich, daß die *physikalischen Wechselwirkungen* unmittelbar den *stofflich-energetischen* Teil der Information, also ihren *Träger*, betreffen. Andererseits hängen die physikalischen *Wechselwirkungen* mit den verschiedenen *Symmetrien* zusammen, z. B. [S5]. Diese Problematik wurde ursprünglich von Emmi Noether 1918 erfaßt und ist seitdem weit ausgebaut worden. Es werden heute die *starke*, die *elektromagnetische*, die *schwache* und die *gravitatorische Wechselwirkung* unterschieden. Ihre Stärke verhält sich etwa wie $1:137:1836:10^{38}$. Die Stärke der Wechselwirkung kann mit der Heisenbergschen Unschärferelation

$$\Delta E \cdot \Delta t \geqq h \tag{7}$$

in Wirkungsdauer der Wechselwirkung umgerechnet werden. Auch eine Beziehung zu räumlichen Abmessungen ist so möglich

$$\Delta t = \Delta x/c\,. \tag{8}$$

Mit dem klassischen Elektronenradius folgt hieraus etwa 10^{-17} s, mit dem klassischen Protonenradius etwa 10^{-23} s (s. hierzu auch Abschn. 4.4. und 4.5.). Hieraus folgt über Gl. (7) wiederum die Energie. Für die beiden Größen sind das die Protonen- bzw. π-Mesonen-Energie. Deshalb werden die *Kernkräfte auch als ein „Zuwerfen" von π-Mesonen interpretiert.* Damit regelt die Unschärferelation die Wechselwirkung, die dann, wie folgt, interpretiert werden kann. In der Zeit Δt kann entsprechend der jeweils gegebenen Wechselwirkung die Energie ΔE „umgeschmolzen" werden. Hiervon wurde, allerdings nicht in dieser Tiefe, bereits in den Abschnitten 2.7.3; 4.1. und 5.3.8. Gebrauch gemacht. Dort ging es vor allem um die Konsequenzen der letzten Meßgrenzen bzw. der kleinsten Trägerzelle für das Bit.

Eine Grundlage vieler Betrachtungen ist die *Struktur*. Sie wird oft als Struktur in Raum und/oder Zeit angesehen. Dies kann für die Physik schon deshalb nicht gelten, weil *Raum und Zeit* hier *selbst eine Struktur* besitzen. Die Struktur mußte also stärker in Richtung *Periodizität* angesiedelt sein. Recht große Allgemeinheit besitzen in dieser Hinsicht die verschiedenen *Symmetrien*. Gerade hier wurde seit der grundlegenden Arbeit von Emmi Noether immer deutlicher ein genereller Zusammenhang zu den *zehn Erhaltungssätzen der Physik* erkannt. Damit werden die Symmetrien zu besonde-

Tabelle 7.3 Zusammenhänge zwischen Symmetrien und den zehn Erhaltungssätzen der Physik in Anlehnung an WENZLAFF [W10]

Raum — Zeit — Symmetrien	Erhaltung von
Translation im Raum	Impuls
zeitliche Verschiebungen	Energie
räumliche Drehungen	Drehimpuls bzw. Spin
Translationen von drei Richtungen im Minkowski-Raum	Massenmittelpunkt
Lorentz-Transformation	Besonen und Fermionen
Raumspiegelung	Parität
Zeitumkehr	Beschränkungen einiger Wechselwirkungen
Zustandsymmetrien	
elektromagnetische Eichtransformation	Ladung
Phasentransformation	Baryonen und Leptonen
Ladungskonjugation	Teilchen — Antiteilchen

ren Grundkennzeichen in der Physik. Eine Zusammenstellung dieser Beziehungen zeigt Tab. 7.3. Jetzt läßt sich sagen: Eine *Wechselwirkung ist umso stärker, je mehr Symmetrien bei ihr erhalten bleiben* und jene, die nicht erhalten bleiben, entsprechen der bei der Wechselwirkung „umgeschmolzenen" Energie. Symmetrien sind daher wesentliche Eigenschaften der Wechselwirkungen. Sie regeln unter anderem Grenzen der Wechselwirkungen. Die Wechselwirkungen ergeben sich so als Kräfte in einem *Element-Feld-Verhältnis*. Die einzelnen Bausteine der Materie wirken also nicht unmittelbar aufeinander, sondern über das Feld.

Ein Versuch, in diesem Sinne die *physikalischen Wechselwirkungen mit den elementaren Informationsprozessen*, genauer deren Träger, zu verbinden, stammt von WENZLAFF. Hierbei wird angenommen, daß in den Umschmelzprozessen bereits gewisse Grundprozesse der Information enthalten sind. Leider führen diese durchaus interessanten Gedankengänge z. Z. noch nicht viel weiter. Sie lassen aber z. B. andeutungsweise verstehen, warum das Vielkörperproblem nicht berechenbar ist, aber dennoch in der Welt zu präzisen Bewegungsabläufen führt. In gewisser Weise „informieren" sich die einzelnen Körper im Wechselwirkunsprozeß gegenseitig über ihre Zustände in Raum und Zeit.

7.2.2. Richtung der Zeit und Evolution

Das *Gerichtetsein unserer Zeit ist* eine entscheidende *Unsymmetrie*, welche durch verschiedene Wechselwirkungen beeinflußt wird. Sie hat u. a. zur Folge, daß eine Evolution existieren kann. In diesem Gerichtetsein ist auch die *Information mit* ihrer noch zu behandelnden *Prozeßhaftigkeit* eingebunden. Deshalb erscheint es notwendig, hier etwas genereller auf dieses Gerichtetsein einzugehen. Nach [U1] kann sie heute zwar kaum befriedigend erklärt werden, vielleicht fehlen noch wesentliche grundlegende Gedanken, aber dennoch existieren hierzu viele Ansätze, von denen einige skizzenhaft referiert werden.

Intuitiv haben die Menschen immer das Empfinden des *Ablaufs der Zeit* gehabt. Dazu kam aber auch die Kenntnis der *periodischen Wiederkehr* von Tag und Nacht, von Geburt und Tod usw. Es gibt also zwei Tendenzen.

Für ARISTOTELES gilt: „Was ewig ist, ist kreisförmig, und was kreisförmig ist, ist ewig". Selbst GALILEI glaubte noch an die Ewigkeit des Universums.

Der große Bruch tritt spätestens durch DARWIN mit seinem Werk: „Über die Entstehung der Arten" von 1859 auf, obwohl KANT bereits 1755 seine „Allgemeine Naturgeschichte und Theorie des Himmels" geschrieben hatte. In ihr wird die Evolution des Weltalls in noch heute lesenswerter Weise geschildert. KANTS Erkenntnisse wurden jedoch seinerzeit wissenschaftlich nicht gewürdigt.

Das Problem der *Richtung des Zeitablaufes* besteht in der Physik sehr lange. Die einfachen mechanischen Gesetze *ohne Reibung* können prinzipiell ohne Widerspruch auch immer mit negativer Zeitrichtung betrachtet werden. Anders ist es für die *thermodynamischen Gesetze.* Hier kann in geschlossenen Systemen die Entropie nur wachsen. Doch die Thermodynamik entsteht statistisch gemittelt aus nur reversiblen (zeitrichtungsfreien) mechanischen Gesetzen. Hier liegt der Kern der Schwierigkeit.

Historisch bedeutsam ist hierzu das Ehrenfest-Phänomen. Es läßt sich am besten als Spiel: *Hund-Flöhe-Modell* verstehen. Es seien gegeben: zwei Hunde, zwanzig numerierte Flöhe, eine Urne und die Zufallszahlen des Bereiches 1 bis 20. Immer wenn eine Zahl erscheint, muß der entsprechend numerierte Floh den Hund wechseln. Wird dieses Spiel beobachtet, so sind zwei Fakten zu erkennen:

- *Fast immer* sind auf den Hunden nahezu *gleichviel Flöhe.*
- Es gibt zwar *seltene* — aber dennoch immer wiederkehrende — *Fälle,* wo für sehr kurze Zeit die *Verteilung sehr ungleichmäßig* ist.

Es sei erwähnt, daß dieses Spiel, wegen seiner Bedeutung für die Zeitrichtung, ganz ernsthaft u. a. KOHLRAUSCH und SCHRÖDINGER betrieben haben. BOLTZMANN zog aus ihm folgende Schlußfolgerung: Das *Universum* befindet sich bereits *im Gleichgewicht,* also im Zustand des Wärmetodes. Aber *unser kleiner, für uns beobachtbarer Teil ist eine spontane Abweichung, also eine raumzeitliche Oase,* in der wir uns auf den Mittelwert zu bewegen. Er nahm dementsprechend an, daß solche Oasen irgendwo immer wieder entstehen und vergehen können. Dieses Modell wirkt zunächst bestechend. Doch viele Untersuchungen auch im Weltall zeigen den Zeitpfeil. Es sei nur das Beispiel der *kosmischen Evolution* genannt (auch deshalb wurde oben KANT genannt). So kommt es zur Theorie des *Urknalls* oder, wie es im englischen heißt, des „big bang". Die Rotverschiebung ist ein Beweis dafür. Durch diese Expansion kann sich kein Gleichgewichtszustand ausbilden, und es wird daher die *Evolution* aller Entwicklungsstufen der Materie durch die Energie- und Entropieströme der sich ausdehnenden physikalischen Welt angetrieben. Außerdem sei noch erwähnt, daß es auch andere Annahmen, z. B. *oszillierende Weltmodelle,* gibt. Ja selbst *Gegenwelten,* mit reziproken, statistischen Gesetzen zur „Kompensation" der uns unmittelbar zugänglichen Welt, wurden angenommen.

Wenn heute grundlegende Probleme des Zeitpfeils noch nicht gelöst sind, so steht dafür um so unverrückbarer fest, daß es eine Evolution und damit auch eine Höherentwicklung für alle Stufen der Materie gibt. Ein *Schöpfungsakt* ist dann *nicht notwendig.* Gerade bezüglich der biologischen Evolution gibt es aus den letzten Jahren viele Erkenntnisse, die auch auf den Zusammenhang von Information und Zeitpfeil hinweisen. Anfänge der biologischen Evolution deuten sich dabei bereits bei den noch gut übersichtlichen *dissipativen Strukturen* (z. B. [E1; K4]) an. Diese und ähnliche Zusammenhänge lassen sich u. a. mit nichtlinearen Differentialgleichungen behandeln und sind deshalb wenig anschaulich. Anschaulicher werden die Zusammenhänge bei der Weiterentwicklung der Gedankengänge des Ehrenfest-Phänomens im Sinne der *Evolutionsspiele*, die wesentlich durch EIGEN vorangetrieben wurden. Sie seien im folgenden kurz in Anlehnung an [D2] in 5 Beispielen behandelt. Dabei ist zu beachten, daß Spiele meist eine Kombination von Regelhaftigkeit und Zufall enthalten:

1. Spiel: Es liegen *zwei Kästen* und N *Kugeln* vor. Die Kugeln sind von 1 bis N *numeriert* und irgendwie auf die beiden Kästen verteilt. Ein *Zufallsgenerator* erzeugt die Zahlen 1 bis N. Für jede erzeugte Zahl wechselt die zugehörige Kugel den Kasten. — Dies ist das Ehrenfestsche Spiel. — Über eine lange Zeit gemittelt liegen in jedem Kasten genau $N/2$ Kugeln. Zu einem bestimmten Zeitpunkt liegen im ersten Kasten $N/2 + n$, wobei n positiv oder negativ sein kann. Die *mittlere Schwankung* n ist etwa $\sqrt{N}$. Sie nimmt also absolut mit N zu, jedoch relativ auf N bezogen ab. Je größer also N, desto genauer wird, auf gleiche, hinreichend lange Zeit bezogen, $N/2$ als Mittelwert angenommen. Für große N und lange Zeit entsteht also ein *determiniertes* Gesetz, nämlich die Gauß-Verteilung für n, und zwar mit der relativen Höhe $1/\sqrt{N}$ und der Halbwertsbreite $\sqrt{N}$. Ein zum beliebigen Zeitpunkt abgebrochenes Spiel wird also mit sehr großer Wahrscheinlichkeit meist bei einem Wert für die Urnen von $N/2 \pm \sqrt{N}$ abschließen. Für die Loschmidtsche Zahl, das heißt für ein Mol, wird der Mittelwert also mit einem relativen Fehler von $\pm 10^{-12}$ angenommen. Aus diesem Grunde gelten die thermodynamisch makroskopischen Gesetze so gut, obwohl ihnen die Zufallstöße der Gasmoleküle zugrunde liegen.

2. Spiel: Es existieren wieder zwei Kästen und N-Kugeln. Sie sind zu Beginn genau gleich mit $N/2$ auf beide Kästen verteilt. Diesmal sind die *Kugeln* aber *nicht unterscheidbar*. Der Zufallsgenerator erzeugt nur O oder L. Bei O wandert eine Kugel aus dem 1. in den 2. Kasten, bei L umgekehrt. Das Ergebnis eines solchen Spiels ist, daß im Mittel jeder Wert gleich wahrscheinlich ist. Die *Verteilung* ist *eine Rechteckkurve* zwischen 0 und N Kugeln im ersten Kasten. Das System driftet also durch alle möglichen Zustände.

3. Spiel: Es existieren wieder zwei Kästen und die *gekennzeichneten Kugelsorten* 1 bis N und von jeder Sorte genau N. Im Beobachtungskasten befinden sich zu Beginn je eine Kugel der Sorten 1 bis N. Im Reservekasten die anderen, also genau $N - 1$ von jeder Sorte. Mittels einer Lotterie wird nach guter Durchmischung eine zufällige Kugel aus dem Beobachtungskasten gezogen. Beim ersten Zug und bei allen weiteren *ungeraden Zügen* wird die *gezogene Kugel* im Beobachtungskasten *verdoppelt*. Beim zweiten und allen *geraden Zügen* wandert sie ohne Ersatz *in den Reservekasten*. Zwei solche alternativen Teilzüge bringen also jeweils die Anzahl der Kugeln im Beobachtungskasten auf N zurück. Bei diesem Spiel sind also Zufall und Gesetz gleichermaßen vorhanden. Bei fast jedem Zug wird zumindest zu Anfang mit einer Wahrscheinlichkeit $(N - 1)/N$ (also nahe Eins) *eine Sorte der Kugeln* in ihrer *Anzahl vergrößert* und *eine andere Sorte stirbt aus*. Als Folge verschwinden immer mehr Sorten von Kugeln, und andere werden immer häufiger. Das *Spiel hat immer ein Ende*, bei dem sich *nur noch eine Sorte* im Beobachtunsskasten befindet. Welche Sorte dies ist, hängt nur vom *Zufall* ab. Es liegt also eine „Selektion" zu einer Sorte von den N Sorten vor. Dieses Spiel liegt bereits „nahe" gewissen Evolutionsgesetzen. Es gibt nur eine „überlebende" Sorte. Bei jedem Zug gewinnt diese Sorte, die vor dem Ende nicht bekannt ist, im Mittel etwas an „Kraft". Mit Gewißheit kann nach jedem Zug nur gesagt werden, welche Sorten bereits ausgeschieden sind. Im Spiel werden also die *Schwankungen verstärkt*. Es erfolgt so eine *makroskopische Abbildung mikroskopischer Ereignisse*, nämlich der einzelnen Zufallszüge.

Es sei noch erwähnt, daß dieses soeben geschilderte Spiel nicht realistisch ist, denn es erfordert die absolut sichere „Instruktion" der Verdoppelung einer gezogenen Kugel. So etwas geschieht in der Natur, z. B. bei der Transkription, nur mit einer gewissen Sicherheit, die stets etwas kleiner als Eins ist, und dies ändert bereits den Ablauf erheblich:

4. Spiel: In Ergänzung zum vorigen Spiel wird angenommen, daß nur mit einer Wahrscheinlichkeit $p = 1 - \varepsilon$, wobei ε eine kleine Zahl ist, die *Verdoppelung* erfolgt. Für $p = \varepsilon$ wird dagegen eine neue Sorte von Kugeln mit den Nummern $N + 1$, $N + 2$ usw. eingeführt. Entsprechend der „Fehlerrate" gelangen so ständig neue Kugeln in den Kasten, und dennoch *stirbt beständig eine beliebige Sorte* aus. So muß nach endlicher Zeit jede der Kugeln aussterben. Es wird also das ganze Zahlenregister durchlaufen, wobei zu einer bestimmten Zeit immer eine Kugelsorte am häufigsten ist. Es wird aber keine Sorte mehr absolut „selektiert".

5. Spiel: Eine stabile „Selektion" entsteht in der Sprache dieses Spiels dadurch, daß jede Sorte *individuelle Verdoppelungsraten* $p_n = 1 - \varepsilon_n^+$ und Verlustraten ε_n^- besitzt. Sie werden durch die Angepaßtheit an das Umgebungsmilieu bestimmt. Die Summe aller ε_n^+ und ε_n^- muß für unser Spiel so eingerichtet werden, daß im Mittel immer N Kugeln im Beobachtungskasten sind. $1 - \varepsilon_n^+ - \varepsilon_n^-$ wird daher reziprok zu einer Bewertungsfunktion W_n angesetzt. Ihr Mittelwert über alle Sorten sei W_0. Dann bedeutet

$$W_n - W_0 > 0 \qquad \text{Überleben}\,,$$

$$W_n - W_0 < 0 \qquad \text{Aussterben}\,.$$

Der so entstehende *Ausleseprozeß* kann sich dann relativ stabil auf eine Sorte beschränken. Neben ihr sind aber auch noch mehrere Sorten vorhanden, jedoch in entsprechend geringer Anzahl. Sie könnten als *Mutanten* interpretiert werden. Jederzeit kann aber auch eine neue Mutante erscheinen, die „bessere" Eigenschaften besitzt und dann sehr schnell eine andere metastabile Verteilung bewirkt.

In [D2] und [E3] sind diese Betrachtungen noch weiter spezifiziert worden. Das ist hier jedoch nicht notwendig, denn es sollte vor allem gezeigt werden, wie Gesetzmäßigkeiten aussehen könnten, die eine Zeitgerichtetheit im Sinne einer Evolution hervorbringen. Ergänzend werden dagegen Methoden und Prinzipien angeführt, die Beweismaterial für eine Evolution mit Zeitpfeil bringen können:

- Vergleich von gleichzeitig vorhandenen Objekten auf unterschiedlichem Entwicklungsniveau. Beispiele werden ständig in der Astronomie aber auch anhand der rezenten Arten des Lebens erbracht.

- Untersuchungen von Funden aus der Vergangenheit, welche Spuren (Speicherzustände) der damaligen Verhältnisse tragen. Beispiele hierfür liefert die Geologie und Archäologie.
- Folgerungen aus beobachtbaren, zeitlich gerafften Abläufen. Das Musterbeispiel hierfür sind der Vergleich von Onto- und Phylogenese im Sinne des Haeckelschen Grundgesetzes. Eine neuere häufige Übertragung dieser Gedankengänge in die Technik ist die Modellierung und Simulierung von Vorgängen, bzw. die künstliche Alterung z. B. bei Bauelementen.

7.2.3. Quantität und Qualität

In der dialektisch-materialistischen *Entwicklungstheorie* werden die drei folgenden *Grundgesetze* hervorgehoben [B3]:

- Einheit und Kampf der Gegensätze,
- Übergang quantitativer Veränderungen in qualitative,
- Negation der Negation.

So führt die Entwicklungstheorie unmittelbar zu dem dialektischen Begriffspaar: *Quantität und Qualität.* Am gründlichsten analysiert hat die entsprechenden Zusammenhänge Thiel. In [T4] widmet er dieser Analyse sogar reichlich siebzig Seiten. Insgesamt ist ein *Ding* danach *Träger* von *Eigenschaften*, die *quantitative* und *qualitative Aspekte* enthalten. Thiel unterscheidet dabei unter anderem mit zusätzlichen Unterarten 11 Qualitäts- und 9 Quantitätsbedeutungen. Am anschaulichsten ist die Zusammenfassung noch für die *Quantität* zu geben, steht sie doch intuitiv und unmittelbar mit Zahlen im Zusammenhang. Insgesamt betrifft Quantität etwa Anzahl, Menge, Ausdehnung, Größe, Meßbares und Maß.

Die *Qualität* muß dagegen sofort in zwei Bedeutungsgruppen unterteilt werden:

1. Die Bedeutung im Sinne einer Güte-Eigenschaft oft als Maßzahl. Sie ist für das Paar Quantität — Qualität schon deshalb nicht relevant, weil sie sich oft durchaus quantitativ erfassen läßt.
2. Die Bedeutung im Sinne von:
   - unmittelbar sinnliches Wahrnehmen
   - Erscheinungen und Eigenschaften des Wesens von Objekten
   - innere und äußere Beziehungen im Sinne der Struktur
   - Zusammenhänge mit Stabilität.

   (also verbal etwa: „Das hat Qualität"). In diesem Sinne können im Erkenntnisprozeß drei Phasen bezüglich der Qualität unterschieden werden:

   - Erkenntnis der physischen Natur von Qualität. (Sie zeigt, daß ein Ding Träger der Qualität ist.)
   - Herausarbeitung des logischen Zusammenhanges von Qualitäten und damit genaues Bestimmen der Qualität. (Qualität wird hier von der Menge-Element-Beziehung zur Qualität als erscheinendes Wesen des Objektes geführt.)
   - Mittels Schlußfolgerungen genaues Bestimmen und Erkennen der Qualität.

Wie sich *im Laufe der Entwicklung* unmittelbar wahrgenommene *Qualitäten immer mehr zergliedern,* wurde bereits in Abschn. 4.2. (und folgende) bezüglich der Entwicklung der Meßbarkeit von Eigenschaften angedeutet. Ausführlicher behandelt es Braunbeck [B16] am *Beispiel der Farbmessung*: Ursprünglich existieren nur Qualitäten wie rot, grün usw. Sie werden immer weiter spezifiziert und in *Farbenkreisen* und ähnlichem angeordnet. Es entstehen also *einfache Skalen.* Heute kann prinzipiell jede Farbe im *Farbdreieck* als Punkt und darüber hinaus bezüglich ihres Schwarz- bzw. Weißanteiles (Sättigung) exakt gemessen werden. Für die Farbmeßtechnik stellen also die drei *Grundfarben* und der *Sättigungsgrad* die vier Qualitäten dar. Ihre Anteile bestimmen die *zugehörigen Meßwerte* als *Quantitäten.* Ändert sich ein quantitativer Anteil, so entsteht ein anderer Farbeindruck: Gelb geht z. B. in Grün über. Das Gesetz des *Umschlags von Quantität in Qualität* ist also auch hier offensichtlich.

In der *Meßtechnik* lassen sich, wie insbesondere in Abschn. 4.5. gezeigt wurde, der *Meßwert* und die *Maßeinheit* unterscheiden. Die Maßeinheit entspricht hier der *Qualität* und der *Meßwert* der *Quantität.* Mit dem System International (Abschn. 4.6.) werden nun alle Maßeinheiten auf *Basiseinheiten* zurückgeführt. Auf die Information übertragen müßte es möglich sein, die Information ebenfalls durch Qualität und Quantität zu erfassen. Es könnte auch möglich sein, Grundqualitäten im Sinne der Basiseinheiten des Systems International zu finden.

> Dann wäre (jede) *Information* nicht wie heute in Bit, sondern in einer *Maßzahl quantitativ* und in einem *Einheitenpotenzprodukt* oder ähnlichem *qualitativ bestimmbar.*

Dies ist das angestrebte, aber noch nicht erreichte *Ziel dieser Studie.*

7.3. Zur Komplexität

Wesentlich bezüglich der Information ist komplexes Geschehen. Dies wird deutlich, wenn beispielsweise die Rechenautomaten, die genetische Information und Gedächtnisprozesse betrachtet werden. Hinzu kommt, daß offensichtlich die Information im Laufe der Entwicklung immer komplexer werdende Prozesse betrifft. Aus diesem Grunde werden in diesem Abschnitt allgemeine Aussagen zur Komplexität zusammengestellt.

Drei Begriffe: *Komplexität, Kompliziertheit* und *Vielfalt* besitzen in mehreren Punkten Ähnlichkeit. Sie deuten darauf hin, daß ein System eine große Anzahl von Komponenten besitzt, die in wenig übersichtlicher Weise zusammenwirken.

Aus der Vielzahl der vorhandenen Arbeiten hierzu werden wegen des eigentlichen Zieles zunächst nur drei in die weitere Betrachtung einbezogen.

Den Begriff *Vielfalt* hat vor allem Ashby als Informationsmaß einzufügen versucht. Ursul [U3] bemühte sich, dieses Maß vom philosophischen Standpunkt weiterzuentwickeln. Die Vielfalt konnte sich jedoch auch in diesem Sinne nicht behaupten. Ursul versucht auch von diesem Standpunkt die *Kompliziertheit* einzuführen. Er unterscheidet dabei u. a. additive und nichtadditive Kompliziertheit. Diesen Zusammenhang untersucht genauer Fuchs-Kittkowski [F37]. Schließlich führt Ursul als dritten Begriff noch die *Geordnetheit* ein und kommt dann zu den Aussagen [U3, S. 68]:

„Der Begriff Information umfaßt alle erwähnten Typen der Vielfalt: die Vielfalt der Elemente (Kompliziertheit), die Vielfalt der Ordnungsrelationen (Geordnetheit) und die Vielfalt beliebiger Beziehungen und Wechselbeziehungen der Elemente in der Menge (Organisation)."

Leider läßt sich auf dieser Basis noch nicht viel zu dem Inhalt der Begriffe sagen. Sie definieren sich mehr oder weniger nur gegenseitig.

Für MOLES [M24] ist *Kompliziertheit* eine *Verwickeltheit* der Beziehungen im System, und Komplexität ist ihre Zusammengesetztheit. SCHUBERTH [S7] untersucht die *Komplexität* von *Rechnersystemen* und -lösungen, Hard- und Software und kommt dabei zu einigen interessanten Aussagen. Er versteht unter Komplexität die Zusammengesetztheit, Verzweigtheit, Verflechtung und Verwicklung. Sie unterliegt stets einer großen Anzahl von Einflüssen. Für ihn liegt eine hohe Komplexität immer dann vor, wenn das entsprechende System, Gebiet usw. für den Menschen nicht unmittelbar durchsichtig ist. Damit entsteht eine Beziehung zu Abschn. 7.3.1. Von dort aus wird seine zweite Aussage verständlich, daß ein komplexes System durchaus technisch voll beherrschbar sein kann. Weiter zeigt er, daß die Komplexität stark vom Betrachtungsstandpunkt abhängt. Im Sinne dieser Studie sei dies am Beispiel des genetischen Codes erklärt. Interessiert er nur als Code z. B. einen Techniker, so ist er geradezu verblüffend einfach. Für den Genetiker hängen damit aber die vielfältigen Regulationsprozesse in der Zelle zusammen, und so ist er höchst komplex. Auch die letzte These von SCHUBERTH, daß sich die *Komplexität* in der Zeit sprunghaft ändern kann, ist am genetischen Code beschreibbar. Ein solcher Sprung trat nämlich in der Zeit von kurz vor der Aufklärung des Codes bis zu dem Zeitpunkt, da er geklärt war, auf.

Es gibt verschiedene Ansätze zur Berechnung der Komplexität eines Systems. Ist n die Anzahl der Einflußgrößen, so wird oft die Formel

$$K = \frac{n(n-1)}{2} \tag{9}$$

angegeben. Dies ist aber nur eine kombinatorische Formel über die Anzahl der möglichen Verbindungen. Auf diesen Mangel weist bereits SCHUBERTH hin. MOLES geht dagegen von der *Informationsentropie* aus und berücksichtigt auch die Hierarchie der Komplexität. Existieren in der i-ten Betrachtungsebene r_i Elemente mit den relativen Häufigkeiten h_i und ist N die Anzahl der Elemente aus der das System zusammengefügt ist, so gilt

$$K_i = -N \sum_{k=1}^{r_i} h_k \operatorname{ld} h_k \,. \tag{10}$$

Als Näherungsformel gibt er an

$$K_i \approx N \operatorname{ld} r_i \,. \tag{11}$$

Eine Anwendung dieser Formel erfolgt aber nicht. Ferner sei auf die Probleme hingewiesen, daß in Gl. (10) eben die Häufigkeiten und nicht die Wahrscheinlichkeiten stehen.

Wertvoller als diese Formel ist in der Arbeit von MOLES aber die Unterscheidung von *konstruktioneller und instrumenteller Komplexität.* Unter konstruktioneller Komplexität versteht er die Antwort auf die Frage: Aus wieviel Teilen besteht es? Er läßt deshalb auch die Begriffe strukturelle oder analytische Komplexität hierfür zu.

Instrumentelle Komplexität gibt dagegen Antwort auf: Zu wieviel Anwendungsmöglichkeiten kann es dienen? Er läßt hier auch die Begriffe funktionelle und teleologische Komplexität zu. In diesem Zusammenhang zeichnet er Abb. 7.7. Die eingetragenen Werte für die Rechenanlagen und Raketen bedürfen heute bestimmt einiger Korrekturen. Jedoch wichtig sind einige Folgerungen, die er aus diesem Bild zieht. Links oberhalb der Diagonalen befinden sich vor allem „Spielzeuge des Menschen": Musikinstrumente, Karten usw. Hier ist also ein schöpferischer Gebrauch möglich. Rechts unterhalb der Diagonalen liegt dagegen die „perfektionierte Technik". Es dürfte vielleicht sinnvoll sein, hier die Begriffe *Universalmaschine und Spezialmaschine* zu verwenden. Die Universalmaschine (z. B. Turing-Automat) würde

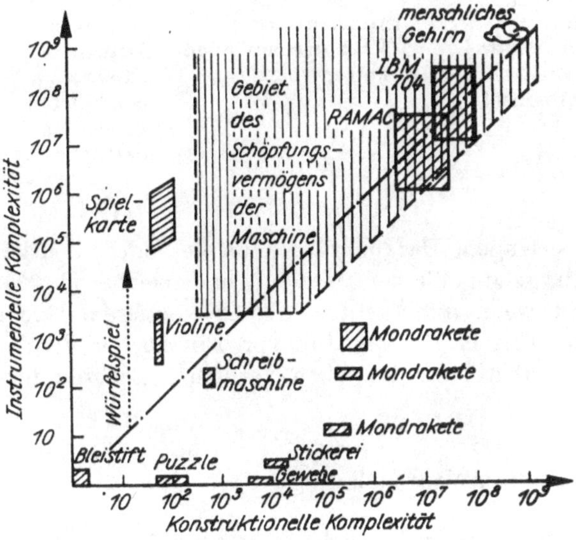

Abb. 7.7 Beispiele zur Einteilung von instrumenteller und konstruktioneller Komplexität nach Moles [M24]. Besonders auf dem Gebiet des Schöpfungsvermögens der Maschine sind heute Korrekturen notwendig.

nahezu auf der Ordinate liegen. Sie besitzt also betont instrumentelle Komplexität. Die Spezialmaschinen bieten dagegen nur wenige Anwendungsmöglichkeiten. Sie würden nahezu mit der Abzisse zusammenfallen und damit das Musterbeispiel betonter konstruktioneller Komplexität darstellen. In diesem Bild hebt sich dann deutlich das *Hard-Softwareverhältnis* von Rechenanlagen heraus. Hierauf wird noch in Abschn. 7.5.4 eingegangen.

In Anbetracht dieser Betrachtungen erscheint es notwendig, die Komplexität noch nach weiteren Gesichtspunkten einzuteilen:

So hat jeder Organismus eine *sensorische und effektorische Komplexität.* Sie werden durch die Komplexität der Sinnesorgane und der Handlungsweisen bestimmt. Zwischen beiden liegt die verarbeitende und speichernde Komplexität. Hierbei sei z. B. an den Unterschied zwischen den im wesentlichen genetisch programmierten Insekten (z. B. Ameisen und Bienen) und den lernfähigen höheren Säugern erinnert. Die soeben abgegebene Dreiteilung der Komplexität läßt sich, wie Tab. 7.4 zeigt, auch auf

Tabelle 7.4 Zur Einteilung der Komplexität

Komplexität	Genetik	Tier	Technik z. B. Geräte und Rechner
sensorische	Anzahl der verwendbaren Stoffe und Energien	Sinnesorgane	Kanäle Tasten Sensoren
verarbeitende speichernde	DNS-Sequenzen Enzyme Hormone	Gehirn Neuronen Synapsen	Zentraleinheit Speicher Bauelemente
effektorische	Zellvielfalt Strukturvielfalt Wachstum Formenwechsel	Muskeln Verhaltensmöglichkeiten	Anzeigen Drucker Plotter Stellglieder bewegliche Organe Selbstbeweglichkeit

weitere Gebiete sinnvoll übertragen. Daraus wird dann besonders deutlich, daß es in der Technik bisher fast nur gelang, die verarbeitende und speichernde Komplexität wesentlich zu steigern. Erst wenn intelligente Roboter existieren, läge auch eine gewisse sensorische und effektorische Komplexität vor. Ein solcher Vergleich macht also den (vielleicht eigentlichen) Abstand zwischen Natur und Technik deutlich.

7.3.1. Komplexität und Erkenntnisprozeß

Im *Erkenntnisprozeß*, der auch gesellschaftlich determiniert ist, gibt es generell *drei Glieder*:

- die zu erkennenden *Objekte* oder allgemein, die uns umgebende Natur bzw. das, was erkannt werden soll,
- das erkennende *Subjekt*, also der Mensch mit seinen Sinnesorganen und dem Zentralnervensystem, insbesondere dem Gehirn,
- das *ideelle Ergebnis* des Erkenntnisprozesses, das mittels Begriffen, Gesetzen, Kategorien usw. die Wirklichkeit im Bewußtsein widerspiegelt.

Der Widerspiegelungsprozeß erfolgt *iterativ* in Stufen. Dabei ist das Kriterium der Praxis für die Wahrheit der Widerspiegelung entscheidend. Mit diesen Stufen konvergiert die jeweils erreichte *relative Wahrheit gegen die absolute Wahrheit.* Wegen der Unerschöpflichkeit der Welt, ja jedes einzelnen Objektes ist dieser Prozeß nie abgeschlossen. Die relative Wahrheit liegt aber in vielen Fällen so nahe bei der absoluten Wahrheit, daß die Praxis des Handelns in der Umwelt bzw. mit den Objekten erfolgreich bezüglich der vom Menschen gesetzten Ziele seiner Handlungen verläuft. Es sei hier auf die Analoge bei Reizgeschehen (Ergänzungsband) und auf die Analogie bei der Automatisierung gemäß Abschn. 6.5. hingewiesen. Dies sind aber eben nur Analogien.

Die *Unerschöpflichkeit* der Objekte sei jetzt durch den Begriff *Komplexität* beschrieben. Dann können bezüglich des Standes der relativen Wahrheit zwei Fälle unterschieden werden:

Die *notwendige Komplexität ist* im wesentlichen *erkannt.* Es liegt dann soviel Detailwissen über das Objekt vor, daß eine ganze Hierarchie von Begriffen und Gesetzen existiert. Die allgemeinsten Begriffe erfassen wesentliche Eigenschaften, und mit ihnen operieren wir vor allem *im Gedächtnis.* Es ist aber jederzeit bei Bedarf möglich, jeden der allgemeinen Begriffe weiter zu zerlegen und so feinere Details zu behandeln. Dieser Fall liegt z. B. bei der Molekularbiologie vor, wenn von genetischen Codes die Rede ist. Es ist hier sinnvoll, von der in den Nukleotidsequenzen gespeicherten genetischen Informationen zu sprechen und mit ihr gedanklich zu operieren. Bei Bedarf kann aber das hiermit im Zusammenhang stehende, genauere Geschehen stufenweise auf die weiter detaillierten Regulationsprozesse, die verschiedenen Molekülreaktionen, den Aufbau der Moleküle aus Atomen, den Aufbau der Atome aus Elementarteilchen usw. untersetzt, zergliedert, werden (s. Ergänzungsband).

Die *notwendige Komplexität* zur detaillierten Beschreibung ist *noch nicht erkannt.* Es werden vor allem nur die allgemeinsten Ursache-Wirkungs-Relationen im Sinne der Black-Box-Methode von Kapitel 1 *widergespiegelt.* Sie sind als allgemeine Zusammenhänge, Relationen, Gesetze usw. beschrieben, nicht aber ihre tieferen Ursachen. Dieser Stand liegt heute z. B. bei den Verhaltenswissenschaften, z. B. speziell bei der *Zoosemiotik,* aber auch für die Beschreibung von Informationsflüssen in Zentralnervensystemen vor (Ergänzungsband).

Gerade beim *Gedächtnis* verfolgt jetzt aber die wissenschaftliche Forschung das Ziel, seine Funktion *schrittweise auf molekulare Prozesse* zurückzuführen. Wenn dies gelungen ist, gehört dieses Gebiet zum vorigen Abschnitt mit der im wesentlichen erkannten notwendigen Komplexität. Dieses Beispiel zeigt zugleich, wie das Wissen der Menschheit immer mehr Prozesse in dieses Gebiet überführt und sich so stufenweise der absoluten Wahrheit nähert. Bei all diesen Prozessen ergeben sich aber *zugleich neue Fragen,* die dann oft wieder noch nicht in der notwendigen Komplexität erkannt werden. Bei der Molekularbiologie sind dies z. B. die jetzt noch bedeutsamer gewordenen Fragen nach der Entstehung des Lebens.

Diese doppelte Tendenz: *Gewinnen von Detailerkenntnis* von Prozessen und gleichzeitiges *Auftauchen neuer Fragestellungen* verweist ebenfalls auf die Unerschöpflichkeit der Welt.

Es sei noch ergänzt, daß die genannten Fälle *Grenzfälle* sind, zwischen denen es vielfältige Übergangsformen gibt.

Die soeben geschilderten *Prozesse* seien jetzt im Zusammenhang mit Prozessen in unserem *Gedächtnis betrachtet.* Es werden also die *drei Gedächtnisstufen* aus Abschn. 6.4.3., insbesondere gemäß Abb. 6.58 und 6.18, in den Erkenntnisprozeß eingefügt. So entsteht Abb. 7.8. Sie enthält links oben die unendliche Komplexität der Welt bzw. des Objektes. Sie wird hier als Vereinfachung an die Stelle der Unerschöpflichkeit der Welt gesetzt. Unmittelbar rechts daneben steht jene *Komplexität,* die gerade in unserem Gegenwartsgedächtnis Platz hat. Das Gegenwartsgedächtnis hat Zugriff zum Dauergedächtnis (Summe von Kurzzeit- und Langzeitgedächtnis) und kann damit auf die bereits größere Komplexität zurückgreifen (sofern sie schon existiert). Das Dauergedächtnis seinerseits kann, wenn auch weitaus langsamer, auf das Weltwissen zurückgreifen. Es existiert teilweise in technischen Speichern, z. B. Büchern,

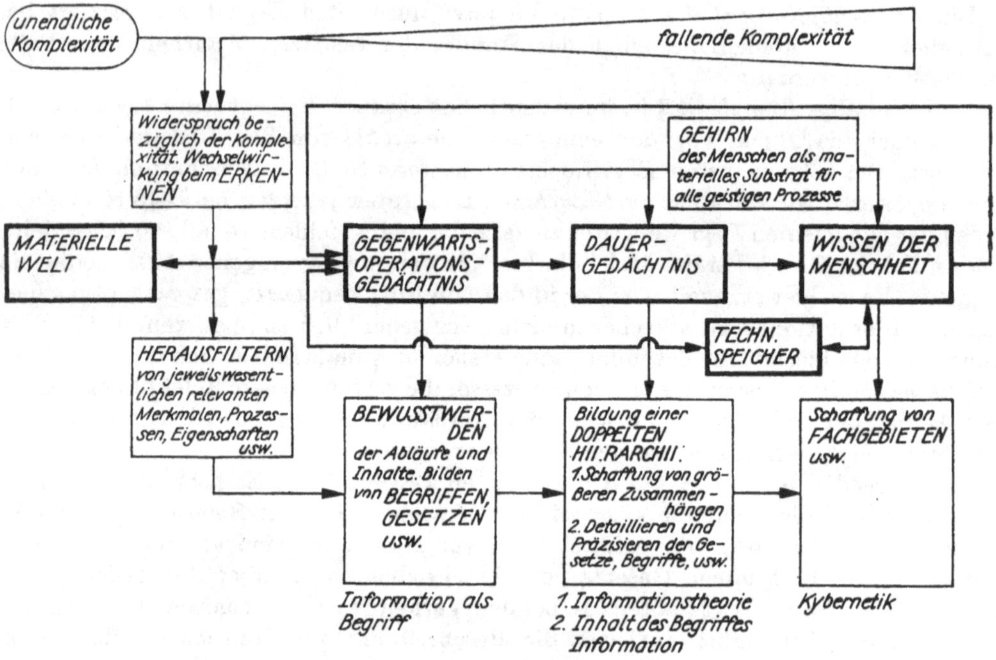

Abb. 7.8 Zusammenfügung von erkannten Komplexitätsstufen und Gedächtnisstufen in ihrer Funktion beim Erkenntnisprozeß [V38]. Auf die Zusammenhänge mit der Information wird erst im Abschn. 7.7. eingegangen.

Zeitschriften usw., aber auch, wie in Abschn. 6.3.1. gezeigt, nicht materiell-technisch fixiert als kollektives Wissen. Dieses nach rechts zunehmende bzw. nach links abnehmende Wissen um die Komplexität bezüglich des Erkenntnisobjektes wird durch das lang gesteckte, oben stehende Dreieck angedeutet.

Der *primäre Erkenntnisprozeß* vollzieht sich nun als dialektischer Widerspruch zwischen der unendlichen Komplexität des zu erkennenden Objektes und der von ihm im *Gegenwartsgedächtnis* vorhandenen *sehr kleinen Komplexität.* Diesem Widerspruch wird dialektisch durch Herausfiltern von jeweils wesentlichen Merkmalen, Prozessen, Eigenschaften usw., vor allem mit Hilfe der Praxis, Genüge getan. Dies führt zum Bewußtwerden der realen Abläufe und Inhalte und zum *Bilden* neuer vertiefter Begriffe, Gesetze usw., also einen Erkenntnis-, d. h. Informationsgewinn. In deren Folgen entstehen die schon weiter oben angedeuteten beiden gegensätzlichen Entwicklunsgtendenzen: *Erkennen* von weiteren *Details,* d. h. tieferen *Hierarchiestufen,* und Aufdecken neuer größerer, noch im Detail zu klärender Zusammenhänge. In diesem Prozeß wächst das Gesamtwissen, und damit es überhaupt von einzelnen Menschen bzw. Menschengruppen bezüglich ihres Dauergedächtnisses zusammenhängend durchsichtig bleibt, *entstehen* ständig *neue Fachgebiete.*

Aus diesen Betrachtungen folgt unmittelbar, daß die Menschheit einmal eine *Wissensmenge* erreichen mußte, die nicht mehr für einen Menschen im *Dauergedächtnis* auch unter Zuhilfenahme von technischen Speichern erfaßbar war. Dieser Zeitpunkt war, wie bereits in Abschn. 6.3.2. geschildert, etwa bei LEIBNIZ erreicht. Hier gab es natürlich schon Fachgebiete. Im Grunde wird *ein Fachgebiet* nämlich immer *so groß* sein, daß mit seinen wesentlichen Begriffen im *Gegenwartsgedächtnis* operiert werden kann, und zwar so, daß dabei im Gedächtnis im Bedarfsfalle jederzeit schnell zu den Detailstrukturen im Dauergedächtnis zurückgegangen werden kann und außerdem für durchschnittlich gute Wissenschaftler *noch kreative Prozesse möglich* sind. (Vgl. hierzu auch Abschn. 6.4.5.). Die so notwendige *Aufsplitterung* verlangt notwendigerweise auch nach immer neuen *Integrationen.* Sie sind besonders beim heutigen Stand der Wissenschaftsentwicklung, wie bereits im Abschn. 6.3.3. gezeigt, ein Problem. Gewisse Teile dieser Integration schaffen vor allen — allderdings unter sehr verschiedenen Gesichtspunkten — die *Philosophie* und die *Kybernetik.*

7.3.2. Große Zahlen und Unendlich

Die beiden letzten Abschnitte haben einerseits gezeigt, daß große Komplexität und ihre Abbildung auf kleinere Komplexität im Sinne der Erkenntnistheorie mit der Information zusammenhängen. Weiter wurde angenommen, daß in erster Näherung eine große Komplexität einen Zusammenhang mit der Unerschöpflichkeit der Welt besitzt. Auf dieser Basis soll nun versucht werden, wie mit einer Definition spezieller Zahlenbereiche der Informationsbegriff stärker präzisiert werden kann. Dabei sind das Unendliche und große Zahlen etwas weiter zu analysieren.

Das *Unendliche* besitzt bei der Entwicklung der Wissenschaft große Bedeutung. Dies weist u. a. KOMAROV in seiner Arbeit [K28a] nach. Es wurde, beginnend bei den „viel" niedrigeren Kulturstufen über die Aporien des ZENONS und die Differentialrechnung von NEWTON und LEIBNIZ bis zu den Ergebnissen von GOEDEL und deren Folgen, immer wieder neu zu begründen und erfassen versucht. Heute müssen dabei *viele Arten von Unendlich unterschieden* werden. So ist z. B. ein Zentimeter vom Standpunkt der *Kernphysik* „unendlich", genauer unvergleichlich, groß, und derselbe Zentimeter vom Standpunkt der *Astronomie* „unendlich", genauer vernachlässigbar, klein. Der *absolute Nullpunkt* der Temperatur ist dagegen ein Grenzwert, der prinzipiell nicht erreichbar ist. Man kommt ihm aber im Prinzip, ähnlich wie einem mathematischen Grenzwert, beliebig nahe. Selbst im *mathematischen Bereich* gibt es heute, wie im Kapitel 3. gezeigt wurde, *mehrere Stufen* von unendlich. Hier soll es zunächst um Grenzen in verschiedenen neu zu definierenden Zahlenbereichen gehen.

Zahlenwerte haben für den Techniker immer eine besondere Bedeutung, drücken sie so etwas wie exakt Berechnetes oder Gemessenes oder zu Gestaltendes aus. Dies gilt für *Zahlen handlicher Größe*, eigentlich vor allem für den Zahlenwert. In der Regel sind dazu die Einheiten bereits so angepaßt, daß die Zahlenwerte im Bereich von grob 1/100 bis 1000 liegen, also gut unmittelbar vorstellbar sind. Deshalb sei dieser Zahlenbereich der *anschauliche* genannt. Auf seine praktische Bedeutung verweisen auch die verschiedenen *Vorsätze zu den Einheiten,* wie m, μ, p, k, M usw. Sie dienen offensichtlich der Anpassung an den anschaulichen Zahlenbereich und sind in dieser Hinsicht bereits so gestaffelt, daß sie *meist 3 Zehnerpotenzen,* also um den Faktor 1000 verändern.

Ganz anders werden die Verhältnisse, wenn es gerade um die Größenordnungen geht. Hier ist es sinnvoll, betont Zehnerpotenzen zu verwenden. So wird die Loschmidtsche Zahl dann mit etwa $7 \cdot 10^{23}$ angegeben, wobei also vor allem die 23 wichtig ist. Es ist nun erstaunlich, daß bei diesen Betrachtungen eben *nicht mehr* das unmittelbar *gewohnte anschauliche Denken* gilt. Bei der üblichen Zahl ist es z. B. schnell möglich,

Tabelle 7.5a Überblick und Auswahl zu großen Zahlenwerten in der Natur

Beispiel	Verhältnis bzw. Grenzwerte	Bezug
Masse (Elektron bis Gesamtmasse im Weltall)	10^{-30} ... 10^{52} kg	Abschn. 4.6.
Energie (thermische Energie, die sich bei 300 K je Hz ergibt bis zur Expansionsenergie von Galaxien)	10^{-25} ... 10^{55} J	—
Leistung (Rauschen bei 300 K/Hz bis Rotationsenergie von Neutronensternen)	10^{-21} ... 10^{42} W	—
Länge (Elementarlänge bis größte Entfernung im Weltall)	10^{-35} ... 10^{26} m	Abschn. 4.4.
Zeit (Elementarzeit bis Alter der Welt)	10^{-24} ... 10^{18} s	Abschn. 4.4.
Energiedichte	10^{-20} ... 10^{20} J/cm³	Abb. 4.4
Informationsfluß	10^{-5} ... 10^{11} bit/s	Abb. 6.17a
Beschreibungskapazität für den Menschen	10^{8} ... 10^{28} bit	Abschn. 6.4.3.
Zellzahl höherer Tiere	10^{10} ... 10^{15}	Ergänzungsband
Neuronenzahlen von Gehirnen	10^{2} ... 10^{11}	Ergänzungsband
Anzahl der Nukleotide in Zellchromosomen	10^{4} ... 10^{10}	Ergänzungsband
Aminosäurenzahl in Proteinen	10^{2} ... 10^{6}	Ergänzungsband
Wortschatz von europäischen Sprachen (üblich benutzt, maximal)	10^{4} ... 10^{6} Worte	Ergänzungsband
Anzahl der Genarten bei Lebewesen	10^{3} ... 10^{6}	Abb. 6.64c
Verhältnis von Dauer-Gegenwartsgegedächtnis des Menschen	10^{2} ... 10^{7} bit :	Abb. 6.58
Atome im Weltall	10^{80}	Tab. 5.13 und Ergänzungsband
Anzahl der Atome des Menschen	10^{28}	Abschn. 6.4.3.
Anzahl der Moleküle im Mol =	10^{23}	
Loschmidtsche Zahl	$7 \cdot 10^{23}$	Tab. 4.4
Verstärkungsfaktor der Genetik	10^{23}	Ergänzungsband
E-Coli-Bakterien im Darm des Menschen	10^{20}	Ergänzungsband
Synapsenzahl im menschl. Gehirn	10^{15}	Ergänzungsband
Speicherkapazität in Großbibliothek	10^{15} bit	Abb. 6.19a
Körperzellen des Menschen	10^{14}	Ergänzungsband
Galaxien im Weltall	10^{11}	Ergänzungsband
Zeitquant des Menschen ca. 1/25 Sekunde Lebensdauer des Menschen 65 Jahre, daraus folgt:	$5 \cdot 10^{10}$ Zeitquanten	
Moleküle in Bakterienzelle	10^{10}	Ergänzungsband
Tierarten	$2 \cdot 10^{6}$	Ergänzungsband
Proteine in Bakterienzelle	10^{6}	Ergänzungsband
Pflanzenarten	$4 \cdot 10^{5}$	Ergänzungsband

immer noch größere Zahlen sinnvoll zu verwenden. Von 1 mm erfolgt der Übergang zu 1000 mm = 1 m, und von dort zu 1000 m = 1 km usw. So wird dann selbst der Erdumfang mit 40000 km im Prinzip vorstellbar. Ja sogar die Übergänge zur Entfernung der Sonne und zu dem Durchmesser des Weltalls sind auf diese Weise im Prinzip gedanklich vollziehbar. Auch die *Zahlenwerte* (eigentlich die Größen) scheinen in dieser Betrachtung *keine Grenzen* nach oben und nach unten zu besitzen. Dies wird sofort anders, wenn betont die *Exponenten der Zahlen* betrachtet werden. Hier treten relativ schnell und eigentlich *völlig unerwartet praktische* (nicht theoretische) *Grenzen* auf. Dies läßt sich am besten durch Anzahlen und Verhältnisse erkennen und klang schon an vielen Stellen im Text an. Einen Überblick hierzu gibt die Tabelle 7.5a. Wegen seines Bezuges zur realen Welt heiße dieser *Zahlenbereich physikalisch bzw. naturgegeben.* Als sinnvolle Grenze für alle Werte aus der realen Welt dürfte somit der Exponent 100 kaum jemals überschritten werden. Hierauf sind auch viele *Rechner mit Gleitkomma* eingerichtet. Sie verarbeiten nur den Zahlenbereich von 10^{-99} bis $9 \cdot 10^{99}$. Wenn dabei nur die Exponenten betrachtet werden, erscheint dieser Zahlenbereich ziemlich klein, denn er wird bereits von dem Ausdruck $100! \approx 9{,}32 \cdot 10^{157}$ überschritten. Dennoch ist es in diesem relativ engen Zahlenbereich oft sinnvoll, auch nur die *Größenordnung zu wissen.* Wie schwierig dies sein kann, zeigte der Abschnitt über Kreativität (6.4.5.). In solchen Fällen ist es notwendig, sich daran zu gewöhnen, daß allein schon die ungefähre Angabe des Exponenten wertvoll sein kann. Das entspricht dann allerdings möglichen Fehlern um einen Faktor bzw. Quotienten von 10 bis 100. Für derartige Zahlen wird also ein ganz anderer Zahlenbereich und damit eine *andere Denkart mit Zahlen* verlangt.

An vielen Stellen im Text wurde bereits von der *Kombinatorik* Gebrauch gemacht. Hierbei entstehen sehr leicht Zahlen, die über den Zahlenbereich von $10^{-99} \ldots 9 \cdot 10^{99}$ hinausgehen (kombinatorischer Zahlenbereich). Praktisch handelt es sich dann aber meist nur um potentielle Möglichkeiten. Ganz grobe Richtwerte zu diesem Problemkreis gibt Tabelle 7.5b. Es ist sofort einzusehen, daß in einer praktischen bzw. technischen Realisierung niemals alle Möglichkeiten genutzt werden können. Es sind also deutlich die *potentiellen Möglichkeiten und die realisierten Wirklichkeiten* zu unterscheiden. Außerdem sind alle Werte in Tab. 7.5b nur als ganz grobe Richtwerte zu

Tabelle 7.5b Grobe Richtwerte zu kombinatorischen Möglichkeiten und realisierten Werten

Beispiel	Anzahl der Bausteine (A) bzw. Zustände	übliche Kettenlänge (K)	Möglichkeiten	realisierte Werte	Bezug
mögliche Zahl der Proteine	20 Aminosäuren	1000	$20^{1000} \approx 10^{1300}$	geschätzt ca. $10^7 \cdot 10^3 = 10^{10}$	Ergänzungsband
Zahl von Nukleotidmolekülen rechner	4 Nukleotide	10^7	$4^{10\,000\,000} \approx 10^{6\,000\,000}$	$2{,}5 \cdot 10^6$ Arten zu etwa 10^7 Sequenzen $\approx 10^{13}$	Ergänzungsband
mögliche Zahl der Worte einer Sprache	26 Buchstaben	10	$26^{10} \approx 10^{14}$	$10^4 \ldots 10^6$	Abschn. 2.2.3.
Zustände von Vierspezies-taschenrechner	2 (Ein — Aus)	130 bit Kapazität	$2^{130} \approx 10^{39}$ (Zustände)	hängen von der Rechen- und Operationszeit ab	Abschn. 3.3.4.
größerer Taschenrechner	2	5000 bit	$2^{5000} \approx 10^{1580}$		Abschn. 3.3.4.
mittlere Rechenanlagen	2	$4 \cdot 10^5$ bit	$\approx 10^{130\,000}$		Abschn. 3.2.1. und 3.3.4.

betrachten, z. B. liegt die Länge der *Ketten bei Proteinen* und noch mehr bei den Nukleinsäuren selbst innerhalb eines großen Bereiches. Deshalb können die angenommenen „üblichen" Kettenlängen gerade noch als ein Richtwert im Sinne des vorigen Abschnittes betrachtet werden, der um den Faktor bzw. Quotienten 10 bis 100 falsch sein kann. Ebenso falsch können die Angaben der realisierten Werte sein, denn hier ist noch zu wenig bekannt. Andererseits sind die Zahlenwerte bei der Sprache aber relativ gut bekannt. Lediglich die Wortlänge von 10 Buchstaben ist unsicher. Demnach bleibt wieder der große Unterschied zwischen dem Möglichen und Realisierten.

Bei den *Rechnern* können manche Angaben erst unter Einbeziehung der Zeit gewonnen werden. Es sei angenommen, daß ein Vierspeziestaschenrechner mit Eingabe und Ablesung je Rechnung 10 Sekunden benötige. Er werde über 5 Jahre 8 Stunden je Tag benutzt. Dann werden etwa $5 \cdot 10^6$ Rechnungen durchgeführt. Ist jede berechnete Zahl auf 5 Stellen genau (ca. 20 bit), so würden also maximal 10^8 Zustände genutzt. Dabei ist dann noch vorausgesetzt, daß sich kein Rechenergebnis wiederholt. Auch für weitaus komplexere Taschenrechner gilt etwa dieser Wert. Für die Betrachtungen kann zwar eine kürzere Zeit, statt 10 Sekunden vielleicht eine Mikrosekunde angesetzt werden. Dazu kommt noch die genutzte höhere Genauigkeit; so ergeben sich unter gleichen Bedingungen etwa 10^{16}. In der Regel werden mit solchem Rechner aber länger andauernde „Rechnungen" durchgeführt, so daß viel seltener eine Ausgabe erfolgt. Insgesamt bleibt so bei jedem Rechner ein großer Abstand zwischen seinen potentiellen Möglichkeiten und dem in der Wirklichkeit genutzten.

Es gibt aber für die Rechentechnik auch die Umkehrung im Sinne von *Notwendigkeit und Möglichkeit.* Es gibt nämlich eine Vielzahl von sogar übersichtlichen und determinierten Problemen, für deren Lösung der Rechner wegen des dann notwendigen Zeitaufwandes prinzipiell nicht geeignet ist. In Anlehnung an [K38] seien hier nur Sortier- und Schnittstellen-Minimierungsprobleme genannt. Um z. B. 100 Bauelemente auf 5 Leiterplatten aufzuteilen, gibt es rund 10^{54} Möglichkeiten. Darunter soll diejenige gefunden werden, bei der zwischen den Leiterplatten die wenigsten Verbindungen bestehen. Für jede Analyse möge eine schnelle Anlage 10^{-5} Sekunden benötigen, dann werden bei täglich 24stündiger Rechenzeit zur Lösung des Problems rund 10^{41} Jahre benötigt. Dabei sei noch betont, daß das genannte Problem nicht einmal groß ist.

Weiter gehören offensichtlich auch die meisten *Spiele* zu diesem kombinatorischen Zahlenbereich. Hier sei ihre Vielfalt am noch relativ gut berechenbaren *Skatspiel* gezeigt. Bei ihm existieren insgesamt 2753294408204460 verschiedene Spiele. Auf der Welt gibt es etwa 50 Millionen Skatspieler. Es werde nun angenommen, daß ein Spiel etwa 6 Minuten dauert. Alle Skatspieler sollen nun 8 Stunden an 200 Tagen im Jahr spielen, und kein Spiel soll sich dabei wiederholen. Dann brauchten alle zusammen rund 100 Jahre, um alle möglichen Spiele durchzuspielen. Weitaus komplizierter sind die Verhältnisse beim *Schachspiel* und den *Evolutionsspielen,* deren Anfänge in Abschn. 7.2.2. dargestellt wurden.

Nur in diesem Sinne, nämlich der Kombinatorik von Buchstaben, Worten usw. und deren praktischer Realisierung im Gebrauch, kann auch von einer *unendlichen Ausdrucksfähigkeit der Sprache* gesprochen werden.

Aufgrund der vorangegangenen Betrachtungen lassen sich *vier Zahlenbereiche* unterscheiden, in denen verschiedene Betrachtungsweisen erfolgen. Sie sind in Tab. 7.6 zusammengestellt. Diese Einteilung ruft zunächst im gewohnten Denken

Tabelle 7.6 Die vier wesentlichen Zahlenbereiche mit einigen Eigenschaften

Name	Zahlenwerte	Eigenschaften
anschaulicher Bereich	1/100 bis 1000	Ergebnisse nehmen unmittelbar auf die Vorstellungskraft Bezug einfache Rechnungen mit Festkomma
naturgerechter Bereich	10^{-99} bis $9 \cdot 10^{99}$	Naturgegebenheiten und Naturgeschehen begrenzen Zahlenwerte und -verhältnisse immer auf ein noch kleineres Intervall. Rechnungen erfolgen vorteilhaft mit Gleitkomma, also getrennt nach Mantisse und Exponent. Beide können positive und negative Werte annehmen. Werte kleiner als 10^{-99} werden automatisch gleich Null gesetzt. Bei den Exponenten ist zu beachten, daß sie echt begrenzt sind.
kombinatorischer Bereich	$0 < n < \infty$	Bei kombinatorischen Betrachtungen entstehen beliebig große und beliebig kleine Werte, jedoch nicht ∞ und auch nicht Null. Es sind nur positive Zahlenwerte vorhanden. Für die Rechnungen genügt oft die Angabe des Exponenten allein. Da er oft größer als 100 ist, muß für ihn ein großer Wertebereich zugelassen werden. Rechnungen erfolgen besonders günstig im logarhythmischen Zahlenbereich.
zugelassene Unendlichkeit	$(-\infty \leqq n \leqq +\infty)$	Verschiedene Betrachtungen sind hier als rein mathematische Grenzfälle (der Wirklichkeit) aufzufassen. In diesem Bereich gelten die Probleme der Entscheidbarkeit

Widersprüche hervor. Deshalb wurde in den vorangegangenen Abschnitten versucht, gewisse Begründungen zu geben. Dennoch haftet dieser Tabelle etwas Provisorisches an. Sie läßt sich (zumindest zur Zeit) nicht exakt begründen. Jedoch die praktische Verwendung der Zahlen spricht für sie. Für die weiteren Betrachtungen zur Information kommt vor allem dem kombinatorischen Bereich größere Bedeutung zu. Sie dürfte im Sinne von Abschn. 7.3.1. immer dann entstehen, wenn vom kombinatorischen zum naturgegebenen übergegangen wird, bzw. eine komplexitätssenkende Abbildung zwischen beiden erfolgt. Es ist weiter anzunehmen, daß wegen des Verhältnisses von theoretischer Möglichkeit und praktischer Realisierbarkeit bereits hier Grenzen der Gödelschen Unterscheidbarkeit hineinspielen. Dann wären nämlich schon im kombinatorischen Bereich wegen der Endlichkeit von Zeit und Zuständen einige Fragen prinzipiell nicht entscheidbar.

7.3.3. Redundanz und Unschärfe

Mit der Komplexität wurde gezeigt, daß Information damit zusammenhängt, daß komplexe Objekte usw. auf weniger komplexe in ihren wesentlichen Eigenschaften abgebildet werden. Aus dem vorigen Unterabschnitt ergab sich, daß *Information* dann auftritt, wenn *von der Vielfalt der potentiellen Möglichkeiten zu der kleineren Vielfalt des Realisierten,* also vom kombinatorischen zum naturgegebenen Zahlenbereich übergegangen wird. Da in beiden Fällen etwas, nämlich die Komplexität, erniedrigt wird, geht auch etwas verloren. Im informationstheoretischen Sinn wäre dies *als verallgemeinerte Redundanz* zu bezeichnen, denn das Wesentliche muß ja erhalten bleiben. Dann wären z. B. die Spiele bezüglich ihrer großen Möglichkeiten als Redundanz gegenüber dem jeweils realisierten Spiel zu nennen. Auch das Verhältnis von Universal — gegenüber Spezialmaschine (Abschn. 6.4.) könnte in diesem Sinne interpretiert werden. In Ergänzung zu Tab. 7.5b gibt Tab. 7.7 ähnliche Redundanzen

Tabelle 7.7 Zur „Redundanz" einiger ausgewählter großer Systeme

genetischer Speicher bei Säugetieren	Chromosomen der Säugetierzelle enthalten bis etwa $5 \cdot 10^9$ Nukleotidsequenzen	Für die Nutzung der meisten Sequenzen gibt es nur Vermutungen. Vor der realisierten Eiweißsynthese werden nur etwa $10^6 \ldots 10^8$ Sequenzen genutzt
neuronaler Speicher des Menschen	Gehirn des Menschen enthält etwa $1{,}5 \cdot 10^{11}$ Neuronen Großhirn $1{,}5 \cdot 10^{10}$ und ca. 10^{14} Synapsen	das bewußte Gedächtnis „speichert" nur $10^6 \ldots 10^8$ bit
Telefonnetz der Welt	größte Gesamtinvestition der Menschheit von ca. 10^{12} Mark es enthält insgesamt etwa $5 \cdot 10^{10}$ Kontakte	für die Durchschaltung der Verbindungen werden nur etwa 10^7 Kontakte verwendet
EDV-Technik	Gesamtwert der EDVA ca. 10^{10} bis 10^{11} Mark größter realisierter Speicher etwa 10^{13} bit	eine Zentraleinheit enthält für die arithmetischen und logischen Funktionen nur etwa $10^5 \ldots 10^6$ aktive Bauelemente

wieder. Eine Redundanz kann aber auch anders interpretiert werden. Es liegen z. B. für einen größeren Bereich viele Landkarten großer Detailliertheit, also z. B. im Maßstab 1:25000, vor. Aus ihnen soll jetzt *eine Karte* im größeren Maßstab, also mit *geringerer Detailliertheit,* erzeugt werden. Dann sind die Angaben in den vielen Karten sehr redundant. Es müssen viele Details vergrößert werden. Dieses Problem ist heute noch nicht automatisch realisierbar. Es müssen nämlich an jeder Stelle im Sinne einer Unschärfe Entscheidungen getroffen werden, was wesentlich ist und was nicht.

Solche *Redundanz — Unschärfe — Probleme* treten bei vielen *Modellbildungen* auf. Sie treten auch bei der Begriffsbildung, nämlich bei der Zusammenfassung von Objekten oder Ereignissen zu einer Klasse auf Grund von Merkmalen, auf. Es scheint so, als ob es in diesem Sinne neben der Heisenbergschen Unschärferealation (Abschn. 4.4.) und der ihr entsprechenden Küpfmüller-Beziehung (Abschn. 2.5.) generell noch weitere Unschärferelationen, vielleicht sogar eine ganze Hierarchie gibt. Aus der Literatur sind dem Autor hierzu aber leider keine Arbeiten bekannt. Deshalb kann dieses Problem nur hypothetisch angedeutet werden. Ohne jede Ordnung sind dazu in Tab. 7.8 einige potentielle Möglichkeiten aufgezählt. Die darin enthaltenen Begriffspaare haben auch nicht die gleiche Wertigkeit. Mit ihnen soll vor allem angedeutet werden, daß die genaue Erfüllung eines Begriffes mehr oder weniger die des anderen einengt. Während bei den Beziehungen von KÜPFMÜLLER und HEISENBERG

Tabelle 7.8 Zusammenstellung einiger Begriffe, die in einem relativ engen Zusammenhang zu Unschärfen stehen, sowie der dazugehörigen Gebiete

Beispiel — Paare		Bezüge
Umgangssprache	— formale Sprache	Aussagen, Universalität
Numerisches	— Verbales	Aussagen, Beschreibungen
absolut	— relativ	Aussagen, Verhältnisse
kontinuierlich	— diskret	Signale, Strukturen
bildlich	— verbal	Darstellung
rational	— emotinonal	Wahrnehmung, Verhalten, Argumentation
Wahrheit	— Anschaulichkeit	Beschreibung, Erklärung
Literaturstudien	— schöpferische Arbeit	wissenschaftliche Ergebnisse
sowohl, als auch	— entweder, oder	Aussagen
Objektsprache	— Metasprache	Wahrheitswert

die beiden entsprechenden Größen ein konstantes Produkt besitzen, können hier durchaus auch andere Relationen auftreten. Bei all diesen Unschärfebeziehungen ist sicher auch der Bezug, auf den die Unschärfe wirkt, zu beachten. Er wurde als rechte Spalte der Tabelle gewählt.

In dieser Richtung werden also in der Zukunft noch vielfältige Arbeiten notwendig sein. Auffallend ist aber, daß die *Forderungen nach unscharfen Modellen* immer häufiger werden. So hat es sich z. B. nicht bestätigt, daß mit der Quantentheorie die Bindungsmöglichkeiten der chemischen Elemente trotz Einsetzen größter Rechentechnik ausreichend genau berechenbar sind. Vielmehr besteht die Hoffnung, mit ungenaueren oder mehr dem Zweck angepaßten Modellen bessere und effektivere Aussagen zu bekommen. Vielleicht deutet sich hier generell ein Zusammenhang mit dem Verhältnis zwischen unentscheidbaren Fragen und Berechenbarkeit an.

Schließlich sollen noch die Untersuchungen zu *unscharfen Mengen* erwähnt werden. Die Entwicklung wurde im wesentlichen durch ZADEH initiiert und hat inzwischen, einen relativ breiten Raum in der Literatur eingenommen, z. Z. ist aber nicht erkennbar, wie sie für die hier gemeinte Problematik genutzt werden können.

7.4. Definitionsversuch für Information

GANZHORN [G2] stellt fest, daß der Fortschritt der Wissenschaft mehrmals durch *Entdeckungen von Äquivalenzen* beschleunigt wurde (s. Tab. 7.9). Hierin kommt allein zweimal direkt die Information (NEUMANN und SHANNON) und einmal indirekt (BOLTZMANN) vor. Diese Tabelle sagt etwas über die Wertigkeit der Information, aber kaum etwas über ihren Inhalt aus. In weitaus detaillierterer Weise wurden im bisherigen Teil dieser Studie Aussagen über die Information gemacht, aber noch immer fehlt eine Definition. Diese soll jetzt vorgenommen werden. Zuvor sei aber noch einmal das Vorgestellte in dieser Sicht bewertet. Es können *zwei Arten der Darstellung* unterschieden werden:

- Abschnitte, die Information beschreiben
- Abschnitte, die Grundlagen für die Definition bereitstellen.

Beschreibende Darstellungen zur Information *betreffen* unter anderem die Gebiete:

Mathematische Grundlagen im Sinne formaler Sprache, Automatentheorie und Semiotik, Semiotik der Physik, Optik, Molekularbiologie, Medizin, Neurowissenschaften, Physiologie, Psychologie Pädagogik, Shannon-Theorie, Kodierungstheorie, Meßtechnik, Telefon, Speicherung, Rechentechnik, Regelungs- und Steuerungstechnik, Handhabetechnik, Robo-

Tabelle 7.9 Äquivalenzen, die den Fortschritt der Wissenschaften förderten, nach GANZHORN [G2] ergänzt

1683	I. NEWTON	Gravitation und Masse
1842	R. MAYER	Wärme und Energie Grundlage der Energietechnik
1877	L. BOLTZMANN	Entropie und Wahrscheinlichkeit $S = k \ln W$
1905	A. EINSTEIN	Masse und Energie $E = mc^2$ Grundlage der Atomenergie
1917	A. EINSTEIN	Gravitation und Beschleunigung Struktur des Weltalls
1946	J. v. NEUMANN	Steuerung und Information (programmgesteuerter Automat)
1949	CL. SHANNON	Wahrscheinlichkeit und Entropie $H = - \sum p_n \operatorname{ld} p_n$

ter, Massenmedien, Kommunikation, Sprache, Semiotik, Information und Dokumentation, Wirtschaftswissenschaften, Philosophie, Kunst und Ästhetik.

Diese Aufstellung, die nicht einmal gut zu ordnen ist, ist auch nicht vollständig. Denn es gibt noch wesentlich mehr Gebiete, die mit Information zusammenhängen. Diese Fülle und Vielfalt muß bei den folgenden *Definitionsversuchen* berücksichtigt werden. Es ist das Ziel, die Definition der Information möglichst allgemeingültig vorzunehmen, und zwar so, daß *aus dieser allgemeinen Definition* dann die z. T. (intuitiv) vorhandenen *speziellen Definitionen oder Sonderfälle erfaßt* werden.

Als Grundlage für die Information sind ebenfalls viele Teilgebiete behandelt worden. Die Durchdringung von Grundlagenabschnitten mit Anordnungsabschnitten war notwendig, damit noch eine leidlich didaktische Darstellung entstand. Die *Grundlagengebiete für eine Definition* von Information lassen sich *vier größeren Gebieten zuordnen.* (Bei ihrer Aufzählung werden die Abschnittsüberschriften in Klammern gesetzt):

- *Übergeordnete Gebiete* mit dem Zweck, hieraus durch mehrfache Spezialisierung Information definieren zu helfen. Hierzu gehören:

  System und Information (1),
  Konnektion und Kommunikation (1; Ergänzungsband),
  Wechselwirkung (1; 7.2.1.),
  Erkenntnisprozeß (7.3.1.).

- *Zeitpfeil. Evolution* (7.2.2.; 7.3.1.), wegen der These, daß auch die Information eine Evolution durchgemacht haben muß. Da aber das Gebiet der Evolution heute extrem breit ist, wurden nur spezielle Ausschnitte ausgewählt.
- *Meßtechnik und Grundlagen des Messens* (4). Letztlich sollen auch die allgemeine Information oder besser wesentliche Teile von ihr gemessen werden.
- *Quantität — Qualität,* in der Vermutung, daß sich über dieses Paar und seine Grundlagen allgemeinere Aussagen zur Information gewinnen lassen. Unter anderem sagt doch auch URSUL [U1] auf S. 47: „Obgleich sich die Konzeptionen über die Qualität der Information wesentlich langsamer als die mathematischen Konzeptionen entwickeln, bedeutet das Hinausgehen über die quantitativen Methoden ein Aufspüren des tieferen Wesens der Information".

Für die Betrachtungen in dieser Studie wurde das Begriffspaar bewußt sehr weit gefaßt, deshalb gehören hierzu:

Quantität — Qualität (7.2.3.),
Unentscheidbarkeit(3.2.6. bis 3.2.9.),
Antinomien (Ergänzungsband),
Unschärferelationen (2.5; 4.4; 7.3.3.),
Begriffsbildung (Ergänzungsband),
Komplexität (7.3.),
Kombinatorischer Zahlenbereich (7.3.2.),
Semiotik (Ergänzungsband).

7.4.1. Wort, Begriff und Objekt der Information

Zur Definition der Information sind zunächst *drei miteinander verwobene Fakten* zu unterscheiden:

das *Wort*: Information,
der *Begriff*: Information,
das *Objekt*: Information.

Aus der Geschichte ist erkennbar, daß das *Wort* Information *nicht notwendig* ist. Während KLIX [K23] sein Buch „Information, und Verhalten" benennt, war in ähnlichen Fällen früher ausschließlich das Wort „*Reiz*" in Gebrauch. Noch heute existiert das Wort *Schlüsselreiz* für solche Fälle der Biokommunikation, bei denen die Information eines Senders exakt in ein genetisch fixiertes Schema des Empfängers paßt und damit das bestimmte Verhalten auslöst. Auch bei den Vorläufern der Neuroanatomie waren die Worte Reiz oder *Nervenstrom* gebräuchlich. Vor der starken Entwicklung der Molekularbiologie waren Worte wie Erbfaktoren und Gene üblich.

Gemäß KLIX [K23, S. 618] liegt ein *Begriff* immer dann vor, wenn *Objekte oder Ereignisse zu einer Klasse zusammengefaßt* werden, wobei für die Klassenzuordnung die Merkmale und Eigenschaften des Objektes herangezogen werden. In die Struktur des Begriffes gehen die Verknüpfungen der Merkmale und Eigenschaften ein. Der Begriff wird durch ein Wort ausgedrückt. Die letzte Entscheidung über den Begriff fällen also die Objekte und Ereignisse. Nur aus dieser Sicht ist es verständlich, daß *Begriffe nicht notwendig*, wohl aber durchaus nützlich sein können. Ein Musterbeispiel liefert hierzu die postum veröffentlichte Arbeit von HERTZ [H11] zur Mechanik. Ihm war immer der Begriff Kraft unanschaulich. Er versuchte ihn daher auch stets zu vermeiden. In dieser Arbeit baut er eine ganze Physik auf, in der der Begriff Kraft nicht existiert (vgl. Abschn. 4.7.). Es gibt aber auch das Gegenteil, daß nämlich *Begriffe modern werden*. Sie werden dann *so vielfältig gebraucht*, daß sie drohen, *entleert* zu werden. Solche Tendenzen gab es z. B. vor dem VIII. Parteitag zum Begriff Kybernetik [V25]. Es gibt offensichtlich ein *Optimum für die Anwendung von Begriffen*. Es ist dann erfüllt, wenn im richtigen Maße der objektiven Notwendigkeit gefolgt wird. Um dies zu erkennen, muß das *Objekt* der *Information* erfaßt werden. Hier liegt ein zentrales Problem der Informationsdefinition. Um nun scholastischen Definitionen vorzubeugen, sei hier noch ein Beispiel aus der Antike angeführt. Es wird berichtet, daß XENON sich bemühte, DIOGENES davon zu überzeugen, daß es *keine Bewegung* gäbe. Als er beinahe am Ziel angelangt war, stand DIOGENES einfach auf und ging auf und ab. So einfach ist natürlich nicht der Beweis für das Objekt Information, das im folgenden vorrangig zu behandeln ist.

Es sei noch angefügt, daß natürlich Wort, Begriff und Objekt nicht unabhängig sind. Das Objekt ist vereinfacht durch einen Begriff zu erfassen. Solche Begriffsbildungen erfolgen zumindest schon bei höheren Säugern. Die Belegung dieser Begriffe mit Wörtern ist dagegen nur beim Menschen möglich. Da aber alle Wörter andere Wörter assoziieren und damit auf andere Begriffe und Objekte hindeuten, ist die *Wortwahl nie ganz frei*. Daher gibt es mehr oder weniger *gelungene Wörter für Begriffe* und Objekte. Ein gutes Beispiel ist z. B. das Wort „Neuronnetz". Es erwies sich vor allem durch Assoziation richtiger Hypothesen als sehr tragfähig.

7.4.2. Hauptthesen

Auf Grund der vorangegangenen Betrachtungen wird hier eine *Definition des Objektes Information* angestrebt. Alle Versuche, es mit wenigen oder gar mit einem Satz zu definieren, blieben bisher unbefriedigend. Auch die eigenen Versuche [V13; V35] welche in die jetzt zu behandelnde Richtung führten und vom Inhalt her dem folgenden sehr ähnlich waren, gaben immer wieder zu Mißverständnissen Anlaß. Sie sind offensichtlich nicht dem komplexen Objekt Information angemessen. Deshalb werden hier *fünf zusammengehörende Hauptthesen* formuliert, von denen die ersten drei dann im weiteren noch unterteilt werden. Die Thesen 4 und 5 dürften aufgrund der vorangegangenen Betrachtungen von sich aus ausreichend klar sein.

1. Information bezieht sich auf *komplexe Ursache-Wirkungs-Gefüge* (Wechselwirkungen). Sie stellt im wesentlichen das zwischen (informationellen) kybernetischen Systemen ausgetauschte Objekt dar. Sie entspricht somit den Pfeilen in Abb. 1.6 zwischen den Systemen.
2. Information ist die *Zusammenfassung* aus einem *Informationsträger* und dem, was er trägt, nämlich dem *Getragenen*. Es ist falsch, das Getragene wiederum mit Information zu bezeichnen. Wenn dies geschieht, muß es zu Zirkelschlüssen kommen. Für den Träger gelten die stofflich-energetischen Gesetze, für das Getragene gelten spezifische informationelle Gesetze. Das Getragene und nicht die Information kann den Informationsträger relativ leicht und oft ohne Veränderung wechseln. Das Getragene wird ganz wesentlich durch gemeinsame Strukturen und Funktionen in den informationell wechselwirkenden Systemen mit bestimmt. Sicher ist das Wort „das Getragene" auch noch nicht ideal gewählt, bis jetzt wurde aber kein besseres Wort gefunden.
3. Für die Information und insbesondere für das Getragene, aber auch für den Träger, gibt es einen *qualitativen* und einen *quantitativen Aspekt*. Es wird vermutet, daß der quantitative Aspekt zu *Maßzahlen* führt, während für den qualitativen Aspekt in Analogie zum System International verschiedene u. a. *hierarchisch geordnete Maßeinheiten* existieren. Sie lassen sich vielleicht aus einem *System von Basiseinheiten* ableiten.
4. Für das *Objekt Information* gilt das Modell des Erkenntnisprozesses von Abb. 7.8. Damit ist auch der *Begriff*: bereits erkannte bzw. nicht erkannte *Komplexität* für die Information wesentlich. Die Anwendung des Begriffs Information ist um so notwendiger, je komplexer die zu berücksichtigenden, wesentlichen Zusammenhänge des Objektes sind (s. These 1). Dann sind nämlich mittels der Information verdichtete, d. h. übersichtlichere und damit besser in das Gegenwartsgedächtnis passende Zusammenhänge beschreibbar. *Information* stellt also die *Verknappung der komplexen Zusammenhänge* in den Vordergrund.
5. Information ist vor allem *prozeßorientiert*. Sie ist damit vorranging in der Zeit organisiert. Wird Information *gespeichert*, also zeitunabhängig gestaltet, so ist sie *im eigentlichen Sinne keine Information* mehr. Sie ist dann eine räumliche Struktur geworden. Sie kann aber jederzeit durch einen Wiedergabevorgang erneut zur Information werden. Dieser ungewöhnlich anmutende Fakt bestätigt sich z.B. in der Kriminalistik. Hier existieren Spuren (z. B. Fingerabdrücke, Fußspuren, Einschüsse usw.). Sie stellen so etwas wie Speicherzustände von dem vorangegangenen Ereignis dar. Da dieses Ereignis nicht bekannt ist, müssen erst die passenden Ana-

lysen gemacht, d. h. die richtigen Wiedergabeprozesse gefunden werden. Erst dann geben sie die erwünschte Information vom geschehenen Ereignis.

7.4.3. Entwicklungsstufen der Materie

Oft wird die Frage gestellt, von welcher Entwicklungsstufe der Materie an es Information gibt. Darauf werden alternativ vielfach drei unterschiedliche Antworten gegeben:

- Information ist eine allgemeine Eigenschaft der Materie
- Information entsteht mit dem Leben
- Information existiert im menschlich-gesellschaftlichen Bereich und entstand mit der Sprache.

Der Streit zwischen den Alternativen folgt vor allem daraus, daß nicht hinreichend streng zwischen dem Objekt und dem Begriff Information unterschieden wird.

Bezüglich des Objektes Information folgt bereits aus These 1, daß Information mit der Komplexität zusammenhängt. Daraus folgt aber sofort, daß Information umso mehr vorliegt, je höher die Entwicklungsstufe der jeweils betrachteten Objekte ist. Andererseits wurde im Abschn. 7.3.1. davon ausgegangen, daß die Welt und alle Objekte unerschöpflich sind. Diese Unerschöpflichkeit wurde in erster Näherung durch unendliche Komplexität (kombinatorischer Zahlenbereich) berücksichtigt. In diesem Sinne muß also das *Objekt Information eine allgemeine Eigenschaft der Materie* sein.

Anders liegen die Verhältnisse bezüglich des *Begriffes Information* (vgl. Abschn. 7.4.1.). Die Anwendung des Begriffes Information wird vor allem davon abhängen, welche *Erkenntnis- bzw. Beschreibungskomplexität* für den jeweiligen Zweck notwendig ist. Im Prinzip wird die alternative obige Fragestellung damit irrelevant, denn für alle drei Fälle muß die unendliche Komplexität reduziert werden. Die bei der Behandlung erforderliche Komplexität bestimmt wesentlich stärker, ob der Begriff Information vorteilhaft und nützlich ist oder nicht.

Die erforderliche Komplexität wird entsprechend dem Vorhergesagten am ehesten beim physikalischen Geschehen angezweifelt. Aber es ist auffallend, daß nicht einmal die Bewegungsgleichungen eines *Mehrpunktsystems* zu berechnen sind. Dennoch führen solche Massepunkte genau definierte Bewegungen aus. Es liegt nahe, hier von *gegenseitiger Information* zu sprechen. Doch Wenzlaff [W11] wies nach, daß es sich hierbei um eine *Feld-Teilchen-Wechselwirkung* handelt. Dies vereinfacht die Verständlichkeit. Dennoch möchte er auch für diese Zusammenhänge den Begriff Information gebrauchen. Ja, er betrachtet diese Prozesse sogar als allgemeinste Grundlage der (des Begriffs) Information. Hier zwei seiner entsprechenden Thesen:

„Die Information als neuartige Kraft oder Wirkung, als Organisation, basiert auf der Interpretation von wirkenden physikalischen Kraftfeldern als definierte Wirkungen physikalischer Objekte oder anderer Organisationen. Diese Interpretation der unmittelbaren Wirkung eines Kraftfeldes als Wirkung eines selektierten individualisierten Gegenstandes der Umwelt, der als Ursache für die Einwirkung angesehen wird, ist die Erzeugung einer Bedeutung. Die Bedeutung ist danach ein Phänomen der Singularisierung oder Individualisierung von Feldwirkungen.

Die Voraussetzung für die Informationserzeugung ist die Existenz eines Abbildungsfeldes, dessen Änderung allein durch das selektierte Objekt determiniert wird. Die Fähigkeit zur Ausbildung solcher Abbildungsfelder ist nur Organisationen eigen."

Es gibt aber auch viele andere Autoren, die versuchen, Information *bei einfachen physikalisch-chemischen Geschehen* anzuwenden. So verbindet PHILIPP [P8] dies mit Ergebnissen aus der Polymerenchemie. Es zeigte sich nämlich, daß Dederon-Faserstoffe deutliche „Erinnerungseffekte" an die frühere, vor dem Schmelzprozeß vorhandene Festkörperstruktur besaßen, und zwar sowohl im Gitteraufbau der hochgeordneten Bereiche als auch im „morphologischen Habitus".

Schließlich seien noch einige *Bemerkungen zur Technik* gegeben. Viele Autoren fragen hier nicht danach, was das Objekt Information bzw. der Inhalt des Begriffes ist. Sie definieren *Information* entsprechend Kapitel 2 einfach als *Alphabet mit zugehörigem Wahrscheinlichkeitsfeld*. Aus allgemeiner Sicht wäre andererseits gerade hier die Notwendigkeit des allgemeinen Begriffes Information am ehesten anzuzweifeln, da hier ja die Verhältnisse z. T. sehr wenig komplex sind. Ein Impuls, der einen Flip-Flop umschaltet, als Information für den Flip-Flop zu bezeichnen, ist wohl mehr Gewohnheit als eigentlich berechtigt. Andererseits ist in der Technik aber gerade der Begriff Information im obigen engeren Sinne entstanden. Aber hier steht ja nicht die *geschichtliche* (etymologische) *Entwicklung* des Begriffes im Vordergrund, sondern sein *heutiger Gebrauch*.

7.4.4. Träger, Getragenes, Zeichen

Eigentlich erscheint die These 2 trivial, denn sie wird immer und immer wieder, wenn auch in anderer Form, ausgesprochen. Jedoch gibt es für den hier neu geprägten Begriff des Getragenen bisher überhaupt keinen Begriff, und das allein ist verdächtig. Denn in der Regel *wird das Getragene immer wieder mit Information bezeichnet*. Also muß dieser Zusammenhang, den Abb. 7.9a zeigt, noch verdeutlicht werden. Hierzu dient Abb. 7.9b. Sie skizziert den Prozeß bei der Übermittlung eines Gedankens von einem Menschen, dem Sender, zu einem anderen, dem Empfänger. Der *Gedanke selbst ist nicht übermittelbar*, er muß daher von etwas getragen werden. Er selbst ist also das zu Tragende. So weist auch bereits deutlich CHERRY [C3, S. 150] darauf hin, daß wir beim Sprechen nicht unsere Gedanken übermitteln, sondern *physikalische Zeichenträger*, die Schallschwingungen. Beim Schreiben ist es dementsprechend auch nur die Verteilung der Tinte auf dem Papier. Die Übermittlung muß also an etwas Stofflich-energetisches, den Träger, gebunden werden. Aus der Vielfalt der vorhandenen Materialien erfolgt zunächst eine Auswahl: z. B. Schall, wenn der Empfänger akustisch erreichbar ist, oder Papier und Bleistift (technisches Hilfsmittel), wenn es optisch geschehen soll. Bei dieser Auswahl gehen in Hinblick auf den nachfolgenden Formungsprozeß folgende Fakten ein: Sind die *Zeichen* gut *manipulierbar*, oder können eventuell sogar schon (von der Natur) geformte Stoffe oder Energien Verwendung finden? Wie wichtig die Manipulierbarkeit der Zeichen sein kann, zeigt der Vergleich einer schriftlichen Aufzeichnung mit einer akustischen Magnetbandaufzeichnung. So gibt es wohl in der *Sprache* die *Grundelemente* der Phoneme, in der *Schrift* die der Buchstaben. Aber selbst die Wörter sind bereits keine Grundelemente mehr. Während in der *Musik* die Problematik der Grundelemente noch umstritten ist, dürften bei *Bildern* wohl keine existieren. Es erfolgt aber nicht nur eine Auswahl des Trägers. Es muß auch eine dem Träger und dem Gedanken gerechte Form, die *ideale* (in Gedanken vorgestellte) *Zeichengestalt* gewählt oder gefunden werden. Wie schwer das

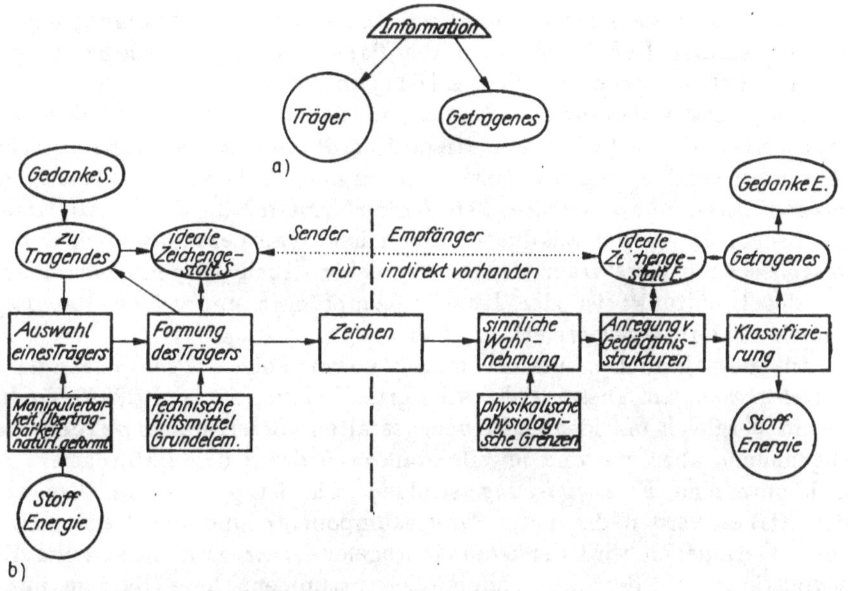

Abb. 7.9 Zusammenhang von Information, Träger und Getragenem
a) stark vereinfachte Struktur der Information,
b) Geschehen zur Übertragung der an einen Träger zu bindenden Information. Das Zeichen ist hier die meist statische, d. h. als Speicherzustand vorhandene und damit gebundene, Information, die zu ihrer Rückgewinnung des rechten Teils der Abbildung bedarf.

sein kann, beweisen verschiedene künstlerische Prozesse. Mit der Formung des Trägers entsteht dann das *zu übermittelnde Zeichen.* Es entspricht stets nur annähernd der idealen Zeichengestalt.

Allein der bisher geschilderte und schon stark vereinfachte Ablauf zeigt die *Komplexität der Wechselwirkung zwischen Träger und Getragenem.* Um dies zu verdeutlichen, wurden auch die verschiedenen Kästchenformen in der Abbildung gewählt. Zu dem Begriff des Zeichens, wie er hier verwendet wird, kann es natürlich Widersprüche zu den vielfältigen anderen Auslegungen geben. Letztlich ist die *Semiotik* die Lehre von den Zeichen, und wie im Ergänzungsband gezeigt werden wird, besteht *keineswegs Einigkeit* darüber, *was ein Zeichen ist.* Auch die dort gegebenen verschiedenen Klassifikationen weisen dieses Problem aus. In der Regel beziehen sie sich aber vorwiegend darauf, was das Zeichen trägt. Hier ist *Zeichen* noch am besten als *materialisierter Gedanke* im Sinne der Einheit von Träger und Getragenem zu verstehen. Er ist damit aber noch nicht mit der Information identisch, denn sie ist nach These 5 vor allem prozeßorientiert. Das *Zeichen* ist dagegen eher oder sogar meist ein *Speicherzustand,* aus dem erst *der Gedanke* wiedergewonnen werden muß. Zur Information gehört also die Fülle der in Abb. 7.9 gezeigten Fakten, während das Zeichen der Übermittlung des Getragenen in Gestalt eines geformten Trägers dient. Daher muß nun noch betrachtet werden, wie die Gedanken aus ihm rekonstruiert werden. Dies hat u. a. auch beachtliche Konsequenzen für die Kunst. Das Zeichen entspricht hier dem materialisierten Werk. Das materialisierte Werk ist für sich genommen nichts. Es wird erst zum eigentlichen Werk durch den Rezeptionsprozeß. Es muß also vom Rezepienten aktiv, d. h. in gewissem Sinne analytisch und synthetisch, wahrgenommen und aufgenommen werden. Für die Musik in der Partitur oder auf dem Tonband bzw. der Schallplatte hat dies gründlich Boeck [B11] analysiert.

Zunächst müssen also für den Empfänger einmal die *Zeichen* in ihrer materiellen Strukturiertheit *wahrnehmbar sein.* Hierauf beruhten u. a. die Grenzbetrachtungen in den Abschnitten 2.7.3. und 4.1. Dabei werden auch nicht selten *technische Hilfsmittel* einbezogen. Es sei nur an das Zeichen der verformten Rille der Schallplatte erinnert. Hierzu bedarf es vor der adäquaten sinnlichen Wahrnehmung noch unbedingt des *Plattenspielers* mit Verstärker und Lautsprecher. Auch bei den elektromagnetischen Wellen des Rundfunks ist der Rundfunkempfänger mit seinen Baugruppen einschließlich des Lautsprechers erforderlich.

Die aus der sinnlichen Wahrnehmung gewonnenen *Aktionspotentiale regen Gedächtnisstrukturen* an. Dieser Fakt wird gründlich von Klix [K23] behandelt. Dabei dürfte ein Vergleich mit idealen Zeichengestalten vorgenommen werden, wobei diese im allgemeinen aber von den jeweils konkreten des Senders abweichen. Auf dieser Basis könnte eine *Klassifizierung* erfolgen. Sie ist genauer im Ergänzungsband erklärt. Dabei werden dann die Trägerkomponente und das Getragene getrennt. Aus dem Getragenen wird der *Gedanke* abgeleitet. Er wird meist beim Empfänger nicht vollständig mit dem des Senders übereinstimmen. Diese Übereinstimmung wird auf zwei prinzipiellen Wegen erzielt, nämlich einmal durch gesellschaftlich traditionelle Übereinkünfte, die vor allem die idealen Zeichengestalten betreffen, und zum anderen durch iterative Präzisierung im Prozeß der Kommunikation der beiden Partner. Die Iteration liegt also im Kommunikationsprozeß zumindest zweifach vor. Einmal bei den Grundprozessen der Formung und Erkennung des Getragenen bezüglich des Trägers und zweitens im soeben genannten Kommunikationsprozeß.

Die *Trägerprozesse* werden ausführlich in Abschn. 7.6. behandelt. Das *Getragene* wird vor allem durch das Begriffspaar Quantität und Qualität untersetzt. Es ist aber, wie noch zu zeigen ist, nicht mit ihm gleichwertig. Das Begriffspaar erfaßt einige wesentliche Züge.

In diesem Zusammenhang ist es auch sinnvoll, auf einige *Beispiele im Ergänzungsband* hinzuweisen. So gibt es eine *Ökonomie der Zeichen,* indem sie möglichst viele Analogien bzw. Ähnlichkeiten zu den bezeichneten Sinnobjekten besitzen sollen. Ferner wird der Zusammenhang *Objekt-* und *Metasprache* auch ausführlich am *Beispiel des Schachspiels* erläutert werden. Ganz formal gelten nur die Regeln des Spiels ohne jeden Sinn, jede Bedeutung. In gewissem Umfang ist es aber auch möglich, den Figuren und dem Spielfeld eine Bedeutung zuzuordnen. Sie wird teilweise ja schon durch die Namen der Figuren ausgedrückt, was im Grunde jedoch im allgemeinen nur mnemotechnische Bedeutung hat. Weiter läßt sich immer wieder feststellen, daß es in der Rechentechnik meist notwendig ist, die an sich abstrakten Algorithmen durch konkrete Objekte im Sinne von Zeichen technisch zu realisieren. Ob dies nun die Zählsteine eines Abakus oder der elektronische Rechenautomat ist, bleibt vor allem eine Frage des Standes der Technik.

7.4.5. Quantität — Qualität

Allgemeine Aussagen zum dialektischen Paar Quantität — Qualität sind bereits in Abschn. 7.2.3. gegeben worden. Hier kommt es vor allem darauf an, sie als Aspekte der Information zu präzisieren. Die *Quantität der Information* kann mit der *anzustrebenden Meßbarkeit* im Sinne von Maßzahlen annähernd gleichgesetzt werden. Hierzu wurde in Kapitel 4. prinzipiell einiges gesagt, und in Kapitel 6. wurden viele Beispiele gezeigt, die sich vorrangig auf den Shannonschen Ansatz aus der Statistik beziehen. Dabei wurde aber nicht selten die ursprüngliche Wahrscheinlichkeit durch Häufigkeit oder gar Möglichkeit ersetzt. Es ist nun allgemein keineswegs auszuschließen, daß nicht jedes andere Meß-Prinzip auch für die Messung des quantitativen Aspekts der Information nutzbar sein könnte. In diesem Sinne sind dann die verschiedenen *mathematischen* und *maßtheoretischen Ansätze* durchaus als *wissenschaftlicher Vorlauf* zu betrachten. Voraussetzung für alle ist jedoch, daß der qualitative Aspekt der Information besser verstanden und vor allem verwendbar definiert wird. Der Ansatz des Autors hierzu wird in Abschn. 7.7. erläutert. Jetzt genügen zunächst einige allgemein gültige Aussagen. Die *Qualität der Information betrifft* vor allem solche *Aspekte* wie:

- Inhalt, Bedeutung (evtl. auch Kodierung) usw. der Information, genauer des Getragenen
- Absicht, Ziel, Zweck der Information aus der Sicht des Senders
- Wirkung der Information auf den oder beim Empfänger. Oft wird hierbei angenommen, daß der entsprechende Verstärkungsfaktor für die Information wesentlich sei.
- Wert, Bedeutsamkeit, Nutzbarkeit der Information für den Empfänger.

Die Qualität der Information könnte dabei wesentlich mit den *Hierarchiestufen der Komplexität* zusammenhängen.

Eine Übersicht zu den beiden dialektischen Paaren Träger — Getragenes und Quantität — Qualität bezüglich der Information zeigt Abb. 7.10. Dabei ist zu beachten, daß sowohl dem Träger als auch dem Getragenen die Aspekte Qualität und Quantität zukommen. Die *Qualität des Trägers* wird z. B. durch seine Energieart elektrisch, magnetisch, pneumatisch, akustisch usw. bestimmt, seine *Quantität* jedoch durch Maßzahlen dieser Energien. Beim Träger interessieren wegen seiner physikalischen

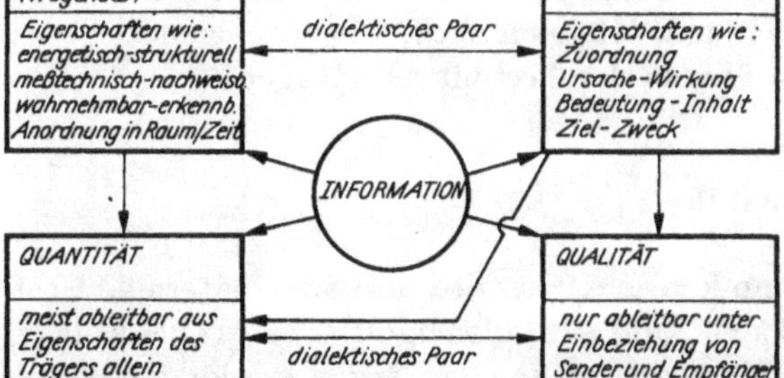

Abb. 7.10 Zum Zusammenhang von Information mit den beiden dialektischen Paaren Träger-Getragenes und Quantität-Qualität. Beide Paare sind zunächst unabhängig voneinander. Dies wird durch das Übereinanderstehen von Quantität und Träger sowie Qualität und Getragenes etwas verdeckt.

und physiologischen Grenzen jedoch häufig mehr die quantitativen Energiewerte. Das *Getragene* wird in der Regel dagegen *primär nach seiner Qualität* zu beurteilen sein. Hier fehlen jedoch noch wesentliche allgemeine und theoretische Voraussetzungen. Deshalb wird heute noch oft das Getragene allein nach der Quantität in Bit bestimmt. Der ganze Abschnitt 7. ist hierfür eine Beispielsammlung. So entstehen die Probleme bei der Messung der Information mit deren Folge, nämlich die in Kapittel 1 genannte, seit etwa 1960 existierende Informations„krise“.

7.5. Spezielle Informationsarten

7.5.1. Beispiel Biologie

Bereits aus der Biologie (Ergänzungsband) geht hervor, daß es *zwei* prinzipielle *Arten von Information* gibt:

konstruktive und verhaltensrelevante.

Die *konstruktive Information* lagert in den Chromosomen als Nukleotidsequenz. Sie wird jeweils realisiert mit dem ganzen *genetischen Apparat der Zelle.* Die Viren enthalten neben der schützenden Proteinhülle nur diese Nukleotidsequenz. Sie sind deshalb kein Leben. Da ihnen der genetische Apparat fehlt, können sie sich nicht vermehren. Sie benötigen dazu schmarotzend den genetischen Apparat einer anderen lebenden Zelle, den sie sozusagen gewaltsam auf die Vervielfältigung ihrer genetischen Information ummanipulieren.

Die *verhaltensrelevante Information* lagert in den Gehirnen der Lebewesen. Zu ihrer Realisierung wird also der gesamte Organismus benötigt. Die verhaltensrelevante Information kann dabei ausschließlich genetisch erzeugt oder zusätzlich durch Lernen verbessert, verändert oder überhaupt erst entwickelt werden.

Beide Darstellungen sind bewußt etwas unüblich akzentuiert, denn die Information ist sich nicht — wie leicht aus dem Text gefolgert werden könnte — Selbstzweck, sondern vielmehr Mittel zum Zweck des Lebens und Überlebens einer Art, einschließlich deren Weiterentwicklung. Diese Darstellung sollte aber darauf hinführen, daß vom informationellen Standpunkt, neben den beiden oben genannten Informationsarten, auch immer noch das Individuum aus Zellen dazu gehört. Das so entstehende Modell ist jedoch ganz allgemein und läßt sich auch, wie der folgende Abschnitt zeigt, sinnvoll auf die Informationsflüsse in der Technik übertragen.

7.5.2. Beispiel aus der Technik

Alles, was in und mit der Technik geschaffen wird und eine materielle Gestalt erhält, heiße der Einfachheit halber Gerät, und zwar gleichgültig, ob es eine Anlage, Maschine oder etwas anderes sei. Die *Konstruktion* solcher *Geräte* erfolgt in jedem Fall über konstruktive Information. Dies drückte schon ENGELS aus, als er sagte, daß der Mensch von den Tieren sich darin unterscheidet, daß er vor dem Bau eben die Idee des zu Bauenden besäße. Unter den vielen so entstehenden Geräten gibt es steuerbare Geräte. Wird der Begriff steuerbar sehr weit gefaßt, so sind das auch alle Geräte, die irgendwie vom Menschen bedient werden. Dann sind die in Bedienungsanleitungen festgelegten und solche, die auf Lehrgängen jeglicher Art erworbenen Informationen *Steuerinformationen* für diese Geräte. Diese sehr allgemeine Geräteauffassung legt es nahe, die Bezüge zu den Hard- und Softwaredefinitionen von den Abschnitten 5.4.4. und 5.5.4. zu verallgemeinern. Jedes solches *Gerät* wäre dann eine *als Hardware realisierte Information.* Die Realisierung erfolgt über den Konstruktionsprozeß und die Fertigung. Alle *Informationen,* die *zur Bedienung* (*und Wartung*) der Geräte nützlich sind, wären dann die entsprchende *Software.* Solche weite Auffassung wird natürlich sofort auf den Protest der Rechentechniker stoßen, ist aber dennoch im Prinzip nicht falsch. Dennoch soll sie im folgenden eingeengt werden. Zuvor sei aber noch betont, daß es unter anderem auch *autonome Geräte,* wie z. B. Uhren, gibt, die nicht zu den hier behandelten allgemeinen steuerbaren Geräten gehören.

7.5.3. Konstruktive, verarbeitende und auch andere Technik

Die *Anwendung der* allgemeinen *Geräte* des vorigen Abschnittes kann sehr unterschiedlich sein. Es lassen sich im Prinzip *drei* große *Gruppen* unterscheiden:

- Geräte, die der Unterhaltung des Menschen dienen,
- Geräte, die der Fertigung von Etwas dienen,
- Geräte, die Information verarbeiten.

Es muß hier betont werden, daß dieser Abschnitt z. T. ganz erheblichen Widerspruch hervorrufen kann. Er dient nämlich vor allem der klaren Herausarbeitung von einem allgemein brauchbaren Hard-Software-Begriff und soll nicht einer neuen Einteilung der „Maschinen"-Welt dienen. Diese hier gegebene *Einteilung* ist bei allem Amüsement oder allem Ärger, den sie hervorrufen kann, eben *nur Mittel zum Zweck.*

Die erste Gruppe entspricht stark verallgemeinert dem *Spielzeug* und soll hier nicht weiter behandelt werden.

Die zweite Gruppe dient nun vor allem dem unmittelbaren Prozeß der *Hardwarerealisierung* von Information. Aus Biologischem übertragen *entspricht* sie in ihrer Gesamtheit also dem *genetischen Apparat der Zelle.* Dort wird ja auch umgekehrt ein dabei wesentlicher Teil, nämlich die Ribosamen, als „Werkbank" der Zelle bezeichnet. In diesem Sinne könnten diese Geräte also im erweiterten Sinne als Werkzeugmaschinen bezeichnet werden. Werkzeugmaschinen setzen also auf Grund ihrer eigenen Struktur Information und zwar konstruktive Information so um, daß wieder Geräte entstehen. Auf diesen Prozeß ist später noch einmal zurückzukommen.

Die dritte Gruppe der oben genannten Geräte sind *informationsverarbeitende Geräte.* Ihr Prinzipschema zeigt Abb. 7.11. Sie erhalten aus ihrer Umwelt Information, d. h. Daten. Diese Daten werden von der Hardware-Gerätetechnik nach gegebenen Möglichkeiten und zusätzlichen Steuerinformationen verändert umgesetzt, aufgewertet usw., und dabei entstehen neue Informationen. Es ist sinnvoll, die Eingangsinformation als primäre und die Ausgangsinformation als sekundäre Information zu bezeichnen.

Werden nun noch einmal die der *Fertigung* dienenden Geräte mit denen der *Informationsverarbeitung* verglichen, so zeigt sich folgendes: Beide entsprechen genau der Struktur von Abb. 7.11, jedoch mit einem wesentlichen *Unterschied*:

- *Werkzeugmaschinen* verarbeiten Stoff statt Informationen

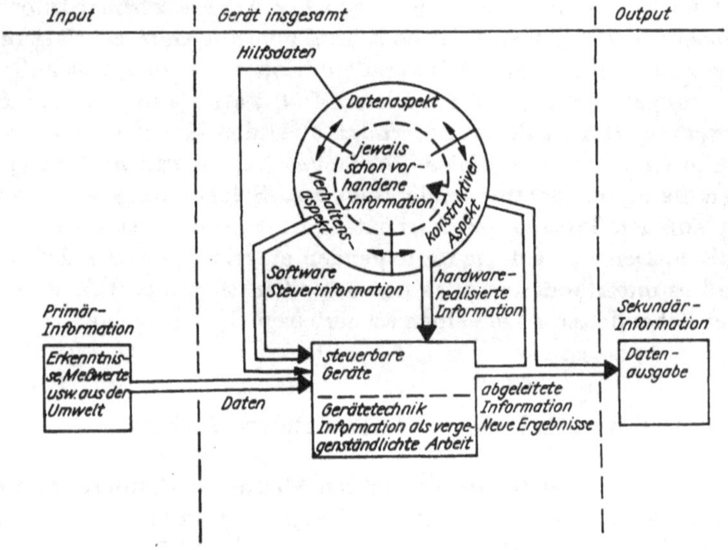

Abb. 7.11 Zur Einteilung von Information am Beispiel der Verarbeitung von Daten mit Hard- und Software.

Hier kann nun leicht hinzugefügt werden:

- *Unterhaltungsgeräte* verarbeiten, besser fordern und prüfen menschliche Fähigkeiten.
  Auch für sie gilt von In- und Output abgesehen Abb. 7.11. Zu diesen „Geräten" im weitesten Sinne gehört folglich auch die *Kunst*.

Jetzt ist es gemäß Kapitel 1 leicht, noch eine vierte Gruppe hinzuzufügen. Für sie gilt

- *Energiemaschinen* verarbeiten Energie statt Stoff und Information.
  Solche Maschinen sind z. B. Kraftwerke, Solarzellen, Gasherde usw. Die soeben gewonnenen Ergebnisse faßt Tab. 7.10 zusammen.

Tabelle 7.10 Heuristische Einteilung von steuerbaren Geräten, Maschinen, Anlagen usw., die dem Zweck dient, die Begriffe Hard- und Software allgemein zu fassen

Gerätezweck bzw. -art	In- und Output der Geräte
Fertigung	Stoff und Material, die zu Produktion verarbeitet werden
Energieerzeugung bzw. -wandlung	Energie bzw. Energieträger
Informationsverarbeitung	Daten
Unterhaltung	physisches und psychisches Interesse des Menschen (Kunst und Spiel) beim Spiel sind u. a. noch Geschicklichkeitsspiele und Spiele zu unterscheiden, die mehr geistige Fähigkeiten verlangen

7.5.4. Hard- und Software allgemein

Entsprechend den vorangegangenen Betrachtungen ist Abb. 7.11 sehr allgemein gehalten. Dies gilt vor allem für den Mittelteil, der als „Gerät insgesamt“ zusammengefaßt ist. Denn dieser Teil kann im Prinzip gleichartig bei allen vier Geräten der Tab. 7.10 existieren. So gibt es, abgesehen von den Rechenanlagen, automatischen Meßgeräten usw., für die die Abbildung gezeichnet worden ist, z. B. auch automatisch steuerbare Werkzeugmaschinen, die NC-Maschinen, regelbare Kraftwerke und neuerdings auch programmgesteuertes Spielzeug in Form der Fernsehspiele oder sogar von Schachspielen. Alle solche Geräte, deren Zahl durch die Entwicklung der Mikroelektronik schnell zunimmt, sind genau in diesem mittleren Teil des Bildes enthalten. Sie können so betrachtet werden, daß aus drei „Eingangsinformationen“ eine „Ausgangsinformation“ erzeugt wird. Dies verdeutlicht dann Abb. 7.12. Dabei ist haupt-

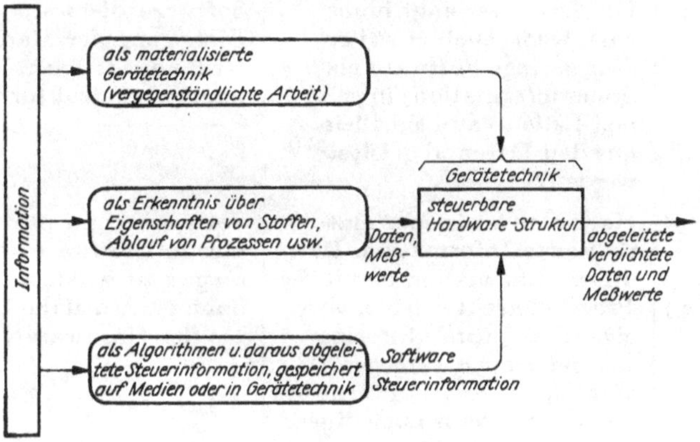

Abb. 7.12 Zur allgemeinen Definition von Hard- und Software. Dieses Bild entspricht etwa dem Mittelteil von Abb. 7.11.

sächlich nur der Datenrückfluß aus der vorhandenen Information fortgelassen worden. Solche Fälle liegen z. B. vor bei Hinzunahme von π, c oder anderen Konstanten. Sie können im Prinzip sowohl gespeichert sein, was oft einer „Hardwareverdrahtung“ entspricht, als auch über Programme regeneriert werden. In diesem Sinne können sie also teils der Hardware-Realisierung, teils der Steuerinformation zugeordnet werden.

Gemäß Abb. 7.12 können nun *drei Arten von Informationen* unterschieden werden:

- Daten als In- und Output,
- Information, die in eine automatisch steuerbare Hardware, also in ein Gerät, umgesetzt ist,
- Steuerinformation, also Software für die Hardware.

Sie sollen im folgenden weiter präzisiert werden. Dabei ist aber zu beachten, daß Hard- und Software, wie bereits in Abb. 5.22 gezeigt und in den Abschnitten 5.4.4. und 5.5.4. ausgeführt wurde, im gewissen Umfange gegeneinander austauschbar sind. Dieses *Hard-Software-Verhältnis* hängt unter anderem von der *Universalität der Hardware* ab. Eine universelle Turing-Maschine braucht für eine gegebene Aufgabe eben

Tabelle 7.11 Wesentliche Eigenschaften der drei allgemein aufgefaßten Informationsarten nach Abb. 7.12

Daten	Hardware	Software
Datentransformation (-verarbeitung ist der eigentliche Zweck von Hard- und Software)	Hardware existiert nur als automatisch steuerbares Gerät	Software existiert nur in bezug auf eine bestimmte Hardware. Software an sich ist sinnlos. Software ist immer in irgendeiner Weise gespeichert
Daten werden mittels Hard- u. Software in neue Daten transformiert	Hardware besitzt also immer eine Redundanz	Software wirkt nicht in der Form, in der sie gespeichert ist. Hier liegt der wesentliche Unterschied zu den Daten
Daten können gespeichert sein, müssen es aber nicht, z. B. bei der Onlinetechnik	Hardware verlangt immer eine, wenn auch zuweilen sehr geringe Software als Steuerinformation (in seltenen Fällen kann sie allein aus den Daten abgeleitet werden)	Software dient der variablen Einengung der Hardware-Redundanz; wirkt in diesem Sinne also strukturbildend
Daten können, von seltenen Ausnahmen (z. B. verdrahtete Konstanten wie π, e usw.) abgesehen, prinzipiell nicht als Hardware auftreten	Hardware ist immer materialisierte Information. Da dieser Information damit der Prozeßcharakter fehlt, ist es eigentlich „tote" Information oder auch vergegenständlichte Arbeit. Hardware entspricht somit auch einem Speicherzustand. Hardware wird immer nach ökonomischen Gesichtspunkten gefertigt. Es geht bei ihr das Verhältnis von Aufwand und Leistungsfähigkeit ein.	Software kann prinzipiell immer in Hardware konstruktiv umgesetzt werden, dabei wird dann eventuell die Universalität der Hardware verringert

viel mehr Software als eine Spezialmaschine, die besonders auf diese Aufgabe hin entwickelt wurde. Dieses Verhältnis äußert sich auch, wie schon gezeigt, in dem Diagramm von Abb. 7.8 bezüglich *instrumenteller und konstruktiver Komplexität.* Unter diesen und schon früher genannten Besonderheiten ergeben sich die wesentlichen Eigenschaften der drei Informationsarten gemäß Tab. 7.11. Es sei aber auch darauf hingewiesen, daß wie im Ergänzungsband ausgewiesen, jede *Hardware* gewissen *physikalischen Gesetzen folgt.* Diese physikalischen Gesetze sind für sie so auszuwählen und konstruktiv zu gestalten, daß die Hardware eben bei normalen Betriebsbedingungen genau das leistet, was der entsprechende Algorithmus vorschreibt. Hier liegt eine besondere Art der Ökonomie der Hardware. Es zeigt sich nämlich, daß vor allem die *Elektronik* gerade und vor allem so *flexibel* ist, daß mit ihr viele Gesetze realisiert werden können.

7.5.5. Neuigkeitswert der Information

Eine Problematik des Neuen wurde bereits in Abschn. 6.4.5. über die Kreativität behandelt. Hier ist mehr die Frage interessant, wie weit *aus gegebenen Daten mittels Datenverarbeitung Neues* gewonnen werden kann. Dabei gelte zunächst die Aussage, daß eine *Erscheinung* mehr Information enthält als das entsprechende *Gesetz* (z. B. Ursul [U3, S. 121]). Danach werden sogar Daten, welche die Erscheinung repräsentieren, durch das aus ihnen gewonnene Gesetz bezüglich des Informationsgehaltes reduziert. Dennoch ist das Gesetz etwas Neues, da vorher nicht dagewesenes Allgemeingültiges. Wie problematisch dann wieder die Rechnung mit Gesetzen ist, um aus ihnen neue Gesetzesaussagen zu gewinnen, wird genauer im Ergänzungsband behandelt. Erst aus solcher Sicht wird die oft gebrauchte Aussage: „Information ist beseitigte Unsicherheit" in großer Breite besonders fragwürdig. Insgesamt gibt es also offensichtlich *mehrere Wege Neues zu gewinnen.* Dabei wurde die Frage: *„Neues für Wen?"* wenn von der Kreativitätsbetrachtung abgesehen wird, hier bewußt noch nicht gestellt. Sie entsteht besonders deutlich im Zusammenhang mit dem *Festwerspeicher* (s. Abschn. 6.3.3.): Wieso liefert ein ROM, dem nur einmal Daten eingeprägt wurden, unter bestimmten Umständen immer wieder „neue" Information? Auf den Menschen übertragen wird die äquivalente Frage besonders im Gebiet der *Kunst* wichtig. Jedes erschaffene und damit materiell fixierte Kunstwerk ist ja eigentlich ein Festwertspeicher. Besonders geeignete Beispiele sind ein Bild, eine Statue oder eine Schallplatte. Die Frage lautet hier sogar, wieso ist ein solches *Kunstwerk unerschöpflich?* Exakt gilt die Frage natürlich nur im Sinne des kombinatorischen Zahlenbereichs von Abschn. 7.3.3. bzw. 7.3.5. Bereits durch diese letzte Präzisierung ist auch die Frage im Prinzip beantwortet. Der vom Menschen *aufnehmbare Informationsfluß* und gegebenenfalls auch sein *Dauergedächtnis* sind im Vergleich zum *Informationsgehalt des Kunstwerkes* so klein, daß es nicht vollständig in sein Gedächtnis gelangen kann.

Verallgemeinert folgt hieraus, daß ein Festwertspeicher ständig dann neue Informationen an ein System zu liefern vermag, wenn seine Speicherkapazität größer als die des Systems ist. Hierdurch erscheint auch die Unendlichkeit der Welt und jedes Teiles von ihr in einem neuen Licht. Es wird aber ersichtlich, wie wesentlich es ist, *viele Daten zu einem Gesetz vereinigen* zu können. Ein Musterbeispiel lag hier bei den *spektroskopischen Daten* vor. Sie füllten schon eine lange Bücherreihe, bevor sie durch die Formeln von Bohr auf wenige Seiten reduziert werden konnten. Hierbei schlug die Quantität in eine neue Qualität um. Solche möglichen Effekte engen z. T. ganz erheblich die „Informationslawine" ein. Ein zwar nicht so extremes aber dennoch bedeutsames Beispiel liefern die wissenschaftlichen *Taschenrechner.* Durch Tschebischew-Approximation erreichen sie mit einfachsten Algorithmen die viel umfangreicheren und dazu noch weitaus genaueren Tabellenwerte, z. B. für die logarithmischen und trigonometrischen Funktionen.

Einen gewissen Zusammenhang mit dem eben geschilderten hat auch die *Information und Dokumentation.* Im Idealfall müßten durch Dokumentation die jeweils neuen Informationen verdichtet aufbereitet werden. Dies geht natürlich nur in den seltensten Fällen. Fuchs-Kittowski fordert generell ein *richtig organisiertes Umgehen mit Information* und prägt dafür den Begriff *Orgware.*

7.5.6. Nochmals Biologie

Zuweilen wird die Frage gestellt, ob es denn auch in der Genetik und im Gehirn *Hard-* und *Software* gibt. Solche Fragen können natürlich nur im analogen Sinne zur Gerätetechnik gestellt und beantwortet werden. Streng genommen hieße dies nämlich, das Leben nach der Technik zu beurteilen und nicht, wie es richtig ist, die Technik nach und für den Menschen gestalten.

Unter diesen Einschränkungen enthalten die *DNS-Sequenzen* ähnlich wie beim Rechenautomaten Daten und vor allem *Programminformationen* (Software). Die Hardware, mit der dies wirksam wird, ist der genetische Apparat. Die *In-* und *Outputgrößen* im Sinne von Abb. 7.11 sind hierbei aber der Metabolismus aus Energie- und Stofftransport.

Beim *Gehirn* sind die Verhältnisse selbst unter den oben gemachten Einschränkungen komplizierter. Auf alle Fälle ist das Gehirn an sich dann Hardware. Bei den Insekten usw. sind aber praktisch alle Reaktionen bereits genetisch determinert. Hier wirkt also jeder Außenreiz so, daß er ein *Verhaltensprogramm* (eine *hardwarerealisierte Software*) abruft bzw. auslöst, und es kommt in jedem Fall die *Autonomie* der lebenden Materie ins Spiel. Die Eingangsdaten lösen ein bestimmtes Verhalten aus und bewirken keine neuen Daten.

Noch unübersichtlicher sind die Verhältnisse bei *lernenden Lebewesen*. Hier wird offensichtlich (so weit dazu überhaupt schon einiges bekannt ist) mit allen neuen Eigenschaften die „Verschaltung" (Hardwareverdrahtung) im Gehirn verändert. Dieser Prozeß ist dem eben geschilderten zumindestens überlagert. Man kann dies vielleicht auch so ausdrücken, daß es im Gehirn nach den bisherigen Kenntnissen keine getrennten Speicher gibt, sondern daß das Gehirn *ganzheitlich*, also als Einheit, Information verarbeitet und speichert. Deshalb ist auch bei allen Einschränkungen der nur gewünschten Analogien eine Hard- und Softwaretrennung wahrscheinlich nicht möglich. Das *Gehirn funktioniert* sehr *wahrscheinlich anders als die technischen Automaten*. Das schließt jedoch nicht aus, daß einige Eigenschaften von Lebewesen sich auf Rechnern recht gut *simulieren* lassen. Es folgt aber wohl auch daraus, daß dies kaum für ein ganzes Gehirn oder gar für ein ganzes Lebewesen möglich sein dürfte. Es ist daher anzunehmen, daß sich das *Leben über mehrere Hierarchiestufen der Unschärfe* (Abschn. 7.3.3.) die Möglichkeit geschaffen hat, irgendwie dem kombinatorischen Zahlenbereich (Abschn. 7.3.2.) näherzukommen bzw. ihn besser *abzubilden* oder *widerzuspiegeln* als alle anderen Entwicklungsstufen der Materie.

7.6. Trägerprozesse

Informationsträger sind *stofflich-energetischer* Natur. Sie unterliegen damit den physikalischen Gesetzen. Deshalb ist es sinnvoll und nützlich, sie entsprechend den 3 Koordinaten des *Raumes* und der *Zeit* zu klassifizieren. Dabei entstehen 8 *Trägerarten*, wie sie Tab. 7.12 zeigt. Es sei auch auf Zusammenhänge mit den Abschnitten 2., 5. und 6.3 verwiesen. Besonderer Erwähnung bedarf wohl der dimensionsfreie Träger. Er wurde vor allem der formalen Vollständigkeit halber eingeführt.

Ein wesentliches Kennzeichen der Information ist, daß für das Getragene ohne wesentliche Änderung der *Träger gewechselt* werden kann. So ist es interessant, einmal

Tabelle 7.12 Die acht Möglichkeiten von Informationsträgern, wenn sie nach Raum und Zeit klassifiziert werden [V23; V35]

Symbol	Existenz	Beispiele
$F(0)$	unabhängig von Ort und Zeit	Zahlen, Begriffe
$F(x)$	längs eines Weges	Magnetband, Schallplattenrille
$F(x, y)$	auf einer Fläche	Bild, Fotografie
$F(x, y, z)$	im Raum	Plastik, räumliches Modell
$F(t)$	in der Zeit	Sprache, Schallereignis, elektrisches Signal
$F(x, t)$	längs Weg und Zeit	Verkehrsbelastung von Straßen
$F(x, y, t)$	auf einer Fläche mit Änderung in der Zeit	Film, Fernsehbild
$F(x, y, z, t)$	in Raum und Zeit	Theateraufführung

die Klassifikation der Prozesse des Trägerwechsels zu untersuchen. Hierzu wird eine Matrix aus den acht Trägerarten als Ein- bzw. Ausgangsgsgrößen gebildet. In die dabei entstehenden Felder sind dann die entsprechenden Trägerprozesse beispielsweise einzutragen. So entsteht Abb. 7.13. Für einige Felder sind keine spezifischen Trägerwechsel bekannt. Diese Matrix hat nun einige Eigenschaften, die einer weiteren Untersuchung wert sind. Es lassen sich nämlich die einzelnen Felder zu *Gruppen mit spezifischen Prozessen* zusammenfassen. Dies erfolgt in Abb. 7.14 und ist durch entsprechende Schraffur für die Gruppe A bis G angedeutet. Dabei sind die Gruppen A bis D *Grundprozesse* und wurden deshalb auch bereits in Abb. 7.13 stärker umrahmt und so zusammengefaßt. Die Gruppen E bis G sind *zusammengesetzte Prozesse.* (Sie werden daher erst in Abschn. 7.6.2. nach den Grundprozessen behandelt.)

7.6.1. Grundprozesse

Eine Zusammenstellung der Grundprozesse zeigt Tabelle 7.13. Während für die Prozesse der *Übertragung* nur ein Feld existiert, gibt es bei den *Speicherzuständen* deren acht. Sie werden nochmal in zwei Untergruppen eingeteilt, und zwar jene, bei denen die Dimensionszahl erhalten bleibt (B_0 bis B_3), und jene, bei denen die Dimension erhöht (C_2) bzw. erniedrigt wird. Weiter existiert noch der schon in Abschn. 5.3. behandelte Aufzeichnungs- und Wiedergabevorgang. Alle diese Prozesse lassen sich jetzt noch weiter unterteilen.

Für die *Übertragung* zeigt Tab. 7.14 einige Zusammenhänge. Dabei ist zu beachten, daß, wie schon in Abschn. 2.4. gezeigt wurde, Signale für die Übertragung sowohl bezüglich der Amplitude als auch bezüglich der Frequenz zu betrachten sind. Hieraus folgen die drei Untergruppen der Tabelle. Die Mehrzahl dieser Trägerwechsel sind *reversibel* durchführbar, d. h., sie lassen sich auch rückgängig machen. Nicht enthalten sind in der Tabelle 7.14 die schon in Abschn. 2.4. und 2.5. behandelten *Quantisierungen* in Amplitude und/oder Zeit.

Eine Untersuchung der *Speicherzustände ohne Änderung der Koordinatenzahl* enthält Tab. 7.15. Die Spezialfälle sind meist auf flächenhafte Bilder also: $F(x, y) \leftrightarrow F'(x, y)$ bezogen. Sie dürften aber auch leicht auf die anderen Fälle übertragbar sein. Als *Informationszelle* ist immer die kleinste, eine Information tragende Speicher-

Ein \ Aus	F(0)	F(x)	F(x,y)	F(x,y,z)	F(t)	F(x,t)	F(x,y,t)	F(x,y,z,t)
F(0)	Festwert-speicher	Daten-speicherung	Symbole Ziffern Buchstaben		Meßwert- und Digital-Wiedergabe			
F(x)	Ablesen eines Zeiger-instruments	Magnetband-umzeichnung Vererbung	graph. Darst. einer Gleichg. Videofile-Wiedergabe		Wiedergabe-vorgang der Speicherung	lineare Transport-probleme	Wiedergabe einer Video-speicherung	Theater-aufführung
F(x,y)	gerasterter Druckstock Zeichenerken-nung	Videofile-aufzeich-nung	Reprotech-nik Druck	Hologramm-Wiedergabe	Bildabta-stung und -wiedergabe	Verfolgen eines Kurvenzuges	Filmwieder gabe Nach-zeichnen eines Bildes	Bau eines Gebäudes nach Skizzen
F(x,y,z)			Photographie Landkarte m. Höhenlinien Hologramm-aufnahme	Holographie				
F(t)	Speicherung von Rechner-signalen	Signalauf-zeichnung	Oszillographie Bildwieder-gabe Sonogramm		Signal-übertra-gung	Bildtele-graph Fernschreiber	Fernsehbild-wiedergabe	
F(x,t)			Weg-Zeit-Diagramm					
F(x,y,t)		Videoauf-zeichnung	Filmaufnah-me Zeichnen Moment-photographie		Film-abtastung		Kinemato-graphie Fernsehüber-tragung	
F(x,y,z,t)		Roman	Filmauf-nahme Lichtpunkt-analyse		mündlicher Bericht			echter Stereofilm

Abb. 7.13 Matrix der 64 möglichen Trägerwechselprozesse, wenn als Bezugspunkt für die Ein- bzw. Auszugsgrößen die Einteilung von Tab. 7.12 verwendet wird [V35; V22].

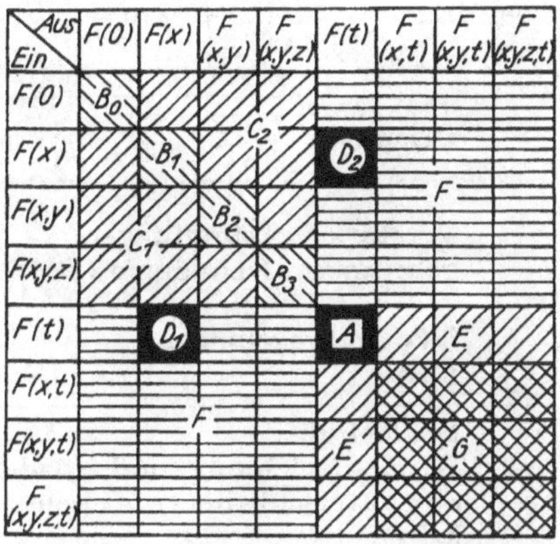

Abb. 7.14 Einteilung der Matrix von Abb. 10.13 in die Prozeßgruppen A bis G [V22; V35].

Tabelle 7.13 Zusammenstellung, Einteilung und Beschreibung der Grundprozesse von Abb. 7.14 [V23; V35]

Bezeichnung	Buchstabe	Funktionen	Beispiele
Übertragung	A	$F_1(t) \to F_2(t)$	Nachrichtentechnik
Speicherzustände	B_0	$F_1(0) \to F_2(0)$	Magnetbandsortieren
	B_1	$F_1(x) \to F_2(x)$	Schallplatte auf Magnetband umspielen
	B_2	$F_1(x, y) \to F_2(x, y)$	Fotografische Vergrößerung oder Bearbeitung
	B_3	$F_1(x, y, z) \to F_2(x, y, z)$	Schaffung von räumlichen Modellen
Dimensionsändernde Speicherung	C_1	$F(x, y, z) \to F(x, y) \to F(x) \to F(0)$	Schattenbild eines Gegenstandes
	C_2	$F(0) \to F(x) \to F(x, y) \to F(x, y, z)$	Herstellung von Geräten nach Zeichnung
Aufzeichnungsvorgang	D_1	$F(t) \to F(x)$	Magnetbandaufzeichnung
Wiedergabevorgang	D_2	$F(x) \to F(t)$	Schallplattenwiedergabe

zelle, z. B. also ein *Flächendetail*, gemeint. Hier sind dementsprechend Änderungen möglich, welche die Eigenschaften der einzelnen Zelle betreffen. Ihre Untergruppen sind bereits im Abschn. 6.1.2. behandelt worden. Auch die Maßstabsänderungen als zweite und die kombinierten Änderungen als dritte Gruppe dürften unmittelbar verständlich sein.

Wird die Koordinatenzahl geändert, so sind reversible und irreversible Änderungen besonders deutlich zu unterscheiden. In diese Gruppen ist auch die Tab. 7.16 eingeteilt. Es seien zunächst die reversiblen Änderungen betrachtet. Sobald die Informationszellen genau gequantelt sind, ist es kein Problem, die einzelnen Zellen umzuordnen. Weiter können auch die Eigenschaften der Informationszellen in den Austausch einbezogen werden. Dies ist z. B. möglich, wenn mehrere Farben zur Unterscheidung herangezogen werden. Dabei kann z. B. mittels der drei kombinierbaren Grundfarben die Richtung der Koordinaten eines Schwarzweißbildes wiedergegeben werden.

Tabelle 7.14 Beispiele einiger Änderungen bei Trägerwechselprozessen der Übertragung [V23; V35]

Allgemeines Prinzip	Spezialfälle	Beispiele
Amplituden-verzerrungen	— linear — nichtlinear — quasilinear mit Verzögerung — frequenzselektiv	Verstärker, Dämpfungen gekrümmte Kennlinien (Begrenzung) Dynamikregelungen Filter
Zeittransformation	— additiv — multiplikativ — multiplikativ und unstetig — nichtlinear	Laufzeitglieder Bandaufzeichnung und -wiedergabe mit unterschiedlichen Geschwindigkeiten Transponierungsvierpole z. Z. kein Beispiel
Amplituden-Zeit-Verlagerungen	— kontinuierlich	Amplituden- und Frequenzmodulation, einige Impulsmodulationen, Kodierung, Digitalisierung

Tabelle 7.15 Beispiele von Speicherprozessen ohne Änderung der Koordinatenzahl [V23; V35]

allgemeines Prinzip	Spezialfälle	Beispiele
Änderung der Eigenschaften von Informationszellen	— linear — nichtlinear — quantisiert — differentiell — selektiv	kontraständernde Kopien Negative Gradationsverzerrungen Schattenriß (Scherenschnitt) Äquidensitometrie Detailfiltertechnik Farbauszüge
Maßstabänderungen	— linear — nichtlinear — quantisiert	Vergrößerungen Verkleinerungen Koordinatentransformationen (Kugel-Zylinder) Landkartenprojektionen funktionstheoretische Abbildungen Rasterdruck
kombinierte Änderungen		Bildbearbeitungen (Darstellende Kunst)

Bei den irreversiblen Änderungen ist eigentlich nur die *Unterdrückung von Koordinaten* interessant, denn eine Aufweitung gegenüber dem Original bietet nur zusätzliche Freiheiten. Dementsprechend wurde der zweite, untere Teil von Tab. 7.16 ausgewählt.

Die Aufzeichnungs- und Wiedergabeprozesse wurden bereits ausführlich in Abschn. 6.3. behandelt.

Tabelle 7.16 Beispiele von Speicherprozessen mit Koordinatenänderung [V23; V35]

I. Reversible Koordinatenänderungen

allgemeines Prinzip	Beispiele
Probenerzeugung nach Abtasttheorem und anschließende Umordnung	— zeilenweises Abtasten und Schreiben der Bildtelegrafie bzw. Videospeicherung
Austausch zwischen Anzahl der Informationszellen und ihren Eigenschaften	— Holographie — Darstellung der Höhen durch Farben auf Karten
Anwendung spezieller Transformationen	— Parameterdarstellung — Oszillograph
Relative Unterdrückung und Rekonstruktion	— perspektivische Darstellung — Grund- und Aufriß — Höhenlinien

II. Irreversible Unterdrückung von Koordinaten

Auswahl eines möglichst repräsentativen Punktes (Linie oder Fläche)	— Schnitt einer Konstruktion — Mikrotomschnitt — Querschnitt eines Rohres
Mittelwertsbildung oder Integration	— Röntgenaufnahme (Dickeneinfluß) — Belichtungsmesser (Helligkeitswerte) — Unschärfe bei der Fotografie
Spitzenwertbildung	— Schattenriß — Scherenschnitt

7.6.2. Zusammengesetzte Prozesse

Alle zusammengesetzten Prozesse, also *E* bis *G* in Abb. 7.14, lassen sich formal immer auf ein Nacheinander von mehreren Grundprozessen zurückführen. Dies bedeutet aber nicht, daß sie auch in Wirklichkeit so stufenweise ablaufen müssen. Jedoch werden sie durch solche Betrachtungen übersichtlich.

Im Gebiet *E* besteht eine *Signalübertragung*, bei der eigentlich vorhandene *Raumkoordinaten unterdrückt* werden. Dies ist z. B. bei der monophonen und bedingt auch bei der stereophonen Schallübertragung der Fall, denn das eigentliche Schallfeld ist ja räumlich-zeitlich strukturiert. Dies zeigen die Orte der Schallquellen, die Reflexionen des Schalles an Wänden und der Nachhall. Beim Fernsehen wird immer die räumliche Koordinate irreversibel unterdrückt. Sie ist bestenfalls noch mittels der Perspektive erkennbar. Aber reversibel wird über die Zeilenquantisierung auch die flächige Koordinate während der Übertragung unterdrückt.

Im Gebiet *F* liegen komplizierte Speicherprozesse vor. Zusätzlich zu den Aufzeichnungs- und Wiedergabeprozessen von *D* werden hier noch reine Speicherprozesse *B* und *C* ohne bzw. mit Änderung der Koordinatenzahl einbezogen. Ein besonders einfaches Beispiel ist das *Max-Min-Thermometer*. Mittels Spitzenwertbildung (Tab. 7.16 untere Hälfte) wird die zeitliche Koordinate über eine Zeit-Ortstransformation unterdrückt. Einen zweidimensionalen Ausschnitt des raumzeitlichen Geschehens liefert eine *Momentfotografie*. Auch die *Lichtpunktanalyse* ist ein interessantes Beispiel. Hier wird z. B. bei der Untersuchung von Bewegungsabläufen an der Hand eine

Glühlampe befestigt. Bei offenem Kameraverschluß werden dann auf der Fotografie alle Wege sichtbar.

Die Prozesse von *G* enthalten generell Orts- und Zeitkoordinaten. Sie sind daher besonders kompliziert und technisch praktisch nur ausnahmsweise genutzt. Dies geht aber auch aus Abb. 7.13 hervor.

7.6.3. Anwendungsbeispiel Bild und Film

In den letzten zehn bis zwanzig Jahren hat die elektronische Bild- und Filmspeicherung im Zusammenhang mit dem Fernsehen große Bedeutung erlangt. Mit dem Aufkommen dieser Technik gab es eine Vielzahl von Diskussionen um die „*audiovisuellen Medien*“. Es entstand die Frage, ob sie nicht eventuell sogar den *Blutdruck* vollständig verdrängen könnten. Hierauf wurde bereits in Abschn. 6.3. (und Ergänzungsband) eingegangen. Dort wurde auch gezeigt, daß alle Medien ihre speziellen Vorteile und Nachteile besitzen. Eine ähnliche Diskussion entstand insbesondere durch das Problem der *Silberressourcen* bezüglich des Verhältnisses von Foto-Film und Videospeicherung, sei es auf Magnetband, Bildplatte oder anderweitig. Eine Analyse hierzu ist u. a. in [V29] enthalten. Dabei ließ sich mittels des Matrix-Schemas von Abb. 7.13 und 7.14 eine recht detaillierte systematische *Analyse aller Bildprozesse* gewinnen. Sie zeigt Abb. 7.15. Hervorgehoben sind darin jene Prozesse, die vor allem für den

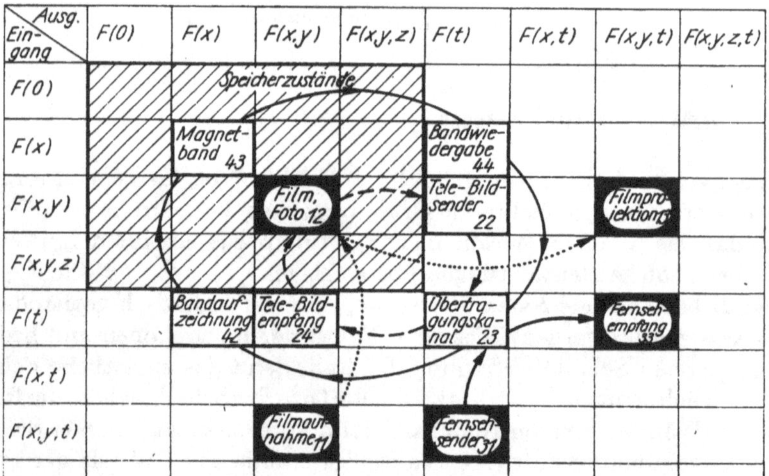

Abb. 7.15 Anwendung der Matrixeinteilung auf die Prozesse der Bildübertragung [V29]. Es können deutlich fünf verschiedene Techniken erkannt werden, die sich z. T. aus mehreren Prozessen zusammensetzen und die nacheinander ablaufen. Zur Kennzeichnung dieser zusammengesetzten Prozesse dienen die Nummern in den Feldern

- Einzelbildfotografie 12,
- Kinofilm 11 → 12 → 13,
- Bildtelegrafie 12 → 22 → 23 → 24 → 12,
- Fernsehen (direkt) 31 → 23 → 33,
- Fernsehspeicherung 31 → 23 → 42 → 43 → 44 → 23 → 33.

Nutzer besonders augenscheinlich sind. Es lassen sich aber auch fünf generelle Techniken erkennen. Sie werden durch die Abbildungsunterschrift erläutert. Der im vorigen Abschnitt erwähnte stufenweise Ablauf der Prozesse ist z. T. besonders ausgeprägt.

7.7. Versuch zur Klassifikation des Getragenen

Dieser Abschnitt trägt einen besonders ausgeprägten *heuristischen und spekulativen Charakter*, wird in ihm doch versucht, zur Qualität der Information, insbesondere der Qualität des Getragenen, etwas Konstruktives auszusagen. Dabei wird die neueste Form des seit etwa 1960 über Um- und Nebenwege entwickelten Systems vorgestellt. Dieses System versucht, den Ansprüchen zu genügen, die insbesondere in den vorangegangenen Abschnitten dieses Kapitels geltend gemacht wurden. Es versucht aber auch, die Konsequenzen aus dem vorliegenden Inhalt der Studie für diesen Aspekt der Information zu ziehen. Aus diesem Grunde können die folgenden Konstruktionen, genau wie die vorangegangenen, nur vorläufig sein. Sie müssen sich weiter bewähren und werden dabei sicher in einigen Punkten modifiziert, in anderen präzisiert werden. Es soll aus diesen Gründen auch nicht die Entwicklung des vorzustellenden Systems beschrieben werden. Sie kann bei Interesse an den im Literaturteil zitierten Arbeiten nachvollzogen werden.

7.7.1. Zur Semiotik und Semantik

Bevor das neue und dazu gewiß nicht einfache System vorgestellt wird, scheint es mir noch notwendig zu sein, ein paar Aussagen zur *Semiotik* bzw. zur *Semantik* zu machen. Noch wird nämlich meist die Annahme vertreten, daß eine semiotische oder vielleicht sogar schon eine semantische Informationstheorie alle Probleme, die heute bestehen, einmal konstruktiv beheben könnte. Aus diesem Grunde wurde im Rahmen dieser Studie sehr *gründlich* die Semantik aller Gebiete *untersucht*, und dies wird als *Ergänzungsband* erscheinen. Ich muß daher jetzt eine Behauptung aufstellen, die Sie, lieber Leser, erst später nachvollziehen können. Die Semantik wird mittlerweile einmal so vielfältig verwendet, daß kein einheitlicher Kern mehr zu erkennen ist. Eine „Theorie" der Semantik gibt es ferner kaum auf einem dieser Gebiete. Sie ist zumindest so wenig entwickelt, daß sie z. Z. nicht imstande ist, Grundlagen für eine semantische Maßtheorie oder auch nur Meßmöglichkeiten bzw. Meßprinzipien für eine semantische Information zu liefern.

Die *Semiotik* hat dagegen zwar den Vorteil, daß in ihr bereits drei Klassen, nämlich *Syntax*, *Semantik* und *Pragmatik*, unterschieden werden. Dabei gibt es recht gute Ergebnisse zur Syntax. Auf dem Gebiet der *formalen Sprachen* wurde ein sehr hoher Stand erreicht, der für die Information sehr nützlich ist. Zur Pragmatik gibt es dagegen fast keine Aussagen, und bei der Semantik wiederholt sich das gerade Gesagte.

Vielleicht besteht über die Sprache, d. h. die Sprachsimulation, sowie bei den Versuchen zum automatischen Sprachverstehen das Problem, alles oder nichts versuchen zu müssen. Mir scheint es jedoch wichtig zu sein, Stufen zu finden, auf denen die Problematik der allgemeinen Information, vielleicht auch einer *allgemeinen Informationstheorie, etappenweise aufzubauen* ist. Es sei ein zwar simples, aber in Analogie verständliches Beispiel aus der Physik und Meßtechnik herangezogen. Leider dürfte es eigentlich nur noch den älteren Kolleginnen und Kollegen voll verständlich sein.

Wie schwer hatten es nämlich noch vor etwa 30 Jahren die Lehrer und Dozenten, wenn sie den Unterschied von schwerer und träger Masse bzw. *Masse und Gewicht* klarzumachen hatten. Heute werden solche Probleme weitgehend oder gar vollständig durch die entsprechenden Einheiten kg und N vermieden. Dabei entspricht ein Newton 9,80665 kp. Früher waren p und g eben eine einzige Einheit. Es waren also das Gewicht einer Masse im Schwerefeld der Erde (das sich mit dem geographischen Ort sogar noch ändert) und die Masse als „Stoffmenge“ nicht unmittelbar zu unterscheiden. Heute weiß dagegen jedes Kind, daß die Masse überall gleich ist, während ihr Gewicht auf dem Mond eben viel kleiner als auf der Erde ist.

Ich vermute in Analogie hierzu, daß ähnlich gelagerte Probleme bei der Information uns noch bevorstehen und daß mit der semantischen Information zuviel auf einmal versucht wird. So nehme ich auch an, daß in jedem Gebiet die Wissenschaftler gut intuitiv wissen, was sie hier unter Syntax, Semantik und Pragmatik verstehen, und sie dementsprechend verwenden. Dagegen ist im Prinzip auch nichts einzuwenden, doch so etwas hilft bei einer so allgemeinen Kategorie wie der Information nicht weiter. Ich versuche daher, anders heranzugehen.

7.7.2. Zum allgemeinen Prinzip

Um die soeben genannten Probleme zu vermeiden, schien es mir prinzipiell nicht sinnvoll, die Begriffe Semiotik, Syntax, Semantik und Pragmatik weiter zu verwenden. Jeder Versuch, sie neu zu definieren, würde die Verwirrungen nur vergrößern und müßte in fast jedem Fall bei den Vertretern, die diese Begriffe in irgendeiner Form schon verwenden, entweder Widerspruch oder aber zumindest unbrauchbare Assoziationen hervorrufen.

So bemühte ich mich immer mehr, die *neuen*, aber allgemein gültigen *Inhalte zu erkennen, zu klassifizieren und zu beschreiben*. Diese müssen dann neu bzw. anders benannt werden. Dabei besteht sofort die Gefahr, daß solche Namen, deren Begriffsinhalte auch schrittweise zu präzisieren sind, sich nur sehr schwer einführen lassen und daß sie bei der Präzisierung eventuell noch geändert werden müssen. Dennoch schien mir dieser Weg richtiger, und ich glaube, daß er sich bei aller Vielfalt der Problematik doch als günstig erwiesen, ich sage bewußt nicht, sich bewährt hat. Wer sich meine Arbeiten genau anschaut, erkennt, daß ich im folgenden die dritte Variante vorlege, wobei allerdings zumindest *zwei Grundprinzipien* beibehalten werden konnten, nämlich

- das Aufsteigen vom Einfachen zum Komplizierten
- die verdichtete Beschreibung mit einer möglichen Einheit und einem typischen Verb sowie einem zugehörigen Systemaspekt.

Allgemein ist ein *Substantiv* präziser definiert als ein *Verb*. Darauf beruht ja auch der in fast allen Sprachen vorhandene Trend in der Wissenschaft, immer mehr Substantive zu gebrauchen. Die Sprache der Literatur ist dagegen nach wie vor betont verbenreich. Dies wird bei der Kombination Verb—Substantiv bewußt ausgenutzt. Das Substantiv als Grundgröße drängt nach seiner Definition, das Verb umschreibt sie zunächst unscharf.

Wenn es gelingt, die *Qualitäten des Getragenen* nach den verschiedenen zuvor genannten Prinzipien und Zielen ausreichend zu *klassifizieren,* dann wird m. E. *in jeder Klasse* eine Messung möglich, die zu einer *Maßzahl* führt, der zur Kennzeichnung der Klasse eine entsprechende *Einheit* zugeordnet werden sollte. Das heute noch als allgemein gültig aufgefaßte Bit wird dann durch eine bestimmte Anzahl von Maßeinheiten spezifiziert. Ich vermute weiter, daß es unter den so möglichen Maßeinheiten auch *Basiseinheiten* gibt, aus denen sich ein ganzes Maßsystem für die Information, möglicherweise durch Potenzprodukte aus den Basiseinheiten, aufbauen läßt. Schließlich vermute ich noch, daß hierbei hierarchische Strukturen mit Unschärfe wesentlich sein könnten. Dies ist langfristig mein Ziel. Wie lange so etwas dauern kann, mag sich aus dem Kapitel Meßtechnik im Zusammenhang mit dem SI ergeben. Bei mehreren Jahrhunderten Erfahrung der Physik brauchte es schließlich noch von dem Zeitpunkt an, da die Grundlagen der SI klar waren, bis zu seiner Durchsetzung immerhin ca. 50 Jahre und das trotz der damit verbundenen Vorteile in Wissenschaft, Technik und Ökonomie. Ich glaube nun annehmen zu dürfen, daß die wissenschaftlichen und volkswirtschaftlichen Konsequenzen eines exakten Maßsystems für die Information (wo ich bei dem „die" zögere) ähnlich bedeutsam sein dürften. Ich bin allerdings auch davon überzeugt, daß zuvor noch ein langer Weg der bitterschweren Erkenntnis notwendig ist. Auch dies sei bei der folgenden Darstellung bedacht.

Im folgenden wird deshalb ein *Maßsystem* für die Information vorgeschlagen, das nach — sicher heftigen — Diskussionen und Änderungen ähnliche Bedeutung wie die Maßeinheiten des System International haben könnte. In Tab. 7.17*) sind die Vorschläge für *sechs Qualitäten* des Getragenen zusammengefaßt. Es sei noch einmal bemerkt, daß es sich hier um ein *vorläufiges System* handelt, das im weiteren der *Bewährung* und der *Präzisierung bedarf.* Es ist ferner kein eigenständiges System Es fügt sich entsprechend den Ausführungen dieses Kapitels in eine *Gesamtkonzeption* für die *Information* ein. Dabei ist Information einmal nach *Träger und Getragenem* zu unterscheiden. Für den Träger und seine Prozesse gelten insbesondere die Aussagen des Abschn. 7.6. Sowohl Träger als auch Getragenes können weiter nach *Quantität und Qualität* unterrschieden werden. Ihnen beiden können also Maßzahlen und Maßeinheiten zugeordnet werden. Beim Träger gilt z. B., daß er elektrisch ist und einen Pegel von 5 V hat. Beim Getragenen wird angenommen, daß die vorgestellten sechs Qualitäten so etwas wie Basiseinheiten sind und daß mit jeder von ihnen oder mehreren kombiniert eine Information gemessen werden kann.

Es liegt nun nahe, eine Matrix der *Qualitätswandlungen* mit den 6 Qualitäten als Ein- bzw. Ausgang aufzustellen zu versuchen. Es ist dabei aber erstaunlich, daß in ihr nur wenige Felder belegbar sind. Das sind vor allem diejenigen, bei denen die Qualität um eine Stufe umschlägt. Dies wird aber bereits im wesentlichen bei den einzelnen Qualitäten behandelt. Hieraus wäre nochmals zu folgern, daß die angenommenen *Qualitäten* genau *hierarchisch* aufeinander bezogen sind. Vielleicht stellen sie sogar so etwas ähnliches wie ein *Orthogonalsystem* dar. Beides schließt aber nicht aus, daß Qualitäten gemeinsam auftreten. Dies zeigen auch die Abbildungen zur Erläuterung

---

*) Sie ist als Anlage eingelegt.

der Qualitäten im Sinne der gemischten Systeme, z. B. sensorisch-effektorisch. Dies unterstützt auch die Vermutung nach den *Potenzprodukten der Maßeinheiten*, ähnlich dem System International.

7.7.3. Symbolische Qualität

Eigentlich besteht für die symbolische Qualität des Getragenen dasselbe Problem wie bei der Nulldimensionalität der Trägerklassifikation nach Tab. 7.12. Es wird nämlich kein konkretes Objekt, sondern nur das abstrakte Gebilde vorausgesetzt. Ein Träger trägt eben irgendetwas, und dieses Etwas ist symbolhaft. Deswegen werde die Grundeinheit *Symbol* genannt. Dies widerspricht zwar dem Zuvorgesagten, da ja bisher Symbol schon in der Semiotik als Zeichenklasse verwendet wird. Aber andererseits soll hier gerade die Assoziation des Symbolhaften, d. h. des Abstrakten des Getragenen, gleich zu Beginn bei der niedrigsten Stufe eingeführt werden. Der Einfachheit halber wurden das bzw. die getragenen Symbole mit $\tilde{U}$ bezeichnet. Dies kann etwa wie folgt aufgefaßt werden: Die Schachfiguren und das Schachspiel (vgl. Ergänzungsband) sind lediglich eine spezielle Realisierung des Abstrakten der zugehörigen mathematischen Gesetze des Schachspiels. Sie sind damit ein materieller Träger dieser Gesetze. In ähnlichem Sinne kann jedes Alphabet (als Getragenes) durch verschiedene Anordnungen der Druckerschwärze (als Träger) realisiert werden. Allgemein ausgedrückt besteht also primär bereits im Abstrakten die gegeneinander abgegrenzte Symbolmenge. Gemäß dem im Kapitel 1 definierten Unterschied werde sie daher als $\tilde{U}$ wie Unterschied bezeichnet.

Nach dieser Grundlage ist leicht verständlich, daß auch alle jenen abstrakten Gesetze, die eine irgendwie geartete Abbildung zwischen zwei solchen Mengen herstellen, zu diesem symbolischen Bereich gehören. Zunächst gehört hierzu die ganze Shannonsche Theorie, in der den Symbolen ein Wahrscheinlichkeitsfeld p_n zugeordnet wird. Weiter gehört dazu die Kodierungstheorie (also ihre praktische Anwendung),

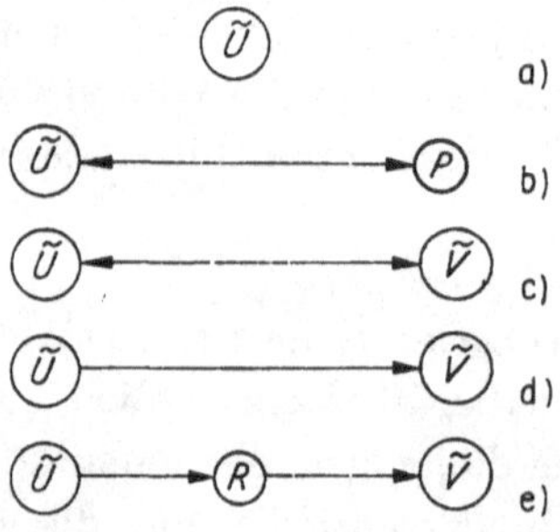

Abb. 7.16 Anschauliche Darstellungen zur symbolischen Qualität des Getragenen
a) Angabe als Menge,
b) Zuordnung zwischen Alphabet $\tilde{U}$ und Wahrscheinlichkeitsfeld p,
c) Eineindeutige Zuordnung zwischen zwei Alphabeten $\tilde{U}$ und $\tilde{V}$,
d) Gerichtete Abbildung zwischen zwei Alphabeten $\tilde{U}$ und $\tilde{V}$,
e) Aus dem Alphabet $\tilde{U}$ mit den Regeln R gebildete Symbolmenge $\tilde{V}$.

in der Symbolen wieder Symbole zugeordnet werden. Damit gehört Kapitel 2 fast vollständig zur Beschreibung der symbolischen Qualität des Getragenen. Ferner gehören dazu die formalen Sprachen (Abschn. 3.3.), jedoch ohne die Automaten gemäß Abschn. 3.3.4. Schließlich sei noch auf verschiedene Abschnitte in Kapitel 6. verwiesen, in denen aber vielfach die quantitative Seite zu stark betont wird. Die *Sprachanalyse* gemäß Abschn. 6.2. und die *Kunstanalyse* gemäß Abschn. 6.5. untersuchen diese Gebiete z. B. von der quantitativen Seite bewußt im Bereich der symbolischen Qualität des Getragenen. Dort wird eben nur die Zuordnung von Häufigkeiten und Symbolen, aber nicht das Typische von Sprache und Kunst analysiert.

Eine einfache anschauliche Zusammenstellung zur symbolischen Qualität des Getragenen zeigt Abb. 7.16.

Die symbolische Qualität läßt gewisse Zusammenhänge zur Shannon-Information und *Syntax* erkennen. Sie werden jedoch nicht voll umfaßt. So gehören aus noch zu erklärenden Gründen die *Grammatiken natürlicher Sprachen* wahrscheinlich nicht zu ihr. Andererseits enthält die symbolische Qualität auch einiges, was nicht mit diesen Theorien erfaßbar ist, nämlich die vielfältigsten Abbildungen zwischen Mengen, also auch alle *berechenbaren Funktionen*. Nicht entscheidbare Probleme sollten nicht zu ihr gezählt werden.

Früher habe ich die symbolische Qualität auch *ensemblische* genannt. Dies habe ich hier aus zwei Gründen vermieden: Einmal, weil damit zu sehr das Verbinden, Zusammenhängen ausgedrückt wird. (Dadurch ist keine ausreichende Abgrenzung gegenüber der noch zu behandelnden akkordischen Qualität gegeben.) Bei symbolischer Qualität wäre eher *Zuordnung* ein passender Begriff. Zum zweiten wurden zum besseren Einprägen Grundgröße und Qualitätsbegriff jetzt immer vom gleichen Wortstamm abgeleitet. (Dann entspräche Ensemble oder ähnliches noch weniger dem angestrebten Inhalt.)

7.7.4. Sensorische Qualität

Die sensorische Qualität des Getragenen verlangt zumindest ein *multistabiles System mit Eingang*. Information, genauer Informationsträger, die an seinen Eingang gelangen, können in seinem *Innern andere Zustände* bewirken. Dabei müssen diese unterschiedlichen Zustände nicht unbedingt außerhalb des Systems nachweisbar sein (vgl. Abb. 7.17). Beim sensorischen System liegt dann also über verschiedene innere Zustände Z_{in} die einfachste Art von Widerspiegelung vor.

Das *Senso* wird von einem sensorischen System, einem Empfänger, auf Grund des ankommenden Informationsträgers festgestellt.

In der Technik gehören zu dieser Qualität alle *Meßgeräte*, und *Maße* für die sensorische Qualität sind daher die Meßgenauigkeit und Meßgeschwindigkeit, z. B. im Sinne von Abschn. 4.8. Ein Meßgerät der Klasse 1 besitzt z. B. eine Ungenauigkeit

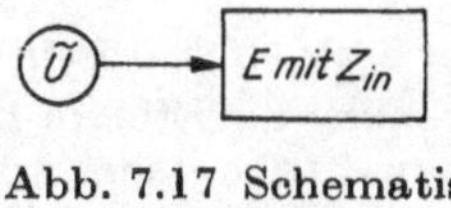

Abb. 7.17 Schematisches Prinzip der sensorischen Qualität. Die Information am Eingang vermittelt Änderungen der Zustände Z_{in} im Empfänger E (sensorischen System).

von 1% vom Endausschlag. Es können daher mit ihm 100 Amplitudenstufen unterschieden werden. Es besitzt ca. ld 100 = 6,64 Binärwerte einer neuen Maßeinheit (vgl. S. 119).

Zur sensorischen Qualität gehören aber auch die *Sinnersorgane* der Lebewesen. Insbesondere am Beispiel des Menschen werden im Ergänzungsband das Sehen und Hören behandelt. Weiter gehören auch Ausführungen von Abschn. 7.4.2. bezüglich der *Kanalkapazitäten des Menschen* dazu.

In gewissem Sinne gehört zur sensorischen Qualität auch der *Aufzeichnungsvorgang.* Es wird der jeweilige Speichervorgang dann lediglich als innerer Zustand des Speichers verstanden. Die Wiedergabe braucht nicht zu erfolgen. Für die sensorische Qualität ist wichtig, welche *Unterschiede gerade noch wahrnehmbar* sind und dann diesen *anderen inneren Zustand bewirken.* Dies wird z. B. im Zusammenhang mit den Abb. 4.2 und 4.3 erläutert.

7.7.5. Effektorische Qualität

Die effektorische Qualität existiert am reinsten bei *autonomen multistabilen Systemen,* z. B. bei der Planetenbewegung oder deren Modell, der Uhr. Sie beschreibt also *Wirkungen,* vor allem stofflicher energetischer Art in der Umwelt. Die Grundgröße dieser Wirkungen, nämlich einer von den möglichen, sich irgendwie auswirkenden Zuständen, sei der *Effekt E* (Abb. 7.18a). Auch hier könnte wieder die entsprechende binäre Größe als Maßeinheit eingeführt werden. Eine Digitaluhr z. B., welche die 24 Stunden und 60 Minuten anzeigt, hat also eine effektorische Qualität von ld (24 × 60) = 10,49 Binärwerte einer neuen Maßeinheit (s. S. 124). Zu relativ reinen effektorischen Systemen gehören u. a. technische *Signalgeneratoren, autonome Automaten* sowie *Rundfunk* und *Fernsehen.*

Es ist bedeutsam, daß man bereits auf dieser relativ niedrigen Stufe der effektorischen Qualität wesentliche Grundlagen der *Genetik* erfassen kann. Im Sinne eines autonomen Systems wird dabei aus den *Nukleotidsequenzen* die Zelle erhalten, ernährt und umgebaut, ja selbst die Teilung bewirkt. Ja, es wird aus dem Inneren des Systems heraus etwas konstruiert und aufgebaut, was außerhalb des Systems liegt. Es ist in diesem Sinne also richtig zu sagen: Ein Chromosom mit 10^7 Nukleotidsequenzen verfügt über eine effektorische Qualität von ld $(4 \cdot 10^7) \approx 2 \cdot 10^7$ Binärwerten einer

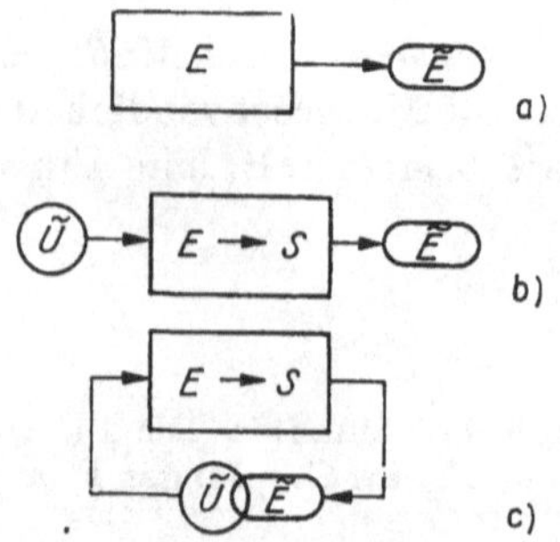

Abb. 7.18 Zur effektorischen Qualität des Getragenen
a) autonomer Sender S als effektorisches System, das in der Umgebung die Effekte $\tilde{E}$ bewirkt,
b) sensorisch-effektorisches System,
c) rückgekoppeltes sensorisch-effektorisches System.

effektorischen Maßeinheit. Da die meisten Grundlagen der Genetik bereits im sensorisch-effektorischen System bestehen, liegen hier also auch bereits Grundlagen der biologischen Evolution.

Viele effektorische Systeme sind jedoch nicht autonom. Sie sind gemäß Abb. 7.18b mit einem sensorischen Eingang versehen, haben also sensorisch-effektorische Qualität. Eine besondere Bedeutung bei technischen sensorisch-effektorischen Systemen hat die Stelltechnik mit ihren Stellgliedern, welche die Effekte bewirken. Ein Stellglied mit einer Ungenauigkeit von 1% besitzt also analog zum Meßinstrument der Klasse 1 in der effektorischen Maßeinheit den Zahlenwert 6,64. Im Grunde genommen gehört die gesamte *Automatisierungstechnik* einschließlich der *Handhabetechnik* und der einfachen *Roboter*, so wie sie im Abschn. 5.5.3. behandelt wurde, zur sensorisch-effektorischen Qualität des Getragenen. In diesem Sinne ist der dort mitgeteilte *Automatisierungsgrad* nach Döhn genau ein *quantitatives Maß* der effektorischen Qualität. Als simples Beispiel seien hier auch die ROM genannt. Auf Grund des auszulösenden Steuersignals geben sie die jeweils dazu fest programmierten Signale ab. Ferner gehören zu diesem Gebiet alle Abläufe des *Reiz-Verhaltensgeschehens* oder, wie Klix es gemäß dem Titel seines Buches nennt, Information und Verhalten. Spezieller sollte in diesem Sinne die sensorisch-effektorische Qualität als einfaches umweltabhängiges Verhalten verstanden werden. Die schon mehrfach erwähnten *Schlüsselreize* mit dem durch sie ausgelösten Verhalten sind geradezu typisch.

Im weiteren können die ausgelösten Effekte des sensorisch-effektorischen Systems zum Teil auch wieder festgestellt und so im Sinne einer *Rückkopplung* wieder ins System zurückgelangen. (Abb. 7.18c). Damit gehört die *Regelungstechnik* auch hierzu. Ein typisches Beispiel beim Menschen stellt die Arbeit von Stier [S32] dar. Hier wird die Kapazität bei *manuellen Zielbewegungen* untersucht. Die sensorische und effektorische Qualität werden noch in Bit gemessen.

Bei sensorisch-effektorischen Systemen existieren bereits die drei Qualitäten des Getragenen, nämlich die *symbolische, sensorische und effektorische*, und sie müssen unterschieden werden. Sie treten an verschiedenen Stellen des Systems auf und werden z. T. *ineinander umgewandelt*. Eine solche effektorisch-sensorische Umwandlung erfolgt in *Meßwandlern*, eine symbolisch-effektorische in *Stellgliedern*.

Abschließend sei noch ergänzt, daß früher die sensorisch-effektorische Qualität als *aktionisch* bezeichnet wurde.

7.7.6. Akkordische Qualität

Die Grundlage der *akkordischen Qualität* des Getragenen ist dann gegeben, wenn aus der hierarchischen und unendlichen Umwelt einige Zusammenhänge, also nicht nur Einzelfakten, *widergespiegelt* werden. Sie stellt primär eine höhere Form der *sensorischen* Qualität dar. Sie verlangt aber auch die *effektorische* Qualität. Denn ohne das Kriterium der Praxis ist der *relative Wahrheitswert* einer „Erkenntnis" nicht feststellbar. Erkenntnis wurde hier in Anführungszeichen gesetzt, damit deutlich wird, daß auch die niedrigsten Stufen des „Erkennens" mit einbezogen werden sollten, wie sie schon im simpelsten Fall beim gegenseitigen „Erkennen" von Nukleotidsequenzen,

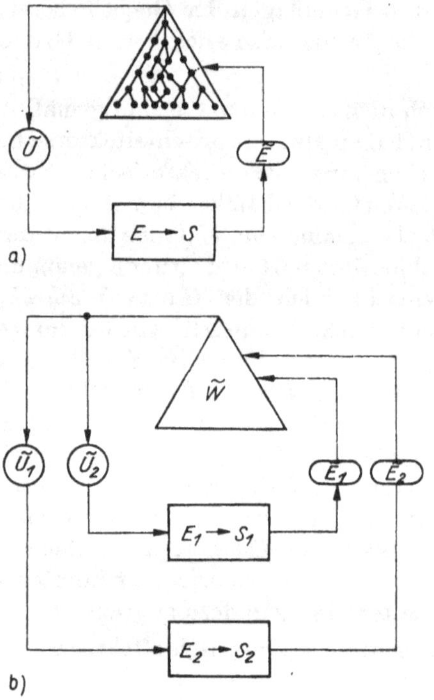

Abb. 7.19 Zur akkordischen Qualität des Getragenen.
a) Die Umwelt $\tilde{W}$ wird in dem Dreieck durch den Graphen schematisiert. Von einem Knoten wird sie mit den nächsten Verknüpfungen im System widergespiegelt. Durch Einwirken mit Effekten wird das Kriterium der Wahrheit angewendet,
b) Kooperatives Zusammenwirken von zwei zumindest sensorisch fast gleichen Systemen.

Enzymen usw. vorliegen, wenn sie auf die Gesamtheit des genetischen Systems bezogen werden. In diesem Sinne vereinfacht interpretiert, gilt hier die Problematik des in Abschn. 7.2.4. und 7.2.5. behandelten Erkenntnisprozesses. Aus der unendlichen Komplexität der Wirklichkeit wird im akkordischen System nur ein kleiner Ausschnitt widergespiegelt. Entsprechend Abb. 7.19a wird dabei die Umwelt als ein Dreieck symbolisiert, in dem die hierarchischen Verknüpfungen durch einen Graphen (Baum) angedeutet sind. Dieser Baum wird bei den späteren Bildern zur Vereinfachung fortgelassen. Erkannt werden so Objekte, Abläufe usw., d. h. die *Umwelt* $\tilde{W}$ vom oberen Knoten aus. Als Modell könnte hier das *semantische* Netz (vgl. Ergänzungsband) dienen. Auf diese „Welt" $\tilde{W}$ kann mit Effekten $\tilde{E}$ eingewirkt werden. Dies ist aber nicht an den Erkenntnisknoten möglich oder sinnvoll, sondern nur an anderen Stellen. Symbolisch wird dies daher an der Seite des Dreiecks dargestellt. Die dabei sensorisch feststellbaren Auswirkungen, die sich bei unterschiedlichen Effekten an eventuell unterschiedlichen Stellen ergeben, zeigen Zusammenhänge in der Welt an. Dieses Prinzip entspricht dem Übergang von der Blackbox zur Graybox gemäß Kapitel 1.

Im obigen Sinne bildet ein *sensorischer Knoten* mit einigen, vielleicht seinen nächsten Zusammenhängen die Grundgröße *Akkord.* Die binäre Entscheidung zwischen zwei Akkorden bildet eine *akkordische Maßeinheit.* Beim semantischen Netz wird also die akkordische Informationsqualität kombinatorisch zu bestimmen sein.

Es ist sehr wahrscheinlich, daß die *akkordische Qualität* mit den Prinzipien der Begriffsbildung zusammenhängt. Eine gewisse Abgrenzung wird im Abschnitt 7.7.8. gezeigt. Beispiele zur akkordischen Qualität sind im Ergänzungsband über Semiotik in Mathematik und Physik, über Zoosemiotik und über medizinische Semiotik enthalten. Bei der medizinischen Semiotik gilt dies vor allem für die ursprüngliche Form, bei der Krankheitsanzeichen auf die Krankheit hinweisen. Es könnte sehr leicht der Eindruck entstehen, daß die akkordische Qualität nur in belebten System existieren kann. Dies ist, wie das Beispiel *„intelligenter" Roboter* zeigt, offensichtlich falsch. Für die akkordische Qualität ist das *sensorisch-effektorische System* lediglich mit einem *Speicher* auszustatten, der ständig Information aufnehmen kann und sie in bestimmter Menge über längere Zeit behält, aber auch ständig variieren kann. In stark vereinfachter Weise entsteht in diesem Speicher ein *„Modell" der Welt* $\tilde{W}$. Neben dem Roboter existiert also die akkordische Informationsqualität auch bereits in hierarchisch gestaffelten *Regelungs- und Steuerungssystemen* und in *Rechnernetzen*. In diesem Zusammenhang wird verständlich, daß bezüglich des Modells im System und in der Wirklichkeit die wesentlichen Parameter bedeutsam sind. Ins Gesellschaftliche übertragen heißt dies, daß mit der akkordischen Information das Kriterium der Wahrheit relevant wird.

Bei der akkordischen Qualität des Getragenen ist wichtig, daß *mehrere Systeme* bezüglich einer Welt $\tilde{W}$ *kooperativ zusammenwirken* können. Dies wird schematisch in Abb. 7.19b gezeigt. Dieses Zusammenwirken kann bei Lebewesen im einfachsten Fall bereits, wie bei den *Insektenstaaten*, über die Evolution genetisch fixiert sein. Dann erkennen die einzelnen Individuen den gleichen Fakt der Umwelt sehr ähnlich bis gleich. Da ihn aber auch ihre Partner miterkennen, können sie kooperativ zusammenarbeiten. Die höhere Form des *gelernten* und eventuell *bewußt abgestimmten kollektiven Handelns* ist bereits eine höhere Stufe, die hier *nicht* mehr behandelt wird.

7.7.7. Direktivische Qualität

Die neue Qualität des Direktivischen besteht gegenüber dem Akkordischen, darin, daß jetzt in dem System eine solche Komplexität existiert, daß der *akkordische Prozeß* selbst in ihm modelliert und simuliert werden kann. Dadurch kommt im Innern des Systems eine besondere Informationsverarbeitung, d. h. eine neue Qualitätsstufe, hinzu, die als *direktivisch* bezeichnet sei. Es muß also so etwas wie: ich, zu mir gehörig einerseits und umweltzugehörig andererseits wirksam werden. In relativ hoher Form werden solche Vorstufen des Selbst-Bewußtseins bereits bei Primaten nachgewiesen: Einem Affen, der durch verschiedene Umstände sich bereits mehrmals im Spiegel gesehen hatte, wurde ein Kreidestrich auf die Stirn gemacht. Als er ihn plötzlich im Spiegel entdeckte, wischte er ihn sofort mit der Hand fort.

Zur Erläuterung der direktivischen Qualität soll weiter ein Beispiel aus der Elektronik bzw. Rechentechnik dienen: Eine Analyse der Entwicklung der Rechentechnik zeigt [V42], daß etwa 10^4 aktive Elemente mindestens notwendig sind, um überhaupt eine sinnvolle Zentraleinheit, gleich ob für Taschenrechner, Mikroprozessoren oder Großrechner, aufzubauen. In ähnlicher Weise wird eine bestimmte Gedächtnis- und Verarbeitungskomplexität oder auch sensorische, effektorische Komplexität notwendig sein, um Ich und Nicht-Ich im Prinzip zu erlernen. Auch das Verhältnis von instrumenteller und konstruktiver Komplexität gemäß Abb. 7.8 wird Einfluß haben. Erst von einer bestimmten Komplexität an ist das System imstande, in seinem Innern mit dem Modell der Umwelt soviel Operationen auszuführen, daß es Ziele für sein künftiges Verhalten schafft. Diese Zielbildung ist der Kern der direktivischen Qualität des Getragenen. Werden die Grundgrößen der Ziele jetzt mit dem Kunstwort „Dire“ bezeichnet und auf die binäre Entscheidung zwischen ihnen bezogen, ergibt sich die entsprechende Maßeinheit.

Interessant sind in diesem Zusammenhang Untersuchungen von TEMBROCK [T2] über das *Tierverhalten*. Er unterscheidet dabei *drei „Umwelten“* des Tieres:

- Selbstbeobachtung,
- nicht bezweckte Sendung von Information, die also rein nebenbei beim üblichen Verhalten von Tieren entsteht, aber von anderen sensorisch, eventuell auch akkordisch, wahrgenommen werden kann,
- beabsichtigte Sendung von Verhalten, also kommunikativ (direktivisch).

Die Qualitätsstufen sensorisch, akkordisch und direktivisch wurden von mir hinzugefügt. Sie sind also nicht im Original vorhanden. Doch das hier noch Wichtigere ergibt sich dann aus seiner *Unterscheidung von Insekten- und Primatenstaat*. Dies gibt in bereits angepaßt veränderter Form Tab. 7.18. wieder. Hieraus wird deutlich, daß

Tabelle 7.18 Unterschied von Insekten- und Primatenstaat in Anlehnung an TEMBROCK [T2)]

Staat aus	gegeben	gesucht	Zielrelevanz
Insekten	Verhaltensvarianten	Information für Entscheidung	Information wählt Ziele
Primaten	Information aus Umwelt	optimale Verhaltensweisen	Information schafft Ziele

erst der Primatenstaat zur *direktivischen Informationsqualität* fähig ist. Beim Insektenstaat kann höchstens formal von Zielen gesprochen werden, denn der Zusammenhang Information — Verhalten ist ja über die Evolution erprobt und genetisch fixiert.

Da notwendigerweise das *innere Modell* $\tilde{w}$ *weniger komplex als* die damit *widergespiegelte Umwelt* $\tilde{W}$ sein muß, entsteht bei allen Handlungen (Effekten $\tilde{E}$), die auf das ausgewählte Ziel (Dire) gerichtet sind, eine *Differenz d* (Vergleich Abb. 7.20a). Die Differenz ist ein *Maß* für die *Richtigkeit der Zielbildung*. Sie ist damit auch ein direktivisches Maß und entspricht einem Wirkungsgrad der ausgelösten Effekte. Diese Differenz ist aber auch hier bereits eine Ursache für die im Abschn. 7.3.5. behandelte *Unschärfe*. Sie entspricht der Differenz zwischen einem *Ist-* und einem *Sollwert*. Im gesellschaftlichen Bereich beginnt mit der direktivischen Information die Frage nach dem Sollen, also nach den Grundlagen der *Ethik* und damit nach den *moralischen Maßstäben*.

Eine Theorie, die formal genau die direktivische Qualität behandelt, ist die *Spieltheorie*. Das direktivische System kann in diesem Sinne nicht nur gegen die Umwelt, sondern auch gegen ein weiteres direktivisches System „spielen“ (Abb. 7.20b). In diesen Fällen ist die jeweilige *Gewinnchance* von Zügen, Handlungen, Effekten ein direktivisches Maß.

Bei allen *Problemlösungsprozessen* ist das Ziel vorgegeben, aber die Wege und Mittel sind nicht bekannt. Andererseits ist hier der Gesamtzusammenhang so komplex,

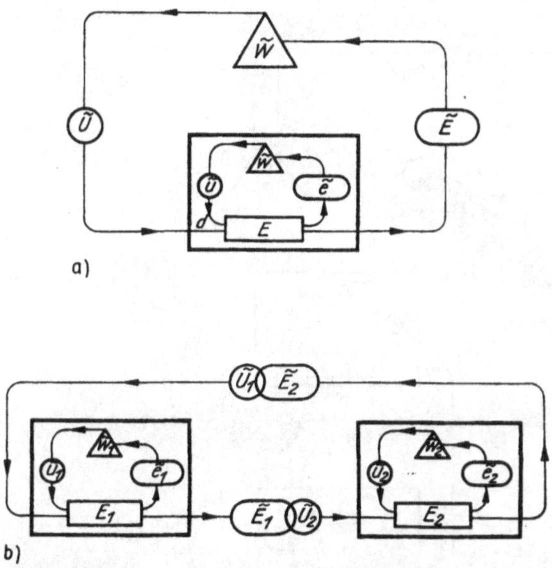

Abb. 7.20 Zur direktivischen Qualität des Getragenen
a) Grundprinzip. Im Inneren des dialektischen System wird die Umwelt $\tilde{W}$ als $\tilde{w}$ modelliert. Weiter wird auch das Zusammenwirken des Systems mit der Umwelt über Ersatzsensorik $\tilde{u}$ und Ersatzeffekte $\tilde{e}$ modelliert und simuliert. Hierdurch können sich Ziele zur Umwelt $\tilde{W}$ im System ausbilden,.
b) spieltheoretisches Zusammenwirken von zwei direktivischen Systemen.

daß für die Enge des menschlichen Bewußtseins keine geschlossene Lösung vorliegt. Deshalb werden beim Problemlösen *Zwischenziele* gebildet, und der *subjektive Zielabstand* ist ein Maß für direktivische Qualität. Werden solche Prozesse den Rechnern übertragen, so sind, wie im Abschn. 7.3.3. bereits erläutert wurde, die Rechenoperationen zuweilen so umfangreich, daß in keiner sinnvollen Zeit die optimale Lösung gefunden werden könnte. Auch hier werden über Zwischenziele mit heuristischen Methoden dann suboptimale Lösungen in brauchbarer Zeit angestrebt.

7.7.8. Contentische Qualität

Kooperatives Zusammenwirken war bereits bei der akkordischen Information behandelt worden. Dort wurden die beiden Systeme als faktisch gleichartig vorausgesetzt. Das war notwendig, damit sie bei gleichen Sachverhalten in der Umwelt wirklich (nahezu) gleich reagieren. Bei der direktivischen Qualität zeigte Tab. 7.18 den Unterschied zwischen einem Insekten- und dem Primatenstaat.

Dies ermöglicht nun zwei direktivischen *Systemen* auf höhere Weise eine *Koordinierung ihres Verhaltens,* indem sie gemeinsam *Ziele* schaffen. Dies sei am Beispiel von Abb. 7.21 a erklärt. Die beiden Systeme E_1 und E_2 enthalten etwas unterschiedliche innere Modelle von der Umwelt. Das hat zwei Gründe:

- unterschiedliche individuelle Erfahrungen,
- Betrachtung nicht identischer gleicher Objekte bzw. eines Objektes von unterschiedlichen Standpunkten aus.

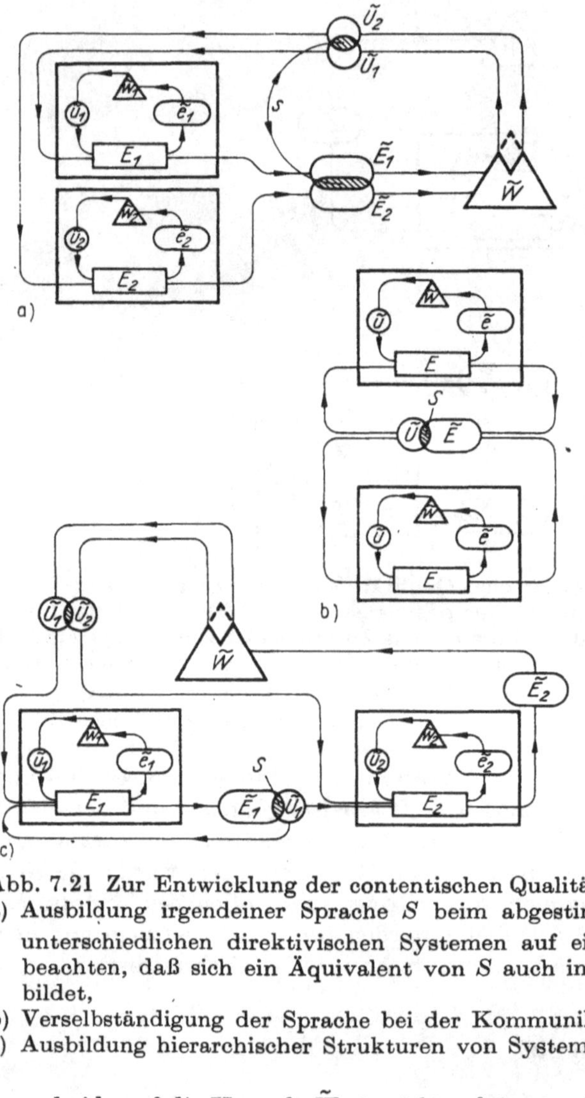

Abb. 7.21 Zur Entwicklung der contentischen Qualität
a) Ausbildung irgendeiner Sprache S beim abgestimmten Handeln von zwei unterschiedlichen direktivischen Systemen auf eine Umwelt $\tilde{W}$. Es ist zu beachten, daß sich ein Äquivalent von S auch im Innern der Systeme ausbildet,
b) Verselbständigung der Sprache bei der Kommunikation von zwei Systemen,
c) Ausbildung hierarchischer Strukturen von Systemen über eine Sprache S.

Wenn sie nun beide auf die Umwelt $\tilde{W}$ einwirken, können sie auch einiges von diesen Effekten $\tilde{E}_1$ und $\tilde{E}_2$ beobachten. Auf diese Weise kann sich *schrittweise eine Sprache S* in Begleitung der Handlungen ausbilden. Diese Sprache ist hier aber allgemein gemeint. Es sind auch alle *Vorstufen der Sprache* zugelassen, also auch averbale Sprachen (Ergänzungsband), zum Beispiel Mienen und Gesten, Ausdrucksmotorik usw. bzw. Sprachen der Kunst zur Erkenntnis (Ergänzungsband), u. a. auch bildliche, mathematische, chemische und sonstige Sprachen. *Sprache* kann sich auch *verselbständigen,* und die beiden Individuen (System E_1 und E_2) können sich mit ihr sogar *losgelöst vom Objekt* ($\tilde{E}_1$ und $\tilde{E}_2$) *verständigen* (Abb. 7.21b). Ja, es kann sogar gemäß Abb. 7.21c eines der Systeme die „Führung" übernehmen, während nur noch das zweite handelt. So entstehen *hierarchische* Anordnungen bezüglich der *Systeme.* (Es sei hier auf die drei Handlungsebenen bei MÜLLER im Ergänzungsband verwiesen.)

An allen diesen Betrachtungen ist hier nur eines wesentlich. Es entsteht ein zweiter, nur sekundär auf das Objekt bezogener Informationsbereich. Er muß sich natürlich auch in den Systemen ausbilden. Dies ist genau das, was PAWLOW mit dem *zweiten Signalsystem*, allerdings von einem ziemlich abweichenden Standpunkt aus, bezeichnete. Dies sei hier als Grundlage der contentischen Qualität des Getragenen aufgefaßt. So wird nun auch auf neue Weise der Hintergrund der Trennung von *Informationsträger* und *Getragenem* verständlich. Im einfachsten Fall, aber eben nur in diesem, ist es der Verweis auf etwas Objektives, außerhalb des konkreten Signalbereichs Liegendes. Im weiteren finden sich hier dann u. a. auch die Möglichkeiten und Probleme der Objekt- und Metasprachen.

Bezüglich der contensischen Qualität lassen sich ebenfalls wieder Grundgrößen erkennen. Sie entsprechen in etwa den *Begriffen* mit ihren Inhalten und sollen *Cont* genannt werden.

Da schon bei akkordischen und direktivischen Systemen die *Unschärfe* eine wesentliche Rolle spielte, muß sie bei der nun zweifachen Abbildung noch wichtiger werden. Hier dürfte der Grund liegen, warum die *natürliche Sprache notwendig unscharf* sein muß und dadurch sogar ihre Vorteile besitzt. Der Wunsch, mit dieser Sprache „Wahrheiten" auszusagen, versucht, diese Sprache auf das Nievau des Akkordischen, und dazu ohne Unschärfe, zu ziehen. So entstehen m. E. jene Probleme, welche den kombinatorischen Zahlenbereich und erst recht die Gödel-Problematik (Unentscheidbarkeit) hervorrufen.

Vieles spricht dafür, daß mit der weiteren Ausbildung des contensischen Systems auch die *Trennung* der *Ästhetik* von der *Ethik* erfolgt. Was zuvor zugleich gut und schön war, läßt sich jetzt inhaltlich trennen und einzeln behandeln (Abschn. 5.6.1. und Ergänzungsband).

7.7.9. Vorschlag einer Benennung

In Analogie-Bildung zur Einheit bit, die ja auch nur ein Kunstwort aus binary digit ist, könnten als Benennung für die neudefinierten Maßeinheiten ebenfalls dreibuchstabige Wörter, beginnend mit einem „b" benutzt werden. Als 2. und 3. Buchstaben könnten Buchstaben des zugehörigen Substantivs der Grundgröße dienen.

Damit würde sich ergeben:

Symbol — bym,
Senso — ben,
Effekt — bef,
Akkord — bak,
Dire — bir,
Cont — bon.

7.8. Anwendung auf Emotionen und Schlußbemerkungen

7.8.1. Information und Emotion

In der Literatur werden zuweilen die Begriffe *motivale* und vor allem *emotionale* Information benutzt. Damit soll der Gegensatz zu einer objektiven Information als subjektive Information ausgedrückt werden. SIMONOW [S19] formuliert:

„Die Emotion ist eine durch das Gehirn höherer Lebewesen erfolgte Widerspiegelung der Größe (Stärke) eines der ihnen eigenen Bedürfnisse und der Wahrscheinlichkeit der Befriedigung dieses Bedürfnisses in einem bestimmten Moment.“

Bedeutsam ist, daß die *Stärke der Emotionen* dabei *objektiv nachweisbar* ist. Sie äußert sich u. a. über Pupillenreflex, Hautwiderstand, Herzschlagfrequenz, Blutdruck und EEG. Zentrum der Emotion ist das Zwischenhirn, wesentlich beteiligt sind das autonome Nervensystem und damit Hormonausschüttungen. Mit der Untersuchung der Emotion ist vor allem die Psychologie beschäftigt. Heute gibt es hierzu bereits mehrere Spezialbücher, z. B. [A4; G11; S33]. Wie unbefriedigend jedoch bisher die Ergebnisse sind, weist u. a. BOTTENBERG [B15, S. 18] aus:

„Der sehr unvollkommene Status der Gefühlsforschung wird weiter dadurch aufgedeckt, daß über die letzten Jahrzehnte ein Erkenntnisfortschritt kaum sichtbar wird.“

In der Regel wird nicht zwischen *Emotion und Gefühl* unterschieden. So soll es auch hier gehandhabt werden, obwohl umgangssprachlich bei Gefühl meist etwas Positives (gefühlvoll, empfindsam) und bei Emotion mehr Negatives (er ist stark emotional veranlagt) mitschwingt. Es ist aber bei der gesellschaftlich-sozialen Bewertung zu beachten, daß heute oft eine Widersprüchlichkeit zwischen *Rationalität* und *Emotionalität* gesehen wird, wobei dann die Emotionen oft negativ beurteilt werden. Das geht im Kapitalismus so weit: Wer Gefühle empfindet, muß zum Psychiater.

Nach den bisherigen Betrachtungen dürfte es klar sein, daß *Emotionen keine Informationen* sind, *sondern biologische Reaktionen auf Informationen.* Sie sind eine Art *Bewertungsmaß* für die Informationen des Jetztzustands und der Tendenz bezüglich wichtiger Bedürfnisse des Subjekts. Diese Bewertung erfolgt im Stammhirn, das dementsprechend auch alle sensorischen Kanäle passieren. Emotionen sind also nicht (wie oben schon angedeutet) ein Rudiment der Evolution, sondern eine lebensnotwendige und zutiefst menschliche Erscheinung. Wenn das Schema von Tab. 7.17 richtig ist, müßten sich dementsprechend auch spezifische Emotionen den Qualitäten des Getragenen der Information zuordnen lassen. Daß dies der Fall ist, zeigt Tab. 7.19.

Tabelle 7.19 Versuch einer Zuordnung zwischen den Qualitäten des Getragenen nach Tab. 7.17 und spezifischen dazu passenden Gefühlen als Beispiele

Qualität	Gefühl
symbolisch	entfällt
sensorisch	Lust des Wiederkennens
effektorisch	Lust der Bewegung (Sport)
akkordisch	intellektuelle Gefühle z. B. Aha-Moment
direktivisch	ethisch-moralische Gefühle
contentisch	ästhetische Gefühle (Form und Inhalt)

7.8.2. Klassifikation der Emotion

Die Klassifikation der Emotionen ist nicht weit fortgeschritten. Dies hat sicher vielfältige Gründe. Denn u. a. müssen die Emotionen ja die *unendliche Vielfalt* der vor allem *organischen Bedürfnisse widerspiegeln.* Sie müssen aber auch der unendlichen

Vielfalt der Individuen Rechnung tragen. Deshalb gilt sicher auch die Aussage, daß es völlig zweierlei ist, ob man Emotionen erlebt, das sind dann die eigenen, oder Emotionen beschreibt, das sind allgemeine, abstrakte. Für die Vielfalt der Emotionen gibt Tabelle 7.20 eine gewisse Einteilung. Dabei ist zu beachten, daß für alle *fünf Klassen ein gleitendes Spektrum* und nicht nur die angezeigten Extreme bestehen.

Die *negativen Emotionen* entstehen, wenn subjektive wichtige Bedürfnisse nicht befriedigt werden und auch momentan nicht befriedigbar erscheinen. Aber auch die *positiven Emotionen* haben ihren biologischen Sinn. Sie bewirken das *aktive Suchen nach unbefriedigten Bedürfnissen* und tagen so zur weiteren Evolution des Verhaltens bei.

Tabelle 7.20 Zur Klassifikation von Emotionen (Gefühlen)

Einteilung bezüglich	Bezeichnung, Spektrum und Beispiele		
Wirkung	positiv (Lust; Genuß)	↔	negativ (Unlust)
Intensität vorhandener Situation	adäquat	↔	inadäquat
Handeln	fördernd (aktiv)	↔	ohne (passiv, Erleben)
gegebener Objekte	gerichtet (intellektuelle, moralische, ästhetische Gefühle)	↔	ungerichtet (Stimmungen)
zeitlichem Ablauf und Intensität	Leidenschaft → Stimmung	↔	Affekt

Die Unterscheidung in *adäquate* und *inadäquate Emotionen* ist eigentlich relativ. Primär für den Betroffenen ist jede Emotion zunächst der Situation entsprechend adäquat, auch dann, wenn er später unter Berücksichtigung aller Umstände sie als inadäquat einschätzen sollte. In der Situation werden dann eben nicht alle Faktoren einbezogen.

Groß ist der Einfluß der Emotionen auf das *Handeln*, sowohl bei negativen Emotionen zur Befriedigung des Bedürfnisses als auch bei positiven Emotionen zum Finden neuer Bedürfnisse. Das *Gerichtetsein der Emotion* ist bedeutsam. Es drückt sich schon in solchen Gefühlen wie Liebe, Achtung und Haß zu jemandem, aber auch Freude, Wut und Zorn über etwas aus. Damit ist aber auch zugleich das Spektrum bis zu den völlig *ungerichteten Stimmungen* aufgezeigt. Sie sind ja wohl auch deshalb meist weder dem Betroffenen noch der Umwelt recht verständlich. Ihre Ursache scheint nicht bis ins Bewußtsein vorzudringen.

Mit den *Stimmungen* ist auch die Kombination von Stärke und zeitlichem Ablauf angesprochen. Der *Affekt* ist kurz, stark aufwallend und oft alle Vernunft verdeckend. Er ist daher also meist gesellschaftlich negativ zu bewerten, vielleicht ist er aber subjektiv notwendig und sinnvoll. Das Gegenteil stellt die *Leidenschaft* dar: Sie ist eine sehr anhaltende und starke Emotion. Lenin hat gesagt, daß nichts Großes auf der Welt je ohne Leidenschaft ausgeführt sei.

Es muß hier auch mitgeteilt werden, daß oft der *Wissenschaft* die Vernunft und der *Kunst* das Gefühl zugeteilt werden. Auch dies ist falsch. Die Wissenschaft braucht ebenso Gefühl wie die Kunst Vernunft. Hierauf wurde schon mehrfach in den entsprechenden Abschnitten hingewiesen.

Es sei noch erwähnt, daß zu den *zutiefst menschlichen Gefühlen* solche wie z. B. Güte, Mitgefühl, Charme, Hingabe zu etwas und Takt gehören. Bei ihnen fällt es wegen ihrer Komplexität schwer, sie einzuordnen.

Besonders RUBINSTEIN [R10, S. 621] weist darauf hin, daß trotz der potentiell unendlichen Vielfalt der menschlichen Gefühle zuweilen einige Menschen nur erstaunlich *schablonenhafter Gefühle* fähig sind. Hier gilt es mitzuhelfen, ihr *Gefühlsleben* zu bereichern und sie so zu echten, vollen Persönlichkeiten zu entwickeln. Dabei ist es wichtig, daß Gefühl durch Übung differenziert werden kann.

Es geht hier nicht um die Modellierung von Emotion auf einem Rechner. Es soll vielmehr auf informationeller Basis versucht werden zu erklären, wie Emotionen zustandekommen und wirken können. Emotionen besitzen neuronale und hormonale Träger und sind damit subjektiv gebunden. Die neurale und hormonelle Kenntnis hat in den letzten Jahren erhebliche Fortschritte gemacht. Dementsprechend gibt es auch schon verschiedene Grobschemata. Ein Beispiel aus SIMONOW [S19] zeigt Abb. 7.22. Im folgenden wird jedoch in anderer Form vorgegangen. Als Ausgangspunkt diene ein Dreiebenenmodell gemäß Abb. 7.23.

Die Ebene I entspricht der objektiv zugänglichen Umwelt, auf die sich in dieser oder jener Weise die Emotionen beziehen.

Ebene II sind die objektiv beobachtbaren Erscheinungen der Emotionen, wie Tränen und Freude, Erröten und Erblassen, aber auch die Ausdrucksbewegungen und schließlich solche Parameter wie Herzschlag, EKG usw. Zu dieser Ebene gehören auch

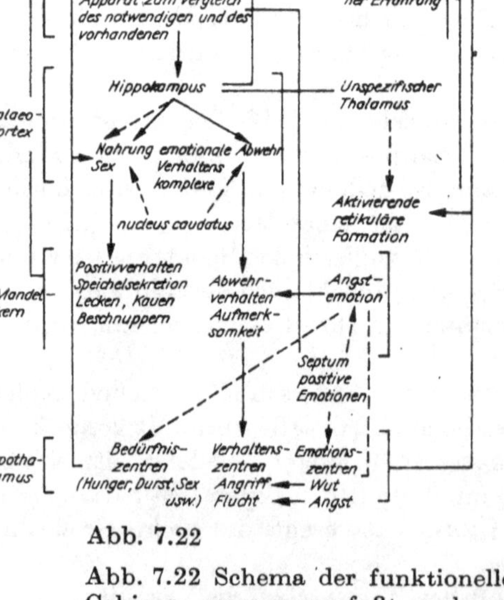

Abb. 7.22

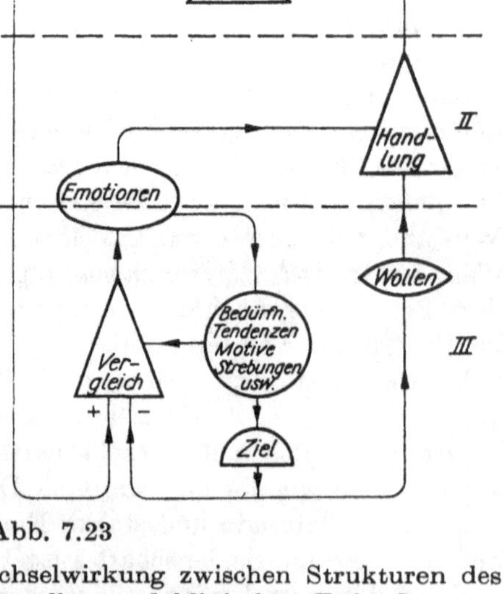

Abb. 7.23

Abb. 7.22 Schema der funktionellen Wechselwirkung zwischen Strukturen des Gehirns, zusammengefaßt nach experimentellen und klinischen Befunden von 162 sowjetischen und anderen Arbeiten. Die glatten Pfeile bedeuten aktivierende und die schlangenförmigen hemmende Einflüsse [S19].

Abb. 7.23 Einfaches Modell zum Entstehen und Wirken der Emotionen [V43]

die Handlungen, denn sie werden ja z. T. erheblich durch die Emotionen stimuliert bzw. gebremst.

Die Ebene III betrifft schließlich die von außen normalerweise unbeobachtbaren Abläufe bei den Emotionen. Sie werden durch Bedürfnisse, Tendenzen, Motive, Bestrebungen usw. der Persönlichkeit primär bewirkt. Daraus leiten sich ein oder mehrere Ziele ab, die einerseits das Wollen beeinflussen und andererseits einen *komplexen Vergleich* mit den *Gegebenheiten und Möglichkeiten* der Umwelt bewirken. Gemäß Abb. 7.22 befindet sich dieser *Vergleichsapparat* im Neokortex. Aus dem Vergleich folgen Emotionen, welche mit dem Wollen zusammen die Handlung beeinflussen. Dabei muß aber beachtet werden, daß z. B. ein Ziel die Folge von vielen Motiven sein kann. Auch das Umgekehrte gilt: Ein Motiv kann viele Ziele befriedigen. Das Ziel ist bezüglich der Handlung noch nicht etwas Konkretes, sondern lediglich ein Entwurf für eine Handlung. Die Emotionen beeinflussen das zielgerichtete Wollen so, daß es unterbleibt oder in eine mehr oder weniger intensive Handlung übergeht. Die *Emotionen* sind *wichtig* dafür, *ob aus dem Wollen eine Handlung wird* oder nicht.

Bei dem *Modell* von Abb. 7.23 handelt es sich um einen *zweifach vermaschten Regelkreis*. Einer besteht aus der Umwelt und den Handlungen des „Systems" (z. B. Mensch). Dieser Regelkreis entspricht der effektorischen Qualität des Getragenen. Im Innern (unbeobachtbarer Teil des Systems) besteht der zweite Regelkreis mit dem Vergleich Umwelt — Ziel und den Emotionen, welche auf die Handlung einwirken. Hier liegt eine direktivische Qualität vor. Doch selbst dieser zweifache Regelkreis ist bestimmt noch viel zu einfach, deshalb wurde versucht, ein verbessertes Modell zu schaffen.

7.8.3. Ein detailliertes Modell

Werden die Emotionen auf die direktivischen Informationen bezogen, so muß Abb. 7.23 erweitert werden, und es folgt Abb. 7.24. Hierin sind vor allem zusätzlich das innere Modell der Umwelt $\tilde{w}$, die Ersatzhandlungen (gedankliche Handlungen) $\tilde{e}$, aber auch die Wahrnehmung enthalten. Damit entstehen insgesamt *vier ineinander vermaschte Regelkreise*:

Der *Erkenntniskreis* (nicht besonders hervorgehoben) beginnt mit der Wahrnehmung der Umwelt und erzeugt das Umweltabbild $\tilde{w}$. Dabei wirken die Emotionen steuernd im Sinne von Aufmerksamkeit und Interesse auf den Wahrnehmungsprozeß ein. Für den Wahrheitswert des Modells besitzen die Tätigkeiten der anderen Kreise, wie Handlung usw., großen Einfluß. Bezugspunkt für den Erkenntniskreis ist natürlich die Wirklichkeit $\tilde{W}$.

Der *Handlungskreis* bezüglich der Umwelt ist in der Abbildung stark ausgezogen. Er existiert schon in Abb. 7.23.

Der Kreis zur *Ausbildung von Bedürfnissen*, Tendenzen, Motiven, Strebungen usw. ist punktiert gekennzeichnet. Als Bezugsgrößen dienen hier Kenntnisse aus der Wirklichkeit $\tilde{W}$ bzw. deren Modell $\tilde{w}$ und innere Zustände des Individuums. Als Ergebnis entstehen Ziele.

Der *gedankliche Handlungskreis* ist strichpunktiert gezeichnet. Hier ist das Ziel die Bezugsgröße, und es wird mit Handlungsmöglichkeiten (Ersatzhandlungen) $\tilde{e}$ im Modell $\tilde{w}$ operiert. Als Ergebnis entsteht das handlungsgerechte Wollen.

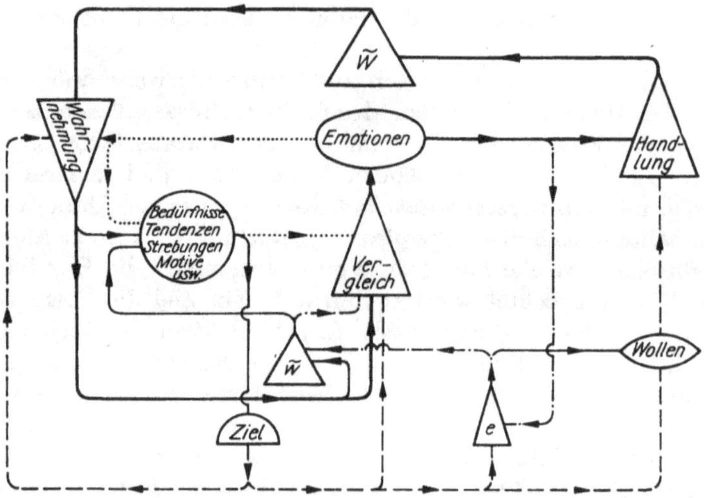

Abb. 7.24 Erweiterung von Abb. 10.23 durch das interne Modell $\tilde{w}$ die internen Ersatzhandlungen $\tilde{e}$ sowie die Wahrnehmung. Die Pfeile seitlich am Dreieck Wahrnehmung beeinflussen die Aufmerksamkeit und richten sie auf bestimmte Details. Der Erkenntniskreis geht über Wahrnehmung, $\tilde{w}$, Vergleich und Emotionen zur Wahrnehmung zurück [V43]. Ferner bedeuten:
——— Handlungskreis,
—·—·— gedanklicher Handlungskreis,
· · · · · Kreis zur Bildung von Bedürfnissen usw.,
— — Verbindungen des Ziels zu den verschiedenen anderen Strukturen.

Mit diesen vier ineinander vermaschten Kreisen ergeben sich auch vielfältige Möglichkeiten des Vergleichs, die dann Emotionen ausbilden. Hier seien sechs Fälle kurz beschrieben. Dabei ist aber wieder zu beachten, daß Differenzen hier nicht nur statische Größen sind. Sie werden vielmehr auch von den potentiellen Möglichkeiten ihrer Minderung, also von den zeitlichen Tendenzen, beeinflußt:

1. Differenz zwischen subjektivem Ziel und objektiven Gegebenheiten.
2. Differenz zwischen Forderungen aus der Umwelt bzw. Gesellschaft und den internen Zielvorstellungen.
3. Differenz zwischen Umweltverhalten und Verhalten des inneren Modells. Hierzu müssen echte Abläufe oder einige Handlungen erfolgen. Es sei hier auf ein zwar sehr spezielles Beispiel hingewiesen, nämlich das des Witzes und der Tragik (vgl. Abschn. 6.4.5. und Ergänzungsband sowie [415]).
4. Zieldifferenzen in rein gedanklichem Handeln, also auch beim Denken. Solche Emotionen sind besonders beim Planen vorhanden. Positive Emotionen bewirken meist eine neue theoretische Einsicht (Aha-Moment).
5. Bei der subjektiven Identifizierung mit einer handelnden Person. Dabei sind zwei Fälle zu unterscheiden:
   - Durch Identifizierung oder Hineindenken in Personen können wir „mitfühlen“.
   - Durch Vergleich zwischen der handelnden Person und unserem Handeln in ähnlichen Situationen entsteht eine Bewertung der Person.
6. Übertragung von Emotionen. Es gibt verschiedene Meinungen dazu, ob so etwas überhaupt möglich ist, oder ob es nur gemäß 5. erfolgt. Dieses Problem spielt bei der Kunst eine besondere Rolle: Übermittelt oder erzeugt z. B. Musik Emotionen?

Da es sich um eine Informationsübertragung handelt, wird offensichtlich nur der Informationsträger übertragen. Das Getragene kann aber so gestaltet sein, daß es imstande ist, Emotionen zu bewirken. Dabei müssen nicht Personen direkt auslösend sein. In diesem eingeengten Sinn gibt es eine mittelbare Übertragung von Emotionen.

Allein der Vergleich mit Abb. 7.22 zeigt, daß Abb. 7.24 *nicht* als *Schaltplan der Emotionen* auffaßbar ist. Eine solche oder ähnliche Schaltung kann es nicht geben. Die Zusammenhänge sind in Wirklichkeit viel komplexer. Dennoch wird mit diesem Bild verständlich, wie Information und Emotionen zusammenhängen. Emotionelle Information gibt es nicht. *Informationen bewirken* zwar einerseits *Emotionen*, und *andererseits lassen sich Emotionen informationell beschreiben.* Letztlich bleiben die Emotionen aber etwas spezifisch Biologisches, das an das jeweilige Individuum gebunden ist.

7.8.4. Verhältnis von Mensch und Automat

Der Mensch sei eine Information verarbeitende Maschine, lautet die tendenziöse Aussage einiger Wissenschaftler verschiedener Gebiete, wobei zuweilen Rechentechniker zuvorderst stehen, gefolgt von einigen pragmatisch orientierten Wissenschaftlern, die sich mit der künstlichen Intelligenz befassen. Wenn dies nicht ausreicht und z. B. auf die Emotionen hingewiesen wird, meinen sie, auch die kann der Rechner haben, und weisen Modelle oder speziell programmierte Automaten vor. Bereits LOEHLIN [L13] sagt: „Diese „Maschinen“ sind alle, soweit mir bekannt, Programme für Rechner gewesen“. Natürlich sind nicht umgekehrt alle solche Programme dazu entwickelt worden, die Gleichheit von Mensch und Maschine zu beweisen oder gar zu schaffen. So wollen z. B. IWANOW-MUROMSKI [I1] bzw. AMOSOW [A4] mit solchen Prinzipien nur neue Leistungen der Rechner erreichen. Ihnen ist klar, daß Emotionen, Erleben und Modellieren völlig grundverschieden sind. Der *Mensch ist zwar* — wie bereits in der Einleitung gesagt — *ein informationsverarbeitendes System. Er ist aber eben viel mehr* als das. Diese Differenz ist natürlich vom Prinzip her bereits schwer auszuweisen, und alle entsprechenden Versuche können auch nicht mehr als Versuche sein. Denn dazu ist der Mensch allein schon viel zu komplex. Alle Argumentationen bleiben folglich notwendig im Subjektiven stecken. Den einen überzeugen jene Argumente, den anderen völlig verschiedene, den dritten gar keine, denn für ihn existiert der „Glaube“ an die Macht der Wissenschaft, oder was es sonst sei. So etwas ist zu beachten, wenn Argumente aufgeführt werden. Das Anliegen dieser Studie war, so weit wie möglich auch hierzu objektive Kriterien zu erbringen. Ich meine, daß zwei Fakten im Zentrum stehen. Das Verhältnis von nicht entscheidbar und Turing-*Maschine* sowie der kombinatorische Bereich des Möglichen und der des wirklich Realisierbaren.

Die Turing-Maschine legt die berechenbare Funktion fest. Das sind so viele, daß sie nicht realisierbar sind. Das letzte Problem bleibt aber immer die mit ja oder nein eindeutig entscheidbare Frage, und sie existiert eben in vielen Fällen nicht. Dennoch wird das Problem vom Menschen intuitiv sehr oft richtig gelöst, so wie der Mensch, um einen Vergleich zu gebrauchen, vieles nicht bewußt richtig benutzt, sondern nach der Methode der Blackbox. Dies ist aber der Maschine doch zumindest wesensfremd, um nicht zu sagen unmöglich.

Interessante Aussagen gibt WEIZENBAUM [W7] im Zusammenhang mit dem Sprachverstehen. Sprache ist Sprache einer Gesellschaft und mit ihr geworden. Sie kann nur in diesem individuell zu erlernenden Kontex verstanden werden. Sie verlangt dazu aber auch die spezifischen menschlichen Probleme, Ziele und Bedürfnisse. Wie soll dies jemals einem Computer möglich werden. Selbst wenn er die höchsten Stufen der Intelligenz erklimmen sollte, wird er andere Ziele, Bedürfnisse usw. besitzen müssen. Hier legen also nach Meinung von WEIZENBAUM das biologische Substrat und die biologische Evolution die Grenzen fest. Daraus folgt dann seine ethische Konzeption bezüglich des Computereinsatzes. Leben ist eben nicht vollständig berechenbar. Der Linearität der Sprache entspricht aber nicht eine Linearität des Denkens, Handelns und des Lebens. Die Computersprache ist und bleibt aber in der Linearität, und sie hat nicht einmal die notwendige Unschärfe, auf die von mir schon mehrfach in dieser Studie hingewiesen wurde. Meines Erachtens muß ein Computer der heutigen Form immer auf der Stufe der akkordischen Information stehenbleiben, und selbst das Problem der Wahrheit kann bestenfalls in einigen speziellen Fällen noch ein „intelligenter" Roboter lösen. Jede Simulation der weiteren Gebiete führt zu der falschen Gleichsetzung von Logik und Vernunft, und das muß in der mildesten Form zur formalen Bürokratie führen. Die letzten Entscheidungen, also jene ethischer und ästhetischer Art, müssen dem Menschen vorbehalten bleiben, denn nur er weiß, was für ihn und für die Menschheit gut und schön ist, und dies ist eben nicht logischer Natur.

8. Literaturverzeichnis

Infolge der Breite des Inhalts und der mehrfach vorgenommenen Kürzungen kann kein Anspruch auf Vollständigkeit erhoben werden. Die Verweise zur Literatur erfolgten nur an wenigen Stellen im Text. Bei den Tabellen und insbesondere bei den Abbildungen wurden die Hinweise systematischer eingearbeitet. Um noch zusätzliche Verweise zu erhalten, wird in der ersten Spalte das jeweilige zugehörige Kapitel genannt. Dann folgt die Kurzbezeichnung mit dem Anfangsbuchstaben des Autors und einer fortlaufenden Zahl. An wenigen Stellen wurden noch zuletzt weniger bedeutsame Arbeiten herausgenommen. Dadurch fehlen einige fortlaufende Nummern.

3 [A1] AISERMANN, M. A., u. a.: Logik, Automaten, Algorithmen. Akademie-Verlag, Berlin 1967

5; 6 [A2] ALTRICHTER, E.: Das Magnetband. VEB Verlag Technik, Berlin 1938

2 [A3] AMMON, U. v., und K. TRÖNDLE: Mathematische Grundlagen der Kodierung. R. Oldenbourg Verlag, München, Wien 1974

7 [A4] AMOSOW, N. M., u. a.: (АМОСОВ, Н. М., и др.): Об одном подходе к моделированию психических функций., в: Кибернетика и техника вычислений. Наукова думка, Киев 1964, стр. 116—143

5 [A5] ANKE, K., u. a.: Prozeßrechner, Wirkungsweise, Einsatz. Akademie-Verlag, Berlin 1970

6 [A6] Anonym: Internationale Verlagsproduktion in Zahlen. Börsenblatt für den Deutschen Buchhandel **143** (1976) 1, S. 10

3 [A7] ARBIB, M. A.: Algebraische Theorie abstrakter Automaten, formaler Sprachen und Halbgruppen. Akademie-Verlag, Berlin 1973

1 [A8] ARBIB, M. A. u. a.: Report on the Norbert Wiener comemorative Symposium. IEEE Transact. in Systems, Man and Cybernetics **5** (1975) 3, 359–375

7 [A9] ARMAND, A.: Informationssystem der toten Natur. Bild der Wissenschaft **9** (1972) 2, 145–153

4 [A10] ARNOLDS, F.: Elektronische Meßtechnik. Verlag Berliner Union, Stuttgart 1976

6 [A11] ARNTZ, H.: Die Informationskrise als Bedrohung der menschlichen Gemeinschaft und des Fortschritts. Symposium Probleme der Dokumentation, Loccumer Protokolle, Deutsche Gesellschaft für Dokumentation, Frankfurt/M. 1966, S. 2–20

1; 7 [A12] ASHBY, G.: Introduction to Cybernetics. London 1956 (dt. Übers.: Einführung in die Kybernetik. Suhrkamp Verlag, Frankfurt/M. 1974)

5 [A14] ASIMOW, I.: Die perfekte Maschine, in: JUNGK, R., und H. J. MUNDT (Hrsg.): Maschinen wie Menschen. Verlag Kurt Desch, München, Wien, Basel 1969, 207–217

6 [A15] AUER, L.: Ein Ansatz zur Betrachtung des Konstruktionsprozesses für elektrische Geräte und Anlagen unter dem Aspekt der Informationstheorie und Schlußfolgerungen für die Rationalisierung. Dissertation, Humboldt-Universität Berlin 1974

2 [B1] BAIERLEIN, R.: Atoms and Information Theorie — An Introduction to Statistical Mechanics. W. H. Freeman and Co, Reading (England) 1972

7 [B2] BAR-HILLEL, J., und R. CARNAP: Semantic-Information. British J. for the Philosophy of Sciences 4 (1954), 147—157

7 [B3] BARTSCH, G., und G. KLIMASZEWSKY: Materialistische Dialektik, ihre Grundgesetze und Kategorien. Dietz Verlag, Berlin 1973

1; 5 [B4] BECHSTEIN, E., und ST. HESSE: Aus der Geschichte der Automatisierungstechnik. VEB Verlag Technik, Berlin 1974

6 [B5] BENSE, M.: Aesthetica (I bis IV). Agis-Verlag, Baden-Baden 1965

0 [B6] BENSE, M.: Semiotische Prozesse und Systeme. Agis-Verlag, Baden-Baden 1975

7 [B7] BERNAL, J. D.: Science in History. Watts, London 1954 (dt. Übers.: Die Wissenschaft in der Geschichte. VEB Deutscher Verlag der Wissenschaften, Berlin 1961)

5 [B8] BERNDT, H.: Was ist Firmware? Elektron. Rechenanlagen **19** (1977) 2, 77—80

6 [B9] BIESOLD, D., und H. MATTHIES: Neurobiologie. VEB Gustav Fischer-Verlag, Jena 1977

6 [B10] BIRKHOFF, G. D.: Collected mathematical papers. Dover, New York 1950, vol. 3, p. 288—535 (Mehrere Arbeiten zur Ästhetik 1928 bis 1932)

7 [B11] BOECK, D.: Der kommunikative Aspekt der Kunst und Versuch einer kommunikationstheoretischen Betrachtung ästhetischer Prozesse unter besonderer Berücksichtigung der Musik. Dissertation, Humboldt-Universität Berlin 1978

6 [B12] BÖHM, F.: Zunehmende Produktion wissenschaftlicher Reprints und Veralten der Information — ein Paradoxon? Börsenblatt für den Deutschen Buchhandel **142** (1975) 25, 434—435

7 [B13] BONGARD, M. M. (Бонгард, М. М): О понятии ,,полезная информация". Проблемы кибернетики **9** (1963), 71—102 (dt. Übers.: Über den Begriff der ,,nützlichen Information" Probleme der Kybernetik **6** (1966), 91—130)

7 [B14] BOREW, J.: (Борев, Ю.): О комическом. Исскуство, Москва 1957 (dt. Übers.: Über das Komische. Aufbau Verlag, Berlin 1960)

7 [B 15] BOTTENBERG, E. H.: Emotionspsychologie. Goldmann Verlag, München 1972

4; 7 [B 16] BRAUNBECK, W.: Die Physik in der Welt von Morgen. Econ Verlag, Düsseldorf, Wien 1975.

2; 6 [B18] BRILLOUIN, L.: Science and information theory. 2. Aufl., Academic Press, New York 1967

6 [B19] BUDZIESLAWSKI, H.: Probleme der journalistischen Informationspolitik, in: Grundfragen journalistischer Information. VEB Deutscher Verlag der Wissenschaften, Berlin 1965, S. 5—30

5 [B20] BURCKHARDT, C. W. (Hrsg.): Industrial Robots. Birkhäuser Verlag, Stuttgart 1975

6 [C1] CHAPANIS, A.: Prelude to 2001: Explorations in human communication. American psychologist **26** (1971) 11, 949—961

7 [C2] CHARKEWITSCH, A. A. (Харкевич, А. А.): О ценностиинформации. Проблемы кибернетики **4** (1960), (1960), (dt. Übers.: Über den Wert einer Information. Probleme der Kybernetik **4** (1964), 59—65)

5; 6; 7 [C3] CHERRY, C.: Kommunikationsforschung — eine neue Wissenschaft. 2. Aufl., S. Fischer Verlag, Frankfurt/M. 1967

7 [C4] CONRAD, W., u. a.: Wer — Was — Wann. Entdeckungen und Erfindungen in Naturwissenschaft und Technik. VEB Fachbuchverlag, Leipzig 1977

6 [C5] CORELL, W.: Lernen und Verhalten. S. Fischer Verlag, Frankfurt/M. 1971

6 [C6] CUBE, F. v.: Kybernetische Grundlagen des Lernens und Lehrens. E. Klett Verlag, Stuttgart 1968

1 [C7] CUBE, F. v.: Technik des Lebendigen. Deutscher Bücherbund, Stuttgart 1970
1 [C8] CZAYKA, L.: Systemwissenschaft. Verlag Dokumentation, München-Pullach 1971
2 [D1] DIN 44301. Informationstheorie, Begriffe. Beuth-Verlag, Berlin (West) Februar 1977
7 [D2] DITFURTH, H. v.: Mannheimer Forum 73/74. Boehringer Mannheim GmbH 1974
5 [D3] DÖHN, G.: Betrachtungen zum Automatisierungsgrad technologischer Prozesse. Technische Mitteilungen GRW **7** (1969) 5, 1–5
5 [D4] DÖHN, G.: Das Stellglied – eine Grundlage für das Maß der Automatisierung. messen steuern regeln **13** (1970) 11, 406–409
7 [D5] DOMOTOR, Z.: Qualitative information and entropy structures, in: Information and Inference. D. Reidel Publ. Comp., Dordrecht (Holland) 1970, p. 148–194
6 [D6] DÖRNER, D.: Eine informationstheoretische Methode zur Bestimmung der ästhetischen Wirkung von Flächenmustern. Psycholog. Forschung **33** (1970), 345–355
6 [D7] DOVIFAT, E.: Zeitungslehre. W. de Gruyter, Berlin 1962
6 [D8] DRISCHEL, H.: Das neuronale Gedächtnis. Nova Acta Leopoldina **37** (1972) 206, 325–353
1 [D9] DUBACH, P.: Die Kybernetik als theoretische, praktische interdisziplinäre Wissenschaft. Industrielle Organisation **38** (1969) 7, 274–289
7 [E1] EBELING, W.: Strukturbildung bei irreversiblen Prozessen. BSB B. G. Teubner Verlagsgesellschaft, Leipzig 1972
7 [E2] EIGEN, M.: Selforganisation of matter and the evolution of biological macromolecules. Die Naturwissenschaften **58** (1971) 10
1; 7 [E3] EIGEN, M., und R. WINKLER: Das Spiel, Naturgesetze steuern den Zufall. Piper und Co., München, Zürich 1975
6 [E4] ENDRES, W.: A comparision of the redundancy in the written and spoken language. Manuskript
7 [E5] ENGELBERT, H.: Die Bestimmung des Wertes des Nutzens von Information in der Wirtschaft. Informatik **17** (1970) 4, 35–39
1 [E6] ERISMANN, TH. E.: Grundprobleme der Kybernetik. 2. Aufl., Springer-Verlag, Berlin, Heidelberg, New York 1972
6 [E7] ESCARPIT, R.: La Révolution du livre. UNESCO, Paris 1965 (dt. Übers.: Die Revolution des Buches. Schriften zur Buchmarktforschung 10, Bertelsmann-Verlag, Gütersloh 1967)
2 [F1] FANO, R. M.: Transmission of Information. MIT, Stanford 1961 (dt. Übers.: Informationsübertragung. R. Oldenbourg Verlag, München, Wien 1966)
6 [F2] FÄRBER, G.: Der Transinformationsfluß einer einzelnen Nervenfaser, in: Fortschritte der Kybernetik. R. Oldenbourg Verlag, München, Wien 1967, S. 157–170
6 [F3] FÄRBER, G.: Berechnung und Messung des Informationsflusses der Nervenfaser. Kybernetik **5** (1968) 1, 17–29
6 [F4] FEIGENBERG, J.: Diagnostik der Schizophrenie. Ideen des exakten Wissens (1970) 10, 609–16
2 [F5] FEINSTEIN, A.: Foundations of information theory. McGraw Hill, New York 1958
4 [F6] FEITSCHER, W.: Wissensspeicher mit geringer Redundanz. Funkamateur **15** (1966) 1, 21–23
7 [F7] FEITSCHER, W., und D. KIRCHHÖFER: Diskussionsbeitrag zum Informationsbegriff. ZIID-Zeitschr. **13** (1966) 5, 155–156
7 [F8] FEITSCHER, W.: Ein Beitrag zur Rationalisierung der Arbeit. Die Technik **22** (1967) 4, 230–233
7 [F9] FEITSCHER, W., u. a.: Tabellen zur semantischen Information. Sonderheft der Wissenschaftl. Zeitschr. der Pädagogischen Hochschule Dresden **2** (1968), 31–37

7 [F10] Feitscher, W., und S. Reball: Probleme der mehrdimensionalen Speicherung semantischer Information. Sonderheft der Wissenschaftl. Zeitschr. der Pädagogischen Hochschule Dresden **2** (1968), 17–26

2 [F11] Fey, P.: Informationstheorie. Akademie-Verlag, Berlin 1963

7 [F12] Fichtner, N.: Informationsspeicherung. Akademie-Verlag, Berlin 1977

2 [F13] Fischer, F. A.: Die Grundgedanken der modernen Theorie der Nachrichtenübertragung. Der Fernmeldeingenieur **5** (1951) 4, 1–32

1; 2; 7 [F15] Flechtner, H.-J.: Grundbegriffe der Kybernetik. 5. Aufl., Wissenschaftliche Verlagsgesellschaft, Stuttgart 1970

4 [F16] Fleischmann, R.: Struktur des physikalischen Begriffssystems. Zeitschr. Physik **129** (1951), 377–400 (ähnlich mit anderem Titel in: Physikal. Blätter **9** (1953) 7, 301–313, Die Naturwissenschaften **41** (1954) 6, 131–135)

6 [F17] Fleur, M. L. de: Theorie of Mass Communication. McKay Comp., New York 1970

5 [F18] Folberth, O. G.: Entwicklungstendenzen bei logischen Bauelementen für Rechenmaschinen, in: Kroebel, W. (Hrsg.): Fortschritte der Kybernetik. R. Oldenbourg Verlag, München, Wien 1967, S. 459–474

6 [F19] Förster, H.: Das Gedächtnis. Franz Deuticke, Wien 1948

4 [F20] Förster, H.: Einheiten, Größen, Gleichungen und ihre praktische Anwendung. 2. Aufl., VEB Fachbuchverlag, Leipzig 1974

6 [F20a] Frank, H.: Grundlagen der Informationsästhetik und erste Anwendung auf die mime pure. Dissertation, Stuttgart 1959

6 [F21] Frank, H.: Kybernetik – Brücke zwischen den Wissenschaften. Umschau-Verlag, Frankfurt/M. 1966

6 [F22] Frank, H.: Untersuchungen zur automatischen Dokumentation und deren organisationskybernetische und kybernetischpädagogische Bedeutung. Symposium Probleme der Dokumentation, Loccumer Protokolle, Deutsche Gesellschaft für Dokumentation, Frankfurt/M. 1966, S. 40–49

6 [F23] Frank, H.: Kybernetische Grundlagen der Pädagogik, 2. Aufl., Agis-Verlag, Baden-Baden/Kohlhammer-Verlag, Stuttgart 1969

6 [F24] Frank, H.: Die Bedeutung der Sprachhindernisse für die wissenschaftsfuturologische Auswertung von Geschichte und Geographie einer Wissenschaft. Grundlagenstudium aus Kybernetik und Geisteswissenschaft **11** (1970), 91–102

6 [F25] Frank, H.: Die Sprachbarriere zwischen den Wissenschaften. Umschau (1971) 7, 236–238

6 [F26] Franke, H. W.: Phänomen Kunst. Heinz Moos-Verlag, München 1967

1 [F27] Franz, P.: System und Information unter besonderer Berücksichtigung des Zusammenhanges beider Kategorien sowie der Dialektik von Unterschied und Identität. Dissertation, Humboldt-Universität Berlin 1970

7 [F28] Franz, P.: Zum Zusammenhang von Widerspiegelung, Information und Entwicklung, in: Information, philosophische und ethische Probleme der Biowissenschaften. IV. Kühlungsborner Kolloquium, Akademie-Verlag, Berlin 1976, S. 208–248

7 [F29] Franz, P., und M. Jankow: Information contra Materialismus. Akademie-Verlag, Berlin 1977

5 [F30] Freiser, M. J., und P. M. Marcus: A survey of some physical limitations on computer elements. IEEE MAG-5 (1969) 2, 82–90

5 [F31] Freitag, K.: Fernsprech-Vermittlungstechnik, Lehrbriefe 1–4. VEB Verlag Technik, Berlin 1962–68

7 [F32] Freud, S.: Der Witz und seine Beziehungen zum Unbewußten. 2. Aufl., Franz Deuticke, Leipzig, Wien 1912

6 [F33] Frieser, H.: Photographische Informationsaufzeichnung. R. Oldenbourg Verlag, München, Wien 1975

2 [F34] Fritzsche, G.: Informationsübertragung – Wissensspeicher. VEB Verlag Technik, Berlin 1977

4 [F35] FRÜHAUF, U.: Grundlagen der elektronischen Meßtechnik. Akademische Verlagsgesellschaft Geest & Portig, Leipzig 1977

5; 7 [F36] FUCHS-KITTOWSKI, K., u. a.: Informatik und Automatisierung Bd. 1. Akademie-Verlag, Berlin 1976

7 [F37] FUCHS-KITTOWSKI, K.: Probleme des Determinismus und der Kybernetik in der molekularen Biologie. 2. Aufl., VEB Gustav Fischer Verlag, Jena 1976

6 [F38] FUCKS, W.: Die mathematischen Gesetze der Bildung von Sprachelementen aus ihren Bestandteilen, in: NTF, Band 3: Informationstheorie. Vieweg Verlag, Braunschweig 1956, S. 7—21

6 [F39] FUCKS, W.: Über mathematische Musikanalyse, in: NTF, Band 28: Informationstheorie II. Vieweg Verlag, Braunschweig 1964, S. 67—73

6 [F40] FUCKS, W.: Gibt es mathematische Gesetze in Sprache und Musik? In: FRANK, H. (Hrsg.): Kybernetik — Brücke zwischen den Wissenschaften. Umschau-Verlag, Frankfurt/M. 1966, S. 221—234

6 [F41] FUCKS, W.: Nach allen Regeln der Kunst. Deutsche Verlagsanstalt, Stuttgart 1968

6 [F42] FUCKS, W.: Literatur eignet sich nicht für eine mathematische Behandlung — oder doch? IBM-Nachrichten **19** (1969) 198, 909—913

7 [G1] GÄNG, P.: Pragmatische Information. Grundlagenstudium aus Kybernetik und Geisteswissenschaft **8** (1967) 3, 77—90

7 [G2] GANZHORN, K.: Prinzipien in Rechnerstrukturen. Elektron. Rechenanlagen **15** (1973) 6, 263—269

7 [G3] GEISSLER, E., und W. SCHELER: Information, Philosophische und ethische Probleme der Biowissenschaften. Akademie-Verlag, Berlin 1976

6 [G4] GEORGI, G., und H. SCHEMMEL: Über automatisches Komponieren, in: Mathematische und physikalischtechnische Probleme der Kybernetik. Akademie-Verlag, Berlin 1963, S. 441—445

5 [G5] GLADE, H., und K. MANTEUFFEL: Am Anfang stand der Abacus. Urania-Verlag Leipzig, Jena, Berlin 1973

3 [G6] GLADKIJ, A. V., und I. A. MEL'CUK: (Гладкий, А. В., и И. А. Мельчук): Элементы математической лингвистики. Наука, москва 1969 (dt. Übers.: Elemente der mathematischen Linguistik. VEB Deutscher Verlag der Wissenschaften, Berlin 1973)

0; 3 [G7] GÖDEL, K.: Über formal unentscheidbare Sätze der Principia Mathematica und verwandter Systeme I. Monatshefte für Mathematik und Physik **38** (1931), 173—198

6 [G8] GOLDSCHEIDER, P., und H. ZEMANEK: Computer, Werkzeug der Information. Springer-Verlag, Berlin, Heidelberg, New York 1971

7 [G9] GOLENKO, D. I., u. a.: Kybernetik zur Steuerung ökonomischer Prozesse. Akademie-Verlag, Berlin 1977

5 [G10] GRAEF, M. (Hrsg.): 350 Jahre Rechenmaschinen. Hanser Verlag, München 1973

7 [G11] GROSSART, M.: Gefühl und Strebung. E.Reinhardt Verlag, München, Basel 1951

6 [G12] GRÜSSER, O. J.: Informationstheorie und die Signalverarbeitung in den Sinnesorganen und im Nervensystem. Naturwissenschaften **59** (1972) 10, 436—447

1 [G13] GUDERMUTH, P., und W. KRIESEL: Kybernetik und Weltanschauung. Urania-Verlag, Leipzig, Jena, Berlin 1973

0; 7 [G14] GÜNTHER, G.: Das Bewußtsein der Maschinen. Agis-Verlag, Krehfeld, Baden-Baden 1957

6 [G15] GUNZENHÄUSER, R.: Ästhetisches Maß und ästhetische Information. Verlag Schnelle, Quickborn 1962

6 [G16] GUNZENHÄUSER, R.: Mathematik und Dichtung. 3. Aufl., Nymphenburger Verlagshandlung, München 1969

4 [H1] HAGENDORF, H.: Über die Rolle der Skalierung im Problemlösen, in: Kybernetik-Forschung Band 2. VEB Deutscher Verlag der Wissenschaften, Berlin 1972, S. 67—89

5 [H2] Hager, A.: Untersuchungen über die Signalaufzeichnung und -wiedergabe mit der Speicherleitung. Dissertation, Humboldt-Universität Berlin 1972

5 [H3] Hammer, C.: Zur Verteidigung der verkannten und verleumdeten Maschinen. Automatisierung **13** (1968) 2, 7—10

4 [H4] Hart, H.: Einführung in die Meßtechnik. VEB Verlag Technik, Berlin 1977

2; 7 [H5] Hartley, R. V. L.: Transmission of Information. Bell System Techn. J. 7 (1928), 535—563

3 [H6] Heitsch, W.: Mathematik und Weltanschauung. 2. Aufl., Akademie-Verlag, Berlin 1978

1 [H7] Henn, V.: Materialien zur Vorgeschichte der Kybernetik. Studium generale **22** (1969), 164—190

2 [H8] Henze, E., und H. H. Homuth: Einführung in die Informationstheorie. 4. Aufl., Vieweg Verlag, Braunschweig 1974

3 [H9] Hermes, H.: Aufzählbarbeit, Entscheidbarkeit, Berechenbarkeit. 2. Aufl., Springer-Verlag, Berlin, Heidelberg, New York 1971

3 [H10] Herschel, R.: Einführung in die Theorie der Automaten, Sprachen und Algorithmen. R. Oldenbourg Verlag, München, Wien 1974

4; 7 [H11] Hertz, H.: Die Prinzipien der Mechanik, in neuem Zusammenhang dargestellt. Leipzig 1894

5; 7 [H12] Hilberg, W.: Elektronische digitale Speicher. R. Oldenbourg Verlag, München, Wien 1975

7 [H13] Hintikka, J.: On semantic information, in: Information and Inference. D. Reidel Publ. Comp., Dordrecht (Holland) 1976, p. 3—27

7 [H14] Hintikka, J.: Surface information and depth information, in: Information and Inference. D. Reidel Publ. Comp., Dordrecht (Holland) 1976, p. 263 bis 297

7 [H15] Höffding, H.: Den store Humor. Gyldendal, Kopenhagen, Kristiania 1916 (dt. Übers.: Humor als Lebensgefühl (Der große Humor). 2. Aufl., O. R. Reisland, Leipzig 1930)

2 [H16] Hobson, A.: Concepts in Statistical Mechanics. Gordon and Breach, New York, London, Paris 1971

6 [H17] Holle, W.: Informationstheoretische Betrachtungen an Arbeitsplätzen. Wissenschaftl. Zeitschr. der TH Ilmenau **20** (1974) 6, 23—36

5 [H18] Holzgrebe, M.: Überblick über den Stand der Fernsprechvermittlungstechnik. Fernmeldepraxis **49** (1972) 1, 14—31

2 [H19] Hölzler, E., und H. Holzwarth: Pulstechnik Band 1. Springer-Verlag, Berlin, Heidelberg, New York 1975

7 [H20] Horkheimer, M.: Eclipse of Reason 1947 (dt. Übers.: Zur Kritik der instrumentellen Vernunft. S. Fischer Verlag, Frankfurt/M. 1967)

3 [H21] Hotz, G., und H. Walter: Automatentheorie und formale Sprachen. Bibliographisches Institut, Mannheim, Zürich 1968

2 [H22] Huffman, D. A.: A method for the construction of minimum redundancy codes. Proc. IRE **40** (1952) 10, 1098—1101

4 [H23] Hund, F.: Geschichte der physikalischen Begriffe. Bibliographisches Institut, Mannheim, Wien, Zürich 1972

5 [H24] HÜTTE e. V., Akademischer Verein. Fernmeldetechnik. 28. Aufl., W. Ernst und Sohn, Berlin, München 1962

2; 6 [H25] Hyvärinen, P. L.: Information theory for system engineers. Springer-Verlag, Berlin, Heidelberg, New York 1970

7 [I1] Iwanow-Muromski, K. A., u. a.: Modelldarstellung der Persönlichkeit. Umschau in Wissenschaft und Technik **69** (1969) 25, 827—830

6 [J1] Jacobson, H.: Information and the Human Ear. J. Acustical Soc. America **23** (1951) 4, 463—71

2; 6 [J2] Jaglom, A. M., und I. M. Jaglom: (Яглом, А. М., и И. М. Яглом): Вероятность и информация. Наука, Москва 1960 (dt. Übers.: Wahrscheinlichkeit und Information. VEB Deutscher Verlag der Wissenschaften, Berlin 1967

5 [J3] JUNGNICKEL, H.: Stromversorgung elektronischer Geräte. VEB Verlag Technik, Berlin 1974

1 [K1] KAAZ, M. A.: Zur Formalisierung der Begriffe: System, Modell, Prozeß und Struktur. Angewandte Informatik **14** (1972) 12, 537–544

6 [K2] KAEDING, F. W. (Hrsg.): Häufigkeitswörterbuch der deutschen Sprache. Selbstverlag, Steglitz 1897 (Nachdruck in: Grundlagenstudium aus Kybernetik und Geisteswissenschaften, Beiheft 1963)

6 [K3] KAHLAU, H.: Der Vers, der Reim, die Zeile. Wie ich Gedichte schreibe. Verlag Neues Leben, Berlin 1974

7 [K4] KAHRIG, E., und H. BESSERDICH: Dissipative Strukturen. VEB Georg Thieme, Leipzig 1977

1; 2; 3 [K5] KÄMMERER, W.: Einführung in die mathematischen Methoden der Kybernetik. Akademie-Verlag, Berlin 1971

1; 3 [K6] KÄMMERER, W.: Digitale Automaten. 2. Aufl., Akademie-Verlag, Berlin 1973

1; 2 [K7] KÄMMERER, W.: Kybernetik. Akademie-Verlag, Berlin 1977

6 [K8] KAPLAN, R. W.: Der Ursprung des Lebens. Georg Thieme, Stuttgart 1972

2 [K9] KATZ, A.: Principles of Statistical Mechanics. The Information Theory Approach. W. H. Freeman and Co., San Francisco (Calif.) 1967

6 [K10] KERN, E.: Rückkopplungsphänomene zwischen Musiker und Musikinstrument. Nova Acta Leopoldina **37/1** (1972) 206, 573–610

5 [K11] KEYES, R. W.: On power dissipation in semiconductor computing elements. Proc. IRE **50** (1962) 12, 2485–2489

5 [K12] KEYES, R. W.: Physical problems and limits in computer logic. IEE Spektrum **6** (1969), 36–45

5 [K13] KEYES, R. W.: Physical problems of small structures in electronics. Proc. IEEE **60** (1972) 9, 1055–1062

5 [K14] KEYES, R. W.: Physical limits in digital electronics. Proc. IEEE **63** (1975) 5, 740–767

4 [K15] KIND, D.: Zur Geschichte der elektrischen Einheiten im internationalen Einheitensystem. ETZ-A **98** (1977) 12, 800–803

7 [K16] KIRCHHÖFER, D.: Zum Problem der semantischen Information im Lehrprozeß. Sonderheft der Wissenschaftl. Zeitschr. der Pädagogischen Hochschule Dresden **2** (1968), 31–37

4 [K17] KIRSCHNITZ, D.: Auf der Suche nach der Elementarlänge. Ideen des exakten Wissens (1971) 2, 93–98

0; 1 [K18] KLAUS, G.: Kybernetik in philosophischer Sicht. Dietz Verlag, Berlin 1961

0 [K19] KLAUS, G.: Spezielle Erkenntnistheorie. VEB Deutscher Verlag der Wissenschaften, Berlin 1965

0 [K20] KLAUS, G.: Semiotik und Erkenntnistheorie. 2. Aufl., VEB Deutscher Verlag der Wissenschaften, Berlin 1969

1 [K21] KLAUS, G., und M. BUHR: Philosophisches Wörterbuch. 6. Aufl., VEB Bibliographisches Institut, Leipzig 1969

7 [K22] KLAUS, G., und H. LIEBSCHER: Systeme, Informationen, Strategien. VEB Verlag Technik, Berlin 1974

7 [K23] KLIX, F.: Information und Verhalten. VEB Deutscher Verlag der Wissenschaften, Berlin 1971

6 [K24] KLIX, F.: Kybernetische Analysen geistiger Prozesse. VEB Deutscher Verlag der Wissenschaften, Berlin 1970

6; 7 [K25] KLIX, F.: Informationsaufnahme und Informationsverarbeitung beim Menschen. Nova Acta Leopoldina. **37/1** (1972) 206, 271–287

7 [K26] KLIX, F.: Struktur, Strukturbeschreibung und Erkennungsleistung, in: KLIX, F. (Hrsg.): Organismische Informationsverarbeitung. Akademie-Verlag, Berlin 1974, S. 110–130

5 [K27] KOBRINSKI, A. E.: (Кобрински, А. Е.): Вот они — роботы. Наука 1972 (dt. Übers.: Achtung, Roboter. Urania-Verlag, Leipzig, Jena, Berlin 1974)

7 [K28] Kolmogorow, A. N.: (Колмогоров, А. Н.): При подхода к определению понятия „количество информации", в: Проблемы передачи информации, т. I. Наука, Москва 1965, стр. 3—11

[K28a] Komarow, W. W.: Auf den Spuren des Unendlichen. Mir, Moskau/BSB B. G. Teubner Verlagsgesellschaft, Leipzig 1978

1 [K29] Kortum, H.: Beitrag zu den kybernetischen Grundlagen der Automatisierungstechnik. Die Technik **19** (1964) 11, 719—724

1 [K30] Kortum, H.: Über eine allgemeine Theorie des Transportes als elementare Grundlage der Automatisierungstechnik. Die Technik **20** (1965) 2, 92—95

1 [K31] Kortum, H.: Über eine allgemeine Theorie des Speicherns als elementare Grundlage der Automatisierungstechnik. Die Technik **20** (1965) 4, 276—282

5 [K32] Koschnick, G., u. a.: Numerisch gesteuerte Werkzeugmaschinen. Lexika Verlag, Grafenau (Württ.) 1977

2 [K33] Kotelnikow, W. A.: Über die Durchlaßfähigkeit des Äthers und der Drahtverbindungen in der elektrischen Nachrichtentechnik (russ.). Tagungsbericht der 1. Allunionskonferenz der Nachrichtentechnik, Moskau 1933

2 [K34] Kotelnikow, V. A.: (Котелников, В. А.): Теория потенциальной помехоустойчивости. Государственное энергетическое издательство, Москва, Ленинград 1956 (engl. Übers.: The Theorie of optimum noise immunity. McGraw Hill, New York, Toronto, London 1959)

2 [K35] Kraft, L. G.: A device for quantizing, grouping and coding amplitude modulated pulses. M.S. Thesis, Electrical Engineering Dept. MIT, Stanford 1949

7 [K36] Krah, W.: Zum Informationsbegriff und seinen verschiedenen Aspekten. Wissenschaftl. Zeitschr. der TU Dresden **15** (1966) 5, 1233—1236

7 [K37] Kramer, R.: Information und Kommunikation. Duncker und Humblot, Berlin 1965

7 [K38] Krause, W., und E. Sommerfeld: Zu einigen Fragen der Automatisierung geistiger Prozesse im Rahmen von Problemlösungsprozessen. Die Technik **26** (1971) 11, 675—681

7 [K39] Kronthaler, E.: Syntaktische, semantische und pragmatische Information. Grundlagenstudium aus Kybernetik und Geisteswissenschaft **10** (1969) 4, 99—109

6 [K40] Krug, W., und H.-G. Weide: Wissenschaftliche Photographie in der Anwendung. Akademische Verlagsgesellschaft Geest & Portig, Leipzig 1972

0 [K41] Kuhn, Th.: The Structure of Scientific Revolutions. 1962 (dt. Übers.: Die Struktur wissenschaftlicher Revolutionen. Suhrkamp Verlag Frankfurt/M. 1967)

7 [K42] Kümmel, P.: Struktur und Funktion sichtbarer Zeichen. Verlag Schnelle, Quickborn 1969

7 [K43] Kümmel, P.: Wertbestimmungen von Information. M. Niemeyer Verlag, Tübingen 1972

2 [K44] Küpfmüller, K.: Über Einschwingvorgänge in Wellenfiltern. Elektron. Nachrichtentechnik **1** (1924), 141—152

1 [K45] Küpfmüller, K.: Die Systemtheorie der elektrischen Nachrichtenübertragung. 2. Aufl., S. Hirzel Verlag, Stuttgart 1952

6 [K46] Küpfmüller, K.: Die Entropie der deutschen Sprache. Fernmeldetechn. Zeitschr. **7** (1954) 6, 265—272

6 [K47] Küpfmüller, K.: Informationsverarbeitung durch den Menschen. NTZ **12** (1958), 68—74

6 [K48] Kupper, H.: Computer und musikalische Komposition. Vieweg Verlag, Braunschweig 1970

6 [K49] Kupper, H.: GEASCOP — Ein Kompositions-Programm. Nova Acta Leopoldina **37/1** (1972) 206, 629—655

5 [L1] Landauer, R.: Irreversibility and heat generation in the computing process. IBM J. Research Development **4** (1961), 183—191

4 [L2] Landrock, H.: Alte Uhren. Prisma-Verlag, Leipzig 1971

6 [L3] Langer, D.: Informationstheorie und Psychologie. Verlag für Psychologie, Göttingen 1962
5 [L4] Langer, M.: Studien über Aufgaben der Fernsprechtechnik, Band I bis VI. VEB Verlag Technik, Berlin 1950–58
6 [L5] Lau, E.: Intensionale Keime verschiedener Programmlänge. Forschungen und Fortschritte 28 (1954) 1, 6–10
6 [L6] Lau, E., und W. Krug: Die Äquidensitometrie. Akademie-Verlag, Berlin 1957
5 [L7] Lauber, R.: Prozeßautomatisierung. Springer-Verlag, Berlin, Heidelberg, New York 1976
6 [L8] Lauter, J.: Distanzen deutscher Wörter. NTZ **20** (1967) 9, S. 539–541
1 [L9] Lerner, A. Ja.: (Лернер, А. Я.): Начала кибернетики. Наука, Москва 1967 (dt. Übers.: Grundzüge der Kybernetik. VEB Verlag Technik Berlin 1970)
6 [L10] Letsche, D.: Bedeutung und Aufgaben der Datenkommunikation. NTZ **29** (1976) 3, 211–214
2 [L11] Lindner, R., und L. Staiger: Algebraische Codierungstheorie. Akademie-Verlag, Berlin 1977
5 [L12] Lindsted, R. D., und D. A. di Cicco: Analytical and experimental thermal analysis of multiple heat sources integrated Semiconductor chips. IBM J. Research Development **16** (1973) 3, 303–306
7 [L13] Loehlin, J. C.: Maschinen mit Persönlichkeit, in: Jungk, R., und H. J. Mundt (Hrsg.): Maschinen wie Menschen. Verlag Kurt Desch, München, Wien, Basel 1969, S. 149–163
5 [L14] Loeser, F.: Deontik. VEB Deutscher Verlag der Wissenschaften, Berlin 1966
6 [L15] Lohmann, M.: Wohin führt die Biologie? Carl Hanser Verlag, München 1970
7 [L16] Lorenz, K.: Die instinktiven Grundlagen menschlicher Kultur. Die Naturwissenschaften **54** (1967) 15/16, 377–388
6 [L17] Luczak, H.: Untersuchungen informatorischer Belastungen und Beanspruchung des Menschen. Dissertation, Darmstadt 1974
2 [L18] Lüke, H. D.: Signalübertragung. Springer-Verlag, Berlin, Heidelberg, New York 1975
1 [L19] Lutz, T.: Kybernetik, Portrait einer Wissenschaft. VDI-Z. **112** (1970) 7, 413–417; 15, 1009–1014; 20, 1341–1346; 24, 1613–1618; **113** (1971) 5, 337–343; **114** (1972) 6, 16–20; 6, 554–558; **115** (1973) 4, 261–266
6 [M1] Mac Kay, D. M., and W. S. Mc Cullach: The limiting information capacity of a neuron link. Bull. Math. Biophys. **14** (1952), 127–135
4 [M2] Mach, E.: Die Mechanik in ihrer Entwicklung. Leipzig 1912
6 [M3] Marchlewska, J.: Information über Information, in: Dokumentation/Information. TH Ilmenau 1970, H. 13
2 [M4] Marko, H.: Die Ausnutzbarkeit eines Telegraphiekanals zur Informationsübertragung. NTZ **15** (1962) 9, 1–16
2 [M5] Marko, H., und E. Neuberger: Über gerichtete Größen der Informationstheorie. AEÜ **21** (1966) 2, 61–69
2 [M6] Marko, H.: Die Theorie der bidirektionalen Kommunikation und ihre Anwendung auf die Nachrichtenübermittlung zwischen Menschen. Kybernetik **3** (1966) 3, 128–136
2; 6 [M7] Marko, H.: Informationstheorie und Kybernetik, in: Fortschritte der Kybernetik. R. Oldenbourg Verlag, München, Wien 1967, S. 9–28
6 [M8] Maser, S.: Numerische Ästhetik. 2. Aufl., Krämer-Verlag, Stuttgart/Bern 1971
6 [M9] Maser, S.: Rückblick und Neubesinnung auf die Erkenntnisse, Methoden und Ziele der Informationsästhetik. Grundlagenstudium aus Kybernetik und Geisteswissenschaft **14** (1973) 2, 37–48
2 [M10] Maser, S.: Grundlagen der allgemeinen Kommunikationstheorie. 2. Aufl., Berliner Union GmbH, Stuttgart 1973

3 [M11] Maurer, H.: Theoretische Grundlagen der Programmiersprachen. Bibliographisches Institut, Mannheim, Wien, Zürich 1969

2 [M12] Mayer, W.: Grundverhalten von Totenkopfaffen unter besonderer Berücksichtigung der Kommunikationstheorie. Kybernetik 8 (1970) 2, 59–68

7 [M13] Mazur, M.: Jakosciowa teoria Informacij. Wyd. nauk.-techn., Warschau 1970 (russ. Übers.: Качественная теория информации. Мир, Москва 1974)

6 [M14] Meier, H.: Deutsche Sprachstatistik. Georg Olms Verlagsbuchhandlung, Hildesheim 1964

5; 7 [M15] Meinhardt, J.: Grundlagen der mathematischen Analyse digitaler Speicherelemente. Akademische Verlagsgesellschaft Geest & Portig, Leipzig 1976

2; 5 [M16] Menzel, E.: Informationstheorie in der Optik. NTF, Band 28: Informationstheorie II; Vieweg Verlag, Braunschweig 1964, S. 56–59

6 [M17] Meyer-Dohm, P.: Das wissenschaftliche Buch. Verlag für Buchmarkt-Forschung, Hamburg 1969

2; 6 [M18] Meyer-Eppler, W.: Grundlagen und Anwendungen der Informationstheorie. 2. Aufl., Springer-Verlag, Berlin, Heidelberg, New York 1969

4 [M19] Michel, A.: Messen über Zeit und Raum. Belser Verlag, Stuttgart 1965

4 [M20] Mie, G.: Lehrbuch der Elektrizität und des Magnetismus. Enke, Stuttgart 1910

6 [M21] Miller, G. A.: The magical number seven, plus or minus two. Psychological Review **63** (1956), 81–97

6 [M22] Miller, G. A., u. a.: Length-Frequency statistics for written English. Information and Control **1** (1958) 4, 370–389

6; 7 [M23] Moles, A. A.: Théorie de l'information et perception esthétique. Paris 1958 (dt. Übers.: Informationstheorie und ästhetische Wahrnehmung. M. Du Mont Schauberg, Köln 1971)

7 [M24] Moles, A. A.: Über konstruktive und instrumentelle Komplexität. Grundlagenstudien und Geisteswissenschaft **1** (1960) H. 1

7 [M25] Müller, J.: Grundlagen der systematischen Heuristik. Dietz Verlag, Berlin 1970

7 [M26] Müller, J.: Theoretische Grundlagen der Bewertung von Informationen bezüglich ihrer Funktion im gedanklichen Arbeitsprozeß. ZKI Informationen 4/1977, S. 20–70

7 [M27] Müller, J.: Bemerkungen zum Verhältnis von Soft- und Hardware. Unveröffentlichtes Manuskript vom 22. 3. 1977

3 [N1] N. N.: Kleine Enzyklopädie Die deutsche Sprache. VEB Bibliographisches Institut, Leipzig 1963

5 [N2] N. N.: Internationale Fernsprechstatistik. Siemens AG, München 1973

5 [N3] N. N.: Telefon 73: Die größte aller Maschinen. Elektronik Zeitung (Stuttgart) **11** (1973) H. 14–18

5 [N4] N. N.: On theory and practice of robots and manipulators. Springer-Verlag, Wien, New York 1974

3 [N5] N. N.: Kleines Wörterbuch sprachwissenschaftlicher Termini. VEB Bibliographisches Institut, Leipzig 1975

3 [N6] N. N.: Kleine Enzyklopädie Mathematik. 10. Aufl., VEB Bibliographisches Institut, Leipzig 1977

6 [N7] Nadolski, D.: Psychologie und Buchgestaltung. Börsenblatt für den Deutschen Buchhandel **143** (1969), 437–438

6 [N8] Nadolski, D.: Unsere Lektoren wissen, was sich Studenten wünschen. Börsenblatt für den Deutschen Buchhandel **148** (1974), 635–636

3 [N9] Nagel, E., und J. R. Newmann: Gödel's Proof. New York University Press, New York 1958 (dt. Übers.: Der Gödelsche Beweis. R. Oldenbourg Verlag, Wien, München 1964)

6 [N10] Nake, F.: Ästhetik als Informationsverarbeitung. Springer-Verlag, Wien, New York 1974

5 [N11] Naumann, H. D.: Nachrichtenübertragung mit Laserstrahlen. Wissenschaft und Fortschritt **26** (1976) 9, 391–395

5 [N12] NAUMANN, H. D.: Nachrichtensatelliten — Entwicklungsstand und Tendenzen. Wissenschaft und Fortschritt **28** (1978) 6, 214—219

2 [N13] NEIDHARDT, P.: Informationstheorie und automatische Informationsverarbeitung. 2. Aufl., VEB Verlag Technik, Berlin 1964

5 [N14] NEMES, T.: Kibernetikai gépek. Akademiai kiado, Budapest 1962 (dt. Übers.: Kybernetische Maschinen. VEB Verlag Technik Berlin 1967)

2 [N15] NEUBURGER, E.: Kommunikation der Gruppe. R. Oldenbourg Verlag, München, Wien 1969

2 [N16] NEUBURGER, E.: Zwei Fundamentalgesetze der bidirektionalen Kommunikation. AEÜ **24** (1970) 5, S. 209

6; 7 [N18] NEUMANN, J. v.: The Computer and the Brain. Yale University Press, New Haven 1958 (dt. Übers.: Die Rechenmaschine und das Gehirn. 2. Aufl., R. Oldenbourg Verlag München 1965)

6 [N19] NEUSTÄDT, R.: Wie umfangreich sollte ein Sachwortverzeichnis sein? Börsenblatt für den Deutschen Buchhandel **148** (1974), 325—326

5 [N20] NICKEL, K.: Die Dualität: Hardware — Software. Bericht Informatiktagung Leopoldina, 14.—17. 10. 1971, Leipzig

7 [N21] NOETHER, E.: Invariante Variationsprobleme. Nachrichten der Königlichen Gesellschaft der Wissenschaften (1918) H. 2, 235—257

2 [N22] NYQUIST, H.: Certain factors affecting telegraph speed. Bell System Techn. J. **3** (1924), 324—346

4 [O1] OMM, P.: Meßkunst ordnet die Welt. Impuls-Verlag, Buchschlag bei Frankfurt/M. 1958

4 [O2] OPPELT, W.: Über die Einordnung der Meßtechnik in das Gebäude der Wissenschaften. messen steuern regeln **12** (1969) 3, 89—90

7 [O3] OPPENHEIM, P.: Die natürliche Ordnung der Wissenschaften. VEB Gustav Fischer Verlag, Jena 1926

4 [O4] ORTH, B.: Einführung in die Theorie des Messens. Kohlhammer, Stuttgart 1974

4 [P1] PADELT, E.: Menschen messen Zeit und Raum. VEB Verlag Technik, Berlin 1971

7 [P1a] PAUL, W. J.: Komplexitätstheorie. Teubner, Stuttgart 1978

4 [P2] PEGG, D. T.: Future variations of Planck's constant. Nature **267** (1971), 408—409

7 [P3] PEIL, J.: Einige Bemerkungen zu Problemen der Anwendung des Informationsbegriffes in der Biologie. Biometr. Zeitschr. **15** (1973) 2, 117—128; 3, 199—213

0; 7 [P4] PEIRCE, CH. S.: Collected papers of Charles Sanders Peirce (6 Bände). Harvard University, Cambridge (Mass.) 1931—1936

0; 2 [P5] PETERS, J.: Einführung in die allgemeine Informationstheorie. Springer-Verlag, Berlin, Heidelberg, New York 1967

7 [P6] PETROW, W., und J. FREUDIN: Ein gedankliches Modell für psychologische Prozesse. Ideen des exakten Wissens (1970) H. 11, 701—705

5; 7 [P7] PFEIFFER, A.: Abbild und Leitbild. Akademie-Verlag, Berlin 1973

7 [P8] PHILIPP, B.: Mikrowelt ohne Erinnerungsvermögen. spectrum **5** (1974) 12, S. 3

2 [P9] PHILIPPOW, E.: Taschenbuch Elektrotechnik in sechs Bänden, Band 2: Grundlagen der Informationstechnik. VEB Verlag Technik, Berlin 1977

5 [P10] PHILIPS, L.: Verhaltenslogik. Grundlagenstudium aus Kybernetik und Geisteswissenschaft **9** (1968) 2, 33—38

3 [P11] PICARD, C. F.: Théorie des questionnaires. Ganthier-Villars, Paris 1965 (dt. Übers.: Theorie der Fragebogen. Akademie-Verlag Berlin 1973)

6 [P12] PIERCE, J. R.: Phänomene der Kommunikation. Econ-Verlag, Düsseldorf, Wien 1965

2 [P13] PILOTY, R.: Über die Beurteilung der Modulationssysteme mit Hilfe des nachrichtentechnischen Begriffs der Kanalkapazität. AEÜ **4** (1950), 493 bis 508

2 [P14] PINSKER, M. S. (Пинскер, М. С.): Информация и информационная устойчивость случайных величин и процессов (dt. Übers. in: Arbeiten zur Informationstheorie —. VEB Deutscher Verlag der Wissenschaften, Berlin 1963)

6 [P15] POMM, P.: Die Sprachentwicklung des Schulkindes in informationstheoretischer Sicht. Muttersprache **81** (1971) 4, 255—266

6 [P16] POMM, P.: Untersuchungen zur Silben-, Wort- und Satzlänge im Deutschen. Grundlagenstudien aus Kybernetik und Geisteswissenschaften **14** (1973) 4, 121—128

6 [P17] POMM, P.: Entwurf zu einem informationspsychologischen Gedächtnismodell. Psychologische Beiträge **16** (1974) 4, 549—553

7 [P18] PROKOP, W.: Manuskript zum Problem Organisation — Information. Unveröffentlicht

7 [Q1] QUASTLER, S. H.: Die Entstehung der biologischen Organisation (russ.). Mir, Moskau 1967

2 [R1] RAISBECK, G.: Informationstheorie. Eine Einführung für Naturwissenschaftler und Ingenieure. Akademie-Verlag, Berlin 1970

7 [R2] RASHEWSKI, N.: Life, Information Theory and Topology. Bull. Math. Biophys. **17** (1955) 3, 229—235

6 [R3] RAUSENDORF, D.: Beitrag zur Anwendung informationstheoretischer Grundlagen in der Polygrafie. Dissertation, TH Karl-Marx-Stadt 1975

7 [R4] REBALL, S.: Informationstheorie. Lehrbuch für das postgraduale Fernstudium der Informations- und Dokumentationswissenschaft. TH Ilmenau 1970

2 [R5] RENYI, A.: Wahrscheinlichkeitsrechnung, mit einem Anhang über Informationstheorie. VEB Deutscher Verlag der Wissenschaften, Berlin 1962

1 [R6] RICHTER, K.-J.: Mathematische Beschreibung nichtinformationeller Kommunikation. Wissenschaftl. Zeitschr. der Hochschule für Verkehrswesen „Friedrich List“ **18** (1971) 3, 477—485

6 [R7] RIEDEL, H.: Psychostruktur. Verlag Schnelle, Quickborn 1967

6 [R8] RÖHLER, R.: Informationstheorie in der Optik. Wissenschaftliche Verlagsanstalt, Stuttgart 1967

6 [R9] RONGE, H.: Kunst und Kybernetik. M. Du Mont Schauberg, Köln 1968

7 [R10] RUBINSTEIN, S. L. (Рубинштейн, С. Л.): Основы общей психологии. Академия наук, Москва 1946 (dt. Übers.: Grundlagen der allgemeinen Psychologie. 7. Aufl., VEB Volk und Wissen, Berlin 1971)

5 [R11] RUMPF, K.-H.: Koordinatenschalterelektronik. VEB Verlag Technik, Berlin 1961

5 [R12] RUMPF, K.-H.: Trommeln, Telefone, Transistoren. VEB Verlag Technik, Berlin 1971

1 [S1] SACHSE, H.: Einführung in die Kybernetik. Vieweg Verlag, Braunschweig 1971

6 [S2] SCHAEFER, E.: Das menschliche Gedächtnis als Informationsspeicher. Elektron. Rundschau **14** (1960) 3, 79—84

1 [S3] SCHAEFER, J.: Die Automatik des Lebens. Ullstein, Frankfurt/M., Berlin 1967

3 [S4] SCHMITT, A.: Automaten-Algorithmen-Gehirne. Suhrkamp Verlag, Frankfurt/M. 1971

7 [S5] SCHMUTZER, E.: Symmetrien und Erhaltungssätze der Physik. Akademie-Verlag, Berlin 1972

0; 7 [S6] SCHRÖDINGER, E.: Was ist Leben? 2. Aufl., What is Life? Cambridge University Press, Cambridge 1948 (dt. Übers.: L. Lehnen Verlag GmbH, München 1957

7 [S7] SCHUBERTH, R.: Komplexität — Komplexe Systeme — komplexe Lösungen. IBM Nachrichten **28** (1978) 239, 67—72

2 [S8] SCHULTZE, E.: Einführung in die mathematischen Grundlagen der Informationstheorie. Spirnger-Verlag, Berlin, Heidelberg, New York 1969

7 [S9] Schumann, H. R.: Gegen das Überhandnehmen einer „instrumentellen Vernunft“. Elektron. Rechenanlagen **19** (1917) 6, 265—269

4 [S10] Schwarz, F.: Ist die Zeit gequantelt? Umschau (1978) **78** 6, 183—184

5 [S11] Schwertfeger, H. J.: Vermittlungssysteme für Nachrichtennetze. VEB Verlag Technik, Berlin 1977

1 [S12] Seifert, H.: Information über Information. Verlag C. H. Beck, München 1968

6 [S13] Senders, J. W.: Information storage requirements for the Contents of the World's Libraries. Science **141** (13. Sept. 1963), 1067—1968

2 [S14] Shannon, C. E.: Communication in the Presence of Noise. Proc. IRE **37** (1949), 10—21

2 [S15] Shannon, C. E.: Neuere Entwicklungen der Nachrichtentheorie (Original: Electronics **23** (1950) 80—83) Techn. Mitt. PTT **28** (1950) 9, 337—342

6 [S16] Shannon, C. E.: Prediction and Entropie of printed English. Bell Syst. Techn. J. **30** (1951) 1, 50—64

0; 2; 7 [S17] Shannon, C. E., and W. Weaver: The mathematical theory of communication. University of Illinois Press, Illinois 1949 (dt. Übers.: Mathematische Grundlagen der Informationstheorie. R. Oldenbourg Verlag, München, Wien 1976)

6 [S18] Simmat, W. E.: Exakte Ästhetik — Methoden und Ergebnisse empirischer und experimenteller Ästhetik, 5. Folge: Kunst aus dem Computer. Nadolski, Stuttgart 1967

7 [S19] Simonow, P. W. (Симонов, П. В.): Теория отражения и психофизиология эмоций. Наука, Москва 1970 (dt. Übers.: Widerspiegelungstheorie und Psychologie der Emotionen. VEB Verlag Volk und Gesundheit, Berlin 1975)

6 [S20] Sinz, R.: Neurophysiologische und biochemische Grundlagen des Gedächtnisses, in: Zur Psychologie des Gedächtnisses. VEB Deutscher Verlag der Wissenschaften, Berlin 1977, S. 207—243

6 [S21] Solla Price, D. J. de: Little science, big science. Columbia University Press, New York 1969 (dt. Übers.: Little science, big science. Von der Studierstube zur Großforschung. Suhrkamp Verlag, Frankfurt/M. 1974

2 [S22] Solodow, A. W. (Солодов, А. В.): Теория информации и её применение к задачам автоматического управления и контрола. Наука, Москва 1957 (dt. Übers.: Theorie der Informationsübertragung in automatischen Systemen. Akademie-Verlag, Berlin 1967)

2 [S23] Spătaru, Al.: Teoria Transmisiumii Informatiei. Verlag „Technik“, Bukarest (dt. Übers.: Theorie der Informationsübertragung. Akademie-Verlag, Berlin 1973)

7 [S24] Schrejder, J. A. (Шрейдер, Ю. А.): О семантических аспектах теорий информации, в: Информация и кибернетика. Советское радио, Москва 1967, стр. 15—47

5 [S25] Stachelin, J.: Wann kommen die intelligenten Roboter? Techn. Rundschau (Bern) **28** (1973) 8, 16—18

3 [S26] Starke, P. H.: Abstrakte Automaten. VEB Deutscher Verlag der Wissenschaften, Berlin 1969

5 [S27] Steinbuch, K.: Menschen oder Automaten im Weltraum? Naturwissenschaftl. Rundschau **16** (1963) 9, 341—349

6 [S28] Steinbuch, K.: Automat und Mensch. 3. Aufl., Springer-Verlag, Berlin, Heidelberg, New York 1965

6 [S29] Steinbuch, K.: Mensch — Technik — Zukunft. Deutsche Verlagsanstalt, Stuttgart 1971

6 [S30] Steinbuch, K.: Kommunikationstechnik. Springer-Verlag, Berlin, Heidelberg, New York 1977

6 [S31] Stickel, G.: Monte-Carlo-Texte; Automatische Manipulation von sprachlichen Einheiten, in: Exakte Ästhetik, 5. Folge, Kunst aus dem Computer. Nadolski, Stuttgart 1967, S. 53

6 [S32] Stier, F.: Über den Informationsgehalt manueller Zielbewegungen. Kybernetik **5** (1969) 6, 210–219

7 [S33] Strongman, K. T.: The psychology of emotion. J. Wiley and Sons, London, New York Sidney, Toronto 1973

2 [S34] Swoboda, J.: Codierung zur Fehlerkorrektur und Fehlererkennung. R. Oldenbourg Verlag, München, Wien 1973

7 [S35] Sworykin, A. A., u. a.: (Сворыкин, А. А., и др.): История техники. Изд. соц.-эконом. лит., Москва 1962 (dt. Übers.: Geschichte der Technik. VEB Fachbuchverlag, Leipzig 1964)

2 [S36] Szillard, L.: Über die Entropieminderung in einem thermodynamischen System bei Eingriffen intelligenter Wesen. Zeitschr. für Physik **53** (1929) 11/12, 840–856

0; 7 [T1] Taube, M.: Der Mythus der Denkmaschine. Rowohlt, Reinbeck bei Hamburg 1966

7 [T2] Tembrock, G.: Optimierungsstrategien des Informationswechsels in der Stammesgeschichte der Organismen, in: Information — Philosophische und ethische Probleme der Biowissenschaften. Akademie-Verlag, Berlin 1976, S. 105–122

7 [T3] Thiel, R.: Quantität oder Begriff. VEB Deutscher Verlag der Wissenschaften, Berlin 1967

7 [T4] Thiel, R.: Mathematik — Sprache — Dialektik. Akademie-Verlag, Berlin 1975

2 [T5] Thiele, H.: Einige Bemerkungen zur Weiterentwicklung der Informationstheorie. Nova Acta Leopoldina **37/1** (1972) 206, 473–502

6 [T6] Timpe, K.-P.: Zum gegenwärtigen Stand einiger Anwendungsmöglichkeiten der Informationstheorie in der Psychologie. Probleme und Ergebnisse der Psychologie (1970) H. 33, 21–43

5 [T7] Töpfer, H.: Stand- und Entwicklungsprobleme der Informationsnutzung. messen steuern regeln **17** (1974) 4, 85–90

5 [T8] Töpfer, H., und W. Kriesel: Funktionseinheiten der Automatisierungstechnik. VEB Verlag Technik, Berlin 1977

5 [T9] Töpfer, H., und S. Rudert: Einführung in die Automatisierungstechnik. 2. Aufl., VEB Verlag Technik, Berlin 1977

2 [T10] Topsøe, F.: Informationsteori. Nordisk Forlag, Kopenhagen 1973 (dt. Übers.: Informationstheorie. B. G. Teubner, Stuttgart 1974)

3 [T11] Trachtenbrot, B. A. (Трахтенброт, Б. А.): Алгоритмы и вычислительные автоматы. Советское радио, Москва 1974 (dt. Übers.: Algorithmen und Rechenautomaten. VEB Deutscher Verlag der Wissenschaften, Berlin 1977)

4 [T12] Treder, H.-J.: Über die physikalische Bedeutung von Plancks „Natürlichen Einheiten". Experimentelle Technik der Physik **24** (1976) 1, 1–9

0; 3 [T13] Turing, A. M.: On computable numbers, with an application to the Entscheidungsproblem. Proc. London Math. Soc. **42** (1937), 230–266

7 [U1] Uhlenbeck, G. E.: Gibt es eine Richtung im Ablauf der Zeit? Umschau in Wissenschaft und Technik **67** (1967) 8, 237–241

7 [U2] Unger, G.: Die Kybernetik und die Verantwortung des Menschen für sein Bewußtsein. Techn. Rundschau (Berlin) **59** (1967) 44, 1–2; 45, 1–3; 46, 1–2

7 [U3] Ursul, A. D. (Урсул, А. Д.): Природа информации. Философический очерк. Изд. полит. лит., Москва 1968 (dt. Übers.: Information. Eine philosophische Studie. Dietz Verlag Berlin 1970)

1 [V1] Vester, F.: Das kybernetische Zeitalter. S. Fischer Verlag, Frankfurt/M. 1974

5 [V2] Vogel, J.: Elektrische Kleinmaschinen der Automatisierungstechnik. VEB Verlag Technik, Berlin 1975

2; 6 [V3] Völz, H.: Abschätzungen der Kanalkapazität für die Magnetbandaufzeichnung. Elektron. Rundschau **13** (1959) 6, 210–212

2 [V5] VÖLZ, H.: Zur Registriergenauigkeit der Magnetbandaufzeichnung. Elektron. Rundschau **14** (1960) 1, 23–25

2 [V6] VÖLZ, H.: Grundlagen und Entwicklungstendenzen der Meßmagnetbandtechnik. Frequenz **15** (1961) 7, 218–225

6 [V7] VÖLZ, H.: Kanalkapazität des Ohres und optimale Anpassung akustischer Kanäle. Elektron. Rundschau **15** (1961) 10, 482–488

5 [V8] VÖLZ, H.: Versuch einer systematischen und perspektivischen Analyse der Speicherung von Informationen. Die Technik **20** (1965) 10, 650–659

4 [V9] VÖLZ, H.: Fehlergrenzen bei Messungen unter Berücksichtigung der Magnetspeichertechnik. messen steuern regeln **9** (1966) 7, 223–228

4; 5; 6 [V10] VÖLZ, H.: Zum Zusammenhang von Energie- und Speicherdichte bei der Informationsspeicherung. Internat. Elektron. Rundschau **16** (1967) 2, 41 bis 44

2 [V12] VÖLZ, H.: Informationstheoretische Grundlagen, in: Grundlagen der magnetischen Signalspeicherung. Band I, Akademie-Verlag, Berlin 1968, S. 1–54

7 [V13] VÖLZ, H.: Einige Gedanken zum Begriff der Information. Deutsche Zeitschr. für Philosophie **16** (1968) 3, 336–348

7 [V14] VÖLZ, H.: Zum Informationsbegriff. Sonderheft der Wissenschaftl. Zeitschr. der Pädagogischen Hochschule Dresden **2** (1968), 3–10

6 [V15] VÖLZ, H. (Hrsg.): Grundlagen der magnetischen Signalspeicherung, Band I und VI. Akademie-Verlag, Berlin 1968

7 [V17] VÖLZ, H.: Versuch einer Erfassung aller Informationswandlungen. Die Technik **23** (1968) 5, 303–305

2 [V18] VÖLZ, H.: Betrachtungen zur Signalübertragung bei allgemein gestörten Kanälen. Habilitationsschrift, Humboldt-Universität Berlin 1969

5 [V19] VÖLZ, H.: Elektronische Spannungsstabilisation. 2. Aufl., VEB Verlag Technik, Berlin 1969

7 [V20] VÖLZ, H.: Physikalische und Philosophische Gedanken zum Informationsbegriff. Dokumentation/Information TH Ilmenau (1970) H. 13, 47–60

1 [V21] VÖLZ, H.: Versuch zur Definition und Gliederung der Information. Internationales Symposium zur Kybernetik in modernen Wissenschaften und der Gesellschaft. Jurema Berichte, Zagreb 1971, S. 113–128

7 [V22] VÖLZ, H.: Eine mögliche Ordnung aller Informationsprozesse. EIK **7** (1971) 7, 447–456

4; 7 [V23] VÖLZ, H.: Einige Grundlagen zum Informationsbegriff. EIK **7** (1971) 2, 95–106

6 [V24] VÖLZ, H.: Einige Grundlagen und Grenzen bei der akustischen Speicherung. J. Signalaufzeichnungsmaterialien **4** (1971) 1, 25–41

7 [V25] VÖLZ, H.: Gedanken zum Informationsbegriff, in: ALBRECHT, E., u. a. (Hrsg.): Streitbarer Materialismus und gegenwärtige Naturwissenschaft. Akademie-Verlag, Berlin 1974, S. 65–78

5; 7 [V27] VÖLZ, H.: Anwendung magnetischer Materialien für die Speicherung von Bildern. J. Signalaufzeichnungsmaterialien **3** (1975) 4, 257–287

6 [V28] VÖLZ, H.: Beitrag zur formalen Musikanalyse und -synthese. Beiträge zur Musikwissenschaft **17** (1975) 2/3, 127–154

1 [V30] VÖLZ, H., und P. FRANZ: Gedanken zu einheitlichen Grundlagen der Energie-, Verkehrs- und Informationsprozesse. Symposium zum 90-jährigen Bestehen der Kroatischen Naturwissenschaftlichen Gesellschaft, Zagreb 1975, S. 137–139 (hierzu existiert eine interne ausführliche Studie)

5 [V31] VÖLZ, H.: Informationsspeicherung in Natur und Technik. Wissenschaft und Fortschritt **26** (1976) 6, 242–248

5; 7 [V32] VÖLZ, H.: Aussagen zum minimalen Informationsspeicher. J. Signalaufzeichnungsmaterialien **4** (1976) 2, 91–100

4; 7 [V33] VÖLZ, H.: Quantität und Qualität der Information, in: GEISSLER, E., und W. SCHELER (Hrsg.): Information, Philosophische und ethische Probleme der Biowissenschaften. Akademie-Verlag, Berlin 1976, S. 131–207

5; 6 [V36] Völz, H.: Entwicklung und Stand der Informationsspeicherung. Nachrichtentechnik – Elektronik 27 (1977) 4, 138–145

5 [V37] Völz, H.: Grenzen und Möglichkeiten der Informationstechnik. IET 7 (1977) 5, 470–477

1; 7 [V38] Völz, H.: Über Quantität und Qualität der Information. ZKI-Informationen 4 (1977), 107–125

5 [V39] Völz, H.: Binäre Schaltungen und Mikroprozessoren. Nachrichtentechnik – Elektronik 27 (1977) 8, 323–327

5; 7 [V41] Völz, H.: Zum Verhältnis von Soft- und Hardware, insbesondere unter dem Gesichtspunkt der Automatisierung. Diskussionsmaterial der HfR „Kybernetik" vom 1. 2. 1977, unveröffentlicht

0; 5 [V42] Völz, H.: Elektronik – Grundlagen, Prinzipien Zusammenhänge. 2. Aufl., Akademie-Verlag, Berlin 1979

7 [V43] Völz, H.: Diskussion zum Beitrag von Rüdiger, in Geissler, E., und W. Scheler (Hrsg.): Information, Philosophie und ethische Probleme der Biowissenschaften. Akademie-Verlag, Berlin 1976, S. 269–277

2; 6 [V44] Voss, Kl.: Statistische Theorie komplexer Systeme. EIK 5 (1969) 4/5, 239–254; 6, 319–330

7 [W1] Walk, K.: Kumulative Information, in: NTF, Band 28; Informationstheorie II. Vieweg, Verlag, Braunschweig 1964, S. 15–20

4 [W2] Wallot, J.: Die physikalischen und technischen Einheiten. Elektrotechn. Zeitschr. 43 (1922) 44, 1329–1333; 46, 1381–1386

4 [W3] Wallot, J.: Dimensionen, Einheiten, Maßsysteme, in: Geiger, H., und K. Scheel (Hrsg.): Handbuch der Physik, Band II. Springer-Verlag, Berlin 1926, S. 1–41

4 [W4] Wallot, J.: Größengleichungen, Einheiten, und Dimensionen. 2. Aufl., Johann Ambrosius Barth, Leipzig 1957 (1. Aufl. 1953)

1 [W5] Wasserzieher, E.: Kleines etymologisches Wörterbuch der deutschen Sprache. VEB Bibliographisches Institut, Leipzig 1971

7 [W6] Weiss, P.: Subjektive Unsicherheit und subjektive Information. Kybernetik 5 (1968) S, 77–82

0; 7 [W7] Weizenbaum, J.: Computer power and human reason. From judgement to calculation. W. H. Freeman & Co. San Francisco 1976 (dt. Übers.: Die Macht der Computer und die Ohnmacht der Vernunft. Suhrkamp Verlag Frankfurt/M. 1977)

6 [W8] Weltner, K.: Informationstheorie und Erziehungswissenschaft. Verlag Schnelle, Quickborn 1970

6 [W9] Weltner, K.: Informationstheorie und Lernprozesse, in: Biokybernetik, Band III. VEB Gustav Fischer Verlag, Jena 1971, S. 77–87

7 [W10] Wenzlaff, B.: Erkenntnistheoretische Aspekte der Symmetrie- und Wechselwirkungsproblematik in der Elementarteilchenphysik. Habilitationsschrift, Humboldt-Universität Berlin 1967

7 [W11] Wenzlaff, B.: Information als Verhältnis physikalischer Wechselwirkung und Organisation. Unveröffentlichtes Vortragsmanuskript vom 25. 8. 1978

1; 7 [W12] Wersig, G.: Information – Kommunikation – Dokumentation. Verlag Dokumentation, München-Pullach, Berlin 1971

7 [W13] Wessel, K. F.: Struktur und Prozeß. VEB Deutscher Verlag der Wissenschaften, Berlin 1977

0; 1 [W15] Wiener, N.: Cybernetics or control and communication in the animal and the machine. Hermann, Paris 1948 (dt. Übers.: Regelung und Nachrichtenübertragung in Lebewesen und in der Maschine. Econ-Verlag, Düsseldorf, Wien 1963)

5; 6 [W16] Winckel, F.: Technik der Magnetspeicher. Springer-Verlag, Berlin, Göttingen, Heidelberg 1960

6 [W17] Wolf, K.: Beitrag zur Systemtheorie der Druckverfahren. Dissertation, TH Darmstadt 1970

6 [W18] Wooldridge, D. E.: The machinery of the brain. Mac Graw Hill 1963 (dt. Übers.: Mechanik der Gehirnvorgänge R. Oldenbourg Verlag, Wien, München 1967)

5 [W19] Woller, H., und K. Sobolta: Neuzeitliche Fernsprechvermittlungstechnik. Telekosmusverlag, Stuttgart 1968

4 [W20] Woschni, E. G.: Meßdynamik. S. Hirzel Verlag, Leipzig 1964

2 [W21] Woschni, E. G.: Information und Automatisierung. VEB Verlag Technik, Berlin 1970

4 [W22] Woschni, E. G.: Meßinformationssysteme. VEB Verlag Technik, Berlin 1972

4 [W23] Woschni, E. G.: Meßfehler bei dynamischen Messungen und Auswertung von Meßergebnissen. VEB Verlag Technik, Berlin 1972

4 [W24] Woschni, E. G.: Einige Optimierungskriterien in informationstheoretischer Sicht und Beispiele für deren Anwendung, in: Zu einigen Fragen großer Systeme. Akademie-Verlag, Berlin 1973, S. 3–22

2; 6 [Y1] Young, J. F.: Information Theory. Butterworth, London 1971 (dt. Übers.: Einführung in die Informationstheorie. Oldenbourg Verlag, München, Wien 1975)

2; 6 [Z1] Zemanek, H.: Elementare Informationstheorie. R. Oldenbourg Verlag, München, Wien 1959

0; 5 [Z2] Zemanek, H.: Kybernetik Elektron. Rechenanlagen **6** (1964) 4, 169–177

5 [Z3] Zemanek, H.: The Skyline of information processing. North Holland Publ. Comp., Amsterdam, London 1972

6 [Z4] Zimmermann, R.: Gestaltung von Mensch-Maschine-Kommunikationssystemen. Regelungstechn. Praxis **18** (1976) 1, 9–15; 2, 45–49

6 [Z5] Zwicker, E.: Die elementaren Grundlagen zur Bestimmung der Informationskapazität des Gehörs. Acustica **6** (1956) 365–381

9. Namenverzeichnis

10. Sachwortverzeichnis

Tabelle 7.17 Zusammenstellung der Qualitäten des Getragenen sowie einige ihrer Eigenschaften

Qualität	symbolisch	sensorisch	effektorisch
Grundgröße bevorzugtes Verb	Symbol getragen	Senso festgestellt	Effekt bewirkt
typisches System	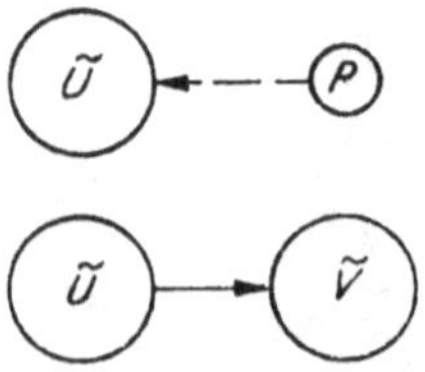	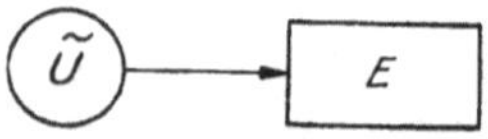	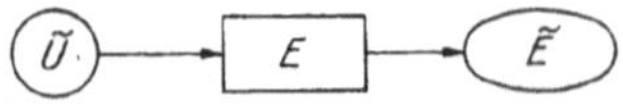
einige wesentliche Eigenschaften	rein abstrakte Qualität sehr allgemeine Zuordnungsrelation ist möglich Entropie, Kanalkapazität und Kodierung (Kap. 2) formale Sprachen (Abschn. 3.3.)	System mit mehreren inneren Zuständen notwendig Zustände müssen sich nicht nach außen bemerkbar machen einfache Form der Widerspiegelung Unterschiedschwelle (Abb. 4.2 u. 4.3) Meßgeräte (Abschn. 4.8.) Sinne und Sinnesorgane (Ergänzungsband) Aufzeichnungsvorgang (Abschn. 6.3.)	innere Zustände wirken sich auf Umgebung aus einfache autonome Geräte, z. B. Uhr (aktives Verhalten) Konstruktion aus dem Innern des Systems in der Umwelt Stelltechnik, Automatisierung, Regelungs- u. Steuerungstechnik, Roboter (Abschn. 5.5.) Anfänge der biologischen Evolution u. Genetik (Ergänzungsband) ROM (Abschn. 6.3)

ch	direktivisch	contentisch
	Dire bezweckt	Cont verweisen
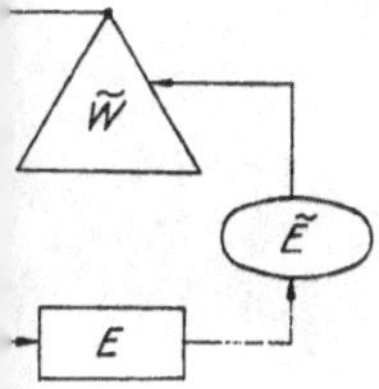	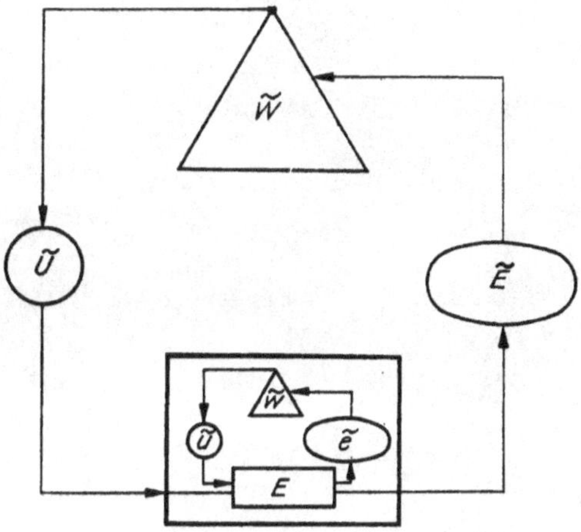	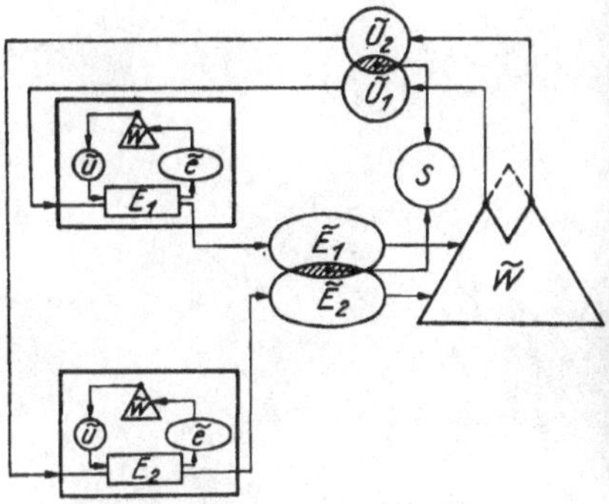
efähiger und länger ger Speicher not- ıg der Umwelt auf Weise im System n von Objekten, ı und Gesetzen der der Richtung it) vom Erkannten x → Graybox isch gestaffelte gs- u. Steuerungs- netze ı bedingtes ives" Handeln nstaaten)	Gedächtnis mit größerem Umweltmodell notwendig längerer Prozeß von akkordisch-effektivischem Verhalten zur Umwelt ist Voraussetzung Ausbildung von Zielen wesentlich Vorstufen des Bewußtseins Zieldifferenz und Wirkungsgrad des Verhaltens Vorstufen der Ethik Spieltheoretische Betrachtungen	längeres kooperatives Zusammenwirken von direktivischen Systemen ermöglicht Ausbildung der Sprache (im weitesten Sinne, also nicht nur verbal) zwangsläufig Unschärfe der natürlichen Sprache notwendig Problem der Bedeutung der Spracheinheiten Ästhetik trennt sich vom Ethischen ab

FSC
www.fsc.org
MIX
Papier | Fördert gute Waldnutzung
FSC® C083411

Kolibri 360 GmbH
Ferdinand-Jühlke-Straße 7
99095 Erfurt, Deutschland
produktsicherheit@kolibri360.de